CHEMINS D'OUTRE-MER

ÉTUDES D'HISTOIRE SUR LA MÉDITERRANÉE MÉDIÉVALE OFFERTES À MICHEL BALARD

DANS LA MÊME COLLECTION

1. Jean-François VANNIER, *Familles byzantines : les Argyroi (IXe-XIe siècles)*, 1975.

2. Michel KAPLAN, *Les propriétés de la Couronne et de l'Église dans l'Empire byzantin (Ve-VIe siècles)*, 1976.

3. *Geographica byzantina* sous la direction d'Hélène AHRWEILER, 1981.

4. *Philadelphie et autres études* sous la direction d'Hélène AHRWEILER, 1984.

5. Jean-Claude CHEYNET, Jean-François VANNIER, *Études prosopographiques*, 1986.

6. *Les Italiens à Byzance. Édition et présentation de documents* par Michel BALARD, Angeliki E. LAIOU et Catherine OTTEN-FROUX, 1987.

7. *Géographie historique du monde méditerranéen* sous la direction d'Hélène AHRWEILER, 1988.

8. Élisabeth MALAMUT, *Les îles de l'Empire byzantin (VIIIe-XIIe siècles)*, 1988.

9. Jean-Claude CHEYNET, *Pouvoir et contestations à Byzance (963-1210)*, 1990.

10. Michel KAPLAN, *Les hommes et la terre à Byzance du VIe au XIe siècle. Propriété et exploitation du sol*, 1992.

11. *Les saints et leur sanctuaire à Byzance. Textes, images et monuments*. Publié par Catherine JOLIVET-LÉVY, Michel KAPLAN, Jean-Pierre SODINI, 1993.

12. *L'Arménie et Byzance. Histoire et culture*, 1996.

13. GRÉGOIRE ANTIOCHOS, *Éloge du patriarche Basile Kamatèros*. Texte, traduction, commentaire par Marina LOUKAKI, 1996.

14. *Autour de la Première Croisade*. Actes réunis par Michel BALARD, 1996.

15. Anna AVRAMÉA, *Le Péloponnèse du IVe au VIIIe siècle. Changements et persistances*, 1997.

16. *EYΨYXIA. Mélanges offerts à Hélène Ahrweiler*, 1998.

17. *Le partage du monde. Échanges et colonisation dans la Méditerranée médiévale* sous la direction de Michel BALARD et Alain DUCELLIER, 1998.

18. *Le sacré et son inscription dans l'espace à Byzance et en Occident. Études comparées*. Sous la direction de Michel KAPLAN, 2001.

19. *Migrations et diasporas méditerranéennes (Xe-XVIe siècles)* sous la direction de Michel BALARD et Alain DUCELLIER, 2002.

Université Paris I – Panthéon Sorbonne
BYZANTINA SORBONENSIA – 20

Centre de Recherches d'Histoire
et de Civilisation Byzantines

CHEMINS D'OUTRE-MER

ÉTUDES D'HISTOIRE SUR LA MÉDITERRANÉE MÉDIÉVALE OFFERTES À MICHEL BALARD

Textes réunis par
Damien COULON, Catherine OTTEN-FROUX,
Paule PAGÈS et Dominique VALÉRIAN

Tome II

Ouvrage publié avec le concours
du Conseil scientifique de l'Université Paris I
et du « Legs Malandrino »

Publications de la Sorbonne
2004

Couverture : *Marchands sur le fleuve Jaune*
Marco Polo, *Devisement du Monde*, France, Paris, XVe siècle,
Maître d'Egerton et collaborateurs,
Bibliothèque nationale de France, ms. fr. 2810, fol. 51

Composition et Infographie
Fabien TESSIER

212, rue Saint-Jacques, 75005 Paris
www.univ-paris1.fr

ISBN 2-85944-520-X
ISSN 0398-7965

Miradas de viajeros sobre Oriente (siglos XII-XIV)

Nilda GUGLIELMI

Hemos titulado estas páginas *Miradas de viajeros sobre Oriente*. En efecto, hablaremos de *ciertas* miradas, de modos particulares de pasar y de testimoniar. Creo que la elección del término *mirada* no es azarosa. Coincido en esto con lo expresado por Houari Touati al referirse al primado del ojo sobre el oído en la cultura musulmana[1]. La mirada es fundamental para el conocimiento de la Verdad que implica también un conocimiento de sí. Dice la sura 6, *Del ganado*: "103. Les regards (des hommes) ne L'atteignent pas ; mais Lui atteint les regards (des hommes). Il pénètre (tout) ; Il est instruit (de tout)./ 104. Une vie intérieure vous est maintenant venue de votre Seigneur ! Celui qui voit, c'est pour lui-même ; mais celui qui est aveugle c'est contre lui-même[2]." Miradas espirituales en este caso, miradas que implican conocimiento profundo y esencial. Siempre – aun en el plano físico – los ojos habían de ser bien usados, es decir, utilizados para llegar al conocimiento.Y muchos serán los estudiosos que critiquen la ciencia griega – aun de la autoría de Aristóteles – por no surgir de la observación directa. En todas las obras – tanto científicas como literarias (y los libros de viajes no pueden excluirse) – el "yo he visto", "lo ví con mis propios ojos" son frases frecuentes y sobre las que el autor basa la seriedad de sus afirmaciones. A pesar de esta primacía, no podemos desdeñar la oralidad – según veremos – que tanta importancia tuvo, entre otras circunstancias, en la difusión de la Tradición, pilar de fe. Además de ser fundamental antes de la alfabetización de los creyentes.

Según Lévi-Strauss, el viaje es un desplazamiento "en el tiempo, en el espacio y en la jerarquía social"[3]. Aceptamos estas tres dimensiones. La tercera nos ha interesado en otros trabajos[4], puesto que consideramos que los viajeros medievales – a menos que tengan una condición excepcional en sus países de origen y aun así – son siempre marginales en los ámbitos por los que transitan. Pueden serlo por muchos motivos pero, en principio, esta marginalidad está determinada por dos circunstancias: el lugar de origen – es decir, su pertenencia a un determinado espacio político, distinto de aquél en que se encuentran – y la confesión, o sea su identidad religiosa.

Muchos viajeros gustaron testimoniar acerca de sus experiencias, peripecias inesperadas, acontecimientos gratos pero también les interesó describir ámbitos tanto urbanos como rurales, las gentes que los poblaban, los animales que en ellos vivían. Las narraciones de viajes participan del género *ʿaǧāʾib* – maravillas, si le damos a esta palabra el sentido no de algo imaginado o inexistente sino de lo

1. H. TOUATI, *Islam et voyage au Moyen Âge*, Paris 2000, p. 123.
2. *Le Coran* (trad. de É. MONTET, Paris 1954), p. 222.
3. Cl. LÉVI-STRAUSS, *Tristes trópicos*, Buenos Aires 1970, p. 71.
4. N. GUGLIELMI, *Guía para viajeros medievales*, Buenos Aires 1994.

Chemins d'outre-mer. Études d'histoire sur la Méditerranée médiévale offertes à Michel Balard.
Paris, Publications de la Sorbonne, 2004 (Byzantina Sorbonensia 20)

Voluntad de testimoniar

Decimos que no siempre el testimonio surgía espontáneamente. Este es el caso de Ibn Baṭṭūṭa quien, a la manera de Marco Polo, hubo de dictarlo. El redactor es Ibn Ǧuzayy (andaluz en la corte meriní) quien presenta a Abū ʿAbd Allāh Muḥammad ibn ʿAbd Allāh ibn Muḥammad ibn Ibrāhīm al-Lawātī al-Ṭanǧī llamado Ibn Baṭṭūṭa: « sheik jurisconsulto, viajero confiable y verídico, el giróvago que ha atravesado los continentes a lo largo y a lo ancho que ha estudiado las diversas gentes y escrutado los modos de vida de árabes y no árabes"[24]. El viajero así ensalzado ha regresado a Occidente, a la corte del sultán meriní de Marruecos, Abū ʿInān Fāris (reinado: de 1348 a 1358) a quien el amanuense da el título de califa, probablemente como manera de halago puesto que el soberano no tenía la autoridad sobre todo el mundo musulmán como se deduciría de tal denominación. La obra se completó hacia 1355 o 1356. El redactor habla de la voluntad del príncipe:

> Luego llegó una orden soberana a este siervo de su noble Majestad, Muḥammad ibn Muḥammad ibn Ǧuzzay al-Kalbī [...] de recoger el conjunto de ese dictado del sheik ʿAbd Allāh, en una obra que comprendiese todas las noticias útiles y que alcanzase perfectamente los fines propuestos, tratando de lograr una [obra] acabada y pulida, proponiéndose hacerla clara y accesible a fin de que se pueda gozar plenamente de tales rarezas y para que sea grande la utilidad de aquellas perlas, una vez extraídas de la conchilla [25].

El redactor hace protestas enérgicas de haber cumplido con el deseo del soberano. Se descarga de toda responsabilidad ya que dice "a menudo ha recogido sus palabras tal cual, sin entrar a escrutar ni probar la verdad". Considera que el viajero ha elegido el mejor camino al confiar en buenos garantes de lo recogido. El amanuense destaca su cuidado en transcribir los antropónimos y los topónimos, además de adaptar la grafía de nombres extranjeros para superar la ambigüedad que, de otra manera, tendrían "para el vulgo"[26]. Esta última observación permite pensar que la obra se destinaba al público y no quedaría en un círculo aúlico solamente.

En el caso de Ibn Ǧubayr, no hay declaración sobre incitación alguna, por lo tanto, consideramos que la narración ha surgido espontáneamente. El viajero precisa en qué momento y lugar – apenas embarcado – ha comenzado a escribirla, "viernes 30 del mes de *šawwāl* del año 578 (25 de febrero del año 1183), en medio del mar, frente al monte Šulayr (Sierra Nevada)" o sea que lo que consignó en su relato no fueron recuerdos sino vivencias.

Los espacios extraños. Curiosidad y análisis

Hemos dicho que los viajeros se extasían o se disgustan ante paisajes, gentes, disposiciones o condiciones diferentes a las que les son acostumbradas. Constantemente, lo similar y lo disímil se confrontan. A veces, para aceptar lo diferente, no siempre para rechazarlo, sí para destacar su exotismo o peculiaridad. En suma, se subraya lo extraordinario como una manera de didactismo, una forma de compro-

24. *Ibíd.*, p. 4.
25. Ibn Ǧubayr, *Viaggio in Ispagna*, p. 5.
26. *Ibíd.*, p. 6.

bación y explicación de lo extraño. La descripción de lo singular se ofrece a la consideración y a la curiosidad del lector o el oyente como una manera de iniciarlo en una ampliación de su horizonte, un recurso de ir conformando, en él, la imagen del mundo que la ciencia árabe había permitido construir.

Si nos asomamos a la obra de Ibn Ǧubayr, en su relato vemos aparecer una cierta distancia entre el ámbito en que se encuentra y su propia persona. No lo hallamos totalmente inserto, contenido en él, sino se nos ofrece como observador que establece un hiato con lo observado. Además, constantemente muestra al extranjero – expresión en que se reflejan sus propios temores – como inerme y expuesto a peligros. Son frecuentes las anécdotas en que figuran personajes que mezclan extranjería y despojamiento. En una de ellas, Ibn Ǧubayr – al explicar el origen de una importante herencia – presenta a un negro enfermo, atendido por la bondad de otro extranjero, un samosatense. El enfermo, antes de morir, le habla del legado que le dejará, puesto que "fuiste bueno al curarme y te has conmovido al verme en este estado y extranjero"[27]. Sin duda, en el caso de Ibn Ǧubayr, su temor y su frecuente rechazo cuando se encuentra en tierras extrañas pero, sobre todo, en las regiones de los *Rūm* [cristianos] – también se debe a su profunda religiosidad, implacable ortodoxia y a su aversión hacia los cristianos, para quienes muy pocas veces tiene palabras gentiles. En todo su relato, este viajero hace profesión de fe religiosa. Al hablar del Hiyaz, dice que la mayoría de su población son cismáticos y "sectarios sin religión". Y que son más severos con los peregrinos que con los *ḏimmī*-s en lo relativo al cobro de tasas de aduana. Sabemos que los *ḏimmī*-s eran los protegidos, en suma, las personas que – de religión no musulmana pero sí de religión revelada (*ahl al-ḏimma)* – se encontraban bajo la protección del Islam por pacto establecido y pagaban la tasa correspondiente (*ǧizya*). Inclusive, considera que en su tierra – Andalucía – se han extendido errores que atentan contra la religión. Dice que "quien entre los juristas de Andalucía cree que éstos [los musulmanes] pueden ser exonerados de la obligación religiosa de la peregrinación, se opone a la verdad[28]..." También se queja de que la "Casa de Dios" esté en manos de gentes que explotan a los peregrinos. Considera que es necesario que se haga una purificación que "quite de entre los musulmanes estas innovaciones ruinosas". Tal depuración, sólo se logrará – según el viajero – "sirviéndose de la espada de los almohades". Los define en alabanza, otorgándoles numerosos títulos: "Sostenedores de la religión, campeones de Dios, depositarios del derecho y de las verdades, defensores del Ḥaram [el sagrado recinto] de Dios potente y glorioso, celosos de sus cosas inviolables[29]..." Considera que sólo entre los magrebíes existe fe sincera puesto que, "entre ellos, no se encuentran herejías ni cismas"[30]. En este pasaje no sólo podemos comprobar la religiosidad del viajero sino también la consideración de que, en Occidente, se encuentran los ortodoxos y los defensores de la fe, estimando así, en mayor medida, su propio ámbito. Ibn Baṭṭūṭa también alaba a los soberanos meriníes de Marruecos por su lucha contra los cristianos (a menos que esto haya sido obra del redactor para congraciarse con el soberano de quien dependía). Menciona a varios príncipes, uno de ellos – dice – "cuya sana energía ha embotado el filo del politeísmo y los torrentes de sus espadas han extin-

27. *Ibíd.*, p. 200.
28. *Ibíd.*, p. 45.
29. *Ibíd.*, p. 45.
30. *Ibíd.*, p. 45.

guido el fuego de la incredulidad, cuyas escuadras han superado a los adoradores de la cruz y que, generosamente, se ha consagrado a la guerra santa"[31]. Aunque Ibn Baṭṭūṭa acepta y elogia la *ǧihād*, no muestra – como Ibn Ǧubayr – un odio extremo hacia los cristianos. En general, no habla de manera tan tajante, como su predecesor, de los *Rūm*. Y, en ocasiones, se refiere con simpatía a los cristianos. Así, por ejemplo, destaca la inusual actitud del patrono de la nave en que se embarcara en Laodicea, llamado Bartolomeo (sin duda, genovés) puesto que "nos trató honrosamente y no exigió de nosotros pago alguno"[32]. Esta nave los conduce a Anatolia o Tierra de los *Rūm*, lugar que alaba por su belleza y por su población, en su mayor parte cristiana – aunque conquistada y tributaria de los musulmanes. Describe a estos cristianos como "bellísima gente, vestida con suma pulcritud, nutriéndose de óptimos alimentos y dotada en gran medida de humana benevolencia. Por esto se dice "Bendición en Siria y caridad entre los *Rūm*", aludiendo, precisamente, a los habitantes de estas regiones[33]." El viajero detalla luego la premurosa atención de tales personas que se ocupan de las necesidades de los viandantes y se aflijen ante su partida "como si fuesen nuestros protectores y familiares"[34]. En la misma región, habla de una *futuwwa*, es decir, de una especie de confraternidad de jóvenes musulmanes que viven en común y que hospedan a los viajeros con largueza. Así, Ibn Baṭṭūṭa describe la fiesta que se ofreció a los viandantes manifestando asombrarse "mucho de su liberalidad y generosidad"[35]. Como vemos, el mismo Ibn Baṭṭūṭa en este pasaje, no diferencia entre cristianos y musulmanes y – como todos los viajeros – pone el acento en la buena y generosa acogida recibida. Señal de que, siempre, el estar alejado de la patria se vivía como una situación de incertidumbre y posible carencia.

El "autobiografismo prepotente", de que hemos hablado, hace que Ibn Baṭṭūṭa guste de las anécdotas que vivifican el relato. Pero el viajero no siempre se muestra tan proclive – como en los pasajes ya mencionados – a la consideración de las gentes de otras religiones. En general, lo vemos expresarse de manera menos pasional que Ibn Ǧubayr pero, en ocasiones, se muestra reacio a alternar con ellos. Se encuentra en Birge y entra en la sala en que se halla un personaje que – saludado ceremoniosamente por el sultán, el cadí y el jurisconsulto, quienes incluso se ponen de pie – se sienta en lugar más elevado que los lectores coránicos. Al saber que se trataba de un médico judío cuya alabanza realiza el jurisconsulto, dice el narrador: "Una rabia terrible me acometió y dije al hebreo: "Maldito, hijo de maldito, ¿cómo osas sentarte más alto que los lectores del Corán, cuando eres hebreo?" Y lo vilipendié en alta voz." Se asombraron los presentes pero, finalmente, el jurisconsulto le agradeció el gesto: "Has hecho bien, Dios te bendiga. Ningún otro sino tú habría osado apostrofarlo en esa manera. Tú le has enseñado a mantenerse en su lugar[36]."

Uno de los aspectos en que se expresa la confrontación de lo símil y lo disímil es la frecuente comparación que los viajeros realizan de los espacios que recorren; comparación relativa a paisajes, gentes, costumbres en general no sólo con el propio ámbito extenso sino también con el espacio más limitado. Al hablar de la política

31. Ibn Baṭṭūṭa, *I viaggi*, p. 6.
32. *Ibíd.*, p. 74.
33. *Ibíd.*, p. 74.
34. *Ibíd.*, p. 74.
35. *Ibíd.*, p. 76.
36. *Ibíd.*, p. 82.

aduanera de Saladino y del monto recaudado, Ibn Ǧubayr menciona medidas de trigo: "Lo que entre nosotros equivale a dos mil dinares y dos mil *qafiz* de medida de Sevilla[37]." Ya en Tiro – ciudad de cristianos – el mismo narrador se refiere al rescate de musulmanes, capturados y esclavizados por los "francos". Es habitual – dice – que, en los testamentos de gentes de Siria u otros lugares, aparezca un legado para rescatar sobre todo a magrebíes puesto que "no tienen otra posibilidad sino ésta que los pueda liberar, siendo forasteros y [estando] lejos de su tierra"[38]. El viajero observa las actitudes de los pobladores de Damasco, que resultan exageradas a sus ojos. Le parece ridícula su forma de caminar mientras que "a todos, este modo desacertado parece bello y elegante"[39]. La manera de saludar – inclinándose repetidas veces y dándose títulos pomposos – le resulta una manera de humillación que no considera propia de musulmanes sino que corresponde a los *ḏimmī*-s. Ibn Ǧubayr alaba las virtudes de grupos beduinos que llegan a La Meca con propósitos religiosos y comerciales, "gente valiente y fuerte". Sin embargo, en el momento de la plegaria – según el testimonio – adoptan actitudes ridículas y se presentan cubiertos con sus vestimentas sucias o sus pieles y armados con sus arcos que nunca abandonan[40].

Pero no siempre las observaciones son negativas. Ibn Ǧubayr alaba la abundancia de La Meca. No sólo es importante su comercio de piedras preciosas, perfumes, drogas de diverso tipo y productos manufacturados sino también su naturaleza es pródiga en frutos de toda especie, muchos de ellos desconocidos para el viajero. Y expresa la frecuente comparación con lo conocido ya que dice "nosotros creíamos que Andalucía estaba provista de manera especial" de todo esto. Y enumera frutas, vegetales, etc. nuevos para él. Menciona olores y sabores extraordinarios[41]. Ibn Baṭṭūṭa también habla con loa de los frutos, verduras y carnes que se ofrecen en La Meca. Al parecer, lo dice por propia experiencia: "Yo he comido [allí] frutas como uvas, higos, duraznos y dátiles sin par en el mundo[42]."

Hemos dicho que este último autor es quien se nos muestra, en mayor medida, de manera inmediata a través de anécdotas diversas en el protagonismo de peripecias. En Damasco, cae enfermo y un profesor malikí – con quien se ha relacionado al llegar a la ciudad – lo acoge en su casa, prevé la asistencia de médico, medicinas y alimento. Ya sano, el amigo lo provee de camellos, le da dinero y elementos para el camino[43].

Sin duda, el viajero siente de manera diferente su condición según se encuentre en región musulmana o cristiana. Para Ibn Ǧubayr – según hemos dicho – la identidad religiosa es fundamental. En una de las tantas anécdotas incorporadas a su relato, habla de la conversión de un magrebí prisionero y luego liberado que – debido a su frecuentación con mercaderes – abjuró del islamismo y, no sólo se bautizó sino, además, se hizo monje. Las informaciones que llegaron al relator – luego de su partida de Tiro – le hicieron saber "que el magrebí había sido bautizado y se había hecho impuro [...] había adoptado la cintura de monje, apresurando [las

37. IBN ǦUBAYR, *Viaggio in Ispagna*, p. 45.
38. *Ibíd.*, p. 213.
39. *Ibíd.*, p. 205.
40. *Ibíd.*, p. 86.
41. *Ibíd.*, p. 75 y s.
42. IBN BAṬṬŪṬA, *I viaggi*, p. 40.
43. *Ibíd.*, p. 31.

penas del] infierno"[44]. Los cristianos siempre son despreciados por Ibn Ǧubayr. En Tiro se siente desagradado por la ciudad – según él, sucia y hedionda – en particular porque allí "arde la llama de la incredulidad y de la impiedad y regurgita cerdos [cristianos] y cruces". Siente premura por abandonarla ya que "el musulmán que se detiene en un país de infieles no tiene excusa ante Dios"[45]. En esos lugares – como en esta ciudad de Tiro – no sólo se escuchan consejas insultantes respecto de Mahoma sino a ello se agrega – dice – la falta de medios para hacer las abluciones y el tener que circular entre "cerdos"[46]. Al hablar del señor cristiano de Acre, considera que su enfermedad – la elefantiasis – ha sido castigo divino, condenándolo a una vida oculta. El escritor parte de ese puerto en una gran nave "en la cual los musulmanes se ubicaron en lugares separados de los francos"[47]. Ruega que Dios, en su bondad, "nos salve lo antes posible de su compañía"[48]. Le horroriza todo contacto con los cristianos y el peligro de una posible cristianización forzada. Por ello, narra el episodio siguiente. Al dejar Sicilia los viajeros, un rico señor de la ciudad solicitó a uno de los peregrinos que casase con su hija o que intercediera para que lo hiciese alguno de sus compañeros. Pedía ese favor para alejarla del peligro de apostasía. La muchacha aceptó "separarse de los suyos por amor al Islam, para adherirse a un ancla segurísima"[49]. La actitud agresiva contra los cristianos se reitera en Ibn Ǧubayr de manera constante. Me permito citar sus palabras respecto de un lugar que no es oriental porque encuentro, en ese párrafo, una buena definición de extranjería. Se refiere a Mesina como "país envuelto en las tinieblas de la incredulidad". Y concluye su idea diciendo "el musulmán no fija allí su residencia"[50]. A pesar de ello, dice que es plaza segura aunque siempre lo hace sentir extranjero. En este momento, ofrece una definición muy precisa de extranjería: "Noche y día tú estarás seguro aunque seas forastero de rostro, de mano y de lenguaje[51]." Es decir, enumera las características que señalan a un individuo como extraño a los habitantes de un lugar. Características fisonómicas y lingüísticas. Se nos aparece incierta la expresión: "Extranjería de mano." ¿Tal vez falta de largueza por carencia de dinero? Habla, sin embargo, con cierta simpatía, del rey de Sicilia puesto que se rodea de musulmanes, muchos de ellos eunucos quienes "mantienen en secreto su creencia y permanecen ligados a la ley del Islam"[52]. Su aceptación del soberano deriva de su acercamiento al islamismo. Dice: "Se asemeja a los musulmanes por el [modo de] vivir, en medio de goces"; tiene una gran simpatía por los islamitas, lee y escribe en árabe y prefiere concubinas de esa fe[53]. A pesar de todo, su odio contra los cristianos aparece respecto del mismo rey, lo llama "politeísta", "descreído" y habla de la entrevista que tuvo con uno de sus pajes en que éste le dice del cuidado que habían de tener los musulmanes de no confesar abiertamente su fe "prisioneros, como ahora nos encontramos, en poder de un infiel que puso sobre nuestros cuellos el lazo de la esclavitud"[54].

44. Ibn Ǧubayr, *Viaggio in Ispagna*, p. 214.
45. *Ibíd.*, p. 212.
46. *Ibíd.*, p. 212.
47. *Ibíd.*, p. 215.
48. *Ibíd.*
49. *Ibíd.*, p. 242.
50. *Ibíd.*, p. 224.
51. *Ibíd.*, p. 225.
52. *Ibíd.*, p. 226.
53. *Ibíd.*, p. 227.
54. *Ibíd.*, p. 228.

Debido a la extranjería – sentida como una situación de carencia – los viajeros agradecen todas las muestras de consideración. Así, Ibn Baṭṭūṭa se siente desconsolado cuando, al llegar a Túnez, ve cómo la población de la ciudad saluda afectuosamente a los dos importantes señores de la expedición mientras que nadie se dirige a él, porque "era desconocido para ellos". Esta situación perturba enormemente al viajero pues dice: "Sentí en lo íntimo tal amargura que no pude contener las lágrimas y lloré mucho." Uno de los peregrinos remedia su dolor "saludándome y dirigiéndome cordialmente la palabra y discurriendo amablemente conmigo hasta la entrada de la ciudad[55]..." En cambio, de camino, anota como rasgo simpático el carácter de los damascenos pues allí nadie rompe el ayuno solo – momento solemne – sino en compañía. Ibn Baṭṭūṭa recibe la invitación para tal ocasión del profesor malikí del que hemos hablado[56].

En suma, la extranjería era, para todos los viajeros, una condición siempre presente y muy penosa de sobrellevar.

Manera de testimoniar

Hemos hablado del ojo y del oído. Dijimos que se consideró como una narración, análisis o explicación más creíble, como una expresión más veraz, lo que ha sido observado por sí, lo conocido *de visu*. Pero también subrayamos que, entre otros, incluso en el plano religioso, fue de la mayor importancia la cadena de aseveradores confiables en la conservación de los *ḥadīṯ*-s. O sea que ojo y oído se conjugan en la materia que da lugar a ciencia y literatura.

En el caso que nos ocupa, el testimonio de los viandantes está fundado en sus propias experiencias pero también en las aseveraciones de otros. Ibn Ǧubayr habla de las obras realizadas por un visir pero, además, de su piedad, puesto que ofrecía una mesa para alimento de los que iban de camino. Este dato lo incorpora, ya que ha sido proporcionado por "uno de los peregrinos-mercaderes, digno de fe entre aquéllos que estaban presentes[57]..." El mismo viajero describe una celebración en la ciudad de La Meca en que, al propósito religioso, se añade la fiesta y el comercio. Por eso, muchas tribus de las montañas llegan a la santa ciudad "según me narró, a este propósito, un jurista del Yemen"[58]. Cumplen el *ʿumra* (peregrinaje menor) y aportan productos (alimentos, condimentos y fruta) para vender y, a su vez, compran, en especial, vestiduras. El viajero recoge información de todas las gentes que llegan a La Meca para la festividad. Cuando así lo hace tiene a bien indicar "según nos fue referido"[59]. Como vemos, la forma de cadena que han conservado los *ḥadīṯ*-s también está presente en el momento de testimoniar sobre cosas profanas. Sin duda, los relatos constituirían un venero importante de informaciones sobre las gentes y espacios que habrían de encontrar. Y, a veces, una manera de atribuirse conocimientos que no se tenían *de visu* o que llegaban a ellos ya elaborados, tal vez de mejor manera. Esto es lo que ocurre con los relatos de los dos viajeros que tratamos. Ibn Baṭṭūṭa – aunque haya estado realmente en Damasco y Medina – estructura su relación sobre las pautas de Ibn Ǧubayr y con los datos

55. Ibn Baṭṭūṭa, *I viaggi*, p. 8.
56. *Ibíd.*, p. 30.Véase *ut supra*.
57. Ibn Ǧubayr, *Viaggio in Ispagna*, p. 81.
58. *Ibíd.*, p. 85.
59. *Ibíd.*, p. 86.

ofrecidos por éste. Sin duda, no toma al pie de la letra el relato de su antecesor pero la trama pertenece a éste. Evidentemente, no hubiera podido quedar indiferente – aun sin ese antecedente – ante la gran mezquita, no hubiera podido dejar de experimentar observaciones y sentimientos propios. Pero los relatos coinciden en detalles como, por ejemplo, en lo relativo a la confianza que los damascenos tienen en los magrebíes. Dice Ibn Baṭṭūṭa: "Ellos tienen una buena opinión de los magrebíes y, tranquilos, les confían sus haberes, las mujeres y los hijos[60]." Ibn Ǧubayr estampa en su libro: "Y en todo confían sólo en los forasteros magrebíes puesto que éstos gozan de fama de ser muy confiables y, por ello, son muy renombrados[61]..." En lo relativo a extranjeros necesitados, prácticamente los párrafos se repiten. Señala Ibn Ǧubayr respecto de la misma ciudad: "El forastero necesitado que llega allí, si arriba con el deseo de practicar el bien, es mantenido sin que tenga que avergonzarse." Y menciona cómo se procuran ocupaciones a los forasteros carentes de recursos[62]. Ibn Baṭṭūṭa habla del mismo problema y lo expresa casi al pie de la letra[63]. La coincidencia es completa y – aunque Ibn Baṭṭūṭa lo haya comprobado por sí mismo – sin duda la obra anterior tuvo en él gran influencia.

Pero aparte de lo que puede tomarse de materiales tradicionales o de cadenas testimoniales, siempre aparecen innumerables elementos como fruto de una observación siempre curiosa. En Mogadiscio, Ibn Baṭṭūṭa habla de la recepción que le fuera ofrecida en nombre del sultán del lugar. No sólo describe la ceremonialidad sino, en particular, los característicos alimentos: arroz con manteca mezclado con pollo, carne, pescado y legumbres; bananas no maduras con leche fresca, leche cuajada con limón; jengibre verde y mangos, una especie de manzanas con hueso que, maduras, son dulcísimas y se comen como frutas, mientras que antes de madurar son ácidas como el limón y las ponen en vinagre. Luego de cada bocado, ellos comen estos alimentos salados y encurtidos. Dice que comen exageradamente, cada uno de ellos "[lo hace] como todo un grupo de nosotros, por lo que son extremadamente gordos y corpulentos"[64]. El viernes, aportan a Ibn Baṭṭūṭa vestimentas de ceremonia, entre otras cosas, destaca un paño de seda que se ata a la cintura en vez de pantalones, "desconocidos por ellos"[65]. En cambio, en Conia, dice que el indumento característico entre los habitantes del lugar son "los pantalones así como los sufíes visten el sayo"[66]. Los pantalones eran usados por los miembros de las *futuwwa*, o sea, las asociaciones de jóvenes (*fityān*) que vivían en común constituyendo una especie de confraternidad, según hemos dicho. Muchas cosas aparecen novedosas a los ojos de los viajeros. Ibn Baṭṭūṭa se halla en Caffa, floreciente colonia genovesa en ese momento. A la tarde – mientras realizan la plegaria – "escuchamos por todos lados sonar las campanas, sonido que yo nunca había escuchado y me asustó"[67]. Al parecer, el viajero no tenía demasiada familiaridad con los usos cristianos. Al llegar a Constantinopla con la princesa bizantina – que había renegado de su fe para luego, ya en su territorio, abjurar del

60. Ibn Baṭṭūṭa, *I viaggi*, p. 30.
61. *Ibíd.*, p. 192.
62. Ibn Ǧubayr, *Viaggio in Ispagna*, p. 192.
63. Ibn Baṭṭūṭa, *I viaggi*, p. 30.
64. *Ibíd.*, p. 68.
65. *Ibíd.*, p. 69.
66. *Ibíd.*, p. 78.
67. *Ibíd.*, p. 93.

Islam – tocan las campanas pero ya no se asombra. Así, dice que entraron a la tarde "en medio de un sonido de campanas que hacía temblar la tierra"[68].

Algunas circunstancias vividas dan lugar a situaciones divertidas en que aparece la ironía del viajero. Los episodios que intercala Ibn Baṭṭūṭa en su narración hacen que sintamos en ellos una innegable veracidad. De viaje por el país turco, se dirige a la casa de un *aḫī* (miembro de una *futuwwa)*, a quien le habla en árabe pero éste no lo comprende. A su vez, el anfitrión le responde en turco, ignorado por el viajero. Finalmente, este último entiende que había de buscar a un jurisconsulto que hablaba árabe. Pero éste se dirigió a Ibn Baṭṭūṭa en persa y, al responderle el viajero en árabe, enmascaró su ignorancia explicando que el recién llegado hablaba en árabe antiguo mientras él sólo conocía el árabe moderno. El huésped creyó en las explicaciones dadas por el supuesto experto y trató con la mayor deferencia a Ibn Baṭṭūṭa: "Él, en efecto, nos obsequió en exceso, diciéndose que se honraba a esta gente porque hablaba la antigua lengua arábiga que era la lengua del Profeta[69]." Además de la ironía que puede encerrar el episodio, también señala una de las muchas dificultades que había de superar el viajero, el conocimiento de lenguas. Ibn Baṭṭūṭa va de desilusión en desilusión. Al reanudar su camino, interroga a un derviche estático quien le responde en árabe: "Yo me alegré por haber encontrado quien entendiese el árabe pero probándolo ulteriormente quedó claro que sólo conocía la palabra 'sí'[70]." Los malos entendidos, debido a ignorancia de lengua o a la mala pronunciación del árabe, son frecuentes. De viaje por Crimea, es agasajado con viandas y bebidas por el emir Tuluktimūr. Entre las bebidas se encontraba un líquido blanco. Al preguntar de qué se trataba, el viajero no comprende la respuesta. Era una especie de cerveza – bebida alcohólica permitida por el rito hanafita de los turcos de Crimea-. Ibn Baṭṭūṭa no había reconocido su naturaleza ya que, en la pronunciación de su informante lo que era "agua de mijo" se había transformado en "agua de ungüento"[71].

Como vemos – a través del ejemplo de estos dos narradores – la literatura de viajes en el mundo musulmán – como en el mundo cristiano, por lo demás – fundamenta su credibilidad en lo conocido *de visu* pero no elude lo que llamaríamos cadena, es decir, la tradición anterior. En suma, el ojo y el oído son importantes en la construcción del relato. Por otra parte, la estructura siempre sigue pautas más o menos fijas: descripción de la ciudad en su conjunto, de sus monumentos más importantes o de sus barrios tradicionales, riqueza o carencia de productos, presentación y caracterización de sus habitantes... Muchos de estos elementos nos llevaría a concluir que se trata de un género poco renovado y un tanto esclerosado. Pero – como hemos visto a través de los pasajes citados – siempre la presencia del narrador, la expresión de sus ideas personales, de sus experiencias, de las peripecias que le toca protagonizar dan vida y un peculiar relieve al relato. Y le brindan, a cada uno de estos testimonios, una indudable originalidad.

Nilda Guglielmi
UBA-CONICET. Argentina

68. *Ibíd.*, p. 113.
69. *Ibíd.*, p. 89.
70. *Ibíd.*, p. 90.
71. *Ibíd.*, p. 96-97.

Les martyrs franciscains de Jérusalem (1391), entre mémoire et manipulation

Isabelle Heullant-Donat

Au sein de la cohorte relativement nombreuse des martyrs de l'ordre franciscain des derniers siècles du Moyen Âge, un groupe se détache en raison de la nature de la documentation qui en transmet le souvenir et du sort que la postérité lui réserva : celui de quatre frères martyrisés en 1391, à Jérusalem. Leur histoire est contée par le menu dans une *relatio martyrii* contemporaine des faits, aujourd'hui conservée en deux versions dans les registres du pape d'Avignon Clément VII[1]. Elle nous apprend que *Deodatus de Ruticinio*, de la province d'Aquitaine, *Nicholaus provincie Sclavonie*, originaire de Dalmatie, *Stephanus de Cunis*, originaire de Cuneo dans la province de Gênes, et *Petrus de Narbona*, originaire de la province de Provence, étaient des franciscains chevronnés lorsqu'ils décidèrent, chacun de leur côté, de se rendre à Jérusalem *ex magna devotione*[2]. Ils y vécurent plusieurs années *in observantia regulari*, réfléchissant aux moyens de rendre à Dieu les âmes que le diable avait emportées. Après s'être préparés auprès de maîtres en théologie, après avoir pris conseil auprès de frères avisés et médité les Saintes Écritures, ils décidèrent d'aller porter la bonne parole aux hommes *qui sub lege seu secta vivunt Machometi*. Le 11 novembre, les quatre frères sortirent de leur couvent munis d'un rouleau portant un discours écrit *in vulgari ytalico atque in arabo* et se dirigèrent vers le Temple de Salomon. Demandant à parler au cadi, ils furent conduits vers sa demeure et lurent leur texte devant lui et son entourage – *suos rotulos produxerunt ac legerunt*. Leur discours résume quelques-uns des *topoï* que le Moyen Âge chrétien a élaborés au sujet de l'islam, de son Prophète et du Coran. En guise d'introduction, les frères expliquent à leur auditoire qu'il est voué à la damnation éternelle car sa Loi est mauvaise et n'a pas été donnée par Dieu. Ils s'engagent ensuite dans une brève réfutation : *lex vestra*, expliquent-ils, n'est que mensonges, impossibilités, illusions et contradictions qui conduisent les hommes au mal et au vice, contrairement à la Loi de Moïse et à celle du Christ. D'ailleurs, si cette Loi était divine aurait-elle pu être ignorée des prophètes ? Or, poursuivent-ils, ni Moïse, ni les prophètes, ni le Christ n'en font mention... Les frères choisissent ensuite trois affirmations du Coran qui permettent d'en mesurer le caractère mensonger : *in fine*, les démons seront sauvés ; le Christ n'est pas fils de Dieu et

1. Ce texte fut d'abord publié par P. Durrieu, *Archives de l'Orient latin*, 1, Paris 1881, p. 539-546, et ensuite par G. Golubovich, *Biblioteca bio-bibliografica della Terra Santa e dell'Oriente francescano*, 1-5, Quaracchi 1906-1927 (5, p. 282-289), désormais cité Golubovich, *Biblioteca*, suivi du tome et des numéros de pages.

2. Le récit signale que certains vécurent dans la vicarie de Bosnie, d'autres dans celle de Corse (*aliqui in vicaria Bosne, aliqui in vicaria Corsice*), sans identifier clairement les frères dont il s'agit.

Chemins d'outre-mer. Études d'histoire sur la Méditerranée médiévale offertes à Michel Balard.
Paris, Publications de la Sorbonne, 2004 (Byzantina Sorbonensia 20)

n'est pas mort sur la Croix ; les Sarrasins étaient des Apôtres[3]... La deuxième partie du discours s'attaque au Prophète lui-même, non pas un envoyé de Dieu mais un individu n'ayant accompli aucun miracle (contrairement aux prophètes et au Christ), polygame et affligé des pires vices (*luxuriosus*, *homicida*, *gulosus*, *spoliator*...) ; il concéda aussi la pratique de ces vices aux hommes qui y sont enclins, particulièrement aux Arabes... Des vertus enfin (*caritas*, *humilitas*, etc.), le Prophète ne dit mot selon les frères.

Très irrité de ces propos *a ratione deviantes*, le cadi fit appeler le gardien du Mont-Sion et l'*hospitalarius* des pèlerins de l'hôpital de Jérusalem[4], puis demanda aux quatre frères s'ils étaient envoyés par « leur pape ou par quelque roi des chrétiens » ; les frères, répondant par la négative, expliquèrent n'être envoyés que par Dieu pour annoncer la vérité, amener les musulmans au baptême et ainsi les sauver de l'enfer. Le cadi les invita alors à se rétracter et à se faire « Sarrasins » sous peine de mort ; les frères déclarèrent *clara voce* être prêts à mourir *pro veritate et pro fide Christi catholica*, ainsi qu'à endurer des tourments en tous genres : *...quia omnia que diximus sunt vera, sancta et catholica*. Le cadi les condamna donc à mort, déchaînant la foule des Sarrasins qui se dressa au cri de : *Moriantur isti, moriantur et non vivant !* Commence alors le récit du supplice. Roués de coups à l'aide de divers instruments, les frères furent laissés pour morts mais revinrent à eux une heure plus tard ; enchaînés, puis attachés à des poteaux et de nouveau roués de coups, ils furent ensuite écorchés vifs et emprisonnés dans des cages de bois. Leurs bourreaux leur infligèrent encore divers tourments non décrits et, au troisième jour de ce traitement, les frères furent conduits en place publique, *ubi malefactores puniri solent*. Sous la menace du fer et du feu, on leur demanda à nouveau de se rétracter et de se faire « Sarrasins » ; ils répondirent en réitérant le sens de leur mission (conversion à la foi du Christ et baptême) et déclarèrent que grâce à leur foi, ils ne craignaient ni le feu, ni la mort. Entendant ces paroles, le « peuple des Sarrasins enivrés par la fureur » les mit en pièces à l'aide de glaives afin qu'ils perdent forme humaine, puis jetèrent leurs corps au feu ; les corps ne se consumant pas, la multitude qui assistait au spectacle fut contrainte d'alimenter le bûcher jusqu'à la nuit ; enfin, leurs cendres furent dispersées et leurs os enfouis afin que les chrétiens ne puissent les retrouver. La conclusion de la narration est double. Elle livre une interprétation du sens de ce qui s'est produit[5] : par cet événement, Dieu a voulu montrer sa bonté et sa miséricorde à Jérusalem même, afin de réconforter et consoler tous les fidèles chrétiens, habitants de la ville sainte comme pèlerins venus du monde entier. L'auteur du récit indique ensuite qu'il n'a pas donné trop de détails afin de ne pas ennuyer ses lecteurs et annonce une liste de pèlerins et frères qui étaient présents, dont les noms sont livrés.

Ce martyre figurait dans les recueils produits par l'érudition franciscaine des XVIe-XVIIIe siècles, qui en conservaient des récits plus ou moins complets[6]. Mais ce

3. Pour ces affirmations inspirées du Coran mais très déformées, voir respectivement *Coran*, XI, 108-110 ; IV, 156-157 ; et pour la dernière, VII, 156 et LXI, 6.

4. Après la chute de Jérusalem, les pèlerins furent hébergés en dehors de la ville, dans une ancienne écurie des Hospitaliers de Saint-Jean. À partir de 1335, un autre hospice fut mis à leur disposition à l'intérieur de la ville, desservi par les franciscains de la Custodie. L'*hospitalarius* en était le responsable. Sur la question des hospices hiérosolymitains, voir S. SCHEIN, Latin Hospices in Jerusalem in the Late Middle Ages, *Zeitschrift des deutschen Palästina-Vereins* 101, 1985, p. 82-92.

5. Ce commentaire est introduit par *Estimamus*.

6. Le récit le plus complet fut donné au XVIe siècle par le conventuel Pietro Ridolfi da Tossignano dans ses *Historiae seraphicae religionis*, Venise 1586 (I, fol. 98v), repris sous forme de résumé ou de para-

fut l'orientaliste Paul Durrieu qui le premier publia et annota, à la fin du XIXe siècle, les documents conservés aux Archives Vaticanes dans deux registres du pape d'Avignon Clément VII (1378-1394)[7]. Ils furent repris par le père Girolamo Golubovich en 1927, assortis d'une brève description codicologique[8]. Le dossier se compose de trois documents et est original à plus d'un titre. Le premier document se trouve dans le registre 265, premier volume de l'année 13 du pontificat de Clément VII[9] ; il s'agit des folios 1 à 4, figurant en tête du registre, avant la table des rubriques des lettres, dont l'incipit est : *In nomine Domini Amen. Ad laudem, gloriam et honorem omnipotentis Dei, totius fidei orthodoxe et totius celestis gloriose curie ac sacrosancte Romane et universalis Ecclesie. Noverint universi presentes letteras inspecturi quod anno Domini M°CCC°LXXXXI°, die XI° mensis novembris, quatuor fratres Ordinis Minorum diversarum mundi provinciarum et Jherusalem commorantes in conventu Montis Syon...*[10] Ce texte est le récit détaillé du martyre des quatre franciscains et s'achève par deux listes de témoins présents lors du supplice : la première comporte six noms de laïcs, dont on précise s'ils étaient accompagnés de leurs serviteurs ou de leur *familia*, et s'achève par la mention de *multe mulieres diversarum partium et peregrine et habitantes*, lesquelles peuvent attester, comme les témoins précédents, de ce qui s'est passé ; la seconde, introduite par la mention *Presentes autem fuerunt fratres minorum XII. quorum nomina sunt hec*, ne contient en réalité que onze noms de frères mineurs[11].

Les deux autres documents se trouvent dans le registre 270, deuxième volume de l'année 14 du même pontificat, aux folios 80-81, et sont copiés d'une main différente de celle des folios précédents et suivants[12]. On retrouve le récit circonstancié du martyre, semblable à celui transmis par le registre 265, à quelques variantes près qui n'en modifient pas le sens. On notera toutefois deux différences intéressantes. La première concerne les listes de témoins : celle des témoins laïcs comporte un nom supplémentaire (*Iohannes de Ravenna habitator Rome*) et ne se présente pas exactement dans le même ordre que celle consignée dans le registre 265 ; en outre, douze frères mineurs sont annoncés comme témoins sans que leurs noms ne soient cités (*Fratres minores duodecim*). La seconde différence avec le registre 265, plus

phrase par l'observant Marc de Lisbonne dans ses chroniques publiées à Lisbonne à partir de 1557, d'abord en portugais, puis en espagnol (*Tercera parte de las chronicas de la orden de de los frayles menores*, l. 1, p. 9, Lisbonne 1615, fol. 6v) et par le récollet Artus du Moustier dans le *Martyrologium Franciscanum* (Paris 1638, p. 517-518, au 11 novembre) ; et aussi par Luke Wadding et son continuateur dans les *Annales Minorum* (2e éd, Rome 1734, 9, p. 100 ; 103-105).

7. Élu le 20 septembre 1378, Robert de Genève est le premier pape avignonnais du Grand Schisme d'Occident. Il fut élu par les cardinaux, en majorité français, après qu'ils eurent annulé en août l'élection d'Urbain VI à laquelle ils avaient procédé quelques mois plus tôt. Il fixa sa résidence à Avignon en mai 1379. Sur sa personnalité et son pontificat, voir M. DYKMANS, *s. v.* « Clemente VII », *Dizionario biografico degli Italiani*, 26, Rome 1982, p. 222-237. Les Franciscains lui fournirent leur appui lors du chapitre général de Naples en 1379.

8. GOLUBOVICH, *Biblioteca* 5, p. 282-283. Étienne Anheim a bien voulu effectuer pour moi plusieurs vérifications sur ces registres : qu'il soit ici chaleureusement remercié pour sa disponibilité.

9. La cote ancienne de ce registre, donnée par Golubovich au début du siècle, était LXI.

10. Archives Vaticanes (désormais A.V.), *Reg. Aven. 265*, fol. 1. L'année 13 du pontificat auquel correspond le registre s'achève en septembre 1391, puisque Clément VII a été élu en septembre 1378. Le martyre ayant eu lieu en novembre 1391, il peut sembler étrange que la *relatio* figure dans ce registre. En fait, il est probable qu'il s'agit d'une erreur d'archivage ou d'un rangement maladroit, ce que pourrait confirmer la position liminaire du document.

11. A.V., *Reg. Aven. 265*, fol. 3.

12. A.V., *Reg. Aven. 270*.

essentielle, est que ce récit est précédé d'une lettre, adressée par frère *Geraldus*, gardien du couvent du Mont-Sion, aux marchands catalans de Damas et à tous les Catalans de cette ville[13]. Le gardien note qu'il croit savoir que les destinataires ont eu connaissance de l'initiative des quatre frères auprès du cadi de Jérusalem et précise qu'ils pourront lire le récit de leurs tourments *in processu ipsorum*, s'ils le souhaitent. Les informations suivantes dessinent le sort de la communauté franciscaine après le martyre de novembre 1391. Les musulmans « nous ont persécutés jusqu'à la mort et encore maintenant, ils ne cessent pas », écrit-il. Après le martyre, les frères du Mont-Sion ont été conduits auprès du « seigneur de *Gatzara* »[14]. Leurs persécuteurs n'ont eu de cesse de les dépouiller, précise-t-il, « rongeant » leur pauvreté, ne leur laissant ni calices, ni ornements sacerdotaux, exactions que les frères ont endurées avec patience, prêts à mourir comme le Christ qui souffrit une mort honteuse pour les péchés des hommes. Le gardien aurait voulu informer les marchands catalans plus tôt mais « ils » l'en ont empêché. La lettre a été écrite au couvent du Mont-Sion, le 20 janvier 1392.

Dans les trois documents, l'écriture s'apparente à celle que l'on trouve dans les registres de chancellerie avignonnais mais elle est différente de celle des documents qui précèdent ou suivent dans les deux registres. En outre, les textes sont copiés dans les deux cas sur des folios ajoutés au reste du registre et ont été reliés avec les cahiers qui le constituent. Enfin, les deux feuillets du registre 270, qui transmettent la lettre du gardien du couvent et le récit du martyre, portent des traces nettes de pliure – ils ont été pliés en trois, verticalement, puis horizontalement (ou l'inverse) ; une main différente de celle qui a copié les deux textes a écrit au verso du folio 81, par ailleurs vierge de toute autre trace d'écriture : *De religiosis passis in Jerusalem*, et sous cette ligne : *CCVI*[15]. Le contexte documentaire dans lequel ces documents nous ont été transmis soulève plus de questions qu'il n'apporte de réponses. Les registres pontificaux, particulièrement ceux d'Avignon, renferment parfois des documents dont la présence ne peut s'expliquer que par le manque de vigilance ou l'absence de tri de la part du personnel de la chancellerie[16]. Ces cas insolites n'ont au mieux qu'un lien chronologique ou géographique avec les lettres pontificales qui les entourent. La mention du sujet des deux documents, assortie du nombre *.CCVI.* dans le registre le plus récent (270), pourrait être une marque d'enregistrement ou de classement, sans certitude. Les différences entre les copies des deux registres hypothèquent, me semble-t-il, l'idée selon laquelle elles auraient été effectuées l'une sur l'autre et rendent peu probable qu'elles aient été réalisées sur la base d'un même « original » ; à moins d'imaginer que le copiste du récit de martyre conservé dans le premier registre (265) ait délibérément éliminé la lettre d'introduction du gardien du couvent (n'était-elle pas adressée aux Catalans de

13. L'incipit de cette lettre, qui est aussi celui du folio, est (fol. 80) : *Nobiles Domini, devota in Christo Jhesu recommandatione, ut dignus est, precedente, credo quod vobis notum est quomodo quatuor fratres nostri devoti valde et sancte vite, accensi fraterna caritate, ad cadi de Iherusalem accesserunt et ferventi animo locuti sunt multa et varia contra legem ipsorum et prophetam, in mei etiam presencia...*

14. *Ad dominum de Gatzara*, écrit-il, peut-être pour Gaza, mais ce n'est pas certain.

15. Notons en outre que les deux feuillets sont maculés d'une même tache dans leur quart inférieur droit.

16. Je remercie Pierre Jugie qui m'a fait l'amitié de dissiper mes doutes sur cette question. Il a lui-même découvert dans les registres des documents sans rapport avec les lettres pontificales et qui, pour cette raison, n'avaient guère attiré l'attention ; cf. par exemple P. JUGIE, Un discours inédit du cardinal Gui de Boulogne, légat en Espagne, prononcé devant le roi d'Aragon (24 janvier 1359), *Les prélats, l'Église et la société, XIe-XVe siècles, Hommage à Bernard Guillemain*, éd. I. BÉRIAC, Bordeaux 1994, p. 219-227.

Damas, pour qu'ils méditent les faits et s'en fassent peut-être les messagers vers l'Occident ?) et que celui des feuillets reliés dans le registre 270 (d'un avis différent sur l'importance de la lettre aux marchands de Damas) ait, tout aussi sciemment, tronqué la liste des témoins franciscains – il n'en donne aucun –, tout en copiant plus scrupuleusement la liste des témoins laïcs, quoique dans un ordre différent[17].

L'existence de deux versions très semblables du récit du martyre et d'une lettre spécifique d'introduction pour l'une d'entre elles pourrait permettre de formuler l'hypothèse que les Franciscains informèrent plusieurs destinataires de ce qui s'était passé à Jérusalem en novembre 1391 ; à cet effet, un récit circonstancié aurait été élaboré et copié en plusieurs exemplaires, dont chacun aurait été introduit par une lettre adressée à un destinataire spécifique avant de lui être expédié. La copie du registre 270 serait un témoignage complet de cette initiative, alors que celle du registre 265 n'aurait en définitive conservé que l'essentiel de l'information. Quant aux marques de pliure sur les feuillets du registre 270, elles signifient que cette copie de lettre missive circula sous la forme d'un document indépendant (auprès de qui et dans quelles conditions ?), avant d'être reliée dans le registre.

Sans doute ne peut-on guère aller beaucoup plus loin pour l'heure et doit-on se contenter de remarquer que peu après les faits, les plus hautes autorités de l'Église reçurent un récit de ce qui s'était passé à Jérusalem en novembre 1391 et prirent soin d'enregistrer les documents reçus : les cas de martyres franciscains aussi officiellement attestés et narrés sont exceptionnels au XIVe siècle[18]. On dispose de quelques rares autres exemples qui viennent corroborer le fait que les pontifes étaient parfois promptement informés des exploits des religieux mendiants en quête de martyre. Jean XXII, « pape des missions », avait reçu des lettres racontant les tourments endurés par un groupe de franciscains à Thana (sur la côte ouest de l'Inde, non loin de Bombay) en 1321, mais cette information ne nous est pas livrée par la documentation pontificale[19] : elle est transmise par deux chroniques universelles franciscaines, rédigées peu après cette date. La *Satirica ystoria* de Paolino da Venezia, achevée dans les années 1320, note le très grand intérêt de Jean XXII pour les lettres qui lui avaient été envoyées à ce sujet et dont il donna lecture *in consistorio* ; puis le chroniqueur, qui vécut à la cour pontificale dans ces années-là, en livre la teneur[20]. Contemporain de Paolino, Fra Elemosina révèle quant à lui

17. Signalons que dans le registre 270 (fol. 81), la liste des témoins s'achève à la fin de la page, la mention de douze franciscains, sans leurs noms, étant l'antépénultième (elle est suivie de : *Multe mulieres peregrine et habitantes qui martirium dictorum fratrum oculis propriis conspexerunt*, et de : *Alfonsus Dominici de Lisbona*).

18. Les lettres et autres récits de témoins oculaires sont en général conservés dans des documents postérieurs de plusieurs années aux martyres, qu'il s'agisse de chroniques ou de volumes de *miscellanee* (hagiographiques ou autres).

19. Sur la papauté et les missions, voir J. RICHARD, *La papauté et les missions d'Orient au Moyen Âge (XIIIe-XVe siècles)*, Rome 1977.

20. Paolino da Venezia écrit : *MCCCXIX* [sic, pour *MCCCXXI*] *Papa Iohannes legit in consistorio cum magno favore literas sibi missas infrascripti tenoris*..., et enchaîne sur le récit des circonstances du martyre de Thomas de Tolentino, Jacques de Padoue, Démétrius et Pierre de Sienne ; puis il donne en fin de récit la source qui a fait connaître leur histoire, sans en donner la nature exacte : *Audientes vero socii predicatores et alii ad partes occiduas hoc scripserunt, lugubri lamentatione querentes quod a sanctorum martirum societate disjuncti fuerant et quod recuperandis martirum reliquiis devote intenderent*. La *Satirica ystoria* est en grande partie inédite ; seuls des extraits des vingt derniers chapitres ont été publiés par L. A. MURATORI, *Antiquitates Medii Aevi*, 4, Milan 1741, col. 951-1034 (col. 1032-1033 pour la référence).

l'existence de deux lettres et en donne transcription : la première adressée par le franciscain *Bartholomeus*, custode du couvent de la ville de Tabriz, en Perse, au vicaire général des frères Mineurs *in partibus Orientis*, qui rapporte en détail l'itinéraire des frères et leur martyre ; la seconde envoyée par le dominicain Jourdain de Coga aux Prêcheurs et Mineurs de Perse, qui mentionne le supplice des quatre franciscains parmi une série d'informations sur ses propres activités missionnaires. Si les deux chroniqueurs rapportent de manière concordante l'émotion du pape lorsqu'il apprit le sort de Thomas de Tolentino et de ses compagnons, Fra Elemosina la décrit avec plus de précision : *Et cum fama hec devota sanctorum fratrum martirum ab Oriente in Occidente transmissa resonaret, ubique corda fratrum ad fervorem S. Spiritus renovavit et in Romana Ecclesia nuntiata, summus pontifex lacrimas devotinis effudit*[21]. De la réaction de Clément VII à l'annonce du martyre de Jérusalem point de trace, mais il fait peu de doute qu'il ait été informé du drame peu après qu'il ait eu lieu.

La situation à Jérusalem à la fin du XIVe siècle appelle quelques commentaires. Perdue par les chrétiens en 1187, Jérusalem demeura un lieu de pèlerinage fréquenté. Rendue plus aisément accessible aux pèlerins à l'issue des négociations menées par Frédéric II avec al-Kamil en 1228-1229, elle fut prise par les Khwarazmiens en 1244, puis incorporée à l'Empire mamelouk à partir de 1260[22]. Gouvernée dès lors par un vice-roi résidant à Damas, elle devint en 1376 une unité administrative séparée, gérée par un délégué du sultan dépendant directement du Caire[23]. Haut lieu religieux de l'islam, la ville ne jouissait pas d'une grande importance administrative. Elle était un lieu d'exil régulièrement assigné aux membres de la noblesse mamelouke entrés en disgrâce[24]. Parmi sa population se trouvaient aussi des théologiens musulmans et de nombreux soufis. À la fin du XIIIe siècle, selon certains voyageurs occidentaux, Jérusalem était en piètre état et ses sanctuaires chrétiens aussi, dont plusieurs avaient dû être abandonnés aux musulmans[25]. Si la volonté de « récupérer la Terre sainte » demeurait très forte en Occident – Jérusalem demeurant l'objectif souvent lointain des projets de croisades –, d'autres relations avaient commencé à se nouer entre les princes d'Occident et les Mamelouks, visant à favoriser le

21. Des extraits des deux chroniques de Fra Elemosina (conservées dans deux manuscrits autographes : Assise, Biblioteca Comunale, ms. 341 et Paris, BnF, Latin 5006) concernant la Terre sainte et l'Orient ont été publiés par GOLUBOVICH, *Biblioteca* 2, p. 110-113 et p. 135. Signalons en outre que le martyre des frères de Thana marqua fortement les auteurs franciscains du XIVe siècle dont nombre s'en firent l'écho ; par exemple Ordéric de Pordenone dans sa relation de voyage en Orient et en Chine (cf. GOLUBOVICH, *Biblioteca* 3, p. 211-213 et aussi l'édition du texte donnée par A. VAN DEN WYNGAERT dans *Sinica Franciscana*, 1, *Itinera et relationes fratrum minorum saeculi XIII et XIV*, Florence-Quaracchi 1929, p. 413-495, p. 424-439 pour le récit du martyre et de la récupération des reliques par Ordéric) et Angelo Clareno dans son *Historia septem tribulationum* (cf. GOLUBOVICH, *Biblioteca* 1, p. 342, et ANGELO CLARENO, *Opera*, 2, *Historia septem tribulationum Ordinis Minorum*, éd. O. ROSSINI, comm. et intr. H. HELBLING, Rome 1999 (Fonti per la storia dell'Italia Medievale, Rerum Italicarum Scriptores 2).
22. Les négociations entre Frédéric II et al-Kamil avaient été ratifiées par le traité de Jaffa en février 1229.
23. Cf. O. GRABAR, *s. v.* « Al-Kuds », *EI*², 5, p. 321-345.
24. Cf. D. AYALON, Discharges from service, Banishments and Imprisonments in Mamluk Society, *Israeli Oriental Studies* 2, 1973, p. 324-349. Voir aussi H. LUTFI, *Al-Quds al-Mamlûkiyya: a History of Mamlûk Jerusalem based on the Haram Documents*, Berlin 1985.
25. Le missionnaire dominicain Riccold de Monte Croce, par exemple, débarqua à Acre en 1288, effectua un long périple dans tout l'Orient et rédigea son *Liber peregrinationis* à Florence vers 1300 ; il écrit de Jérusalem, « cité sainte, qui, au vrai, mérite aussi le nom de cité de ruine et de destruction », cf. RICCOLD DE MONTE CROCE, *Pérégrination en Terre Sainte et au Proche Orient*, éd. et trad. R. KAPPLER, Paris 1997, p. 49. Et aussi M. H. BURGOYNE, *Mamluk Jerusalem. An Architectural Study*, Jérusalem 1987.

commerce et les visites des pèlerins au Saint-Sépulcre. Au début du XIVe siècle, le roi d'Aragon Jacques II envoya ainsi plusieurs ambassades au sultan du Caire pour obtenir la protection des marchands catalans en Égypte et des pèlerins originaires de son royaume[26]. Particulièrement liés aux ordres mendiants, il se préoccupa de la présence régulière de religieux à Jérusalem[27]. En 1322, il demanda au sultan al-Nasîr la garde du Saint-Sépulcre pour douze dominicains catalans[28] ; mais on peut douter qu'ils s'y installèrent effectivement car le roi aragonais sollicita le même privilège cinq ans plus tard pour les Franciscains, sans plus d'effet semble-t-il[29].

En 1328, Jean XXII concéda au ministre provincial de Terre sainte, installé à Chypre, le pouvoir d'envoyer deux frères et un serviteur chaque année à Jérusalem, preuve que la papauté s'intéressait aussi à cette affaire[30]. Parallèlement aux démarches aragonaise et pontificale, les souverains de Naples, Robert d'Anjou et sa femme Sancia de Majorque, très liés l'un et l'autre à l'ordre franciscain, tentèrent eux aussi d'obtenir la garde des Lieux saints pour les frères[31]. Ils y parvinrent au début des années 1330, grâce à de coûteuses négociations avec le sultan. Les largesses du couple royal permirent aux frères de s'installer de manière plus régulière sur le mont Sion[32]. Quelque temps après, les subsides envoyés par la reine Sancia autorisèrent

26. Ces ambassades sont bien documentées dans les Archives de la Couronne d'Aragon pour 1303, 1305, 1314, 1318, 1322 et 1327 ; voir les extraits des documents publiés dans GOLUBOVICH, *Biblioteca* 3, p. 73-85 ; 232-237, 309-318.

27. Des frères mendiants se rendaient régulièrement en Terre sainte au début du XIVe siècle mais n'avaient pas de domicile fixe. Les requêtes des monarques visent à mettre fin à cette situation d'instabilité.

28. Le document a été publié par H. FINKE, *Acta Aragonensia. Quellen zur deutschen, italienischen, französischen, zur spanischen Kirchen- und Kulturgeschichte aus der diplomatischen Korrespondenz Jaymes II. (1291-1327)*, Berlin 1908, 1, no 470, p. 756. Un extrait est publié et traduit par GOLUBOVICH, *Biblioteca* 3, p. 233-234. Le roi demande que la garde et le service du Saint-Sépulcre soient confiés à perpétuité à l'ordre des frères Prêcheurs, à condition toutefois que les frères chargés de cette mission soient toujours natifs des royaumes et terres du roi d'Aragon. Le sultan doit préférer concéder ce service aux religieux latins, plutôt qu'aux Grecs ou à ceux des autres nations. Enfin le roi lui demande de donner aux frères les maisons qui furent jadis celles du patriarche de Jérusalem parce qu'elles sont contiguës au Saint-Sépulcre.

29. Le roi sollicite la libération de prisonniers catalans avant d'expliquer que des franciscains revenant de Jérusalem lui ont appris que le service religieux dans la basilique du Sépulcre était « insuffisant » et « peu décent ». Il demande par conséquent que des mineurs aragonais reçoivent un lieu dans la basilique et une habitation à proximité pour servir Dieu et assister les pèlerins, qu'ils puissent voyager sans entrave dans les terres du sultan et qu'ils reçoivent, ainsi que tous les chrétiens, sa protection, cf. FINKE, *Acta Aragonensia*, cité *supra* n. 28, no 472, et GOLUBOVICH, *Biblioteca* 3, p. 312-314.

30. Le document donnant cette information a été retrouvé par G. Golubovich dans les registres d'Avignon conservés aux Archives Vaticanes ; il l'a publié dans *Biblioteca* 3, p. 345. Les papes avignonnais oscillèrent entre la volonté de promouvoir de nouvelles croisades et le souci de récupérer ce qui pouvait l'être par des voies plus pacifiques ; sur cette question, voir N. HOUSLEY, *The Avignon Papacy and the Crusade 1305-1378*, Oxford 1986.

31. Cette faveur du couple royal et de ses parents envers les Franciscains est bien connue. Le père de la reine, Jacques II de Majorque, avait été le protecteur de Raymond Lulle ; sa sœur Isabelle finit ses jours en clarisse, alors que Sancia elle-même vivait comme telle à la cour (tout en ne l'étant pas), protégeant avec ferveur les Spirituels ; son frère Frédéric III († 1337), roi de Sicile, était aussi un ardent défenseur des franciscains Spirituels et son autre frère Philippe de Majorque souhaitait fonder un ordre qui respectât à la lettre la règle et le testament de François. Dès le règne de Charles II, les franciscains occupèrent une place éminente dans l'entourage des souverains angevins. Le frère de Robert, Louis, puîné de Charles II, avait été mineur et évêque de Toulouse. L'entourage de Robert comptait de nombreux franciscains, aux positions plus contrastées que ceux du cercle de Sancia : défenseurs acharnés de la pauvreté évangélique et leurs plus farouches adversaires s'y mêlaient.

32. Au XIIIe siècle, il y avait sur le mont Sion un monastère dédié à la Vierge, qui incluait dans son enceinte plusieurs lieux saints (le Cénacle, le lieu où Thomas toucha la plaie du Christ au lendemain

les frères à construire un couvent. La date exacte de cette installation n'est pas connue (1336 ?), mais en novembre 1342, Clément VI confirma par bulle adressée au ministre général des Franciscains et au ministre provincial de la Terre de Labour que Robert et Sancia avaient obtenu du sultan d'Égypte, « *magnis sumptibus et laboribus gravibus* », que les Mineurs puissent « *continue infra ecclesiam S. Sepulchri commorari* » et qu'il leur concédât aussi le Cénacle, la chapelle du Saint-Esprit et la chapelle Saint-Thomas, sis tous trois sur le mont Sion[33]. La bulle rappelle qu'en ce lieu la reine fit construire un couvent pour douze frères et trois serviteurs, qu'elle entretiendra perpétuellement sur ses deniers. Le pape invite donc les deux ministres à envoyer douze frères dans ce couvent, ce qui pourrait signifier qu'en 1342 les franciscains n'étaient pas encore fermement installés dans leurs murs. Une autre bulle portant la même date, adressée à Sancia et à Robert, leur confère ainsi qu'à leurs successeurs, la faculté d'envoyer trois *personas seculares* pour le service des frères du Mont-Sion, ainsi que deux autres personnes par an *cum provisione et necessariis pro fratribus et saecularibus*[34]. Enfin, le franciscain Jean de Winterthur rapporte dans sa chronique qu'un mineur de sa connaissance lui apprit qu'en 1343 treize frères résidaient au mont Sion, dont quatre en permanence[35].

La garde des Lieux saints fut donc durant la première moitié du XIVe siècle un enjeu d'importance pour les puissances méditerranéennes (Couronne d'Aragon et Royaume de Naples), la papauté et les religieux mendiants : les Franciscains, avec l'aide de Naples, obtinrent de s'installer durablement au Sépulcre et sur la colline de Sion. Mais ils convoitaient aussi le Tombeau de la Vierge dans la vallée de Josaphat et la Grotte de la Nativité à Bethléem[36]. En 1335, le clergé latin avait la préséance sur les clercs de rite oriental (grec, nestorien, maronite, jacobite, géorgien...) lors de la cocélébration des offices dans l'église de Josaphat mais rien ne prouve que les franciscains en avaient alors la garde exclusive[37]. À la suite d'une intervention de Pierre IV d'Aragon, trois bulles pontificales – l'une d'Innocent VI (9 décembre 1361) et les deux autres d'Urbain V confirmant et complétant les précédentes (8 novembre 1362) – furent expédiées aux frères de

de la Résurrection et celui où le Saint-Esprit descendit sur la Vierge et les apôtres le jour de la Pentecôte...). Selon ce qu'en dit dans son récit de voyage le prêtre Ludolf de Sudheim qui visita la Terre sainte entre 1336 et 1341, au moment de son passage : *In hoc monasterio nunc degunt fratres minores qui, temporibus meis, a regina Sancea, regis Roberti uxore, necessaria sufficienter habuerunt et ibidem divinum officium devote et aperte celebrant excepto quod non licet eis Sarracenis publice praedicare, et corpora mortuorum absque scitu officialis civitatis sepelire ; et iidem fratres temporibus meis fuerunt valentissimi viri. Ipsos peregrini, mercatores, etiam Saraceni multum commendabant ; nam omnibus multa bona faciebant* (des extraits de ce récit ont été publiés par GOLUBOVICH, *Biblioteca* 4, p. 27 pour la citation). Le pèlerin loue l'œuvre des frères envers les marchands, les pèlerins et même les Sarrasins en ce lieu.

33. Sur les églises et principaux lieux de pèlerinage à Jérusalem, voir les remarques de R. AUBERT, *s. v.* « Jérusalem », *DHGE*, 27, Paris 2000, col. 1081-1090. Au sujet des installations franciscaines sur la colline de Sion, voir. L. LEMMENS, *Die Franziskaner im hl. Lande*. 1, *Die Franziskaner auf dem Sion (1336-1551)*, Münster 1916.

34. Les bulles sont publiées dans GOLUBOVICH, *Biblioteca* 4, p. 52-56.

35. Voir *Die Chronik Johanns von Winterthur*, éd. F. BAETHGEN, C. BRUN, Berlin 1924, p. 221 ; le même chroniqueur rapporte que le chapitre général de Marseille, tenu en 1343, décida d'envoyer douze frères à Jérusalem pour qu'ils demeurent près du Sépulcre et qu'ils y célèbrent des messes (*ibid.*, p. 206).

36. Cf. GOLUBOVICH, *Biblioteca* 3, p. 154 ; p. 32-33 ; p 35-36.

37. Voir le récit qu'en donne le chanoine de Saint-Augustin Giacomo da Verona et dont Golubovich tire des conclusions hâtives sur le contrôle effectif des lieux par les Mineurs à cette date, cf. GOLUBOVICH, *Biblioteca* 4, p. 33.

Jérusalem. Elles montrent que le contrôle du Tombeau de la Vierge et de la Grotte de l'Oraison par les franciscains était peu visible avant les années 1360. En effet, les papes concédèrent alors aux frères le droit de construire sur ces lieux *locum cum ecclesia, cappella seu oratorio, campana et campanili, caemeterio et domibus et aliis necessariis officinis*, un privilège qui ne fut sans doute pas immédiatement suivi d'effet. On apprend aussi qu'à ce moment le sanctuaire du Mont-Sion avait besoin d'être restauré : pour le réparer, Urbain VI autorisa l'importation depuis l'Europe de bois, de fer et d'autres matériaux nécessaires ; en outre, il confirma la décision d'Innocent VI de laisser aux frères la possibilité de concéder à 300 personnes le droit de visiter les Lieux saints dont les aumônes contribueraient aux réparations[38].

Quant à l'autel construit dans Grotte de la Nativité, il était en 1335 sous le contrôle exclusif des « chrétiens francs », selon Giacomo da Verona qui s'y trouvait à cette date (l'autel majeur, situé au-dessus dans la basilique, était possession des Grecs) ; et les célébrations mêlaient franciscains, dominicains, clercs et prêtres indéterminés, selon le même auteur[39]. On ignore donc la date précise à laquelle les frères prirent le contrôle de la basilique mais le franciscain Niccolò di Poggibonsi, qui visita Jérusalem en 1345, explique que le sultan mamelouk *Medephar* leur aurait fait don de l'église de Bethléem lors de son court règne (1309-1310)[40] : la mort brutale du généreux sultan (il fut étranglé) aurait empêché les frères de prendre possession de leur bien, ce qu'ils firent trente-cinq ans plus tard, au moment où Niccolò lui-même se trouvait en Terre sainte[41]. On soulignera ici le souci d'un franciscain du milieu du XIVe siècle de rattacher la possession de la basilique de Bethléem à la générosité d'un sultan, ce qui pouvait être une manière de renforcer la légitimité franciscaine en ces lieux. Quoi qu'il en soit, le gardien du Mont-Sion *Geraldus* se trouvait en Europe en mars 1393 pour demander aux princes d'Italie, de France et d'Angleterre de restaurer la basilique de Bethléem qui menaçait ruine, preuve sans doute qu'elle était alors gérée par les Franciscains. On peut aussi relever l'activité de *Geraldus* auprès des puissances politiques occidentales deux ans après le martyre, preuve qu'il avait alors retrouvé sa liberté de mouvement et sa pugnacité...

Lorsque les quatre frères du Mont-Sion décidèrent d'aller prêcher auprès du représentant de l'autorité judiciaire et religieuse d'une ville essentiellement peuplée de théologiens et de mystiques musulmans, leur communauté avait donc été promue gardienne des Lieux saints depuis un demi-siècle, non sans difficultés. La tranquillité de vie des frères était cependant soumise aux aléas des successions chez les Mamelouks, qui généraient des troubles, des vagues de persécutions et des remises en cause de leur situation : ils devaient demander régulièrement la confirmation de

38. Le texte des trois bulles est donné dans GOLUBOVICH, *Biblioteca* 5, p. 84-87.

39. Cf. GOLUBOVICH, *Biblioteca* 4, p. 35-36 : *De mane autem quelibet natio accepit suum altare, sibi ex ordine deputatum. Altare majus, superius est Grecorum ; altare inferius, juxta presepium est Francorum christianorum, in quo altari missam solemniter celebravi : et eramus ultra quam centum Franci christiani ; et erant ibi duo predicatores, duo minores et plures clerici et sacerdotes, et peregrini seculares : et facimus pulcherrimum officium ad laudem Dei.*

40. Il s'agit de Baybars II.

41. Cité par GOLUBOVICH, *Biblioteca* 3, p. 154 ; l'œuvre de ce franciscain toscan est bien connue et a été conservée dans de nombreux manuscrits, cf. NICOLÒ DA POGGIBONSI, *Libro d'Oltramare*, éd. A. BACCHI DELLA LEGA, Bologne 1881 (reprod. fac-sim. Bologne 1968), 1, p. 236. Voir aussi J. BREFELD, *A Guidebook for the Jerusalem Pilgrimage in the Late Middle Ages: a Case for Computer-Aided Criticism*, Hilversum 1994.

leurs privilèges par l'entremise de quelque royal protecteur[42]. Ils vivaient dans un environnement peu favorable à l'exercice de leur mission, devant se contenter de garder des lieux où ils étaient tolérés, tout en prodiguant les sacrements, les paroles et le réconfort nécessaires au maintien dans la foi chrétienne de leurs coreligionnaires installés à Jérusalem ou de passage pour quelque pieux motif. Aller expliquer la vérité du christianisme au cadi était peut-être une manière de susciter l'une de ces disputations théologiques dont on savait bien à la fin du XIVe siècle qu'elles ne pouvaient mener bien loin... Nier le caractère prophétique du message de Mahomet était blasphème, ce que les frères n'ignoraient pas non plus : une telle entreprise signifiait aller vers une mort certaine ; cette démarche pouvait bouleverser le fragile équilibre politico-diplomatique qui autorisait la présence de religieux à Jérusalem et rendre plus difficile la tâche de ceux qui apportaient un soin spirituel quotidien aux quelques chrétiens de la ville (marchands, captifs, pèlerins...).

Du strict point de vue de leur vocation franciscaine, les frères avaient néanmoins quelques bonnes raisons d'entreprendre cette démarche. François lui-même n'avait-il pas tenté le voyage de Jérusalem en 1219 ? Il n'avait certes pas atteint son but mais s'était entretenu avec le sultan al-Kamil sous les murs de Damiette assiégée, cet épisode étant abondamment exploité et étoffé par l'hagiographie et l'iconographie franciscaines[43]. En outre, la *Regula non bullata* (1221) elle-même invitait explicitement les frères à partir à la rencontre des « infidèles » soit pour vivre discrètement parmi eux, soit pour leur annoncer l'Évangile et les inviter au baptême, ce qui s'avérait nettement plus dangereux[44]. Enfin, d'autres frères avant eux avaient exploré les voies du martyre au Maghreb, en Égypte, en Syrie ou en Palestine, dont les exploits ne leur étaient sans doute pas inconnus[45]. Dans les années 1380, la *Chronique des XXIV Généraux* composée par le franciscain aquitain Arnaud de Sarrant avait commencé à circuler : cette histoire de l'ordre organisée selon les généralats successifs faisait la part belle aux martyres franciscains, entretenant ainsi l'intérêt pour cet aspect controversé de la spiritualité des frères[46].

42. Ce que fit, par exemple, Pierre IV d'Aragon en 1346, lorsqu'il envoya des ambassadeurs au sultan pour obtenir la réparation des lieux saints endommagés lors de la persécution de 1343-1344 ainsi que la protection solennelle des frères (cf. GOLUBOVICH, *Biblioteca* 4, p. 408) ; et aussi la reine Jeanne Ire de Naples, petite-fille et héritière de Robert d'Anjou lorsqu'elle écrivit au sultan du Caire en mai 1363 (cf. GOLUBOVICH, *Biblioteca* 4, p. 50-51).
43. Voir par exemple ce qu'en dit Bonaventure dans sa *Legenda maior*, éditée dans *Legenda S. Francisci Assisiensis saeculis XIII e XIV conscriptae*, Quaracchi 1926-1941 (Analecta franciscana 10), p. 555-652, cap. 9, p. 599-601. Dante s'en fit aussi l'écho dans la *Divine Comédie*, cf *Paradis*, chant XI, v. 100.
44. Cf. *Regula non bullata*, dans FRANÇOIS D'ASSISE, *Écrits*, Texte latin de l'édition K. ESSER. Introduction, traduction, notes et index par T. DESBONNETS *et alii*, Paris 1981 (Sources Chrétiennes 285), p. 122-178 (p. 150-153 pour la référence). Le texte de la règle des frères Mineurs de 1216, reconstitué récemment par Bernard Vollot, comporte la même invitation et les mêmes indications quant à l'attitude à adopter, cf. B. VOLLOT, La règle des frères mineurs de 1216, *Franciscana. Bollettino della Società internazionale di studi francescani* 2, 2000, p. 137-151 (p. 142, § XVI, pour le passage concerné).
45. Plusieurs martyres de franciscains s'étant déroulés dans la seconde moitié du XIIIe siècle s'inscrivent dans le contexte de la conquête des États croisés par les Mamelouks : à Safed en 1266, à Antioche en 1268, en un lieu imprécis de Syrie en 1269, à Tripoli en 1289, à Acre en 1291... Le phénomène se poursuivit au XIVe siècle (au Caire en 1345, en 1358, et entre 1359 et 1366 ; à Gaza en 1364, à Damas en 1365...).
46. Docteur en théologie, Arnaud de Sarrant était ministre provincial d'Aquitaine en 1361. Sa *Chronica XXIV Generalium Ordinis Minorum* est éditée dans *Analecta Franciscana* 3, Quaracchi 1907. On retient ordinairement que la chronique fut composée pour l'essentiel avant 1369 mais elle consigne des faits jusqu'en 1374. Le martyr *Deodatus*, le gardien *Geraldus*, auteur de la lettre et probablement de la *relatio*, ainsi que deux autres frères cités comme témoins étaient originaires d'Aquitaine ; certains pouvaient avoir lu la chronique.

La lecture de la *relatio* ne laisse aucun doute sur la nature de leur démarche : il s'agit d'un martyre volontaire, au nom de l'impérieuse nécessité de porter la divine parole auprès de ceux qui en ignorent encore le message. On ne saura jamais ce que dirent réellement les frères au cadi, dans quelle langue ils le lui dire, ni même si le déroulement de l'histoire fut celui narré dans la *relatio*[47]. Si les attaques contre le Coran et Mahomet ne présentent rien de très original dans leur contenu, on relèvera toutefois que les récits de martyres franciscains ne comportent que rarement une argumentation aussi structurée – ils ne mentionnent en général que le credo des frères et leur certitude de gagner le paradis[48]. Quoi qu'il en soit, il y a peu de raison de douter que ce martyre eut bien lieu, l'interdiction formelle faite aux chrétiens de blasphémer contre le Prophète suffisant à expliquer leur sort. Les réactions prêtées au cadi avant que la foule des Sarrasins ne se déchaîne viennent souligner son aveuglement. Le juge soupçonne les frères d'être en service commandé pour le compte du pape ou de quelque souverain, ne pouvant imaginer que leur mission leur a été inspirée par Dieu seul et non par « quelque humaine créature ». La patience qu'il démontre en écoutant leur discours est évoquée moins pour illustrer la curiosité ou l'intérêt des musulmans à l'égard des athlètes de la foi chrétienne que pour mettre en évidence l'utilité du martyre : aller au bout de la réfutation avant de mourir était une manière de montrer que cette mort n'était pas vaine. Mais on aurait sans doute tort de ne voir dans leur démarche qu'une provocation embarrassante pour les autres membres de la communauté et d'oublier les desseins que ce type d'histoire pouvait servir. Le frère *Geraldus* l'explique sans détour au terme de son récit, lorsqu'il voit dans le martyre des frères une manifestation de la miséricorde divine et une source de consolation pour tous les chrétiens de Jérusalem : une autre manière de dire que les Lieux saints étaient sous la bonne garde de serviteurs de Dieu actifs, n'ayant rien perdu de leur ferveur, dont le sacrifice invitait les autres chrétiens à résister à la pression de l'islam et à demeurer inébranlables dans leur foi.

La lettre accompagnant le récit dans l'un des deux registres introduit cependant une nuance et fait l'effet d'un signe adressé à l'Occident. Depuis le début du Grand Schisme (1378), l'idée que seule une croisade contre les musulmans pouvait réunifier la chrétienté avait fait son chemin. Les malheurs glorieux des franciscains de Jérusalem, martyrs ou frères retranchés dans leur couvent, vivant au quotidien sous la menace d'un environnement hostile, ne pouvaient-ils contribuer à émouvoir les puissances politiques et la papauté, et les inviter à prendre l'initiative d'une croisade permettant de dépasser les divisions de la chrétienté ? Écrire aux marchands catalans de Damas était peut-être une manière de s'assurer que l'information serait transmise au souverain aragonais, défenseur depuis le début du XIVe siècle de la cause franciscaine en Terre sainte et aussi du commerce de ses ressortissants ; cette démarche sonnait aussi comme un reproche à ceux qui entretenaient des relations économiques avec les bourreaux des Mineurs. La missive pouvait donc suggérer que Jérusalem, en dépit des échanges diplomatiques et commerciaux des souverains chrétiens avec les sultans du Caire, devait encore être reconquise.

47. On remarquera la volonté de l'auteur de la *relatio* de préciser qu'une traduction arabe du discours des frères avait été prévue.

48. Sur la méconnaissance de l'islam démontrée par les missionnaires franciscains au XIIIe siècle, voir J. TOLAN, *Les Sarrasins*, Paris 2003, p. 291-296. La situation n'était pas très différente au XIVe siècle mais on notera ici l'effort fait par l'auteur de cette *relatio* pour tenter de démontrer le contraire.

Le dernier point relativement original de cet ensemble de documents réside dans la manière dont la *relatio* se clôt. On se souvient que son auteur, après avoir livré un commentaire sur la brièveté de son récit, donne une liste de témoins ayant assistés au drame, qui n'est pas exactement la même d'un registre à l'autre[49]. Témoin oculaire de l'événement qu'il relate, l'auteur livre donc aussi les noms de ceux qui, avec lui, peuvent témoigner de ce qui s'est passé. Si l'on s'en tient à la version la plus complète de cette liste, qui se trouve dans le registre 265 (fol. 3), on remarque que les témoins sont répartis en deux groupes. Les pèlerins laïcs sont mentionnés les premiers[50] : ils proviennent d'Italie surtout (Saluces, Naples, Ravenne et Gênes), mais aussi de France, de Bretagne et du Portugal (Lisbonne) ; deux d'entre eux appartiennent à la fine fleur de l'aristocratie italienne, puisqu'on trouve le fils du marquis Frédéric II de Saluces, Thomas III (*Thomas filius marchionis Saliciarum miles tunc factus*), et un représentant de la famille napolitaine des Barrili (*Iohannes Barrilis de Neapolis miles tunc factus in Sepulcro*)[51] ; un autre est vicomte, peut-être breton, *Iohannes vicecomis de Laballia*[52] ; ils sont tous trois accompagnés de leur suite, ainsi que *Iohannes Campana Ianue, hospitalarius peregrinorum*. Les autres sont mentionnés seuls. À ces témoins nommés s'ajoute un groupe indifférencié de femmes, provenant de divers endroits, en pèlerinage ou habitantes de la ville, qui comme les précédents *dicto matirio interfuerunt, viderunt et potuerunt testimonium veritatis in toto mundo perhibere*[53].

Le deuxième groupe est constitué des frères, onze au total, avec en tête *Girardus Cabieti provincie Aquitanie*, que l'on pense être le gardien du couvent, auteur de la lettre aux marchands et sans doute aussi de la *relatio*. Deux autres frères proviennent de la province d'Aquitaine (*Iohannes* et *Petrus de Bordegala*) ; cinq sont signalés comme originaires d'Italie (Sicile, Terre de Labour, province de Saint-François, Rome et Marches,)[54] ; trois enfin sont dits *alamanus*, *cathalanus* et *de Sclavonia*[55]. Les deux listes de témoins ajoutées au récit donnent au document une valeur de procès-verbal, de transcription officielle de ce qui s'est passé, visant à confirmer l'authenticité de l'événement et à conférer à l'ensemble documentaire une valeur parente de celle des Actes des premiers martyrs ; la forme du document pouvait fonder une demande d'enquête en vue d'une sanctification officielle. Si l'on recoupe cette démarche de l'auteur de la *relatio* avec ce qu'il dit par ailleurs de l'attitude du cadi, qui convoqua les siens en même temps que la communauté du Mont-Sion, on imagine que le supplice des frères fut l'occasion d'un cruel spectacle, au cours duquel chacune des parties fut confortée dans ses positions.

49. Voir *supra* p. 441.

50. Les identifications de certains de ces témoins avaient été faites par DURRIEU, *Archives de l'Orient latin*, cité *supra* n. 1, et reprises par GOLUBOVICH, *Biblioteca* 5, p. 287-288. Elles mériteraient sans doute d'être complétées.

51. Cette enquête permettrait notamment d'éclaircir les circonstances dans lesquelles Giovanni Barrili et Thomas III de Saluces reçurent le titre de *milites facti in Sancto Sepulcro*, le premier document attestant cette pratique datant de 1336 (adoubement de Wilhelm von Boldensel). Il semble que ce soit le gardien du couvent du Mont-Sion qui, à la suite des chanoines du Saint-Sépulcre, ait eu la prérogative de procéder à ces adoubements dans la deuxième moitié du XIVe siècle.

52. Durrieu et Golubovich l'identifient comme provenant de Lamballe, non loin de Saint-Brieuc.

53. *Reg. Aven. 265*, fol. 3.

54. Il s'agit de *Iohannes de Noto magister in theologia, provincie Cicilie ; Petrus Cocclarius de Neapoli provincie Terre Laboris ; Angelus de Perusio provincie Sancti Francisci ; Laurencius de Placencia provincie Rome ; Angelus de Marchia*.

55. Respectivement nommés *Iohannes de Argentina Alamanus*, *Martinus Cathalanus* et *Martinus de Sclavonia*.

On ignore la manière dont le récit fut reçu par le pape et son entourage, et ce qu'ils en pensèrent. Nulle source ne démontre pour l'heure que l'écho de ce martyre fut puissant, sinon à l'intérieur de l'ordre lui-même. Un demi-siècle après les faits, les martyrs de 1391 faisaient parti du panthéon des saints propres à l'ordre. Le grand prédicateur observant Jacques de la Marche († 1476), dans un sermon qu'il prononça lors du chapitre général de Florence en 1449 sur l'excellence de l'ordre de Saint François, se plut à énumérer les quatre domaines dans lesquels la communauté s'illustrait[56] : *Ille Ordo fuit singularissimus in scientie radiositate, excellentissimus in doctrine nobilitate; preclarissimus regali et imperiali dignitate; lucidissimus in miraculorum sanctitate*, écrit-il. Il énumère en premier lieu les frères qui ont excellé dans les domaines des Saintes Écritures, des arts libéraux, des sermons et postilles et des deux droits, et ceux qui se sont signalés dans les plus hautes charges de l'Église (papes, cardinaux, patriarches et archevêques) ; il livre ensuite les noms des empereurs, rois, ducs et comtes qui revêtirent la bure franciscaine *in hora mortis* et furent inhumés dans les églises des frères ; il achève son sermon en évoquant la sainteté des frères, illustres par leur aptitude à la contemplation, les miracles opérés et finalement le martyre. C'est sur ce dernier aspect que s'achève le sermon ; il est introduit de la manière suivante : *Secundum chronicas antiquas et dictum magistrum plus quam centum fratres martirizati sunt pro fide Christi, quorum aliqua nomina caritatibus vestris intimibamus...* Les noms des quatre martyrs de Jérusalem sont donnés à la suite d'autres, assortis de quelques lignes résumant leur histoire : *Item frater Nicolaus de Taulicis de Sibinico cuius duos fratres carnales vidi Sibinichi, frater Deodatus de Ruticinio provincie Equitanie* [sic], *frater Petrus de Narbona de provincia Provincie, sotius fratris Paulutii de Fulgineo, frater Stephanus de Laruch in vicarie Corsiche multis annis in Ierusalem M°CCC°LXXXXI° die XI° novembris audacter coram Cadi et tringinta milia Saracenorum, et omnes contra fratres concitati, verberibus quasi mortui relicti die noctuque, per tres dies sine cibo potuque, celesti cibo recreati sunt. In tertio die in platea innumerabilibus ictibus corpora eorum incisa sunt. Bis ignis extinctus est super corpora eorum et tertium diem usque sero fecerunt ignem super ea, et tamen penitus fuerunt immaculata, et tamen fecerunt humari, ne christiani acciperent*[57].

Il convient évidemment de relever le commentaire accompagnant la mention du premier des frères, dont Jacques de la Marche affirme avoir connu personnellement les frères de sang à Sibenik, sur la côte dalmate. Le mouvement observant avait eu du succès en Bosnie au cours du XVe siècle, de nombreux frères installés dans cette région provenant de couvents italiens qui avaient adopté la réforme[58]. Soucieux d'acquérir un peu d'indépendance, les observants de Bosnie réclamaient depuis plusieurs années au ministre général de l'ordre franciscain d'élire un vicaire issu de la réforme, lorsque ce dernier décida de leur envoyer Jacques de la Marche, paré du titre de « commissaire ». Il y fit plusieurs séjours entre 1432 et 1436, faisant œuvre de missionnaire, de réformateur et d'inquisiteur. C'est dans ce contexte qu'il put rencontrer les frères du Dalmate *Nicolaus* dont il donne le nom de famille et le lieu d'origine (Sibenik), sortant le frère de l'anonymat propre aux noms de

56. Ce sermon a été publié par N. DE GAL, *Sermo S. Iacobi de Marchia De excellentia Ordinis S. Francisci (ex codice autographo)*, *Archivum franciscanum historicum* 4, 1911, p. 303-313.
57. *Ibid.*, p. 312.
58. Voir D. FABIANICH, *Storia dei Frati Minori in Dalmazia e Bosnia*, Zara 1863, p. 132-146.

religion[59]. Prédicateur de la croisade contre le Turc, Jacques de la Marche savait qu'en exposant les noms des martyrs à ses frères dans un sermon, il les invitait à réfléchir sur les actions possibles envers les « infidèles » : la confrontation verbale avec ces derniers et le martyre qu'elle pouvait entraîner en faisaient partie. Défense et illustration de l'excellence de l'ordre franciscain à usage interne, ce sermon était aussi l'occasion d'établir un lien entre martyre et observance qu'on ne trouve pas dans la *relatio martyrii*. Jacques de la Marche signale en effet que Pierre de Narbonne fut l'un des compagnons de Paolo Trinci de Foligno († 1390), père de l'observance[60] : une manière de rompre l'égalité entre les quatre frères et de poser la marque du mouvement de réforme sur ce martyr.

L'affaire ne semble pas être allée beaucoup plus loin à l'époque médiévale. Et ce n'est pas aux martyrs de Jérusalem mais à leurs confrères suppliciés au Maroc en 1220, que le pape Sixte IV pensa lorsqu'en 1481, il décida que la propagande en faveur de la croisade contre les Turcs pouvait passer par la canonisation de martyrs de son ordre[61]. Le lieu du supplice des « protomartyrs » était certes moins évocateur que Jérusalem mais ces frères avaient accompli leur mission à l'invitation de François et du vivant de celui-ci, à une époque désormais totalement idéalisée. Le souvenir des martyrs de 1391 ne se perdit pas pour autant et il continua d'être entretenu dans l'historiographie franciscaine, notamment celle d'origine observante à l'époque moderne. Mariano da Firenze rédigea dans le premier quart du XVIe siècle une histoire franciscaine jusqu'en 1486 intitulée *Fasciculus chronicarum ordinis minorum divisus in 5 libros*, dont une version abrégée circulant sous le titre de *Compendium chronicarum fratrum minorum* a été conservée[62]. Organisé selon un

59. Le port de Sibenik se trouve sur la côte dalmate, à mi-chemin entre Zadar, au nord, et Split, au sud. Situé sur une zone de frontière, la ville passa sous influence vénitienne en 1408, après que Ladislas de Duras (de Naples) eut cédé ses droits sur la Dalmatie à la République de Venise, et y demeura jusqu'à l'abolition de cette dernière en 1797.
60. Issu d'une importante famille de Foligno, Paolo (Paoluccio) rejoignit le couvent franciscain de cette ville au début des années 1320. En 1334, Giovanni della Valle, disciple d'Angelo Clareno, s'était retiré dans l'ermitage de Brogliano, aux confins de l'Ombrie et des Marches, avec quelques compagnons pour observer à la lettre la règle franciscaine. Cette communauté vivotait lorsqu'en 1355 certains de ses membres furent accusés d'hérésie et emprisonnés, et leurs privilèges révoqués (août 1355). Ayant visité les frères à ce moment, Paolo Trinci dut renoncer à ses rêves de réforme. Mais à la faveur d'un voyage à Foligno du nouveau ministre général Tommaso del Frignano (1367), Paolo Trinci obtint l'autorisation de regagner avec quelques frères l'ermitage de Brogliano, ce qu'il fit en 1368. Le mouvement de la stricte observance se développa à partir de cette date et connut, après de difficiles débuts, le succès que l'on sait. Cf. M. SENSI *Le Osservanze francescane nell'Italia centrale (secoli XIV-XV)*, Rome 1985 ; R. MANSELLI, L'Osservanza francescana : dinamica della sua formazione e fenomenologia, *Reformbemühungen und Observanzbestrebungen im spätmittelalterlichen Ordenswesen*, éd. K. HELM, Berlin 1989, p. 173-187.
61. Francesco della Rovere avait été ministre général de l'ordre franciscain (1464-1469), avant de devenir pape sous le nom de Sixte IV, en août 1471. Le 7 août 1481, il accorda le droit de célébrer publiquement et officiellement des offices en l'honneur des cinq premiers martyrs franciscains, suppliciés à Marrakech en 1220. Leur fête fut fixée au 16 janvier. La bulle *Cum alias* accorda cette forme de reconnaissance, bien qu'aucun procès de canonisation n'ait été engagé (voir L. Di FONZO, Santità serafica, santi, beati e venerabili del III ordine francescano, *Miscellanea franciscana* 89, 1989, p. 158).
62. Ce résumé ne rend que peu compte de la réputation dont jouit le chroniqueur florentin aux XVIe et XVIIe siècles. Luke Wadding puisa abondamment dans le *Fasciculus chronicarum* pour composer ses *Annales minorum*, et affirme avoir utilisé le manuscrit autographe aujourd'hui introuvable. Le *Compendium chronicarum fratrum minorum* a été publié par T. DOMENICHELLI, Quaracchi 1911 ; il était paru auparavant en plusieurs livraisons dans l'*Archivum franciscanum historicum*, entre 1908 et 1911. Sur Mariano et son œuvre, voir C. CANNAROZZI, Ricerche sulla vita di Fra Mariano da Firenze, *Studi Francescani* 1930, p. 251-285, et M. BERTAGNA, Per un nuovo incontro con Mariano da Firenze,

ordre chronologique strict à partir de 1181, le *Compendium* mentionne les frères de Jérusalem à l'année 1391 : *Anno Domini 1391 undecima die novembris, in platea sancte civitatis Hierusalem a Sarracenis ob predicationem vere fidei cum gladiis, innumerabilibus ictibus, crudeliter interfecti sunt frater Nicolaus de Sibinico, frater Donatus de Ruticinio, frater Petrus de Narbona, frater Stefanus de Lanich, corsus.* On remarquera que l'histoire est réduite à sa plus simple expression, que tous les frères sont présentés sur un pied d'égalité et identifiés par leur lieu d'origine, qu'ils ne sont pas qualifiés de martyrs[63]. Même si l'œuvre de Mariano da Firenze et les travaux de l'historiographie franciscaine érudite de la fin du XVIe siècle pouvaient toucher un public plus large que celui des frères, toutes familles confondues, il semble que la sanctification officielle des martyrs de Jérusalem n'ait pas été réclamée ou, si elle le fut, qu'elle n'aboutit pas.

Leur histoire connut un second souffle au XIXe siècle, dans un contexte bien différent. Le 6 juin 1889, Léon XIII approuva le culte public de celui des quatre frères que Jacques de la Marche avait contribué à faire remarquer : « Nicolas Tavelic de Sibenik », en oubliant ses trois compagnons. Une enquête dans les archives pontificales de la fin du XIXe siècle permettrait d'en savoir un peu plus sur ce qui présida à cette béatification[64]. Elle doit sans doute être examinée du double point de vue de la situation des franciscains en Palestine et de celle de la Croatie, dans un contexte de montée des nationalismes et d'évolution des modalités de cohabitation entre les différentes communautés religieuses de cette partie de l'Empire austro-hongrois comme dans l'Empire ottoman[65]. L'histoire des premiers entre le XIVe siècle (moment où ils obtiennent officiellement la garde des principaux Lieux saints) et la fin du XIXe siècle est bien trop riche pour être résumée en quelques mots. Ils connurent de difficiles périodes et furent chassés du Cénacle dès le début du XVIe siècle : en 1523, ils furent dépossédés du couvent et de l'église qu'ils avaient en ce lieu au motif que le tombeau du roi David se trouvait sous le Cénacle (une intervention de Venise leur permit de récupérer le couvent mais pas le Cénacle lui-même). Leur présence à Jérusalem n'en demeura pas moins ferme, la Custodie de Terre sainte s'étendant sur l'ensemble du territoire ottoman. Le gardien de la Custodie avait rang d'évêque, situation qui perdura jusqu'en 1847. À cette date, un concordat entre le Vatican et la Sublime Porte permit à Pie IX de rétablir le patriarcat latin de Jérusalem, lequel eut dès lors autorité sur la Custodie. Cette décision mit fin au monopole séculaire des Franciscains en Palestine et eut pour conséquence de réduire l'autorité du custode à celle d'un simple supérieur régulier : autant dire qu'elle suscita un certain mécontentement[66]. La béatification d'un franciscain martyr une quarantaine d'années après était une manière de reconnaître que les frères avaient de longue date payé un lourd tribut à la présence catholique en Terre sainte et gardaient en ces lieux une forme de prééminence symbolique.

Studi Francescani 79, 1982, p. 473-479. Sur la place de l'œuvre dans l'historiographie franciscaine, voir S. DA CAMPAGNOLA, *Le origini francescane come problema storiografico*, Pérouse 1979, p. 94-99.

63. Cette absence de mention du martyre n'est peut-être pas fortuite dans la mesure où d'autres frères martyrs sont mentionnés comme tels dans l'œuvre : les frères de Thana en 1321 ou encore ceux du Caire en 1345 et en 1358, pour ne citer que trois exemples.

64. L'approbation du culte de Nicolas en 1889 valait pour la Dalmatie et fut étendue à l'ensemble de l'ordre franciscain le 28 mai 1898, cf. GOLUBOVICH, *Biblioteca* 5, p. 289.

65. Insérée dans l'Empire austro-hongrois, la Croatie était d'obédience hongroise et le demeura jusqu'à la fin de la Première Guerre mondiale.

66. Pour une brève histoire de la Custodie de Terre sainte, voir P. GARCIA BARRIUSO, *s. v.* « Jérusalem » (§ Custodie de Terre sainte), *DHGE*, col. 1106-1110.

Le contexte de cette béatification permet de compléter cette hypothèse. Dans un article récent, Andrea Riccardi a rappelé que durant le XIXe siècle, le Saint-Siège, très conscient de la complexité des situations politiques et religieuses dans l'Empire ottoman, fut d'une prudence extrême envers les demandes de canonisation de catholiques réputés avoir souffert le martyre[67] : le pape ne souhaitait souligner à l'excès ni les persécutions turques, ni la polémique avec les autres communautés religieuses, juive ou orthodoxe, ni enfin exacerber les difficultés des catholiques d'Orient[68]. Cette attitude réservée se manifesta notamment à l'égard des franciscains qui périrent de mort violente en Palestine au cours de cette période[69]. Si quelques-uns de ces « martyrs » pouvaient être imputés au désordre public et à l'insécurité chronique régnant alors dans le monde ottoman, d'autres furent perçus d'emblée comme des victimes *in odio fidei* : tels fut le cas des huit franciscains de Damas, tués durant les massacres contre les chrétiens de la ville en 1860, qui firent plusieurs milliers de victimes et provoquèrent la fuite de nombreux chrétiens damascènes[70]. Dans l'ordre franciscain, les huit frères de Damas furent considérés comme emblématiques de la lutte séculaire de la Custodie au sein du monde musulman[71]. En 1872, le patriarche de Jérusalem Valerga introduisit le procès informatif diocésain en vue de leur sanctification. Le procès apostolique commença sous le pontificat de Léon XIII, en 1885. L'affaire avança assez lentement et aboutit en 1926, lorsque Pie XI les béatifia[72]. L'histoire des martyrs de Damas de 1860 peut, me semble-t-il, être mise en relation avec la béatification de l'un des quatre martyrs de Jérusalem, survenue en 1889, la coïncidence chronologique n'étant peut-être pas totalement fortuite. La béatification de Nicolas Tavelić pouvait être un signe adressé aux

67. Je reprends en les résumant les éléments donnés par A. RICCARDI, Il martirio : un modello per il cristiano nel mondo islamico tra ottocento et novecento ? Il caso dei martiri di Damasco nel 1860, *Santi, culti, simboli nell'età della secolarizzazione (1815-1915)*, éd. E. FATTORINI, Turin 1997, p. 259-283. Ce recueil rassemble les contributions d'un colloque tenu à Rome au printemps 1994. Je remercie Philippe Boutry de m'avoir indiqué cette référence bibliographique.

68. *Ibid.*, p. 262. Andrea Riccardi note qu'à partir du milieu du XIXe siècle les affrontements intercommunautaires se multiplièrent, notamment en raison d'un décret de la Sublime Porte proclamant l'égalité des sujets ottomans quelle que soit leur religion, ce qui remettait en cause une stratification sociale et religieuse séculaire, fondée sur la discrimination religieuse. Au Proche-Orient, les autorités ottomanes locales firent obstacle à cette politique égalitaire jugée inspirée par les Occidentaux (*ibid.*, p. 268).

69. Le père Guzzo publia en 1939 un recueil intitulé *Il Libro d'oro dei Francescani di Terra Santa*, dans lequel il rassembla les saints, bienheureux, pèlerins et martyrs de l'ordre depuis le XIIIe siècle. Il précise : « I Santi dell'ultimo secolo si distinguono in modo speciale per l'eroismo nella vita comune; mentre i molti Santi dei secoli lontani vi ammiriamo di frequente gesta straordinarie, imprese gloriose » (cité par RICCARDI, Il martirio, cité *supra* n. 67, p. 264). Le XIXe siècle n'est donc pas un siècle d'entreprises glorieuses et l'auteur ne qualifie de « martyre » que six cas de mort violente.

70. L'article d'Andrea Riccardi vise à faire la lumière sur cette affaire complexe, où se mêlent des accusations de meurtre rituel contre les juifs et d'assassinat par haine des chrétiens contre les musulmans. Les auteurs des massacres seraient en fait des Druzes descendus du mont Liban, du Djebel et de l'Hauran (*ibid.*, p. 268-269). L'auteur montre comment dans les sources hagiographiques franciscaines et la correspondance des pères lazaristes on en vient progressivement à réunir les différents acteurs du drame en un seul protagoniste islamique, « ennemi naturel » du chrétien (*ibid.*, p. 270).

71. *Ibid.*, p. 273.

72. *Ibid.*, p. 275-279. Les causes de cette relative lenteur sont multiples et Andrea Riccardi mentionne, entre autres, les massacres des Arméniens en Anatolie en 1895-1896, la situation de ces derniers durant la Première Guerre mondiale et les destructions d'archives durant cette période, enfin la prudence du Saint-Siège qui ne souhaitait pas non plus exacerber les oppositions entre les Turcs, les musulmans et les chrétiens. La démarche en vue de leur sanctification reprit de la vigueur au début des années 20 et aboutit dès lors rapidement. La décision de béatifier les frères suscita une protestation énergique de la part de l'épiscopat catholique oriental.

franciscains du Proche-Orient et aux communautés chrétiennes auprès desquelles ils œuvraient ; au-delà des raisons spirituelles qui pouvaient la justifier, cette béatification offrait l'avantage de renvoyer à des faits très éloignés dans le temps, tout en parlant clairement au cœur de la communauté franciscaine : elle ne présentait pas les risques induits par une initiative concernant des frères assassinés de fraîche date.

Nicolas Tavelić était originaire de Sibenik : si sa cause fut soutenue par les Franciscains, elle le fut davantage encore par le clergé croate qui prit l'initiative de la promouvoir. Son cas illustre, s'il en est encore besoin, le rôle du Moyen Âge dans la fabrication des identités nationales contemporaines. On ne peut ici qu'esquisser cette piste mais force est de constater une fois encore les coïncidences chronologiques et le fait que dans un premier temps, ce frère a été promu sans ses trois autres compagnons. À la fin du XIXe siècle, la Croatie, comme les autres nations de l'Empire austro-hongrois, avait conservé une certaine autonomie culturelle, en partie grâce au rôle du clergé catholique, et elle s'affirma progressivement comme détentrice d'une identité propre, notamment face aux Serbes orthodoxes[73]. La promotion de Nicolas Tavelić au rang de bienheureux fut certes le fruit des efforts de l'évêque de Sibenik, Monseigneur Fosko, mais le nouveau saint était aussi un vecteur possible de l'identité nationale croate alors en construction. Vénéré dans l'église des franciscains conventuels de Sibenik, Nicolas Tavelić béatifié pouvait sortir du cercle franciscain pour éventuellement intégrer celui de la nation croate émergente[74].

Les catholiques croates ne se contentèrent pas de cette béatification[75]. À l'occasion du pèlerinage national à Rome à l'automne 1939, l'épiscopat croate demanda officiellement à Pie XII la canonisation de Nicolas Tavelić, le jour même de l'anniversaire du saint, dans un contexte politique national et international dramatique[76]. Cette démarche intervint quelques semaines après la création d'une « banovine » (province) autonome de Croatie au sein du Royaume yougoslave, et ce n'est sans doute pas un hasard[77]. À ce moment, le royaume de Yougoslavie (1929-1941) était en pleine déliquescence, le problème croate demeurant l'un des plus délicats. En avril 1941, le royaume fut dépecé entre Allemagne, Italie, Bulgarie et Hongrie ; sur ses ruines, deux États « indépendants » virent le jour : un État serbe, sous contrôle allemand, et un État croate (agrandi de la Bosnie) que l'Italie comptait ériger en

73. Le mouvement national croate débute à la fin du XVIIIe siècle, un parti national émergeant au milieu du siècle suivant. Sur l'histoire de la Croatie, voir I. GOLDSTEIN, *Croatia. A History*, Londres 1999. Je remercie Taline Ter Minassian et Yves Tomic, responsable du secteur yougoslave et bulgare à la BDIC, pour leur aide sur ce sujet.

74. J'ignore encore le moment exact où les démarches en vue de la béatification commencèrent. Mais cette tentative pourrait être mise en relation avec les célébrations en l'honneur de saint Sava en 1869 à Knin (à 25 km environ au nord-est de Sibenik), qui marquent le début du mouvement national serbe en Dalmatie, cf. GOLDSTEIN, *Croatia*, cité note précédente, p. 95.

75. En 1931, dans le royaume de Yougoslavie, les Croates et les Slovènes catholiques étaient minoritaires (37,5 %) face aux orthodoxes (49 %) et avaient entrepris de résister à la pression de ces derniers (cf. É. FOUILLOUX, Les chrétiens d'Orient menacés, *Histoire du christianisme*, 12. *Guerres mondiales et totalitarismes [1914-1958]*, dir. J.-M. MAYEUR, Paris 1990, p. 770).

76. Les étapes menant à la canonisation de Nicolas Tavelić sont retracées dans la lettre adressée depuis Zagreb « aux prêtres, aux religieux et religieuses, aux fidèles » par la Conférence épiscopale de Yougoslavie le 18 février 1970. Elle est publiée dans *L'Osservatore Romano* du 21 juin 1970, no 141 (33419), p. 5. Je remercie les service des archives de ce journal qui m'a transmis des reproductions des pages concernant cette affaire.

77. La banovine, créée le 26 août 1939, est la concession tardive faite par le prince Paul (régent au nom du jeune roi Pierre II, après l'assassinat du roi Alexandre, en octobre 1934, à Marseille) au nationalisme croate. Elle comprenait la Croatie-Slavonie, la Dalmatie et la bordure occidentale de la Bosnie-Herzégovine ; son Ban siégeait à Zagreb, cf. GOLDSTEIN, *Croatia*, p. 128-129.

royaume mais qui en réalité fut livré à la dictature d'Ante Pavelić[78]. Les atrocités de ce régime (1941-1944), qui visa entre autre à convertir ou exterminer tout ce qui n'était pas catholique, et les conséquences de la Deuxième Guerre mondiale firent sans doute passer au second plan l'opportunité de la canonisation : sans vouloir cultiver l'euphémisme, on peut noter que la première demande avait été adressée à un moment qui *a posteriori* s'avérait peu opportun[79] ; mais elle n'en fut pas pour autant oubliée.

La requête fut renouvelée en septembre 1957, puis réitérée à trois reprises lors des visites des évêques yougoslaves aux papes Pie XII, Jean XXIII et Paul VI. Ce dernier procéda à la canonisation dans la basilique Saint-Pierre le 21 juin 1970, élevant à la gloire des autels non seulement Nicolas Tavelić mais aussi ses trois compagnons qui avaient été laissés pour compte à la fin du XIXe siècle. *L'Osservatore Romano* y consacra la page 5 de l'édition du même jour[80]. La partie centrale de la page est occupée par un article de Gino Concetti, intitulé « San Nicolò Tavelic e gli altri tre compagni martiri per la fede in Terrasanta », qui s'ouvre par une double référence à la *relatio* médiévale, composée par le gardien *Geraldus*, et aux « fonti storiche ». Le journaliste en extrait des informations concernant Pierre de Narbonne, « missionnaire en Corse », Stefano da Cuneo, dont il écrit qu'il faisait partie du pieux entourage de Paolo Trinci, et Nicolas Tavelic, « missionnaire en Bosnie », « né dans la noble famille des Tavelic entre 1340 et 1345 », parti en Terre sainte « à la fin du printemps ou au début de l'été 1383-1384 »... La mention de l'arrivée des frères est assortie de ce commentaire : « La Terre sainte, après la défaite des croisés, fut le domaine privilégié des missionnaires franciscains. Saint François lui-même, surmontant d'énormes difficultés et inversant la méthode de l'époque, s'y rendit en pèlerinage et rencontra le sultan. Depuis lors, les Franciscains ont eu la garde des lieux saints sanctifiés par Jésus, ils y ont rendus vivant le culte chrétien et les ont ouverts aux pèlerins venus du monde entier. » Ce saisissant raccourci qui rattache la mission de gardiens des Franciscains en Terre sainte à des temps apostoliques – ceux de l'apostolat de François – indique que la défense et l'illustration des frères en ces lieux était encore d'actualité.

La suite de l'article puise dans la *relatio* et s'achève sur les raisons de la canonisation. Si « le geste des quatre martyrs peut sembler déconcertant et incompréhensible pour nous qui sommes de l'époque post-conciliaire », écrit le journaliste, « il faut le replacer dans le cadre des méthodes missionnaires de leur temps » ; et de citer l'exclamation de joie prêtée par une partie de l'hagiographie franciscaine à François lorsqu'il apprit le martyre des frères du Maroc[81]. Le commandement de prêcher l'Évangile était alors pris à la lettre, poursuit-il, et en donnant leurs vies

78. Ante Pavelić était le chef de l'aile extrémiste du parti populaire catholique, les Oustachis ; sur l'histoire de cette période, voir GOLDSTEIN, *Croatia*, p. 131-151. Selon Étienne Fouilloux, « Sans l'aval de Rome, ni de la hiérarchie locale, mais avec la bénédiction de prêtres séculiers ou de religieux, franciscains notamment, la Grande Croatie d'Ante Pavelitch entreprend de convertir ou d'exterminer les non–catholiques de son territoire » (Les chrétiens d'Orient menacés, cité *supra* n. 75, p. 787).

79. Sur la « mission » que s'était assignée Pavelić à partir de 1941, voir J. KLOCZOWSKI, Catholiques et protestants dans l'Europe du Centre Est, *Histoire du christianisme*, 12, cité *supra* n. 75, p. 731-732. L'archevêque Aloïs Stepinac célébra un *Te Deum* dans la cathédrale de Zagreb après la prise de pouvoir de Pavelic, lequel fut reçu le 18 mai 1941 en audience privée par le pape.

80. *L'Osservatore Romano*, no 141 (33419), 21 juin 1970, p. 5.

81. Sur les discordances dans la perception de ces premiers martyrs, je me permets de renvoyer à I. HEULLANT-DONAT, La perception des premiers martyrs franciscains à l'intérieur de l'Ordre au XIIIe siècle, *Religion et mentalités au Moyen Âge. Mélanges en l'honneur d'Hervé Martin*, Rennes 2003, p. 211-220.

pour leurs frères infidèles, les quatre martyrs ont donné la preuve la plus éclatante de leur amour. En les proclamant saints, l'Église apprécie leur martyre qui est aussi exaltation de l'idéal missionnaire, de la prédication évangélique et de la dévotion aux Lieux saints. Par une heureuse coïncidence, la date de la première canonisation de martyrs de la Custodie correspond au 750e anniversaire du pèlerinage de François en Terre sainte. Si la communauté ecclésiale italienne et française se réjouit de cet événement, conclut-il, plus grande encore est la joie de la communauté croate qui peut désormais admirer en Nicolas Tavelić son premier saint canonisé.

À gauche de cet article se trouve la lettre de la conférence épiscopale yougoslave annonçant la nouvelle de la canonisation de Nicolas Tavelić, en date du 18 février 1970[82] ; à droite, la déclaration adressée à l'occasion de la canonisation par les ministres généraux de l'ordre franciscain et, en dessous, le message du custode franciscain de la Terre sainte. Enfin, la page est agrémentée de quatre images, provenant toutes de Jérusalem : deux sont des photographies (une vue de la Porte de Jaffa, « lieu probable du martyre », et une autre du cloître du couvent du Cénacle « où repose le bienheureux Nicolas Tavelic », selon ce qu'indiquent les légendes) ; les deux autres, dont il est malaisé de dire s'il s'agit de fresques ou de tableaux, représentent la scène du martyre (localisée dans le réfectoire de l'église du Saint-Sauveur) et Nicolas Tavelić seul, en habit et portant la palme (située dans la chapelle de la Délégation Apostolique).

Le lendemain, *L'Osservatore Romano* consacra sa « une » à la canonisation[83] : « La canonizzazione di Nicola Tavelic e dei suoi compagni », annonçait la manchette, suivie de deux phrases extraites de l'homélie de Paul VI : « Le martyre comme témoignage subjectif et objectif de la foi », puis « ...ils ne haïssaient pas le monde musulman ; au contraire, à leur manière, ils l'aimaient. Et sans doute l'aiment-ils encore et incarnent-ils presque, par leur histoire, l'aspiration chrétienne envers le monde musulman » ; le texte de l'homélie du pape est ensuite donné *in extenso*. L'auteur de l'article du jour précédent en avait donné la substance. Sans entrer dans le détail de cette passionnante homélie, on peut noter que le pape insiste sur deux des principaux obstacles à une canonisation qu'il qualifie de bien tardive au regard des vertus des candidats. Il examine tout d'abord la délicate question du martyre volontaire – les frères sont incontestablement dans ce cas de figure – pour répondre à la question : est-ce un vrai martyre ? Si l'on se réfère à l'autorité en la matière, le *De servorum Dei beatificazione et beatorum canonizatione* du pape Benoît XIV, la réponse est clairement « non ». Toute l'argumentation vise ensuite à expliquer comment passer de la négative à l'affirmative. Convoquant exemples tardo-antiques (Ignace d'Antioche, Apollonie et Pélagie), Pères de l'Église (Tertullien, saint Augustin), autorités médiévales (la *Regula prima* et la *Regula secunda* de l'ordre franciscain, le *Paradis* de Dante, la *Somme théologique* de Thomas d'Aquin) et Évangiles, le pape met en avant les cas exceptionnels où les hommes agissent sous l'impulsion de l'Esprit saint, soulignant en outre que, même subi (ce qu'indique le terme *passio*), le martyre n'est jamais exempt d'une certaine acceptation volontaire. Celui qui en est paré incarne le côté dramatique de l'Évangile.

82. Ce texte retrace l'histoire des différentes démarches des évêques croates pour la canonisation et je lui ai emprunté toutes les dates rappelées précédemment. Le texte exalte l'amour qui consiste à donner sa vie pour ceux que l'on aime, amour qui doit « être la source de la forte unité de notre communauté catholique ».

83. *L'Osservatore Romano*, no 142 (33 420), 22-23 juin 1970.

L'homélie soulève ensuite un deuxième point délicat : peut-on, après Vatican II, canoniser des individus ayant cherché aussi clairement la mort en terre d'islam ? Le pape souligne comment « la mémoire devient actualité » à travers cette canonisation : ces frères furent certes « idéalistes et imprudents » mais leur exemple invite les chrétiens à fuir le conformisme, à s'affranchir de l'aliénation poussant vers la recherche exclusive des biens matériels, à avoir le courage de la vérité. À bien lire leur histoire, le pape perçoit que ce n'est pas la haine qui les poussa au martyre mais un « amour naïf » et une « folle espérance »[84] : un mauvais calcul, sans doute, mais fondé sur le désir de sauver spirituellement leurs bourreaux. Il est donc possible de conclure que les martyrs de Jérusalem aimaient le monde musulman et qu'ils personnifient les aspirations chrétiennes envers lui. L'histoire, conclut le pape, contribue à une meilleure connaissance du monde de l'islam et fortifie l'espoir de rapports meilleurs entre l'Église catholique et l'islam[85]. Le souci pontifical d'insérer cette canonisation dans le cadre des relations entre catholiques et musulmans était suggéré par l'histoire des martyrs eux-mêmes mais il fut aussi probablement lié au réveil de l'islam, consécutif à la guerre des Six Jours (juin 1967) et à l'occupation de Jérusalem-Est qui fit passer l'ensemble de la ville sous l'autorité de fait d'Israël[86]. Quant à la canonisation elle-même, elle illustre bien les mutations de la stratégie romaine de la sainteté : les nouveaux élus étaient dépourvus de rayonnement hors de leur famille religieuse et la réputation de Nicolas Tavelić n'excédait probablement pas les frontières de la Croatie[87].

À la fin du XIVe siècle, la démarche des quatre franciscains de Jérusalem n'était pas sans précédent, son issue non plus ; mais leur postérité fut peu commune. Au-delà des enjeux spirituels de leur geste et de la portée de celui-ci, on constate que dans un premier temps, leur initiative ne suscita pas plus d'enthousiasme auprès de la papauté que les martyres franciscains antérieurs[88]. Ils furent soutenus par ceux qui les avaient connus en Terre sainte et avaient assisté à leur supplice : l'initiative du gardien du couvent du Mont-Sion illustre le fait qu'au sein de l'ordre franciscain la position de Bonaventure sur le martyre, élaborée un siècle plus tôt, suscitait l'adhésion de certains frères en situation d'en faire l'expérience. En rédigeant une *relatio matyrii* détaillée, vouée à parvenir à divers destinataires

84. Bonaventure fut le premier chez les franciscains à théoriser l'idée selon laquelle le désir de martyre est le degré suprême de l'amour de Dieu et du prochain. Dans son *Apologia pauperum*, il écrit que « brûler de mourir pour le Christ, s'exposer à la mort pour le Christ et se complaire dans la douleur de la mort est un acte d'amour parfait » ; voir E. R. DANIEL, The Desire of Martyrdom: A Leitmotiv of St Bonaventure, *Franciscan Studies* 32, 1972, p. 74-87 (p. 84, n. 36 pour la citation).

85. La page 2 du même numéro de *L'Osservatore Romano* livre par le menu le rituel de la canonisation, accompli devant « plus de 600 franciscains venus de Croatie et des autres terres de la Yougoslavie, pays où fleurissent admirablement les vocations religieuses ». À côté de cet article, un autre évoquant le sommet des chefs d'États arabes à Tripoli et leurs discussions sur la mobilisation du potentiel arabe contre Israël et les États-Unis.

86. Sur le pontificat de Paul VI, voir J.-M. MAYEUR, La papauté après le Concile, *Histoire du christianisme*, 12, p. 127-138.

87. Le mouvement national croate avait repris de la vigueur à la fin des années 60. En 1970, Tito sembla vouloir adopter une attitude conciliante, annonçant une réorganisation des six républiques dont les compétences furent accrues ; cette concession fut perçue comme un succès du leadership croate, voir GOLDSTEIN, *Croatia*, p. 177-183. Sur la stratégie romaine de la sainteté, voir FOUILLOUX, Le catholicisme, *Histoire du christianisme*, 12, p. 197-198.

88. Rappelons qu'aucun martyr ne fut officiellement sanctifié entre 1253 (date à laquelle l'inquisiteur dominicain Pierre de Vérone – Pierre Martyr – fut porté sur les autels) et 1481 (date de la reconnaissance officielle du culte des martyrs franciscains du Maroc de 1220).

accompagnée d'une lettre d'introduction mentionnant les sévices subis par la communauté du Mont-Sion, le gardien du couvent entendait susciter émotion et réaction : sa promptitude à composer ce récit, l'architecture de celui-ci et la mention de nombreux témoins suggèrent qu'il avait en tête quelque projet de sanctification officielle. Plus prosaïquement, les franciscains de Jérusalem devaient justifier leur hégémonie de fait sur les Lieux saints et attirer les subsides qui leur permettaient d'accomplir leur mission et d'entretenir églises et couvent. Le sang versé en 1391 en des circonstances exceptionnelles scellait aux yeux du monde la présence des frères à Jérusalem de manière plus éclatante que leur action au quotidien, plus discrète. Leur martyre pouvait aussi servir des desseins plus universels, ranimer la flamme vacillante de la croisade en direction de Jérusalem et proclamer que le *statu quo* établi avec les autorités mameloukes n'était pas acceptable ; mais l'idée que la promotion de l'une et la dénonciation de l'autre passaient par cet aspect du *revival* apostolique qu'était le martyre suscitait toujours la réserve, y compris au sein du monde franciscain[89]. La réforme observante, qui s'affermit en Occident au moment même où les frères de Jérusalem allèrent au supplice, se montra moins réticente à l'égard du martyre. Au milieu du XVe siècle, Jacques de la Marche, l'un de ses plus illustres représentants, n'hésita pas à dévoiler le lien entre son mouvement et deux des frères en question : leur initiative semblait conforme à la lettre et à l'esprit de la règle franciscaine avec laquelle l'observance voulait renouer. La manipulation de leur expérience ne fut donc pas l'apanage de l'époque contemporaine. Les XIXe et XXe siècles recueillirent l'héritage médiéval mais il fut nécessaire de transformer la signification du geste et de l'histoire de 1391 afin de les rendre intelligibles et utilisables dans des contextes évidemment bien différents. Les promoteurs des martyrs de 1391 croyaient tous à l'utilité constructive du martyre, démontrant, s'il en était besoin, que la mort est aussi une question de point de vue.

Isabelle Heullant-Donat
Université Paris X - Nanterre / CNRS

89. Voir HEULLANT-DONAT, La perception, cité *supra* n. 81.

Le consulat vénitien d'Alexandrie d'après un document inédit de 1284

David JACOBY

Michel Balard, grand marchand et navigateur médiéval, parcourt les mers en tous sens depuis de nombreuses années. De Gênes, sa patrie d'élection, il se dirige d'abord vers la Romanie et, après un long séjour en mer Noire, revient en Méditerranée, s'attarde à Chio, puis poursuit son voyage vers l'Orient latin et, ces dernières années, vers l'Égypte. C'est là que le rejoint la présente étude, qui lui est dédiée[1].

Faute de sources, il est impossible de reconstituer la phase initiale du commerce vénitien avec l'Égypte, qui remonte vraisemblablement au VIIIe siècle. En effet, des marchands vénitiens sont attestés dans les régions voisines autour de l'année 800, notamment à Tyr, Jérusalem et Chypre[2]. D'ailleurs, le transfert des restes de saint Marc l'Évangéliste d'Alexandrie à Venise en 828 suppose la fréquentation préalable de ce port[3]. L'activité des marchands vénitiens en Égypte prend plus d'ampleur sous la dynastie fatimide, qui y est établie depuis 969, en rapport avec le rôle croissant de ce pays dans le transfert des épices originaires de l'océan Indien et de la péninsule Arabique vers la Méditerranée. Les importations vénitiennes en Égypte se diversifient au cours du XIe siècle, puisqu'elles comprennent également des denrées agricoles de Crète, attestées indirectement à partir des années 1060-1080[4]. Toujours est-il que ces importations portent surtout sur la fourniture de fer pour la fabrication d'armes et de grosses quantités de bois de construction navale, indispensable à la flotte égyptienne. La vente de ces matières premières finance l'acquisition des épices et de l'alun récolté en Haute-Égypte et dans la bordure saharienne du Fayûm[5].

1. Abréviations utilisées : *DMC* = R. CESSI (éd.), *Deliberazioni del Maggior Consiglio di Venezia*, Bologne 1931-1950 ; TTH = G. L. F. TAFEL, G. M. THOMAS (éd.), *Urkunden zur älteren Handels- und Staatsgeschichte der Republik Venedig*, Vienne 1856-1857.

2. Cf. G. ORTALLI, Il mercante e lo stato: strutture della Venezia altomedievale, *Mercati e mercanti nell'alto medioevo : l'area euroasiatica e l'area mediterranea*, Spoleto 1993 (Settimane di studio del centro italiano sull'alto medioevo 40), p. 95-96.

3. Date confirmée par le testament du doge Giustiniano Particiaco, de l'année suivante : cf. A. RIGON, Devozioni di lungo corso : lo scalo veneziano, *Genova, Venezia, il Levante nei secoli XII-XIV (Atti del Convegno internazionale di studi, Genova-Venezia, 10-14 marzo 2000)*, éd. G. ORTALLI, D. PUNCUH, Venise 2001 (*ASLi*, n. s. 41 [115]/1, 2001), p. 397.

4. Cf. D. JACOBY, Byzantine Trade with Egypt from the Mid-Tenth Century to the Fourth Crusade, *Thesaurismata* 30, 2000, p. 43.

5. Cf. ID., The Supply of War Materials to Egypt in the Crusader Period, *Jerusalem Studies in Arabic and Islam* 25, 2001, p. 102-132.

Chemins d'outre-mer. Études d'histoire sur la Méditerranée médiévale offertes à Michel Balard.
Paris, Publications de la Sorbonne, 2004 (Byzantina Sorbonensia 20)

Une nouvelle phase dans le commerce vénitien à Alexandrie commence en 1172. Grâce aux rapports entre le doge Sebastiano Ziani et le sultan Saladin, Venise obtient le droit de nommer un consul dans cette ville, ainsi que la concession d'un *funduk* ou caravansérail comprenant des logements pour ses ressortissants et des entrepôts pour leurs marchandises[6]. Un second établissement de ce genre, plus petit, lui est octroyé en 1208[7]. Ce n'est toutefois qu'en 1254 que ces deux *funduk*-s sont réservés exclusivement aux Vénitiens, alors qu'auparavant les officiers du sultan pouvaient y imposer le logement d'autres Latins[8].

Le choix des hommes chargés de représenter Venise et de veiller à ses intérêts à l'étranger et l'établissement des règles régissant leurs fonctions étaient du ressort du *Maggior Consiglio* de Venise. Le doge remettait solennellement à chaque officier un document contenant sa *commissio*, la somme des obligations qui lui incombaient[9]. De son côté, l'officier jurait avant son départ d'observer ces dernières. Son serment et les règles qu'il devait suivre étaient enregistrés dans un document dénommé *promissio*, déposé à la chancellerie du doge[10]. Un seul document vénitien de ce genre concernant des officiers nommés à des postes d'outre-mer était connu jusqu'ici pour la période s'étendant jusqu'à la fin du XIIIe siècle. Il s'agit de la *promissio* du podestat vénitien de Constantinople, probablement rédigée en 1207 à l'intention d'Ottaviano Querini, qui comprend onze clauses[11]. Le document de 1284 édité ci-dessous contient des instructions plus nombreuses relatives au consul en poste à Alexandrie. Il est particulièrement précieux parce qu'il recoupe en partie les indications fournies par d'autres sources, dont les traités vénéto-égyptiens de 1208, 1238 et 1254, tant au sujet des deux *funduk*-s vénitiens de la ville que de certaines prérogatives et fonctions du consul[12]. Mais, en outre, il fournit des informations inconnues jusqu'ici.

Notre document, daté du 9 août 1284, est transcrit sur la même face d'une feuille de parchemin large de 47 cm et longue de 46,5 cm. Son texte est disposé sur deux colonnes et comporte trente-deux clauses d'une écriture contemporaine. La date de délivrance n'est pas indiquée à la fin, selon l'usage, mais figure au bas de la première colonne, au beau milieu de la seizième clause[13]. Compte tenu de cette date, le document original consignant les instructions a été délivré au consul chargé de rejoindre Alexandrie par le convoi maritime d'août 1284[14]. Le nom de

6. Cf. ID., Les Italiens en Égypte aux XIIe et XIIIe siècles : du comptoir à la colonie ?, *Coloniser au Moyen Âge*, éd. M. BALARD, A. DUCELLIER, Paris 1995, p. 79 ; ID., The Supply, cité note précédente, p. 107 et n. 36.
7. ID., Les Italiens en Égypte, cité note précédente, p. 82-83.
8. *Ibid.*, p. 79, 87.
9. Ainsi, une résolution du *Maggior Consiglio* adoptée en 1271 stipule *quod in commissione consulis Alexandrie ponatur quod sit ad duos annos* : *DMC*, 2, p. 358, § V/II.
10. La formule *Datum in nostro ducali palacio*, suivie de la date, confirme la remise de la *commisio*.
11. Édition par R. L. WOLFF, A New Document from the Period of the Latin Empire of Constantinople: The Oath of the Venetian Podestà, *Annuaire de l'Institut de philologie et d'histoire orientales et slaves* 12, 1952 (Mélanges Henri Grégoire 4), p. 552-553, et pour la datation avec quelque hésitation, p. 556-558 (= *Studies in the Latin Empire of Constantinople*, Londres 1976, VI).
12. Sur ces traités, cf. JACOBY, Les Italiens en Égypte, p. 82-84, 87-88.
13. Cf. *infra* n. 67.
14. En juin 1278 on décide de réduire les deux départs annuels à destination du Levant, y compris l'Égypte, à un seul en août : *DMC*, 2, p. 68, § LXXXXIIII. Cf. U. TUCCI, La navigazione veneziana nel duecento e nel primo trecento e la sua evoluzione tecnica, *Venezia e il Levante fino al secolo XV* (*Atti del Convegno internazionale di storia della civiltà veneziana, Venise 1968*), éd. A. PERTUSI, Florence 1973, I/2, p. 827-828, 832.

cet officier manque et son identité ne peut être établie, faute de sources. En revanche, nous connaissons son prédécesseur immédiat et un de ses successeurs. Pietro Contarini est consul à Alexandrie de 1282 à 1284, tandis que Niccolò Barbarigo, élu à ce poste en juillet 1288, est rentré à Venise peu avant le 25 juillet 1290, quand on lui alloue des arriérés de salaire[15].

L'absence du nom du consul et les erreurs de transcription qu'on peut déceler dans notre document permettent de conclure que celui-ci constitue une copie exécutée pour les besoins de la chancellerie de Venise et conservée dans celle-ci, afin d'y servir de modèle[16]. Le serment du consul y est énoncé explicitement dans la première clause et se manifeste indirectement dans les suivantes, formulées comme obligations assumées à titre personnel (*dabo*, *fecero*, etc.). Seules les trois dernières clauses (§ 30-32) font exception à cette règle. Elles reproduisent des édits votés par le *Maggior Consiglio*, dont la rédaction impersonnelle a été maintenue[17]. Notons que les clauses de la *promissio* ne sont pas groupées d'après leurs sujets. Cette absence de disposition systématique, commune à de nombreux actes vénitiens contenant des instructions, reflète l'adoption progressive de celles-ci par les institutions de l'État et leur accumulation au cours de nombreuses années[18]. On en trouve d'ailleurs confirmation dans notre document même, puisque ses trois dernières clauses ont été adoptées respectivement en 1281, 1282 et 1283. On peut en déduire que les autres dispositions sont plus anciennes et reflètent le texte juré par le consul précédent, qui avait rejoint son poste en 1282, tandis que les trois dernières ont été ajoutées à la hâte dans la *promissio*, peu avant le départ du consul en août 1284.

Le consul en mission à Alexandrie est nommé pour deux années (§ 1), conformément à une décision adoptée par le *Maggior Consiglio* de Venise en 1271[19]. Un mandat de cette durée est d'ailleurs de rigueur pour les autres représentants de la Commune outre-mer dès la seconde moitié du XIIIe siècle[20]. Le traitement du consul s'élève à dix besants par mois, soit 120 besants ou 360 livres *a grossi* vénitiennes par an, perçus sur les revenus de la Commune à Alexandrie ou, si ceux-ci ne le permettent pas, payés à Venise après son retour dans la métropole (§ 18 et 19). Le taux de change officiel est de trois livres *a grossi* ou 60 *solidi* par besant d'Alexandrie (§ 19)[21]. En outre, la Commune alloue au consul 1 000 besants

15. *DMC*, 1, p. 333 : référence en 1283-1284 à *Marinus Contareno, filius Petri consulis Alexandrie* ; au sujet de Barbarigo : *ibid.*, 3, p. 210, § 80, et p. 273, § 89. L'arrivée de ces consuls à Alexandrie peut être fixée de manière approximative, compte tenu de la durée du mandat de deux années (cf. *supra* n. 9) et, en outre, dans le premier cas, du départ peu après le 9 août 1284 du consul nommé pour remplacer Contarini.

16. Cf. *infra* n. 28 et 68, pour des erreurs dues au copiste.

17. Les deux dernières font explicitement référence à l'institution : *Capta fuit pars in Maiori Consilio*.

18. On en trouve de nombreux exemples dans le *Liber Officiorum* compris dans les registres du *Maggior Consiglio*, d'où les clauses des *commissiones* et *promissiones* étaient tirées : cf. *DMC*, 2, p. 199-361.

19. Cf. *supra* p. 462 et n. 9, p. 463 et n. 15, le cas de Niccolò Barbarigo.

20. Cf. D. JACOBY, L'expansion occidentale dans le Levant : les Vénitiens à Acre dans la seconde moitié du treizième siècle, *Journal of Medieval History* 3, 1977, p. 231 et 255, n. 20 (= *Recherches sur la Méditerranée orientale du* XII*e au* XV*e siècle. Peuples, sociétés, économies*, Londres 1979, VII).

21. Il est également attesté en 1290 pour le paiement d'arriérés au consul sortant : cf. *supra* n. 15. La livre vénitienne dont il est question est mentionnée au § 15 de notre document. À son sujet, cf. F. C. LANE, R. C. MUELLER, *Money and Banking in Medieval and Renaissance Venice*. I, *Coins and Moneys of Account*, Baltimore-Londres 1985, p. 304 et 627.

d'Alexandrie par an, qu'il doit toutefois obtenir par ses propres moyens (§ 20). Il s'agit probablement d'emprunts de sources privées, que la Commune est disposée à couvrir. La somme en monnaie égyptienne peut être rassemblée sans passer par l'atelier monétaire du sultan[22]. Ce budget, de l'ordre de 3 000 livres *a grossi* vénitiennes, est manifestement destiné à assurer les grosses dépenses sous forme de festins et de cadeaux, que le consul jugerait opportunes de faire dans le cadre de ses rapports avec les autorités égyptiennes. S'il ne parvient pas à réunir la somme, il devra couvrir ces dépenses. Le risque est donc gros, *sit mea fortuna*[23]. Ce financement diffère de celui qui est de règle pour le baile d'Acre. Le traitement de ce dernier, qui s'élève à 2 240 livres *a grossi* à partir de 1270, est nettement supérieur à celui du consul d'Alexandrie, mais il doit servir à couvrir tous les frais relatifs à sa fonction[24].

Le consul partant à Alexandrie emmène avec lui trois serviteurs, rémunérés à ses frais. Il doit également les pourvoir d'un habit valant dix livres vénitiennes, soit 3 1/3 besants (§ 21). Le coût total de ces habits s'élève par conséquent à une mensualité de son salaire. Le personnel à son service comprend également un prêtre-notaire, dont le traitement n'est pas spécifié (§ 21). Il faut croire qu'en plus de son activité officielle, ce dernier est autorisé à rédiger des actes privés en contrepartie de paiements et à poursuivre des activités commerciales pour son propre compte. Les notaires sont également attirés par la perspective d'autres revenus, sans rapport avec les fonctions officielles du consul. En effet, une résolution du *Maggior Consiglio* de Venise, adoptée en 1272, fait état de notaires qui servent d'hommes de paille à des officiers de la Commune en poste outre-mer, auxquels il est défendu de pratiquer le commerce ou d'investir du capital, sauf le montant restant de leur salaire un mois avant leur retour à Venise[25].

Le consul nomme un remplaçant provisoire s'il est obligé de rentrer à Venise ou si son successeur n'arrive pas en Égypte avant l'expiration des deux années de son mandat. Cette règle a sans nul doute été adoptée après 1254, puisque à cette date on envisageait encore l'éventualité d'une vacance du poste[26]. Le remplaçant est manifestement choisi parmi les Vénitiens résidant à Alexandrie. D'après une résolution adoptée en 1271, il jouit pour la durée de son service d'un traitement mensuel de sept besants, tiré des revenus locaux de la Commune ou, à défaut, payé à Venise (§ 22-23)[27]. Son traitement est donc inférieur à celui du consul nommé par la métropole et, en outre, il ne jouit pas d'un budget supplémentaire comme ce dernier. Le remplaçant doit avoir à son service deux serviteurs, dont le salaire est à ses frais (§ 23)[28].

22. C'est ce qui ressort de la comparaison du passage qui en traite, *mille biçançios quos secundum pactum habere debeo francos [a] comune Veneciarum per annum*, avec une clause du traité vénéto-égyptien de 1254 auquel notre document se réfère sans nul doute. Cette clause, qui reflète une concession égyptienne, stipule que le consul *sit francus de bizanz. mille annuatim* : TTH, 2, p. 487.
23. Il est évident que dans le contexte du § 20 la formule *ad meam utilitatem* n'a pas trait aux intérêts personnels du consul.
24. Le salaire est de 1 400 besants sarrasinois, dont le taux de change est de 32 *solidi* vénitiens : cf. LANE - MUELLER, *Money and Banking*, cité *supra* n. 21, p. 301 et 626. Au sujet du salaire du baile d'Acre et des lourdes dépenses qui lui incombent, cf. JACOBY, L'expansion occidentale, cité *supra* n. 20, p. 231-232.
25. *DMC*, 2, p. 359-360, § VIII/III.
26. Cf. *infra* n. 41.
27. *DMC*, 2, p. 358, § V/II. L'éventualité d'un paiement à Venise n'implique pas que le remplaçant quitte Alexandrie au terme de sa fonction.
28. Cette dernière clause aurait dû soit figurer au milieu du § 22, soit faire l'objet d'un nouveau paragraphe. Le copiste de notre document a omis par inadvertance le début de la phrase.

Le consul exerce certaines de ses fonctions avec l'aide d'un *Maggior Consiglio* local, attesté à partir de 1264[29]. Cette institution était vraisemblablement composée de douze membres issus de familles appartenant à l'élite sociale vénitienne, comme dans d'autres ports de la Méditerranée orientale où une administration vénitienne avait été mise en place[30]. Son existence reflète l'établissement d'un nombre croissant de citoyens vénitiens à Alexandrie après 1254, favorisé entre autres par l'amélioration des conditions de vie dans les *funduk*-s de Venise. L'installation d'un four à pain et de tavernes dans ces derniers[31], ainsi que l'église et le bain situés hors des *funduk*-s mis à la disposition des Vénitiens y contribuent. Enfin, Venise jouit à l'intérieur de ses deux *funduk*-s d'une autonomie croissante en matière administrative, fiscale et juridique[32].

Comme dans d'autres comptoirs et territoires vénitiens d'outre-mer, le *Maggior Consiglio* d'Alexandrie adopte ses décisions par vote secret à la majorité des voix exprimées (§ 15, 16 et 28)[33]. Le consul réunit cette assemblée afin d'imposer des démarches dans le domaine commercial. En 1283 le doge lui enjoint de constituer un cartel de marchands vénitiens pour l'achat collectif de poivre à Alexandrie, à condition qu'une décision en ce sens soit adoptée à la majorité des deux tiers du *Maggior Consiglio* local[34]. En empêchant la concurrence entre acheteurs vénitiens, on espérait obtenir le poivre à des prix plus avantageux. La même assemblée doit également approuver des amendes judiciaires imposées par le consul, supérieures à une certaine somme (§ 15-16)[35]. Fait surprenant, notre document ne fait pas état de fonctionnaires subalternes, pourtant attestés par d'autres sources. Chaque *funduk* vénitien est en effet géré par un *fonticarius*, qui exerce des compétences en matière administrative, fiscale et juridique, déléguées par le consul. En outre, on y trouve des scribes officiels, ainsi que des gardiens chargés de surveiller les biens entreposés par les marchands vénitiens[36].

Les obligations du consul sont nombreuses et fort diverses. Il jure non seulement d'observer les dispositions énoncées dans la *promissio*, mais également d'exécuter les instructions qu'il recevra du doge et du *Minor Consiglio* de ce dernier pendant son séjour à Alexandrie (§ 1 et 25). Il s'engage à agir de bonne foi dans la gestion des biens de la Commune et dans l'exercice de la justice, à ne tirer aucun profit financier de la location des biens de la Commune et, en général, de ses propres fonctions (§ 13, 14, 17, 24). Il doit également s'abstenir de tout parti pris à l'égard de ses administrés (§ 24). Il jouit de prérogatives étendues dans le domaine juridique. Il doit juger tous les différends entre Vénitiens (§ 5), terme qui embrasse les citoyens, les sujets coloniaux de la Commune et les étrangers bénéficiant de la

29. *DMC*, 2, p. 358, § V/I. Il n'y avait pas de *Minor Consiglio* comme à Acre, où les colons étaient certainement plus nombreux : cf. JACOBY, L'expansion occidentale, p. 232.
30. Cf. *ibid.*, p. 232-233.
31. Cf. *infra* p. 469.
32. Cf. JACOBY, Les Italiens en Égypte, p. 79-80, 82-84, 87-88 ; ID., La dimensione demografica e sociale, *Storia di Venezia dalle origini alla caduta della Serenissima*. 2, *L'età del Comune*, éd. G. CRACCO, G. ORTALLI, Rome 1995, p. 690-691.
33. La clause concernant les modalités du vote a été adoptée en 1264 : *DMC*, 2, p. 358, § V/I.
34. *DMC*, 3, p. 37, § 96. Cette résolution devait être insérée dans la *commissio* du consul, mais ne figure pas dans notre document, pourtant rédigé l'année suivante. La résolution a été annulée en 1288 : *ibid.*, p. 211, § 87.
35. Sur celles-ci, cf. *infra* p. 467, 469-470. Il est probable que cette assemblée décidait également de l'imposition de taxes et de l'obtention de crédits. Il en était ainsi à Acre : *DMC*, 2, p. 354, § IX.
36. Cf. JACOBY, Les Italiens en Égypte, p. 83-84.

nationalité vénitienne. La compétence du consul dans les litiges opposant ces trois catégories de Vénitiens avait été reconnue par le sultan al-Adil 1er dès 1208[37]. Le consul doit agir honnêtement à l'égard des étrangers qui comparaissent devant lui (§ 5). Suite à l'accord vénéto-égyptien de 1238, il est en effet autorisé à juger les procès en matière civile entre Vénitiens et autres chrétiens, évidemment latins, et en vertu de celui de 1254, ceux intentés par des sujets musulmans du sultan aux ressortissants vénitiens[38]. Il juge selon la coutume (*usus*), terme qui à Venise désigne la législation vénitienne et les règles de droit consignées dans les *Statuti veneti* du doge Jacopo Tiepolo, sanctionnés en 1242[39]. Ce recueil juridique est d'ailleurs mentionné dans le § 6 de notre document. Au cas où la coutume ferait défaut, le consul agit selon sa conscience (§ 5), un principe de droit vénitien appliqué en pareilles circonstances[40]. Quant à la justice criminelle, elle reste du ressort exclusif des sultans égyptiens et est appliquée par les juges qu'ils nomment.

Le consul détient les biens des Vénitiens morts intestats qui lui sont remis. Il en dispose selon les *Statuti veneti* ou selon les instructions reçues du doge et de son conseil, dans le but de les faire parvenir aux mains des héritiers légitimes, s'il y en a (§ 6)[41]. Il met en garde les Vénitiens qui agissent à l'encontre du droit ou sont coupables de méfaits et, si ceux-ci persévèrent dans leur conduite, confisque tous les biens dont ils disposent à Alexandrie et les expédie à Venise, tout en préservant leurs intérêts (§ 7 et 8). Ces clauses sous-entendent que les contrevenants seront jugés et punis par les tribunaux de la métropole.

Pendant longtemps Venise tolère, voire encourage les livraisons à l'Égypte de matériaux servant à des fins militaires, malgré les interdictions répétées des papes et les peines dont ils menaçaient les marchands pratiquant ce commerce[42]. Cependant, sous la pression du pape Honorius III, elle décrète en 1224 un embargo sur ces livraisons, dont l'application est attestée jusqu'en 1228. Nous ne savons point s'il a été renouvelé par la suite. Toujours est-il que des marchands et navires vénitiens continuent à fournir du bois de construction navale et du fer à l'Égypte, ainsi que le révèle une résolution adoptée le 10 juillet 1281 par le *Maggior Consiglio* de Venise[43]. Conformément aux instructions de cette assemblée, la réso-

37. TTH, 2, p. 191 : *omnibus hominibus de Venetiis et qui pro Venetis* [au lieu de *per Venetiam*] *se tuentur* [...] *et erunt positi in ratione curie Venetorum*. Cf. JACOBY, Les Italiens en Égypte, p. 83. Sur les catégories de Vénitiens, respectivement à Acre, à Constantinople et en Chypre, cf. JACOBY, L'expansion occidentale, p. 245-250 ; ID., Les Vénitiens naturalisés dans l'Empire byzantin : un aspect de l'expansion de Venise en Romanie du XIIIe au milieu du XVe siècle, *TM* 8, 1981, p. 218-220 (= *Studies on the Crusader States and on Venetian Expansion*, Northampton 1989, IX) ; ID., Citoyens, sujets et protégés de Venise et de Gênes en Chypre du XIIIe au XVe siècle, *Byz. Forsch.* 5, 1977, p. 160-161 (= *Recherches* [cité *supra* n. 20], VI).
38. TTH, 2, p. 338, 487. Si le musulman est défendeur, le cas est jugé par un tribunal égyptien. La dernière phrase de la clause de l'accord de 1254, *et potestatem habeat consul faciendi rationem inter eos*, doit être rattachée à la première traitant de la compétence du consul. Curieusement, les traités de 1238 et 1254 n'envisagent pas le cas d'un procès intenté par un sujet chrétien du sultan à un Vénitien.
39. Édition par R. CESSI, Gli Statuti veneziani di Jacopo Tiepolo del 1242 e le loro glosse, *Memorie del Reale Istituto veneto di scienze, lettere ed arti*, 30/2, 1938.
40. Cf. P. S. LEICHT, Lo stato veneziano e il diritto comune, *Miscellanea in onore di Roberto Cessi*, Rome 1958, p. 203-204 ; G. CASSANDRO, Concetto, caratteri e struttura dello Stato veneziano, *Rivista di storia del diritto italiano* 36, 1963, p. 34-35.
41. En 1238 il était prévu qu'en l'absence d'un consul, les marchands vénitiens présents en Égypte s'en chargeraient : TTH, 2, p. 338 ; depuis 1254 ils pouvaient transférer les biens au baile vénitien en poste à Acre ou au doge de Venise : *ibid.*, p. 486.
42. Sur la politique des papes à ce sujet jusqu'en 1284, cf. JACOBY, The Supply, p. 109, 114-116, 118.
43. *Ibid.*, p. 107-116. Texte de 1281 : *DMC*, 2, p. 355, § XV.

lution est reproduite dans notre document, à quelques mots près. Elle vise tous les Vénitiens, quel que soit leur statut, tout en mentionnant explicitement les habitants de Zara et de Raguse, villes dalmates sous domination vénitienne à cette époque, dont l'arrière-pays était riche en bois et en fer (§ 30). Ces matériaux n'étaient pas seulement livrés à l'Égypte à partir des régions de l'Adriatique. Les Vénitiens les importaient également d'Asie Mineure et du royaume arménien de Cilicie[44]. L'édit de 1281 stipule que les Vénitiens exportant le bois et le fer à destination de l'Orient latin doivent les décharger uniquement à Acre ou à Tyr et ne peuvent pas les réexporter, à moins d'obtenir une licence à cet effet délivrée par les officiers vénitiens en poste dans ces villes, assistés de leurs conseils respectifs. Ces officiers doivent en outre enquêter, afin de prévenir toute contrebande à destination de l'Égypte. Les contrevenants sont menacés de la confiscation des cargaisons interdites ou, à défaut, de l'acquittement de leur contre-valeur sur place ou à Venise.

Jusqu'en 1238 le consul en poste à Alexandrie ne pouvait y empêcher les ventes de bois et de fer importés par des Vénitiens, ni inspecter les cargaisons déchargées des navires vénitiens. Le traité vénéto-égyptien de cette année lui permit de déléguer un scribe auprès de la douane du port, afin d'y assurer le maintien des biens et des privilèges des ressortissants vénitiens. Ce fonctionnaire assistait au débarquement, ainsi qu'à la vente des marchandises soit au *Matjar*, bureau de commerce de l'État, soit à des particuliers. Il pouvait par conséquent en connaître la nature et permettait ainsi au consul d'agir[45]. Curieusement, notre document ne comprend pas un amendement à la résolution du 10 juillet 1281, adopté à peine neuf jours plus tard, qui autorise l'exportation de coffres de bois et de planches mesurant jusqu'à 2,10 m de long, impropres à la construction de navires pouvant participer à des opérations militaires[46].

Notre document traite également de l'importation d'armes destinées aux autorités égyptiennes. Le consul doit confisquer celles qui appartiennent aux Vénitiens (§ 9-10), ainsi que celles des étrangers chargées à bord de navires vénitiens (§ 9). En outre, il inflige à leurs propriétaires des amendes, dont il détermine le montant. S'il le juge nécessaire, il peut interroger sous serment les patrons des navires vénitiens, afin d'identifier les marchands pratiquant la contrebande d'armes (§ 9). Si celles-ci sont vendues avant qu'on ne les découvre, le marchand est frappé d'une amende équivalent au double de leur prix de vente (§ 11). Ceux qui refusent de livrer les armes ou de payer l'amende au consul sont signalés au doge et à son conseil en métropole (§ 12)[47]. La confiscation ne pouvait évidemment intervenir que si les marchandises étaient entreposées dans un des *funduk*-s vénitiens avant leur vente, ce qui explique les instructions données au consul pour le cas où celle-ci aurait eu lieu avant qu'il n'en prenne connaissance ou si le marchand refusait de lui remettre les marchandises prohibées (§ 11-12). Il est évident que les armes personnelles des marchands et de l'équipage des navires n'étaient pas visées par ces mesures.

44. Cf. JACOBY, The Supply, p. 113.
45. *Ibid.*, p. 113-114, 117.
46. *DMC*, 2, p. 72, § CXVI. Exceptions semblables auparavant, en 971 et 1254 : cf. JACOBY, The Supply, p. 112, 116 et n. 85, 128. Pour les dimensions des planches utilisées généralement pour la construction navale, cf. *ibid.*, p. 110, n. 51, 120, 121-122, n. 115.
47. *Ibid.*, p. 116-117.

La balance commerciale déficitaire des Vénitiens en Égypte exigeait l'apport de numéraire ou de métal précieux. À Alexandrie les Vénitiens vendaient leur or et leur argent à l'encan ou le remettaient à l'atelier monétaire du sultan qui, en contrepartie, délivrait de la monnaie égyptienne après déduction des frais de monnayage. Les accords vénéto-égyptiens de 1238 et 1254 en témoignent[48], et les modalités de ces opérations sont précisées dans un manuel de commerce rédigé vers 1270 à Acre par un marchand ou notaire vénitien[49]. Deux clauses de la *promissio* chargent le consul de déterminer l'identité des Vénitiens important de l'or à Alexandrie, ainsi que les quantités de métal, et de transmettre ces informations au doge (§ 27 et 29). À y regarder de plus près, il y a cependant quelques additions dignes d'intérêt dans la seconde clause. En effet, elle souligne que le consul doit interroger personnellement tous les Vénitiens arrivant à Alexandrie, déterminer non seulement la quantité d'or qu'ils importent, mais également sa nature ou l'alliage du métal précieux, et en faire part au doge dans le plus bref délai.

Cette dernière clause (§ 29) précède immédiatement les trois dernières comprises dans la *promissio*, qui, on l'a vu, reproduisent des édits du *Maggior Consiglio* de Venise promulgués respectivement en 1281, 1282 et 1283[50]. Compte tenu du principe d'accumulation reflété par notre document[51], on peut en conclure que le § 29 remonte à 1281 ou précède de peu cette année. Il n'y a pas lieu d'être surpris de l'intérêt manifesté par les autorités de la métropole à l'exportation d'or à cette époque et dans les années suivantes. Notre document a été délivré le 9 août 1284, soit peu de temps avant la décision prise le 31 octobre suivant par la *Quarantia* de Venise de battre une monnaie d'or vénitienne, le ducat. Il est évident que de longues discussions ont précédé l'adoption de cette résolution, entre autres au sujet de l'exportation d'or et de sa finesse[52]. Dans ces circonstances, le contrôle de ces deux éléments était de toute importance.

Les deux dernières clauses de la *promissio* (§ 31-32) reproduisent avec quelques variantes insignifiantes des résolutions d'ordre général concernant la disposition des marchandises à bord des navires vénitiens. Elles ont été adoptées par le *Maggior Consiglio*, l'une le 6 juillet 1282[53], l'autre le 4 juillet 1283, soit près d'un mois avant le départ des convois maritimes à destination du Levant[54]. Ces résolutions reflètent le souci des autorités vénitiennes de préserver la sécurité de la navigation en interdisant la surcharge des vaisseaux, fréquemment pratiquée à cette époque[55]. Elles enjoignent aux officiers de la Commune en poste dans les ports situés au-delà de l'Adriatique d'inspecter les vaisseaux, afin de vérifier l'ap-

48. TTH, 2, p. 340-341 (cf. le verbe *incantare*), 488.
49. Sur ce manuel, dont je prépare l'édition, cf. pour le moment D. JACOBY, A Venetian Manual of Commercial Practice from Crusader Acre, *I comuni italiani nel regno crociato di Gerusalemme*, éd. G. AIRALDI, B. Z. KEDAR, Gênes 1986 (Collana storica di fonti e studi 48), p. 403-428, et pour le monnayage, p. 426-427 (= *Studies* [cité *supra* n. 37], VI). Les §§ 9-11 reposent sur une résolution du *Maggior Consiglio* adoptée en 1254 : *DMC*, 2, p. 46, § XIIII.
50. Cf. *supra* p. 463.
51. Cf. *ibid.*
52. Cf. A. M. STAHL, *Zecca. The Mint of Venice in the Middle Ages*, Baltimore-Londres 2000, p. 29-32.
53. Ce texte ne subsiste pas, mais est reproduit dans une résolution du 4 septembre 1283 parce qu'il avait été inséré avec une erreur dans la *commissio* du baile d'Acre : *DMC*, 3, p. 47, § 151. Sa date précise figure dans une émendation du 10 octobre 1284 : *ibid.*, p. 85, § 149.
54. *DMC*, 3, p. 35, § 86.
55. Cf. TUCCI, La navigazione veneziana, cité *supra* n. 14, p. 835-836 ; ID., L'impresa marittima: uomini e mezzi, *Storia di Venezia*. 2, cité *supra* n. 32, p. 643-644.

plication des règles de rigueur à ce propos. La dernière clause fait explicitement référence au cabotage et au commerce à courte et moyenne distance le long de la côte du Levant (*per riperiam Syrie*), dont l'importance est généralement sous-estimée. Ces activités étaient surtout pratiquées par des colons vénitiens installés dans les ports de l'Orient latin et du royaume arménien de Cilicie, comme leurs confrères génois et pisans, et dans une moindre mesure par des navires et des marchands de la métropole[56]. Le cabotage levantin revêt un intérêt particulier dans notre contexte, compte tenu de la participation des Vénitiens à l'approvisionnement de l'Égypte en bois et en fer à partir de l'Asie Mineure et de la Cilicie arménienne à cette époque[57].

Le consul est chargé de l'administration des deux *funduk*-s vénitiens (§ 1). Il loue au plus offrant le four à pain, dont la construction avait été permise en 1254 par le sultan al-Mu'izz Aybak, ainsi que les tavernes offrant du vin, que les Vénitiens sont autorisés à importer pour leur propre consommation[58]. Le consul veille également à la location d'autres biens, soit les logements, magasins, boutiques et tables de change situés dans les deux *funduk*-s, au mieux des intérêts de la Commune (§ 13, 14 et 17)[59]. Il doit y interdire la résidence de prostituées et chasser celles qui s'y trouveraient (§ 26). Comme la population de passage ou en résidence de longue durée dans les *funduk*-s était exclusivement masculine, la prostitution y était courante[60]. Compte tenu de la ségrégation spatiale et sociale imposée aux Latins à Alexandrie, les prostituées habitant les *funduk*-s qui leur étaient réservés devaient être en majorité, sinon toutes, latines. En 1262, le sultan Baybars avait ordonné l'expulsion des prostituées « franques » d'Alexandrie[61]. Notre document implique qu'on en trouvait néanmoins en 1284.

Le consul peut infliger des amendes (§ 9, 11, 12, 15, 16 et 30). Il fixe lui-même leur montant jusqu'à concurrence de 25 livres vénitiennes, mais pour des sommes plus élevées doit obtenir l'approbation du *Maggior Consiglio* local, qui se prononce par un vote secret (§ 15-16)[62]. Si le condamné refuse de payer l'amende, le consul en avise le doge et son conseil soit par lettre, soit personnellement dans les huit jours suivant son retour à Venise. Le contrevenant est alors passible d'une amende double (§ 15 et 16). On a vu que, dans divers cas, le consul est autorisé à confisquer les biens de marchands vénitiens (§ 8-12, 30), ainsi que ceux d'étrangers voyageant à bord de navires vénitiens (§ 9). Les revenus du consulat d'Alexandrie provenaient principalement des paiements perçus pour la location des biens de la Commune et des amendes, après déduction des sommes dues aux informateurs, le quart à celui qui mènera à la condamnation d'un importateur d'armes (§ 11), le tiers s'il s'agit de bois ou de fer (§ 30), la moitié en rapport avec

56. Cf. D. JACOBY, Mercanti genovesi e veneziani e le loro merci nel Levante crociato, *Genova, Venezia, il Levante*, cité *supra* n. 3, p. 238-240 ; ID., The Supply, p. 119-124.
57. Cf. *supra* p. 467.
58. Sur ces installations et leur location, cf. également JACOBY, Les Italiens en Égypte, p. 83. Le four devait se trouver dans le grand *funduk*, le plus ancien détenu par Venise.
59. Ces divers biens ne sont pas énumérés dans notre document, mais on les trouvait dans tous les comptoirs : pour Acre, cf. ID., L'expansion occidentale, p. 233.
60. Sur le phénomène en Égypte, cf. S. D. GOITEIN, *A Mediterranean Society. The Jewish Communities of the Arab World as Portrayed in the Documents of the Cairo Geniza*, Berkeley-Los Angeles 1967-1993, 1, p. 350.
61. *Histoire des sultans mamlouks de l'Égypte*, trad. E. M. QUATREMÈRE, Paris 1837-1845, I/1, p. 221.
62. Cf. *supra* p. 465.

la distribution de la cargaison à bord d'un navire (§ 32)[63]. Fait digne d'attention, le consul doit investir le solde de ces revenus dans des opérations commerciales, afin de les transférer avec profit à Venise, soit personnellement, soit avec l'aide d'autrui (§ 1). Il rend compte de sa gestion financière aux camériers de la Commune dans les vingt jours suivant son retour à Venise et, dans les cinq jours suivants, leur remet les revenus et les biens de l'État qui lui restent (§ 1 et 2). Faute de s'exécuter, il est privé de son salaire et, jusqu'à satisfaction de ses obligations, ne peut obtenir aucune fonction officielle rémunérée, tant à Venise qu'à l'étranger, ni être élu membre d'une institution publique quelconque (§ 3 et 4).

On mesure pleinement l'importance de notre document une fois qu'il est inséré dans le contexte régional. La pression croissante du sultan Kalâwûn sur l'Orient latin à partir de 1280 inquiète vivement Venise, qui craint de perdre ses comptoirs privilégiés de la région, en particulier celui d'Acre, plaque tournante de son commerce levantin. Elle interdit donc avec plus de force que par le passé les livraisons illicites de bois, de fer et d'armes à l'Égypte, au risque d'irriter le sultan. Par ailleurs, elle tient à assurer à tout prix la continuation de son commerce intense avec l'Égypte[64], qui se manifeste entre autres par une présence accrue de ses marchands dans les *funduk*-s d'Alexandrie. La contrebande de matériaux interdits transitant par Acre vers l'Égypte continue toutefois, ainsi qu'en témoigne un édit du *Maggior Consiglio* de Venise adopté en juillet 1285[65]. On peut donc se demander si l'embargo est fermement appliqué, d'autant plus qu'en 1288 Kalâwûn octroie à la Commune une nouvelle charte de privilèges[66]. Il y a lieu d'en noter la date. Elle précède de trois années à peine la chute de l'Orient latin.

David Jacoby
Université hébraïque de Jérusalem

63. Cette gradation ne manque pas d'intérêt, puisqu'elle nous renseigne sur les priorités du gouvernement vénitien. La perte d'un navire à cause de problèmes de navigation causait évidemment les pertes les plus sévères.
64. E. Ashtor, *Levant Trade in the Later Middle Ages*, Princeton 1983, p. 9-10 ; D. Jacoby, La Venezia d'oltremare nel secondo Duecento, *Storia di Venezia*. 2, p. 276-277.
65. *DMC*, 3, p. 111, § 87. Cf. Jacoby, The Supply, p. 116.
66. *Traités de paix et de commerce et documents divers concernant les relations des Chrétiens et des Arabes de l'Afrique septentrionale au Moyen Age. Suppléments*, éd. L. de Mas Latrie, Paris 1872, p. 81-82, doc. 6.

Promissio du consul vénitien d'Alexandrie. Venise, le 9 août 1284.
Miscellanea Ducali ed Atti Diplomatici, b. 9[1].

1. *Iuro ad evangelia sancti Dei officium consulatus apud Alexandriam fideliter exercere a die qua in Alexandriam intravero usque ad duos annos completos ad honorem domini ducis et comunis ac hominum Veneciarum, et honorem et proficuum Veneciarum tractabo et operabor bona fide sine fraude, eundo, stando et redeundo, et fontica comunis Veneciarum custodiam et regam et havere et bona comunis Veneciarum procurabo, excuciam et salvabo et imblicabo* (sic) *et Venecias ducam vel mittam per credentem hominem ad utilitatem dicti comunis Veneciarum, et de ipsis bonis et havere reddam et faciam rationem iustam et integram domino duci et consilio vel cui aut quibus dominus dux cum suo consilio preceperit et dixerit infra viginti dies postquam Venecias rediero.*
2. *Et facta ratione dabo et consignabo in manibus camerariorum comunis omnia bona et havere comunis que habebo et penes me remanserint infra quinque dies proximos venturos.*
3. *Et si rationem non fecero et bona et havere comunis non redidero in manibus camerariorum comunis sicut dictum est, si officium salarii habebo, ipsum officium perdere debeam nec recipiam aliquod officium salarii in Veneciis nec extra Venecias quousque rationem non fecero et bona et havere comunis non reddidero in manibus camerarorium, sicut dictum est.*
4. *Et insuper si electus essem in aliquo officio, tam in Veneciis quam extra, electio illa non valebit nec tenebit, sicut est ordinatum.*
5. *Et apud Alexandriam rationem et iusticiam tenebo et faciam omnibus Venetis et eciam fora forosteriis* (sic) *cum honore Veneciarum secundum usum, si usum sciero, et ubi usus michi defecerit dicam secundum conscienciam meam sine fraude.*
6. *Item bona Venetorum abintestato decedencium intromittam et exinde faciam secundum formam statuti Veneciarum vel secundum mandatum litterarum domini ducis et sui consilii.*
7. *Item Venetos si qui fuerint in partibus Alexandrie qui male fecerint et tractaverint facta sua, redarguam et amonebo et inducam ad benefaciendum sicut michi videbitur.*
8. *Et si pro mea redargutione et amonitione non cessaverint male tractare et facere facta sua, bona omnia que habuerint in partibus Alexandrie intromittam et auferram et ea bona penes me retinebo et ipsa tractabo et procurabo et Venecias ducam vel mittam sicut michi melius videbitur pro utilitate personarum ad quas dicta bona spectaverint.*
9. *Preterea si aliquis Venetus vel forosterius* (sic) *aliqua arma Alexandriam portaverit cum nave Venetorum occasione vendendi, auferam ei dicta arma, que in comunem Veneciarum debent devenire, et si michi opportunum videbitur ponam patronos navium et alios si michi videbitur ad sacramentum ad hoc, ut possim veritatem scire de illis qui arma Alexandriam portaverint, et penam et penas propter hoc imponam sicut michi videbitur, quam penam et penas auferam pro comuni Veneciarum.*

1. Les mots accolés ont été séparés, afin de faciliter la lecture du texte. L'orthographe, qui n'est pas uniforme, a été respectée. Comme *michi* apparaît une fois en toutes lettres, cette graphie a été adoptée quand le vocable est abrégé. La date a été replacée à l'endroit où elle devait figurer dans la copie officielle remise au consul. La numérotation des clauses a été ajoutée, afin de faciliter les références à leur contenu.

10. *Et si aliquis Venetus arma portaverit Alexandriam cum navibus forinsecorum occasione vendendi, auferram ei similiter dicta arma, que in commune Veneciarum debeant devenire.*
11. *Et si aliquis forte arma Alexandriam apportaverit et ipsa vendiderit sic quod non erunt sibi ablata, postmodum quandocumque sciam, auferam ei penam dupli de tanto quanto ipsa arma vendiderit, et quicumque acusator fuerit habeat quartum pene si per eius acusationem veritas cognoscetur.*
12. *Si autem aliquis michi rebellis fuerit ad predictas penas solvendas et arma danda, denunciabo in redditu meo domino duci et consilio ut dicte pene rebellibus auferantur per dominum ducem et consilium.*
13. *Et furnum et tabernam comunis et alia bona comunis que ad manus meas pervenerint procurabo ad utilitatem comunis et non ad meam utilitatem aliquo modo vel ingenio.*
14. *Et ipsum furnum et tabernam non incantabo nec incantari faciam ad meam utilitatem aliquo modo vel ingenio, nisi tantum ad utilitatem comunis.*
15. *Sciendum est quod condempnationes et sentencias facere possum per me solum a libris vigintiquinque denariorum Veneciarum inferius, verumtamen a libris vigintiquinque superius non possum facere nec debeo condempnationes nec sentencias nisi cum maiori parte mei maioris consilij.*
16. *Et quod sentencias et condempnationes quas fecero et debero debeam excutere et complere si potero. Et si aliquis fuerit rebellis ad solvendum dictas condempnationes et sentencias quas fecero et dedero debeam excutere et complere si potero. Et si aliquis rebellis fuerit ad solvendas dictas condempnaciones et sentencias quas fecero tam a viginti quinque libris superius cum meo consilio quam a vigintiquinque libris inferius sine consilio, sicut dictum est, denunciabo et dicam domino duci et consilio infra octo dies postquam Veneciis venero ipsos rebelles, et si non venero tunc Veneciis, debeo et teneor tunc mittere significando domino duci et consilio meis litteris dictos rebelles, ut dominus dux et consilium infra octo dies postquam eis dixero vel meis litteris declarabo auferrat vel auferri faciat pro comuni duplum dictarum condempnationum pro pena sicut est ordinatum.*
17. *Item non incantabo nec incantari faciam pro me aliquo modo vel ingenio aliquem rem que pertineat ad comunem. Et quod de incantationibus bonorum et rerum comunis non accipiam nec debeo habere partem aliquo modo vel ingenio.*
18. *Habere quidem debeo pro meo salario huius consulatus biçançios decem omni mense, quos biçançios recipere et habere debeo in Alexandria de redditibus comunis.*
19. *Et si de ipsis redditibus non possem esse solutus in Alexandria, debeo esse solutus in Veneciis in toto vel parte sicut habere debeo ad tres libras pro biçançio.*
20. *Insuper debent esse ad meam utilitatem mille biçançios quos secundum pactum habere debeo francos [a] comune Veneciarum per annum, et si illos mille biçançios francos ad meam utilitatem habere non potero sit mea fortuna. Ad quos mille biçançios habendos francos ad meam utilitatem debeo et teneor dare operam bone fide.*
21. *Et mecum ducam et tenebo per totum tempus mei consulatus tres servitores meis expensis et unum presbiterum notarium, quos servitores induam de una roba de precio librarum decem pro quolibet.*
22. *Et in recessu meo ab Alexandria constituam alium consulem in loco ipso quem credidero utiliorem pro dicto officio consulatus, cum quo conveniam et sibi dabo et computabo pro suo salario usque ad tempus in quo steterit biçançios septem omni mense, quas habere debeat de redditibus comunis in Alexandria.*

23. *Et si de dictis redditibus non posset esse solutus, debeat in Veneciis solutionem habere*[2], *qui habere et tenere debeat suis expensis duos servitores in dicto consulatu.*
24. *In predictis amicum non iuvabo nec inimico nocebo per fraudem et servicium non tollam vel faciam tolli et si tultum sciero faciam illud reddi si potero.*
25. *Et omnia precepta que michi dominus dux cum suo consilio fecerit vel miserit attendam et observabo bona fide sine fraude.*
26. *Et meretrices in fonticu* (sic) *morari non permittam toto tempore mei consulatus, pocius si fuerint eas expellam.*
27. *Item totum aurum quod apud Alexandriam conducetur per Venetos inquerere debeo, et quantitates ipsius auri et nomina illorum qui ipsum conduxerint domino duci per meis litteras significare debeo.*
28. *Preterea quandocumque consilium maius faciam congregari, omnes partes que ponentur in ipso consilio faciam ire circum cum bossolis et nulla pars habetur pro capta nisi capta fuerit per maiorem partem illorum qui ad ipsum consilium fuerint congregati.*
29. *Preterea teneor et debeo inquirere ab omnibus mercatoribus Veneciarum qui Alexandriam venerint quantum aurum adduxerit unusquisque et quod aurum sive quale fuerit, et id totum debeo quam tito* (sic, au lieu de *citius*) *potero domino duci per meis litteras declarare.*
30. *Item quod si quis Venetus vel qui pro Veneto se constringit portaverit lignamen vel ferrum ad partes ultramarinas debeat ipsum lignamen vel ferrum discaricare aut in Accon aut in Tyro et non alibi in pena perdendi lignamen et ferrum vel valorem, et postquam fuerit discaricatum non possit extrahi de terra ubi fuerit discaricatum absque licencia baiuli et consiliariorum sub pena predicta. Et hoc mittatur dicendo comitibus Jadre et Ragusii et alibi ubi sunt homines qui pro Venetis se constringunt, quod ita debeant observare et facere observari per gentem eorum, et addatur in comissione baiuli et consiliariorum Accon et Tyri quod debeant inquirere et temptare si aliquis contrafaceret et accipere dictam penam contrafacienti. Et acusator habeat terciam partem pene si per eius accusationes veritas cognoscetur et teneatur de credencia. Et si aliqua occasione non possent excutere predictam penam teneatur significare ordinate domino duci et advocatoribus comunis. Et addatur in comissionem consulis Alexandrie similiter, quod teneatur inquirere et circare* (sic) *similiter predicta et accipere penam contrafacienti, et si non posset accipere eam aliqua occasione teneatur significare ordinate domino duci et advocatoribus comunis, et si consilium est contra sit revocatum quantum in hoc.*
31. *Item observabo formam [consilii] cuius talis est tenor. Capta fuit pars in maiori consilio quod naves que exeunt de Veneciis et redeunt de extra culfum non possint nec debeant ponere aliquam mercadantiam ab arbore de medio versus prodam usque ad scanum arboris prode quod est iuxta portam inter duos castellos in pena CC librarum patrono, et addatur in comissione rectorum quod teneantur quando naves recedent de portu ubi erunt si aliquis patronus contrafecerit accipere ei penam, et si non posset executere dictam penam aliqua occasione, teneantur scribere advocatoribus comunis quod dictam penam executere teneantur, et addatur in suo capitulario, et navigatores navis in qua contrafecerit teneantur acusare* (sic) *patronos rectoribus aut advocatoribus comunis in pena XXV librarum pro quolibet, et si consilium est contra sit revocatum quantum in hoc.*

2. Erreur du copiste, qui passe ici à un autre sujet : cf. *supra* n. 28.

32. *Item observabo formam consilii. Capta fuit pars in maiori consilio quod addatur in capitularibus patronorum navium et aliorum lignorum quod non debeant recipere vel mittere nec recipi nec mitti facere aliquas mercationes super choopertam nec subtus bertescam nec subtus vannum nec subtus paradisum*[3] *nec subtus corredores nec subtus tabernam ipsorum navium et lignorum quos de cetero navigabunt, tam per riperiam Syrie quam per alias partes de extra culfum, sub pena dupli maioris nauli quod habebunt. Et quicumque acusabit* (sic) *habeat medietam dicte pene [si per eius accusationes veritatem cognoscetur]*[4] *et teneatur de credencia, et alia medietas sit comunis. Quam penam rectores ad quorum noticiam predictam pervenerit excutere teneantur.*

Datum in nostro ducali palacio anno dominice incarnationis mille ducentesimo octuagesimo quarto, die nono augusti XIIe indicione.

3. Les trois derniers mots figurent deux fois dans le manuscrit.
4. Complété d'après le § 31.

Un patriarche byzantin dans le royaume latin de Jérusalem : Léontios

Michel KAPLAN

Dans un douzième siècle byzantin où l'hagiographie est rare[1], la Vie de Léontios de Jérusalem est un document précieux, tant par ses dimensions que par sa valeur historique[2]. Né à Strumitza, bourgade du nord de la Macédoine entre 1110 et 1115, Léontios devient moine à Saint-Jean de Patmos en 1130-1132, monastère dont il fut d'abord économe avant d'en devenir l'higoumène en 1157-1158. Nommé patriarche de Jérusalem en 1176, ce qui fera l'essentiel de notre propos, il meurt à Constantinople le 13 ou le 14 mai 1185. Il se trouve que la Vie de Léontios a été écrite une vingtaine d'années après la mort du saint par un aristocrate de grande famille devenu moine à Constantinople, puis à Patmos après 1186 ou seulement après 1204, vraisemblablement présent lors de la mort et des funérailles du saint et à tous égards bien informé, Théodosios Goudélès[3]. Le document est donc a priori

1. Cf. sur ce point P. MAGDALINO, The Byzantine Holy Man in the Twelfth Century, *The Byzantine Saint*, éd. S. HACKEL, Londres 1981 (University of Birmingham, Fourteenth Spring Symposium of Byzantine Studies, a special number of Sobornost), p. 51-66 (= *Tradition and Transformation in Medieval Byzantium*, Aldershot 1991, VII).

2. Sur ce point, voir en dernier lieu M. KAPLAN, Léontios de Jérusalem, moine ou évêque ?, *The heroes of Orthodoxy, VIIth-XVIth*, éd. N. OIKONOMIDÈS, P. CHRYSOCHOIDÈS, sous presse. Soulignons l'excellente qualité de l'édition de la Vie par D. TSOUGARAKIS, *The life of Leontios, Patriarch of Jerusalem, text, translation, commentary*, Leyde 1993 (The medieval Mediterranean 2), ainsi que la qualité du commentaire historique sur lequel nous nous appuyons constamment. L'étude que nous menons ici nous conduit parfois à corriger le détail de sa traduction. Le voyage de Léontios en Terre sainte a donné lieu à un article de R. ROSE, The Vita of Saint Leontios and its Account of his Visit to Palestine during the Crusader Period, *Proche-Orient Chrétien* 35, 1985, p. 238-257. Le même article a été reproduit *verbatim* sous le titre Church Union Plans in the Crusader Kingdoms: An Account of a Visit by the Greek Patriarch Leontios to the Holy Land in AD 1177-1178, *The Catholic Historical Review* 73/3, 1987, p. 371-390. Cet article n'apporte pas, et de loin, tous les éclaircissements nécessaires. Plus intéressant, l'article de J. PAHLITSCH, Ein "politischer heiliger" zur Zeit der Komnenen : Leontios II. von Jerusalem, *Fonctions sociales et politiques du culte des saints dans les sociétés de rite grec et latin au Moyen Âge et à l'époque moderne*, éd. M. DERWICH, M. DMITIREV, Wroclaw 1999 (Institutum Historicum Universitatis Wratislaviensis, Opera ad historiam monasticam spectantia, Series I, colloquia 3), p. 383-400, qui résume assez bien la Vie en la rapprochant des autres sources pour les événements qui nous intéressent. On y trouvera des indications sur le siège melkite de Jérusalem avant et après Léontios.

3. Sur la qualité de l'information de Théodosios Goudélès, cf. KAPLAN, Léontios de Jérusalem, cité note précédente. Toutefois, la présente étude nous conduit à nuancer notre propos sur la date probable d'écriture de la Vie, que nous avons placée « sans doute avant 1204 ». En effet, la façon de parler des Latins au plan religieux, de regretter que ceux qui se proclament chrétiens se conduisent de façon pire que les musulmans, précisément à propos du séjour de Léontios en Palestine, sur laquelle nous revenons plus bas, est plus vraisemblable après 1204 sous la plume d'un homme dont la famille comptait plusieurs serviteurs de Manuel Comnène, empereur sous lequel les relations avec les Latins étaient

Chemins d'outre-mer. Études d'histoire sur la Méditerranée médiévale offertes à Michel Balard.
Paris, Publications de la Sorbonne, 2004 (Byzantina Sorbonensia 20)

d'une valeur exceptionnelle tant comme récit hagiographique que comme source d'informations « historiques ». Il est toutefois la seule source narrative qui nous parle de Léontios, autrement mentionné dans plusieurs documents de Patmos, à commencer par le testament de son prédécesseur Théoktistos, qui institue nominalement Léontios comme son successeur, et connu par deux ouvrages théologiques[4].

Malgré la longue liste de ses exploits ascétiques, Léontios tel que le décrit son hagiographe est avant tout un homme d'action et un fin politique. Devenu higoumène, lors d'un des voyages à Constantinople qu'implique cette charge, car il faut bien assurer au monastère des actes impériaux de dotation et d'exemption, Léontios parvient à faire reconnaître sa valeur par Manuel Ier Comnène ; il a dès lors compris qu'un siège épiscopal important lui reviendra et il sait à la fois refuser des offres de métropoles jusqu'à ce que l'empereur lui présente un patriarcat, mais aussi quand il doit arrêter ce jeu. Quand Manuel lui propose non pas Constantinople, siège qui n'est d'ailleurs pas vacant, mais Jérusalem, il accepte sans tenter d'obtenir mieux. Ce que la Vie ne dit pas, c'est si, en lui proposant ce siège, Manuel lui a représenté qu'il s'agissait non de la confortable prébende d'un patriarcat *in partibus* qui faisait de son titulaire simplement l'un des membres les plus en vue de l'église constantinopolitaine mais d'une véritable mission, l'empereur ayant l'intention de l'envoyer effectivement à Jérusalem, alors capitale du royaume latin du même nom, mission autrement périlleuse. Cette deuxième hypothèse est la plus vraisemblable, car, nommé patriarche sans doute en avril 1176[5], il part dès l'automne et ceci parce que « l'Empereur lui a rappelé d'y aller »[6], même si l'hagiographe se plaît à ajouter que le saint homme désirait voir les lieux de la vie du Christ[7].

bonnes. L'éditeur envisage déjà cette solution, donnant comme *terminus post quem* la chute d'Alexis III en juillet 1203 et comme *terminus ante quem* 1205 ou 1206 : TSOUGARAKIS, *The life of Leontios*, cité note précédente, p. 16-18. Il est vrai que, dès juillet 1203, l'opinion d'un aristocrate byzantin sur les Latins pouvait être celle que nous trouvons dans la Vie, sans même attendre le sac de 1204. Nous revenons sur ce point à la fin de notre article, ainsi que sur l'appartenance monastique de Théodosios

4. Sur ceux-ci, cf. TSOUGARAKIS, *The life of Leontios*, p. 9-11.

5. Comme l'a justement remarqué TSOUGARAKIS, *The life of Leontios*, note p. 195-196, Léontios a négocié son acceptation contre la promulgation de la *prostaxis* en faveur de son monastère qu'il était venu chercher à Constantinople et qui date d'avril 1176 : *Βυζαντινὰ Ἔγγραφα τῆς Μονῆς Πάτμου*, éd. E. VRANOUSSI, Athènes 1980, no 22, p. 219-221.

6. Vie de Léontios, c. 67, p. 110 : εἰς αὐτὴν ἀπιέναι παρὰ τοῦ κρατοῦντος ὑπεμιμνήσκετο.

7. On distinguera ce que l'on peut qualifier de « tourisme biblique » d'un véritable pèlerinage ; au reste, on rentre d'un pèlerinage, tandis que Léontios part s'installer dans son siège patriarcal qu'il n'est en théorie plus censé quitter. Comme le fait justement remarquer A.-M. TALBOT, Byzantine Pilgrimage to the Holy Land from the Eighth to the Fifteenth Century, *The Sabaite Heritage in the Orthodox Church from the Fifth Century to the Present*, éd. J. PATRICH, Louvain 2001 (Orientalia Lovaniensia Analecta 98), p. 97-110, il convient de distinguer ce voyage du pèlerinage commencé quelques années plus tôt dans le sillage de son premier maître en ascèse. Celui-ci emmène Léontios avec lui en partant prendre en charge la métropole de Tibériade qui lui a été attribuée ; toutefois, dans ce cas non plus il ne s'agissait pas d'un pèlerinage, mais de suivre le nouveau métropolite dans son évêché. Lorsque de la discussion située en Chypre d'où Léontios va revenir à Patmos et qui l'oppose à son maître, celui-ci ne lui objecte nullement qu'il renonce ainsi à un pèlerinage.

En chemin, Léontios s'arrête naturellement à Patmos, mais durant deux jours seulement, puis fait escale à Rhodes ; mais, comme l'hiver arrive, il n'est plus question de naviguer et Léontios hiverne dans cette île[8]. Il ne repart qu'au printemps et fait escale à Chypre ; il y passe un certain temps, car le patriarcat de Jérusalem y a des intérêts qu'il trouve en piteux état et que ce gestionnaire avisé entreprend de remettre d'aplomb[9] ; il participe aussi à la vie de l'Église de Chypre. Tout cela a duré un certain temps, mais la vie ne dit pas combien et l'on ne sait donc pas quand Léontios arrive à Acre, sa prochaine étape[10]. C'est au plus tôt à la fin du printemps et plus probablement à l'été 1177.

La suite des événements doit être résumée en attachant le plus grand soin à la façon dont l'auteur s'exprime. Naturellement, le grand concours de foule qui accompagne son débarquement à Acre[11] peut être considéré comme un *topos* hagiographique, mais on préférera tenter une explication plus historique. On verra plus loin que Léontios est peut-être arrivé en compagnie de l'ambassade de Manuel Ier, et donc avec une puissante flotte qui ne passe pas inaperçue. Quoi qu'il en soit, il arrive dans une région dont une partie notable de la population est melkite ; l'arrivée d'un patriarche de sa confession, le premier à se trouver sur place depuis 1118[12], ne peut la laisser indifférente. Léontios reste à Acre un certain temps car les Latins ne le laissent pas se rendre à Jérusalem[13] ; le patriarche occupe ses

8. Vie de Léontios, c. 70, p. 112. Ceci n'empêche pas la plupart des auteurs de considérer que Léontios a hiverné à Patmos. L'auteur est un peu gêné du retard mis par Léontios pour obéir à l'empereur ; il invente ainsi d'une part que Léontios était fatigué par le voyage (c'est déjà l'automne et la mer est rude) et veut se reposer un peu, d'autre part qu'il ne peut trouver à se ravitailler à Rhodes, ce qui semble pour le moins curieux et le force à attendre le ravitaillement qu'il demande à son disciple Antoine, économe de Patmos. Et comme la mer est mauvaise, ce ravitaillement tarde, ce qui contraint Léontios à hiverner à Rhodes. Il est donc clair que Léontios est parti bien tard dans l'année pour Jérusalem ; ce n'est donc pas une clause de style d'écrire que Manuel lui a rappelé sa mission, six mois s'étant écoulés depuis sa nomination au patriarcat.

9. Voilà aux yeux de l'hagiographe un sujet d'un intérêt majeur ; il y consacre les c. 70-77, p. 112-124.

10. Le voyage entre Chypre et Acre dure d'autant moins que les vents sont favorables (Vie de Léontios, c. 80, p. 126), ce qui plaide pour l'été, mais sans fournir d'argument vraiment décisif ; toutefois, si Léontios a vraiment fait à Chypre tout ce que l'hagiographe lui prête, cela coïncide assez bien.

11. Décrit dans ce même chapitre, p. 126-128. La Vie est écrite avec soin : elle explique que les fidèles avaient « aussi le plus grand besoin d'un évêque ». Théodosios Goudélès joue habilement sur les mots : τοῖς καὶ πλείονος δεομένοις τῆς ἐπισκέψεως peut se traduire, pour le dernier mot, par « attention », comme le fait Tsougarakis, mais aussi par « évêque ».

12. Sur ce sujet, cf. B. Hamilton, *The Latin Church in the Crusades States. The Secular Church*, Londres 1980, qui consacre un chapitre (p. 159-187) aux relations avec les orthodoxes de 1098 à 1187. Si le clergé orthodoxe est tout d'abord expulsé de la cathédrale en 1099, qui est l'église du Saint-Sépulcre – d'ailleurs à peu près la seule debout après les destructions d'al-Hakim au début du siècle –, et les melkites placés sous l'autorité du clergé latin du royaume de Jérusalem, cela ne gêne pas la masse de la population melkite. Celle-ci, qui est arabophone et pratique la liturgie en syriaque, n'était pas mieux comprise de la hiérarchie hellénophone et le clergé latin ne s'attaque ni à cette liturgie ni aux usages propres, que ce soit le mariage des prêtres, la communion au pain fermenté ou le credo sans *filioque*. Le clergé melkite est réintroduit au Saint-Sépulcre dès 1101 ; sa place augmente constamment, le roi Amaury (1163-1174) ayant porté à cinq le nombre de chanoines melkites de la cathédrale. Au départ, les Latins acceptent que les patriarches nommés par Constantinople soient auprès d'eux les responsables de la communauté melkite ; c'est le cas de Jean VIII, présent en 1099, puis de Sabas. Mais l'un et l'autre finissent par s'enfuir par désaccord avec les Latins, Sabas en 1117/8. Depuis lors, les patriarches melkites – Nicolas (1122-1156), Jean IX (1157), Nicéphore II (1166-1176) à qui succède Léontios – résident à Constantinople ; l'arrivée de Léontios ne pouvait pas passer inaperçue en Palestine pour cette seule raison.

13. Vie de Léontios, c. 81, p. 128.

loisirs en guérissant un couple stérile. Toutefois « le grand homme ressentit le besoin de monter à Jérusalem »[14]. Mais la situation n'a toujours pas changé par rapport aux Latins et il part sans autorisation explicite. Il passe par Nazareth, qui est sur le chemin, où l'hagiographe s'offre le plaisir d'un long récit de miracle[15]. Comme il arrive sans autorisation, il entre à Jérusalem de nuit et se rend au Saint-Sépulcre en espérant passer inaperçu : « Il crut avoir absolument échappé à la foule et particulièrement à la sottise des Latins impies. » Mais nul doute que les melkites l'attendaient : « Finalement, il ne put échapper particulièrement aux pieuses personnes et à ceux qui étaient attachés à sa venue[16]. » La communauté melkite attribue à sa présence la délivrance d'une sécheresse[17] et, si l'on comprend bien la Vie, c'est ce « miracle » qui attire l'attention sur la présence de Léontios[18]. Les melkites accourent vers leur protecteur retrouvé, ce qui déclenche la colère des « partisans de la doctrine des Latins et les zélateurs de leur charlatanisme (τῆς αὐτῶν τερθρείας) devinrent jaloux, et d'abord leur archevêque, qui était en charge de leur doctrine », donc le patriarche latin, Amaury de Nesle[19]. Suit une histoire rocambolesque où Amaury envoie des hommes d'armes pour assassiner Léontios ; mais ceux-ci, bien qu'ils voient la lumière dans la maison qui abrite le saint, ne trouvent pas la porte et, bien qu'ils la cherchent toute la nuit, finalement abandonnent[20].

Jusqu'ici, la construction du récit était relativement claire et logique. La suite l'est moins et la chronologie devient hasardeuse. L'échec de la tentative d'assassinat s'ébruite en Syrie et dans les provinces voisines de Phénicie, d'Isaurie et de Cilicie et la nouvelle arrive aux oreilles à la fois de Manuel et de Saladin. L'hagiographe nous explique d'abord que Manuel ne veut pas risquer la vie d'un homme de cette qualité et rappelle Léontios à lui[21]. Ensuite, celui qui gouvernait Damas, en l'occurrence Saladin, propose par lettre à Léontios de venir s'établir dans cette ville ; il lui accorderait de s'installer avec son équipe à l'église Sainte-Marie-l'Égyptienne et entretiendrait largement tout le patriarcat[22]. Léontios, qui est décidément un bon négociateur, refuse en arguant qu'il a déjà reçu une lettre de Manuel le rappelant à Constantinople et que donc il ne peut se rendre dans le ressort de Damas, mais demande une lettre le protégeant, lui et ses compagnons

14. *Ibid.*, c. 82, p. 128.
15. *Ibid.*, c. 82-83, p. 128-132.
16. *Ibid.*, c. 84, p. 132. On notera l'opposition entre les Latins impies (ματαιοφρόνων) et les personnes pieuses (τοὺς εὐσεβοῦντας).
17. Le topos hagiographique est évident, mais la sécheresse semble confirmée par ailleurs : cf. H. A. R. GIBB, The Rise of Saladin, *A History of the Crusades*, éd. K. N. SETTON, 1, Madison-Milwaukee-Londres 1967, p. 571.
18. Vie de Léontios, c. 85, p. 132-134. Ce n'est pas à proprement parler un miracle, car la Vie ne montre pas d'intervention de Léontios. Mais le fait qu'il pleuve enfin en abondance est attribué à la seule présence du patriarche. « Celui qui les avait délivrés de leurs malheurs devint évident à tous ; il était dans la bouche des gens pieux (τῶν εὐσεβούντων) qui disaient : "l'archevêque de Dieu, le grand, le saint, par sa venue, nous a délivrés du danger de la soif qui nous menaçait. Allons, courrons, tombons à ses pieds afin que dans l'avenir aussi nous bénéficiions d'un protecteur contre les malheurs qui nous menacent." »
19. Sur Amaury de Nesle, patriarche latin de Jérusalem de 1157 à 1180, voir la notice de G. FEDALTO, *La Chiesa latina in Oriente*, 1, Vérone 1975 (Studi Religiosi 3), p. 131-132 et HAMILTON, *The Latin Church in the Crusader States*, cité *supra* n. 12, p. 76-80.
20. Vie de Léontios, c. 85-86, p. 134.
21. *Ibid.*, c. 87, p. 134-136.
22. Aucune autre source, notamment du côté musulman, ne confirme cette proposition. Nous y reviendrons.

de navigation, contre les pirates musulmans, réputés dépendre de Saladin. Celui-ci s'exécute immédiatement[23]. Arrivé à Constantinople, Léontios montre à Manuel la lettre de Saladin, « comme preuve du projet et du comportement des Latins »[24].

Dernier avatar du séjour de Léontios à Jérusalem, qui soulève également des questions. Léontios veut obtenir de célébrer la messe au Saint-Sépulcre avec « le collège des prêtres orthodoxes », ce qui désigne les cinq chanoines melkites, et « devant le peuple chrétien », donc publiquement, comme il convient à un patriarche. Qu'il obtienne cela, et il occupe effectivement son siège patriarcal ; il ne l'obtient pas. « Il dut se contenter de se prosterner devant le saint lieu comme un parmi d'autres ; il pensa qu'il valait mieux qu'il parte de là, pour éviter que, à cause de lui, de funestes incidents opposent les Romains et Syriens orthodoxes aux Latins qui gouvernaient les lieux. » Autrement dit, Léontios, qui a déjà reçu l'ordre de rentrer, fait l'impossible pour arriver à célébrer la messe au Saint-Sépulcre avec les chanoines melkites ; cette revendication connue est sûrement en faveur parmi les melkites, au point de pouvoir créer un mouvement populaire que les Latins ne manqueraient pas de réprimer. Précieuse indication sur les modalités habituelles de cohabitation entre les populations orientales et les Latins. Léontios agit « par économie » ; pour éviter l'affrontement, il rembarque, obéissant ainsi à l'ordre impérial[25].

Ce long épisode pose toute une série de problèmes. Le premier est l'absence totale de mention du voyage de Léontios dans toute autre source, grecque, latine, arabe ou syriaque. Il convient donc d'abord d'examiner s'il ne s'agirait pas d'une invention pure et simple de Théodosios Goudélès. Comme pour tout hagiographe, nous devons nous interroger sur les raisons qui lui font écrire le récit et pour qui ou pour quelle institution. Revenu à Constantinople, Léontios passe les sept ans qui lui restent à vivre selon toute vraisemblance au monastère *ta Steirou*[26] où il meurt et où il est enterré, recevant au passage l'hommage de l'empereur Andronic Comnène auquel il avait auparavant résisté. Nous n'avons aucune idée du destin ultérieur du corps à cette époque, mais le monastère de Patmos comporte actuellement une chapelle qui lui est dédiée. Aussi, il paraît vraisemblable que le commanditaire de la vie[27] n'est pas le monastère *ta Steirou*, mais le monastère de Patmos[28].

23. Ici le texte comporte un passage difficile : la lettre « commandait que lui et les Romains qui l'accompagnaient soient protégés contre tout mal, accordant en prime 60 Latins s'ils voulaient naviguer avec lui ». Sachant que, semble-t-il, le texte figure dans les mêmes termes dans le manuscrit qui est vraisemblablement l'autographe de Goudélès, on ne peut incriminer une erreur de copiste ; il reste donc à expliquer pourquoi Saladin fait un tel cadeau à ce qui désigne sans doute des marchands latins. La solution la plus plausible est que Léontios s'apprête à utiliser un navire de commerce latin, circonstance que cet homme avisé aura expliquée à Saladin.

24. Vie de Léontios, c. 87, p. 138. L'expression de Goudélès est ici maladroite. La grammaire impose que la lettre montrée à Manuel fût la protection contre les pirates ; mais c'est évidemment, à suivre l'hagiographe lui-même, dans la première lettre que Saladin arguait des menaces latines sur la sécurité de Léontios pour lui proposer de s'installer à Damas. Au reste, il nous semblerait logique que Léontios ait montré les deux lettres à l'empereur.

25. *Ibid.*, c. 88, p. 138. Le texte parle de « Romains et Syriens orthodoxes ». Parmi les melkites, ceux qui pratiquent la liturgie en grec sont qualifiés de Romains et ceux qui la pratiquent en syriaque (cf. *supra*, n. 12) sont qualifiés de Syriens.

26. Sur ce point, nous n'avons à ce stade rien à ajouter à la note de TSOUGARAKIS, *The life of Leontios*, p. 210-211.

27. Vie de Léontios, c. 1, p. 32 : « Celui dont il nous a été commandé de raconter la vie. »

28. TSOUGARAKIS, *The life of Leontios*, p. 14, estime que le commanditaire était Antoine/Arsénios, second successeur de Léontios comme higoumène de Patmos et principal informateur de Goudélès ; d'autre

Pourtant, comme nous avons tenté de le montrer ailleurs, l'hagiographe semble intéressé tout particulièrement par Léontios comme patriarche et sa carrière à ce poste est un facteur constitutif essentiel de sa sainteté[29]. Il peut donc parfaitement avoir inventé de toutes pièces le séjour en Terre sainte qui avait l'avantage de différencier avantageusement Léontios des autres patriarches de Jérusalem. Pourtant, ceci nous semble devoir être écarté pour deux raisons. D'abord, ce voyage n'est qu'un demi-succès, car Léontios a fondamentalement échoué dans ce qui devait être le but d'un bon évêque, occuper son siège ; donc l'illustration tirée du récit n'est qu'incomplète et, quitte à inventer, l'auteur aurait pu faire mieux. Ensuite, il eût été risqué, à si peu de temps des événements, en l'occurrence un peu plus de 25 ans, de s'exposer à la contradiction de témoins bien informés. La mission et le voyage sont donc vraisemblablement exacts, mais le détail éminemment discutable.

Même si le détail du récit de Goudélès est sujet à caution, l'événement lui-même est donc bien exact : Manuel Ier a envoyé Léontios en Palestine et l'en a fait rentrer. Ce voyage s'inscrit donc dans la politique de cet empereur vis-à-vis des États latins et plus particulièrement du royaume de Jérusalem[30] et il convient de replacer les événements que nous venons de décrire dans ce contexte pour les expliquer et tenter de les préciser.

D'une façon générale, Manuel est connu pour une politique très ouverte vis-à-vis des Latins, qui se manifeste notamment à travers les mariages qu'il contracte lui-même et qu'il pousse sa famille ou ses proches à contracter. Il mène à l'égard des États croisés une politique offensive, faite de force quand il en a les moyens et sinon de diplomatie, inscrite dans une politique générale de reconquête visant à couronner l'œuvre de ses deux prédécesseurs notamment en Asie Mineure et en Syrie. Si on la compare à celle de son père Jean II, sa politique est à la fois plus brillante et plus diplomatique. S'agissant des États croisés, il convient de distinguer Antioche et Jérusalem. Antioche faisait partie du territoire byzantin tel qu'il avait été reconstitué par les reconquêtes de la dynastie macédoniennes et tel que les Comnènes entendaient le rétablir. Surtout, lors de la première croisade, les croisés avaient promis de rendre les villes byzantines reconquises, la plus importante visée étant Antioche, appelée par les Byzantins « la ville de Dieu » et siège d'un patriarcat effectivement réinstallé depuis le règne de Nicéphore Phocas. Or les croisés n'ont pas rendu Antioche après l'avoir prise en 1098 ; Jean II très momentanément en 1138 et Manuel de façon très spectaculaire en 1159 font leur entrée solennelle et symbolique dans la grande cité syrienne. Manuel y rétablit un patriarche, Athanase, qui y restera jusqu'à sa mort accidentelle lors d'un tremblement de

part, Goudélès a en main les documents d'archive de Patmos. Nous discutons plus loin le lieu où la Vie a été écrite. J. PAHLITSCH, Ein "politischer heiliger" zur Zeit der Komnenen, cité *supra* n. 2, p. 397-399, soutient que la promotion du culte du saint est le fait du patriarcat de Jérusalem en exil à Constantinople, ce qui ferait de ce milieu le commanditaire de la Vie. Cette assertion, en soi soutenable, me semble contredite par les autres observations présentées ici.

29. Cf. KAPLAN, Léontios de Jérusalem, moine ou évêque ?, cité *supra* n. 2.

30. Pour cette politique, nous nous appuyons sur : R.-J. LILIE, *Byzantium und die Kreuzfahrerstaaten*, Munich 1981 (Ποικίλα Βυζαντινά 1), que l'on consultera de préférence dans l'édition anglaise revue en 1988, ID., *Byzantium and the Crusader States, 1096-1204*, Oxford 1993 ; B. HAMILTON, Manuel I Comnenos and Baldwin IV of Jerusalem, *ΚΑΘΗΓΗΤΡΙΑ. Essays presented to Joan Hussey for her 80th birthday*, éd. J. CHRISOSTOMIDÈS, Londres 1988, p. 353-375 et, en dernier lieu, ID., *The leper king and his heirs: Baldwin IV and the Crusader Kingdom of Jerusalem*, Cambridge 2000 ; P. MAGDALINO, *The empire of Manuel I Komnenos (1143-1180)*, Cambridge 1993 ; M. BALARD, *Croisades et Orient latin, XIe-XIVe siècle*, Paris 2001 (Collection U. Histoire).

terre en 1170[31]. Mais l'hostilité reste pour le moins latente entre le duc d'Antioche et l'empereur.

L'attitude vis-à-vis de Jérusalem est sensiblement différente, car la ville n'avait pas été reconquise depuis le VIIe siècle ; l'Empereur n'en réclame pas à proprement la restitution, ce qui lui permet une politique beaucoup plus souple et nuancée. D'autre part, la constitution par les Zengides, et notamment par Nūr-ad-Dīn[32], d'un puissant État musulman allant de la Mésopotamie du Nord à l'Égypte en passant par Damas, représente à partir des années 1150 une menace croissante et mortelle pour les États croisés, dont ceux-ci n'ont d'ailleurs pas forcément toujours conscience, mais qui offre une possibilité supplémentaire d'action à la diplomatie byzantine. En effet, pour les États croisés, le secours ne peut venir que de deux endroits : l'Occident ou Byzance. Or, depuis son élection en 1159, le pape Alexandre III est entièrement absorbé par sa lutte contre quatre antipapes successifs, tandis que l'empereur Frédéric Barberousse est occupé à tenter d'asseoir son autorité sur une Italie fort réticente, notamment la ligue des villes lombardes ; Louis VII vieillissant, il n'y a plus à attendre que le secours de croisés individuels qui, pour prestigieux et puissants qu'ils puissent être, ne fournissent que des aides ponctuelles et peu proportionnées aux besoins. Reste donc l'Empire byzantin.

À Pâques 1159, ayant obtenu la soumission et sans doute le serment de vassalité du duc d'Antioche Renaud de Châtillon, Manuel fait son entrée solennelle à Antioche ; Renaud marche à pied à côté du cheval de l'empereur ; le roi Baudouin III de Jérusalem, qui a reconnu la suzeraineté de Manuel, suit à cheval à bonne distance. Dès lors, la politique de protection sur Jérusalem et d'alliance avec le roi latin ne se dément pas. En 1169, Manuel envoie 200 navires et une armée conduite par Andronic Kontostéphanos se joindre aux troupes du roi Amaury, frère et successeur de Baudouin III, pour mettre le siège devant Damiette ; l'opération échoue, mais, deux ans plus tard, Amaury se rend à Constantinople signer un traité qui ne nous est malheureusement pas connu[33]. Le cérémonial grandiose marque néanmoins la dépendance du roi de Jérusalem ; Manuel peut désormais agir comme protecteur des Lieux saints[34]. Manuel mène une politique matrimoniale particulièrement

31. De façon curieuse, les sources latines, ce qui n'est pas étonnant, mais aussi les sources byzantines, ce qui l'est plus, ignorent ce patriarche, qui n'est documenté que par MICHEL LE SYRIEN, *Chronique*, éd. et trad. J.-B. CHABOT, 3, Paris 1905 (1963), XVIII, 14, p. 326, XIX, 3, p. 332.

32. Nūr-ad-Dīn succède à Zengī en 1146 ; sa principale base est Alep, mais il s'empare de Damas dès 1154. En 1164, il envoie une expédition en Égypte, d'où il doit retirer ses troupes en 1167, pour y revenir dès 1168. À partir de mars 1169, le commandement des troupes de Nūr-ad-Dīn en Égypte est assuré par Salah al-din ibn Ayyub, autrement dit Saladin.

33. Récit très complet de la réception d'Amaury à Constantinople dans GUILLAUME DE TYR, *Chronique*, XX, 22-24, éd. R. B. C. HUYGENS, détermination des dates par H. E. MAYER et G. RÖSCH, Turnhout 1986 (Corpus Christianorum. Continuatio mediaevalis 63A), p. 940-946. Sur la politique maritime de Manuel, cf. H. AHRWEILER, *Byzance et la mer. La marine de guerre, la politique et les institutions maritimes de Byzance aux VIIe-XVe siècles*, Paris 1966 (Bibliothèque Byzantine, Études 5), p. 233-267. On y trouvera notamment les sources grecques sur l'expédition de 1169 et leur appréciation très négative sur cet échec spectaculaire. En revanche, l'auteur ignore l'expédition de 1177.

34. Il fait poser des mosaïques dans la cathédrale du Saint-Sépulcre et dans le sanctuaire de l'église de la Nativité à Bethléhem. Cf. HAMILTON, *The Latin Church in the Crusader States*, p. 184, et MAGDALINO, *The empire of Manuel I Komnenos*, cité *supra* n. 30, p. 75. Sur la décoration de l'église de Bethléhem, cf. A. WEYL-CARR, The mural paintings of Abu Ghosh and the patronage of Manuel Comnenus in the Holy Land, *Crusader art in the twelfth century*, éd. J. FOLDA, Oxford 1982 (British Archaeological Reports, International Series 152), p. 215-234.

active : en 1158, il marie Baudouin III à une de ses nièces, Théodora. En 1167, il marie Amaury à une de ses petites-nièces, Marie[35] ; en effet, à l'avènement d'Amaury, la Haute Cour du royaume avait exigé l'annulation du mariage de celui-ci avec Agnès de Courtenay pour parenté trop proche, tout en sauvegardant la légitimité des deux enfants, Sibylle et Baudouin[36].

Le 11 juillet 1174, lorsque Amaury meurt, et quoique atteint de la lèpre, celui-ci, âgé de 13 ans est élu roi et devient Baudouin IV ; cette solution permet d'attendre de confier le royaume au mari de Sibylle le jour où celle-ci convolerait. Amaury n'a pas d'autre fils, Marie Comnène lui ayant donné deux filles, dont une seule, Isabelle, a survécu[37]. Agnès de Courtenay ne pouvant exercer la régence à cause du mariage rompu, celle-ci échoit en octobre 1174, au comte de Tripoli, Raymond III, au moment même où, Nūr-ad-Dīn étant mort, il serait opportun d'agir pour empêcher celui qui lui succède à Damas, Saladin, de reconstituer ce vaste État musulman encerclant le royaume de Jérusalem. Raymond de Tripoli, mû notamment par une hostilité personnelle envers Manuel Ier qui avait rompu ses fiançailles avec la sœur de Raymond, Mélisende, pour épouser Marie d'Antioche, se tourne vers Barberousse et fiance Sibylle à Guillaume Longuépée de Montferrat. Politique inefficace, car Barberousse est enferré dans les affaires italiennes. L'alliance byzantine devient donc la seule solution possible.

Les partisans de cette solution profitent de la majorité du roi, à l'été 1176, pour mettre fin à la régence de Raymond de Tripoli. Ce sont avant tout Josselin de Courtenay et Renaud de Châtillon, un temps prisonniers des musulmans d'Alep, mais relâchés contre la promesse d'une rançon, respectivement 50 000 et 120 000 pièces d'or[38]. Josselin est l'oncle du roi et son plus proche parent mâle ; il devient sénéchal. Il est lié à Byzance ne serait-ce que par la pension que l'Empereur lui verse suivant l'engagement pris envers sa mère Béatrice, qui a vendu à Manuel la dernière forteresse du comté d'Édesse contre une pension viagère pour elle et ses deux enfants, Agnès, mère du roi lépreux, et Josselin. Renaud de Châtillon, pourtant le duc d'Antioche humilié en 1159, a eu le temps de changer d'avis ; sa belle-fille, Marie d'Antioche, n'est autre que la femme de l'Empereur. D'ailleurs, le fils de Renaud sert dans l'armée byzantine ; il est tué à la tête de l'aile droite de l'armée byzantine lors de la défaite subie par Manuel à Myrioképhalon[39]. Par ailleurs, Manuel a marié Agnès, fille de Renaud, au roi de Hongrie Béla III. Pour les trois personnes qui comptent désormais à Jérusalem, Agnès, qui a réussi à retrouver de l'influence, le sénéchal Josselin de Courtenay et l'ancien duc d'Antioche Renaud de Châtillon, l'alliance byzantine est une évidence fondée sur l'intérêt et les liens familiaux, l'un des points forts de la politique des Comnènes.

Du côté byzantin, les choses sont aussi urgentes. Le 17 septembre 1176, la formidable campagne menée par Manuel pour en finir avec le sultanat d'Ikonion (Konya) se termine par la défaite de Myrioképhalon que nous venons d'évoquer. À vrai dire, les conséquences strictement militaires et territoriales de cette défaite

35. Le 29 août 1167, à Tyr : GUILLAUME DE TYR, *Chronique*, XX, 1, p. 913.
36. C'est ainsi qu'Amaury confie l'éducation de Baudouin, futur roi, à Guillaume de Tyr, notre principale source. Celui-ci diagnostique la lèpre chez son jeune élève : *ibid.*, XXI, 1, p. 961-962.
37. N'étant pas la mère du roi, Marie Comnène ne peut exercer la régence ; elle se retire sur son fief de Naplouse, qu'elle ne quittera que pour épouser Balian d'Ibelin en 1177 : *ibid.*, XXI, 17, p. 986.
38. L'information est donnée par MICHEL LE SYRIEN, XX, 3, t. 3, p. 365-366. Les chiffres sont élevés, mais pas invraisemblables. En tout cas, la bibliographie moderne ne les met pas en doute.
39. NICÉTAS CHONIATÈS, *Histoire*, éd. J. A. VAN DIETEN, Berlin-New York 1975 (CFHB 11,1), p. 181.

sont sans commune mesure avec celles qui découlèrent de Mantzikiert (1071) ; l'armée byzantine n'est pas détruite et les pertes territoriales sont minimes ; d'ailleurs, dans les États croisés, on n'en perçoit pas l'importance, et le prestige de Manuel n'est pas atteint. Celle-ci est avant tout psychologique à l'intérieur de l'Empire. Toujours est-il que Manuel a besoin de redorer son blason. Or, sans doute pour lever une partie de sa rançon que le royaume de Jérusalem est incapable de payer[40] mais aussi pour négocier le renouvellement du traité de 1171, Renaud de Châtillon se rend à Constantinople durant l'hiver 1176-1177[41]. La négociation aboutit, bien que, là encore, nous n'ayons pas le traité ; Guillaume de Tyr nous indique qu'il reprenait les termes du traité de 1171, « le traité qui avait jadis été passé entre le seigneur empereur et le seigneur roi Amaury et qui avait été par la suite renouvelé entre le même seigneur empereur et le seigneur Baudouin, qui règne présentement, aux mêmes conditions »[42].

Toujours est-il que le traité connaît un début d'exécution à l'été 1177, au moment où se sont produits trois événements : en août, l'arrivée d'un croisé de poids, Philippe, comte de Flandre, sans doute financé par Louis VII qui avait pris à nouveau la Croix, mais n'était plus en mesure de partir et devait donc racheter son vœu ; le mariage de Sibylle avec Guillaume Longuépée, bientôt suivi du renoncement de celui-ci au trône, car il est malade, et il meurt en juin 1177 ; l'aggravation de la maladie du roi qui conduit à la nomination de Renaud de Châtillon comme régent[43]. Peu avant l'arrivée de Philippe, les envoyés de l'empereur, à savoir le neveu de celui-ci, Andronic Ange, le Grand Amiral Jean, un familier de l'empereur, Georges le Sinaïte, et un Italien au service de l'empereur, Alexandre, comte de Cosenza en Apulie, se trouvent à Acre pour faire exécuter le traité[44]. Toujours selon Guillaume de Tyr, ils apportent de l'argent et surtout 70 navires de guerre capables de transporter les troupes (*galeas*) avec d'autres navires[45].

40. Quelque importantes qu'aient été les sommes, il semble bien que les rançons de Josselin et Renaud aient été payées, car ils avaient laissé de nombreux otages et nous n'avons nul écho de représailles à leur égard. Cela conforte évidemment l'aide de Manuel.

41. Aucune source ne raconte directement cette ambassade ni sa composition ; l'une et l'autre se déduisent de sources indirectes ; cf. la brillante démonstration de HAMILTON, Manuel I Comnenos and Baldwin IV of Jerusalem, cité *supra* n. 30, p. 360, et ID., *The leper king and his heirs*, cité dans la même note, p. 111-112. Naturellement, Renaud a dû quitter la Palestine à l'automne pour pouvoir naviguer jusqu'à Constantinople.

42. GUILLAUME DE TYR, *Chronique*, XXI, 15, p. 982 : *pacta, que aliquando inter dominum imperatorem et dominum regem Amalricum inita fuerant, postmodum inter eundem dominum imperatorem et dominum Balduinum, qui in presenti regnat, non dissimilibus conditionibus fuerant innovata*. Comme la suite va le montrer, il s'agit de joindre les forces navales byzantines et les forces terrestres croisées pour frapper Saladin à la base de sa puissance, l'Égypte ; sans doute les prises tant de butin que territoriales devaient-elles être partagées selon une clef qui nous échappe évidemment. Outre l'intérêt géostratégique pour les croisés, cela aurait permis à Manuel et de rentrer dans les frais de la reconstitution de sa flotte et de retrouver un prestige mis à mal par Myriokêphalon, tout en affirmant son autorité éminente sur le royaume latin de Jérusalem.

43. *Ibid.*, XXI, 13, p. 979-980.

44. *Ibid.*, XXI, 15, p. 981-982. Nous n'avons pu identifier avec certitude aucun de ces envoyés. Mais le simple fait de faire commander la flotte par un neveu montre l'importance attachée par Manuel à l'expédition. Il peut y avoir une confusion chez Guillaume de Tyr, car un Andronic Ange, père des deux premiers empereurs de cette dynastie, est connu comme chef militaire après Myriokêphalon : NICÉTAS CHONIATÈS, *Histoire*, éd. citée *supra* n. 39, p. 195. C'est alors un chef de guerre illustre, mais nullement le neveu de Manuel.

45. GUILLAUME DE TYR, *Chronique*, XXI, 16, p. 983. On mettra ces chiffres en rapport avec les derniers mots de la chronique de Kinnamos, là où le manuscrit s'arrête : « Avant de quitter Byzance, [Manuel]

C'est là que nous retrouvons Léontios de Jérusalem, qui est aussi à Acre. A-t-il retrouvé la flotte sur place ou bien est-il venu avec, la question est de peu d'importance[46] ? L'itinéraire de la flotte de guerre passe aussi par Chypre, mais la traversée est suffisamment courte et sûre pour que Léontios n'ait pas eu besoin de cette aide. Il convient d'analyser la chronologie des événements avec une certaine rigueur, pour tenter de reconstituer la politique de Manuel. Au moment où l'empereur rappelle à Léontios qu'il doit partir pour Jérusalem, il n'a pas encore reçu l'ambassade conduite par Renaud de Châtillon et donc pas renouvelé le traité de 1171, dont il est impossible de savoir s'il contenait des clauses concernant l'Église melkite[47]. Si notre hypothèse selon laquelle Léontios part au début de l'automne 1176 est exacte, on peut supposer que ceci est postérieur à Myriokêphalon ; battu sur terre, Manuel a toujours sa flotte et peut donc organiser et planifier ce qu'il va concrétiser avec Renaud de Châtillon. Dès lors, l'envoi de Léontios constitue bien le volet religieux de sa politique vis-à-vis du royaume latin de Jérusalem et Léontios part comme une sorte d'éclaireur. Le choix de Léontios était d'ailleurs techniquement parfait : il a prouvé par le passé au bénéfice de son monastère qu'il est un homme d'action ; c'est un théologien accompli[48], ce qui n'est pas superflu compte tenu de la vigueur des controverses avec les Latins.

Néanmoins, quand Léontios arrive à Acre, vraisemblablement avant la flotte byzantine, Renaud de Châtillon est revenu à Jérusalem avec le traité signé. Or la Vie de Léontios spécifie bien que, si Léontios reste à Acre, c'est parce que « les Latins qui détenaient alors le pouvoir en Palestine ne le laissaient pas se rendre à Jérusalem »[49]. Deux explications sont possibles. Soit le traité ne prévoyait pas cette venue à Jérusalem, et l'on peut alors conjecturer que Manuel avait bien avant la négociation le projet d'obtenir la réinstallation d'un patriarche melkite à Jérusalem, mais qu'il a dû céder sur ce point durant la négociation. Soit le traité comportait cette clause[50], mais celle-ci ne devait être exécutée qu'avec le reste, c'est-à-dire l'arrivée de la flotte en Palestine et peut-être la réalisation de l'expédition en Égypte avec partage des gains. Dans la première hypothèse, il resterait à savoir pourquoi Manuel n'a pas rappelé immédiatement un Léontios dont il n'avait pas assuré le bon déroulement de la mission.

envoya aussi une flotte de 150 navires contre l'Égypte, pendant qu'il se rendait avec toutes ses forces combattre Kiliç Arslan ; mais, comme il avait des forces insuffisantes pour l'expédition d'Égypte... » (KINNAMOS, *Epitome*, VII, éd. A. MEINEKE, Bonn 1836 [CSHB], p. 300). On remarquera que les chiffres avancés par Guillaume de Tyr, si l'on ajoute les navires de service aux galées, ne sont pas très éloignés. En 1176, la flotte rassemblée n'a pu servir ; c'est la même qui part en 1177 et, cette fois-ci, Manuel s'est assuré (si l'on peut dire, vu la suite) des troupes latines par le renouvellement du traité de 1171.

46. HAMILTON, Manuel I Comnenos and Baldwin IV of Jerusalem, p. 365, avance cette hypothèse qu'il ne confirme pas dans ID., *The leper king and his heirs*, p. 114.

47. Que laisse pourtant supposer ROSE, Church Union Plans in the Crusader Kingdoms, cité *supra* n. 2, p. 385-386. Le résumé de Guillaume de Tyr est pourtant des plus secs : *pactis hinc inde ad placitam utrinque consonantiam redactis et scripto traditis utriusque bulla signato*, GUILLAUME DE TYR, *Chronique*, XX, 24, p. 946.

48. Non seulement il a été choisi par Manuel sur cette base (Vie de Léontios, c. 63, p. 104-106), mais il a composé plusieurs traités de théologie dont certains nous sont conservés : cf. TSOUGARAKIS, *The life of Leontios*, p. 9-11. Certains ont pu ainsi considérer Léontios comme un des auteurs anti-latins les plus efficaces et il aurait été armé pour débattre éventuellement avec le clergé de Jérusalem. D'ailleurs la Vie présente Amaury de Nesle comme « celui qui était en charge de leur doctrine » (c. 85, p. 134).

49. Vie de Léontios, c. 81, p. 128.

50. C'est le point de vue de HAMILTON, *The leper king and his heirs*, p. 114.

Au grand désespoir de Guillaume de Tyr[51], la conjonction de la mauvaise volonté de Philippe de Flandre, qui temporise en attendant que l'opération devienne impossible, et des contingents de Tripoli et d'Antioche, rend l'exécution de l'opération commune impossible. Ce que voyant, les envoyés de l'empereur et leur flotte repartent, à la fin de septembre 1177[52], laissant Léontios en quelque sorte nu et sans ordres autres que ses consignes premières[53]. Ceci explique qu'il finisse par se rendre à Jérusalem non pas de façon officielle, comme il était prévu, mais en catimini. Il y a tout lieu de penser qu'il n'hésite pas trop longtemps après le départ des navires et donc qu'il arrive à Jérusalem à l'automne, sans qu'une plus grande précision soit possible. En tout cas, cela facilite grandement la coïncidence entre son arrivée et la fin de la sécheresse, les probabilités de pluie étant constamment accrues sur le plateau palestinien où se trouve la ville sainte à partir du début novembre. Rappelons que l'hagiographe se borne à faire remarquer la coïncidence voulue par Dieu entre la fin de la sécheresse et l'arrivée de Léontios sans avoir recours à aucune mise en scène miraculeuse. Nous pouvons donc affirmer que Léontios est arrivé à Jérusalem en novembre ou, au plus tard, en décembre 1177.

Le reste du récit de Goudélès résiste à tout effort sérieux de datation, même si Rose fait partir Léontios de Jérusalem à l'été 1178[54] et Hamilton dès le printemps[55]. D'un côté, la Vie présente la tentative d'assassinat comme la conséquence immédiate de la réputation que vaut à Léontios l'épisode de la pluie et la lettre de rappel de Manuel comme une conséquence directe de cette tentative. D'un autre côté, les liaisons entre Constantinople et la Palestine dépendent du temps et sont beaucoup plus longues en hiver ; l'arrivée à Constantinople d'informations sinon sur une tentative d'assassinat du moins sur la vigoureuse hostilité des Latins à l'encontre de Léontios est forcément longue, de même que l'envoi et le transfert d'une lettre de rappel.

Reste l'épisode Saladin. La distance est moins grande si Saladin est en Syrie, ce qui est le cas au printemps 1178[56], et l'aléa climatique inexistant, mais il y a là successivement trois lettres : la proposition de Saladin, la réponse de Léontios expliquant qu'il a reçu une lettre de rappel et demandant un sauf-conduit et la réponse de Saladin accordant ce sauf-conduit. Là encore, l'ensemble prend un certain temps, sans que l'on puisse dater les événements. La seule chose qui paraît sûre, c'est que, résistant sans doute à la demande d'Amaury de Nesle, Baudouin IV et son entourage n'ont pas forcé Léontios à partir précipitamment[57] ; et Léontios

51. Guillaume de Tyr, *Chronique*, XXI, 16, p. 983 : *Item iuramentis nostris obviare inhonestum nimis et periculosum videbatur ; quod si etiam cum assensu imperialium nuntiorum res in aliud tempus differri potuisset, presens domini imperatoris auxilium deserere non reputabamus tutum, timentes indignationem eius, que nobis poterat esse nimis periculosa.*

52. *Ibid.*, XXI, 17, p. 985.

53. Après la prétendue tentative d'assassinat de Léontios par les sbires d'Amaury de Nesle, Léontios reçoit enfin un ordre écrit de rentrer. Cela confirme qu'il n'avait pas auparavant reçu de contrordre, donc que son entrée à Jérusalem faisait probablement partie du traité.

54. Rose, Church Union Plans in the Crusader Kingdoms, p. 376.

55. Hamilton, Manuel I Comnenos and Baldwin IV of Jerusalem, p. 368 ; mais celui-ci fait de la lettre de rappel la conséquence de la proposition de Saladin à Léontios de s'installer à Damas, alors que la Vie place celle-ci après la lettre de rappel, sans lien chronologique objectif.

56. Cf. Gibb, The Rise of Saladin, cité *supra* n. 17, p. 571-572. Notons toutefois que cet argument tiré de l'épisode Saladin n'a de valeur que si celui-ci correspond à une réalité. Nous discutons ce point plus loin.

57. Hamilton, *The leper king and his heirs*, p. 138. Cet auteur pense, sans doute à juste titre, que, si Léontios est parvenu à Jérusalem, c'est parce que la cour de Jérusalem l'a laissé faire pour ne pas

traîne, tentant par tous les moyens, mais vainement, de dire la messe au Saint-Sépulcre. De sorte qu'il est difficile de dire s'il est parti à la fin du printemps ou au début de l'été 1178 ; la datation la plus fiable repose sur l'épisode de Saladin et rend difficile de situer le départ de Léontios avant la fin du printemps. Certes, sur le chemin du retour, son navire rencontre une tempête à proximité de Rhodes[58], qui paraît impossible avant le mois de septembre au moins ; mais le thème de la tempête calmée par les prières du saint est un tel *topos* qu'il ne faut sans doute pas lui accorder une importance exagérée.

Nous devons en revanche tenter d'expliquer un double silence des sources : Guillaume de Tyr, si souvent cité, ne parle pas de la visite de Léontios ; la Vie de Léontios, pourtant si bien informée sur bien des points, ne parle pas de l'alliance de Manuel avec le royaume de Jérusalem. Guillaume est archevêque de Tyr depuis 1175 ; il l'était donc lors des événements de 1177-1178. Son opinion sur l'alliance byzantine est sans aucune ambiguïté : il reproche vigoureusement au clan qui a fait échouer cette alliance, à savoir Philippe de Flandre et Raymond de Tripoli, d'une part de n'avoir pas tenu parole alors que l'Empereur s'était engagé de la façon la plus solennelle par un chrysobulle, d'autre part d'avoir commis une faute politique et stratégique en préférant d'inutiles combats à l'est de la Syrie à l'expédition organisée de concert avec l'Empire[59]. Si l'on ajoute son hostilité envers Amaury de Nesle, on ne peut expliquer son silence que par l'attachement à la cause pontificale d'un prélat qui assista au concile du Latran de 1179 et qui, par son silence, évite toute comparaison entre les qualités du patriarche melkite et celles du patriarche latin, évitant même de suggérer que la question de la division de la chrétienté puisse se poser. Cette tentative d'explication n'est toutefois pas totalement satisfaisante. Comme toute source unique, Guillaume de Tyr, évidemment partial, doit être utilisé avec prudence.

Qu'en est-il de l'hagiographe ? Théodosios Goudélès est un homme bien informé, même s'il écrit à Patmos, loin des archives ; plusieurs membres de sa famille ont travaillé dans l'administration de Manuel Ier. Le silence sur le traité de 1177 entre Manuel et Renaud de Châtillon est donc volontaire et, à notre avis, comporte plusieurs niveaux d'explication. Il est évidemment plus glorieux pour Léontios de présenter sa mission comme à la fois isolée et purement religieuse. Toutefois, cet argument peut se retourner. On l'a vu, l'hagiographe ne travestit pas la vérité et reconnaît l'échec de la mission ; il aurait été commode de l'attribuer aux aléas de la politique. Mais il est encore plus expédiant de l'attribuer à l'impiété des Latins, pires que des musulmans.

Revenons sur la façon dont les Latins sont qualifiés : de sots et d'impies (c. 84 : ματαιόφρονες, impies au sens si l'on peut dire intellectuel, le terme venant renforcer la sottise alléguée des Latins), de charlatans (c. 85), d'impies encore, mais cette fois par opposition à la sainteté (c. 86 : ἀνόσιοι), d'idiots de naissance (c. 87 : la bêtise innée des Latins : διὰ τῆς τῶν Λατίνων ἐμφύτου σκαιότητος).

envenimer les relations avec Constantinople ; Amaury, que Guillaume de Tyr, qui fut son suffragant, estime peu (il le qualifie, lors de son élection qu'il trouve d'ailleurs peu régulière de par l'intervention de laïcs, de *vir commode litteratus sed simplex nimium et pene inutilis* : GUILLAUME DE TYR, *Chronique*, XVIII, 20, p. 840-841), par son opposition haineuse et bornée, a rendu un séjour plus long impossible.

58. Vie de Léontios, c. 88, p. 138.

59. GUILLAUME DE TYR, *Chronique*, XXI, 17, p. 985.

En soi, les qualificatifs ne sont pas nouveaux et la polémique ne fait qu'enfler tout au cours du XIIe siècle. Dans ce cadre, l'épisode Saladin est bien venu pour opposer le comportement des Latins à celui du musulman. Là encore, la façon de qualifier Saladin n'est pas nouvelle vis-à-vis des musulmans avec qui l'on a depuis longtemps appris à vivre et notamment à reconnaître que certains d'entre eux sont de grande valeur humaine[60] ; certes, il a une foi qui est le contraire de la foi (τὸ μεν σέβας ἀσεβής), il honore les hallucinations et les fables de Mahomet, mais il n'est qu'à moitié mauvais (ἡμιμόχθηρος), car il est à bien des égards vertueux et honorable (τιμῶν)[61]. Dans ces conditions, l'épisode de la lettre de Saladin peut avoir été inventé de toutes pièces dans le dessein d'opposer les qualités du musulman aux défauts rédhibitoires des Latins[62]. Là encore, ce procédé n'est pas une absolue nouveauté.

En réalité, ce que veut cacher Théodosios Goudélès, c'est qu'il puisse même exister une alliance politique entre l'Empereur byzantin et les Latins. C'est déjà possible avant 1204, compte tenu du contentieux qui s'est développé, notamment à partir du règne d'Andronic Comnène, mais c'est encore plus évident après 1204, ce qui nous pousse à penser que le récit a été écrit après cette date[63]. Reconnaissons toutefois que cet argument non plus n'est pas totalement convaincant : les Latins ayant trahi leur parole en 1177, pourquoi le taire alors que le fossé s'est encore creusé entre les deux parties de la chrétienté ?

Bref, la Vie de Léontios est un document de grand intérêt par son unicité même pour la connaissance du royaume latin de Jérusalem. Mais, plus encore qu'une source historiographique comme Guillaume de Tyr dont on sait pourtant qu'il faut les manier avec prudence, ses informations doivent être systématiquement mises en doute. Ce qui s'exprime c'est non le point de vue de Léontios, mais celui de son hagiographe. Celui-ci reflète ce que l'on savait du royaume latin de Jérusalem, disparu depuis 1187, dans les milieux constantinopolitains ou dans le monastère

60. La littérature sur la façon dont les chrétiens voyaient les musulmans au Proche-Orient est très abondante ; cf. en dernier lieu A. DUCELLIER, *Chrétiens d'Orient et Islam au Moyen Âge, VIIe-XVe siècle*, Paris 1996 (Collection U).

61. Vie de Léontios, c. 87, p. 136.

62. On objectera que Léontios aurait remis les lettres de Saladin à Manuel et que celles-ci devaient se trouver dans les archives ; mais nous avons vu plus haut l'usage sélectif que l'hagiographe fait des archives.

63. TSOUGARAKIS, *The life of Leontios*, p. 13, contredit la bibliographie précédente en estimant que Théodosios Goudélès n'a pas composé cette Vie à Patmos. Nous sommes d'un avis contraire : l'auteur résume en effet de façon tout à fait exacte des documents d'archives qui n'étaient disponibles que là et semble ne pas avoir accès à ceux de Constantinople. De sorte qu'une solution où il se serait tout naturellement retiré dans ce monastère après 1204 est plausible ; il occupe alors ses loisirs en rédigeant la Vie, ce qui explique assez bien la présence de l'autographe dans les manuscrits de Patmos. Le manuscrit A, manuscrit liturgique de belle facture et qui est une copie légèrement modifiée de ce que nous considérons comme l'autographe, presque sûrement confectionné à Patmos, qualifie Théodosios de moine de Constantinople, ce qui veut dire qu'il n'est pas, du moins à l'origine, moine de Patmos, car sinon une telle mention n'aurait rien à faire sur un manuscrit de Patmos. Dans ces conditions, on peut supposer que, moine dans la capitale, par exemple au monastère *ta Steirou* où il a assisté à la mort de Léontios, il se réfugie à Patmos, que lui indiquait son admiration pour Léontios, après 1204. L'higoumène lui confie la rédaction de la Vie d'un homme qu'ils admiraient l'un et l'autre, lui fournit les informations dont il pouvait avoir besoin et lui ouvre ses archives. Dans ces conditions, faire de la Vie l'un des moyens de promotion du patriarcat de Jérusalem en exil comme le fait PAHLITSCH, Ein "politischer heiliger" zur Zeit der Komnenen, paraît hasardeux.

de Patmos autour de 1204 ; comme nous l'avons vu, la Vie est une source bien meilleure pour compléter notre vision de la politique de Manuel Comnène que pour nous renseigner au fond sur les relations entre chrétiens melkites et chrétiens latins dans le royaume de Jérusalem dix ans avant sa conquête par Saladin.

Michel Kaplan
Université Paris I

Les empereurs de Trébizonde, débiteurs des Génois

Sergej P. Karpov

La présence des Génois en mer Noire[1] et l'établissement de grands centres de commerce et de forteresses comme le sont Caffa ou Tana ne pouvaient pas ne pas entraîner toutes les catégories sociales de la population indigène dans les affaires avec les Ligures. Les empereurs de Trébizonde, les Grands Comnènes (1204-1461), ne font pas exception, comme le montrent les dettes impériales de différentes sortes que nous allons étudier.

Certaines dettes proviennent de marchandises retenues ou bien achetées à crédit par les souverains. L'empereur pouvait en effet intercepter des marchandises pour non-respect des taxes douanières ou bien il prenait parfois des marchandises à crédit, qu'il ne payait pas par la suite. Il est très difficile à cause du manque de références exactes dans les sources, de déterminer l'origine de ces dettes. Il est connu, par exemple, que l'empereur Alexis II fut obligé de payer aux Génois Paolo Doria, Andreolo Cattaneo et ses frères ainsi qu'aux trois frères Salvago, 262 000 aspres, *de quibus fit mentio in duobus privilegiis imperialibus* ; peut-être s'agit-il des deux chrysobulles datant de 1304 environ. L'obligation de payer le reste de cette somme, soit 256 228 aspres, est insérée dans le texte de l'accord de 1314 entre Gênes et l'empereur[2].

Les autres dettes, les plus nombreuses, proviennent de dédommagements, à la suite d'opérations militaires. Par exemple, une réduction considérable des taxes fut prévue en guise d'indemnité pour les pertes subies en 1304 par les Génois lors de troubles et d'un incendie à Trébizonde[3]. Pour collecter et distribuer l'argent, le gouvernement de Gênes institua, avant mars 1310, une *compera medalie Trapesunde* au capital de 4 000 livres[4]. De temps à autre les dettes directes dérivant des transactions et des réparations se combinent. En 1314, on prévit le paiement aux marchands génois, dans le délai de quatre mois, de 105 000 aspres comme compensation pour la perte d'une caravane de ces marchands saisie par l'empereur à Trébizonde pendant les troubles ou peut-être précédemment.

Le nouveau conflit de 1313-1314 augmenta les dettes des empereurs. Dans le traité de paix de 1314, les obligations d'Alexis II pour le dédommagement des pertes des Génois prirent une place importante. On attendit l'envoi à Gênes d'un

1. Voir en premier lieu M. Balard, *La Romanie génoise (xiie-début du xve siècle)*, 2 vol., Rome-Gênes 1978 ; Id., *La mer Noire et la Romanie génoise (xiiie-xve siècles)*, Londres 1989 ; Id., *Gênes et l'Outre-Mer*. I, *Les actes de Caffa du notaire Lamberto di Sambuceto, 1289-1290*, Paris-La Haye 1973 ; Id., *Gênes et l'Outre-Mer*. II, *Actes de Kilia du notaire Antonio di Ponzò, 1360*, Paris-La Haye 1980, et beaucoup d'autres.
2. ASG, Archivio Segreto (AS), Materie Politiche 2727, pièce 12. Publication : C. Desimoni, Intorno alla impresa di Megollo Lercari in Trebisonda, *ASLi* 13, fasc. 3, 1879, p. 523-524.
3. G. Pistarino, *I Gin dell'Oltremare*, Gênes 1988, p. 60-62, et p. 71-73 pour l'édition du document.
4. Balard, *La Romanie Génoise*, 1, cité *supra* n. 1, p. 135.

Chemins d'outre-mer. Études d'histoire sur la Méditerranée médiévale offertes à Michel Balard.
Paris, Publications de la Sorbonne, 2004 (Byzantina Sorbonensia 20)

ambassadeur trapézontin. Ce dernier dut s'engager dans les négociations à propos des compensations pour les pertes subies par les marchands de Caffa durant une attaque des galées de Sinope et de Trébizonde en 1313 et 1314 et aussi faire un examen de toutes les plaintes possibles des citoyens de Gênes et du *distretto*. En 1316, les pertes des Génois sont évaluées à 250 000 aspres et sont couvertes par les sommes destinées à compenser les pertes des sujets de l'empereur lésés par les actions hostiles de la flotte génoise[5]. D'après l'estimation juridique, les indemnités à percevoir par les Génois trafiquant avec les galées de Giovanni Fatinanti et Giovanni da Chiavari devaient être payées en trois versements à huit mois d'intervalle chacun. Les mêmes conditions furent appliquées pour le paiement d'une somme de 127 346 aspres à quinze marchands génois spoliés à Trébizonde. Le montant total, y compris les dettes précédentes, qu'il fallait encore vérifier et compléter à Gênes, équivalait à 488 574 aspres, mais, après les pourparlers à Gênes, l'empereur pouvait également prétendre à une compensation pour ses pertes[6], ce qui fut fait en 1316.

Avant le voyage de l'ambassadeur de Trébizonde à Gênes, un accord préliminaire fut conclu le 13 juin 1315. Son texte est perdu[7], mais il s'agissait de régler le mode de remboursement des dettes. En septembre 1315, un notaire génois rédigea des procurations pour entamer des poursuites en vue d'obtenir un dédommagement pour des pertes subies par les Génois de Crimée à cause d'une embuscade de la flotte de Trébizonde et de Sinope[8] ; à la fin d'octobre 1315, le notaire Tommaso Casanova instrumente à Gênes pour l'ex-ambassadeur et juriste Antonio Portonario des actes par lesquels celui-ci confère à Casanova et à d'autres individus le droit de recevoir, conformément aux accords, une indemnisation de la part de l'empereur. Quatre actes sont conservés dans un minutier de Casanova, dont l'un est privé de conclusion. Tous sont datés des 24-30 octobre 1315[9]. Vraisemblablement les documents ont été écrits pour être présentés aux responsables de la distribution de l'argent aux victimes. Le premier document mentionne douze personnes que l'accord de 1314 avait prévu d'indemniser. La somme totale réclamée est de 104 244 aspres[10]. Six personnes ont dû recevoir 33 025 aspres conformément à la convention de 1315. Le second document cite deux personnes qui ont subi des pertes. Elles se sont trouvées dans les vaisseaux de Giovanni Fatinanti et Giovanni da Chiavari et sont également nommées dans le texte de l'accord de 1314 pour une indemnité de 12 291 aspres et demi. Enfin, deux autres actes ne concernent qu'un seul individu, Carlino Bochesano, pour un dommage de 23 192 aspres. Selon l'accord du 24 mars 1316, l'empereur de Trébizonde devait recevoir à son tour 500 000 aspres pour l'indemnisation des pertes causées par l'embuscade des Génois contre ses sujets.

5. DESIMONI, Intorno, cité *supra* n. 2, p. 528.
6. *Ibid.*, p. 518-524. La somme de 488 574 aspres équivalait à 34 898 hyperpères, à raison d'un hyperpère pour 14 aspres comnénats (*ibid.*, p. 525 ; ASG, Notai antichi 220, f. 49r). Par comparaison, la dette de l'empereur de Byzance Michel VIII Paléologue envers les Vénitiens en 1277, insupportable pour Byzance, équivalait à 35 000 hyperpères. Voir G. MORGAN, The Venetian claims commission of 1278, *BZ* 69, 1976, p. 426.
7. Mentionné dans ASG, Notai antichi 220, f. 47v-48r.
8. ASG, Notai antichi 127, f. 241r-v, acte du 5 septembre 1315, conformément à une procuration du 18 mai 1314.
9. ASG, Notai antichi 220, f. 47v-53v.
10. Les données analogues pour toutes les personnes sauf une se trouvent dans le texte de l'accord de 1314 : DESIMONI, Intorno, p. 523.

Mais le basileus ne vit pas cet argent. Une moitié en fut retenue comme compensation pour la restitution à l'empereur du territoire de l'ancien établissement des Génois, et l'autre servit à dédommager les Génois de Crimée en 1313 et 1314[11]. C'est pourquoi Casanova et les autres notaires se dépêchèrent de rédiger les pétitions pour le remboursement de leurs clients en 1315. Ces dettes et quelques autres furent probablement recouvrées en 1316. Mais l'empereur dut encore accorder des compensations pour ceux qui avaient subi des pertes à Trébizonde, conformément à l'accord de 1314. Une seule dette d'Alexis II à Ingueto de Mari en 1317 se montait à 274 279 aspres dont seulement 25 000 aspres avaient été payés en 1338. Les créanciers attendirent le remboursement du reste[12]. La plus grande partie de cette dette provenait probablement du conflit de 1313-1314 et avait été fixée dans l'accord de 1314. En 1325, la *compera medaglie* de Trébizonde était évaluée à 40 000 livres ou 800 000 aspres[13].

En 1373, à la suite des désaccords entre le basileus et les marchands ligures à propos de la compensation des dettes, un ambassadeur génois, Antonio Noitorano, fut envoyé à Trébizonde[14]. L'année suivante, agissant avec deux autres marchands, Antonio di Lazaro et Andriolo da Sarzana, il donna mandat à ses représentants pour recouvrer les sommes dues par l'empereur de Trébizonde, alors Alexis III (1349-1390), et ses sujets[15]. En 1376, Lazaro Ugoni da Portovenere, habitant de Trébizonde, donne procuration pour rembourser ses dettes à ses partenaires génois en raison de transactions faites à Trébizonde[16]. Il s'agit apparemment de dettes d'origine commerciale.

En 1415-1417, une vraie guerre fut menée par les Génois contre l'empire de Trébizonde. La flotte ligure remporta la victoire[17]. Le commandant Cosma Tarigo et ses compagnons élaborèrent les conditions préliminaires de la paix avec l'empereur. Seules les clauses financières sont connues. Le jeune empereur Alexis IV (1417-1429) était obligé de payer 5 000 *sommi* (1 094,56 kilos) d'argent, 2 500 végètes de vin (13 125 hectolitres) et 2 000 *modioi* (34 168 litres) de noisettes. Il avait deux ans pour effectuer ces importants, et peut-être insupportables, paiements. Les autorités de l'Empire cherchèrent alors à adoucir la situation. En février 1418, un ambassadeur du Grand Comnène, Théodore Doranitès, se rendit à Gênes. C'est lui qui reçut du doge Tommaso Campofregoso une sentence arbitrale, c'est-à-dire les conditions finales de la paix. Le doge fit des remises à Trébizonde, en diminuant la somme des réparations prévues. La mention du paiement en argent fut annulée, la quantité de vin resta la même, mais on abaissa à 1 600 *modioi* (27 334,2 litres)

11. ASG, AS, Materie Politiche 2727, pièce 14 (Desimoni, Intorno, p. 527-533 ; P. Lisciandrelli, *Trattati e negoziazioni politiche della Repubblica di Genova [958-1797]. Regesti*, Gênes 1960, n° 514, p. 105-106) ; cf. Balard, *La Romanie génoise*, 1, p. 136.

12. ASG, Notai Antichi 225 (notaire Tommaso Casanova), doc. 59, acte du 7 septembre 1338 (il y est mentionné un acte de reconnaissance de dette par l'empereur du 21 octobre 1317). La somme de 10 000 aspres (500 livres de Gênes) a dû être payée comme dot à Catalina, la fille d'Ingueto, déjà mort. Le document est cité dans Balard, *La Romanie Génoise*, 1, p. 136-137.

13. ASG, Notai Antichi 221 (notaire Tommaso Casanova), sans numéro, acte du 9 mai 1325.

14. ASG, Antico Comune 56, *Magistrorum rationalium introitus et exitus*, f. XXVIIIr ; cf. Balard, *La Romanie Génoise*, 1, p. 88, n. 288.

15. ASG, Notai Antichi 314 (notaire Andreolo Caito, cart. 6), f. 74v-75r (349v-350r).

16. ASG, Notai Antichi 397, f. 66v-67r, acte du 22 mars 1376.

17. Voir S. P. Karpov, *L'impero di Trebisonda, Venezia, Genova e Roma, 1204-1461. Rapporti politici, diplomatici e commerciali*, Rome 1986, p. 157-158.

la quantité de noisettes à fournir. Le délai de remboursement fut prolongé de deux années et les autres conditions de l'accord préliminaire confirmées[18].

En 1420, le gouvernement de Gênes transféra le reste de la créance à la Banque de Saint-Georges en compensation des obligations de la République vis-à-vis de la Banque. Les Protecteurs de la Banque agirent alors pour obtenir le paiement des dettes, et obligèrent les procureurs de Caffa à prendre toutes les mesures nécessaires[19]. La Banque, par exemple, était préoccupée par le fait que l'empereur n'avait versé en 1419-1420 que 150 végètes de vin sur les 500 attendues[20]. Toutefois, une partie de la dette fut amortie.

L'empereur Jean IV (1429-1460) fit en 1429 un coup d'État avec l'aide des Génois[21], qui étaient parmi ses partisans et « barons »[22]. Deux ans plus tard, la République assura Jean IV de son amitié, en lui rappelant toutefois de payer ses dettes à un marchand génois, Carlo Piccamiglio, et aux héritiers de feu Bartolomeo Doria[23]. Le 7 mars 1431, un ambassadeur et syndic, Battista de Puteo, fut envoyé de Gênes à Trébizonde pour négocier la révision des anciens accords et en conclure de nouveaux[24]. Le choix de l'ambassadeur n'a pas été fait par hasard : la famille de Puteo, Battista lui-même et son frère Pietro avaient des intérêts commerciaux à Simisso et à Trébizonde dès 1422 au moins [25].

Jusqu'en 1438, l'empereur ne paya pas ses anciennes dettes ni les nouvelles, pourtant il ne nia jamais leur existence ; au contraire, il continuait à promettre de rembourser. Dans une lettre de 1438 adressée à Jean IV, le doge Tommaso Campofregoso approuva les intentions de celui-ci et promit de faire ce qu'il pouvait pour réconcilier l'empereur avec Alexandre, son frère rebelle et exilé, gendre de Dorino I Gattilusio, seigneur de Mytilène. Le doge demanda à l'empereur de déconseiller à Gattilusio de faire une action militaire et promit sa médiation[26]. Par une lettre du 17 mars 1438, le doge chargea le consul de Caffa, le podestat de Péra et autres « recteurs » génois en mer Noire de soutenir l'empereur de Trébizonde et ses sujets, pourvu que les intentions de celui-ci soient vraies et sincères[27].

18. N. Iorga, Notes et extraits pour servir à l'histoire des Croisades au xve siècle, *ROL* 4, 1896, p. 588-590 ; Id., *Notes et extraits pour servir à l'histoire des Croisades au xve siècle. Série I*, Paris 1899, p. 79-81 (avec corrections). Pour les mesures, cf. E. Schilbach, *Byzantinische Metrologie*, Munich 1970, p. 124-128, 192 ; Balard, *La Romanie Génoise*, 2, p. 842-846.
19. ASG, San Giorgio (SG), Sala 34, 607/2230, *Diversorum* 4, f. 92v-93r, acte du 27-28 juin 1420.
20. *Ibid.*, f. 84v-85r, acte du 3 mai 1420 (publication d'un fragment : Iorga, Notes et extraits, *ROL* 4, cité *supra* n. 18, p. 619).
21. Voir V. Laurent, L'assassinat d'Alexis IV, empereur de Trébizonde († 1429). Date et circonstances, *'Αρχεῖον Πόντου* 20, 1955, p. 138-143 ; A. Bryer, The faithless Kabazitai and Scholarioi, *Maistor: Classical, Byzantine and Renaissance Studies for Robert Browning*, éd. A. Moffat, Camberra 1984 (Byzantina Australiensia 5), p. 309-327 (= *People and Settlement in Anatolia and the Caucasus*, Londres 1988, VII).
22. Voir S. P. Karpov, Una famiglia nobile del mondo coloniale Genovese : i Di Negro, mercanti e « baroni » dei Grandi Comneni di Trebisonda, *Oriente e Occidente tra Medioevo ed età moderna. Studi in onore di Geo Pistarino*, éd. L. Balletto, Acqui Terme 1997, 2, p. 587-604.
23. ASG, AS 1779, *Litterarum* 3, f. 360r-v, acte du 6 mars 1431 (document analysé par Iorga, Notes et extraits, *ROL* 6, 1898, p. 100-101).
24. ASG, AS 1780, *Litterarum* 4, f. 40v, acte du 7 mars 1431 (document analysé par Iorga, Notes et extraits, *ROL* 6, 1898, p. 101).
25. ASG, Notai antichi, 601 (notaire Francesco Casanova), acte 131.
26. Lettre à l'empereur : ASG, AS, 1784, *Litterarum* 8, f. 165v, acte du 17 mars 1438. Lettre à Dorino Gattilusio : *ibid.*, f. 168 ; publiée dans : A. Luxoro, G. Pinelli-Gentile, Documenti riguardanti alcuni dinasti dell'Arcipelago, *Giornale Ligustico di archeologia, storia e belli arti* 2, 1875, p. 292-293 (avec la date erronée du 10 mars, au lieu du 27).
27. ASG, AS, 1784, *Litterarum* 8, f. 165.

Malgré des assurances d'amitié et un appui probable accordé à Gênes dans les affaires internationales, Jean IV causait néanmoins des torts aux marchands génois ; il était très rigoureux dans la collecte des taxes et confisquait les possessions de ceux qui ne payaient pas le juste montant des *kommerkioi*. On peut dire qu'il a utilisé tous les moyens pour remplir son trésor en déficit permanent. Au début des années 1430, il refusa de rembourser 3 000 ducats, dette de son père, pour des marchandises achetées à crédit à Tomà de Trotis, un marchand génois. En mettant le marchand en prison, Jean IV s'empara du gage donné auparavant. La protestation du consul de Caffa ne fut pas prise en considération. Gênes se trouvait alors sous l'autorité des ducs de Milan. Filippo Maria Visconti, par une lettre du 9 mars 1434, demanda à son représentant le gouverneur de Gênes et à l'*Officium Provisionis Romanie* de prendre des mesures afin de protéger Tomà de Trotis. Ces derniers envoyèrent un message à l'empereur indiquant que Gênes était prête à obtenir justice par tous les moyens[28]. Un mandat spécial donna l'ordre au consul de Caffa, Battista Fornario, et au commandant de la flotte militaire, le chevalier Carlo Lomellini, d'assurer soit le retour du gage soit le remboursement, en appliquant la force si nécessaire[29]. Évidemment le différend fut réglé, sans qu'aucun conflit sérieux n'ait eu lieu.

En 1441, le gouvernement de Gênes reçut une pétition d'un habitant de Péra, Filippo de Merode, et de ses compagnons[30]. Un bâtiment nolisé par de Merode et par ses partenaires avait été détenu au port de Trébizonde sur ordre de l'empereur, les marchandises et possessions saisies et confisquées. Le consul de Caffa avait demandé sans succès la restitution du butin en 1437. De Merode s'adressa alors au doge qui, par une lettre courtoise, pria l'empereur, au nom de l'amitié traditionnelle, de compenser les pertes de ce citoyen génois. En cas de refus, le doge n'insistait pas pour obtenir les paiements tout de suite, mais proposait un examen judiciaire par le podestat et l'Office du commerce de Péra[31]. Il est clair qu'il ne s'agissait pas vraiment de violence simple, mais d'une confiscation légale à cause de transgressions de la loi de la part des Génois. L'action, dirigée par Girolamo di Negro, un officier génois au service de l'empereur, fut commise, semble-t-il, à cause des infractions fiscales ou de la piraterie des marchands (faits courants à cette époque)[32]. En 1443, le doge Raffaele Adorno écrivit à Jean IV que les marchands génois à Trébizonde s'étaient plaints du mauvais comportement du souverain à leur égard et du non-respect des accords avec la République. Mais

28. ASG, AS, 1780, *Litterarum* 4, f. 145r-v, acte du 19 mars 1434.

29. ASG, AS, 1780, *Litterarum* 4, f. 144 r-v, acte du 19 mars 1434 (un exposé bref et inexact : N. IORGA, Notes et extraits, *ROL* 6, p. 127).

30. Sur la famille de Merode de Péra, voir M. BALARD, La société pérote aux XIVe-XVe siècle : autour des Demerode et des Draperio, *Byzantine Constantinople:Monuments, Topography, and Every Day Life*, éd. N. NECIPOĞLU, Leyde 2001 (The medieval Mediterranean 33), p. 299-311.

31. ASG, AS, 3033, *Diversorum*, sans numéro, acte du 19 mai 1441, nº 168, acte du 28 mars 1442 (S. P. KARPOV, Regesty dokumentov Fonda Diversorum Filze Sekretnogo Arhiva Genui, otnosjaščiesja k istorii Pričernomor'ją, *Pričernomor'e v srednie veka* 3, Moscou-Saint-Pétersbourg 1998, p. 34-35) ; ASG, AS, 1786, *Litterarum* 10, f. 429, acte du 29 mai 1441 (un fragment est publié dans IORGA, Notes et extraits, *ROL* 7, 1899, p. 41-42).

32 Voir KARPOV, Una famiglia nobile, cité *supra* n. 22 ; J. PAVIOT, Comment avoir justice des dommages subis en mer Noire au XVe siècle, *Publications du Centre Européen d'Études bourguignonnes (XIVe-XVIe s.)* 30, 1990, p. 117-125 ; ID., La piraterie bourguignonne en mer Noire à la moitié du XVe siècle, *Horizons marins, itinéraires spirituels (Ve-XVIIIe s.). Études réunies en l'honneur de Michel Mollat*. 2, *Marins, navires et affaires*, éd. H. DUBOIS, J.-Cl. HOCQUET, A. VAUCHEZ, Paris 1987, p. 203-214.

dans le document même on avait indiqué que beaucoup de litiges avaient un caractère contestable ; les Grecs de Trébizonde considérèrent qu'il s'agissait d'accusations de calomniateurs (*detractores*). Le Génois Domenico d'Allegro, haut fonctionnaire de l'empereur, nommé consul génois à Trébizonde afin de prendre des décisions arbitrales, était un officier à la fois de Gênes et de Trébizonde[33]. Gênes ne voulut pas élargir les conflits et augmenter les dettes déjà existantes et reconnues par l'empereur. Cette fois l'augmentation des taxes prélevées sur les marchandises de Trébizonde dans les comptoirs génois de la mer Noire fut utilisée comme moyen de pression[34].

Les dettes de Jean IV ne furent pas payées avant la chute de l'empire de Trébizonde. En 1458, il devait encore verser à la Banque de Saint-Georges 17 077 livres et les intérêts[35]. L'endettement chronique du basileus auprès de cette dernière est noté régulièrement dans les registres des revenus et des frais de la Banque[36]. Elle essaya, mais sans résultat, de contraindre le consulat de Caffa à faciliter les indemnisations[37]. Dans les circonstances périlleuses de l'expansion ottomane, les Génois n'ont plus pu user de la force. Toutes ces dettes furent perdues dans les remous de la conquête turque de Trébizonde en 1461.

Sergej P. Karpov
Université Lomonosov, Moscou

33. ASG, AS, 1786, *Litterarum* 10, f. 429 ; AS, 1788, *Litterarum* 12, f. 351r-v, acte du 15 juin 1443 (partiellement dans Iorga, Notes et extraits, *ROL* 7, p. 105).
34. Karpov, *L'impero di Trebisonda*, cité *supra* n. 17, p. 170-171.
35. A. Vigna, Codice diplomatico delle colonie Tauro-Liguri durante la signoria dell'Ufficio di S. Giorgio (MCCCCLIII - MCCCCLXXV), *ASLi* 6, 1868, nº 377 (acte du 8 février 1458).
36. Voir G. G. Musso, Armamento e navigazione a Genova tra il Tre e Quattrocento (appunti e documenti), *Miscellanea storica ligure* 3, 1973, p. 31 ; Id., *Navigazione e commercio genovese con il Levante nei documenti dell'Archivio di Stato di Genova (Secc. xiv-xv)*, Rome 1975, p. 18, n. 1.
37. Vigna, Codice, cité *supra* n. 35, p. 817 ; ASG, SG, Sala 34, 590/1228, f. 29v, acte du 26 avril 1458.

Again: Genoa's Golden Inscription and King Baldwin I's Privilege of 1104*

Benjamin Z. KEDAR

The golden inscription in the Church of the Holy Sepulchre in Jerusalem, which commemorated Genoa's role in the early crusader conquests and the privilege that King Baldwin I of Jerusalem granted the Genoese in 1104, have been at the center of an extensive – and on occasion unduly heated – debate since my friends Hans Eberhard Mayer and Marie-Luise Favreau (now Favreau-Lilie) claimed in 1976 that the inscription had never existed and that the privilege was a Genoese forgery.[1] It seems appropriate to turn once again to this issue in a volume dedicated to Michel Balard, whose contributions to the history of Genoa as well as to the history of the crusades have been so manifold and valuable, and who has also taken a stand in the storm over the inscription and the privilege.[2]

The debate has clarified several issues, some of them crucial. It is now evident that Baldwin I's original charter has not come down to us.[3] The date that appears at the head of the golden inscription, ANNO AB INCARNATIONE DOMINI M°C°V, SEPTIMO KALENDAS IUNII,[4] uses the *calculus Pisanus* and refers to

* My thanks to Professors Peter Herde (Würzburg) and Mordechai A. Rabello (Jerusalem) for their advice and to Dr. Gideon Almagor, Orit Amrani, Pnina Arad, Iris Gerlitz, Nimrod Ha-Gileadi, Henri Gourinard, Eyal Poleg, Yoni Rubin, Philip Slavin and Inbal Zuk, who participated in 2002-3 in the graduate seminar on Frankish Acre in which this paper took shape.

1. [a] H. E. MAYER, M.-L. FAVREAU, Das Diplom Balduins I. für Genua und Genuas Goldene Inschrift in der Grabeskirche, *Quellen und Forschungen aus italienischen Archiven und Bibliotheken* 55/56, 1976, p. 22-95 (= H. E. MAYER, *Kreuzzüge und lateinischer Osten*, London 1983, V).
[b] B. Z. KEDAR, Genoa's Golden Inscription in the Church of the Holy Sepulchre: A Case for the Defence, *I comuni italiani nel regno crociato di Gerusalemme. Atti del Colloquio di Gerusalemme, 24-28 maggio 1984*, ed. G. AIRALDI, B. Z. KEDAR, Genova 1986 (Collana storica di fonti e studi 48), p. 317-335 (= ID., *The Franks in the Levant, 11th to 14th Centuries*, Aldershot 1993, III).
[c] H. E. MAYER, review of (b) in *Deutsches Archiv für Erforschung des Mittelalters* 44, 1988, p. 331-332.
[d] M.-L. FAVREAU-LILIE, *Die Italiener im Heiligen Land vom ersten Kreuzzug bis zum Tode Heinrichs von Champagne (1098-1197)*, Amsterdam 1989, p. 106, 327-328.
[e] B. Z. KEDAR, *The Franks in the Levant, 11th to 14th Centuries*, Aldershot 1993, Addenda et corrigenda, p. 1.
[f] A. ROVERE, "Rex Balduinus Ianuensibus privilegia firmavit et fecit." Sulla presunta falsità del diploma di Baldovino I in favore dei Genovesi, *Studi Medievali* 3.37, 1996, p. 95-133.
[g] H. E. MAYER, Genuesische Fälschungen. Zu einer Studie von Antonella Rovere, *Archiv für Diplomatik, Schriftgeschichte, Siegel- und Wappenkunde* 45, 1999, p. 21-60.
[h] H. E. MAYER, Genuas gefälschte Goldene Inschrift in der Grabeskirche, *Zeitschrift des Deutschen Palästina-Vereins* 116, 2000, p. 63-75.

2. M. BALARD, Communes italiennes, pouvoir et habitants des États francs de Syrie-Palestine au XIIe siècle, *Crusaders and Muslims in Twelfth-Century Syria*, ed. M. SHATZMILLER, Leiden 1993 (The medieval Mediterranean 1), p. 48-49; MAYER (n. 1 [h]), p. 22 n. 7.

3. MAYER - FAVREAU (n. 1 [a]), p. 39-40; ROVERE (n. 1 [f]), p. 101; MAYER (n. 1 [g]), p. 25.

Chemins d'outre-mer. Études d'histoire sur la Méditerranée médiévale offertes à Michel Balard.
Paris, Publications de la Sorbonne, 2004 (Byzantina Sorbonensia 20)

the day on which the Franks and their Genoese and Pisan allies conquered Acre, 26 May 1104, and not to the day on which the text of the inscription was drawn up.[5] The possibility that the Icelandic pilgrim who reported that a "gold-written letter" can be seen in the Church of the Holy Sepulchre may have had in mind the Genoese inscription[6] has been convincingly discarded.[7] The letter of Pope Alexander III to King Amaury of Jerusalem, which urges the king – in 1167 or 1169 – to restore the inscription, has been rediscovered and reedited.[8] Caffaro's tendency to exaggerate the role of the Genoese in the early history of the Frankish Levant has been highlighted.[9] Still, the main issues at stake have not been resolved. Neither has the debate always proceeded systematically. Thus Mayer and Favreau argued in 1976 that Fulcher of Chartres does not mention Baldwin's privilege of 1104 because it did not yet exist in his time;[10] in 1986 and again in 1996 it was pointed out that this argument is not cogent because Fulcher does not mention the important Council of Nablus (1120) either;[11] yet in 1999 Mayer, without mentioning this objection, reiterates that Fulcher's total silence with regard to the privilege of 1104 is striking, since he is known to have been interested in documents.[12]

I do not intend to dwell here on issues for which, at the present stage, no convincing solution can be offered, such as the question as to which of the locations in the Church of the Holy Sepulchre suggested during the debate as the possible site of the golden inscription is the most likely. Instead, I propose to deal with four issues for which some new evidence or reasoning can be adduced.

The first is the plausibility of the argument, central to the Mayer-Favreau thesis, that the Genoese claimed from 1167 (or 1169) onward that King Amaury of Jerusalem (1163-1174) ordered the destruction of the golden inscription, and that they requested Pope Alexander III to force Amaury to restore it, even though they knew perfectly well that the inscription had never existed. In 1986 I argued that it is implausible that the Genoese put forward such a claim and such a request, for if there had not been such an inscription, Amaury would have emphatically denied its existence and produced witnesses to swear that no such inscription had ever existed in the Church of the Holy Sepulchre and consequently it could not have been destroyed on his orders. In 1996 Antonella Rovere bolstered this argument

4. For the most recent edition of the inscription's text see *I Libri Iurium della Repubblica di Genova* 1.1, ed. A. ROVERE, Roma 1992 (Pubblicazioni degli Archivi di Stato. Fonti 13), Doc. 59, p. 97-98.
5. MAYER (n. 1 [h]), p. 71 with the literature quoted in n. 47. See also FULCHER OF CHARTRES, *Historia Hierosolymitana (1095-1127)*, ed. H. HAGENMEYER, Heidelberg 1913, p. 463 n. 5.
6. B. Z. KEDAR, Chr. WESTERGÅRD-NIELSEN, Icelanders in the Crusader Kingdom of Jerusalem: A Twelfth-Century Account, *Mediaeval Scandinavia* 11, 1978-1979, p. 207 n. c; KEDAR (n. 1 [e]), p. 1.
7. MAYER (n. 1 [h]), p. 68.
8. The shelf-mark of the letter, previously believed lost, was made known in B. Z. KEDAR, The Patriarch Eraclius, *Outremer. Studies in the History of the Crusading Kingdom of Jerusalem presented to Joshua Prawer*, ed. B. Z. KEDAR, H. E. MAYER, R. C. SMAIL, Jerusalem 1982, p. 195 n. 63; the letter, presented at the Jerusalem colloquium of 1984, is edited in KEDAR (n. 1 [b]), p. 333-335 and in *I Libri Iurium della Repubblica di Genova* 1.2, ed. D. PUNCUH, Roma 1996 (Pubblicazioni degli Archivi di Stato. Fonti 23), Doc. 312, p. 114-115. See also in R. HIESTAND, *Vorarbeiten zum Oriens Pontificius* 3: *Papsturkunden für Kirchen im Heiligen Lande*, Göttingen 1985, Doc. 97, p. 256-257.
9. MAYER - FAVREAU (n. 1 [a]), p. 42-43; KEDAR (n. 1 [b]), p. 333.
10. MAYER - FAVREAU (n. 1 [a]), p. 76.
11. KEDAR (n. 1 [b]), p. 327 n. 24; ROVERE (n. 1 [f]), p. 121 n. 120. MAYER dealt with canons 1-3 of that council (which undoubtedly took place during Fulcher's lifetime) in his The Concordat of Nablus, *Journal of Ecclesiatical History* 33, 1982, p. 531-543.
12. MAYER (n. 1 [g]), p. 53.

by remarking that had the Genoese indeed concocted such a plot, they would have claimed that the inscription was destroyed by some previous king and not by Amaury, whose reign had started just a few years before the Genoese appealed to Alexander III.[13]

In 2000 Mayer countered this contention with a three-pronged reasoning. First, he asks, how can one prove that something did *not* exist? Second, he observes that papal letters like those ordering the restoration of the golden inscription were normally based on a petitioner's claim, the explicit or implicit assumption being that the petitioner had presented the facts truthfully; yet when a decision suited the popes' political interests, they would not particularly bother about truth. Third, he argues that the popes presumably did not care whether the Genoese had a golden inscription in Jerusalem or not, but they regarded it as their duty to help the Genoese regain their purported rights – quite apart from the fact that Genoa and the papacy maintained close relations, especially in the days of Alexander III, who had issued the original order to Amaury to restore the inscription.[14]

Let me deal with these arguments one by one. Regarding the question, How does one prove that something did not exist, the answer is that in a rational legal system one does so in the same way in which one proves that something did not happen – that is, by producing trustworthy testimonies. If indeed the inscription existed only in the minds of the Genoese schemers, as Mayer and Favreau believe, King Amaury (and later his son Baldwin IV or the canons of the Sepulchre) could have induced any number of clerics and laymen living in Jerusalem, pilgrims who had returned to the West, or perhaps even papal legates who had come to Jerusalem, to testify that the Genoese had never possessed a golden inscription in the Church of the Holy Sepulchre. Indeed, back in 1976 Mayer and Favreau took into account precisely this mode of proving non-existence when they wrote that, with the passage of time, the Genoese stood a better chance to obtain their goal, because by 1186-1192 no one of those who could swear that the golden inscription had never existed was still alive.[15] We should also remember that, ideally at least, the burden of the proof rested on the Genoese plaintiff, for Roman law laid down that "he who asserts has to prove, not he who denies" (*ei incumbit probatio qui dicit, non qui negat*),[16] and this rule, paraphrased by Pope Gregory I, made its way into canon law.[17]

Mayer's observation that papal decisions like the one in question were normally based on a petitioner's claim is correct. Yet this does not mean that once a petitioner's claim prompted a papal decision the latter became unassailable. Roman imperial law dealt extensively with mendacious claims and laid down that a decision's validity hinges on the truthfulness of the petitioner's plea (*veritas precum*); judges who did not allow a party to prove a plea's falseness faced a stiff fine.[18] Gratian first summed up this imperial legislation and then incorporated it verbatim into his *Decreta*.[19] In the 1180s – that is, in the decade in which Pope Urban III

13. Kedar (n. 1 [b]), p. 330-331; Rovere (n. 1 [f]), p. 97.
14. Mayer (n. 1 [h]), p. 69.
15. Mayer - Favreau (n. 1 [a]), p. 94. This forms part of a more intricate argument.
16. D 22.3.2; see also D 22.3.21 *in fine*.
17. Gregory I, *Registrum epistolarum*, 6.25, ed. P. Ewald, L. M. Hartmann (MGH Epp. 1, p. 403); C.6 q.5 c.1.
18. CJ 1.23.7 (a. 477); CJ 1.22.3 (a. 313); see also CJ 1.22.2,4,5.
19. Dict. Grat. post C.25 q.2 c.16.

ordered the prior and canons of the Sepulchre to restore the golden inscription – as well as in later years, the Decretists maintained that a charter obtained through a petitioner's untruthful plea amounts to a forgery and must be punished; the *Summa "Tractaturus Magister"* (c. 1180-1190) specifically mentions *obtinere cartam a domino papa per surreptionem, narrando falsum vel tacendo verum*.[20] Thus the possibility that a petitioner may submit a mendacious plea must have been well known at the Curia when the Genoese lodged their complaint against King Amaury in the 1160s, that is, in the days of the first canonist pope, Alexander III. The popes could protect themselves against entrapment by false information by allowing the accused party to prove that the plea was mendacious. When it was not possible to determine whether plea or counterplea was truthful, the pope could initiate an investigation. To give an example from the early history of the Kingdom of Jerusalem, in 1107 Pope Paschal II received letters from the canons of the Sepulchre, the bishops and the king in which he was asked to confirm Evremar as patriarch of Jerusalem, and somewhat later he received letters from the canons, the bishops and the king in which he was asked to depose him. Both Evremar and his adversaries presented their cases in person, but the pope was not convinced by either party and appointed a legate to travel to Jerusalem and settle the issue there.[21] Still more pertinent to the issue of the golden inscription are the letters that Pope Urban III sent on 12 and 13 March 1186 in the wake of Genoese complaints that they had lost control of possessions in the Kingdom of Jerusalem granted to them by King Baldwin I as well as of one-third of the town of Tripoli. In these letters the pope calls on the king of Jerusalem and the count of Tripoli to restore these possessions to the Genoese *or* to set forth their own claims with regard to them before the archbishop of Nazareth and the masters of the Temple and the Hospital.[22] Urban III's letter to the archbishop and the masters, also written on 13 March 1186, is much more frank. The pope announces that the Genoese have complained that the present-day King Baldwin of Jerusalem – that is, the child-king Baldwin V in whose name Count Raymond III of Tripoli ruled as regent – had unlawfully seized the possessions which King Baldwin I had granted to them. The pope makes no mention of the possibility that his letters to king and count might lead to the restoration of the possessions to the Genoese. Instead, he instructs the archbishop and the masters to summon both parties, hear and examine

20. For the texts and their discussion see P. HERDE, Römisches und kanonisches Recht bei der Verfolgung des Fälschungsdelikts im Mittelalter, *Traditio* 21, 1965, p. 326-327 with notes 224-225; ID., Die Bestrafung von Fälschern nach weltlichen und kirchlichen Rechtsquellen, *Fälschungen im Mittelalter*, Hannover 1988 (MGH Schriften 33.2), p. 594-595 with n. 63. For a thirteenth-century discussion see ID., Marinus von Eboli: "Super revocatoriis" und "De confirmationibus." Zwei Abhandlungen des Vizekanzlers Innocenz' IV über das päpstliche Urkundenwesen, *Quellen und Forschungen aus italienischen Archiven und Bibliotheken* 42/43, 1962/1963, p. 186-188, 223-229.

21. *Le cartulaire du chapitre du Saint-Sépulcre de Jérusalem*, ed. G. BRESC-BAUTIER, Paris 1984, Doc. 90, p. 204-206; B. HAMILTON, *The Latin Church in the Crusader States: The Secular Church*, London 1980, p. 57. In 1106, Pope Paschal II canceled Daibert's deposition only after he waited for a long time to learn *utrum rex Ierosolimorum et qui eum* [scilicet Daibertum] *expulerant vellent aliquid contra eum allegare* and rendered his decision *postquam nemo comparuit qui contra eum aliquid obiceret*: WIILLIAM OF TYRE, *Chronicon*, 11.4, ed. R. B. C. HUYGENS, Turnhout 1986 (Corpus Christianorum. Continuatio mediaevalis 63-63A), p. 500.

22. *I libri iurium*, 1.2, ed. PUNCUH (n. 8 above), Docs. 316, 321, 324, p. 119-120, 125-126; see also Docs. 320, 323, p. 123-124, 127-128; HIESTAND, *Vorarbeiten* (n. 8 above), Docs. 133-134, 140, p. 310-311, 316-317; see also Docs. 141, 143, p. 317-318, 319-320.

their respective pleas and render a decision.[23] In other words, in this case the pope does not accept the Genoese complaint at face value and decides to appoint three judges to hear the arguments of both parties and then deliver a verdict. Apparently he had reasons to doubt whether the Genoese complaint presented the state of things accurately. Yet no such judges were appointed at any stage with regard to the Genoese complaint about the destruction of the golden inscription; and Urban III, on the very day on which he appoints the three judges with regard to the Genoese complaint about the seizure of their possessions, orders the prior and canons of the Sepulchre to restore the golden inscription, without calling for any investigation into the matter.[24] Consequently it is reasonable to assume that King Amaury did not counter the Genoese claim by denying the inscription's existence; had he done so, Alexander III would probably have followed a procedure similar to that adopted by Urban III in 1186 with regard to the Genoese complaint about the seizure of their possessions. And it stands to reason that Amaury did not issue a denial because he knew very well that the inscription had existed and that he had ordered its destruction.[25]

Mayer is also right to stress the close relations between Genoa and Pope Alexander III. At the same time, however, this pope, who had to maintain his legitimacy vis-à-vis the antipopes Victor IV (1159-1164), Paschal III (1164-1168), Calixtus III (1168-1179) and Innocent III (1179-1180), was eager to have the Kingdom of Jerusalem on his side. Michele Maccarrone, in an important article that has as yet not been duly utilized by crusade historians, demonstrated that recognition by the patriarchs of Jerusalem and Antioch came to be regarded as an important criterion of papal legitimacy in the wake of the double elections of 1130 and 1159.[26] Upon his election in 1159 Alexander III sent a legate to Outremer to obtain recognition. The legate landed with some Genoese at Gibelet, ruled by the Genoese Embriaci, but was not admitted into the Kingdom of Jerusalem. Thereupon a council presided over by Patriarch Amaury of Jerusalem and King Baldwin III of Jerusalem convened in Nazareth in 1160 to deliberate whether Alexander III or his rival Victor IV should be acknowledged as pope. The prelates were divided between the two, and Baldwin III – King Amaury's predecessor and elder brother – persuaded them to stay neutral for the time being.[27] The king evidently played a crucial role in this council, just as his grandfather, Baldwin II, had done at the Council of Nablus of 1120.[28] Later in 1160 Patriarch Amaury notified Alexander III that he and his clergy had decided to recognize him.[29] Thus when Alexander III was approached in the same decade by the Genoese with regard to the golden inscription, he would scarcely have wanted to antagonize unnecessarily the king

23. *I libri iurium*, 1.2, ed. PUNCUH, Doc. 317, p. 120-121; HIESTAND, *Vorarbeiten*, Doc. 142, p. 318-319.
24. *I libri iurium*, 1.2, ed. PUNCUH, Doc. 318, p. 121-122; see also Doc. 319, p. 122-123; HIESTAND, *Vorarbeiten*, Doc. 138, p. 315, see also Doc. 139, p. 316.
25. For the probable background of the destruction see KEDAR (n. 1 [b]), p. 331-333.
26. M. MACCARRONE, "Fundamentum apostolicarum sedium." Persistenze e sviluppi dell'ecclesiologia di Pelagio I nell'Occidente latino tra i secoli XI e XII, *La chiesa greca in Italia dall'VIII al XVI secolo*, Padova 1973 (Italia sacra 20-22), esp. p. 629-648.
27. WILLIAM OF TYRE, *Chronicon* (n. 21 above), 18.29, p. 852-854. See MACCARRONE, Fundamentum (n. 26 above), p. 638; HAMILTON, *The Latin Church* (n. 21 above), p. 76.
28. WILLIAM OF TYRE, *Chronicon*, 12.13, p. 563-564; B. Z. KEDAR, On the Origins of the Earliest Laws of Frankish Jerusalem: The Canons of the Council of Nablus, 1120, *Speculum* 74, 1999, esp. p. 326.
29. MANSI, *Concilia* 21:1146. It is not certain that the decision was taken at a later stage of the Council of Nazareth, as supposed by Mansi and Maccarrone.

of Jerusalem, who was quite capable of reversing the decision of 1160. Under these circumstances it stands to reason that, when Alexander III ordered King Amaury to restore the inscription without first initiating an investigation into the factuality of the Genoese complaint, he must have been pretty sure that the complaint was trustworthy. Perhaps other informants, too, let him know about the inscription's demolition.

The plausibility of the Mayer-Favreau argument, that the Genoese accused Amaury of destroying the golden inscription although they knew it had never existed, is the first of four issues to be discussed here. The second is the doubt Mayer and Favreau cast on the phrase in the golden inscription claiming that the Genoese CESAREAM VERO ET ASSUR IEROSOLIMITANO IMPERIO ADDIDERUNT.[30] They argue that in the early years of the Kingdom of Jerusalem, in which the inscription was purportedly set up in the Church of the Holy Sepulchre, the kingdom was very small and to call it an "empire" was highly inappropriate. They point out that a parallel passage exists: Fulcher of Chartres presents a verse epitaph that lauds King Baldwin I as the ruler who *terras Arabum vel quae tangunt mare Rubrum* / addidit imperio, *subdidit obsequio*.[31] They therefore hypothesize that if the Genoese composed the text of the golden inscription after Baldwin I's death in 1118, they could have been inspired by Fulcher's phrase. True, no manuscript of Fulcher's chronicle is extant in Italy, but the Genoese could easily have read it in the Kingdom of Jerusalem.[32]

In 1986 I wrote: "Would it not be simpler to regard Fulcher's usage as proof that there is nothing extraordinary about the appearance of the phrase in the golden inscription? Besides, *imperium* did not necessarily mean 'Empire'; it could have referred to rule over a lesser entity, such as a principality."[33] It is possible now to bolster this case with a further text. Bartolf of Nangis, who in 1108 or 1109 wrote a chronicle based on Fulcher's work but containing numerous original and trustworthy additions,[34] announces the conquest of Acre in 1104 as follows: *Anno itaque dominicae incarnationis millesimo centesimo quarto, ab urbe vero Iherusalem capta quinto, tradidit Deus hanc civitatem Christianis atque* imperio subdidit Iherosolymitano.[35] Thus we find the term *imperium Iherosolymitanum* in the first decade of the kingdom's existence – and in connection with the conquest of Acre, which figures so prominently in the golden inscription. The appearance of the term in the inscription, which – as we shall presently see – must date from the same decade, cannot therefore justify skepticism with regard to its authenticity.

The third issue is the inscription's date and its implications. It is one of Mayer's many important contributions to have pointed out that the date appearing at the head of the golden inscription is 26 May 1104, the day on which the Franks conquered Acre. He however considers this date to be incontrovertible proof that the inscription's text is a late forgery. This is so because it mentions Daibert as patriarch at the time of Acre's conquest, whereas in reality the incumbent patriarch

30. See *I Libri Iurium*, ed. ROVERE, Doc. 59, p. 98.
31. FULCHER OF CHARTRES, *Historia Hierosolymitana* (n. 5 above), 2.64, p. 614 (emphasis added).
32. MAYER - FAVREAU (n. 1 [a]), p. 37-38.
33. KEDAR (n. 1 [b]), p. 329.
34. On the date and value of Bartolf's chronicle see Hagenmeyer's introduction to his edition of FULCHER OF CHARTRES, p. 46, 71-73; C. CAHEN, *La Syrie du Nord à l'époque des croisades et la principauté franque d'Antioche*, Paris 1940, p. 11.
35. *Gesta Francorum Iherusalem expugnantium*, c. 63, *RHC Occ.*, III, p. 537 (emphasis added).

was Evremar.[36] Yet while Evremar was the de facto patriarch on 26 May 1104, was he also so de jure? The answer is that he was not. The deposition of Daibert in 1102 and the election of Evremar in his stead were overruled by Pope Paschal II in the spring of 1106,[37] which means that thereafter Daibert was formally regarded as having been the lawful patriarch in 1104. Indeed, William of Tyre describes Evremar as an intruder and usurper in 1102[38] and writes that Daibert occupied the patriarchal see of Jerusalem for seven years, four in peace and three in exile.[39] The Genoese, who according to both Bartolf and Albert of Aachen acted together with the Pisans in the conquest of Acre in 1104,[40] and who assured the *domus Gandulfi Pisani filii Fiopie* a preferential treatment in the privilege they had obtained from Baldwin I in that year,[41] evidently accepted the papal ruling that Daibert, the Pisan, was the lawful patriarch in May 1104. This reasoning leads to the conclusion that the text of the golden inscription must postdate the spring of 1106, when Paschal II annulled Daibert's deposition, and antedate 12 July 1109, because the conquest of Tripoli, which took place on that day with the help of a Genoese fleet, is not mentioned in the inscription.[42] A date between 26 May 1104 – which appears at the inscription's head – and the spring of 1106 may be ruled out, because it is inconceivable that even the Genoese would dare to place in the Church of the Holy Sepulchre an inscription that mentioned as patriarch the man who was the rival of the then ruling Evremar.

The fourth issue is William of Tyre's reference to the privilege King Baldwin I granted the Genoese in 1104. Mayer and Favreau, who consider this privilege as a forgery, have to contend with the fact that William of Tyre does mention negotiations between the king and the Genoese before their joint attack on the town.

36. MAYER (n. 1 [h]), p. 71-73.
37. MAYER (n. 1 [h]), p. 72.
38. WILLIAM OF TYRE, *Chronicon*, 10.25, p. 484-485.
39. *Sedit autem in pace annis quattuor, in exilio vero tribus*. WILLIAM OF TYRE, *Chronicon*, 11.4, p. 500. See also the list of patriarchs in the *Cathalogi quorundam magnatum* that appears in two English manuscripts containing William of Tyre's chronicle: *Ibid*., p. 1065. For Paschal II's exoneration and restitution of Daibert see his letter of 4 December 1107: *Le cartulaire du chapitre du Saint-Sépulcre*, ed. BRESC-BAUTIER (n. 21 above), Doc. 90, p. 204-205. Among contemporaries, Bartolf, who sides with Daibert, writes: *Paschalis... Daibertum enim patriarcham loco suo restituit*: *Gesta Francorum Iherusalem expugnantium* (n. 35 above), c. 65, p. 538. In other words, he considers him to have been patriarch throughout. Fulcher writes merely: *Daibertus... patriarchatum recuperaverat*: *Historia Hierosolymitana* (n. 5 above), 2.37, p. 514. Albert of Aachen is critical of Daibert: ALBERT OF AACHEN, *Liber christianae expeditionis pro ereptione, emundatione et restitutione sanctae Hierosolymitanae ecclesiae*, 7.48, 9.16-17, *RHC Occ*., IV, p. 539, 599-600.
40. *Gesta Francorum Iherusalem expugnantium*, cc. 61, 63, p. 536-537; Bartolf mentions the *Januenses et Pisani* acting conjointly also in 1101: cc. 46, 50, p. 524, 527. Albert of Aachen, on the other hand, usually speaks of *Pisani et Genuenses* when describing the events of 1101 and 1104: ALBERT OF AACHEN, *Liber*, 7.54-55, 9.26-29, *RHC Occ*., IV, p. 542-543, 605-607.
41. For the most recent edition of the privilege see *I Libri Iurium*, ed. ROVERE, Doc. 61, p. 99-100. The importance of the inclusion of the *domus Gandulfi Pisani*, to which Marie-Luise Favreau-Lilie first drew my attention, has been underlined by Rovere: KEDAR (n. 1 [b]), p. 328; ROVERE (n. 1 [f]), p. 127-128. – Discussing the number and identity of jurors mentioned at the end of the privilege Mayer observes that the largest number of jurors in Genoa was apparently that of the citizens who in 1188 swore to keep the peace treaty with Pisa, but that he did not count them: MAYER (n. 1 [g]), p. 42 n. 46. The 937 names are analyzed in B. Z. KEDAR, Noms de saints et mentalité populaire à Gênes, au XIVe siècle, *Le Moyen Âge* 73, 1967, p. 439-440; ID., *Merchants in Crisis: Genoese and Venetian Men of Affairs and the Fourteenth-Century Depression*, New Haven-London 1976, p. 98-100.
42. For the absence of Tripoli in the inscription as proof of its dating after the conquest of that town see MAYER - FAVREAU (n. 1 [a]), p. 38.

William reports that the Genoese demanded to be accorded, in perpetuity, one-third of the income of Acre's marine trade and to be given possession of a church in the town as well as of a quarter over which they would have full jurisdiction, and that the king and his barons gave their acquiescence to these demands and put the grant in writing.[43] Since the Genoese demands listed by William markedly coincide with the text of the privilege as it has come down to us, Mayer and Favreau assume that William was duped by the Genoese, regarded their forged privilege as authentic and recapitulated some of its clauses. Still, William was King Amaury's confidant and wrote his chronicle on the latter's initiative. He therefore did not report that after the conquest of Acre King Baldwin I put the privilege into effect. On the contrary, he wrote: *Qua obtenta* [scilicet Accon] *Januensibus iuxta singulorum merita possessiones et domicilia assignavit*. Consequently – so argue Mayer and Favreau – the Genoese received possessions according to the merits of each individual (*iuxta singulorum merita*) who participated in the conquest, not according to the privilege (*iuxta privilegium*). They present this sentence as the cautious formulation of the Bologna-trained jurist William of Tyre, who chooses his words carefully and asserts thereby that the privilege was granted but not implemented. "The golden inscription, too, was thereby disposed of," they write, "and when the Genoese maintained that the king destroyed it and demanded its restoration, one could always argue that the destruction was perfectly justified and the restoration perfectly inappropriate, since the privilege had not been implemented down to the present day. Thus William contributed a striking argument for the royal party, because now it was of no consequence whether the privilege of 1104 was genuine or forged, and the question whether the Genoese inscription had ever existed at all became of purely academic nature."[44]

This is an ingenious argument which, like the rest of the Mayer-Favreau construction, is notable for its gripping internal logic. Rovere's retort, that in writing that Baldwin gave the Genoese possessions in Acre *iuxta singulorum merita* William was probably not referring to the grants in Acre but to rewards the king bestowed on individual Genoese for particular merits,[45] leaves open the question of why William kept silent with regard to the much more consequential grants in Acre itself.

However, the sentence *Qua obtenta, Januensibus, iuxta singulorum merita, possessiones et domicilia assignavit*, which figures in the edition of William of Tyre's chronicle in the *Recueil des Historiens des Croisades*,[46] does not appear in the critical edition that Robert Huygens published in 1986. There we read: *Qua obtenta, Ianuensibus iuxta tenorem pactorum parte, que eos de iure contingebat, resignata, reliquum victori populo rex, iuxta prudentum consilium virorum distributis iuxta singulorum merita possessionibus et domiciliis, assignavit*.[47]

Benjamin Z. Kedar
The Hebrew University of Jerusalem

43. William of Tyre, *Chronicon*, 10.27, p. 487. It should be noted that William speaks of a written agreement before the attack on Acre, whereas the privilege as it has come down to us postdates the conquest.
44. Mayer - Favreau (n. 1 [a]), p. 76-78.
45. Rovere (n. 1 [f]), p. 121.
46. *RHC Occ.*, I, p. 443. Discussing a different issue, Mayer rightly criticizes Rovere for having used this edition of William's chronicle: Mayer (n. 1 [g]), p. 47.
47. William of Tyre, *Chronicon*, 10.27, p. 487. The edition in the *Recueil* evidently reflects a homoeoteleuton.

Trois documents concernant les marchands vénitiens à Tana au début du XVe siècle

Bariša KREKIĆ

Il ressort avec évidence des études relatives aux villes de mer Noire que Michel Balard a consacré beaucoup d'attention au port de Tana et à son rôle de plaque tournante pour les transports maritimes et continentaux de biens appartenant à des marchands italiens, principalement génois, dans l'espace pontique vers la fin du Moyen Âge[1]. Nous nous proposons de présenter ici trois documents concernant divers aspects du commerce des Vénitiens à Tana au commencement du XVe siècle, choisis parmi de très nombreux autres, réunis dans la série *Sentenze a giustizia – petizion* des Archives d'État de Venise[2].

Le premier document, daté du 30 septembre 1402, concerne une querelle entre deux Vénitiens à propos de l'envoi d'une grande quantité d'esturgeons et de caviar de Tana à Venise en 1385, dont le transport ne fut pas effectué comme prévu. Par conséquent, les poissons, laissés au consul vénitien à Tana, furent vendus en dessous du prix d'achat et la partie lésée demanda, en 1402, 200 ducats de compensation[3]. Malheureusement, nous ignorons la décision des juges.

Le second document, du 7 juin 1403, illustre d'une façon beaucoup plus détaillée l'ampleur et la complexité des trafics vénitiens non seulement à Tana, mais aussi le long du trajet conduisant à cette ville. Il montre bien la variété des affaires de ces marchands, tant à Tana, qu'à Constantinople et à Modon, et relate également le conflit entre les investisseurs dans une *cocha* qui avait effectué un voyage à Tana, d'une part, et le fils du patron de navire décédé, de l'autre. Parmi les accusations, il était reproché au défunt patron d'avoir embauché sans grand besoin des hommes qu'il n'avait pas payés ou pas suffisamment rétribués ; d'avoir loué une maison à Tana sans justification ; d'avoir payé des matelots à Tana, alors qu'il n'en n'avait pas besoin ; d'avoir embauché deux hommes à Modon sans les payer ; d'avoir vendu à Constantinople une barque à voile avec des rames et un mât pour le transport de Turcs en Grèce, opération pour laquelle il n'avait pas d'autorisation, etc. La somme totale des dédommagements demandés par les investisseurs se montait à cinquante-neuf livres.

1. Voir par exemple les nombreuses mentions de Tana dans *La Romanie génoise, XIIe-début XVe siècle*, Rome 1978, et dans *La mer Noire et la Romanie génoise, XIIIe-XVe siècle*, Londres 1980.
2. Sur l'importance de Tana pour le commerce vénitien voir entre autres F. C. LANE, *Venice, a Maritime Republic*, Baltimore-Londres 1973, p. 129, 137, 175, 348. F. THIRIET, *La Romanie vénitienne au Moyen Âge*, Paris 1975, p. 155, 162, 307 n. 4, 343, 365, 427-428. De nombreuses mentions de Tana figurent encore dans F. THIRIET, *Régestes des délibérations du Sénat de Venise concernant la Romanie*, 3 vol., Paris-La Haye 1958, 1959, 1961, et dans F. THIRIET, *Délibérations des assemblées vénitiennes concernant la Romanie*, 2 vol., Paris-La Haye 1971, 1976. Voir aussi R. S. LOPEZ, *Su e giù per la storia di Genova*, Gênes 1975, p. 162.
3. Sur le rôle de Tana dans le commerce d'esturgeons, voir F. B. PEGOLOTTI, *La pratica della mercatura*, éd. A. EVANS, Cambridge, Mass. 1936, p. 24, 39, 253, 380. Pour le caviar, *ibid.*, p. 24. Voir aussi LANE, *Venice*, cité note précédente, p. 132, 190.

Chemins d'outre-mer. Études d'histoire sur la Méditerranée médiévale offertes à Michel Balard.
Paris, Publications de la Sorbonne, 2004 (Byzantina Sorbonensia 20)

Bien sûr, la défense chercha à nier toutes les accusations. Deux points semblent ici d'un intérêt particulier : en justifiant le loyer de la maison à Tana, l'accusé répondit qu'il était de coutume que les navires à Tana payent les dépenses pendant leur séjour dans cette ville et que son père était « sous les ordres du [...] capitaine sans la permission duquel il ne pouvait partir ». Le second point est la justification de la vente de la barque à Constantinople : selon l'accusé, son père y avait conduit des esclaves[4], mais il avait constaté que la barque était tellement « pourrie, qu'elle ne pouvait pas se tenir au-dessus de l'eau », c'est pourquoi il décida de la vendre, « avec la permission du [...] capitaine ».

Cependant, les juges n'acceptèrent pas ces arguments. Quant à la vente du navire, ils déclarèrent que cette opération « n'était ni convenable, ni rationnelle, mais la pire et la plus abominable devant Dieu et le monde, car il aurait dû brûler ou couler [le bateau], plutôt que de faire ce qu'il avait fait ». Bien qu'ils n'acceptassent pas dans sa totalité la demande de cinquante-neuf livres d'amende exigée par les accusateurs, ils déclarèrent l'accusé responsable pour les dettes de son père, accordant aux accusateurs trente-sept livres, onze sous et deux deniers, *ad aurum* et les dispensant des frais du procès.

Enfin, le troisième acte, daté du 26 septembre 1416, mais qui se rapporte à une opération commencée en 1404 à Tana, apporte quelques informations supplémentaires à notre connaissance du commerce des Vénitiens dans ce port. Le conflit entre deux Vénitiens énumère dans cet acte les sommes d'argent engagées et surtout les types de marchandises, y compris des bijoux, qui sont d'un intérêt particulier dans cette affaire, dont l'écho retentit jusqu'à Paris. Il est à noter que l'accusé, membre de la prestigieuse famille patricienne des Gradonigo, ne présenta jamais les comptes à l'accusateur et ne se présenta pas lui-même devant les juges à Venise, prétendant avoir été volé et être devenu pauvre. Au contraire, selon l'accusateur, Gradonigo était rentré après sept ans de voyages et était devenu « un homme riche, on pourrait même dire très riche en bijoux d'or et beaucoup d'autres choses, selon la rumeur et le bavardage public ». On disait, en effet, que Gradonigo avait apporté à Paris des joyaux d'une valeur comprise entre 150 000 et 250 000 ducats et même davantage. L'accusateur demandait, étant donné que Gradonigo ne lui avait pas présenté les comptes, qu'il soit condamné à lui payer 20 000 ducats. Les juges accordèrent à Gradonigo un délai de quatre mois après injonction du gouvernement de présenter les comptes à l'accusateur, faute de quoi il aurait à lui payer 20 000 ducats et les dépenses du procès.

* * *

4. Sur le commerce des esclaves à Constantinople, voir Ch. VERLINDEN, *L'esclavage dans l'Europe médiévale*, 2, Gand 1977, p. 412-413, 553, 573, 588, 613, 622, 993-995. Sur l'exportation des esclaves de Tana et de la région de la mer Noire vers Venise, voir ID., La colonie vénitienne de Tana, centre de la traite des esclaves au XIVe et au début du XVe siècle, *Studi in onore di Gino Luzzato*, 2, Milan 1950, p. 1-21. B. KREKIĆ, Contributo allo studio degli schiavi levantini e balcanici a Venezia (1388-1398), *Studi in memoria di Federigo Melis*, Naples 1978, 2, p. 379-394. Voir aussi E. CROUZET-PAVAN, *Venise triomphante. Les horizons d'un mythe*, Paris 1999, p. 109.

DOCUMENTS

I

Le 30 septembre 1402.

Super questionem vertentem inter nobilem virum ser Mapheum Capello[5] *sive dominum Leonardum Victuri, advocatum per omnes curias ... ex parte una petentem, et nobilem virum ser Rubeum Marino Sancte Marie Iubanico, tamquam patronum galee ad viagium Tane de 1385 ex altera defendentem. Supradictus ser Mapheus sic allegando dicebat, quod cum de dicto millesimo ipse esset patronus unius alterius galee ad dictum viagium, et quia in discessu ipsius ser Maphei de Tana remanebant scinalia et cauiarium de racione sue galee in terra, ipse misit quendam Petrum Inuerssi missetam ad dictum ser Rubeum Marino, rogando ipsum ut deberet elleuare super suam galeam tot scinalia et cauiarum que essent ad numerum duorum millia. Qui ser Rubeus Marino misit sibi dictum quod si volebat emere aliquas ballas cartarum, ipse elleuaret dicta scinalia et cauiarum. Et videns ipse ser Mapheus quod promitebat sibi elleuare ipsa scinalia et cauiaria, emit et accepit dictas cartas, cum illa condicione quod elleuaret scinalia et cauiaria predicta. Ipseque ser Rubeus ipsa scinalia et cauiaria non elleuauit, uti promiserat, sed dimisit ipsa in terra Tane, propter quod ipsa scinalia et cauiaria devastata fuerunt et data in manibus consulis per ser Zanetum Taiapetra*[6]*, et vendita fuerunt minus quam fuit suum capitale proprium. Eapropter petebat pro suo damno quod recepit de dictis schinalibus et cauiario ducatos 200 auri, et petebat expensas huius cause.*

ASV, Sentenze a giustizia – petizion, busta 7, fol. 1.

II

Le 7 juin 1403.

Super questionem vertentem inter nobilem virum ser Iacobum de Priolis nomine et sociorum participum unius choche olim patronizate per quondam ser Antonium Dardoyno[7] *ad viagium Tane ... ex parte una petentem et ser Iohannem*

5. Mapheus Capello était selon toute probabilité le même individu qui, en tant que *podestà* de Castelbaldo en 1414, eut de grandes difficultés dans ses relations avec le gouvernement de Venise ; cf. D. E. Queller, *The Venetian Patriciate. Reality versus Myth*, Urbana-Chicago 1986, p. 198.
6. À l'occasion de l'*incanto* de 1407, Zanotto Tagliapetra paya 100 livres de gros pour une galée de Romanie ; cf. Thiriet, *Délibérations du Sénat*, cité *supra* n. 2, 2, nº 1263.
7. Antonio Darduino avait été *provisor* pour Ténédos en 1383 ; cf. Thiriet, *Délibérations du Sénat*, 1, nº 662 ; Id., *Délibérations des assemblées*, cité *supra* n. 2, 2, nº 857. Ensuite, en 1385, il reçut le *castro* de Ptéléion et son district à l'entrée du golfe de Volos. Dans la même année, le Sénat vénitien l'engagea à aller auprès du sultan Murad Ier, dont il était considéré comme un ami personnel, pour tenter de connaître ses intentions ; cf. Id., *La Romanie*, cité *supra* n. 2, p. 272, 356. Il faut noter que Darduino proposa volontairement d'aller à Ptéléon, tandis que personne n'acceptait, parce que l'air de Venise ne lui convenait pas à cause des maladies et des blessures qu'il avait reçues au service de Venise ; cf. Id., *Délibérations du Sénat*, 1, nº 691.

Dardoyno, filium quondam dicti ser Antonii ex altera defendentem. Supradictus ser Iacobus ... dicebat quod applicata navi Veneciis, dum ipse ser Iohannes vellet accipere de navi res que fuerant quondam patris sui, ipse ser Iacobus ... noluit quod aliquid removeret de navi, nisi se constitueret responssalem de toto illo quod pater suus dare deberet pro dicta navi. Qui ser Iohannes fuit contentus stare ad respondendum et solvere totum illud quod ipsi participes convincerent patrem suus, et sic res accepit de navi. Cumque dicti participes reperiant ipsum ser Antonium Dardoyno in multis partibus denariorum eis fore debitorem, ut ordinate hic inferius denotatur : primo pro quinque partibus quas dictus ser Iohannes assentit libre XX, soldi VI, denarii 4 ; item pro uno homine vocato Stephano Rosso, quem ponit soluisse de mensibus 8, cum nullam fecit solucionem, libre 3, soldi 17, denarii 10, parvuli 3 ; item pro uno alio homine nomine Maticus Maltica, cui etiam dixit dedisse ad racionem librarum 8 1/2 ad monetam (?) racione auri, cui non dedit nisi libras 4 parvorum cum dimidio, quia ipse erat famulus suus, libras tres pro ... (?) ; item pro fictu quem dicit soluisse pro una domo Tane, quam sibi non fuit necessarium accipere, quia debebat ire ad accipiendum sal, nec datis caricavit, nec debebat caricare res que forent magne mencionis, libre tres grossorum ; item pro expensis quas dicit fecisse marinariis dum stetit Tane, quas facere non debebat racionibus in predicta posta annotatis, libras 3, soldos 16 ; item pro una litera quam dicit accepisse a regimine pro accipiendo denarios ad cambium, quod facere non debebat, quia bene habebat libertatem accipiendi et pro donis factis ... sanssori et missete soldi VIII grossorum ; item pro salario quod accepit de pluri eo quod debebat, quia sibi soluit ad racionem librarum 16 grossorum, cum non debebat habere nisi libras XII grossorum, sicut habebat alius patronus coce (?), cuique fuit assumptum libre 4 grossorum ; item pro salario quod acceperit de pluri duobus mensibus quod facere non debebat, libras 2as grossorum ; item pro damno cambii dictorum denariorum contentorum in dictis VII peticionibus et (cassum : debitibus) librarum VII grossorum, que remansserunt sibi in manibus in recessu salinarum, et librarum VI contentarum in supradictis libris XX et 7 soldis, quibus assensit dictus ser Iohannes, libre XI grossorum ; item pro duobus hominibus quos dicit accepisse Mothoni et dicit dedisse eis ducatos X, quibus putavit ipsum nichil dedisse, libram unam grossorum ; item pro damno unius barche quam vendidit in Constantinopoli, fulcitam vellis, remis, arbore et aliis necessariis pro tragetando Turchos in Grecia, de quo non habebat libertatem et ponit ipsam vendidisse ducatos XX, libras 4 grossorum[8]. *Qui omnes denarii sunt de suma libre 59 grossorum, salvo errore calculi (cassum : ex quibus) quos quidem denarios, scilicet libras quinquagintanovem petit nominibus antecedentibus ipsum ser Iohannem Dardoyno, tamquam personam que se obligavit pro dicto Antonio eius patre, cogi et compelli ad dandum eis et solvendum ... totum illud quod ipse ser Antonius Dardoyno fuisset convinctus, et petebat expensas factas in hac causa...*

8. Antonio Darduino vivait encore en 1393. En août de cette année, en tant que patron d'une coque ancrée à Constantinople, il se plaignait que ses marins refusassent de continuer le voyage si l'on ne les payait pas pour un mois et six jours. Darduino n'avait pas la somme et ses instructions lui interdisaient d'en recevoir par change, c'est pourquoi il demanda une dérogation pour toucher les 250 ducats dont il avait besoin. La cour vénitienne la lui accorda, mais à condition qu'il se porte personnellement garant de l'argent ; cf. E. SANTSCHI, *Régestes des arrêts civils et des mémoriaux (1363-1399) des archives du Duc de Crète*, Venise 1976, p. 316, n° 1414.

Ex adverso autem dictus ser Iohannes Dardoyno sic respondens dicebat : et primo ad illud quod dicunt participes dictum ser Antonium Dardoyno debere solvere cambium de libris sex, soldis II, denariis 5, positis in dictis libris XX pro acceptatis per ipsum ser Iohannem, respondit quod non est racionabile, quia dicti denarii fuerunt pro utilitate navis, nec equum videretur quod dicta navis deberet remanere sine denariis. Ad postam ser Stephani Rosso dicit quod pater posuit ipsum et accepit in navi loco unius hominis deficientis, quem presentavit domino capitaneo, ut scriptum fuit in quaterno, et cum pater suus nollat sibi ser Stephano tendere suam pagam, ipse respondit « retineatis ipsam pro illo quod debeo solvere de mensa. » Ad illam Malixy Maltica respondit quod ei dedit pater suus ducatos 2os auri et fecit sibi expensas, uti vult probare per scribanum. Ad fictum … (?) domus respondit quod de more semper fuit quod naves de La Tana semper solverunt suas expensas stantes ibidem, et quod erat sub precepto domini capitanei et quod non poterat recedere absque licencia domini capitanei, et illico cum fuit expeditus recessit. Ad expensas factas marinariis in terra respondit quod semper sic observatum fuit … quod patronus, scribanus et pedota patronus iuratus et unus famulus debent habere expensas et debet iudicium vestrum se satis (?) informare. Ad salarium quod dicunt patrem suum accepisse de pluri quam alius patronus, respondit quod accepit illud quod per alia tempora acceperat et quod designavit eis computum et in nichilo contradixerunt. Ad pagam duorum mensium quam dicunt patrem suum accepisse de pluri eo quod debebat, dicit quod putat mortuo homine eum debere habere illud quod percepit. Ad damnum cambii quod dicunt habuisse de denariis supradictorum et postarum et de libris VII que restarunt in manibus patris sui in recessu a salinis et libris VI contentis in dictis libris XX, 7 soldis, quod assensit ipse Iohannes, respondit quod de libris VI contentis in dictis libris XX non debet solvere cambium racionibus in principio sue responsionis allegatis ; de aliis vero denariis contentis in dictis VII posis (?) et de illis libris VII que restarunt in manibus dicti patris sui, iudicium vestrum disponat prout sibi de iure videtur. Ad duos homines acceptos Mothoni respondit quod soluti fuerunt et habuerunt expensas, prout in seriatim dedit eis. Ad factum vero barche respondit quod cum pater suus esset Constantinopoli, reperit se elleuare ad nabulum aliquas testas, et pro dextro et salvamento navis determinaverit vendere dictam barcham cum licencia domini capitanei ex eo quia erat marcida et non poterat stare super aquam, uti dicit velle probare per dominum capitaneum et officiales navis, et quod delxe (?) iudicium vestrum disponat, sicut de iure videtur. Quibus … omnibus supradictis et iudicio vestro allegatis, dicit ipsis participibus in aliquo non tenere ultra dictas libras XX, soldos VI, denarios 4, quas paratus est eis dare, petens de reliquis sibi supra petitis absolvi et ipsos participes in expensas condemnari…

Unde prefati domini iudices peticionum … visis … quaterno navis ac quibusdam computis in curia productis et presentatis et omnibus que dicte partes dicere, producere et allegare voluerunt, habito inter alia que possent dici, sed nimis (?) prolixa essent … quod dictam barcham vendidit pro tragetando Turchos, uti ipse ser Iohannes fatetur, quod quidem non fuit congruum nec racionabile, ymo pessimum et habominabile Deo et mundo, quia pocius debuisset ipsam comburere vel submergere, quam facere illud quod fecit. Et consideratis omnibus considerandis et que merito considerare debuerunt … sentenciando posuerunt in debitum dictum ser Iohannem Dardoyno, tamquam illum qui se obligavit pro dicto ser Antonio Dardoyno, quondam patre suo, prout confessus est, pro (cassum : sex) VII partitis registratis in curia, eisdem participibus in quantum sunt libre (cassum : sexdecim)

XXXVII, soldi (cassum : VIII) XI, denarii (cassum : X) II ad aurum. Condemnantes ipsum ser Iohannem in expensis ... sub pena carceris. Et per eandem sententiam, prestito iuramento dicto ser Iohanni Dardoyno et eo petente in reliquo non tenere, absolverunt eundem ser Iohannem a reliquo dicte peticionis superius sibi facte ... et eisdem participibus superinde perpetuum silencium imponentes...

ASV, Sentenze a giustizia – petizion, busta 10, fol. 67-68.

III

Le 26 septembre 1416.

Super questionem vertentem inter nobilem virum ser Iacobum Donato quondam domini Andree ex parte una petentem, et nobilem virum ser Aloysium Gradonico quondam domini Laurencii[9] *... ex parte alia absentem. Supradictus nobilis vir ser Iacobus Donato sic allegando dicebat, quod cum de ratione ipsius ser Iacobi Donato per quondam ser Marinum ab Auro in MCCCCIIII in Tana predicto ser Aloysio Gradonico consignate fuerint petie septem pannorum de Gilfort piccorum centumoctuagintanovem pro tangis duodecim pro picco, que ascendunt ad summam bisantinorum IIIICXLII [i.e. 442], item fasses quatuor stagni kantariorum quatuor rotullorum sexdecim pro summa quatuor pro cantario, ascendunt bisancii IIICLXVI. Item etiam dicto ser Aloysio assignati fuerunt per dictum ser Marinum ab Auro in cunctatis bisancii CLXXXXII, qui omnes denarii summant in totum bisancii mille dela Thana. Quos omnes denarios dictus quondam ser Marinus ab Auro dedit dicto ser Aloysio ut portare deberet dictos pannos, stagnum et denarios pro valore dictorum bisantiorum mille in illos loco et locis et vendere et investire ac facere in omnibus et per omnia pro ut melius sibi appareret pro bono et utili dicte rationis. Et in reversione ipsius ser Aloysii, de utili sequito ex omni re per omnem viam et modum quam secum conduxisset pro investita dicte rationis primo ipse ser Iacobus Donato debebat extrahere suum capitale et de resto lucri superhabundantis dictus ser Aloysius extrahere debebat pro uno quarto et ipse ser Iacobus Donato pro tribus quartis. Cumque de dicta ratione dictus ser Iacobus Donato a dicto ser Aloysio numquam accepit aliquod computum seu denarios, quod fuit ipsi ser Iacobo magnum incomodum et damnum, et in reversione quam fecit dictus ser Aloysius de dicto viatico, in quo viatico ipse stetit circa annos septem, per dictum ser Aloysium dictum fuit ipsi ser Iacobo quod ipse nichil apportaverat et quod remanserat pauper, quia fuerat derobatus sic quod propter hanc miseri ... (?) ipse ser Aloysius non habebat ad dandum sibi denarios neque computum aliquid, quod quidem putat esse manifestum vestris reverentiis esse contrarium, ymmo cum reversus fuit a dicto viagio ipse effectus fuit dives et potest dici ditissimus iocalibus et auro et multis aliis rebus quod est, ut dicitur per publicam vocem et famam quod iocalia que vendidit et que secum habet Parisius ascendat (!) valorem ducatorum CLM [i.e. 150 000] in CCM et ultra, sic quod clare et manifeste concernere et cognoscere potest iudicium vestrum, et ipse actor*

9. Lorenzo Gradonigo était un des conseillers du Conseil Mineur, qui, en 1385, condamnèrent le patron des galées de Flandre pour le retard qu'il avait imposé à son convoi en allant à Modon. Chaque galée fut taxée à raison de 1 000 ducats ; cf. THIRIET, *Délibérations des assemblées*, 2, n° 873.

dicere potest in veritate ipsum reum voluisse ipsum actorem diripere et derobare. Et pro tanto ipse actor petit dicto ser Alousio Gradonico quod cum ipse ser Aloysius non consignaverit ipsi ser Iacobo aliquod computum nec rationem, tam capitalis predicti, quam lucri secuti ex dicta ratione, ipsum ser Aloysium sententiari in ducatos vigintimillibus pro capitali et lucro secuto ex suis denariis, quod lucrum ut supra dicitur et clare et lucide apparet per omnes et per publicam vocem et famam et per zoias quas vendit et quas adhuc habet in manibus, que sunt ad valorem ducatorum CCM. Et petit expensas huius cause. Salvis et reservatis iuris (!) suis in illo pluri quod reperietur dictum Aloysium fuisse lucratum.

Ad que quidem pro dicto ser Aloysio Gradonico nullus comparuit contradictor. Unde ... domini iudices peticionum ... visis, auditis et diligenter intellectis peticione, iuribus et rationibus dicti ser Iacobi Donato, visaque domina Bona, per quam citatus fuit dictus ser Aloysius ac ipsius responsione ... cumque dicto ser Aloysio preceptum fuit per unam (?) contestationem ex parte dominorum iudicum petitionum ut supradicta die deberet misset (!) in curia legittimum responsabilem ad respondendum dicto ser Iacobo Donato super premissis, et demum ut moris est in curia scridatus fuit et per se vel alium minime comparuit, primo dato sacramento dicto ser Iacobo Donato et ipso iurante verum esse et habere debere ut supra petit et inferius sententiatum est, omnes tres concordes ... sententiaverunt quod dictus ser Aloysius a die notificationis sibi facte de presenti sententia usque menses quatuor immediate sequentes debeat cum effectu dedisse et consegnasse computum seu ostendisse rationem tam capitalis predicti, quam lucri sequti ex predicto capitali dicto ser Iacobo Donato, ad hoc ut dictus ser Iacobus Donato valleat et possit habere et videre iura sua de illo quod illum tangit. Alias, transacto dicto termino et ipso ser Aloysio Gradonico non parente, tunc dare et solvere debeat eidem ser Iacobo ducatos vigintimillia auri pro dicto capitali et lucro. Condemnantes dictum ser Aloysium Gradonico in expensis ... absentia dicti ser Aloysii in aliquo non obstante. Salvis et reservatis iuribus dicti ser Iacobi Donato in casu quod plus reperietur fuisse lucratum illo quam supra sententiatum est...

ASV, Sentenze a giustizia – petizion, busta 30, fol. 91v-92.

*
* *

Ces trois actes vénitiens, parmi tant d'autres, traitant d'aspects tout à fait différents des contacts vénitiens avec Tana contribuent, nous semble-t-il, à illustrer une vigoureuse activité commerciale dans ce port et ne font que confirmer l'importance que cette ville avait pour les marchands vénitiens dans la région de la mer Noire au commencement du XVe siècle.

Bariša Krekić,
Université de Californie, Los Angeles

Monopoly and Privileged Free Trade in the Eastern Mediterranean (8th-14th century)

Angeliki E. Laiou

After the eleventh century, the eastern Mediterranean was a busy sea. International trade was on an upward curve which continued until about 1350. Venetian, Pisan and Genoese ships and, with time, those of other western states sailed to Egypt, the Byzantine Empire, Syria and eventually to the Black Sea. Teeming markets, busy ports, a developing international culture: such was the eastern Mediterranean during this period. These new conditions necessitated new mechanisms and institutional arrangements, which, in turn, facilitated the further development of international trade. My purpose here is to trace some aspects of this process, namely, monopoly, privilege and free trade as they evolved through the dialectic relationship of Italian merchants and the Byzantine state. I will try to show the interplay between monopoly, protected trade, free trade, and the liberalization of the conditions of trade, in a period that extends from the eighth through the late fourteenth century. The focus will be on the Byzantine Empire. However, since for much of the period the role of Byzantium and especially, but not only, Constantinople, was pivotal, the case of Byzantium is not parochial but, rather, paradigmatic for the eastern Mediterranean. My argument is that, whereas in the beginning of the period envisaged here, Mediterranean exchange in the East took place in conditions where the restrictiveness imposed by political entities (in our paradigmatic case, the Byzantine state) played an important role, there occurred a liberalization in the terms of trade, brought about by state action among other factors. As more players entered the field, the exercise of national sovereignty in economic matters changed, as did the dynamic between political and economic factors in exchange.

The Byzantine economy was never fully controlled or directed by the state. The state did, however, until some time in the eleventh century, act as a restraining agent, placing restrictions on processes such as the untrammeled accumulation of wealth in private hands, or the exploitation of the weakest members of society.[1]

Foreign trade is the economic sector in which state intervention can be seen in its strongest manifestation. In our case, we are dealing with an environment where international exchange took place between states, and therefore state policies were important. That the Byzantine state had a powerful voice in the exercise of foreign trade and in establishing the terms in which exchange would take place is very easy to show, for the period through the tenth century. The very fact that terms of trade were often included in political treaties with outsiders is characteristic: the

1. N. Oikonomides, The Role of the Byzantine State in the Economy, *EHB*, 3, p. 973-974.

Chemins d'outre-mer. Études d'histoire sur la Méditerranée médiévale offertes à Michel Balard.
Paris, Publications de la Sorbonne, 2004 (Byzantina Sorbonensia 20)

treaties with the Bulgarians (716) and the Rus (907) established restrictive terms: the kind and value of Byzantine merchandise that might be bought by foreigners was fixed and, in the case of the Bulgarians, official places of exchange (Mesembria, Develtos) were specified; the merchandise was to be stamped or sealed by Byzantine officials.[2] This is a port of trade situation. The restrictions upon foreign merchants or on any outsiders who went to Constantinople for trade, set out in the Book of the Prefect, are too well known to be rehearsed again. All of these phenomena, the special treatment of merchants of varying nationalities, the existence of ports of trade, the differential treatment afforded to Constantinople, where the terms of foreign and even domestic trade were much more closely regulated than in the provinces until the eleventh century,[3] suggest that exchange was a complex of political, strategic, economic and even psychological factors.

The philosophy underlying the terms in which foreign trade was conducted, the normative role of the government and the intended restrictions upon practice can be seen with clarity in the category of goods whose export was forbidden by the Byzantine state, sometimes on pain of death. These were the *kolyomena* or *kekolymena*, the forbidden items, a category of goods considered to be outside normal commercial exchange with the outside world. The category of *kekolymena* was a legal one, and appears in the legislation already between the fourth and the sixth century. It included precious metals (gold), iron, arms, wheat, wine,[4] olive oil, salt, garum and best-quality silks. The prohibitions remained in the law books at least through the tenth century.[5]

The export of gold had been forbidden since the fourth century. An edict of Gratian (374 AD ?) had stated that traders, trading in foreign lands, must not pay in gold, but rather in goods. "For one should not only not give gold to the barbarians, but even take the gold that they have."[6] Barter was thereby encouraged, if commercial transactions in cash did not result in a positive balance for the Romans. The purpose of this prohibition is self-evident: it keeps the monetary system functioning, even if it forms an impediment to trade. In the tenth century, the provisions in the Book of the Prefect, that if a goldsmith (*argyroprates*) was offered gold, silver or precious stones by a woman he was to declare them to the Prefect "so that they may not be exported to foreigners" (ἵνα μὴ τοῖς ἔθνεσι παραπέμπωνται) (*EB* 2.4), and that if anyone coming into Constantinople from the outside sold gold or silver, he should be questioned as to where he had found it, suggest that the prohibition was still in place at the time.[7] However, it is not easy to see how it can have been fully implemented, since in all the discussion of

2. A. E. LAIOU, Exchange and Trade, Seventh-Twelfth Centuries, *EHB*, 2, p. 704, 724.
3. N. OIKONOMIDES, The Economic Region of Constantinople: From Directed Economy to Free Economy, and the Role of the Italians, *Europa medievale e mondo bizantino. Contatti effettivi e possibilità di studi comparati*, ed. G. ARNALDI, G. CAVALLO, Rome 1997, p. 221-338.
4. É. PATLAGEAN, Byzance et les marchés du grand commerce, vers 830-vers 1030 ; entre Pirenne et Polanyi, *Mercati e mercanti nell'alto medioevo: l'area euroasiatica e l'area mediterranea*, Spoleto 1993, p. 623. The author states that wheat and salt were added in the second half of the 10th c., in the *Synopsis Basilicorum*. That, however, is not the case, for they appear already in the Digest and the Basilics.
5. *Synopsis Basilicorum*, I. and P. ZEPOS, *Jus Graecoromanum* (hereafter, *JGR*), 5, Athens 1931, (K. X.), p. 346.
6. B 56.1.18 = CJ IV.63.2: Οἱ πραγματευταὶ ὑπὲρ ὧν ἀγοράζουσιν ἐν τῷ βαρβαρικῷ φορτίων μὴ παρεχέτωσαν χρυσόν, ἀλλ' ἕτερα εἴδη διδότωσαν . . . Χρὴ γὰρ μὴ μόνον μὴ διδόναι χρυσὸν τοῖς βαρβάροις, ἀλλὰ καὶ τὸν ὄντα παρ' αὐτοῖς ἀφαιρεῖν.
7. J. KODER, *Das Eparchenbuch Leons des Weisen*, Vienna 1991 (CFHB 33) (hereafter, *EB*), 2.4, 2.6.

foreign merchants in Constantinople barter is mentioned only once, and it affected Bulgarian merchants, at a time when, we know, the Bulgarian economy was not yet truly monetised.[8] For the prohibition to have been effective, even in Constantinople, the foreign merchants must have bought merchandise of higher value than what they sold. But it is not clear that such was the case.

The reason for the prohibition of the export of strategic commodities is also self-evident: arms and iron were not to be exported, on pain of death and the confiscation of the property of the guilty party.[9] In the tenth century, the export of timber to Syria and Egypt was also forbidden, on pain of death. The emperor Leo VI, on the other hand, reduced the punishment of those who exported to the enemies "those things which help them" (ἅ συγκροτεῖν αὐτοὺς μέλλει), and who had been subject to the death penalty. He retained severe property and corporal punishments, but considered the death penalty disproportionate to the crime.[10]

What obtained, therefore, was a boycott of particular enemy countries, as well as a general prohibition of the export of certain strategic commodities.

Foodstuffs form another category of *kekolymena*. Since the time of Valentinian (370-375), it had been forbidden to export to "barbarian lands" wine or olive oil or garum.[11] Merchants were forbidden to carry these foodstuffs abroad even for their own use, let alone allow the foreigners to taste or buy them. One can understand the prohibition of the export of oil and wine as a sort of protection of the internal market, that is, of the consumer of what after all are primary elements of the Mediterranean diet. The prohibition that bore on garum is harder to interpret.

The export of grain, along with that of arms, iron and salt, had been prohibited in the late third century upon pain of death.[12] We shall deal with grain at some length. Here, I note that, while the reasons for prohibiting the export of foodstuffs is obvious, the first explicit justification of which I am aware dates from the early thirteenth century. A privilege granted by Manuel Angelos (1230-1240: emperor and then despot of Thessaloniki) to the Ragusans in 1234, allowed them to trade everywhere in his domains and to export all commodities, except for crops in time of dearth. At such times, he wrote, crops were not to be exported, since the first obligation was to feed the native population.[13]

The prohibition of the export of high quality silks is Byzantine, not late Roman.[14] The purpose of the prohibition was political and psychological rather than economic. Silks were imbued with a high degree of symbolism, which made

8. *EB* 9.6.
9. B 19.1.86 (87) = CJ IV.41.2 (Marcian, 455-457).
10. P. Noailles, A. Dain, *Les novelles de Léon VI le Sage*, Paris 1944, Novel 63. It seems to refer to B 60.36.4 = D XLVIII.4.4, i.e. the statements of the jurist Scaevola on those who are punished by death: among them, according to the jurist, is the man who helps the enemy with men, arms or money, or in any other way, or who arranges to provide to the enemy hostages, money, beasts of transport etc.
11. B 19.1.85 (86) = CJ IV.41.1.
12. Paulus: B 56.1.11 = D 39.4.11.
13. MM, 3, p. 66-67.
14. There is a late fourth-century prohibition on the use of murex as a colorant, and on the sale of murex-dyed cloth. It is an edict of Valentianus Theodosius (383-392) and Arcadius (395-408): CJ IV.40.1: *Fucandae atque distrahendae purpurae vel in serico vel in lana, quae blatta vel oxyblatta atque hyacinthina dicitur, facultatem nullus possit habere privatus sin autem aliquis supra dicti muricis vellus vendiderit, fortunarum se suarum et capitis sciat subiturum esse discrimen.* Cf. B 19.1.82: μηδεὶς βαπτέτω ἢ πιπρασκέτω πορφύραν μήτε ἐν μετάξῃ μήτε ἐν ἐρίῳ. Ὁ δὲ πωλήσας καὶ δημεύεται καὶ κεφαλικῶς τιμωρεῖται.

of them an expression of the majesty of the state. The famous statements of Constantine VII, about imperial garments having been given to Constantine the Great by an angel and therefore carrying a very powerful export prohibition, point out the symbolic importance of such items.[15]

Similarly, when Leo VI allowed the sale of small pieces of purple (ἀλουργόν), i.e. imperial, silk to the residents of Constantinople, he did so, as he himself owned, in order to associate them, even in a small way, in the luxury and the glories of the Empire.[16] Still, in the same period, in the Book of the Prefect issued by the same emperor, it was forbidden for Jewish merchants to purchase from the *metaxopratai* (merchants in raw silk) raw silk in Constantinople, presumably because the Jews were engaged in long-distance trade involving both the Far East and western Europe, and therefore might be expected to re-export it outside the frontiers of the Empire.[17] The same regulation prohibited the sale of raw silk to any merchant (Jews included) whose purpose was to resell it outside the Empire. Any silk clothes (*himatia*) worth above 10 *nomismata* were to be declared to the Prefect,[18] for these were not to be sold to outsiders.[19] This last provision is to be noted, for it shows that the prohibition is broader than the imperial silks (*vlattia kekolymena*) defined in *EB* 8.1. The *vestiopratai* (clothes merchants) were also prohibited to sell *kekolymena* to outsiders who bought them to resell to foreigners.[20] The tenor of the prohibition of the export of raw silk is different, for its purpose was the protection of the native industry rather than that of imperial prestige.

The prohibitions seem to have been breaking down in practice in the course of the tenth century, at least if one is to believe Liutprand of Cremona[21] who stated that forbidden purple silks were available in the markets of western Europe through the mediation of Venetian merchants. The Byzantine treaty with Aleppo, in 969-970, shows fine silk and silk brocades, as well as gold, silver, precious stones and jewels being sold in Aleppo which, however, was virtually imperial territory at this point.[22] The prohibition was slowly dissolving through the combined action of merchants and the Byzantine government, although the process was still at a very early phase, and is of interest mostly as a forerunner of later developments.

15. *Constantine Porphyrogenitus, De Administrando Imperio*, ed. G. MORAVCSIK, R. J. H. JENKINS, Washington 1967 (CFHB 1), ch 13, p. 66-68. PATLAGEAN, Byzance et les marchés du grand commerce (as in n. 4), p. 600, notes that silk represents administered trade par excellence.

16. NOAILLES - DAIN, *Novelles* (as in n. 10), Novel 80: σεμνοπρεπείας μοίραν παρεχόμενοι τοῖς ὑπηκόοις.

17. *EB* 6.16; cf. D. JACOBY, Les juifs à Byzance: une communauté marginalisée, *Οι περιθωριακοί στο Βυζάντιο*, Athens 1993, p. 135-136.

18. *EB* 8.1, on the *serikarioi*; cf 8.5 which punishes them with the confiscation of their property in the contrary case.

19. *EB* 8.3.

20. *EB* 4.1.

21. J. BECKER, *Die Werke Liudprands von Cremona*, Hanover-Leipzig 1915^3 (MGH, Script. rer. Germ.), ch. 53-55. Byzantine officials confiscated some purple silks (*pretiosissimas purpuras*), that Liutprand had acquired, because they were "prohibited to all nations except for us Romans."

22. M. CANARD, *Histoire de la dynastie des H'amdanides de Jazira et de Syrie*, Algiers 1951, 1, p. 831-836, clause 20; PATLAGEAN, Byzance et les marchés du grand commerce (as in n. 4), p. 606, says that the Arab *Livre de la perspicacité* (second half of the ninth century) mentions imports from the Byzantine Empire: gold and silver vessels, *nomismata* ("dinars qaysarani"), silks, etc. Byzantine silks are also mentioned in the Cairo Geniza documents.

Expensive and perhaps forbidden silks were one of the major items of what I have termed non-economic exchange,[23] that is, gift exchange or quasi-gift exchange, including ransom payments, as well as diplomatic gifts and payments. In the eighth, ninth and tenth centuries, silks hold pride of place in the gifts exchanged with Muslim potentates and others; silks and gold. Gold, whose export in the course of commercial activity was strictly forbidden,[24] was used for gifts or ransom. Large sums of money occasionally left the empire, especially toward the east, whether to the Persians during the reign of Justinian I, or to the Arabs; the largest reported such exports of gold are a gift of 1000 *kentenaria* of gold (7,200,000 gold coins) sent by Theophilos to the Caliph (Theophilos also offered 200 *kentenaria*, along with silks, as ransom payment, but it was not accepted, being found too low), the 216,000 gold coins and 200,000 dinars sent to the caliph by Constantine IX in 1046 (2.23 tons of gold), and the 500,000 *hyperpyra* given to the crusaders in 1203.[25] One hopes that the figures are exaggerated, although the case of Theophilos is reported not by an Arab source but by a Byzantine one.[26]

The silks sent to western Europe or to the Slavs are important, although it cannot be assumed that they were of first quality.[27] One imagines that the 2500 silk garments sent to the Slavs by Constantine V for ransoming prisoners (in 768) were not first quality.[28] Some silks meant for lesser Arab potentates ("noble foreigners") when the emperor went on campaign were clearly not imperial, for they were bought in the marketplace of Constantinople.[29] Those meant as gifts for caliphs, on the other hand, may be assumed to have been of very high quality, of imperial manufacture and of the forbidden variety, as was certainly the case with some silks given to the *protospatharios* Epiphanios, on embassy to Hugh of Provence.[30] The Emperor Romanos I, we are told, sent to the Arabs brocades, cut velvet and other splendid silks, while Leo VI sent garments of purple (furfur) brocade, and brocades woven with gold, each valued at the vast sum of 2000 dinars.[31] Even allowing for the expected degree of exaggeration, these were items of extremely high quality, and must be assumed to have been imperial silks. In any case, the philosophy behind gift-giving between Byzantines and Arabs hinged precisely on the exchange of rare and highly valued items. Both Arab and Byzantine sources state unambiguously that important gifts impress upon the recipient state the magnifence

23. See A. E. Laiou, Economic and Non-economic Exchange, *EHB*, 2, p. 681-696.
24. On this, see M. Hendy, *Studies in the Byzantine Monetary Economy c. 300-1450*, Cambridge 1985, p. 257-258, who says that the first formal lifting of the prohibition was in 1261 (Treaty of Nymphaeum).
25. *EHB*, 2, p. 716, 738; Hendy, *Studies* (as in n. 24), p. 266.
26. *Theophanes Continuatus*, ed. B. G. Niebuhr, Bonn 1838 (CSHB), p. 96-97, 131.
27. On this, see A. Muthesius, Silken Diplomacy, *Byzantine Diplomacy*, ed. J. Shepard, S. Franklin, Cambridge 1990. Muthesius says that *some* imperial silks sent west were dyed with inferior, i.e. non-murex dyes. She connects this with the "fact" that imperial silks were not only woven in the imperial workshop but also commissioned by the emperor to the *serikarioi*. It is possible that some imperial silks were commissioned to be dyed with madder (*ibid.*, p 246-247). According to D. Jacoby, Silk in western Byzantium before the Fourth Crusade, *BZ* 84-85, 1991-1992, p. 456-457, however, what matters is not the type of dye, but the color purple.
28. *EHB*, 2, p. 699.
29. *Three Treatises on Imperial Military Expeditions*, ed. J. F. Haldon, Vienna 1990 (CFHB 28), p. 112.
30. In 935: Hendy, *Studies*, p. 268. Other cases are mentioned *ibid.*, p. 269.
31. Laiou, Exchange and Trade (as in n. 2), p. 717.

and wealth of the gift-offering ruler;[32] or, as imperial officials told Liutprand of Cremona, “as we surpass all other nations in wealth and wisdom, so it is right that we should surpass them in dress.”[33]

In other words, as some items were taken out of the normal market exchange, so they played another, and most important role, in the political relations between the Byzantine Empire and foreign powers.

As late as the eleventh and twelfth centuries, this political role of high quality silks remains visible in the treaties between the Byzantine Empire and western powers. A striking example of this phenomenon is the chrysobull composed by Michael Psellos and issued by Michael VII (1071-1078) for Robert Guiscard. This was a highly political document, and highly unusual in its form, since it incorporated for the first time an oath by the emperor; in any case, the emperor was seeking to form a firm alliance with Robert Guiscard, cemented with a marriage alliance.[34] There is, here, a veritable hierarchy of offices granted to Robert to distribute at will, and with them an annual distribution of 100 pieces of silk cloth (*vlattia*, *pallia*) specifically mentioned, that includes both the silks appropriate to the various offices and a supplement as an extra gift. In the late twelfth century, expensive silk cloth was given as a (forced) present to Frederick Barbarossa to buy peace, while an annual gift of 40 pieces of Theban silk was promised to the Sultan of Iconium.[35]

The privileges granted to the maritime cities of Italy in the course of the eleventh and twelfth centuries incorporated gifts of money and silks. The latter had no immense economic value, but did carry the usual symbolic value. The privilege to the Venetians issued by Alexios I in 1082 and its subsequent confirmations do not explicitly mention silks, but these may be subsumed in the *roga* accruing to the office of *protosevastos*, promised to the Doge.[36] Alexios I’s privilege to the Pisans in 1111, and Manuel’s to the Genoese in 1155 specifically mentioned annual gifts of gold coins (400 *hyperpyra*) and two *pallia* to the church of Pisa, as well as 60 *hyperpyra* and one *pallium* to the archbishop of Pisa during Alexios’ and John’s lifetime in the first case,[37] with similar arrangements (500 *hyperpyra* to the church) in the case of Genoa.[38] Gifts of silks and cash are mentioned in imperial chrysobulls throughout the twelfth century. Almost none of the imperial privileges of the thirteenth or fourteenth century, that is, after the fall of Constantinople in

32. *Theophanes Continuatus*, p. 96: on a gift of 4 *kentenaria* of gold: εἰ γὰρ ἄμμου δίκην ὁ ἀποσταλεὶς τὸ χρυσίον ἔχει σπείρειν ὡς βούλεται, πολλῷ δήπου μᾶλλον τὸν ἀποστείλαντα ἐπὶ πλούτου θημῶνας θαυμάζεσθαι χρή.
33. *Legatio*, in BECKER, *Werke* (as in n. 21), ch. 54 (transl. by F. A. WRIGHT).
34. On this document see, in the last instance, A. E. LAIOU, The Emperor’s Word: Chrysobulls, Oaths and Synallagmatic Relations in Byzantium (11th-12th c.), *TM* 14 (= *Mélanges Gilbert Dagron*), 2002, p. 348-351.
35. *Nicetae Choniatae Historia*, ed. J. A. VAN DIETEN , Berlin 1975 (CFHB 11), p. 461: five *kentenaria* of silver coins once, as well as three *kentenaria* of silver and 40 pieces of cloth every year: σηρικοῖς νήμασιν, ἅπερ ἐκ Θηβῶν βασιλεύς . . . κεχορήγηται. On this cloth, see JACOBY, Silk in Western Byzantium (as in n. 27), *passim*.
36. *JGR*, 1, Athens 1931, p. 369: *honoravit autem et nobilem Ducam… protosebasti dignitate cum roga etiam sua plenissima*. Cf. Isaac II’s confirming chrysobull, 1187: *cum salario ejus plenissimo*. Note that Romanos IV still paid his officials both in cash and in silk cloth (E. Th. TSOLAKES, *Ἡ συνέχεια τῆς χρονογραγίας τοῦ Ἰωάννου Σκυλίτση [Ioannes Skylitzes Continuatus]*, Thessaloniki 1968, p. 142), and that Alexios I gave Gregorios Pakourianos imperial garments as gifts.
37. The gifts were renewed and increased by Manuel I and by Isaac II in 1192: *JGR*, 1, p. 457 ff; Latin version in MM, 3, p. 3 ff.
38. *JGR*, 1, p. 417 (1170).

1204, mentions such gifts. An exception is the chrysobull to the Genoese, issued by Michael VIII in 1265, which does retain the gifts promised by Manuel I, although this may be just formulaic.[39] This change is remarkable for several reasons. For one thing, it signals the end of anything that might resemble the prohibition of the export of imperial silks, and so, also, of the usefulness of these silks in political relations. Secondly, it is a marker of the different conditions that prevailed in Mediterranean commerce in the thirteenth century and after, conditions that resemble an international market, where economic forces played a much greater role than before as integrating mechanisms, and also conditions in which the intervention of the state played a different role than before.

I have taken silk as an example of the role of the *kekolymena* in the trade and exchange of the Byzantine Empire with its neighbors, in the Mediterranean and the Middle East. It is one of the two most interesting items on the list of forbidden commodities of international commercial exchange, in part because the prohibition seems to have been in force longer than for wheat. It was, of course, easier to enforce this prohibition, since the manufacture of highest quality purple silk was controlled, indeed almost an imperial monopoly, in the tenth century. It is also interesting because highest-quality silk is the item that most clearly shows the interrelationship between political and economic factors and interests in a Mediterranean in which the expansion of trade had not yet broken down state policies that had been meant to safeguard the interests of the state, political primarily and economic in the second instance. The active economic exchange which had been developing in the Mediterranean since the eleventh century may have reduced, relatively speaking, the importance of items of high prestige; after all, one could always make substitutes, cheaper and thus affordable by a larger number of clients, as the Venetians did with some objects of the minor arts. It is well known that in the thirteenth century Venetians manufactured semi-luxury products, such as glass medallions of saints, emulating Byzantine cameos, or miniatures under crystal, which mimicked Byzantine enamels and found customers in the unified market that the Mediterranean was becoming. There was, thus, commodification of artistic production.[40] It could be that a similar case of economic, not physical, substitution occurred in the case of silk too. Good quality silks were, in the eleventh-twelfth centuries, produced in Thebes, Corinth, Andros and elsewhere, and were exported by Venetians and Genoese, primarily the Venetians.[41] In the tenth century, restrictions on the export of silk from Constantinople applied not only to imperial silks but also to high-quality ones. The prestige value of imperial vestments no doubt remained in the eleventh and twelfth centuries, but the larger market could be satisfied with products where monopoly no longer obtained. This is even more clearly the case

39. *Ibid.*, p. 490.

40. A. E. Laiou, Venice as a Center of Trade and of Artistic Production in the Thirteenth Century, *Atti del XXIV Congresso del Comitato Internazionale di storia del'Arte*, sez. 2, Bologna 1982, p. 20-25.

41. Jacoby, Silk in western Byzantium, p. 466, 490-492. Gold brocade was captured in Thebes by Roger II. Id., Italian Privileges and Trade in Byzantium before the Fourth Crusade, *Annuario de estudios medievales*, 14, 1994, p. 349-368, says that the Genoese and the Pisans could not buy high-quality silks in Thebes, though "no source mentions it." He bases this on the Genoese request of 1171, by which the Genoese asked to be allowed to trade in silk cloth in Thebes as "the Venetians do." Cf. A. Laiou, Byzantine Traders and Seafarers, *Byzantium and the Sea*, ed. Sp. Vryonis, New York 1993, p. 87 ff. But this request may refer to a desire for lower customs, or permission to establish themselves there, or be a response to a quasi-monopoly of the Venetians who had, since 1082, been allowed to settle in Thebes and Corinth, and deal in *species universas: JGR*, I, p. 370.

with the commodification of silk in the thirteenth century, when Venice developed its own silk industry, producing silks along a spectrum of quality.[42]

How was the liberalization, if this is the right word, of the silk trade of the Byzantine Empire come about ? Liutprand of Cremona gives us a first clue: through the activities of individual merchants, in his text Venetian and Amalfitan merchants, who managed to export forbidden silks and sell them in the market-places of Italy. An economic process, therefore: there is a market, and the entrepreneur finds ways of meeting the demand, at least up to a point. But the Byzantine state itself facilitated the process. None of the privileges granted to Italians in the eleventh and twelfth centuries mentions the prohibition of the export of imperial or high quality silks, or any restriction on silk exports, such as those that had been in place at earlier times, in the treaties with the Bulgarians and the Rus. It might be argued that this was so because the state still controlled the supply of highest quality silks in any case, although I do not think there is sufficient or compelling evidence for such an argument.[43] It seems more plausible that the tacit lifting of restrictions regarding the export of silks in general was due to the increase of production and the general opening of the Mediterranean markets.

Thus, the liberalization of the silk market which, I argue, occurred in the twelfth century, marked an important change in the economics of the silk trade. Byzantine governmental control and monopoly ended, through a combination of market forces (the pressure of western merchants – as I believe the Genoese request of 1171 must be understood) and imperial decision, that is, the privileges. After 1204, the entire situation changed, since the presence of western merchants on Byzantine soil became massive and the opening of Central Asia to Italians with the Pax Mongolica led to importations of Asian silks and since the Byzantine silk industry declined, and was partly replaced by the silk industry of Latin-occupied Greece in the thirteenth century and less so in the fourteenth.[44] Imperial monopoly was no longer an issue.

As for the prohibition of the export of gold, that was problematic anyway. Occasionally, it was remembered: in 1261, the chrysobull of Michael VIII to the Genoese prohibited the export of gold and silver, save by imperial permission, except for minted Tatar or Seljuk dinars whose export was allowed.[45] Occasionally, too, an effort was made not to impose the prohibition, but rather to

42. D. JACOBY, Dalla material prima ai drappi tra Bisanzio, il Levante e Venezia: La prima fase dell' industria serica Veneziana, *La seta in Italia dal Medioevo al Seicento*, ed. L. MOLÀ, R. C. MUELLER, Cl. ZANIER, Venice 2000, p. 266.

43. JACOBY, Silk in Western Byzantium, makes an argument for partial government control, on the basis of the Genoese request of 1171 (only Venetians were allowed to trade in Theban silks, according to Jacoby) and the gift of 1195. The argumentation is not persuasive. In any case, it would almost be sufficient for my own argument if even the Venetians alone were allowed to export imperial silks.

44. M. BALARD, *La Romanie génoise : XIIIe-début du XVe siècle*, Rome 1978, p. 723 ff. Exports of Romania silks to Genoa in the 13th c. (from Smyrna, Chios, Sea of Marmora etc.); Cathay silks start arriving in 1258, become abundant after 1276. Cf. D. JACOBY, The Production of Silk Textiles in Latin Greece, *Τεχνογνωσία στη Λατινοκρατούμενη Ελλάδα*, Athens 2000, p. 22-35.

45. HENDY, *Studies*, p. 259, states that this is the first formal breach of the prohibition, reading the privilege as: *yperperos aureos et Turchifaros licet eis extrahere ad eorum voluntate et deferre* (*JGR*, 1, p. 494), and understanding that Michael VIII permitted the export of both gold *hyperpyra* and "Turchifaros." If Hendy is right, then Michael recognised the need to allow commercial coin to leave the realm, and forbade only the export of unminted gold and silver. However, the editor of the document wisely suggests that the "et" is unnecessary. If it is deleted, the meaning of the text would be that the emperor permitted only the export of foreign coin.

facilitate the importation of precious metals: in the privilege to the city of Pisa, Alexios I established a *kommerkion* of 4%; but no *kommerkion* was to be paid on the gold and silver that Pisan merchants brought into the Empire.[46]

Let us now look at what happened to other items whose export had been legally forbidden. The most important such category consists of foodstuffs, mostly bulk products: olive oil, wine, cereals and garum.

Although the pertinent legislation remained in the lawbooks, I know of no instance, in the middle Byzantine period, where there is any mention of its being enforced. For a long time, until perhaps the eleventh century, the conditions probably did not exist for massive exports of foodstuffs. On the supply side, the Byzantine agrarian economy was not yet so developed as to produce sufficient foodstuffs for extensive exports. True, the agrarian economy had entered a virtuous cycle probably in the early ninth century, as conditions of relative safety were slowly re-established in various areas. But the increase in agricultural production went hand in hand with a population increase,[47] as it did in western medieval Europe; and that means that increases in production were absorbed by the rising population. Surpluses did exist; but concomitantly, the urban population rose, thus creating a higher internal demand that had to be met and was successfully met, as is testified by the fact that cereal prices remained relatively stable in the middle Byzantine period, except, always, for momentary crises when extreme natural phenomena or some other calamity created famine conditions.[48] Thus, on the supply side, there was no great surplus becoming available for export because it could not be absorbed by the internal market . On the demand side, there was no effective market, for various reasons. It does not seem that the Arab world had great need of Byzantine alimentary products, at least not on a large scale, and except for specific situations (for example, when cities were under siege). In western Europe, the same phenomena of increased production and perhaps productivity along with a rising population existed. The European economy had not yet become sufficiently differentiated to have need of relatively small suppliers, such as the Byzantine ones might potentially be. Most importantly, there was not yet an integrated Mediterranean market, with product specialization, or with those trade mechanisms that would make it economically sensible to exploit all available and potential sources of supply, that is, create conditions that would match the supply to the demand across regions.

Export prohibitions of foodstuffs were part of a protectionist policy. Such a policy was predicated on an integrated internal market coupled with the possibility of occasional purchases of foodstuffs from abroad, as need arose. It is not by chance that in the middle period, until the 12th century, we have much more information about merchandise and foodstuffs in particular coming *into* the Byzantine Empire than about exports. The purpose of the policy was to safeguard the interests of the consumer in times of high demand for foodstuffs; the interests of the merchant did not enter into the calculation, nor, in fact, did those of the native grower, who might, *caeteris paribus*, have found a higher price in an export market. The purpose of this protectionist policy was met until the twelfth century, but almost by default, for the reasons I have detailed.

46. MM, 3, p. 3 ff.
47. J. Lefort, The Rural Economy, Seventh-Twelfth Centuries, *EHB*, 1, ch. 14, *passim*.
48. C. Morrisson, J.-Cl. Cheynet, Prices and Wages in the Byzantine World, *EHB*, 2, p. 822-830; in the 9th-11th c., the normal price of wheat in Constantinople was 1/12 *nomisma* per *modios*.

In the ninth, tenth and I think the eleventh centuries, the interest of the Byzantine government to safeguard the provisioning of cities, most particularly Constantinople, would have severely discouraged exports of grain especially, even had conditions for massive exports existed. But this is speculation. In point of fact, we know of no instance where such prohibition occurred in reality. We do, on the contrary, know of a few cases where foodstuffs were exported by that little known group, the Byzantine provincial merchant, whose activities do not seem to have been regulated by the government.[49]

In the twelfth century, indications for the free circulation of foodstuffs proliferate, as bulk products enter the Mediterranean trade. Italian merchants, Venetians, Pisans and Genoese, bought wheat in Halmyros, which had become a major center for the grain of Thessaly and western Greece.[50] The Venetians bought olive oil and wine in the Peloponnese, Sparta and Corinth being important trade centers for these commodities.[51] In part, this signals the participation of foreigners (Italians) in the internal, domestic Byzantine market, a recent phenomenon.[52] There is also, however, clear evidence of the export of such commodities: olive oil was exported by the Venetians from Sparta not only to Constantinople, but also to Alexandria and Venice; from Thebes, Venetian merchants traveled to Constantinople, Greece and Venice. In the eleventh and twelfth centuries, Byzantine lands exported wheat, oil, wine, silk, mastic.[53] As far as I know, there was no official complaint on the Byzantine side regarding the export of these theoretically forbidden commodities, nor any effort to restrict it. Here, again, it was the foreign merchants, the Venetians, the Genoese and others who bought and resold merchandise, the Byzantine merchants who may have cooperated with them, and the Byzantine producers through their commercial activities who opened up the trade in these foodstuffs. But the Byzantine government provided the legal basis for such activity.

The privileges granted to Italian merchants, starting with the chrysobull of Alexios I for the Venetians in 1082, differed from earlier trade treaties, such as those with the Bulgarians and the Rus, in that they were not restrictive as to the commodities exchanged or, with one exception, as to the places in which trade could be carried out.[54] The chrysobull of 1082, while making mention of specific cities in which the Venetians could trade (a list that became much larger in the late twelfth century with the chrysobull of 1198), nevertheless made it clear that the list was not restrictive, for the Venetians were allowed to trade in all merchandise

49. On them see N. OIKONOMIDES, Le marchand byzantin des provinces (IXe-XIe s.), *Mercati e mercanti nell'alto medioevo: l'area euroasiatica e l'area mediterranea*, Spoleto 1993 (Settimane di studio del Centro italiano sull'alto medioevo 40), p. 633-665.

50. JACOBY, Italian Privileges (as in n. 41), p. 366: the Pisans were in Halmyros already in the 1150's, and the Genoese in the early 1160's.

51. LAIOU, Exchange and Trade, p. 752; BALARD, *La Romanie génoise* (as in n. 44), p. 30; AL-IDRISI, *La géographie d'Edrisi*, ed. J.-A. JAUBERT, 2, Paris 1840, p. 291, 296; *The Itinerary of Benjamin of Tudela*, trans. M. ADLER, A. ASHER, Malibu, California 1993, p. 69.

52. LAIOU, Byzantine Traders (as in n. 41), *passim*. Silk, too, was traded within the empire: *Ibid.*, p. 87; R. MOROZZO DELLA ROCCA, A. LOMBARDO, *Documenti del commercio veneziano nei secoli XI-XIII*, Torino 1940, no. 308 (1179).

53. R.-J. LILIE, *Handel und Politik zwischen dem byzantinischen Reich und den italienischen Kommunen Venedig, Pisa und Genua in der Epoche der Komnenen und der Angeloi (1081-1204)*, Amsterdam 1984, p. 272-276.

54. On privileges, see JACOBY, Italian Privileges, p. 349-368, and J. CHRYSOSTOMIDES, Venetian Commercial Privileges under the Paleologi, *Studi Veneziani* 12, 1970, p. 267-356.

everywhere in the Empire.[55] The chrysobull given to Pisa in 1111 permitted the Pisans to buy Byzantine products on the same terms (i.e., paying the same duties) as the emperor's subjects; they also paid the *kommerkion* on exports from the Byzantine Empire.[56] This shows that restrictions on buying Byzantine products no longer applied. Only the chrysobull of 1169 to the Genoese excluded Rossia and Matracha from the list of places where the Genoese ships could sail, unless they received special and specific imperial permission.[57] There was no total or formal ban on the Italians engaging in Black Sea trade, but on the other hand there was little presence there of Venetians or Genoese merchants.[58] So, although there was, in the legal/political foundation of their privileges, no effort by the Byzantine government to either limit or control the export of grain generally, it is likely that neither Venetians nor Genoese traded in the Black Sea area which was wheat-producing par excellence. Byzantine monopoly on the import of grain from this area continued in practice.

The explanation of the somewhat surprising formal liberality of the Byzantine government in the matter of grain exports is to be found in a combination of domestic and international economic factors. In the eleventh and twelfth centuries, trade within the Byzantine Empire was very active, and, while there was government involvement since the state exacted a transactions tax and various other duties, there was no state intervention. The last state intervention in the grain trade was the effort of Nikephoritzes, in the 1070's, to centralize the great grain market of Rodosto so that the state could be sure to exact its *kommerkion*, that is to say, for fiscal reasons. The measure failed, and no state intervention in the grain trade, even in Constantinople, is attested in the twelfth century. Nevertheless, we hear of no particular problems in provisioning, and the price of grain seems to have remained stable; at a time of increasing urbanization, this suggests both increased production and improved mechanisms of distribution. In the absence of shortages, there was also no pressing need to forbid the export of grain. Indeed, the presence of privileged Italian merchants both gave greater impetus to the already active trade and, in turn, further promoted freer and cheaper trade conditions; at least insofar as the Venetians were concerned, those Byzantines who traded with them were also exempted from the transactions tax. Finally, it is also probable that grain exports were not yet significant enough to worry the Byzantine state.

This liberal attitude insofar as trade in foodstuffs is concerned underlines an important development that should be stressed. Although it was in the late thirteenth and fourteenth centuries that privileges to western merchants in Byzantine lands proliferated, the structures that support a free and active commerce, the

55. *JGR*, 1, p. 368-371.
56. Jacoby, Italian Privileges, p. 357.
57. *JGR*, 1, p. 420 = MM, 3, p. 35: ἄνευ τῆς Ρωσίας καὶ τῶν Ματράχων. Conditions for Genoese trade had worsened with the privilege of 1169, since the goods they imported and sold in the provinces paid the full *kommerkion*. In 1192, the duties they paid everywhere and on domestic goods were lowered to 4%, as the Pisans' had just been. Exports still paid a 10% duty: Jacoby, Italian Privileges, p. 362.
58. Lilie, *Handel* (as in n. 53), p. 272-273, and Balard, *La Romanie génoise*, p. 28, n. 44, argue that the Black Sea was closed to foreign merchants. Jacoby, Italian Privileges, p. 360, suggests that there was no total ban: it affected Genoese ships, but not Genoese merchants. M. E. Martin, The First Venetians in the Black Sea, *Ἀρχεῖον Πόντου* 35, 1978, p. 111-122, says that both Venetians and Genoese had access to the Black Sea in 12th c., but it did not interest them yet.

mechanisms that lower the transaction cost to the merchant, were really set in place during the twelfth and thirteenth centuries, and that not only in the Byzantine empire but all over the eastern Mediterranean.[59] One can see such mechanisms in the development of a common law of the sea that affected shipwrecks and salvage; in the reparations offered for goods seized (already in the Pisan privilege of 1111); in the progressive lowering of duties; and in the guarantees progressively given to merchants dying in foreign lands as to the disposition of their property. We can see them too in the special provisions made for the resolution of disputes involving foreign merchants. All of these mechanisms developed in the entire eastern Mediterranean region and North Africa, and created the conditions for the efficient exchange between trade regions. We can also see these mechanisms in the relaxation, indeed the absence, of controls regarding the export of foodstuffs and other forbidden commodities. This last point can be made for the Byzantine Empire; it is for others to say whether it holds for other parts of the eastern Mediterranean.

Only with the reestablishment of the Byzantine Empire in Constantinople in 1261 did the Byzantine state try to establish a measure of control over the export of grain grown on its territories. With the treaty of Nymphaeum, in 1261, Michael VIII allowed the Genoese to buy and export freely and without paying any duty all commodities (except gold and silver), specifically including foodstuffs and grain.[60] But by 1265, restrictions were put into place. It seems almost as though there was a residual eminent domain of the state over the grain trade (and over salt, another old imperial monopoly), which the state chose to exercise, starting in 1265, with Michael VIII's treaty with Venice. The emperor allowed the Venetians to export Byzantine wheat (except to enemy lands) only when its price in Constantinople was below 50 *hyperpyra* per *kentenarion* (that is, in times of plenty, when wheat was cheap), a price which in 1277 became 100 *hyperpyra* per *kentenarion*, there to remain throughout the Palaeologan period.[61] This meant that the Venetians could not export wheat in times of grave shortages and very high prices. In 1304, in a moment of great dearth, the Genoese were not allowed to export any Byzantine cereals at all – a prohibition lifted in 1317.[62] The export prohibition when the price in Constantinople reached a certain level remained in force, theoretically, throughout the fourteenth century, and it was even extended, in 1310, to the purchase, not just the export, of Byzantine grain by foreigners when the price in Constantinople

59. A. E. LAIOU, Byzantine Trade with Christians and Muslims and the Crusade, *The Crusades from the Perspective of Byzantium and the Muslim World*, ed. A. E. LAIOU, R. P. MOTTAHEDEH, Washington 2001, p. 186; EAD., Institutional Mechanisms of Integration, *Studies on the Internal Diaspora of the Byzantine Empire*, ed. H. AHRWEILER, A. E. LAIOU, Washington 1998, p. 171-178; M. MARTIN, The Venetians in the Byzantine Empire before 1204, *Byzantium and the West, c. 850-c. 1200*, ed. J. D. HOWARD-JOHNSTON, Amsterdam 1988, p. 212.

60. *JGR*, 1, p. 488 ff. On these matters, cf. BALARD, *La Romanie génoise*, p. 755; A. E. LAIOU, *Constantinople and the Latins; The Foreign Policy of Andronicus II, 1281-1328*, Cambridge, Mass. 1972, p. 148-150.

61. In 1265: *JGR*, 1, p. 499. In the confirmation of 1268, they were permitted to export the wheat, but only with imperial permission. On this, cf. CHRYSOSTOMIDES, Venetian Commercial Privileges under the Palaiologi (as in n. 54), p. 312. A *kentenarion* is equivalent to 100 *modioi*.

62. *JGR*, 1, p. 532. The text says can buy and *extrahere* all *victualia*, *preter furmentum et alia semina.* On the other hand, the Genoese may export grain from areas *que sunt in mare majori nec sunt subjecte imperio nostro*.

was at 100 *hyperpyra* per *kentenarion*, that is, in times of great scarcity.[63] However, none of these measures were effective. Venetians, Genoese, eventually Ragusans, bought and exported Byzantine wheat even when its price was higher than that established in 1277. In fact, the grain trade within the Byzantine Empire and outside it was quite free. Byzantium had become an exporter of wheat to the west, certainly until the 1340's, but also in the late fourteenth and early fifteenth century.[64]

What led to the recrudescence of interest in controlling the export of foodstuffs was on the one hand the renewed interest of the Byzantine state in protecting the consumer, especially in Constantinople, against high prices of essential commodities. At times, after the late thirteenth century, there were points of acute crisis, indeed famine conditions, which undoubtedly influenced some of these measures. Furthermore, the international grain market had changed, as the Byzantine territories and the Black Sea had become a prime source of provisioning for Italy. Grain of this provenance became important for the ever-needy Genoese market after 1258, while in 1268, when there was severe scarcity in Italy, the Venetians were able to buy sizeable quantities of wheat form the Black Sea area and import it to the west, realizing high profits.[65] The grain trade had become internationalized, and the Byzantine Empire and the Black Sea areas played a major role in it, even through the late fourteenth century, despite important political setbacks from time to time.[66] Italian merchants controlled this grain market to an ever-greater degree. It was impossible for a weak Byzantine state to impose true controls; there remained the protectionist intent, in a situation where international trade was much less regulated than in the past.

In their treaties with the Venetians, renewed every few years until 1325, the issue of the export of Byzantine grain appeared again and again, as did the question of the sale of Black Sea grain in the Byzantine Empire. Here, the protection of the consumer, the protection of the Byzantine producer and the protection of the Byzantine merchant came up against the two principles which governed the policies of Italian merchants, that is, the people who had integrated the Mediterranean market: they desired freedom of trade for themselves, and adverse conditions of trade for everyone else. That is to say, on the one hand there were efforts to impose monopolies, and on the other hand these monopolies were based on privileges which established freedom of trade for particular groups of merchants. The trade of the eastern Mediterranean in the thirteenth to the mid-fifteenth century was greatly influenced by these two demands, obviously in conflict when more than one state was involved. The two demands can be seen in the efforts of the Venetians and the Genoese to acquire trade monopoly in the Byzantine Empire, and especially in the Black Sea area.

63. In 1317, the accord with Genoa forbade the sale of wheat from Varna and Anchialos (while these cities remained under Bulgarian control) in the Byzantine Empire. It was permitted to export it, and no restrictions were placed on the export of Byzantine wheat either: Balard, *La Romanie génoise*, p. 757.

64. A. Laiou-Thomadakis, The Byzantine Economy in the Mediterranean Trade System, Thirteenth to Fifteenth Centuries, *DOP* 35, 1980-1981, p. 217-222.

65. Balard, *La Romanie génoise*, p. 749; Chrysostomides, Venetian Commercial Privileges (as in n. 61), p. 316.

66. For the export of Thracian wheat in the late fourteenth century, see Laiou-Thomadakis, The Byzantine Economy (as in n. 64), p. 218 ff.

In order to achieve these aims, Venetians and Genoese relied on war, but also on privileges issued by the Byzantine state. Thus, for example, the treaty of Nymphaeum, as well as that of 1267, granted the Genoese quasi-monopoly in the trade of the Byzantine Empire (although Pisan merchants were also allowed to operate), including the Black Sea area.[67] In different political conditions, the same emperor in 1265, in his treaty with the Venetians, excluded the Genoese, because they were enemies of the Venetians, from Byzantine territories, although the possibility of a future change of this policy was envisaged.[68] These provisions were changed by later treaties, after 1268 (in the ratification of the treaty with Venice, the Emperor retained the right to ally himself with both Venice and Genoa), which allowed the merchants of both states access to the Black Sea. At the other end of the Pontic area, in 1319, the emperor of Trebizond Alexios I gave the Venetians the same privileges enjoyed by the Genoese.[69] After 1269, it became a matter of policy for the Genoese to try to stop the Venetians from sailing into the Black Sea: *quod non iretur ad Tanam*. On the other side, the Venetians argued for the freedom of the seas, a statement not in favor of free trade generally, this is not the World Trade Organization, but rather for freedom for themselves to trade in this area. So did the Doge Andrea Dandolo say that he wanted to preserve *libertatem maris* in 1350, at a time of acute conflict between Venice and Genoa; the Pope also supported the principle of the open seas.[70] The Byzantines also traded in the Black Sea in the 1340's, which caused Genoese reaction. At the end of the war of the Straits, there was an effort on the part of the Genoese to limit the access of both Venetians and Byzantines to Tana and the Sea of Azov.[71] Eventually, the relative freedom of the seas was reasserted, whether officially or unofficially, and both Byzantines and Venetians were allowed to sail there, although the Genoese had a clear preponderance in the Black Sea. What is of interest is the internationalization of these markets, as well as the rivalries and efforts to establish monopolies, and, finally, the role of privileges issued by the states of the area.

In effect, the Byzantine quasi-monopoly in the Black Sea, which we have seen operating through the twelfth century, disappeared, and was replaced by rivalries and by the efforts of Genoese to establish monopolies, while merchants of Venice and Byzantium tried, for a while successfully, to participate in the grain trade of the Black Sea. One may say that those who were well established in the area aimed toward monopoly, the others toward more competitive, which means freer, trade. A measure of protectionism (both of the Byzantine consumer and of the Byzantine merchant) remained where possible, as with the ceiling price established by the Byzantine government for the export of grain by the Venetians. To what extent this was implemented is a different question.[72]

67. *JGR*, 1, p. 491; Balard, *La Romanie génoise*, p. 44.
68. *Ibid.*, p. 49: MM, 3, p. 76-84, especially p. 79.
69. *Ibid.*, p. 130 ff.: confirmation by Alexios III in 1364; cf. S. Karpov, Venezia e Genova, rivalità e collaborazione a Trebisonda e Tana, secoli xiii-xv, *Genova. Venezia, il Levante nei secoli xii-xiv*, Genoa-Venice 2000, p. 261.
70. *Ibid.*, p. 260-261.
71. Laiou-Thomadakis, The Byzantine Economy, p. 194-195.
72. *Ibid.*, p. 212 ff.

The realities of Mediterranean exchange in this late period include conflicts between trading powers and between merchants of different states, as well as cooperation among merchants who realized that war was detrimental to their collective commercial interests. They are also characterised by a very clear erosion of the sovereign rights of the recipient state, the Byzantine Empire in our example, which were undercut by the rights claimed by privileged free trade. This fact may be seen very clearly in the negotiations between Byzantium and Venice regarding the "right" of the Venetians to sell Black Sea grain within the Byzantine Empire without paying duties. The dispute is clearly one between sovereign rights (the right of the Byzantine state to tax the sale of foreign imports within its frontiers) versus the right claimed by the Venetians to trade freely in all commodities, except for a few that had been explicitly excluded in the treaties.[73] In this respect, the situation in the eastern Mediterranean of the late Middle Ages is, indeed, paradigmatic, for similar situations were reproduced later, in the Ottoman Empire and in China, and are even present today.

The prohibition of the export of a certain number of commodities had been effective in a period in which the domestic Byzantine market was coherent, and a time when there was more interest in the import rather than in the export of commodities. The prohibitions had a markedly political character: from safeguarding the interests of the fisc, to ensuring those of the consumer, to protecting the image of wealth, luxury and power of the Byzantine state through the exclusive right to disseminate gold coins and commodities such as imperial silks. It is, indeed, significant that there was no prohibition of imports, only of exports. With the liberalization of the silk market, political concerns and control melt into the economics of free trade; and a larger international market emerges, where there may be substitution of demand from imperial silks to high quality silks.

With grain exports, we see first what seems to be a full liberalization of the grain trade in the twelfth century, and subsequently efforts to reestablish controls in the late thirteenth and fourteenth centuries, primarily for the protection of the consumer, of local growers and of the fisc. But this was at a time when the grain trade had changed, the market had become liberalized, and the imposition and implementation of controls had become correspondingly difficult.

In the liberalization of the market, the granting of privileges by the Byzantine state (but also by all states of the eastern Mediterranean) to Italian traders played a primary role. The Constantinopolitan market became much freer, and lost its privileged status in the course of the twelfth century, partly because of the privileges granted to the Italians (especially the Venetians) and to those Byzantines who traded with them.[74] Thus a privileged-nation situation developed into a more general freedom of trade, which in turn was to lead to rivalries and conflicts between Italian city-states and other states of the area. Once the ball started rolling, there was no stopping it. Thus there was a continuous lowering of the transaction costs, through the regulation of the terms in which foreign merchants traded in Byzantine markets. This is a general phenomenon in the eastern Mediterranean.

73. On this, see LAIOU, *Andronicus II* (as in n. 60), p. 274-275.
74. OIKONOMIDES, The Economic Region of Constantinople (as in n. 3), and LAIOU, Byzantine Traders and Seafarers, *passim*. Cf. K.-P. MATSCHKE, Commerce, Trade, Markets, and Money, Thirteenth-Fifteenth Centuries, *EHB*, 2, p. 771-772.

Connected with the lowering of the transaction costs and the greater freedom of trade was the partial dissolution of national sovereignty into the larger regulations necessary for the efficient functioning of an international market – a situation quite reminiscent of the creation of large economic and political units today: the European Union is one such example, to avoid going into other, similar examples from the globalised economy of our times. I am, still, speaking of the Byzantine Empire, and perhaps other states of the eastern Mediterranean. In western Europe, even in Venice, protectionist measures remained. But in the exchange system of the eastern Mediterranean, raison d'état in international economic matters was overtaken, to a significant degree, by raisons du marché, certainly so in the territories and former territories of the Byzantine Empire. Raisons du marché, fuelled by the interests and exigencies of Italian maritime cities and their merchants.

It is in the framework of the assertion of economic factors that one must inscribe the commodification of luxury objects: the large trade in artifacts and art objects made for the market in the thirteenth century and after, whether these were silks produced in Venice and the rest of Italy, or objects of glass and crystal or gold produced in Venice, or icons produced on Crete and Cyprus.[75] Art historians have noticed and examined this phenomenon for some decades now. It may be said that even the fusion of artistic elements, the *koine*, also noticed by art historians long ago, mirrors the fusion of commercial practices in the eastern Mediterranean. The implications of economics are broad indeed.

Angeliki E. Laiou
Harvard University

75. Laiou, Venice as a Center of Trade (as in n. 40), p. 11-26.

Quelques remarques sur la découverte du sucre par les premiers croisés d'Orient

Bruno LAURIOUX

On connaît le mot célèbre de Jacques Le Goff : « Je ne vois guère que l'abricot comme fruit possible ramené des croisades par les chrétiens[1]. » Il s'agissait alors de démontrer que « la Terre sainte n'a pas été ce foyer d'emprunts – bons ou mauvais – que des historiens abusés et souvent abusifs ont complaisamment décrit[2] ».

Cette mise en garde paraît devoir particulièrement s'appliquer à l'étude des produits alimentaires, pour laquelle le croisé – au même titre que le voyageur au long cours ou la reine mariée au loin – constitue trop souvent l'incarnation parfaite du mythe d'origine. Entre mille balivernes fleurissant sur la « toile », le safran, pourtant cultivé en Occident dès l'Antiquité[3], est présenté comme l'un de ces « retours de croisades » ; pour d'autres, c'est à un seigneur revenu de Syrie que l'on doit l'implantation dans l'est de la France des prunes de Damas (autrement dit les quetsches) connues sous ce nom dès l'époque d'Apicius[4] !

Un aliment, toutefois, semble bel et bien avoir été découvert par le Moyen Âge à l'occasion des croisades : le sucre. Les textes antiques n'en offrent que des attestations ambiguës. À suivre et poursuivre le dossier de textes rassemblés par Jacques André et Jean Filliozat[5], se dégagent deux séries de textes qui ne concordent pas. D'un côté, on dispose des descriptions littéraires d'une plante indienne qui offre la merveilleuse propriété de fournir un jus plus doux que le miel[6] ; à ce roseau sans nom, les critiques modernes ont trouvé de troublantes ressemblances avec la canne à sucre[7]. De l'autre côté, des médecins grecs et Pline l'Ancien citent un produit qui porte le nom de « sucre » (σάκχαρον, *saccaron*)[8] mais qui n'en est peut-être pas[9]. Autrement dit, une plante sans nom et un nom sans référence.

1. J. LE GOFF, *La civilisation de l'Occident médiéval*, Paris 1964, p. 98.
2. *Ibid.*, p. 97.
3. Cf. B. LAURIOUX, Un désir d'or : production et usages alimentaires du safran au Moyen Âge, à paraître dans *Mélanges Comet. Plantes alimentaires, plantes cultivées : de la chaîne opératoire technique au discours savant*, Aix-en-Provence automne 2004 (Cahier d'Histoire des Techniques 6).
4. Cf. J. ANDRÉ, *L'Alimentation et la cuisine à Rome*, Paris 1981², p. 75.
5. J. ANDRÉ, J. FILLIOZAT, *L'Inde vue de Rome. Textes latins de l'Antiquité relatifs à l'Inde*, Paris 1986.
6. ÉRATOSTHÈNE DE CYRÈNE, cité par STRABON, 15.1.20 ; VARRON DE L'AUDE, *Chrorographia* ; LUCAIN, *Pharsale*, 3, 237 ; SÉNÈQUE, *Épîtres*, 84, 4 ; SOLIN, *Collectanea*, 52, 48 ; ISIDORE DE SÉVILLE, *Étymologies*, 17, 7, 58.
7. ANDRÉ - FILLIOZAT, *L'Inde vue de Rome*, cité *supra* n. 5, p. 339 n. 3.
8. DIOSCORIDE 2, 82, 5 ; ARRIEN, *Périple de la Mer rouge* ; GALIEN, *De Simpl. Facult.*, 7 ; PLINE, *Histoire naturelle*, 12, 32.
9. ANDRÉ - FILLIOZAT, *L'Inde vue de Rome*, p. 339 n. 3 et p. 360-361 n. 160, identifient le produit avec la manne de bambou.

Chemins d'outre-mer. Études d'histoire sur la Méditerranée médiévale offertes à Michel Balard.
Paris, Publications de la Sorbonne, 2004 (Byzantina Sorbonensia 20)

À supposer qu'il ait été connu dans l'Antiquité, le sucre est totalement oublié durant le haut Moyen Âge, si l'on en juge au moins par sa complète absence de la pharmacopée[10]. Viennent alors les témoignages indubitables des chroniques rédigées à la suite de la première croisade, qui décrivent et la plante et le produit qui en est issu. Le développement subséquent de l'industrie sucrière dans l'Orient latin suggère – sans cependant le prouver – un accroissement de la consommation au XIIe siècle.

C'est sur les tout premiers témoignages « croisés » que je voudrais ici revenir. Ils sont bien connus et ont été signalés comme tels par Heyd dès le XIXe siècle[11]. Mais on n'a pas suffisamment réfléchi, à mon sens, sur les conditions précises dans lesquelles s'est effectuée cette découverte : qui ? où ? quand ? comment ? pourquoi ? La réponse à ces questions simples nous invite à dépasser le simple examen des preuves (de l'existence de cannaies ou d'une industrie sucrière) pour comprendre la conception que les auteurs des chroniques se faisaient d'un aliment à la fois étonnant et fascinant.

Dans cet esprit, j'interrogerai donc, dans l'ordre chronologique de l'écriture, Foucher de Chartres, le premier Occidental, à ma connaissance, à décrire *de visu* la canne à sucre, et Albert d'Aix, qui rend assez bien compte du processus de fabrication du sucre. Les innovations lexicales accompagnant cette découverte nous font mieux comprendre comment l'on se représentait le nouveau produit. Resteront à déterminer les voies de passage vers l'Occident, que je limiterai en l'occurrence à quelques pistes.

La canne à sucre, aliment de famine

Foucher de Chartres est, pour la croisade, un témoin de premier plan. Il a participé directement à la croisade puisqu'il part pour la Terre sainte dès 1096 dans le contingent d'Étienne de Blois. Durant la traversée de l'Anatolie, il se met au service de Baudoin de Boulogne, qu'il accompagnera à Édesse puis à Jérusalem, lorsque celui-ci aura remplacé Godefroy de Bouillon à la tête du plus prestigieux des États croisés. Retiré au monastère du mont des Oliviers, il entreprend son *Historia Hierosolymitana* probablement dès 1101[12], l'interrompt à plusieurs reprises avant de la parfaire jusqu'en 1127.

Par rapport aux autres chroniqueurs croisés de la « première génération » (Tudebode, Raymond d'Aguilers et l'anonyme des *Gesta Francorum*), qui se sont, semble-t-il, inspirés d'une source commune[13], Foucher de Chartres présente souvent une version différente – un peu à la manière de l'Évangile de Jean par rapport aux synoptiques. L'originalité de son témoignage s'explique aussi par le fait qu'il n'a pas suivi le gros des troupes croisées qui, parties d'Antioche à la fin de l'année 1098 et passant soit par l'intérieur (Raymond de Saint-Gilles, Robert de Normandie et Tancrède) soit par la côte (Godefroy de Bouillon et Robert de Flandre), se rejoignirent à 'Arqa avant de se mettre en route pour Jérusalem, prise

10. C. Opsomer, *Index de la pharmacopée du Ier au Xe siècle*, Hildesheim-Zurich-New York 1989.
11. W. Heyd, *Histoire du commerce du Levant au Moyen Âge*, Amsterdam 1967 (réimpr. anast. de l'édition de Leipzig 1885), 1, p. 178.
12. *Fulcheri Carnotensis Historia Hierosolymitana*, éd. H. Hagenmeyer, Heidelberg 1913, p. 12.
13. Cf. la récente mise au point de Jean Flori sur ce qu'il appelle les « chroniques occidentales primaires » dans *Pierre l'Ermite et la première croisade*, Paris 1999, p. 33-39.

le 15 juillet 1099. Durant toute cette période, Baudoin de Boulogne est resté à Édesse – et Foucher de Chartres avec lui. C'est seulement en novembre 1099 que le prince entreprend, à l'appel de Bohémond de Tarente devenu le seul maître d'Antioche, d'accomplir son vœu de pèlerinage vers la Ville Sainte. Tous deux sont accompagnés des Pisans de l'archevêque Daimbert. Après avoir acquis des provisions de voyage au port de Lattaquié, les hommes de Baudoin, ayant traversé Jabala, rejoignent ceux de Bohémond qui campent devant Belnias (Baniyas), en compagnie des Pisans. Le groupe ainsi constitué – dont Foucher de Chartres estime le nombre à « 25 000 de l'un et l'autre sexe, tant piétons que cavaliers » – se met alors en route[14]. Écoutons le chroniqueur[15] :

> Et comme nous entrâmes dans les zones intérieures [du pays] des Sarrasins et que, des habitants de la région qui nous étaient assez hostiles, nous ne pûmes avoir ni pain ni aliment – car il n'y avait personne qui en donnât ou en vendît – et nos vivres s'épuisant chaque jour un peu plus, il arriva à beaucoup d'être tourmentés par la faim. Les chevaux et les juments aussi, par manque de vivres, souffraient beaucoup et deux fois, [car] ils marchaient mais ne mangeaient pas. Mais il y avait alors, dans les champs cultivés que nous traversions en passant, des récoltes que l'on nomme en langue vulgaire "cannes à miel" et qui sont presque semblables à des roseaux. Leur nom est composé de "canne" et de "miel" – d'où vient que l'on appelle aussi, à ce que je crois, "miel sauvage" ce que l'on fabrique à partir d'elles de manière élaborée[16]. Des affamés, à cause de leur saveur miellée, en ruminaient entre leurs dents toute la journée, bien que cela fût peu utile.

Ce récit mérite des éclaircissements de date et de lieu. L'épisode qu'il décrit se situe en novembre ou décembre 1099, Baudoin et Bohémond arrivant à Jérusalem le 21 décembre 1099. À cette époque de l'année, la canne n'est pas encore à pleine maturité : si l'on en croit Burchard du Mont Sion, qui écrit toutefois beaucoup plus tard, c'est en février que l'on coupe la canne pour la presser[17]. La troupe se trouve alors entre Baniyas, dont il vient d'être question, et Tripoli, qui est évoqué plus loin[18]. Dans l'intérieur, dit Foucher de Chartres. Lattaquié, Jabala et Baniyas ponctuaient déjà la route côtière suivie en mars 1099 par Godefroy de Bouillon et Robert de Flandre, avant de rejoindre Raymond de Saint-Gilles à 'Arqa[19]. De Tortosa à 'Arqa, le parcours des croisés s'incurve vers l'intérieur, avant de repartir

14. FOUCHER DE CHARTRES, *Historia Hierosolymitana*, I, 33 (*De Boamundo et Balduino et eorum peregrinatione*), 1-8, cité *supra* n. 12, p. 322-326. On excusera la lourdeur de la traduction, qui est mienne.
15. *Ibid.*, I, 33, 9-10, p. 328-330.
16. J'ai adopté ici la variante *dicitur illud quod* que l'on rencontre dans plusieurs manuscrits (*ibid.*, p. 329 n. q) plutôt que la leçon choisie par Hagenmeyer (*dicitur, quod*).
17. Selon l'analyse du chapitre « Agriculture in Frankish Syria » du volume *The Impact of the Crusades in the Near East*, éd. N. P. ZACOUR, H. W. HAZARD, Madison 1985, p. 259 (*A History of the Crusades*, dir. K. M. SETTON, 5). La Description de l'Égypte établie durant l'expédition de Bonaparte atteste aussi une récolte en février (onze mois après la plantation qui a lieu immédiatement à la suite des labours de fin mars) ; en al-Andalus, la récolte semble avoir commencé dès janvier, si l'on en croit le « Calendrier de Cordoue » (cités par J. GARDETTE, *Histoire du sucre aux quatorzième et quinzième siècles [Économie et civilisation]*, D.E.S., dir. M. Mollat, s.d., p. 113-114).
18. Je ne comprends pas ce qui conduit Dietrich Lohrmann à situer l'épisode avant l'arrivée des croisés à Lattaquié (D. LOHRMANN, Échanges techniques entre Orient et Occident au temps des Croisades, *Occident et Proche-Orient : Contacts scientifiques au temps des Croisades*, éd. I. DRAELANTS, A. TIHON, B. VAN DEN ABEELE, Turnhout 1999, p. 128).
19. Godefroy et Robert ont pris la route depuis Antioche le 1er mars 1099, assiègent Jabala entre le 2 et le 11 mars environ et rejoignent le leader théorique des croisés sous les murs de 'Arqa vers le 14 mars (R. GROUSSET, *Histoire des croisades et du royaume franc de Jérusalem*. 1, *L'anarchie musulmane et la monarchie franque*, Paris 1934, p. 134-135).

vers Tripoli et la côte. C'est là que j'aurais tendance à situer cette découverte de la canne à sucre, d'autant que – comme on le verra – le récit d'Albert d'Aix semble concerner une région très voisine, sinon la même.

Les passages sur la nourriture de famine abondent dans les récits des chroniqueurs croisés. Pour une expédition engagée sur une aussi longue distance, la nécessité de se procurer régulièrement des vivres est bien évidemment vitale. De ce point de vue, les *Gesta Francorum* anonymes traduisent une véritable obsession alimentaire : dès le passage en Asie Mineure contrôlée par les Seldjoukides de Rûm, se posent des problèmes d'approvisionnement en nourriture et aussi en eau[20] – d'autant plus ardus que les croisés se trouvent confrontés à des climats plus arides que ceux dont ils ont l'habitude, à un réseau hydrologique qui leur est inconnu, enfin (comme Foucher de Chartres l'a parfaitement noté) à une population réticente à leur fournir ce dont ils ont besoin ; ces difficultés culminent lors des sièges d'Antioche[21] et, malgré une amélioration d'ensemble à partir du printemps 1099, dureront jusqu'à la prise de Jérusalem[22]. La liste est longue des nourritures de famine dont les croisés doivent alors se contenter (méchant pain d'orge[23], épines des déserts anatoliens[24], feuilles de figuier, de vigne et de chardons glanées dans Antioche, sans compter la viande de cheval et d'âne ou le cuir de buffle et de chameau[25] et bien sûr les actes de cannibalisme qui se seraient déroulés à Ma'arrat -al-Nu'mān[26]) mais, sauf chez Foucher de Chartres, la canne à sucre n'y figure jamais. Je serais enclin à y voir l'effet d'un parcours différent, dans le temps comme dans l'espace : après le coup d'éclat de Ma'arrat-al-Nu'mān, les croisés font peur et, pour éloigner le danger qu'ils représentent et éviter le pillage des campagnes, les potentats locaux préfèrent assurer eux-mêmes le ravitaillement de l'armée chrétienne[27], qui, par ailleurs, reçoit désormais un approvisionnement régulier des flottes italiennes[28]. Les chefs rassemblés autour de Raymond de Saint-Gilles à 'Arqa depuis février 1099 bénéficient en outre d'une troisième circonstance alimentaire favorable : les récoltes de fèves nouvelles (mi-mars) et de blé qui, engrangées dans les bagages des croisés, permettent d'envisager avec sérénité le déplacement au long cours menant jusqu'à Jérusalem[29]. A contrario, la troupe, sans doute moins impressionnante, que mènent Bohémond et Baudoin voyage à la fin de l'automne, sous une pluie battante et froide[30] et dans des zones hostiles. La rumination (à la

20. Cf. le siège d'Exerogorgo (septembre 1096), place forte située après Nicée (*Histoire anonyme de la première croisade*, éd. L. Bréhier, Paris 1924, p. 8), où les tout premiers croisés « populaires », pris au piège et souffrant de la soif, ouvrent les veines des chevaux et des ânes, boivent l'urine exprimée de chiffons jetés dans les latrines, etc.
21. Dès avant Noël 1097, les croisés ont épuisé les ressources – pourtant abondantes – des campagnes entourant Antioche, qu'ils assiègent depuis seulement le 21 octobre (*ibid.*, p. 68 et 70). Les prix des denrées procurées par les razzias montent au point d'en rendre impossible l'achat à beaucoup, qui meurent ainsi de faim (*ibid.*, p. 76). Après la prise de la ville, en juin 1098, la famine s'aggrave, du fait que les croisés se retrouvent pris au piège par Kerbogha (*ibid.*, p. 138-140).
22. *Ibid.*, p. 196, 198, 201.
23. *Ibid.*, p. 198, où le chroniqueur insiste sur la gêne et l'affliction que génère la consommation quotidienne de ce mauvais pain.
24. *Ibid.*, p. 54.
25. *Ibid.*, p. 138-140.
26. *Ibid.*, p. 178 (et la n. 4 pour les parallèles).
27. *Ibid.*, p. 180 (Césarée, c'est-à-dire Šayzar), 182 (Kephalia). Cf. Grousset, *Histoire des croisades*, cité *supra* n. 19, p. 126-127.
28. *Histoire anonyme de la première croisade*, cité *supra* n. 20, p. 188.
29. *Ibid.*, p. 190.
30. Foucher de Chartres, *Historia Hierosolymitana*, I, 33, 11, p. 330.

fois mastication et succion) constante de canne à sucre aide sans doute cette arrière-garde à tromper non seulement la faim et la soif mais aussi l'angoisse et la peur.

C'est sous sa forme la plus primitive que les croisés de Bohémond et de Baudoin ont donc consommé le sucre : le jus extrait par succion de la canne, mais non la substance épaissie et solidifiée puis éventuellement cristallisée que l'on appelle proprement le sucre. Est-ce à dire qu'ils ignoraient le sucre ? Foucher de Chartres y fait peut-être allusion, bien que la dernière phrase du passage ici donné reste pour le moins ambiguë[31]. Mais Foucher écrit après coup, alors qu'il est resté en Terre sainte et a eu tout loisir d'examiner le produit qui s'y tirait de la canne : on peut craindre que, sur ce point précis, son expérience de « pied-noir » (ou plutôt de « poulain ») ait interféré avec la prise de contact qui avait été la sienne quelques années plus tôt.

Le sucre, nourriture divine

Longtemps considérée d'un œil très critique – parce que d'écriture apparemment tardive (entre 1119 et 1130) et encombrée de passages épiques plus qu'historiques – la chronique d'Albert d'Aix a fait récemment l'objet d'une spectaculaire réhabilitation, dont Jean Flori s'est fait l'écho[32]. Elle offre en effet une précision inusitée (qui explique son ample volume) et paraît s'inspirer du récit d'un compagnon de Godefroy de Bouillon, dont la seule autre trace est la chronique, encore plus tardive, de Guillaume de Tyr[33]. C'est donc aux pas de la troupe menée par le duc de Basse-Lorraine et le comte de Flandre qu'Albert d'Aix attache les siens.

Après avoir raconté comment Godefroy, Robert et Tancrède ont levé le siège de 'Arqa, contraignant Raymond de Saint-Gilles à en faire de même, le chroniqueur place cette incise :

> Ici le peuple suça des *calamelli* miellés, qui se trouvent en abondance dans la plaine cultivée, qu'ils appellent *zucra* et dont ils apprécient le jus salutaire. [Ces *calamelli*] pouvaient, grâce à leur très grande douceur, satisfaire le goût presque jusqu'à satiété. De fait, ce genre d'herbe est cultivé chaque année grâce au grand travail des agriculteurs. Ensuite, au moment de la récolte les indigènes broient [la plante] mûre [dans de] petits mortiers, remettant dans leurs récipients le jus filtré jusqu'à ce qu'il épaississe et durcisse en prenant l'aspect de la neige ou du sel blanc. Ce qui a été gratté (*rasum*), le mélangeant avec du pain ou l'écrasant dans l'eau, ils le mangent comme plat, et cela paraît à ceux qui le goûtent plus doux et salutaire que le rayon de miel. Certains disent qu'il s'agit du genre de miel que découvrit Jonathan, fils du roi Saül, sur la surface de la terre, et

31. Il est difficile de déterminer si le membre de phrase *quod de his sapienter conficitur* s'applique à un produit concret, le « miel sauvage » (ce que je crois, en m'appuyant sur le mot *illud* dont de nombreux manuscrits font précéder *quod*), ou bien s'il s'agit d'une « confection » strictement lexicologique. On notera la version sensiblement différente – et peut-être plus logique – donnée dans la *Secunda pars Historiae Iherosolimitanae* (*RHC Occ.*, III, p. 550) : *Inveniebantur aliquando arundines quaedam, vulgo dictae cannameles, de quibus confici aiunt mel sylvestre, unde et nomen ex canna et melle compositum videntur habere ; has qui poterant invenire, dentibus ruminandas, propter melleum saporem, ingerebant, plus inde saporis capescentes quam vigoris.*

32. Flori, *Pierre l'Ermite*, cité *supra* n. 13, p. 50-66. Cet auteur suppose même que les livres I à VI ont pu être écrits peu après 1102, alors que les premiers croisés sont déjà rentrés en Europe.

33. *Ibid.*, p. 55.

qu'il osa consommer en désobéissant [à son père]. Lors des sièges d'al-Bāra, Ma'arrat-al-Nu'mān et 'Arqa, le peuple, qui souffrait d'une faim effroyable, fut très réconforté par ces *calamelli* à la saveur miellée[34] .

Si le moment – la mi-mai de 1099[35] – ne fait aucun doute[36], que désigne exactement « ici » ? Les alentours de 'Arqa, que des chroniqueurs plus tardifs décrivent comme particulièrement verdoyants[37] ? Ou plutôt ceux de Tripoli où, selon un pèlerin persan du milieu du XIe siècle, « la canne à sucre pousse en abondance »[38] ? Les deux localités ne sont d'ailleurs pas très éloignées. Albert d'Aix vient juste d'évoquer les négociations avec l'émir de Tripoli qui réussit à épargner sa ville. Quelques mois plus tard, ce potentat procéda de même avec la troupe de Bohémond et de Baudoin et, parmi les cadeaux alimentaires qu'il distribua alors, figurait du « miel sauvage, c'est-à-dire du sucre »[39].

À en croire Albert d'Aix, la découverte de la canne à sucre comme substitut alimentaire remonterait au siège d'al-Bāra, au sud-est d'Antioche, qui date d'octobre 1098. On l'aurait expérimentée comme telle également lors du fameux siège de Ma'arrat-al-Nu'mān (novembre-décembre 1098) – ce dont les autres chroniqueurs ne soufflent mot.

Mais Albert d'Aix ne se contente pas de mentionner la succion de la canne à sucre. Pour la première fois depuis Pline est décrit le produit qu'on tire de la canne et le processus qui permet de le fabriquer. Albert n'ayant jamais mis les pieds en Orient, son « vécu » postérieur à la croisade ne risque pas d'interférer avec sa description, qui dépend entièrement de sa source. Autant dire qu'on a là la vision de deux hommes du Nord : l'un n'a peut-être pas entièrement saisi ce qu'il observait ni l'autre ce qu'on lui disait. On peut s'interroger sur le procédé de fabrication, étonnamment rudimentaire (y a-t-il eu confusion entre mortier et moulin ?)[40]. Le résultat fait moins de difficulté : il s'agit vraisemblablement de sucre cristallisé (la comparaison avec le sel le suggère) et même raffiné – il est blanc comme la neige ou le sel blanc[41].

34. ALBERT D'AIX, *Liber christianae expeditionis*, V, 37 (*RHC Occ.*, IV, p. 456-457).

35. Raymond de Saint-Gilles est contraint de lever le siège de 'Arqa le 13 mai et quitte Tripoli le 16 (S. RUNCIMAN, *A History of the Crusades*. 1, *The First Crusade*, Cambridge 1957, p. 274-275).

36. Mais pose des problèmes de techniques agricoles : selon Burchard du Mont Sion, c'est le moment où l'on replante les jeunes pousses, la récolte s'étant faite en février (Agriculture in Frankish Syria, cité *supra* n. 17, p. 259).

37. GROUSSET, *Histoire des croisades*, p. 133 et n. 1.

38. NASIR-I-KHUSRAU, *Safarnama* (Livre de voyages), trad. angl. G. LE STRANGE, *Diary of a Journey through Syria and Palestine*, Londres 1893. Le passage à Tripoli date de janvier 1047, moment où, note le voyageur, les habitants des alentours de Tripoli étaient précisément occupés à extraire le jus des cannes. En revanche, Nasir-i-Khusrau ne dit rien de tel pour la plaine de la Buqay'a, qu'il décrit couverte de fleurs de narcisse avant d'arriver à 'Arqa.

39. FOUCHER DE CHARTRES, *Historia Hierosolymitana*, II, 1, p. 359 : *Tunc rex Tripolitanus legavit domno Balduino ad tentorium suum panes, vinum, mel silvestre id est chucrum, vervesque ad edendum*. Cf. aussi les *Gesta Francorum Iherusalem expugnantium*, chap. XLII (*RHC Occ.*, III, p. 520) : *Erant enim ad invicem amici rex Tripolitanus et Balduinus, pane quoque et vini, nec non et silvestri melle muneribusque donatus*...

40. De cette description – réalisée, rappelons-le, par un auteur qui n'a pas mis les pieds en Orient et n'a jamais observé la plante ni le procédé de fabrication du sucre – Lohrmann conclut, peut-être un peu vite, qu'il existait « une production [de sucre] de type artisanal vers 1100 à Tripoli, sans recours à de grandes presses ou à des moulins à eau ». Si l'utilisation de meules actionnées par la traction animale est attestée pour l'Égypte par al-Hawan (cité par GARDETTE, *Histoire du sucre*, cité *supra* n. 17, p. 116), je n'ai trouvé pour l'instant aucun indice d'un broyage manuel.

41. On notera l'absence surprenante de toute mention de cuisson. L'insistance sur la blancheur du produit

Ce sucre-là n'est pas seulement un coupe-faim, comme le jus de canne : c'est une friandise. Elle est salutaire – allusion aux propriétés médicinales du sucre, sur lesquelles nous reviendrons. Par le goût, elle rappelle le miel, qui incarne la douceur dans la catégorisation des saveurs.

C'est ce rapprochement – ou cette proximité – avec le miel qui dicte chez Albert d'Aix la référence à l'Écriture. Le passage du 1er livre de Samuel dont il est question[42] décrit la conquête de la Terre sainte aux dépens des Philistins – et le parallèle s'impose évidemment avec les croisés venus au même endroit en découdre avec les musulmans d'Orient. Les guerriers hébreux sont épuisés, car le roi Saül a maudit celui de ses hommes qui prendra de la nourriture avant le soir : les pèlerins armés ne sont-ils pas eux aussi affamés ? Enfin Jonathan fait preuve d'audace, forçant la victoire et désobéissant à son père qui a montré son impéritie : le rayon de miel qu'il porte à sa bouche lui ouvre les yeux[43]. Si ce passage paraît a priori riche de résonances multiples pour les clercs de la croisade, il n'a été interprété, dans la maigre exégèse que les livres de Samuel semblent avoir suscitée, que sur le mode d'une allégorie morale assez fade[44].

Pourtant, le miel couvrant la terre fait partie de ces nourritures miraculeuses dont regorge la Bible – à commencer par la manne. Elles permettent de tromper la faim : de ce point de vue, les croisés pouvaient s'imaginer comme la réincarnation des Hébreux venus d'Égypte. D'autant que, dans l'Ancien Testament, la Terre promise est constamment présentée comme très concrètement ruisselant de miel (et de lait)[45] : les croisés ne devaient donc pas être trop surpris de trouver ces douceurs en Orient. Ajoutons qu'Isidore de Séville, s'interrogeant sur l'origine du miel, avançait l'idée qu'il pût naître d'une rosée céleste se déposant sur les feuilles de roseaux[46], et l'on conviendra que tout cela dut renforcer l'assimilation miel-sucre qu'impliquait la taxinomie du nouveau produit.

peut également suggérer le sucre candi. La partie « grattée » est peut-être la mélasse que, selon les observations faites durant l'expédition de Bonaparte en Égypte, on pouvait retirer, à l'aide de spatules, de la masse en voie de cristallisation (GARDETTE, *Histoire du sucre*, p. 122).

42. I Sam. 14, 25-27 : *omneque terrae vulgus venit in saltum in quo erat mel super faciem agri* (26) *ingressus est itaque populus saltum et apparuit fluens mel nullusque adplicuit manum ad os suum timebat enim populus iuramentum* (27) *porro Ionathan non audierat cum adiuraret pater eius populum extenditque summitatem virgae quam habebat in manu et intinxit in favo mellis et convertit manum suam ad os suum et inluminati sunt oculi eius*.

43. Peut-être faut-il y voir une allusion à la décision de Godefroy et les autres de marcher sur Jérusalem face à l'attentisme de Raymond de Saint-Gilles devant 'Arqa.

44. Par exemple Bède le Vénérable, *Allegorica expositio in Samuelem*, II, 9, dans PL 91, col. 589-590.

45. L'expression *terram quae fluit lacte et melle* apparaît dans Ex. 3, 8 pour être répétée dans Ex. 3, 17 (*terram fluentem lacte et melle*) ; Ex. 13, 5 ; 33, 3 ; Lev. 20, 24 ; Num. 13, 28 ; 14, 8 (*humum lacte et melle manantem*) ; 16, 13-14 ; Deut. 6, 3 ; 11, 9 ; 26, 9 ; 26, 15 ; 27, 3 ; 31, 20 ; Jos. 5, 6, etc. C'est à peu près celle qu'emploie le passage du 1er livre de Samuel : *venit in saltum in quo erat mel super faciem agri* [...] *et apparuit fluens mel*.

46. *Étymologies*, 20, 2, 36 : « Le nom du miel est grec, puisqu'on sait qu'il vient des abeilles : abeille se dit *mélissa* en grec. Autrefois (*Antea autem*) le miel provenait de la rosée et se trouvait sur les feuilles des roseaux (*in arundinum foliis*) – d'où Virgile : "Voilà le présent céleste du miel aérien (*Hactenus aerii mellis caelestia dona*)" – car on le trouve jusqu'ici en Inde et en Arabie, compact (*conligatum*) et adhérant aux rameaux, ayant l'aspect du sel (*in similitudinem salis*). » (trad. ANDRÉ – FILLIOZAT, *L'Inde vue de Rome*, p. 332-333).

Comment nommer un nouveau produit ?

La plante que les croisés découvrent en Orient exigeait un terme totalement neuf : ce fut *cannamellis*, « roseau de miel », dont la fabrication ne pose pas de problème sémantique[47]. Mais pourquoi *canna*, et non pas *harundo*, que les auteurs latins de l'Antiquité avaient constamment utilisé pour désigner la plante en quoi l'on peut reconnaître la canne à sucre ? Une notice des *Étymologies* d'Isidore de Séville (17, 7, 57) – qui, du reste, précède immédiatement la description des fameux roseaux à « suc très doux » – fournit une piste sur laquelle il convient de s'arrêter :

> Le "roseau" (*arundo*) [est] dit ainsi parce qu'il se déssèche (*arescat*) vite. Les Anciens (*veteres*) l'appelèrent "canne" (*cannam*) ; ensuite Varron dit "roseau" (*arundinem*). On doit savoir que le latin tire *canna* de l'hébreu ; chez eux [les Hébreux], même le "calame" (*calamus*) se dit "canne"[48]...

Isidore de Séville caractérise donc *canna* comme un terme archaïque auquel, à partir de Varron, aurait été substitué celui d'*arundo*. L'auteur ainsi visé par Isidore de Séville pourrait-il être le géographe Varron de l'Aude, qui composa au Ier siècle avant notre ère une remarquable description du roseau indien (*Indica harundo*) – dont la notice qui suit dans les *Étymologies* dérive plus ou moins directement[49] ? Ou bien ne s'agit-il pas plutôt de son contemporain, le célèbre lexicographe et agronome ? Il est vrai que *canna* ne figure pas dans les livres conservés du *De Lingua latina* et que, comme agronome, Varron l'ignore également, tout en utilisant fréquemment *arundo*. Mais Columelle, au siècle suivant, utilise encore le terme *canna*, dont il fait un synonyme d'*arundo*. Si la chronologie dessinée par Isidore paraît ainsi douteuse, l'origine hébraïque de *canna* – qu'il avance – ne l'est pas moins. Du reste, *canna* ne se trouve pas dans la Vulgate, où les *arundines* abondent en revanche... Autrement dit, on ne s'explique pas pourquoi un clerc chartrain du XIe siècle imprégné de la Vulgate et (peut-être) lecteur de classiques a forgé *cannamellis* au lieu de *arundo mellis*.

Comme assez souvent au Moyen Âge, la réponse pourrait se trouver dans les commentaires : dans le but d'éclaircir des classiques a priori inaltérables et devenus de ce fait inaccessibles, ils témoignent des modifications souterraines que les glossaires ou dictionnaires n'entérineront que plus tard. Les *Adnotationes super Lucanum* contenues dans plusieurs manuscrits des IXe et Xe siècles, glosent ainsi l'énigmatique passage de la *Pharsale* (3, 237) sur « ceux qui boivent les doux sucs d'un tendre roseau » (*quique bibunt tenera dulcis ab harundine sucos*) : « Il existe un autre peuple de l'Inde, qui, dit-on, exprime les sucs des queues de cannes vertes, pilées ou broyées[50]. »

Au XIIe siècle encore, cannamellis paraît si peu assuré qu'on lui connaît un concurrent, *calamellis*, utilisé par Albert d'Aix. On aurait tort d'y voir l'effet d'une faute d'orthographe. *Calamus* est en effet une alternative logique à *hirundo*, dûment enregistrée dans la fameuse notice d'Isidore de Séville dont voici enfin le texte : « Dans les eaux stagnantes de l'Inde (*Indicis stagnis*), dit-on, croissent des

47. Bien qu'il s'agisse à l'évidence d'un composé de *canna* au nominatif et *mel* au génitif, le terme est cependant décliné par Foucher de Chartres en *cannamelles*.

48. *Étymologies* 17, 7, 57 : *Arundo, dicta quod cito arescat. Hanc veteres cannam vocaverunt; arundinem postea Varro dixit. Sciendum sane quod Latinum canna de lingua Hebraea sumpsit ; apud eos enim calamus "canna" dicitur*...

49. Cf. le texte reproduit dans André - Filliozat, *L'Inde vue de Rome*, p. 22-23.

50. *Indiae alterius populi, qui cannarum viridium caudicibus tunsis sive tritis dicuntur exprimere sucos* (André - Filliozat, *L'Inde vue de Rome*, p. 353 n. 104).

roseaux (*arundines*) et des calames (*calamique*), dont on boit le suc très doux (*suavissimum sucum*) extrait (*expressum*) des racines[51]. »

Si les termes désignant la canne à sucre trouvent leur origine dans le lexique occidental, celui qui s'appliqua au produit fini – le sucre – est clairement importé. Certes, Foucher de Chartres reste fidèle à l'appellation de *mel silvestre*, qui différencie simplement le doux jus tiré des cannes du miel d'abeille – il n'est pas impossible qu'il ait eu à cet instant en tête les conceptions déjà évoquées d'Isidore sur l'origine céleste du miel de rosée, supposé se déposer sur les feuilles des roseaux *in similitudinem salis*[52]. Mais la glose *id est chucrum* ajoutée ici dans plusieurs manuscrits de l'*Historia Hierosolymitana*, dont l'un du XIIe siècle[53], est l'une des premières attestations d'un nouveau mot destiné à s'imposer.

On le trouve aussi sous la forme *zucra* ou *zucara* dans la chronique Albert d'Aix. Il s'agit à l'évidence d'une translittération de l'arabe *sukkar*, lui-même dérivé du sanskrit *çarkarâ*. On sait que ce dernier, dont le sens originel est « gravier » ou « sable », s'appliquait au sucre cristallisé : c'est avec cette signification qu'il est passé en chinois[54] comme en arabe. Or, il existe un autre dérivé de *çarkarâ*, le grec *saccharon*, dont une notice de Pline pouvait transmettre le souvenir aux savants médiévaux :

> L'Arabie produit aussi le *saccaron*, mais celui de l'Inde est plus renommé (*laudatius*). C'est un miel recueilli dans des roseaux (*in harundinibus collectum*), blanc comme les gommes (*cummium modo candidum*), friable sous la dent, gros au plus comme une noisette, sans autre usage qu'en médecine[55].

L'origine – un roseau – comme la couleur – très blanche – auraient pu conduire Albert d'Aix à rapprocher le produit dont il parlait de celui sur lequel Pline avait écrit. Mais le texte qui aurait levé tous les doutes, parce qu'il faisait lui aussi la comparaison entre le sucre cristallisé et le sel blanc, c'est-à-dire la notice autrement plus précise de Dioscoride – que Pline avait vaguement décalquée –, n'était vraisemblablement pas accessible à l'auteur de la chronique. Il se contenta donc de reproduire ce qu'on lui avait raconté ou ce qu'il avait lu – jusqu'au nom qu'on donnait au sucre dans ces terres d'Orient. On peut même se demander si le terme arabe n'a pas transité – comme c'était souvent le cas dans les zones de contact entre monde latin et Islam – par la langue vulgaire (en l'occurrence le français que parlaient beaucoup de membres de l'élite croisée), avant d'être adopté en latin, à moins qu'il n'ait été repris indépendamment dans les deux langues : la glose à Foucher de Chartres prouve, en tout cas, que le français *sucre* ne doit rien à l'italien *zucchero*, comme l'affirment curieusement les dictionnaires étymologiques.

À l'instar de ce qui s'est passé pour d'autres produits alimentaires – telles les pâtes[56] – ce sont les médecins occidentaux, soucieux de faire coïncider les deux traditions fondant leur pratique, qui ont rapproché le terme dérivé de l'arabe et son

51. *Étymologies* 17, 7, 58 ; trad. ANDRÉ – FILLIOZAT, *L'Inde vue de Rome*, p. 330-331.
52. C'est aussi la comparaison que retiendra Albert d'Aix.
53. Douai, Bibliothèque municipale, ms. 882.
54. Un manuscrit chinois du IXe siècle distingue du *shatang* (littéralement « sucre-sable » : la cassonade) le *shageling*, terme qui est la transcription phonétique du sanskrit *çarkarâ* et désigne peut-être un sucre blanc (F. SABBAN, L'industrie sucrière, le moulin à sucre et les relations sino-portugaises aux XVIe-XVIIIe siècles, *Annales HSS*, juillet-août 1994, no 4, p. 840 n. 51).
55. *Histoire naturelle*, 12, 32, trad. ANDRÉ - FILLIOZAT, *L'Inde vue de Rome*, p. 96-97.
56. Cf. B. LAURIOUX, Des lasagnes romaines aux vermicelles arabes : quelques réflexions sur les pâtes alimentaires au Moyen Âge, *Hommes et campagnes médiévales : L'homme et son espace. Études offertes à Robert Fossier*, éd. É. MORNET, Paris 1995, p. 199-215.

« oncle » grec[57]. Ainsi, Simon de Gênes, à la fin du XIIIe siècle, reproduit assez fidèlement la notice de Pline tout en renvoyant à l'article *zucharum*, qui ne figure d'ailleurs pas dans sa *Clavis Sanationis*[58] !

Comprendre ce qu'était, matériellement et médicalement, le *zucharum* s'est révélé d'autant plus vital aux praticiens occidentaux que ce terme revenait régulièrement dans les premières traductions de l'arabe, effectuées par Constantin l'Africain entre 1077 et 1087[59], soit quelques années seulement avant que la croisade ne s'ébranle. On trouve un chapitre consacré au sucre aussi bien dans le *Pantegni*[60], qui adapte la grande synthèse galénique d'al-Maǧūsī, que dans les *Diètes* d'Isaac le Juif[61], deux des grandes réalisations de Constantin. Cependant, des études récentes ont attiré l'attention sur l'importance – longtemps négligée – des traductions réalisées dans les États de l'Orient latin (par exemple Étienne de Pise à Antioche retraduisant la somme d'al-Maǧūsī[62]) et des influences que les médecins arabes exercèrent sur leurs confrères et leurs patients latins[63].

On voudrait pouvoir affirmer que ces médecins ont ancré l'habitude du sucre auprès des croisés restés sur place, qu'ils leur ont même donné le goût du sucre. On imagine volontiers qu'un seigneur franc mangeant à l'égyptienne – comme celui que décrit à la fin du XIIe siècle Usāma ibn Munqiḏ[64] – pouvait transmettre ledit goût à ses compatriotes. Mais nous n'en avons aucune preuve.

Mon impression est plutôt celle d'une lente diffusion du sucre en Occident au cours du XIIe siècle, que l'on repère particulièrement bien en Espagne, grâce aux péages ou aux comptes d'approvisionnement[65]. De cette diffusion, les croisés ne furent qu'un rouage – et sans doute pas le plus important.

Bruno Laurioux
Université Paris I

57. La médecine arabe avait depuis longtemps reconnu l'équivalence entre les deux termes : « sāqārun wa-huwa l-sukkar », écrit un commentateur de Dioscoride cité par R. KUHNE BRABANT, Le sucre et le doux dans l'alimentation d'al-Andalus, *Médiévales* 33, 1997, p. 59 n. 23.
58. *Synonyma medicinae sive Clavis sanationis*, s.l., s.n., 1473, consultée sur le site http://gallica.bnf.fr.
59. L'arrivée de Constantin à Salerne ne peut être antérieure à 1077, année de la conquête de la ville par Robert Guiscard qui reçut là le traducteur : cf. le Livre des hommes illustres du Mont Cassin de Pierre Diacre, éd. H. BLOCH, *Monte Cassino in the Middle Ages*, Rome 1986, 1, p. 128-129. Le fait que Constantin ne soit plus du tout mentionné sous le successeur de l'abbé Didier du Mont Cassin suggère qu'il est mort en 1087 au plus tard.
60. Éd. dans les *Omnia Opera Ysaac*, Lyon, Johannes de Platea, 1515, t. 2. Le sucre est rejeté à la fin du livre V consacré aux choses « non naturelles » entre les *superfluitates animalium* et les boissons : comme si c'était un ajout.
61. Le sucre est l'un des aliments examinés dans la 2e partie du *Kitāb al-aġḏiya*, les *Diètes particulières* des Latins.
62. Sous le titre de *Regalis dispositio*. Cf. C. BURNETT, Antioch as a Link between Arabic and Latin Culture in the Twelfth and Thirteenth Centuries, *Occident et Proche-Orient*, cité *supra* n. 18, p. 1-19.
63. F. MICHEAU, Médecins orientaux au service des princes latins, *ibid.*, p. 95-115.
64. *Les Enseignements de la vie*, éd. A. MIQUEL, *Souvenirs d'un gentilhomme syrien au temps des croisades*, Paris 1983.
65. A. RIERA I MELIS, « Transmarina vel orientalis especies magno labore quaesita, multo precio empta ». Especias y Sociedad en el Mediterráneo Noroccidental en el siglo XII, *Anuario de Estudios Medievales* 30/2, 2000, p. 1029 (péage de l'Èbre institué par le roi d'Aragon Alphonse II le Troubadour : corriger 1080 en 1180) et p. 1037 (compte d'approvisionnement du même roi, en 1181).

Un artisan verrier crétois à Venise

Chryssa Maltézou

Dans les documents vénitiens l'artisan travaillant le cristal est mentionné comme *cristallaio*, *cristalario* (*cristellarius*)[1]. Une sentence judiciaire du 21 juillet 1401, conservée aux Archives d'État de Venise, se réfère à un différend entre une artisane du verre – d'après son nom probablement juive – et son associé crétois. Selon le document publié ci-après, *dona* Jacoba, *cristalaria*[2], habitant San Zulian, avait donné à Manoli Foca (*Fuga*) de Candie, représentant son frère Antonio, une somme de 60 *libre parvorum*, qu'elle avait versée à Jacobo Catena, *cristalario*. En échange, Antonio devait exercer l'art de la cristallerie (*de arte cristalarie*) avec Jacoba. Or, le Crétois, habitant temporaire de la *contrata* de San Zulian, refusait d'effectuer le travail dû. L'artisane du verre dut alors recourir au tribunal compétent pour les affaires concernant les étrangers (*curia forensicorum*), en déposant une plainte contre lui et en revendiquant son bon droit. De son côté, Antonio reconnut que son frère avait reçu pour son compte les 60 *libre* de Jacoba et prétendit qu'il était prêt à aller travailler avec elle. Le tribunal, ayant écouté les deux parties, jugea qu'Antonio devait se présenter le jour même et travailler, sinon il devrait restituer l'argent à Jacoba. En outre, il devait payer les frais du procès qui se montaient à 24 *grossi*.

LA SENTENCE

1401, 21 juillet, ind. 9

ASV, Cancelleria inferiore, b. 97, Notai, n. 2, Girolamo fu Giovanni 1401-1409.

In nomine dei eterni amen. Anno ab incarnatione domini nostri Yhesu Christi millesimo quadrigentesimo primo, mensis julij, die vigesima prima, inditione nona, Rivoalti. Presentibus Johanne Pelipario et Anthonio Trivisano, preconibus, testibus vocatis et rogatis. Cum coram nobilibus viris dominis Henrico Dandulo,

1. L. Zecchin, *Vetro e vetrai di Murano. Studi sulla storia del vetro*, 3 vol., Venise 1987-1990 (dorénavant Zecchin, *Vetro*), 3, p. 8 ; F. Trivellato, *Fondamenta dei vetrai. Lavoro, tecnologia e mercato a Venezia tra Sei e Settecento*, Rome 2000, p. 18. Les statuts des *cristallai*, datés de 1284 à 1326, sont édités par G. Monticolo, E. Besta, *I capitolari delle arti veneziane sottoposte alla Giustizia e poi alla Giustizia Vecchia dalle origini al MCCCXXX*, 3, Rome 1914, p. 123-152. Sur le terme *cristallino*, voir D. Jacoby, Raw Materials for the Glass Industries of Venice and the Terraferma, about 1370 - about 1460, *Journal of Glass Studies* 35, 1993, p. 86-90 (= *Trade, Commodities and Shipping in the Medieval Mediterranean*, Ashgate 1997, IX) ; voir aussi W. P. McCray, *Glassmaking in Renaissance Venice. The Fragile Craft*, Ashgate 1999, p. 62 s.
2. Sur le travail féminin dans le métier des *cristallai* voir Trivellato, *Fondamenta*, cité note précédente, p. 172-173.

Chemins d'outre-mer. Études d'histoire sur la Méditerranée médiévale offertes à Michel Balard.
Paris, Publications de la Sorbonne, 2004 (Byzantina Sorbonensia 20)

Andrea Diedo et Gasparino Contareno, iudicibus curie forensicorum questio ex suo offitio verteretur inter donam Jacobam, cristalariam Sancti Juliani, ex una parte agentem et Anthonium de Candida, ad presens habitator in contrata Sancti Juliani, ex parte altera, respondentem supradicta dona sic proposuit dicens : Cum ipsa dederit Manoli Fuga de Candida, fratri Anthonij nomine et vice ipsius Anthonij, libras sexaginta parvorum solvendas ser Jacobo Catena, cristalario, cum ipse Anthonius in dicta quantitate erat obligatus ut dictus Anthonius laboraret cum ea de arte cristalarie pro dictis libris sexaginta et ipse Anthonius nolit laborare cum ea de dicta arte. Idcirco cum instantia petebat et regrebat ab ipsis dominis iudicibus dictum Anthonium de Candida cogi et compelli ad laborandum cum ea de dicta arte cristalarie aut ad dandum et solvendum sibi predictas libras sexaginta parvorum et expensas huius cause ; ex adverso autem dictus Anthonius respondebat dicens, quod predictus Manoli, eius frater, receperat nomine ipsius a dicta dona Jacoba libras sexaginta parvorum et quod erat paratus laborare et perseverare in laborando cum dicta dona Jacoba de dicta arte. Unde prefati domini judices forinsecorum, auditis et intellectis petitionibus, responsionibus, iuribus et rationibus pretium promissarum prefato sacramento dicte actrici et ea iurante omnia esse vera, ut supra petierat, per sententiam, laudum et arbitrium per justiciam et suum officium sententiando dicerunt quod predictus Anthonius per totam hodiernam diem ire debeat ad laborandum cum predicta dona Jacoba et perseverare cotidie in laborando de dicta arte cristalarie.Alioquin si non iverit ad laborandum cum ea aut si iverit et non perseveraverit dare debeat idem Anthonius predicte done Jacobe libras sexaginta parvorum occasione predicta. Et expensas factas in presenti causa que sunt grossorum vigintiquatuor dantes eide actrici ad intromittendum omnia bona et havere predicti Anthonij de Candida, ubicumque poterunt reperiri usque ad integram satisfactionem omnium predictorum sub pena carceris. Et hec sententie carta in suo robore perseveret.

Ego Henricus Dandulo, judex forinsecorum, manu mea scripsi.

Ego Andrea Diedo, judex forinsecorum, manu mea scripsi.

(S.N.) *Ego presbiter Jeronimus quondam ser Johannis Apothecharij, Venetiarum notarius, complevi e roboravi.*

La micro-histoire centrée sur le différend entre une artisane du verre de Venise et son associé crétois présente de l'intérêt, dans la mesure où elle se réfère aux thèmes du savoir-faire au Moyen Âge et de son transfert d'une région à l'autre[3]. Bien que le document de la sentence ci-dessus ne précise pas les services qu'Antonio Foca devait rendre à *dona* Jacoba contre rémunération, il semble que le Crétois, accusé au tribunal de manquement à ses obligations professionnelles, connaissait déjà l'art de la verrerie au moment d'aller travailler dans l'atelier vénitien. Sinon, en tant qu'apprenti, il n'aurait pas été rémunéré et il aurait été obligé de fournir gratuitement son travail en échange de l'expérience technique acquise. Malheureusement le document ne précise pas combien de temps Antonio fut obligé de travailler et, par conséquent, nous ne pouvons pas déterminer si le montant payé par Jacoba correspondait à une main-d'œuvre coûteuse ou non. Quoi qu'il en soit,

3. Sur le probléme de la technologie dans les régions de la Grèce latine voir les travaux rassemblés dans : *Τεχνογνωσία στή λατινοκρατούμενη Ἑλλάδα* [Actes de la Journée d'Études organisée par la Bibliothèque Gennadeios, 8 février 1997], [Athènes] 2000.

le document de 1401 nous apprend que Venise importait du savoir-faire de Crète. Par ailleurs, la mention de *ser* Jacobo Catena, *cristalario*, à qui *dona* Jacoba, *cristalaria*, avait versé le montant de 60 *libre* pour le remettre à Manoli Foca, artisan verrier, signifie que les artisans vénitiens cultivaient des relations professionnelles étroites avec leurs collègues crétois.

Des artisans verriers vénitiens et crétois qui travaillent les uns en Crète et les autres à Venise sont attestés dès le XIIIe siècle. Avec les hommes, des techniques circulaient d'une région à l'autre, des idées s'échangeaient, tandis que pratiques et méthodes se complétaient ou se renouvelaient. Venise, centre important de fabrication et de décoration du verre, exportait dès le milieu du XIIIe siècle du verre en Romanie. La plus ancienne mention d'exportation en Romanie de verre fabriqué dans la petite île de Murano date de 1276[4]. Deux grandes caisses de verreries (*moioli con piede*)[5], fabriquées dans l'atelier d'Antonio de Strata, furent envoyées en Romanie, probablement à Constantinople. Deux siècles plus tard, le marchand vénitien de Constantinople, Giacomo Badoer, enregistra dans son précieux livre de comptes (*libro dei conti*) l'information selon laquelle, en juin 1437, arrivèrent de Venise dans la capitale byzantine quatre caisses de verreries, contenant 1 600 flacons (*bochaleti da pè*), 400 bouteilles (*angestere*), 200 coupes (*taze*) et 300 verres à boire (*bichieri*)[6]. Parmi ces articles, il garda pour son compte 40 flacons, 60 autres pour les offrir à ses amis, ainsi que 300 autres verreries ; il vendit le reste, réalisant, semble-t-il, un bénéfice considérable[7].

Comme nous pouvons le déduire de la sentence du Maggior Consiglio de Venise de 1271, pendant les dernières décennies du XIIIe siècle, des Grecs, originaires surtout des régions passées sous domination vénitienne après la quatrième croisade, en particulier la Crète et les ports du Péloponnèse, résidaient dans la ville de saint Marc ou y vivaient pendant de longues périodes[8]. Parmi les divers professionnels grecs établis à Venise, sont signalés notamment ceux qui s'occupaient de l'art du verre. En 1280, *mayster* Grigorius de Napolis, de Nauplie en Péloponnèse, est mentionné en tant que décorateur de verres à boire à Murano (*tintor de maiolis qui stat in contrata Sancti Steffani*). Des documents provenant des archives de podestà de l'île attestent sa présence jusqu'en 1288 ; certains documents le désignent comme *pintor* ou *pintor de moyolis*. L'artisan verrier Guglielmino, mentionné en 1291 comme *fiolario* à Murano, était aussi d'origine grecque ou gréco-

4. ZECCHIN, *Vetro*, 3, p. 6. Coupes de verre importées de Venise, *ungentaria* et autres vases, datés du XIVe au XVIe siècle, sont conservés au Musée de la Culture Byzantine de Thessalonique (voir *2003 Calendar, Glass, from the Collections of the Museum of Byzantine Culture*).
5. Sur le terme *moioli* voir ZECCHIN, *Vetro*, 3, p. 5.
6. *Il libro dei conti di Giacomo Badoer (Costantinopoli 1436-1440)*, éd. U. DORINI, T. BERTELÉ, Rome 1956, p. 136 ; cf. L. ZECCHIN, I primi cristalli muranesi giunti in Oriente, *Vetro e Silicati* 13, 1968, n. 72 (= *Vetro*, 1, p. 242 ; 3, p. 28). Sur les termes mentionnés dans le texte, voir ID., Prodotti vetrari nei documenti veneziani (1469 -1482), *Rivista della Stazione Sperimentale del Vetro* 10, 1980, n. 2 (= *Vetro*, 3, p. 160, 162-163).
7. *Il libro dei conti*, cité note précédente, p. 137 ; cf. ZECCHIN, *Vetro*, 3, p. 28.
8. Sur l'installation des Grecs à Venise avant la conquête turque de Constantinople voir N. G. MOSCHONAS, I Greci a Venezia e la loro posizione religiosa nel XVo secolo, *'O Ἐρανιστής* 5,1967, p. 107 ; B. IMHAUS, *Le minoranze orientali a Venezia 1300-1510*, Rome 1997, p. 435 s. ; Ch. MALTEZOU, *Venice of the Greeks*, [Athènes] 1999, p. 18-22 ; D. JACOBY, I Greci e altre comuunità tra Venezia e oltremare, *I Greci a Venezia, Atti del convegno internazionale di studio, Venezia, 5-7 novembre 1998*, Venise 2002, p. 44-48.

vénitienne[9]. Probablement les Vénitiens apprirent-ils des Grecs plusieurs des secrets de l'art du verre qu'ils ont en tout cas rapidement assimilé, en rendant les innovations d'une manière originale.

Il n'y a pas mention de verriers grecs installés à Venise dans les sources connues du XIVe siècle. Par contre, les renseignements sont fréquents en ce qui concerne le XVe siècle. Par exemple, en 1446 et en 1456, *Petrus Grecus quondam Georgii, dictus Cimalarca*, est cité comme *vitrearius* à Murano ; la même personne est mentionnée en 1437 comme possédant un four[10]. En 1471, parmi les personnes mêlées à un litige qui a eu lieu à un four de Murano, figure un Grec, *Michiel Griego, verier*[11]. Enfin, en novembre 1496, certains propriétaires de fours ont été dénoncés aux autorités de Murano, parce qu'ils employaient des étrangers dans leurs ateliers (*magistros forenses e stizatores forenses*). Parmi les étrangers qui y travaillaient, sont mentionnés les grecs *Georgius Grecus, qui laborat ad scannum*, et *Andrea Grecus, qui stizat*. D'autre part, parmi les patrons qui employaient des étrangers, est mentionné *ser* Petrus Grecus, que l'on peut identifier avec Petrus Grecus *dictus Cimalarca*[12]. De temps à autre, les Vénitiens décrétaient l'interdiction pour des artisans étrangers d'exercer le métier de verrier à Venise. En 1490, il fut permis d'exercer le métier à ceux des artisans étrangers qui travaillaient aux fours vénitiens depuis quinze ans et qui étaient installés à Venise avec leurs familles[13]. Petrus Grecus, qui était accusé d'employer illégalement des artisans grecs, devait appartenir à cette catégorie. Pourtant, malgré les interdictions, les étrangers continuèrent de travailler avec les Vénitiens. En 1501, les propriétaires vénitiens de fours à Murano ont même demandé aux autorités de leur permettre d'embaucher des employés étrangers, qui étaient sujets de Venise (*chi siano sudditi e nativi ne le terre et dominio di questo stato*), parce que les besoins du métier avaient augmenté et que, en revanche, les artisans habiles étaient moins nombreux[14].

La voie maritime reliant Venise à la Crète facilitait la circulation des verres vénitiens destinés à Constantinople, puisque les marchandises provenant de la lagune transitaient d'abord par les ports crétois et ensuite arrivaient au Bosphore. En avril 1471, le marchand vénitien Antonio di Coradi, dans une lettre envoyée de Constantinople à un parent à Venise, ordonna à ce dernier de lui envoyer *per via de Candia* des flacons, des verres à boire, des tasses et d'autres articles de verre, bien emballés avec du coton, afin qu'ils ne cassent pas pendant le transport. De ce commerce, le Vénitien espérait obtenir un bénéfice de 300 %, ainsi qu'il l'écrivait dans sa lettre[15]. Or la Crète n'était pas seulement une station de transit pour les

9. V. HAN, L. ZECCHIN, Presenze balcaniche a Murano e presenze muranesi nei Balcani, *Balcanica* 6, 1975 (= ZECCHIN, *Vetro*, 3, p. 114, 116, 198, 199) ; A. E. LAIOU, Venice as a Centre of Trade and of Artistic Production in the Thirteenth Century, *Il Medio Oriente e l'Occidente nell'arte del XIII secolo (Atti del XXIV Congresso internazionale di storia dell'arte)*, éd. H. BELTING, Bologne 1982, p. 18-19 ; JACOBY, I Greci, cité note précédente, p. 46-47. Sur l'industrie du verre à Murano pendant la période 1370-1460, voir JACOBY, Raw Materials, cité *supra* n. 1, p. 65- 90.

10. ZECCHIN, *Vetro*, 3, p. 202.

11. *Ibid*, p. 203.

12. *Ibid*.

13. ID., I "forestieri" nell'arte muranese fino al 1544, *Giornale Economico della Camera di Commercio* 10, 1956 (= *Vetro*, 2, p. 82).

14. *Ibid*, p. 83. Des Grecs s'adonnant au commerce des perles à Venise y sont attestés au XVIIIe siècle : en 1741 les sources mentionnent *due femine di nation greca*, qui vendaient illégalement des colliers, ainsi que le marchand grec Giovanni Demetrio (TRIVELLATO, *Fondamenta*, p. 181).

15. ZECCHIN, I primi cristalli (= *Vetro*, 1, p. 242-243).

marchandises vénitiennes. Au XIVe siècle, on trouve dans l'île des artisans de Murano qui exerçaient l'art du verre (*artem vitri*). En 1330, un ouvrier, Meno, qui avait dû fuir Venise pour cause de dettes et avait fini par travailler comme verrier en Crète, retourna à Murano et demanda à reprendre son travail. Selon la délibération du Grand Conseil, qui imposait une amende à ceux qui avaient exercé l'art du verre hors de Venise et qui, à leur retour à Murano, demandaient à être rembauchés aux fours, Meno aurait dû payer une amende pour pouvoir travailler de nouveau à Venise. Il put néanmoins se soustraire à l'amende[16], tout comme l'artisan Donato Placito en 1332, lui aussi parti de Murano pour exercer en Crète l'*artem vitri*, ou son compatriote Pasino, qui avait exercé l'art du verre *extra terram in Cretam*[17]. Un autre artisan de Murano, Pace, outre en Crète où il avait travaillé comme verrier, s'était aussi rendu à Constantinople où il officia pendant quinze jours ; en 1338, les autorités vénitiennes lui permirent de verser une taxe réduite, afin d'obtenir le permis d'exercer à nouveau son métier à Murano[18].

Les quelques exemples rassemblés ici montrent clairement que la présence d'artisans grecs dans les ateliers de Murano, comme celle de Vénitiens dans ceux de Crète et de Constantinople, contribua grandement à l'échange de savoirs techniques, à l'influence réciproque et à l'osmose des goûts esthétiques concernant la fabrication, l'utilisation et la décoration des objets de verre. Notamment en Crète, où les conditions sociales et économiques permettaient la convergence des traditions artistiques byzantines et vénitiennes, la voie de la coopération et de la collaboration dans le domaine de la verrerie, tout comme dans d'autres domaines, était ouverte. Le document de 1401, publié plus haut, est le produit du climat de symbiose entre les deux éléments nationaux, crétois et vénitien. Le manquement du crétois Antonio Foca à ses obligations professionnelles envers son employeur à Venise, *dona* Jacoba, est un exemple de la dimension humaine de ce partenariat gréco-vénitien.

Chryssa Maltézou
Institut Hellénique d'Études
Byzantines et Postbyzantines, Venise

16. HAN - ZECCHIN, Presenze balcaniche (= *Vetro*, 3, p. 200).
17. *Ibid*.
18. *Ibid* ; LAIOU, Venice as a Centre of Trade, cité *supra* n. 9, p. 15.

Tissus et costumes dans les relations islamo-byzantines (IXe-Xe siècle)

Mohamed Tahar Mansouri

« Chacun donne de ce qu'il a. »
Jésus, dans Ibn Qutayba, *ʿUyūn al-Aḫbār*[1]

Introduction

Entre l'Islam et Byzance une certaine accalmie dans les relations militaires s'installe après le milieu du VIIIe siècle, pour céder la place à ce que l'on peut appeler une confrontation pacifique. L'émulation et la concurrence prennent alors plusieurs formes et couvrent presque tous les domaines, allant de la polémique religieuse aux débats organisés dans les cours byzantines et abbassides, traitant de sujets divers et où chacun tente de se mettre en valeur et de remporter une victoire sur son adversaire, mais sans effusion de sang. Avec la naissance de l'État fatimide, la cour byzantine se transforme cependant en une arène où s'affrontent musulmans chiites et sunnites, ce qui donne à la confrontation une autre coloration et nous force à limiter notre contribution aux IXe et Xe siècles. Cette période est en effet marquée par une émulation entre Abbassides et Byzantins, tous les domaines étant mis à contribution par chacun des deux empires dans le but de diminuer l'aura de l'adversaire et de séduire son peuple. C'est dans un tel contexte que le costume exigé d'un ambassadeur, imposé à un prisonnier ou offert en présent officiel, prend toute sa signification et sa dimension symbolique. Mais voyons d'abord cette marchandise dans le domaine commercial.

Tissus et costumes dans le commerce entre Byzance et le monde musulman

Le premier texte qui nous livre quelques informations relatives à l'échange de tissus et de produits de confection musulmane à Byzance est le *Livre de l'éparque*[2]. L'éparque est le préfet de la ville et a en charge notamment la coordination de l'activité des différentes corporations et l'approvisionnement de la ville en produits divers.

1. Le Caire 1973, 2, livre VI, p. 370.
2. Léon VI le Sage, *Le livre du préfet*, éd. et trad. J. Nicole, Genève 1893 (cité désormais *Éparque*). Ce texte a été traduit en anglais par A. E. Book, *Journal of the Economic History*, 1929, et par E. Freshfield, *Roman Law in the Later Roman Empire*, Cambridge 1938 , il en existe une traduction arabe par al-Bāz al-ʿArīnī en annexe au *Kitāb nihāyat al-rutba fī ṭalab al-ḥisba* d'al-Shayzarī, Beyrouth, sans date, p. 133-185 (en particulier p. 178, à propos de ces traductions anglaises auxquelles je n'ai pas eu accès).

Chemins d'outre-mer. Études d'histoire sur la Méditerranée médiévale offertes à Michel Balard.
Paris, Publications de la Sorbonne, 2004 (Byzantina Sorbonensia 20)

Il s'occupe aussi des étrangers, dont il réglemente l'entrée et la durée du séjour dans la capitale. Il remplit en outre des fonctions de police et de justice, car c'est de lui qu'émanent les ordres relatifs à la sécurité et au maintien de l'ordre public dans la capitale. Plus encore, il est le premier juge de la plus haute instance judiciaire dans la capitale et c'est devant lui que sont traduits les hommes en vue dans la société byzantine, des provinces les plus éloignées comme de la capitale. En un mot il est, de par ses pouvoirs, le troisième homme de l'Empire après l'empereur et le logothète[3].

Le *Livre de l'éparque* est un ensemble d'ordonnances impériales ou novelles édictées par l'empereur Léon VI le Sage (886-912) et adressées à l'éparque de la ville de Constantinople. Ces ordonnances forment ce que l'on peut appeler le code urbain byzantin, en vigueur entre la fin du IXe et le début du Xe siècle, et on y trouve deux décisions relatives aux tissus et aux vêtements :

La première a trait au commerce de la soie et aux marchands de soieries, appelés *vestioprates*[4]. Elle organise ce commerce, fixe les prix et détermine ce qui peut être vendu ou non aux nations étrangères et aux étrangers à la ville de Constantinople. Il ressort de cette liste que les articles prohibés sont « des pourpres grands modèles : rouges ou violettes » et qu'il faut déclarer au préfet les « pourpres pêche ou [les] pourpres deux tiers rouges, manteaux ou robes[5] ». Ainsi la commercialisation de la soie est soumise à une législation assez rigoureuse, qui touche aussi l'exercice du métier de marchand. Il va sans dire que cette réglementation vise d'abord à satisfaire les besoins de la cour et à interdire l'exportation d'un produit dont la majeure partie est déjà importée.

La deuxième de ces décisions est relative aux marchands de vêtements importés de Syrie, désignés par le terme de *prandioprates*[6]. Elle définit d'abord l'organisation de la corporation, dont elle délimite les compétences, puis celle de l'activité proprement dite :

- La réception de la marchandise se fait dans un entrepôt où tous les marchands concernés se réunissent pour se la partager. Le chef de la corporation, l'exarque, supervise le partage en fonction du capital fourni par chacun des membres de la corporation.
- Les marchandises, désignées par les termes « articles sarrasins », sont répertoriées comme suit :

  Vêtements de dessous
  Manteaux de laine rayés, robes chinées ou moirées
  Robes à manches (tissu simple ou double)
  Vêtements de Bagdad (tissu simple ou double)
- Les intervenants dans ce secteur sont :

  Les marchands byzantins spécialisés dans ce commerce
  Les Syriens vivant dans la capitale depuis au moins dix ans
- Les marchands ont l'obligation d'acheter toute la marchandise syrienne, sans tenir compte de la qualité. Il est dit dans le texte que « quelle que soit l'importance d'un arrivage de marchandises syriennes, le corps des *prandioprates* achètera tous les vêtements, de qualité supérieure ou inférieure, composant cet arrivage[7] ».

3. CONSTANTIN PORPHYROGÉNÈTE, *Le livre des cérémonies*, 1, *Livre I, chapitres 1-46*, éd. et trad. A. VOGT, Paris 1935, Commentaire, p. 34-36 ; A. GUILLOU, *La civilisation byzantine*, Paris 1990, p. 110-112.
4. *Éparque*, p. 30-32.
5. *Ibid.*, p. 30-31.
6. *Ibid.*, p. 33-35.
7. *Ibid.*, article 4, p. 34-35.

Le texte nous renseigne par ailleurs sur les importateurs de ces produits, qui sont des marchands syriens[8] et non byzantins. Le texte du *Livre de l'éparque* nous présente deux types de Syriens :

Ceux qui sont installés à Constantinople depuis plus de dix ans et ont les mêmes droits et devoirs que leurs pairs byzantins : ils participent aux activités de la corporation, achètent les produits importés à Constantinople au même titre que les Byzantins, en fonction des capitaux engagés, et ont leur place sur le marché de la ville en tant que marchands de produits importés et non en tant que Syriens.

Les Syriens qui agissent comme intermédiaires entre Byzance et le monde de l'Islam et ont la charge d'alimenter le marché de la ville en produits divers, dont les produits de confection et les tissus évoqués ici. Ceux-là ont trois mois pour vendre et acheter, puis repartir. Leur entrée dans la ville, leur activité marchande ainsi que leur départ doivent être obligatoirement signalés à l'éparque de la ville[9].

Ces informations contenues dans le *Livre de l'éparque* témoignent d'abord de l'existence d'une activité marchande entre les deux voisins ennemis, que la guerre permanente entre les deux États n'a pu empêcher. Le texte spécifie, entre autres marchandises importées, des produits confectionnés provenant de Syrie et d'Irak, ce qui traduit un engouement pour ces marchandises, mais aussi une insuffisance de la production byzantine. Il semble en effet que les Byzantins aient eu un certain attrait pour l'art islamique en général, et pour les tissus et couleurs en vigueur en terre d'Islam en particulier[10]. Rien n'exprime mieux cet attrait que la représentation des martyrs chrétiens dans des costumes musulmans, comme dans le cas des 32 martyrs de Mélitène (Malatiya) peints dans le *Ménologe* de Basile II[11].

Bien plus, le *Livre de l'éparque* insiste sur l'obligation d'acheter tout ce qui est de provenance syrienne et irakienne, ce qui traduit sans doute un besoin urgent de s'approvisionner et de ne laisser échapper aucune occasion d'entreposer ces marchandises dans les boutiques de Constantinople. Par ailleurs on peut se demander si une telle décision ne s'explique pas par l'existence d'un traité commercial entre les deux empires, où serait mentionnée l'obligation faite à Byzance de tout acheter. Rien ne permet de vérifier cette hypothèse.

Cependant ce courant d'échanges n'est pas limité au seul domaine commercial. Les échanges diplomatiques montrent que le costume et les tissus font partie des présents officiels qui accompagnaient les ambassadeurs, en temps de guerre comme en temps de paix. On peut sans se tromper dire que cette pratique a existé d'une façon presque permanente jusqu'à la fin de l'Empire byzantin.

8. Cf. G. Dagron, Minorités ethniques et religieuses dans l'Orient byzantin à la fin du Xe siècle et au XIe siècle : l'immigration syrienne, *TM* 6, 1976, p. 186, 194-195, qui n'a vu en ces marchands syriens que des chrétiens de Syrie, ce qui ne semble pas correspondre au texte du *Livre de l'éparque* (*Éparque*, p. 33-35), qui parle des Syriens résidant à Constantinople, ni aux différents textes arabes qui évoquent la présence des « musulmans » à Constantinople. Cf. notre article Les Musulmans à Byzance du VIIe au XIe siècle, *Graeco-Arabica* 7-8, Nicosie 2000, p. 392-394.
9. *Éparque*, p. 35. Ch. Macri (*Des Byzantins et des étrangers dans Constantinople au moyen-âge*, Paris 1928) mentionne les différentes communautés latines et juives sans dire un mot des autres, alors que le *Livre de l'éparque* est l'une de ses références.
10. Voir G. Cornu, M. Martiniani-Reber, Étoffes et vêtements dans le *Ménologe* de Basile II, reflets des courants d'échanges entre Byzance et le monde islamique, *Quaderni di Studi Arabi* 15, 1997, p. 51.
11. *Ibid.*, p. 49-50.

Tissus et costumes dans les relations diplomatiques

En dépit d'une guerre endémique et d'un mépris et d'une haine réciproques, les échanges diplomatiques n'ont jamais été interrompus, car même ceux qui se refusaient à tout contact, avec les « Agarènes » pour les uns ou les « associateurs » pour les autres, conduisaient parfois eux-même des ambassades en terre d'Islam[12] ou en territoire byzantin.

Les textes arabes permettent d'éclairer cet aspect et d'appréhender la « situation vestimentaire » à Byzance. Ibn al-Farrā', qui occupait une place élevée dans la chancellerie de Bagdad au début du Ve siècle de l'hégire[13], a laissé un traité destiné aux ambassadeurs et dans lequel il essayé, par une série d'exemples, de brosser le profil de l'ambassadeur modèle. Il nous y présente l'arrivée d'un ambassadeur byzantin dépêché par l'empereur Théophile (829-842) au calife al-Muʿtaṣim (833-842). Il rapporte d'abord que l'empereur byzantin a envoyé avec son ambassadeur des présents, dont l'élément le plus important est constitué par un ensemble de tissus dont voici l'inventaire, tel qu'il est dressé par l'empereur dans sa lettre : « J'ai envoyé avec mon ambassadeur quarante morceaux d'étoffes brodées d'or, la longueur de chaque morceau étant de 40 coudées sur une largeur de 20 coudées. » Puis il énumère les autres présents adressés au Calife[14]. Mais de tous ces présents impériaux, seuls les tissus ont retenu l'attention de notre auteur, ce qui en souligne à la fois l'importance mais aussi le caractère de présents hautement symboliques. Envoyer à quelqu'un de quoi se couvrir n'est pas seulement un acte diplomatique, mais est aussi un acte affirmant une supériorité, si l'on se situe dans l'ambiance intellectuelle ou mentale de la civilisation musulmane, pour laquelle les deux bases ou fondements de la prodigalité d'un prince sont le fait d'habiller (*iksā'*) et de nourrir (*iṭʿām*). Il va sans dire qu'un tel présent a soulevé une discussion entre l'ambassadeur byzantin et le chef de chancellerie d'al-Muʿtaṣim, Muḥammad b. ʿAbd al-Malik al-Zayyat, l'émulation entre les deux empires les poussant à ne négliger aucune occasion de marquer des points face à l'adversaire. On s'étonne alors de voir l'empereur byzantin envoyer des tissus au calife abbasside, « alors que le Byzantin, quand il voulait se parer, n'avait d'autre choix que de porter ce qui avait été confectionné par son épouse, sa fille ou sa sœur, et qu'il ne pouvait changer de costume que tous les vingt ans. Les Byzantins ne connaissaient pas les costumes confectionnés de *širb* [espèce de toile fine et précieuse], de *ʿuṣub* [tissus de lin assez fins fabriqués au Yémen], de *muʿlam* [tissus signés et portant la marque du fabricant], de tissus brodés de fils dorés, de tissus de marque classée et de *munayyar* [tissus portant la griffe du fabricant]. Les Byzantins ne connaissaient pas les tissus importés comme les *isbahānī* [fabriqués à Ispahan], ni la qualité supérieure des tissus fabriqués à Tūna et appelés *tūnī*, gardés dans des coffres en or et en argent [en référence à l'île de Touna en Égypte entre Tinnis et Damiette]. Si les Rois de Byzance ne connaissaient pas tout cela, que dire des simples sujets !

12. Voir la *Vie* de saint Nil, dans A. Ducellier, *Le miroir de l'Islam. Musulmans et chrétiens d'Orient au Moyen Âge (VIIe-XIe siècle)*, Paris 1971, p. 251-252.
13. Voir Ibn al-Farrā', *Kitāb rusul al-mulūk* (Manuel destiné aux ambassadeurs), éd. S. al-Munağğid, Beyrouth 1972, p. 12-13. L'éditeur hésite entre deux auteurs homonymes, l'un originaire de Mossoul et l'autre de Grenade. Mais il nous semble plus sûr de l'identifier à celui originaire d'Orient parce que tous ses exemples sont relatifs aux relations entre Byzance et l'Islam et jamais aux relations entre musulmans d'Occident et chrétiens d'Occident.
14. *Ibid.*, p. 68.

Ils sont tous égaux quant à leur costume[15]. » Ainsi, le costume prend toute sa valeur dans le cadre de l'émulation entre deux empires qui, lassés par la guerre, ont choisi un autre terrain de confrontation. L'auteur musulman vantait à la fois la qualité supérieure des tissus utilisés dans les ateliers califaux, et par extension dans les autres ateliers musulmans – qui sans doute n'étaient pas ignorés du simple sujet du calife. Mais il mettait aussi en valeur l'étendue de l'Empire musulman, qui allait du Yémen à l'Iran en passant par l'Égypte. Cela contrastait avec la situation de l'empereur byzantin ou du simple sujet de l'empire qui, aux yeux du chef de la chancellerie abbasside, ne pouvait s'habiller qu'en fonction de l'offre du marché local et même parfois de la seule production familiale. On voit que ce texte n'est que l'écho de la polémique entre Constantinople et Bagdad, l'expression d'une émulation entre deux empires qui se battaient pour dominer le monde. Car si pour les empereurs byzantins de la dynastie macédonienne, qui a régné brillamment entre 867 et 1025, l'Empire byzantin est tout l'univers, dont Constantinople est la capitale, pour les califes abbassides c'est Bagdad qui occupe le centre de l'univers. Son rayonnement couvre un espace immense et les tissus importés de partout, et de Byzance même, en sont le témoignage. Le calife et l'empereur sont, chacun selon les règles de sa religion, une ombre divine sur terre ou plus simplement des icônes vivantes. Le tissu et le costume ne sont alors qu'un prétexte, une occasion pour rabaisser l'adversaire et essayer de le montrer sous l'angle de la petitesse et la pauvreté. En fait la réalité byzantine est loin d'être conforme à l'image donnée par notre auteur. Elle est plus complexe et certainement plus luxueuse qu'il ne le laisse voir. Ce n'est pas un hasard si le nom de Byzance est resté le signe de l'abondance, de la richesse et du luxe. Les voyageurs qui s'y sont rendus au Moyen Âge, qu'ils soient arabes[16], chinois[17] ou occidentaux[18], ont tous été frappés et fascinés par le luxe impérial, les fastes de la cour et la rigueur de l'étiquette byzantine. Bien évidemment, on l'aura compris, l'émulation touchait à tous les domaines, mais il serait trop long de les évoquer tous et nous nous limitons ici à l'aspect vestimentaire.

Mais ce qu'il faut constater est que durant tout le Moyen Âge, entre musulmans et Byzantins, les présents ont toujours comporté dans leur composition des tissus et des costumes, et ce dans les deux sens[19]. Tout cela nous amène à dire que le costume au Moyen Âge, en plus des ses fonctions naturelles (couvrir le corps), morales (dérober au regard ce que la société estime être l'intimité de l'être) ou encore statutaires (montrer aux autres et dans l'espace public le statut juridique ou confessionnel d'un homme), est un moyen de propagande politique qui exprime à la fois la richesse, le luxe et l'abondance de celui qui l'envoie et vise à provoquer une certaine admiration, de la crainte ou de la fascination, et peut-être même à exercer de l'intimidation sur celui qui le reçoit. Cela se voit encore mieux à travers l'étiquette byzantine, qui réserve des costumes spécifiques et adaptés à ceux qui, par les hasards de l'existence, ont eu à vivre ou séjourner provisoirement dans l'empire. Ceux qui nous intéressent ici sont les musulmans présents à Byzance.

15. *Ibid.*, p. 72.
16. M. T. Mansouri, L'œil du grand rival : la ville vue par les musulmans, *Constantinople 1054-1261. Tête de la chrétienté, proie des Latins, capitale grecque*, dir. A. Ducellier, M. Balard, Paris 1996, p. 160-163.
17. Cf. G. Dagron, *Empereur et prêtre, étude sur le « césaropapisme » byzantin*, Paris 1996, p. 33.
18. Liutprand de Crémone, *Liuprandi Cremonensis Relatio de legatione Constantinopolitana*, éd. P. Chiesa, Turnhout 1998 (Corpus Christianorum. Continuatio mediaevalis 156), p. 185-218.
19. M. T. Mansouri, *Recherche sur les relations entre Byzance et l'Égypte (1259-1453) d'après les sources arabes*, Tunis 1992, p. 234 ; voir également notre travail en cours sur les frontières vestimentaires.

Le costume des musulmans à Constantinople

Nous disposons de peu de données relatives à l'habillement des Sarrasins à Constantinople. Mais malgré cette rareté quelques bribes d'informations glanées dans les textes permettent d'entrevoir le traitement vestimentaire réservé aux musulmans quand ceux-ci sont en terre byzantine. Les autorités impériales avaient prévu pour chaque visiteur un costume distinctif, dans une société très attachée au statut et au rang de chacun, fût-il ambassadeur d'une puissance étrangère et de plus ennemie. Le premier texte relate la mission de Naṣr b. al-Azhar, chiite envoyé en 246/860 par al-Mutawakkil (847-861) pour négocier le rachat des prisonniers auprès de l'empereur Michel III (842-867) : « Quand je me rendis à Constantinople, je me présentai au palais du roi Michel, avec mon habit noir, mon poignard et mon bonnet (*qalansuwa*[20]). J'eus une discussion avec l'oncle maternel du roi, Petronas, qui était chargé des affaires de l'empire et on refusa de m'introduire avec mon sabre et mon habit noir. Je dis alors : "Je m'en vais" et je partis. Mais je fus rappelé en chemin. J'avais avec moi les cadeaux, près de mille vessies de musc, des vêtements de soie, du safran en quantité et des choses curieuses et nouvelles[21]. »

Le deuxième texte est la biographie de l'un des grands savants de l'Islam, le juge Abū Bakr Muḥammad b. al-Ṭayyib al-Bāqillānī (mort en 403/1012)[22] qui, dépêché par le calife abbasside al-Ṭā'iʿ (974-991) auprès de l'empereur Basile II (976-1025) pour disputer ou polémiquer avec ses pairs byzantins à propos du mouvement des astres dans le firmament et de l'universalité de l'éclipse solaire, se vit obligé de changer de costume avant de rencontrer l'empereur. Ses biographes nous rapportent ainsi les propos d'al-Bāqillānī : « "L'empereur était informé de notre présence et envoya celui qui devait nous recevoir. Le représentant de l'empereur nous dit : 'Vous ne pouvez rencontrer l'empereur que si vous enlevez vos turbans et vous vous déchaussez.' Je lui répondis : 'Je ne ferai pas cela et il n'est pas nécessaire que je rencontre l'empereur, sauf à le faire dans ma tenue et mon costume. Si je ne le vois pas, je vous donnerai la lettre du calife, vous la lirez et enverrez la réponse de l'empereur.' Quand ce dernier fut informé de ma position il dit : 'Je veux savoir la raison de ce refus et de cette désobéissance au protocole que nous avons réservé aux ambassadeurs.' " Quand al-Bāqillānī fut interrogé sur les raisons de son refus, il fournit la réponse suivante : "Je suis l'un des savants de l'Islam. Ce que vous exigez de nous vise à nous humilier, alors qu'Allah nous a élevé par l'islam. De plus quand un roi dépêche un ambassadeur auprès d'un autre roi, celui-ci doit le traiter avec respect et non avec mépris, surtout quand il est un savant. L'humilier de la sorte c'est le rabaisser aux yeux des croyants et aux yeux d'Allah." À la suite de cette réponse l'empereur l'autorisa à accéder à la salle du trône avec la délégation qui l'accompagnait[23]. » Si du côté byzantin l'étiquette oblige un ambassadeur à porter une tenue particulière, cela émane de la volonté de l'empereur d'exercer son autorité non seulement sur ses sujets, mais aussi sur tous ceux qui entrent dans l'Empire. Cela est conforme à la fois à l'étiquette et à la

20. Voir R. Dozy, *Dictionnaire détaillé des noms de vêtements chez les Arabes*, Amsterdam 1845, p. 365-371.
21. Ṭabarī, *Tā'rīḫ al-rusul wa l-Mulūk*, éd. A. Ibrahim, Le Caire 1974, 9, année 246/860, p. 219, traduction M. Canard dans A. Vasiliev, *Byzance et les Arabes*, 1, Bruxelles 1935, p. 320-322.
22. ʿIyāḍ, *Tartīb al-madārik wa taqrīb al-masālik bi-maʿrifat maḏhab Mālik*, éd. S. A. Iʿrāb, Tétouan 1982, 7, p. 49 ; Ibn Farḥūn, *al-Dibāǧ al-Muḏhab fī maʿrifat aʿyān ulamā' al-maḏhab*, éd. M. A. Abū l-Nūr, Le Caire 1977, 2, p. 229-230.
23. ʿIyāḍ, *Tartīb al-madārik*, cité note précédente, p. 60.

conception byzantine du monde, qui estime que tout ambassadeur arrivant à Byzance – fût-il envoyé par un pouvoir puissant – ne le faisait que pour présenter des marques d'allégeance au basileus[24]. Dès lors, l'ambassadeur refuse de s'incliner face à l'exigence de l'étiquette byzantine et argue de son statut de savant et de musulman. Pour lui le fait de changer son costume est une double humiliation, celle faite au savant qui représente un véritable pouvoir aux yeux de la société musulmane, et celle faite au musulman qui serait souillé par cet habit « infidèle ». Pour les Byzantins, l'obligation de se conformer à l'étiquette est une obéissance aux ordres de l'empereur, alors que pour les musulmans changer de costume est vu comme une humiliation. Dès lors, le fait de résister et de refuser d'accéder à cette requête est considéré comme une victoire. Nous pouvons remarquer que les chroniques arabes insistent sur cet aspect vestimentaire, qui exprime non seulement une identité affichée parfois jusqu'à l'arrogance, mais aussi une volonté des Byzantins de vexer leur ennemi et de lui imposer ce qu'il ne veut accepter. Le tout se jouait au niveau de la symbolique, ce qui se traduisait sans doute par un grand malentendu – qui ne semble pas avoir disparu des esprits encore de nos jours.

Mais si les ambassadeurs étaient des hommes libres et couverts par une certaine immunité tacite, il n'en était pas de même pour les prisonniers musulmans à Byzance. Ceux-ci ne sont généralement pas mal traités, sauf dans des cas rares[25]. Ils sont en particulier admis dans certaines circonstances à la table impériale. Cette pratique est rapportée par les textes arabes, tel le récit de Hārūn b. Yaḥyā, transmis par Ibn Rusta[26]. Fait prisonnier et conduit à Constantinople, il relate à son retour sa participation à des cérémonies diverses, religieuses et laïques, qui se déroulaient dans l'église Sainte-Sophie ou dans le palais impérial[27]. On trouve cette information également dans les textes byzantins, tel le traité de préséance de Philothée, composé semble-t-il à la fin du IXe siècle et destiné à faire connaître l'étiquette byzantine en usage pendant les cérémonies à la fois religieuses et laïques[28]. C'est dans un tel contexte que l'auteur évoque la présence des musulmans au cours des cérémonies relatives à la nativité, qui duraient à Byzance du 25 décembre au 6 janvier, c'est-à-dire de Noël à l'Épiphanie[29]. Chaque jour l'empereur organisait un banquet auquel étaient invités divers convives, placés selon leur rang, parmi lesquels nous trouvons des « Agarènes »[30] que l'on peut répertorier en trois catégories :

- Les « amis agarènes », qui sont semble-t-il les ambassadeurs. Le texte les évoque sous cette appellation, sans mentionner leur costume, mais il nous dit qu'ils doivent siéger « après la classe des patrices et stratèges » et ajoute : « Les Orientaux ont le pas sur les Occidentaux. Ils sont assis à gauche, à la quatrième ou à la cinquième place d'amis[31]. » Ils sont parmi les convives du premier jour des fêtes de la nativité et admis à la table d'honneur.

24. P. Rambaud, *L'Empire grec au Xe siècle*, Paris 1870, p. 297-301.
25. Mansouri, Les musulmans à Byzance, cité *supra* n. 7, p. 379-394.
26. M. Izeddin, Un prisonnier arabe à Byzance au IXe siècle, Hāroun-ibn-Yahyā, *Revue des Études Islamiques* 15, 1940-1946, p. 41-62.
27. *Ibid.*, p. 44.
28. *Les listes de préséance byzantines des IXe et Xe siècles*, éd. et trad. N. Oikonomidès, Paris 1972, p. 65-66.
29. Constantin Porphyrogénète, *Le livre des cérémonies*, 1, cité *supra* n. 2, p. 147 ; *Les listes de préséance*, cité note précédente, p. 164, n. 136.
30. Mansouri, Les musulmans à Byzance, p. 382-383.
31. *Les listes de préséance*, p. 162 ; voir aussi Constantin Porphyrogénète, *Le livre des cérémonies*, livre II, chapitre 52, éd. Bonn, 1, p. 739-740, cité par Rambaud, *L'Empire grec au Xe siècle*, cité *supra* n. 23, p. 301, n. 1.

- Les hommes de l'empereur : au sixième jour « il vous faut inviter des hommes de l'empereur, tous venant des nations barbares, à savoir des Pharganes, des Khazars, des Agarènes, des Francs et ceux qui jouissent de la provision de *rogai* impériales au titre de ces barbares ; les faire tous entrer et sortir avec leur costume de barbares, celui qu'ils appellent *kabbadin*[32]. » Il s'agit sans doute de mercenaires au service de l'empereur et qui occupent une place élevée dans la hiérarchie aulique. Cependant, tout en étant à ce niveau, ils doivent se distinguer par leur costume de barbares, ce qui confère au costume, dans un tel contexte, une identité affichée et exposée au regard des citoyens byzantins.

Ce code vestimentaire n'est pas appliqué aux prisonniers. Ceux-ci ne sont invités que pour les fêtes de Pâques, sont admis aux tables inférieures, en face des Bulgares, et doivent « être habillés en blanc, sans ceinture mais portant des chaussures[33] ».

Certes, toutes ces expressions relatives au costume relèvent de l'étiquette byzantine, mais elles traduisent dans un pareil contexte un traitement différencié pour les mercenaires de toutes origines. Ces derniers doivent porter leur costume barbare, ce qui permet d'exprimer la grandeur de l'Empire pour le service duquel les nations barbares se bousculaient. Mais il se peut également que ce soit une concession faite à ces hommes qui défendaient l'empire. À l'inverse, les prisonniers sont admis aux tables inférieures, sans arme et portant un costume blanc, dans une société où la couleur pourpre prend le dessus sur les autres. L'une des significations de la couleur blanche, qui pourrait être associée à ces prisonniers, est la mort[34]. Ces hommes seraient ainsi comme des morts et, une fois désarmés et leur liberté confisquée, ne seraient plus un danger pour l'empire ! Mais obliger les prisonniers agarènes à porter un costume blanc, dans une société colorée, pourrait aussi être une manière de les exposer au regard des convives comme un trophée de guerre. Les habiller en blanc donnerait à cette couleur plusieurs sens[35]. On pourrait donc y voir une manière de les mettre en valeur et de les offrir en spectacle[36]. Cette pratique n'est d'ailleurs pas étrangère à la politique byzantine. Combien de fois les empereurs en ont-ils usé, en présentant au peuple, dans l'hippodrome de Constantinople, des prisonniers de guerre avec leur costume, des soldats déserteurs[37] ou tout simplement des opposants politiques ? Ainsi le fait de présenter des « Agarènes » prisonniers dans un costume blanc, lors d'une cérémonie solennelle comme celle des fêtes de Pâques, n'est pas une chose étrange mais s'inscrit dans l'ordre normal de la propagande impériale. Le costume, dans un pareil contexte, tout en enveloppant ceux qui le portaient, affichait également leur statut, leur situation de vaincus et de captifs et, par là même, il mettait en valeur les exploits de l'armée byzantine qui les avait capturés ainsi que l'empereur régnant, sans lequel de pareils exploits ne se seraient pas réalisés.

32. *Les listes de préséance*, p. 176-178.
33. *Ibid.*, p. 168, 202.
34. R.-L. Rousseau, *Le langage des couleurs*, Paris 1980, p. 146-147 ; M. Pastoureau, *Dictionnaire des couleurs de notre temps*, Paris 1992, p. 29-30.
35. Rousseau, *Le langage des couleurs*, cité note précédente, p. 139-144 ; Pastoureau, *Dictionnaire des couleurs*, cité note précédente, p. 29-30.
36. Cf. N.-C. Koutrakou, *La propagande impériale byzantine, persuasion et réaction (VIIIe-Xe siècles)*, Athènes 1994, p. 71, 83-84.
37. Ducellier, *Le miroir de l'Islam*, cité *supra* n. 11, p. 238-239.

Conclusion

Si les tissus et certains produits de confection dite « sarrasine » font l'objet d'un commerce réglementé par les lois byzantines, cela exprime sans doute d'abord l'organisation de la vie de la cité. Mais cela pourrait éventuellement montrer un engouement pour les objets venus d'Orient, au point « qu'il faut tout acheter » et ne rien laisser entre les mains des Syriens importateurs. Par ailleurs, les tissus utilisés dans la composition des présents échangés dans les deux sens exprimaient d'abord la connaissance des goûts de l'autre, mais traduisaient aussi une volonté politique visant à démontrer le raffinement, la richesse et le luxe des expéditeurs. Mais ces présents sont aussi des actes de cordialité, puisque dans les traditions médiévales le degré de sociabilité et d'humanité se mesure à la capacité à vêtir et à nourrir les autres.

Le costume réservé aux ambassadeurs, musulmans ou autres, ainsi qu'aux prisonniers admis à la table impériale dans des occasions précises, est d'abord une exigence de l'étiquette byzantine, que l'on ne retrouve pas dans les pays d'Islam. Il ne peut se comprendre que dans le cadre du cérémonial assez rigoureux de Byzance, qui accorde à chacun la place qui doit lui revenir en fonction de son rang socioprofessionnel et de son statut juridique, dont le costume est l'ultime expression apparente. Mais cette obligation est aussi une manière d'imposer les règles de l'empire aux étrangers, de leur faire reconnaître l'autorité impériale, ce qu'exprime le costume offert et porté. Enfin le costume confectionné ou le tissu brut représentent, quand ils sont offerts comme présents à une puissance étrangère ou à ses représentants, l'ultime expression d'une propagande croisée entre Byzantins et musulmans.

Mohamed Tahar Mansouri
Université de Tunis - La Manouba

Les croisades dans la Chronique universelle de Bar Hebraeus

Françoise MICHEAU

Me souvenant des premières années de ma longue collaboration universitaire avec Michel Balard, alors qu'auprès de Claude Cahen nous commentions des extraits d'auteurs grecs et arabes relatifs aux croisades, j'ai choisi de m'intéresser, dans ce volume d'hommage, à l'un de ces chroniqueurs orientaux, Bar Hebraeus, et à la place qu'il accorde à la geste des Francs en Orient.

Ce grand prélat et savant de l'Église jacobite syriaque, connu en arabe sous le nom d'Abū l-Farağ Ibn al-ʿIbrī, mais souvent appelé en Occident Bar Hebraeus[1], offre en effet un intérêt certain. Né à Malaṭya en 1225 d'un père médecin, il commença jeune une carrière ecclésiastique d'abord comme évêque de Gūbbāš puis de Laqabbīn, cités proches de Malaṭya, ensuite comme métropolite d'Alep en 1253[2]. Il devait accéder en 1264 à la haute fonction de *maphriān*, c'est-à-dire patriarche de l'Église jacobite orientale, ce qui le conduisit à beaucoup voyager en Mésopotamie en des temps troublés et à séjourner à la cour mongole de Marāġa où il mourut en 1286.

Sa bibliographie, longue de trente et un titres selon la liste établie par son frère, relève tout à la fois des domaines de l'histoire, de la théologie, de la philosophie, de la médecine, de l'astronomie, de la grammaire, des Belles-Lettres[3]. Fait notable, Bar Hebraeus rédige le plus souvent en syriaque, ou traduit des traités de philosophie et de médecine d'arabe en syriaque, mais il recourt aussi à l'arabe, soit pour écrire directement dans cette langue, soit pour établir des versions arabes de quelques-uns de ses propres ouvrages syriaques. Son activité de prélat et sa production d'écrivain se rejoignent dans un même dessein : conforter la communauté syriaque, enrichir son patrimoine intellectuel, maintenir sa place dans l'espace proche-oriental.

Le grand ouvrage historique de Bar Hebraeus est une « chronique », rédigée en syriaque et organisée, selon une tradition qui remonte à Eusèbe de Césarée, en deux ensembles indépendants : une chronique universelle profane, communément désignée sous le nom de *Chronicon Syriacum* ou Chronique syriaque[4], et une

1. Bar Hebraeus est la forme occidentale du nom syriaque Bar ʿEbhrāyā, correspondant à l'arabe Ibn al-ʿIbrī, qui est une *nisba* géographique (al-ʿIbr est une localité sur la rive occidentale de l'Euphrate) et nullement une marque d'ascendance juive.

2. Les principaux éléments biographiques sont fournis par Bar Hebraeus et complétés par son frère. Ils ont été rassemblés par E. A. W. BUDGE dans la préface de sa traduction de la Chronique syriaque (citée *infra* n. 4). Voir aussi G. GRAF, *Geschichte der christlichen arabischen Literatur*, 2. *Die Schriftsteller bis zur Mitte des 15. Jahrhunderts*, Cité du Vatican 1947 (Studi e Testi 133), p. 272-281, ainsi que l'article Ibn al-ʿIbrī dans *EI*², 3, p. 828 (J. B. SEGAL) où il convient de corriger l'erreur souvent répétée sur l'ascendance juive de Bar Hebraeus. On trouvera une longue notice (que je n'ai pu consulter) dans Aphram I BARSAUM, *al-Lu'lu' al-manṯūr fī ta'rīḫ al-ʿulūm wa l-adab al-suryānī*, Homs 1943, pl. rééd., trad. angl. M. MOUSSA, *The History of Syriac Literature and Sciences*, Pueblo 2000.

3. J.-M. FIEY, Esquisse d'une bibliographie de Bar Hébraeus (†1286), *Parole de l'Orient* 13, 1986, p. 279-312.

4. Éd. et trad. latine P. J. BRUNS et G. G. KIRSCH, 2 vol., Leipzig 1789. Nouvelle éd. P. BEDJAN, Paris 1890. Éd et trad. anglaise E. A. W. BUDGE, *The Chronography of Gregory Abū l-Farağ the son of*

Chemins d'outre-mer. Études d'histoire sur la Méditerranée médiévale offertes à Michel Balard.
Paris, Publications de la Sorbonne, 2004 (Byzantina Sorbonensia 20)

chronique ecclésiastique, elle-même scindée en deux parties, la première traitant des patriarches de l'Église jacobite occidentale, la seconde de l'Église jacobite orientale[5]. Bar Hebraeus a, par ailleurs, rédigé en langue arabe une chronique universelle abrégée, intitulée *Muḫtaṣar ta'rīḫ al-duwal*[6] (« Abrégé de l'histoire des dynasties ») connue très tôt en Occident grâce à l'orientaliste anglais Edward Pocock[7].

Ces deux chroniques universelles, la syriaque et l'arabe, présentent un plan similaire qui divise l'histoire en onze dynasties, ou empires[8] : 1– les patriarches, d'Adam à Moïse. 2– les juges, de Josué à Samuel. 3– les rois des Israélites. 4– les rois des Chaldéens. 5– les rois des Mèdes. 6– les rois des Perses. 7– les rois des Grecs païens. 8– les rois des Romains. 9– les rois des Grecs christianisés. 10– les rois des Arabes. 11– les rois des Mongols[9], ces deux dernières parties étant de loin les plus importantes puisqu'elles représentent les quatre cinquièmes de l'ensemble. Mais la matière historique se révèle, d'une manière générale, beaucoup moins riche dans le *Muḫtaṣar* que dans le *Chronicon* et, pour l'histoire des croisades, particulièrement mince. Les passages traitant des Francs sont peu nombreux et intégralement puisés à une œuvre unique, l'histoire universelle, ou *al-Kāmil fī l-ta'rīḫ* d'Ibn al-Aṯīr[10]. Ils ne présentent donc qu'un faible intérêt historique, mais laissent à penser que Bar Hebraeus, lorsqu'il rédigea cet abrégé, ne cherchait en rien à faire œuvre originale[11]. Il en va tout autrement de la Chronique syriaque qui offre

Aaron, 2 vol., Londres 1932 (vol. 1 trad. d'après l'éd. de P. Bedjan, vol. 2. éd. en facsimilé du manuscrit de la Bodléienne). Dans la suite de cet article comme dans le tableau, les références à la Chronique syriaque renvoient à cette traduction anglaise (citée : *Chronography*).

5. Éd. et trad. latine J. B. ABBELOOS et Th. J. LAMY, *Chronicon ecclesiasticum*, 3 vol., Paris-Louvain 1872-1877.

6. Les manuscrits portent différents titres, *al-Muḫtaṣar fī l-duwal*, *Muḫtaṣar al-duwal*, ou encore *Ta'rīḫ muḫtaṣar al-duwal*. Cette dernière forme, retenue par Pocock qui fut le premier éditeur, est incorrecte, voir L. I. CONRAD, On the Arabic Chronicle of Bar Hebraeus : his Aims and Audience, *Parole de l'Orient* 19, 1994, p. 324-325.

7. Éd. trad. latine E. POCOCK, *Historia compendiosa dynastiarum*, Oxford 1663, suppl., 1672. Trad. allemande G. L. BAUER, *Des Gregorius Abulfaradsch Kurze Geschichte der Dynastien*, 2 vol., Leipzig 1783-1785. Nouvelle éd. A. SĀLḤĀNĪ, Beyrouth 1890, rééd. Beyrouth 1958. Dans la suite de cet article, les références au *Muḫtaṣar* renvoient à cette dernière édition (citée : *Muḫtaṣar*). Yvon Le Bastard prépare une traduction française de cet ouvrage.

8. Plus précisément, onze dynasties dans le *Chronicon syriacum* et dix dans le *Muḫtaṣar* qui joint au chapitre 5 le bref chapitre 6 du *Chronicon*.

9. Appelés Huns dans la Chronique syriaque et Tatars dans le *Muḫtaṣar*.

10. Voir F. MICHEAU, Le *Kāmil* d'Ibn al-Aṯīr, source principale de l'Histoire des Arabes dans le *Muḫtaṣar* de Bar Hebraeus, à paraître dans les Mélanges en l'honneur de Louis Pouzet. Sur la comparaison entre le *Chronicon* et le *Muḫtaṣar*, voir S. R. TODT, Die syrische und die arabische Weltgeschichte des Bar Hebraeus – ein Vergleich, *Der Islam* 65, 1988, p. 60-80 ; CONRAD, On the Arabic Chronicle, cité *supra* n. 6, p. 319-378 ; D. AIGLE, Communication au Colloque « Lectures historiques des chroniques médiévales » qui s'est tenu à Damas en décembre 2003. Les comparaisons de Suzanne R. Todt et de Denise Aigle portent uniquement sur la dernière partie des chroniques, correspondant à l'époque de l'auteur, tandis que celle de Lawrence I. Conrad porte principalement sur le premier chapitre relatif à l'histoire biblique. L'une des principales originalités du *Muḫtaṣar* réside dans l'addition de biographies de savants, surtout chrétiens, voir Y. M. ISḤĀQ, Ḫaṣā'iṣ ta'rīḫ muḫtaṣar al-duwal, *Aram* 1, 1989, p. 173-198, spéc. p. 182-192 ; TODT, Die syrische und die arabische Weltgeschichte, cité *supra*, p. 68-73 ; et ma contribution, à venir, dans les Mélanges en l'honneur de Gérard Troupeau.

11. Le problème du lectorat auquel était destiné cet ouvrage n'est pas résolu. Bar Hebraeus ne fournit, dans son introduction, aucune indication sur ce point, mais son frère Bar Ṣawmā affirme qu'il l'avait rédigé dans les derniers jours de sa vie à la demande d'amis musulmans. Cette allégation, couramment répétée, a été critiquée par Lawrence I. Conrad qui, eu égard au contenu du *Muḫtaṣar*, penche pour un public chrétien arabophone (article cité note précédente). Il serait peut-être plus juste, ainsi que l'a suggéré Denise Aigle lors du Colloque de Damas (voir note précédente), de distinguer non pas des publics séparés par leur religion, mais des traditions historiographiques différentes.

un récit ample et complexe, puisé à des sources diverses dont il convient de faire une analyse aussi précise que possible pour conclure à la place que Bar Hebraeus accordait aux croisades et aux Francs dans sa vision de l'histoire des Arabes[12].

Le tableau ci-après, dans lequel j'ai indiqué tous les passages de la Chronique syriaque relatifs à l'histoire des croisades et des États latins[13], montre que ceux-ci relèvent d'un mode d'écriture historique que l'on peut désigner sous le terme de « compilation annalistique ». En effet, Bar Hebraeus, comme il le dit lui-même dans l'introduction, s'est appuyé sur les nombreux ouvrages, arabes et persans, que lui offrait la bibliothèque de Marāġa[14]. Sa chronique se présente comme une sélection de récits puisés à diverses sources, syriaques et arabes, sans que les auteurs utilisés soient mentionnés, et juxtaposés par ordre chronologique, selon un double système : l'année qu'il appelle des Grecs, c'est-à-dire l'ère des Séleucides utilisée par les auteurs syriaques, et l'année qu'il appelle des Arabes, c'est-à-dire l'année hégirienne, sans que l'emploi de l'un ou l'autre de ces computs soit lié à la source utilisée[15]. Néanmoins il ressort également de ce tableau que le traitement de la geste des Francs en Orient est très inégal selon les périodes, et ce pour des raisons qu'il est peut-être possible d'élucider en référence aux sources dont Bar Hebraeus disposait et au contexte dans lequel il écrivait. On peut distinguer trois grands ensembles : le XIIe siècle jusqu'aux interventions de Nūr al-Dīn en Égypte, le règne de Saladin, et le XIIIe siècle.

Pour la période allant de la première croisade à l'avènement de Saladin, Bar Hebraeus traite principalement l'histoire de la Syrie, de la Haute-Mésopotamie et de l'Irak (en particulier les relations complexes entre califat et sultanat). De nombreux passages de cette relation annalistique fragmentée se rapportent aux Francs, acteurs parmi d'autres du jeu politique de l'heure[16]. Ces pages sont puisées d'une part chez Michel le Syrien, d'autre part chez des chroniqueurs arabes. Bar Hebraeus souligne dès l'introduction sa dette à l'égard de Michel le Syrien qu'il appelle Mār Michel[17] et il y fait explicitement référence à plusieurs reprises, soit pour en souligner l'originalité, ainsi à propos du tribut versé par Damas après l'échec du siège de la ville par les troupes de la seconde croisade[18], soit pour en relever les

12. Je laisse ici de côté l'étude de la chronique ecclésiastique où l'on pourrait pourtant relever des passages nombreux et significatifs sur les interventions des autorités franques dans l'histoire des patriarches, notamment lors des conflits à l'occasion d'une élection. Ces pages mériteraient assurément d'être traduites dans une langue européenne moderne.

13. À l'exclusion des passages relatifs à l'histoire du royaume arménien de Cilicie (sauf dans ses relations avec la principauté d'Antioche) et à celle de l'empire latin de Constantinople.

14. *Chronography*, p. 2. Sur les sources de Bar Hebraeus, voir la présentation très générale de Y. M. Isḥāq, Maṣādir Abī l-Farağ al-Malaṭī al-ta'rīḫiyya wa aṯarihā fī manāhiğihi, *Aram* 1, 1989, p. 149-172.

15. Au sujet de la remise de Malaṭya à Dānišmend, Bar Hebraeus recopie le récit de Michel le Syrien, qui donne la date de 1415 des Grecs, puis il ajoute que, dans certains livres arabes, il a trouvé 1412 au lieu de 1413 (*Chronography*, p. 237).

16. Il en est ainsi du traitement des croisades dans la plupart des chroniques arabes, voir sur ce point F. Micheau, Les croisades vues par les historiens arabes d'hier et d'aujourd'hui, *Le Concile de Clermont de 1095 et l'appel à la Croisade. Actes du Colloque Universitaire International de Clermont-Ferrand (23-25 juin 1995)*, Rome 1997 (Collection de l'École française de Rome 236) (= *Les relations des pays d'Islam avec le monde latin du milieu du xe au milieu du xiiie siècle*, éd. F. Micheau, Paris 2000, p. 52-71).

17. *Chronography*, p. 1. Michel le Syrien, patriarche jacobite d'Antioche de 1169 à 1199, rédigea en langue syriaque une chronique universelle de grande valeur et largement diffusée. Éd. et trad. J.-B. Chabot, 4 vol., Paris 1899-1914.

18. « Bien que je me sois référé à cinq ouvrages arabes différents, je n'ai trouvé ce fait mentionné dans aucun. Seul le Béni Mār Michel l'a consigné dans son ouvrage » (*Chronography*, p. 274). Cette remarque

erreurs notamment chronologiques, par exemple à propos de la date de la prise d'Ascalon[19]. Les emprunts à Michel le Syrien sont aisément repérables, que Bar Hebraeus le recopie textuellement[20], ou qu'il le reprenne en l'allégeant notamment des jugements moraux et des explications théologiques, ou encore qu'il le résume. Mais Bar Hebreaus est loin de reprendre toute l'information fournie par son prédécesseur, et il est malaisé de comprendre ses choix : certains épisodes sont retenus, alors que l'historien d'aujourd'hui les considérera volontiers comme très secondaires, d'autres au contraire sont omis, alors qu'ils seraient nécessaires à une bonne compréhension de l'enchaînement historique.

Les sources arabes sont, quant à elles, difficiles à identifier. Dans le passage déjà évoqué à propos du tribut versé par Damas[21], Bar Hebraeus dit explicitement avoir consulté cinq ouvrages arabes. Que n'a-t-il donné leur titre ! La comparaison avec l'histoire universelle rédigée par Ibn al-Aṯīr à Mossoul au début du XIIIe siècle[22] montre des parentés certaines, tout en laissant à penser que Bar Hebraeus n'a pas utilisé directement le célèbre chroniqueur, mais plutôt les mêmes sources que lui, car il donne parfois des précisions qu'Ibn al-Aṯīr n'a pas jugé bon de conserver. Le passage relatif au début de l'année 1111 en fournit deux preuves peu discutables. La première porte sur le montant du tribut versé par Riḍwān à Tancrède : alors qu'Ibn al-Aṯīr écrit « 32 000 pièces d'or sans compter les chevaux et les étoffes[23] », Bar Hebraeus indique « 32 000 pièces d'or, 20 chevaux arabes et 40 balles d'étoffe de luxe[24] ». Cette précision se trouve sous la plume d'Ibn Abī Ṭayyi', historien shi'ite d'Alep dont malheureusement l'importante chronique n'a pas été conservée mais, faible et utile compensation, est citée largement par Ibn al-Furāt[25] et, plus

montre, par ailleurs, que Bar Hebraeus ne connaissait pas la chronique syriaque anonyme composée vers 1240, puisque celle-ci mentionne également le versement du tribut. Cf. *Anonymi auctoris chronicon ad A.C. 1234 pertinens*, trad. A. ABOUNA, introd. et notes J.-M. FIEY, Louvain 1974 (Corpus Scriptorum Christianorum Orientalium 354. Scriptores Syri 154), § 434, p. 112. H. A. GIBB, A. S. TRITTON, The First and Second Crusades from an Anonymous Syriac Chronicle, *Journal of the Royal Asiatic Society* 1933, p. 69-101 et 273-305, avaient déjà montré que Bar Hebraeus n'avait pas utilisé l'Anonyme (voir p. 304-305).

19. « Ce qui est exact c'est que les Francs prirent Ascalon en l'année 548 des Arabes, qui correspond à l'année 1465 des Grecs, alors que Mār Michel affirme que cette conquête eut lieu l'année précédente » (*Chronography*, p. 280). De même, Bar Hebraeus corrige Michel le Syrien pour le nom de l'émir victorieux des Francs à la bataille de l'*Ager Sanguinis* (*Chronography*, p. 249).

20. Il est même quelques cas où le texte syriaque du *Chronicon* a permis à Chabot de suppléer les lacunes du manuscrit de Michel le Syrien (voir par exemple 3, p. 314 n. 5).

21. Voir n. 18.

22. IBN AL-AṮĪR, *al-Kāmil fī l-ta'rīḫ*, éd. C. J. TORNBERG, *Ibn-al-Athiri chronicon quod perfectissimum inscribitur*, 12 vol., Leyde 1851-1876 ; rééd. avec index 13 vol., Beyrouth 1965-1967. Dans les notes ci-après comme dans le tableau, les références renvoient à l'édition de Tornberg. Les passages relatifs aux croisades sont également édités et traduits dans *RHC Or.*, I et II.

23. IBN AL-AṮĪR, *al-Kāmil*, cité note précédente, année 504, X, p. 338 ; *RHC Or.*, I, p. 279. De son côté, l'historien de Damas Ibn al-Qalānisī donne un montant de « 20 000 dinars, 10 chevaux et des étoffes » (IBN AL-QALĀNISĪ, *Ḏayl ta'rīḫ Dimašq*, trad. R. LE TOURNEAU, *Damas de 1075 à 1154*, Damas 1952, p. 99).

24. *Chronography*, p. 244.

25. Cl. CAHEN avait déjà souligné dans sa thèse, *La Syrie du Nord à l'époque des croisades et la principauté franque d'Antioche*, Paris 1940, l'importance d'Ibn Abī Ṭayyi' pour l'histoire du Proche-Orient au XIIe siècle. Voir aussi Cl. CAHEN, Une chronique chiite au temps des croisades, *Comptes rendus de l'Académie des Inscriptions et Belles-Lettres* 1935, p. 258-259. Depuis quelques années Anne-Marie Eddé s'emploie à rassembler en vue d'une édition les passages dispersés d'Ibn Abī Ṭayyi' chez Ibn al-Furāt et autres compilateurs. Je ne saurais assez remercier cette collègue et amie d'avoir mis à ma disposition sa transcription du manuscrit d'Ibn al-Furāt. Pour le passage relatif au tribut versé par Riḍwān, voir la citation d'Ibn Abī Ṭayyi' dans IBN AL-FURĀT, *Ta'rīḫ al-duwal wa l-muluk*, Ms. Vienne AF 117, t. 1, fol. 46r.

épisodiquement, par d'autres auteurs du XIIIe siècle[26]. La seconde est relative au pillage de navires marchands égyptiens par des Génois. Là encore Bar Hebraeus fournit plus de détails qu'Ibn al-Aṯīr qui, pour sa part, ne parle que de Francs (et non de Génois) et se contente d'évoquer un important butin[27]. C'est de nouveau sous la plume d'Ibn Abī Ṭayyi' que l'on trouve des renseignements analogues à ceux fournis par Bar Hebraeus[28]. Il est impossible de savoir si Bar Hebraeus a eu entre les mains la chronique d'Ibn Abī Ṭayyi', qu'il aurait pu se procurer à Alep, ou s'ils utilisent l'un et l'autre une source commune, par exemple le fameux ouvrage de Ḥamdān ibn ʿAbd al-Raḥīm[29]. En bien des passages, Bar Hebraeus apparaît indépendant d'Ibn al-Aṯīr, ou apporte des précisions inédites[30], ou encore, dans de rares cas, relate des épisodes curieux bien éloignés de l'historiographie connue[31]. Le travail de compilation, qui fut celui de l'historien syriaque, montre, si besoin était, la richesse et la complexité de l'historiographie arabe du XIIe siècle, et notre méconnaissance de nombre de ses productions[32].

Le recours à des sources d'origines diverses et multiples caractérise l'œuvre historique de Bar Hebraeus comme de bien des chroniqueurs orientaux. Il relève moins d'une « interpénétration confessionnelle[33] » que de l'appartenance au même espace culturel : qu'ils soient chrétiens ou musulmans, qu'ils écrivent en syriaque ou en arabe, ces historiens orientaux partagent la même conception de l'histoire entendue comme la consignation, chronologiquement ordonnée, de récits juxtaposés.

À partir des années 1160-1170, lorsque l'Égypte devient l'enjeu d'une âpre rivalité entre Amaury, roi de Jérusalem, Nūr al-Dīn, prince de Syrie, et Šāwar, vizir fatimide, la Chronique syriaque est centrée sur la geste de Saladin et on y trouve tout naturellement de longues pages sur les guerres menées par le sultan contre les Francs, sur la grande campagne de 1187 et la reconquête de Jérusalem, sur la troisième croisade et la reprise d'Acre. Si les débuts de cette épopée, notam-

26. Notamment ABŪ ŠĀMA, *Kitāb al-Rawḍatayn fī aḫbār al-dawlatayn*, éd. Le Caire 1287-1292H/1871-1875. Nouvelle éd. M. ḤILMĪ, M. AḤMAD, I, 1 (années 510-558), I, 2 (années 559-573) révisé par M. ZIĀDA, II, 1 (années 574-583), Le Caire 1956, rééd. Le Caire 1996-1998. Éd. et trad. française des passages relatifs aux croisades dans *RHC Or.*, IV et V.

27. *Chronography*, p. 244. IBN AL-AṮĪR, *al-Kāmil*, année 504, X, p. 338-339 ; *RHC Or.*, I, p. 279.

28. IBN AL-FURĀT, *Ta'rīḫ*, cité *supra* n. 25, 1, fol. 48r. Voir la traduction de ce passage dans A.-M. EDDÉ, Francs et musulmans de Syrie au début du XIIe siècle d'après l'historien Ibn Abī Ṭayyi', *Dei gesta per Francos. Études sur les croisades dédiées à Jean Richard*, Aldershot 2001, p. 168.

29. Ce gentilhomme syrien passé au service des Francs rédigea une histoire de la première croisade et de ses lendemains, commençant en 1097 et s'achevant en 1126, malheureusement perdue. Voir CAHEN, *La Syrie du Nord*, cité *supra* n. 25, p. 41-42.

30. Par exemple, le récit de l'hommage prêté par la veuve de Kogh Vâsil à Aq-Sunqur al-Bundārī où Bar Hebraeus rapporte, entre autres détails, que la princesse arménienne s'adressa au prince turc en arabe (comparer *Chronography*, p. 247 avec IBN AL-AṮĪR, *al-Kāmil*, année 508, X, p. 351-352 ; *RHC Or.*, I, p. 293, et IBN AL-FURĀT, *Ta'rīḫ*, 1, fol. 79r-80v.).

31. Sous l'année 515/1121-2 (*Chronography*, p. 249), Bar Hebraeus raconte qu'Īlġāzī, le prince artukide de Mārdīn, ayant été prévenu par l'Empereur de Constantinople, fit face à un débarquement de Francs en Syrie. Autre exemple, Bar Hebraeus évoque (*Chronography*, p. 254) une victoire remportée par les Francs sur les Ismaéliens en 523/1128-9 alors que les sources arabes connues parlent pour cette date d'un massacre des Ismaéliens par le prince bouride de Damas.

32. Voir à ce sujet A.-M. EDDÉ, Sources arabes des XIIe et XIIIe siècles d'après le dictionnaire biographique d'Ibn al-ʿAdīm (*Buġyat al-ṭalab fī ta'rīḫ Ḥalab*), *Itinéraires d'Orient. Hommages à Claude Cahen*, éd. R. CURIEL, R. GYSELEN, Bures-sur-Yvette 1994 (Res Orientales 6), p. 293-308.

33. Pour reprendre l'expression de Cl. CAHEN, Al-Makīn Ibn al-ʿAmīd et l'historiographie musulmane : un cas d'interpénétration confessionnelle, *Orientalia Hispanica, sive Studia F.M. Pareja octogenario dicata*, I, 1, Leyde 1974, p. 158-167.

ment la relation des expéditions d'Amaury en Égypte, sont encore empruntés à Michel le Syrien[34], on relève ensuite une certaine parenté entre la chronique de Bar Hebraeus et les deux ouvrages de ʿImād al-Dīn al-Iṣfahānī, le célèbre biographe du sultan : *al-Fatḥ al-qussī fī l-fatḥ al-Qudsī* et surtout *al-Barq al-Šāmī*. Le premier est conservé et facile à consulter[35], mais le second n'est plus accessible que dans le résumé établi au XIIIe siècle par al-Bundārī et surtout dans les larges extraits cités par Abū Šāma[36]. ʿImād al-Dīn a été largement utilisé par tous les chroniqueurs qui ont traité du règne de Saladin, à commencer par Ibn al-Aṯīr et Abū Šāma, et il est impossible de déterminer par quelle voie Bar Hebraeus a eu accès au texte original. En tout cas, il le connaissait fort bien comme le montrent nombre de détails qu'il lui emprunte. Par exemple, celui-ci : après avoir relaté la défaite subie par Saladin à Montgisard, Bar Hebraeus introduit, avec la formule classique marquant une citation (« Le chroniqueur dit »), l'évocation pittoresque, empruntée à ʿImād al-Dīn, de la manière dont ce désastre a été annoncé au Caire par les crieurs publics pour laisser croire à une victoire[37]. Ou encore celui-là : à propos du combat singulier qui opposa un champion de chaque camp à l'ouverture de la bataille de Ḥiṭṭīn, Bar Hebraeus donne le nom du héros musulman, un certain Manġūras, détail que l'on trouve seulement dans *al-Barq al-Šāmī*[38]. En revanche, la provenance d'autres passages, où Bar Hebraeus semble original, comme la démarche entreprise par les Francs en 1174 auprès de Saladin pour dénoncer ses ambitions à l'égard d'Alep[39] ou le rôle important accordé au roi Guy de Lusignan lors de la reddition d'Ascalon, reste à établir.

Saladin bénéficia, comme on le sait, de deux grands biographes, le chancelier ʿImād al-Dīn al-Iṣfahānī, et le cadi Bahā' al-Dīn Ibn Šaddād. Celui-ci, entré au service du sultan en 1188, a rédigé les *Nawādir al-sulṭāniyya wa l-maḥāsin al-Yūsufiyya*[40] en s'appuyant, pour les années qui précèdent 1188, sur des relations de seconde main, et ensuite sur sa propre observation. Cette dernière partie constitue bien évidemment un témoignage de grand intérêt, d'autant que, malgré son admiration pour le sultan qu'il a côtoyé et servi, son récit reste plus mesuré que celui

34. Encore que celui-ci s'appuyait de manière évidente sur une relation arabo-musulmane comme le suggèrent les parallèles avec Ibn al-Aṯīr indiqués dans le tableau ci-après. Néanmoins Bar Hebraeus semble bien recopier ici directement Michel le Syrien ainsi que l'atteste leur même jugement négatif sur l'occupation de l'Égypte par Šīrkūh (Michel le Syrien, t. III, p. 333 et *Chronography*, p. 294) alors qu'Ibn al-Aṯīr y voit un heureux événement (IBN AL-AṮĪR, *al-Kāmil*, année 564, XI, p. 223 ; *RHC Or.*, I, p. 558).

35. Éd. C. DE LANDBERG, Leyde 1888 ; trad. française H. MASSÉ, *Conquête de la Syrie et de la Palestine par Saladin*, Paris 1972.

36. AL-BUNDĀRĪ, *Sanā Barq al-Šāmī*, éd. F. AL-NABARĀWĪ, Le Caire 1979. ABŪ ŠĀMA, *Kitāb al-Rawḍatayn*, cité *supra* n. 26. L'année 575 de l'ouvrage original de ʿImād al-Dīn al-Iṣfahānī a été conservée : éd. et trad. allemande dans L. RICHTER-BERNBURG, *Der syrische Blitz. Saladins Sekretär, zwischen Selbstdarstellung und Geschichtsschreibung*, Beyrouth-Stuttgart 1998 (Beiruter Texte und Studien 52).

37. *Chronography*, p. 308. Pour le parallèle dans ʿImād al-Dīn, voir RICHTER-BERNBURG, *Der syrische Blitz*, cité note précédente, p. 295, ou la citation faite par ABŪ ŠĀMA, *Kitāb al-Rawḍatayn*, I, 2, p. 702 ; *RHC Or.*, IV, p. 188.

38. D'après ABŪ ŠĀMA, *Kitāb al-Rawḍatayn*, II, 1, p. 253 ; *RHC Or.*, IV, p. 268.

39. Encore qu'Abū Šāma rapporte, mais de manière différente, une députation des Francs auprès de Saladin lorsque celui-ci marche contre Alep (ABŪ ŠĀMA, *Kitāb al-Rawḍatayn*, I, 2, p. 611 ; *RHC Or.*, IV, p. 168). Voir M. C. LYONS, D. E. P. JACKSON, *Saladin. The Politics of the Holy War*, Cambridge, rééd. 1997, p. 88.

40. Éd. Ǧ. AL-D. ŠAYYĀL, Le Caire 1964. Dans les notes ci-après comme dans le tableau, les références renvoient à cette édition. Trad. angl. D. S. RICHARDS, *The Rare and Excellent History of Saladin*, Ashgate 2001. Éd. et trad. française des passages relatifs aux croisades dans *RHC Or.*, III.

de ʿImād al-Dīn al-Iṣfahānī. Or c'est précisément cet ouvrage que Bar Hebraeus utilise – directement ou non – pour les dernières années du règne de Saladin, notamment pour la longue relation du siège d'Acre et des pourparlers entre Francs et musulmans. L'historien d'aujourd'hui ne peut qu'admirer cette connaissance des sources arabes, cette capacité à suivre, du moins dans ce cas, celle qui semble la meilleure, même s'il regrette par là-même l'absence de référence.

Une anecdote plaisante, relative à la rançon demandée par les Francs à deux prisonniers d'Acre, confirme, si besoin était, cette familiarité du prélat syriaque avec la littérature arabe. L'histoire met en scène Qarāqūš, un fonctionnaire important de l'entourage de Saladin, que l'on voit ici exigeant de payer non pas huit dinars comme les Francs le lui demandaient, mais trente dinars comme Ibn Mašṭūb. Et Bar Hebraeus ajoute : « Il y a d'autres histoires à son sujet du même genre. Un poète a composé un livre entier sur Qarāqūš qui a été publié après sa mort[41]. » De fait, ce dignitaire est curieusement passé à la postérité comme prototype de la bêtise, et nombre d'anecdotes rapportant des jugements absurdes ont été rassemblées dans un ouvrage intitulé *Kitāb al-Fāšūš fī aḥkam Qarāqūš*, dont il existe plusieurs manuscrits mais dont l'origine reste incertaine[42].

D'une manière générale, Bar Hebraeus se fait l'écho d'une tradition historiographique arabo-musulmane, dont on sait la place qu'elle a accordée à la geste de Saladin. Le chroniqueur syriaque l'écrit lui-même : « Nous avons décrit un peu longuement cette conquête [il s'agit de la reprise d'Acre par les croisés et du massacre des prisonniers musulmans] parce qu'elle est célèbre chez les Arabes et qu'ils ont écrit des ouvrages entiers sur les tribulations que les Arabes ont alors endurées du fait des Francs[43]. » Le message est clair : l'histoire de la troisième croisade – qui n'est évidemment pas désignée comme telle – appelait ces longs développements parce qu'elle est importante aux yeux des Arabes.

Cette Chronique syriaque, qui semble s'inscrire pleinement dans les cadres d'une historiographie arabo-musulmane, n'en reste pas moins sensible à des préoccupations propres aux communautés chrétiennes d'Orient. Tout comme Michel le Syrien, mais de manière plus discrète, Bar Hebraeus n'hésite pas à rappeler leurs malheurs, et à se faire ainsi l'écho des tribulations de son Église. Relatant très rapide-ment les chevauchées victorieuses de Saladin durant l'été 1187, il insère dans un récit proche des sources arabes cette phrase empruntée à Michel le Syrien : « Il est impossible de décrire les outrages, les injures et les insultes que les chrétiens qui vivaient sous la domination des Arabes eurent alors à subir[44]. »

Par ailleurs, Bar Hebraeus passe sous silence certains épisodes, présents dans les sources arabes dont il est proche, et cela pour des raisons qui ne sont peut-être pas anodines. Alors qu'il rapporte longuement les péripéties de la bataille de Ḥiṭṭīn, il omet la prise de la vraie Croix dont ʿImād al-Dīn al-Iṣfahānī et, à sa suite, Ibn al-Aṯīr et Abū Šāma, ont pourtant souligné que ce fut pour les Francs « un terrible malheur[45] ». Peut-on penser que Bar Hebraeus a préféré taire un épisode qui

41. *Chronography*, p. 340.
42. Voir l'article Ḳarāḳūsh (M. Sobernheim) dans *EI²*.
43. *Chronography*, p. 336. Et la date qu'il donne, 7e mois de l'année 587 des Arabes (25 juillet-23 août 1191) correspond à celle du massacre des prisonniers musulmans, et non à celle de la prise de la ville par les Francs (12 juillet 1191).
44. *Chronography*, p. 325 et Michel le Syrien, 3, p. 404.
45. ʿImād al-Dīn, *Conquête de la Syrie*, cité *supra* n. 34, p. 29. Voir aussi Ibn al-Aṯīr, *al-Kāmil*, XI, p. 353 ; *RHC Or.*, I, p. 685, et Abū Šāma, *Kitāb al-Rawḍatayn*, II, 1, p. 258 ; *RHC Or.*, IV, p. 274.

renvoie à la vénération de la croix par les chrétiens, alors que cette pratique est un argument constamment répété de la polémique musulmane anti-chrétienne ? De même, Bar Hebraeus n'accorde aucune place dans sa chronique aux mesures prises par Saladin pour rendre à l'islam les lieux de culte de la ville de Jérusalem au lendemain de sa reconquête. En revanche, il n'omet pas de rapporter que le sultan laissa quatre moines francs dans l'église de la Résurrection et que peu après ce fut le patriarche grec qui en reçut la charge[46]. Bar Hebraeus a-t-il voulu mettre de côté un sujet de discorde en minimisant les conséquences, pour les communautés chrétiennes, du retour de la Ville sainte aux musulmans ?

Après la mort de Saladin, la Chronique syriaque devient rapidement bien peu prolixe quant à l'histoire des croisades et des États latins. Pour les trois premières décennies du XIIIe siècle, Bar Hebraeus peut encore recourir à Ibn al-Aṯīr (dont l'histoire universelle court jusqu'à l'année 628/1230-1) lui empruntant notamment le récit de la prise de Constantinople en 1204[47]. Il semble utiliser par ailleurs une source syriaque ou nord-mésopotamienne que je n'ai pu identifier, qui lui a fourni des récits différents, parfois plus détaillés, que ceux jusqu'ici connus pour les rapports entre Antioche et la Cilicie arménienne[48].

À partir des années 1230, la geste des Francs sort de l'horizon historique de Bar Hebraeus. Sans doute parce que l'historien ne dispose plus de l'appui des sources arabes qu'il a jusque-là utilisées, mais surtout parce que sa chronique s'organise désormais autour de la geste des Mongols[49]. L'inquiétude qu'Ibn al-Aṯīr exprime en un passage célèbre sous l'année 614/1217-1218 reparaît dans une formulation très proche chez Bar Hebraeus : « Cette année-là la crainte saisit les Arabes, non seulement du fait des Francs, qui étaient venus de l'ouest, mais plus encore du fait des Tatars, qui ont surgi de l'est, sont venus jusqu'à Hamaḏān, l'Azerbaïdjan et Arrān, commettant de terribles atrocités dans toute la Perse[50]. » On peut penser que les deux chroniqueurs reflètent un sentiment largement partagé parmi les habitants du Proche-Orient, celui qu'à une menace – celle des Francs venus de l'Occident – succède une autre menace autrement plus grave – celle des Mongols venus de l'Orient. Quoi qu'il en soit, les quelques pages éparses de la dernière partie de la Chronique syriaque semblent relever d'informations circulant à la cour mongole, et qui ne sont pas toujours fiables, du moins telles qu'elles nous sont parvenues. Ainsi, pour le récit de la septième croisade. Bar Hebraeus est le seul auteur oriental à mentionner que la reine Marguerite a donné naissance à un fils à Damiette durant l'emprisonnement du roi Louis IX. Mais il ajoute qu'à cette occa-

46. *Chronography*, p. 327. On trouve la mention des quatre desservants chrétiens dans Abū Šāma (d'après ʿImād al-Dīn), ABŪ ŠĀMA, *Kitāb al-Rawḍatayn*, II, 1, p. 364 ; *RHC Or.*, IV, p. 340.

47. *Chronography*, p. 357-359. IBN AL-AṮĪR, *al-Kāmil*, XII, p. 127-128, *RHC Or.*, II, p. 92-95.

48. Voir *Chronography*, p. 370 (entrée à Antioche de Léon qui fait prince son neveu Raymond Roupen et complot de celui-ci contre son oncle), p. 371 (élimination par Bohémond de Raymond Roupen qui se rend à Damiette), p. 380-381 (mariage de la princesse arménienne Isabelle avec Philippe d'Antioche, complot contre Philippe, fuite d'Isabelle auprès des Hospitaliers de Selekfê), p. 389-390 (remise par les Hospitaliers de la forteresse de Selekfê à Constantin et sacre d'Isabelle et de Constantin à Tarse). Sur le caractère précis de ces récits, comparés avec la principale source arménienne, voir les remarques de G. DÉDÉYAN dans sa traduction de *La Chronique attribuée au Connétable Smbat*, Paris 1980 (Documents relatifs à l'histoire des croisades publiés par l'Académie des Inscriptions et Belles-lettres 13), p. 29 et p. 97 n. 27.

49. On sait l'intérêt que présente la Chronique syriaque pour l'histoire de la conquête mongole et plus encore des Ilḫāns mongols de Perse. Denise Aigle et Georges Bohas préparent une traduction française annotée de cette partie, et on ne peut qu'espérer voir rapidement aboutir ce travail.

50. *Chronography*, p. 371. Voir IBN AL-AṮĪR, *al-Kāmil*, XII, p. 213 ; *RHC Or.*, II, p. 119-120.

sion le sultan al-Muʿaẓẓam fit envoyer de somptueux cadeaux à la reine, ce qui est peu probable. De surcroît il affirme qu'al-Muʿaẓẓam libéra saint Louis contre le gré des émirs de son père, ce qui lui valut d'être exécuté, alors que ce sont les mamelouks Baḥriyya, mécontents de voir al-Muʿaẓẓam les écarter du pouvoir au profit de ses propres mamelouks, qui commirent cet assassinat[51].

De cette lecture, qui met en valeur les matériaux utilisés par Bar Hebraeus, se dégage l'impression qu'il ne porte pas sur les relations militaires entre Francs et musulmans un point de vue différent de celui qu'expriment les chroniques arabes. Ce qui n'exclut pas, ci et là, l'expression des préoccupations de ce prélat sensible aux intérêts propres de sa communauté. Or, si les historiens contemporains ont diversement jugé l'attitude des chrétiens d'Orient à l'égard des Francs[52], la plupart soulignent que les jacobites, qui n'ont guère été lésés par la création des États latins, ont perçu leur sort comme lié à celui des croisés et notent que les deux communautés ont entretenu des relations plutôt cordiales, ce que refléterait l'historiographie syriaque. Or, Bar Hebraeus, parce qu'il vivait sous la domination mongole dans la seconde moitié du XIIIe siècle, ne participe guère d'une telle vision des événements. Il semble bien davantage partager avec ses contemporains chrétiens et musulmans le sentiment d'un destin commun aux populations du Proche-Orient et une conception théophanique de l'histoire où Dieu est le maître des victoires et des défaites. Son style narratif, volontiers impersonnel[53], le conduit à rapporter avec autant de détachement les succès des croisés et ceux des musulmans. La geste des Francs est intégrée à celle des souverains de Syrie, sans que ces acteurs nouveaux suscitent solidarité ou hostilité. Seuls les Byzantins – lorsque Bar Hebraeus reprend Michel le Syrien – font parfois l'objet de jugements dépréciatifs. Dans la perspective d'une histoire communautaire, destinée à enseigner et à conforter les chrétiens syriaques, croisades et croisés ne jouent pas de rôle particulier. Écrivant en une région et à une époque où les Francs ne représentent plus une véritable menace pour les territoires de l'Islam ni un possible soutien pour les communautés chrétiennes d'Orient comme au temps de Michel le Syrien, Bar Hebraeus n'avait sans doute guère de raison d'apporter une opinion personnelle sur les Francs, à l'égard desquels il n'exprime aucune fraternité confessionnelle. Si les chrétiens latins d'hier, comme certains Occidentaux d'aujourd'hui, ont parfois pensé que les chrétientés orientales auraient pu jouer un rôle d'intermédiaires entre Orient musulman et Occident chrétien, l'œuvre historique de Bar Hebraeus montre que, du moins au XIIIe siècle et pour l'Église syriaque, il n'en fut rien.

Françoise Micheau
Université Paris I

51. *Chronography*, p. 415. Voir A.-M. Eddé, Saint Louis et la Septième croisade vus par les auteurs arabes, *Cahiers de Recherches Médiévales (XIIIe-XVe siècle). Croisades et Idée de Croisade à la fin du Moyen-Âge*, 1, 1996, p. 65-92, en particulier la note 54 (= *Les relations des pays d'Islam avec le monde latin*, cité *supra* n. 15, p. 72-111).
52. Voir notamment Ph. K. Hitti, The Impact of the Crusades on Eastern Christianity, *Medieval and Middle Eastern Studies in Honor of Aziz Suryal Atiya*, éd. S. A. Hanna, Leyde 1972, p. 211-217 ; J.-M. Fiey, Chrétiens syriaques entre Croisés et Mongols, *Symposium Syriacum 1972*, Rome 1974 (Orientalia Christiana Analecta 197), p. 327-341 ; J. Prawer, Social Classes in the Crusader States : the « Minorities », *A History of the Crusades*, dir. K. M. Setton, 5. *The Impact of the Crusades on the Near East*, éd. N. P. Zacour, H. W. Hazard, Madison 1985, p. 59-115.
53. Ce qui lui est parfois reproché, voir notamment J. B. Segal, Syriac chronicles as a source material for the Islamic Peoples, *Historians of the Middle East*, éd. B. Lewis, J. P. M. Holt, Londres 1962, p. 257-258.

Les croisades dans la Chronique syriaque

Événements rapportés[a]	Année[b]	Page[c]	Source possible[d]
Origine de la première croisade (souffrances des pèlerins à Jérusalem)	1408 G [1097]	234	MS 182 (un peu résumé)
Conquêtes en Espagne			Voir IA (année 491) X 185 *RHC Or.*, I 189
Passage à Constantinople		234	MS 183 (recopié)
Siège et prise d'Antioche [Cahen 211-215]		234-235	Voir IA (année 491) X 187-188 *RHC Or.*, I 192-193 (proche)
Découverte de la Sainte Lance et victoire sur les Turcs [Cahen 217-218]		235	MS 184 (résumé)
Avance en Syrie, Maʿarrat al-Nuʿmān, Arqa, Šayzar, etc. [Prawer I 216-218]		235	Voir IA (année 491) X 190 *RHC Or.*, I 196-197 (proche)
Siège et prise de Jérusalem [Prawer I 223 s.]		235-236	Voir IA (année 492) X 193-194 *RHC Or.*, I 197-199 (proche)
Godefroy et Baudouin, rois de Jérusalem [Prawer I 236-237 et 264]		236	MS 185 (recopié)
Victoire d'Ascalon sur les forces d'Égypte [Prawer I 252-253]		236	Voir IA (année 492) X 193-194 *RHC Or.*, I 202 (résumé)
Appel de Gabriel à Bohémond, capture de Bohémond, remise de Malaṭya à Dānišmend, libération de Bohémond [Cahen 228-229, 232 et 235]	1413 G [1102] pour la remise de Malaṭya	236-237	MS 188-189 (recopié)
Entreprises de Raymond de Saint-Gilles autour de Tripoli [Prawer I 282-284]	1414 G [1103]	237-238	Voir IA (année 495) X 237 *RHC Or.*, I 211-212 et 213 (proche)
Accords entre Ǧawālī de Mossoul et Baudouin d'Antioche, Riḍwān d'Alep et Tancrède d'Édesse ; victoire de ces derniers [Cahen 249-250]	502 A [août 1108-sept. 1109]	241-243	Voir IA (année 502) X 321-327 *RHC Or.*, I 260-268 (proche mais très résumé)
Chute de Tripoli [Prawer I 284-285]	1421 G [1110]	243	Voir IA (année 503) X 333-334 *RHC Or.*, I 273-274 (une seule phrase)
Attaques de Tancrède contre Manbiğ et Bālis [Cahen 259]	« année suivante »	243	Voir IA (année 504) X 338 *RHC Or.*, I 278 (proche)

Tributs versés par Riḍwān et plusieurs princes francs à Tancrède [Cahen 260]		244	Voir IA (année 504) X 338 *RHC Or.*, I 279 (détails empruntés à IAT, voir IF I 46r)
Pillage de bateaux marchands égyptiens par les Francs		244	Voir IA (année 504) X 338-339 *RHC Or.*, I 279 (détails empruntés à IAT, voir IF I 48r)
Protestation alépine à Bagdad [Cahen 261]		244	Voir IA (année 504) X 339 *RHC Or.*, I 279-280 (proche)
Reprise du Ǧahān par l'atabeg de Malaṭya [Cahen 263]	1422 G [1111]	244	MS 200 (recopié)
Grande campagne de Mawdūd, et son échec ; rapprochement entre Ṭuġtakīn de Damas et les Francs [Cahen 261-263 et 267]	505 A [juillet 1111-juin 1112]	244	Voir IA (année 505) X 341-342 *RHC Or.*, I 280-282 (proche)
Mort de Tancrède [Cahen 266].	507 A [juin 1113-juin 1114] = 1425 G [1114]	245	MS 203 (recopié)
Nouvelle campagne de Mawdūd [Cahen 266-267]		245	Voir IA (année 507) X 346-347 *RHC Or.*, I 288-289 (résumé mais avec détails différents)
Massacre d'Arabes à Édesse et représailles	508 A [juin 1114-mai 1115]	246	Voir IA (année 508) X 351 *RHC Or.*, I 292 (proche mais avec détails différents)
Prise de Kaysūn par Tancrède [Cahen 265]		246-247	MS 199 (recopié)
Empoisonnement de Kurtig, gouverneur de Bahasnā, à l'instigation de sa femme franque		247	MS 199 (proche)
Hommage de la veuve de Kogh Vâsil à Aq-Sunqur al-Bundārī et raid des Francs contre ses troupes [Cahen 270]		247	Voir IA (année 508) X 351-352 *RHC Or.*, I 293 (proche mais plus détaillé)

a. La mention des événements rapportés par Bar Hebraeus dans le *Chronicon Syriacum* est suivie du renvoi à l'un de ces ouvrages de référence : Cl. CAHEN, *La Syrie du Nord à l'époque des croisades et la principauté franque d'Antioche*, Paris 1940 ; J. PRAWER, *Histoire du royaume latin de Jérusalem*, 2 vol., Paris 1975 ; J.-M. MOUTON, *Damas et sa principauté sous les Saldjoukides et les Bourides. 468-549 / 1076-1154*, Le Caire 1994.

b. L'indication de l'année suit le double système adopté par Bar Hebraeus, année des Grecs, ou ère des Séleucides (G), et année des Arabes, ou ère hégirienne (A), la concordance dans le calendrier julien est indiquée ensuite. Pour l'année des Grecs, la date donnée est à lire du 1er octobre de l'année précédente au 30 septembre de l'année indiquée. Exemple 1413 G correspond à 1er octobre 1101-30 septembre 1102. Voir V. GRUMEL, *La chronologie*, Paris 1958 (Traité d'études byzantines 1), p. 210.

c. La pagination renvoie à la traduction anglaise de E. A. W. BUDGE, *The Chronography of Gregory Abū l-Faraǧ the son of Aaron*, Londres 1932, vol. 1.

d. Les abréviations renvoient aux sources citées dans l'article. MS = Michel le Syrien, cf. n. 17 ; IA = Ibn al-Aṯīr, cf. n. 22 ; IAT = Ibn Abī Ṭayyi' ; IF = Ibn al-Furāt, cf. n. 25 ; AŠ = Abū Šāma, cf. n. 26 ; IQ = Ibn al-Qalānisī, cf. n. 23 ; ID = ʿImād al-Dīn al-Iṣfahānī, cf. n. 35 ; ID dans AŠ = citations d'*al-Barq al-Šāmī* dans Abū Šāma, *Kitāb al-Rawḍatayn* ; IŠ = Bahā' al-Dīn Ibn Šaddād, cf. n. 40.

Tremblement de terre et destruction de nombreuses forteresses [Cahen 271]	1426 G [1115]	247	MS 200 (recopié avec addition de l'année des Arabes et quelques variantes)
Victoire des Francs sur Aq-Sunqur al-Bursuqī [Cahen 272-275]	509 A [mai 1115-mai 1116] = 1430 G [1116]	247-248	Voir IA (année 509) X 358 *RHC Or.*, I 297-298 (proche mais avec des détails supplémentaires)
Victoire sur les Francs à la bataille de l'*Ager Sanguinis* et mort de Roger d'Antioche [Cahen 284-286]	1430 G [1119]	249	Voir MS 204-205 (récit proche mais différent)
Ravages des Francs dans la région de Malaṭya [Cahen 291]		249	MS 205 (recopié)
Ravages d'Īlġāzī dans la région d'Édesse [Cahen 291]		249	MS 205 (recopié)
Īlġāzī, prévenu par l'empereur de Constantinople, fait face à un débarquement de Francs en Syrie	515 A [mars 1121-mars 1122]	249-250	
Pillage par Joscelin de la région de Gūbbāš [Cahen 292]	1432 G [1121]	250	MS 206 (recopié)
Capture par Balâk de la fille de Roger d'Antioche, demandée en 2e noces par Joscelin. Remise de Gargar par Michel l'Arménien à Baudouin [Cahen 296]	516 A [mars 1122-fév. 1123]	250	MS 210 (recopié)
Capture par Balak du roi Baudouin [Cahen 296] et capture de Joscelin et Galera [Cahen 294]	1434 G [1121]	251	MS 210 et 211 (proche)
Libération de Joscelin grâce aux Arméniens ; mort de Balâk devant Manbiǧ ; libération de Baudouin contre rançon [Cahen 297-299]		251	MS 211-212 (recopié)
Prince de Hama tué par les Francs ; prise de Ǧabala et de Tyr par les Francs [Prawer I 287 et 307-308]	1437 G [1126]	252	MS 223 (recopié, avec la même erreur chronologique quant à la prise de Ǧabala)
Bohémond prince d'Antioche et discorde avec Joscelin [Cahen 303 et 304-305]	1438 G [1127]	253	MS 224 (recopié)
Menace de Joscelin sur Alep et obtention d'un tribut [fin 1127 - Cahen 305] Tentative d'empoisonnement de Joscelin	1439 G [1128]	253	MS 224 (recopié)
Pillages de la région d'Āmid par Joscelin [Cahen 305]	1440 G [1129]	254	MS 225 (recopié)
Victoire des Francs sur les Ismaéliens et prise de plusieurs forteresses [Prawer I 310]	523 A [déc. 1128-déc. 1129]	254	

Siège de Damas par les Francs et obtention d'un tribut [Cahen 348]		254	
Force des Francs en Syrie		254-255	
Conflit entre Bohémond II et Léon, prince de Cilicie et mort de Bohémond [Cahen 349-350]	1441 G [1130]	255	MS 227 (résumé)
Troubles de succession dans la principauté d'Antioche [Cahen 350]	525 A [déc. 1130-nov. 1131] =1442 G [1131]	255	MS 230 (recopié)
Mort de Joscelin d'Édesse [Cahen 351-352]		255	MS 232 (très résumé)
Ravages de Joscelin dans le Šabaḫtān [Cahen 356]	527 A [nov. 1132-oct. 1133]	257	MS 233 (très résumé)
Siège de Quṣayr par Baudouin [en réalité Foulque] et victoire sur les Turcs dans la région de Imm [Cahen 350]	1145 G [1134]	257	MS 234 (un peu résumé)
Miracle accompli à Édesse par la relique de Barṣaumā	1145 G [1134]	257-258	MS 238-239 (recopié)
Règne de Raymond de Poitiers à Antioche [Cahen 357] et règne de Foulque d'Anjou à Jérusalem [Prawer I 317]	1146 G [1135]	258	MS 236 (recopié en reprenant les mêmes erreurs chronologiques)
Remise aux Francs de la forteresse de Gargar par Michel l'Arménien et mort ce celui-ci [Cahen 356]	530 A [oct. 1135-sept. 1136] = 1147 G [1136]	261	MS 244 (recopié)
Campagne de l'empereur Jean Comnène et accord avec Raymond d'Antioche [Cahen 359-360]	1148 G [1137]	264	MS 245 (recopié en résumant un peu)
Victoire de Timurtāš sur les Francs près d'Édesse ; menaces sur Kaysūm [Cahen 363]	1149 G [1138]	265	MS 246 (recopié en résumant un peu)
Dévastation de plusieurs monastères par les Turcs et les Francs	535 A [août 1140-août 1141] = 1150 G [1139]	266	MS 248-249 (recopié en supprimant les jugements)
Mort du roi Foulque [Prawer I 380]	1155 G [1144]	267	MS 254 et 258 (recopié)
Prise d'Édesse [Cahen 368-370]	1456 G [1145]	268-270	MS 260-263 (recopié avec de légères variantes)
Soumission de Bīra à Timurtāš [Cahen 370]		270	Voir IA (année 539) XI 97-98 *RHC Or.*, I 448 (proche)
Pillages par Raymond d'Antioche des confins d'Alep et de Hama [Cahen 372]	À l'époque de la mort de Zangī [= sept. 1146]	272-273	IAT dans AŠ I 1 123-124 *RHC Or.*, IV 48-49 (résumé)
Entrée de Joscelin dans Édesse et reprise de la ville par Nūr al-Dīn [Cahen 373]	Octobre 1458 G [1147]	273	MS 270-272 (très résumé)

Départ de la 2e croisade ; passage par Constantinople et déroute en Asie Mineure [Prawer I 369 s.] ; siège de Damas et tribut versé par Damas au roi de Jérusalem [Prawer I 385-386] ; retour de l'empereur [Prawer I 386]	1459 G [1148]	273-274	MS 275-276 (un peu résumé et avec quelques variantes pour le siège de Damas)
Raid de Nūr al-Dīn sur Apamée et sortie de Raymond d'Antioche [Cahen 383 et Prawer I 398]		275	
Victoire de Nūr al-Dīn sur Raymond d'Antioche à Ināb et mort de celui-ci [Cahen 383-384]	1460 G [1149] = 543 A [mai 1148-mai 1149]	275	Voir IA (année 544) XI 95 *RHC Or.*, I 476 (proche, mais en plaçant cette défaite en 543)
Dissensions à Antioche et venue de Baudouin III, roi de Jérusalem, à Antioche [Prawer I 398-400]		275	Voir MS 290 (proche mais plus détaillé)
Annexion du fief de Renaud de Marʿaš par Joscelin [Cahen 385]		275	MS 290 (résumé)
Prise et pillage de Marʿaš par Masʿūd, sultan seldjoukide [Cahen 385]		275-276	MS 290 (recopié)
Prise de Bābūlā par Qara Arslān, attaque de Gargar et raid sur Barṣauma [Cahen 385]		276	MS 290 (recopié, avec quelques suppressions)
Capture, captivité et mort de Joscelin d'Édesse, resté ferme dans la foi et repenti ; occupation de plusieurs forteresses du comté par les musulmans ; succession de Joscelin à Tell Bāšir [Cahen 386-387]		276-277	MS 295-296 (recopié, en supprimant quelques détails)
Remise de Tell-Bāšir aux Grecs, puis conquête de la place par Nūr al-Dīn [Cahen 387-389]	1461 G [1150]	277	MS 297 (recopié)
Première tentative de Nūr al-Dīn contre Damas et alliance de Damas avec les Francs [Prawer I 397-398]	1462 G [1151]	278	Voir IQ 311-312 (une certaine parenté)
Raids des Francs dans les environs de Constantinople, d'Ascalon, et en Égypte.	1463 G [1152]	278	MS 304 (recopié)
Deuxième tentative de Nūr al-Dīn contre Damas et entente entre Damas et les Francs [Mouton, 46-47]		279	Voir IQ 320-321 (une certaine parenté)
Discorde entre Baudouin III, roi de Jérusalem, et Mélisende, sa mère [Prawer I 400-402] ; siège et prise de la ville d'Ascalon [Prawer I 408-411] ; Renaud de Châtillon, prince d'Antioche [Cahen 391]	1464 G [1153] = 547 A [avril 1152-mars 1153]	279-280	MS 309-310 (recopié, avec addition, au début, de l'année des Arabes et correction, à la fin, de Michel le Syrien quant à la date de la prise d'Ascalon)

Victoire des Francs sur le vizir fatimide ʿAbbās à la suite de la défection de ses partisans [article ʿAbbās b. Abī l-Futūḥ dans *EI*²]	549 A [mars 1154-mars 1155]	282	MS 312 (recopié)
Hostilités entre Thôros et le prince d'Antioche [Cahen 392]	1467 G [1156]	283	MS 314 (recopié)
Raid contre Chypre du prince d'Antioche [Cahen 392-293]	1468 G [1157]	284	MS 315 (recopié)
Complot de Sdéfané contre son frère Thôros et passage au service du prince d'Antioche	1469 G [1158]	284	MS 315 (recopié)
Destruction des villes de Syrie (dont Ḥiṣn al-Akrād et Arqa) par des tremblements de terre [Cahen 395]	552 A [fév. 1157-fév. 1158]	285	MS 316 (recopié)
Mort de Joscelin		285	MS 315 (recopié)
Campagne de l'empereur Manuel en Syrie (hiver 1158-1159) et accord entre l'empereur, le roi de Jérusalem et le prince d'Antioche ainsi qu'avec Thôros [Cahen 399]	1470 G [1159]	285-286	MS 316 (recopié)
Capture de Joscelin, fils de Joscelin II, par Nūr al-Dīn [Cahen 405]	1471 G [1160]	286	MS 316 (recopié)
Première campagne d'Amaury en Égypte [Prawer I 432]	1472 G [1161]	286	MS 317 (recopié avec les mêmes erreurs chronologiques)
Capture d'un brigand franc passé au service de Nūr al-Dīn		287	MS 318 (recopié)
Assassinat de Sdéfané, frère de Thôros, et intervention du roi de Jérusalem pour rétablir la paix entre celui-ci et les Byzantins [Cahen 407]	1473 G [1162]	287	MS 319 (recopié)
Appel de Constance à l'empereur ; expulsion de Constance et installation de Bohémond [Cahen 406-407]	1474 G [1163]	287-288	MS 324 (recopié)
Échec de Nūr al-Dīn devant Ḥiṣn al-Akrād [Cahen 408]	558 A [déc. 1162-nov. 1163]	288	MS 324 (recopié avec addition de l'année des Arabes)
Victoire de Nūr al-Dīn près de Ḥārim et prise de la forteresse [Cahen 408-409]	1475 G [1164]	288	MS 324-325 (recopié)
Deuxième expédition d'Amaury en Égypte à l'appel de Šāwar [Prawer I 433]	559 A [nov. 1163-nov. 1164]	289	MS 325 (recopié avec adcition de l'année des Arabes)
Libération de Bohémond III qui impose à Antioche un patriarche grec [Cahen 411-412]	1476 G [1165]	289	MS 326 (recopié)

Troisième expédition d'Amaury ; appel de Šāwar aux Francs ; protectorat franc sur l'Égypte [Prawer I 434-437]	1478 G [1167] = 562 A [oct. 1166-oct. 1167]	290-292	MS 328 (recopié avec addition de l'année des Arabes) Voir IA (année 562) XI 213-216 *RHC Or.*, I 546-550 (proche)
Quatrième expédition d'Amaury contre l'Égypte et occupation de l'Égypte par Šīrkūh [Prawer I 439-442]	1480 G [1169]	293-294	MS 332-333 (recopié) Voir IA (année 564) XI 220-223 *RHC Or.*, I 553-558 (proche)
Intervention d'Amaury contre Mleh en Cilicie [Cahen 414]	1481 G [1170]	295	MS 337 (résumé)
Églises d'Antioche détruites par un tremblement de terre		296	MS 339 (recopié)
Paiement d'un tribut par Damas au roi Amaury	1485 G [1174]	303	Voir IA (année 569) XI 269 *RHC Or.*, I 610-611 (très résumé) et MS 356 (différent)
Mort du roi Amaury		303	MS 356 (recopié)
Intervention des Francs auprès de Saladin en faveur d'Alep	570 A [août 1174-juillet 1175]	304	
Libération par Gümüštegin de Renaud de Châtillon et de Joscelin d'Édesse [Cahen 416]	571 A [juillet 1175-juillet 1176]	305	Voir MS 365 (différent)
Attaque d'Ascalon par Saladin ; maladie du roi de Jérusalem ; défaite de Saladin à Montgisard [Prawer I 550-553]	573 A [juin 1177-juin 1178] = 1489 G [1178]	307-308	Voir MS 374-375 et ID dans AŠ I 2 702 *RHC Or.*, IV 188
Construction par les Francs d'une forteresse au « Gué de Jacob » ; victoire de Saladin à Marǧ ʿAyūn/Beaufort ; prise de la forteresse du Gué de Jacob par Saladin et massacre des Templiers [Prawer I 555-561]	1490 G [1179]	308-309	MS 378 et 379 (recopié)
Trêve entre Francs et Saladin [Prawer I 562]	1492 G [1181] = 576 A [mai 1180-mai 1181]	310	Voir IA (année 576) XI 307 *RHC Or.*, I 642
Affaire du mariage de Bohémond avec Sybille [Cahen 422-423]		310-311	MS 388-389 (recopié en résumant un peu)
Accord entre ʿIzz al-Dīn de Mossoul et Bohémond	577 A [mai 1181-mai 1182]	311	
Attaque de bateaux marchands francs au large de Damiette		312	
Campagne de Renaud de Châtillon en mer Rouge [Prawer I 612-615]		312	Voir IA (année 578) XI 323-324 *RHC Or.*, I 658-659 (proche)
Négociation du gouverneur de Ḥārim avec les Francs [Cahen 421]	579 A [avril 1183-avril 1184] = 1494 G [1183]	316	Voir IA (année 579) XI 328 *RHC Or.*, I 662 (proche)

Première tentative de Saladin contre Karak [Prawer I 624-627]		316	Voir IA (année 579) XI 330-331 *RHC Or.*, I 664 (proche)
Deuxième tentative de Saladin contre Karak [Prawer I 630-632]	580 A [avril 1184-avril 1185]	316-317	Voir IA (année 580) XI 333 *RHC Or.*, I 666-667 (très résumé) et ID dans AŠ II 1 178 *RHC Or.*, IV 249
Trêve entre Saladin et Antioche et invasion de la Cilicie par le prince d'Antioche [Cahen 424]	1497 G [1186]	321	MS 396-397 (recopié)
Prise du pouvoir à Jérusalem par Sibylle et Guy de Lusignan ; trahison de Raymond de Tripoli [Prawer I 634-637]	1497 G [1186]	322	Voir IA (année 582) XI 347-348 *RHC Or.*, I 674-675 (très proche)
Attaque de Karak, de Šawbak et première victoire de Saladin [Prawer I 643-646]	583 A [mars 1187-mars 1188]	322-328	Voir IA (année 583) XI 349-351 *RHC Or.*, I 677-680 ; ID 14-16 ; ID dans AŠ II 1 247-248 *RHC Or.*, IV 261-262
Discussions entre les Francs, et entre les musulmans, sur le parti à tenir		322-323	Voir IA (année 583) XI 350-352 *RHC Or.*, I 680-683 ; ID 17-18
Bataille de Ḥiṭṭīn [Prawer I 647-656]		323-325	Voir IA (année 583) XI 352-355 *RHC Or.*, I 683-687 ; ID 25-29 ; ID dans AŠ II 1 251-260 *RHC Or.*, IV 265-276 (sources arabes résumées)
Prise de Tibériade et massacre des Templiers et Hospitaliers [Prawer I 657]		324-325	Voir IA (année 583) XI 355 *RHC Or.*, I 687-688 ; ID 30-31 ; ID dans AŠ II 1 260-261 *RHC Or.*, IV 276-278
Reddition d'Acre et des autres villes de Palestine [Prawer I 657-666]		325	Voir ID 34-43 et IA (année 583) XI 355 s. *RHC Or.*, I 688 s. (simple liste des villes qui peut correspondre à ces sources arabes avec, en incise, une phrase empruntée à MS 404)
Siège et prise d'Ascalon [Prawer I 667-669]		325	Voir IA (année 583) XI 360 *RHC Or.*, I 696-697 ; ID dans AŠ II 1 296-297 *RHC Or.*, IV 312-313
Résistance de Tyr autour de Conrad de Montferrat [Prawer I 666-667 et 678-679]		325	Voir IA (année 583) XI 358-359 *RHC Or.*, I 694-696 ; ID dans AŠ II 1 293-295 *RHC Or.*, IV 309-311

Siège et prise de Jérusalem [Prawer I 669-676]	vendredi 27e jour du 7e mois 583 A [2 octobre 1187] = 12 octobre 1498 G [1187]		Voir IA (année 583) XI 361-364 *RHC Or.*, I 699-704 ; ID dans AŠ II 1 303-307 *RHC Or.*, IV 326-333
Siège de Tyr, défaite de la flotte d'Égypte, levée du siège [Prawer I 679-680]		327-328	Voir IA (année 583) XI 366-369 *RHC Or.*, I 707-711 ; ID dans AŠ II 1 374-376 *RHC Or.*, IV 341-344
Ravage des Turcomans dans la région d'Antioche [Cahen 426]		328	
Campagne de Saladin durant l'été 1188 : siège de Ḥiṣn al-Akrād ; prise de Tortose ; passage devant Maraqiyya ; prise de Ğabala ; prise de Lattakié ; expédition de la flotte de Sicile ; prise de la forteresse de Ṣahyūn et d'autres forteresses ; trêve avec le prince d'Antioche ; prise de Ṣafad et Kawkab [Cahen 428-430]	584 A [mars 1188-fév. 1189]	328	IŠ 86-91 et 95-96 *RHC Or.*, III 107-112 et 115-120 ; ID dans AŠ (éd. 1287 H) 128-129 *RHC Or.*, III 362-363 (notamment pour l'expédition de la flotte de Sicile)
Raid de Bohémond dans la région de Ḥārim [Cahen 432]	585 A [fév. 1189-fév. 1190]	329-330	
Siège de Qalʿat al-Šaqīf/Beaufort et pourparlers entre Saladin et Renaud de Sidon		330	Voir IA (année 585) XII 16-18 *RHC Or.*, I 738-740 ; ID dans AŠ (éd. 1287 H) 139-140 *RHC Or.*, IV 397-400 ; IŠ 97-98 et 102-103 *RHC Or.*, III 121-122 et 129-132
Regroupement des Francs devant Acre [Prawer II 42-45]	1500 G [1189]	330	
Premiers combats devant Acre et défaite des Francs le 4 octobre 1189 [Prawer II 46-50]		330-332	IŠ 103-114, *RHC Or.*, III 132-147 (résumé)
Appels de Saladin au Calife et autres souverains musulmans à l'annonce de l'arrivée de Frédéric Barberousse		332	IŠ 115, *RHC Or.*, III 148 (résumé)
Reprise des combats devant Acre [Prawer II 52 et 56-57]	586 A [fév. 1190-janv. 1191]	332-333	IŠ 116-123 *RHC Or.*, III 149-158 (résumé)
Échec de la croisade de Frédéric Barberousse en Asie Mineure [Prawer II 38-39]		333-334	IŠ 123-124 *RHC Or.*, III 159-160
Arrivée de Richard Cœur de Lion devant Acre ; poursuite des combats ; discussions entre Richard Cœur de Lion et Saladin ; négociations entre la garnison d'Acre et les Francs [Prawer II 65-67]		334-335	IŠ 157-158, 163-164, 165-166, 168-170 *RHC Or.*, III 220, 223-225, 227-228, 232-237 (résumé)
Capitulation d'Acre et massacre des prisonniers musulmans par les Francs [Prawer II 67-68 et 77]	7e mois 587 A [25 juillet-23 août 1191] = août 1502 G [1191]	335-336	IŠ 170-174 *RHC Or.*, III 237-243 (résumé).

Démantèlement de la citadelle de Baġrās par Saladin et occupation par Léon [Cahen 582]		336-337	
Destruction d'Ascalon et renforcement de Jérusalem [Prawer II 83 et 85]		337	IA (année 587) XII 46-47 et 48 *RHC Or.*, II 50-52 et 55 (très résumé)
Pourparlers entre Richard Cœur de Lion et al-Malik al-ʿĀdil [Prawer II 88-90]		337-339	IŠ 193-194, 195-197, 199-201 *RHC Or.*, III 274-275, 277-279 et 284-287 (proche)
Assassinat du marquis de Tyr par des Ismaéliens et choix du comte Henri de Champagne [Prawer II 91-92]	588 A [janvier 1192-janv. 1193]	339	IA (année 588) XII 61-62 *RHC Or.*, II 58-59 (proche)
Prise de Daron par les Francs, pillage d'une caravane d'Égypte et abandon de la marche sur Jérusalem [Prawer II 93-97]		339	IŠ 210-212, 213-215, 217-218 *RHC Or.*, III 301-304, 306-310 et 314-315.
Reprise des négociations entre Richard Cœur de Lion et Saladin, traité de Jaffa, pèlerinage des Francs à Jérusalem [Prawer II 97-99]		339-340	IŠ 230-231 et 232-236 *RHC Or.*, III 339-340 et 342-350
Anecdote plaisante sur Qarāqūš		340	Livre d'anecdotes sur Qarāqūš
Accord entre Saladin et Bohémond d'Antioche [Cahen 432-433]		341	IŠ 240 *RHC Or.*, III 356
Capture de Baudouin d'Antioche par Léon de Cilicie [Cahen 583]	1504 G [1193]	343-344	
Prise de Jaffa par al-ʿĀdil, échec des Francs devant Tibnīn, accord entre al-ʿĀdil et les Francs [Prawer II 114 et 117-118]	593 A [nov. 1196-nov. 1197]	346	IA (année 593) XII 82-84 *RHC Or.*, II 84-89 (proche mais résumé)
Prise de Constantinople par les Francs	600 A [sept. 1203-août 1204] = avril 1515 G [1204]	357-359	IA (année 600) XII 124-126 *RHC Or.*, II 92-95 (recopié, parfois résumé)
Ravages des Francs dans la région du Jourdain et de Hama ; accord entre al-ʿĀdil et les Francs [Prawer II 123]		359-360	IA (année 600) XII 127-128 *RHC Or.*, II 95-96 (proche)
Raid des Francs contre Homs [Cahen 614]	604 A [juillet 1207-juillet 1208]	364	IA (année 604) XII 181 *RHC Or.*, II 105-106 (recopié, mais seulement le début du récit)
Attaque de la flotte égyptienne par les Francs de Chypre		364	IA (année 604) XII 181 *RHC Or.*, II 107 (très résumé)
Appel du Pape à la 5e croisade ; arrivée à Acre et opérations en Palestine [Prawer II 128-143]	1528 G [1217] = 614 A [avril 1217-mars 1218]	369	IA (année 614) XII 208-209 *RHC Or.*, II 111-112 (repris, mais avec des coupures)
Entrée à Antioche de Léon qui fait prince son neveu Raymond Roupen [Cahen 621] et complot de celui-ci contre son oncle [Cahen 630]		370	

Siège et prise de Damiette par les Francs [Prawer II 150-160]	615 A [mars 1218-mars 1219]	370-371	IA (année 614) XII 210-213 *RHC Or.*, II 114-119 (repris, mais avec des coupures)
Démantèlement de Jérusalem par al-Kāmil		371	
Élimination par Bohémond de Raymond Roupen qui se rend à Damiette [Cahen 631]		371	
Arabes attaqués à l'ouest par les Francs et à l'est par les Tatars		371	IA (année 614) XII 213 *RHC Or.*, II 119 (très proche)
Reddition de Damiette [Prawer II 166-169]	618 A [fév. 1221-fév. 1222]	379	Voir IA (année 614) XII 214-216 *RHC Or.*, II 121-125 (récit incomplet et confus)
Mariage de la princesse arménienne Isabelle avec Philippe d'Antioche [Cahen 632]. Complot contre Philippe, emprisonnement et mort [Cahen 633]		380	
Fuite d'Isabelle auprès des Hospitaliers de Selekfê [Cahen 635]		381	
Remise par les Hospitaliers de la forteresse de Selekfê à Constantin et sacre d'Isabelle et de Constantin à Tarse [Cahen 635]	622 A [janv. 1225-janv. 1226]	389-390	
Croisade de Frédéric II et traité de Jaffa [Prawer II 193-200]	625 A [déc. 1227-nov. 1228]	391	Voir IA (année 626) XII 314-315 *RHC Or.*, II 175-176
Échec du raid des Hospitaliers sur Hama [Cahen 642]	627 A [nov. 1229-nov. 1230]	396	
Récit de la 7e croisade [Prawer II 319 s.]	1561 G	414-416	
Mention de nombreux prisonniers francs		418	
Conflits entre marchands vénitiens, pisans et génois à Acre [Prawer II 367]	1569 G [1258]	428	
Attaque de la forteresse de Marqab et victoire des Hospitaliers [Cahen 720]	1281 G [1280]	463	
Prise de Tripoli, pillages et massacre [Prawer II 537]	Avril 1500 G [1289]	482-483	*Les dernières années (de 1286 à 1296) sont une addition du frère de Bar Hebraeus, Bar Ṣawma.*
Prise d'Acre [Prawer II 542-547]	Avril 1603 G [1292]	492-493	

L'Église arménienne et les chrétientés d'Orient (XIIe-XIVe siècle)

Claude MUTAFIAN

À la suite de la première croisade, plusieurs confessions se partageaient l'Orient chrétien. Adossées à de puissants États et en état d'hostilité ouverte, les deux Églises chalcédoniennes, grecque et latine, étaient fondées sur une même idéologie « universaliste » qui considérait toute autre Église comme schismatique ou hérétique et érigeait le prosélytisme en principe de base. Les Syriaques étaient depuis des siècles partagés en deux Églises non chalcédoniennes, l'orientale dite nestorienne et l'occidentale dite jacobite, chacune soumise à son seul patriarche : aucun État syriaque n'a jamais existé, et aucune structure féodale n'a jamais vu le jour pour représenter une quelconque autorité laïque.

Entre ces confessions chalcédoniennes et syriaques se trouvait l'Église arménienne, la plus puissante des non chalcédoniennes, d'essence nationale et étrangère à tout prosélytisme. Les Arméniens n'avaient certes plus de royauté depuis le milieu du XIe siècle, mais ils cherchaient à en recréer une au Levant hors de leur territoire historique et, en attendant, leur société pouvait s'appuyer sur un substrat féodal traditionnel. Adossée à un État qui s'affirmait au cours des ans à partir de la fin du XIe siècle, l'Église arménienne occupait ainsi dans cette constellation une position centrale. Elle réussit à mener une remarquable diplomatie qui épaula efficacement la politique des princes puis des rois jusqu'à l'aube du XIVe siècle, lorsque le changement drastique subi par le paysage géopolitique du Levant ne lui laissa plus aucune marge de manœuvre.

TROIS ÉGLISES ORIENTALES NON CHALCÉDONIENNES AU XIIe SIÈCLE

En Syrie et Mésopotamie, la chrétienté indigène était depuis longtemps divisée en deux branches. La plus ancienne est connue sous le nom d'Église « nestorienne », parfois appelée « chaldéenne ». Anathématisée par le concile d'Éphèse (431), qui condamna fermement et unanimement sa doctrine de la nature humaine du Christ, elle dut se réfugier à l'est, pour devenir l'« Église de Perse » sous les Sassanides puis l'« Église d'Orient » sous les Arabes, fixant alors à Bagdad le siège de son patriarche suprême, le « catholicos ». Persécutée dans les territoires « orthodoxes » du Proche-Orient, elle allait se consacrer entièrement à la christianisation de l'Asie centrale et orientale, jusqu'en Chine[1] ; des peuples entiers furent ainsi convertis, à la grande surprise des missionnaires européens qui les rencontrèrent au XIIIe siècle[2].

1. Cf. P. PELLIOT, *L'inscription nestorienne de Si-ngan-fou*, Paris 1996.
2. GIOVANNI DI PIAN DI CARPINE, *Storia dei Mongoli*, éd. E. MENESTO, Spolète 1989, p. 255, 353 ;

Chemins d'outre-mer. Études d'histoire sur la Méditerranée médiévale offertes à Michel Balard.
Paris, Publications de la Sorbonne, 2004 (Byzantina Sorbonensia 20)

L'Église nestorienne était donc, pour la période ici considérée, faiblement représentée au Levant[3], mais bien implantée dans le monde mongol.

L'autre composante de la chrétienté syrienne, officiellement « Église syrienne orthodoxe » toutefois souvent appelée « jacobite », ou encore « syriaque », avait entériné les conclusions d'Éphèse, mais s'opposa à Chalcédoine (451) en adoptant la doctrine monophysite. Elle aussi connut une certaine expansion vers l'est[4], d'ailleurs limitée à l'Asie cisoxiane, mais son implantation essentielle restait la Syrie et la Mésopotamie, où ses fidèles constituaient une importante composante de la population. En l'absence de tout pouvoir laïque, elle avait pour seul élément unificateur le « patriarche d'Antioche et de Syrie », ou « catholicos », qui résidait de préférence à Amid, en territoire arabe ; il était relayé par un « métropolite pour l'Orient » ou « maphrian », siégeant sur les bords du Tigre, avec juridiction sur les Jacobites orientaux.

L'Église arménienne, de son côté, rejetait tout autant Chalcédoine que le monophysisme. Elle aussi avait à sa tête un « catholicos », mais son autorité était souvent partagée avec le pouvoir royal ou, à défaut, celui des grandes familles nobiliaires. Elle se trouvait ainsi en position de force vis-à-vis de l'Église jacobite, et tenta souvent de la dominer, voire d'éradiquer sa doctrine monophysite qu'elle condamnait, suscitant de violentes réactions, que ce soit sur des questions dogmatiques[5] ou pour dénoncer des spoliations de monastères[6].

Ces deux dernières Églises avaient en commun un caractère « national » : les fidèles de l'Église jacobite étaient des Syriens, et l'Église arménienne ne recrutait pas hors de sa nation. Contrairement à la nestorienne et surtout aux Églises grecque et latine, elles étaient spécifiquement occupées à la défense de leur foi, identifiée à la protection de la nation.

Les deux Églises « universalistes » chalcédoniennes en Orient au XIIe siècle

Forte de l'autorité impériale et de son patriarcat de Constantinople, l'Église byzantine (ou grecque orthodoxe), chalcédonienne, a de manière générale maintenu vis-à-vis de l'Arménie une attitude de supériorité, cherchant constamment à soumettre son Église considérée comme hérétique. Les deux parties ayant eu durant des siècles des contacts constants et conflictuels, le contentieux était lourd, comme en témoignent les violentes diatribes antiarméniennes rédigées, encore au XIe siècle,

Guillaume de Rubrouck, *Voyage dans l'Empire mongol*, trad. C. et R. Kappler, Paris 1985, p. 123, 142, 147, 212 ; Hét'oum de Korykos, *La Fleur des Histoires de la Terre d'Orient*, éd. Ch. Kohler *et al.*, *RHC Arm.*, II, Paris 1906, p. 245 s., 357 s. ; *The Monks of Kûblâi Khân, Emperor of China*, trad. E. A. Wallis Budge, Londres 1928, p. 130.

3. *Acta Innocentii PP. IV*, éd. Th. Haluščynskyj, M. Wojnar, Rome 1962 (Pontificia Commissio ad redigendum Codicem iuris canonici orientalis Fontes, series III [désormais CICO] 4/1), no 52, p. 97.

4. Bar Hebræus, *Chronicon ecclesiasticum* (ci-après *Chronique ecclésiastique*), éd. et trad. latine J. B. Abbeloos, Th. Lamy, Paris 1872-1877, 3, col. 128 ; *Chronique de Michel le Syrien, patriarche jacobite d'Antioche*, 3, trad. J.-B. Chabot, Paris 1905, p. 452-455.

5. Bar Chouchan, Lettre du patriarche jacobite Jean X (1064-1073) au catholique arménien Grégoire II (1065-1105), trad. F. Nau, *ROC* 2e série, 7, 1912, p. 145-198 ; Bar Salîbi, *The work of Dionysius Barsalîbi against the Armenians*, trad. A. Mingana, Cambridge 1931 (Woodbrooke Studies 4), p. 7-70 ; Michel le Syrien, cité note précédente, p. 256, 313, 354.

6. *Ibid.*, p. 199 ; *The Chronography of Gregory Abul Faradj commonly known as Bar Hebraeus*, trad. E. A. Wallis Budge, Oxford 1932, 1, p. 246 ; Bar Salîbi, cité note précédente, p. 55.

par les auteurs grecs[7], ou encore les persécutions ordonnées par Constantin X Doukas[8] en 1060. Cinq ans plus tard, le même empereur chercha de nouveau à « détruire la foi des Arméniens »[9], mais il rendit les armes devant la brillante profession de foi que lui présenta le roi Gagik de Kars[10].

La première croisade fit apparaître au Levant une nouvelle composante chrétienne chalcédonienne, brouillée avec la grecque depuis le milieu du XIe siècle. Il s'agit de l'Église latine (catholique), avec sa puissante hiérarchie soumise à l'autorité pontificale romaine et appuyée par les monarchies européennes. Comme la grecque, elle était en position de force vis-à-vis de l'Église arménienne, mais dans son cas deux éléments jouaient en faveur de l'établissement de relations de bon voisinage malgré le contentieux chalcédonien : l'absence de tradition de conflit, voire de haine, comparable à la situation créée par l'expansionnisme du voisin byzantin, et la nécessité pour ces nouveaux arrivants de compter sur des alliances locales, tant stratégiques que matrimoniales, que seuls les Arméniens étaient en mesure de fournir. De plus, une certaine forme symbolique de respect, souvent incorrectement considérée comme une soumission, a toujours été manifestée par la hiérarchie arménienne à l'égard de la papauté, alors que jamais la hiérarchie byzantine n'eut droit à des égards analogues.

Concrètement, la menace récurrente sur l'Église arménienne venait, jusqu'au milieu du XIIIe siècle, non pas de la lointaine Rome mais d'Antioche, dont le patriarche avait historiquement juridiction sur la Cilicie. Or la conquête de la ville par la première croisade fut suivie de la création du patriarcat latin d'Antioche. Ses titulaires réaffirmaient de temps en temps leurs prétentions sur ce territoire, ce qui supposait la soumission de l'Église arménienne à leur autorité. Inversement, lorsque l'État arménien en Cilicie se sentait suffisamment fort, c'est cette Église arménienne qui se permettait de revendiquer la suzeraineté sur Antioche. Un fameux texte apocryphe, soi-disant écrit au moment de la conversion de Constantin, mais datant plus vraisemblablement du XIIIe siècle, est révélateur. On lit dans ce *Dachants T'ought'*, ou « Lettre d'amitié et d'union »[11], que l'Église arménienne se serait soumise à Rome dès le IVe siècle, en échange de la reconnaissance de sa primauté sur les patriarcats orientaux, en particulier Antioche.

La situation à l'époque de la première croisade

Installées aux confins de l'Empire byzantin, en Cappadoce, en Euphratèse et en Cilicie, différentes dynasties féodales arméniennes étaient bien décidées à recréer dans cette région l'État détruit en Grande Arménie, au milieu du XIe siècle,

7. *Invectives de Isaac, catholicos de Grande Arménie, contre les Arméniens*, PG 132, col. 1155-1238. Voir V. Grumel, Les invectives contre les Arméniens du « catholicos Isaac », *RÉB* 14, 1956, p. 174-194 ; J. Darrouzès, Trois documents de la controverse gréco-arménienne, *RÉB* 48, 1990, p. 92.
8. Matt'ieu d'Édesse, *Chronique* (en arménien), éd. M. Mélik' Adamian, N. Ter Mik'aëlian, Vagharchapat 1898, p. 137, trad. française É. Dulaurier, Paris 1858 (Bibliothèque historique arménienne 1), p. 114 s.
9. Matt'ieu d'Édesse, *Chronique*, cité note précédente, p. 160, trad. p. 133.
10. *Ibid.*, p. 163-178, trad., p. 135-151.
11. *Lettera dell'Amicitia e dell' Unione*, éd. et trad. italienne, Padoue 1690 ; K. Chahnazariants, *Examen et réfutation du Dachants T'ought'* (en arménien), Paris 1862. Cf. M. Ormanian, *Azgapatoum* (en arménien), Beyrouth 1959-1960², § 76, 1110, col. 109 s., 1615 s. ; P. Halfter, *Das Papsttum und die Armenier in frühen und hohen Mittelalter*, Cologne 1996, p. 165-170.

par Byzance et par l'invasion turque. Le succès de cette entreprise était subordonné à l'efficacité de la diplomatie mise en œuvre dans ce centre de gravité de la mosaïque proche-orientale, et un volet essentiel de cette diplomatie était religieux : l'Église arménienne se devait de marcher de pair avec le pouvoir laïque, et de sa politique à l'égard des trois autres Églises installées au Levant dépendaient en grande partie la fondation et la survie de ce qui allait rester comme la dernière royauté arménienne. Vis-à-vis de Rome et de Constantinople, la seule arme véritable aux mains de l'Église arménienne était le « mythe de l'union » : les deux hiérarchies chalcédoniennes aspiraient chacune à unir, c'est-à-dire en fait à soumettre, la plus importante branche « hérétique » de la chrétienté, et en cas de danger les catholicos faisaient miroiter cette éventualité et entamaient, tout en les sachant probablement vouées à l'échec, des négotiations indispensables en attendant une modification des rapports de force.

À la fin du XIe siècle, il n'y avait plus de pouvoir temporel arménien représentatif, et les menaces pesaient des deux côtés sur l'Église. Byzance n'avait accepté la recréation du catholicossat, chassé de Grande Arménie et devenu « errant », qu'à la condition qu'il soit l'apanage de la famille hellénophile des Pahlavouni – ce qui allait être le cas durant tout le XIIe siècle –, mais en 1071, à la veille de Mantzikert, Romain Diogène avait bien résumé la position grecque, promettant d'« anéantir la foi arménienne »[12] au retour de sa campagne. Du côté latin, le pape Grégoire VII dénonçait en 1074 les « errances »[13] des Arméniens ; en 1080, il écrivit au catholicos pour lui signaler certaines de ces erreurs[14]. À la fin du siècle, les chefs de la croisade ne furent pas en reste, stigmatisant les « hérétiques arméniens »[15] dans une lettre annonçant au pape la prise d'Antioche.

En ce début du XIIe siècle, la priorité était à donner aux relations avec les nouveaux conquérants : la création de deux archevêchés latins en Cilicie, Tarse et Mamistra, suffragants du patriarcat latin d'Antioche nouvellement créé[16], ne rencontra aucun obstacle de la part des Arméniens, qui l'exploitèrent habilement afin d'assurer l'existence d'un archevêque arménien à Antioche[17], et surtout comme futur moyen de chantage en cas de tension avec Rome. En revanche, en Euphratèse, ils subirent un échec total : heurtant de front la population syriaque au lieu de chercher à former une alliance indigène face aux prétentions franques, les seigneurs et les ecclésiastiques arméniens ne réussirent pas non plus à élaborer la

12. MATT'IEU D'ÉDESSE, *Chronique*, p. 198, trad., p. 166.
13. *Acta Romanorum Pontificum a S. Clemente I (an. c. 90) ad Coelestinum III (†1198)*, éd. A. TĂUTU, Rome 1943 (CICO 1), n° 376, p. 787. Cf. HALFTER, *Das Papsttum*, cité *supra* n. 11, p. 114.
14. *Acta Romanorum*, cité note précédente, n° 379, p. 789 ; B. ANANIAN, Grégoire le Martyrophile et les relations arméno-romaines (en arménien), *Bazmavep* 154, 1996, p. 13-21, 25-27. Cf. B. HAMILTON, The Armenian Church and the Papacy at the Time of the Crusades, *Eastern Churches Review* 10, 1978, p. 62.
15. FOUCHER DE CHARTRES, *Historia Iherosolymitana*, *RHC Occ.*, III, Paris 1866, p. 351.
16. RAOUL DE CAEN, *Gesta Tancredi*, *RHC. Occ.*, III, p. 704 ; *Historia Peregrinorum*, *ibid.*, p. 227 ; MICHEL LE SYRIEN, p. 191. Cf. C. MUTAFIAN, Les sièges ecclésiastiques latins en Cilicie orientale (XIIe-XIVe s.), *Oriente e Occidente tra Medioevo ed Età moderna, Studi in onore di Geo Pistarino*, éd. L. BALLETTO, Acqui Terme 1997, p. 904-905 ; B. HAMILTON, *The Latin Church in the Crusader States. The Secular Church*, Londres 1980, p. 16, 24.
17. *La Chronique attribuée au Connétable Smbat*, trad. G. DÉDÉYAN, Paris 1980, p. 74 ; *Chronique du royaume de la Petite Arménie, par le Connétable Sĕmpad*, éd. et trad. É. DULAURIER, *RHC Arm.*, I, Paris 1869, p. 635 ; KIRAKOS DE GANDZAK, *Histoire d'Arménie* (en arménien), éd. K. MÉLIK'-OHANDJANIAN, Érévan 1961, p. 157.

diplomatie adéquate face à la soif de pouvoir des Francs, qui, eux, surent les duper et les éliminer en l'espace de deux décennies[18].

La diplomatie des catholicos Pahlavouni face aux Comnène (1136-1180)

Contraints de concentrer leurs espoirs étatiques sur la Cilicie, sous la direction de deux dynasties rivales, les Ṙoubénides et les Hét'oumides, les Arméniens durent faire face à une nouvelle donne lorsque Jean Comnène lança en 1136 la première des trois expéditions byzantines sur la Cilicie et la Syrie du Nord. Les dirigeants ṙoubénides ayant été capturés, la responsabilité de la diplomatie arménienne échut au catholicos Grégoire III Pahlavouni (1113-1166), assisté de son frère et futur successeur Nersès Chnorhali. Forts de la réputation byzantinophile de leur famille, ceux-ci réussirent à ne pas heurter le nouveau pouvoir grec. Grégoire III avait d'ailleurs habilement cultivé ses liens avec l'empereur – la version grecque d'une lettre qu'il lui a adressée nous est parvenue[19] –, ce qui valut à l'Église arménienne un traitement plus clément que celui réservé par les Grecs à la hiérarchie latine, proprement expulsée. Parallèlement, le catholicos réactivait l'alliance latine : il assista au synode de Jérusalem (1141)[20] et correspondit avec le pape Eugène III[21], auprès duquel il envoya en 1145 une délégation[22]. La chute d'Édesse inspira à Nersès Chnorhali une poignante élégie[23], incontestable preuve de solidarité, mais les deux frères Pahlavouni surent profiter de cet événement pour s'installer dans un ultime lambeau du comté, la forteresse de Hṙomkla[24], qui constitua enfin, jusqu'en 1292, une résidence stable ; située hors des frontières de la Cilicie, cette « principauté catholicossale » garantissait au pouvoir spirituel une indépendance *de facto* par rapport au temporel.

L'affaiblissement de la Syrie franque face aux coups de boutoir des Zengides et le renforcement de l'emprise byzantine sous Manuel Comnène, qui succéda à son père en 1143, convainquirent les autorités religieuses arméniennes d'effectuer un changement de cap diplomatique. Afin d'éviter l'annexion par Byzance de la

18. Matt'eu d'Édesse, *Chronique* p. 337-339, trad., p. 293-295. Cf. J. Laurent, *Études d'histoire arménienne*, Louvain 1971, p. 140 ; C. Cahen, *La Syrie du Nord à l'époque des croisades et la principauté franque d'Antioche*, Paris 1940, p. 275 s. ; C. Mutafian, *La Cilicie au carrefour des empires*, 2 vol., Paris 1988, 1, p. 380 s. ; M. Amouroux-Mourad, *Le comté d'Édesse, 1098-1150*, Paris 1988, p. 72.
19. Darrouzès, Trois documents, cité *supra* n. 7, p. 133-144.
20. Guillaume de Tyr, *Chronique*, éd. R. B. C. Huygens, 2 vol., Turnhout 1986 (Corpus Christianorum. Continuatio mediaevalis 63 et 63A), p. 699 ; Samuel d'Ani, *Chronique* (en arménien), éd. A. Ter-Mik'élian, Vagharchapat 1893, p. 122 ; *La Chronique attribuée au connétable Smbat*, cité *supra* n. 17, p. 161 ; *Chronique du royaume de la Petite Arménie*, cité *supra* n. 17, p. 618 ; Kirakos de Gandzak, *Histoire d'Arménie*, cité *supra* n. 17, p. 117. Cf. F. Tournebize, *Histoire politique et religieuse de l'Arménie*, Paris [1910], p. 236-238.
21. C. Galanus, *Conciliationis Ecclesiæ Armenæ cum Romana*, 1, Rome 1650, p. 467 ; A. Baldjian, *Histoire de la doctrine catholique en Arménie* (en arménien), Vienne 1878, p. 279. Cf. Ananian, Grégoire le Martyrophile, cité *supra* n. 14, p. 207 ; Ormanian, *Azgapatoum*, cité *supra* n. 11, § 942, col. 1370.
22. Otton de Freising, *Chronica*, éd. A. Hofmeister, Hanovre 1912² (MGH, *Script. Rer. Germ.*, 45), p. 360 s. Voir Ananian, Grégoire le Martyrophile, p. 205-207 ; Halfter, *Das Papsttum*, p. 139-143 ; *Roma-Armenia*, éd. C. Mutafian, Rome 1999, p. 126.
23. *RHC Arm.*, I, cité *supra* n. 17, p. 226-268.
24. Michel le Syrien, p. 297 ; *Chronique du royaume de la Petite Arménie*, p. 618 ; Kirakos de Gandzak, p. 108 s.

principauté řoubénide en gestation, il importait de se rapprocher de l'Église grecque, et pour cela l'idéal était, comme on l'a signalé, d'ouvrir un dialogue actif autour de l'idée d'union. Le catholicossat de Nersès Chnorhali (1166-1173) marqua ainsi le point culminant des relations ecclésiastiques arméno-byzantines : une intense correspondance avec Manuel Comnène[25], lui-même féru de théologie, s'ouvrit dès 1165, et se poursuivit jusqu'à la mort de l'empereur, en 1180, sous Grégoire IV (1173-1193), neveu et successeur de Nersès. On a beaucoup écrit sur l'esprit œcuménique qui habitait Nersès, plusieurs auteurs catholiques[26] se l'appropriant comme un « quasi chalcédonien ». Sans nier cette dimension théologique exceptionnelle, on peut considérer qu'elle était essentiellement au service d'une diplomatie de haut vol. Ce n'est pas un hasard si le dialogue diminua d'intensité à la suite de la défaite byzantine de Myrioképhalon face aux Turcs (1176) : le danger grec s'étant évanoui et l'Empire byzantin ayant quasiment disparu de la scène politique, il ne présentait plus aucun intérêt diplomatique.

Ce dialogue fut amorcé par le gouverneur byzantin de Cilicie, Alexis Axouch[27], puis poursuivi par « un philosophe du nom de Théorien »[28] malgré la politique antigrecque et antilatine menée en Cilicie par le prince řoubénide Mleh (1169-1175), beau-frère de Grégoire IV et allié de Noûr al-Dîn : un spectaculaire exemple d'efficace partage des tâches entre deux dynasties unies dans un but commun. Les trois professions de foi envoyées par Nersès à l'empereur[29] sont restées comme des modèles, souvent recopiées par la suite dès qu'une demande en ce sens était adressée aux catholicos successeurs. Des invitations respectives de visites furent échangées entre empereur et catholicos, sans qu'aucune ne se réalise, mais la promesse arménienne de tenue d'un synode fut concrétisée à Hřomkla, en 1178. Le « flambeau œcuménique » de Nersès Chnorhali avait alors été repris par son petit-neveu, l'archevêque de Tarse Nersès de Lambron, qui y prononça un célèbre discours[30]. Une intéressante proposition de ce synode consistait à accepter la suzeraineté impériale moyennant la soumission du siège patriarcal d'Antioche au catholicos arménien[31]. Il n'y eut pas de suite car Manuel mourut en 1180.

25. Textes grecs dans PG 133, Paris 1864, col. 119-298 ; textes arméniens dans *Endhanrakan T'ought'k'* [Correspondance générale de Saint Nersès Chnorhali] (en arménien), Jérusalem 1871, p. 85-201. Cf. A. Bozoyan, *Les documents des pourparlers ecclésiastiques arméno-byzantins (1165-1178)* (en arménien), Érevan 1995.
26. P. Tekeyan, *Controverses christologiques en Arméno-Cilicie dans la seconde moitié du XIIe siècle (1165-1198)*, Rome 1939, p. 65, 69.
27. *Endhanrakan*, cité *supra* n. 25, p. 86 ; K. Hovsép'ian, *Colophons de manuscrits* (en arménien), 1 *(Du Ve siècle jusqu'en 1250)*, Antélias 1951, no 187, col. 386.
28. *La Chronique attribuée au connétable Smbat*, p. 52 ; Michel le Syrien, p. 335 ; PG 133, col. 120 ; *Endhanrakan*, p. 144 s. Cf. Tekeyan, *Controverses*, cité *supra* n. 26, p. 21-32 ; Bozoyan, *Les documents des pourparlers*, cité *supra* n. 25, nos 7-14, p. 45-66.
29. *Endhanrakan*, p. 87-107, 120-143, 145-153, trad. latine dans J. Cappelletti, *Sancti Nersetis Clajensis Opera*, 2 vol., Venise 1833, 1, p. 173-194, 205-230, 231-238, texte grec dans PG 133, col. 212-224. Cf. Bozoyan, *Les documents des pourparlers*, nos 1-6, 8, p. 31-45, 50-54.
30. *Grigor Catholicos Tgha et Nersès Lambronatsi* (en arménien), Venise 1865², p. 95-205, trad. Ch. Mercier, *Discours synodal de Saint Nersès de Lampron*, Venise 1948. Cf. Ormanian, *Azgapatoum*, § 996-997, 1000-1014, col. 1449-1452, 1455-1475 ; Tekeyan, *Controverses*, p. 37-42 ; N. Akinian, *Nersès de Lambron, archevêque de Tarse* (en arménien), Vienne 1956, p. 188-197 ; Bozoyan, *Les documents des pourparlers*, p. 85, 182-191.
31. Baldjian, *Histoire de la doctrine*, cité *supra* n. 21, p. 265 s. ; Bozoyan, *Les documents des pourparlers*, p. 204 s., 232 s.

ÉGLISES ARMÉNIENNE ET JACOBITE : DES RELATIONS INÉGALES AU XIIe SIÈCLE

L'année même de l'intronisation de Nersès Chnorhali, le catholicossat jacobite passa à l'un de ses plus brillants titulaires, Michel, dit « le Grand » (1166-1199). Les Arméniens s'étaient gardés de toucher aux diocèses que les Syriaques possédaient historiquement en Cilicie, entre autres Tarse et Anavarza[32], mais à l'avènement de Michel les relations arméno-syriaques n'étaient pas bonnes. Le meilleur témoin en est un violent pamphlet rédigé par Denys Bar Salîbi[33], évêque jacobite de Marache, qui avait été emmené en captivité par les Arméniens lorsqu'en 1156 ils s'emparèrent de la ville[34]. On trouve dans ce texte, à côté d'une liste de reproches d'ordre rituel et liturgique, une série de griefs de nature plus concrète : les Syriaques, selon l'auteur, avaient aidé les Arméniens dans le besoin et ceux-ci, devenus plus forts, rompirent leurs engagements et se mirent à spolier systématiquement leurs anciens bienfaiteurs. Les deux célèbres catholicos tentèrent d'améliorer leurs relations, de s'unir face aux pressions des Grecs qui, en plein dialogue avec les Arméniens, montraient une certaine condescendance lorsqu'ils s'adressaient aux Syriaques[35]. Le lien se distendit quelque peu avec l'avènement de Grégoire IV en 1173 : dans sa chronique, Michel émet des réserves sur son élection, et ne perd pas une occasion de le dénigrer[36]. La dissidence du brillant disciple de Michel, Théodore bar Wahboun, fournit à Grégoire un moyen de tenter de contrôler la hiérarchie jacobite : il l'accueillit à Hṙomkla, l'emmena en Cilicie et le fit reconnaître comme patriarche par le prince ṙoubénide Léon II[37]. Les décès de Grégoire et de Théodore en 1193 mirent fin à cet épisode significatif des visées arméniennes sur ce monde syriaque qui formait une importante part de la population cilicienne.

LA FONDATION DU ROYAUME : UN SUCCÈS DIPLOMATIQUE (1198)

Sous la dynastie des Ange, qui succéda aux Comnène, les relations arméno-grecques s'affaiblirent nettement ; Vardan parle même de nouvelles persécutions[38], et une lettre d'Isaac II[39] (1185-1195) laisse supposer une politique ponctuelle de conversions forcées. La situation politique incitait clairement à mettre en veilleuse

32. MICHEL LE SYRIEN, p. 451-480 ; BAR HEBRÆUS, *Chronique ecclésiastique*, cité *supra* n. 4, 1, col. 400, 2, col. 546, 746 ; *Anonymi auctoris Chronicon ad A.C. 1234 pertinens*, trad. A. ABOUNA, Louvain 1974, p. 227. Cf. M. LE QUIEN, *Oriens Christianus*, 3 vol., Paris 1740, 2, col. 1417-1420, 1465-1468 ; E. HONIGMANN, *Le couvent de Barsauma et le patriarcat jacobite d'Antioche et de Syrie*, Louvain 1967, p. 113, 151.
33. BAR SALÎBI, *The work of Dionysius Barsalîbi*, cité *supra* n. 5.
34. MICHEL LE SYRIEN, p. 314 ; *The Chronography of Gregory Abul Faradj*, cité *supra* n. 6, p. 283.
35. MICHEL LE SYRIEN, p. 335 ; BAR HEBRÆUS, *Chronique ecclésiastique*, 2, col. 550-554.
36. MICHEL LE SYRIEN, p. 353 s.
37. *Ibid.*, p. 382-388 ; *Anonymi auctoris*, cité *supra* n. 32, p. 244 ; BAR HEBRÆUS, *Chronique ecclésiastique*, 2, col. 584-590.
38. VARDAN L'ORIENTAL, *Compilation d'histoire d'Arménie* (en arménien), éd. Gh. ALICHAN, Venise 1862, p. 133 s. ; trad. anglaise R. THOMSON, The Historical Compilation of Vardan Arewelc'i, *DOP* 43, 1989, p. 209.
39. Dans *Anekdota Ellénika*, éd. A. PAPADOPOULOS-KERAMEUS, Constantinople 1884, p. 59-63, trad. arménienne dans H. BART'IKIAN, Nouveaux matériaux sur les rapports entre l'État arménien de Cilicie et Byzance (en arménien), *Banber Matenadarani* 4, 1958, p. 288-290 ; F. DÖLGER, *Regesten der Kaiserurkunden des oströmischen Reiches von 565-1453*, 5 vol., Munich-Berlin 1924-1965 (Fasc. 2-3 : 2e éd. augm. par P. WIRTH, Munich 1977 et 1995), 2, no 1567 g, p. 288.

la diplomatie de rapprochement avec Byzance, alors bien affaiblie, pour se tourner de nouveau vers le monde latin, d'autant plus que la montée en puissance de Saladin menaçait l'ensemble du Levant chrétien. Grégoire IV envoya une ambassade à Rome, et le pape Lucius III lui répondit par une lettre datée de décembre 1184, dont on connaît la teneur via une traduction arménienne[40]. Il lui fit parvenir le pallium et la mitre. La chute de Jérusalem en 1187 fut déplorée par une élégie de Grégoire IV[41], comme celle d'Édesse l'avait été en son temps par son oncle Nersès, mais ici encore cette catastrophe pour le monde latin n'eut pas que des répercussions néfastes dans le monde arménien. L'affaiblissement de l'Orient latin rééquilibrait le rapport de forces, en particulier entre la Cilicie et Antioche, désormais séparée des autres États latins. La principauté ṙoubénide en pleine expansion devenait un facteur régional incontournable, en particulier indispensable à la troisième croisade. La diplomatie religieuse des catholicos Pahlavouni cédait naturellement la primauté à la diplomatie politique de Léon II, qui parvint à se faire couronner par le Saint Empire et devint roi sous le nom de Léon Ier le 6 janvier 1198. La présence, à la cérémonie, du patriarche Michel[42] scella la réconciliation arméno-syriaque. Quelques concessions, formelles et vite oubliées, permirent au nouveau royaume d'être reconnu par la papauté[43], et Nersès de Lambron fut choisi pour aller à Constantinople renouer les relations avec les Grecs[44]. Ces derniers refusèrent tout compromis dans le domaine religieux[45], mais l'empereur avait envoyé à Léon une seconde couronne[46].

Trois crises arméno-romaines au début du XIIIe siècle

Nominalement vassal du Saint Empire et de la papauté, Léon Ier donna bien entendu la priorité à la diplomatie avec le monde latin. Les relations avec Innocent III, excellentes au départ, se dégradèrent peu à peu autour des questions d'Antioche et de Baghras, que le roi d'Arménie voulait contrôler. Pour la métropole de la Syrie du Nord, il se heurta au comte Bohémond de Tripoli, pendant que la possession de la forteresse commandant la passe de l'Amanus lui était disputée par les Templiers. Le pape défendant naturellement les droits de ces derniers, il finit par excommunier le roi en 1211, alors que Léon Ier, de son côté, avait accueilli en Cilicie le patriarche grec d'Antioche et expulsé des prélats latins de Tarse et Mamistra[47]. Innocent III

40. M. Tchamtchian, *Histoire d'Arménie* (en arménien), 3 vol., Venise 1784-1786, 3, p. 142-145 ; B. Ananian, Nersès Chnorhali. Relations interecclésiales (en arménien), *Bazmavep* 154, 1996, p. 215-218, trad. italienne, p. 230-232 ; *Acta Romanorum*, cité *supra* n. 13, n° 395, p. 811-813. Cf. Tekeyan, *Controverses*, p. 52-54 ; Akinian, *Nersès*, cité *supra* n. 30, p. 297 s. ; Halfter, *Das Papsttum*, p. 150-157 ; *Roma-Armenia*, cité *supra* n. 22, p. 126.
41. *RHC Arm.*, I, p. 272-307.
42. Kirakos de Gandzak, *Histoire d'Arménie*, p. 158.
43. *Ibid.*, p. 156 s.
44. *La Chronique attribuée au connétable Smbat*, p. 72 ; *Chronique du royaume*, p. 633.
45. *Colophons de manuscrits arméniens, v^e^-xiie siècle* (en arménien), éd. A. Mat'évossian, Érévan 1988, n° 293, p. 292 ; Gh. Alichan, *Sissouan* (en arménien), Venise 1885, p. 465, trad. française dans Gh. Alichan, *Léon le Magnifique*, Venise 1888, p. 158 s.
46. *Colophons*, cité note précédente, n° 300, p. 302 ; Kirakos de Gandzak, *Histoire d'Arménie*, p. 158 ; Vardan l'Oriental, *Compilation*, cité *supra* n. 38, p. 138 s., trad. anglaise, p. 211 s. ; *La Chronique attribuée au connétable Smbat*, p. 72 ; *Chronique du royaume*, p. 633 ; Samuel d'Ani, *Chronique*, cité *supra* n. 20, p. 144 ; *RHC Arm.*, I, p. 405, 424, 442, 458.
47. *Acta Innocentii PP. III*, éd. Th. Haluščynskyj, Rome 1944 (CICO 2), n°s 130, 174, p. 366, 404 ;

dut céder, leva l'excommunication et l'invita au concile de Latran (1215)[48]. S'étant enfin emparé d'Antioche en 1216, Léon Ier se permit de restituer Baghras aux Templiers et de rétablir les sièges latins[49]. Honorius III entérina comme un fait accompli cette « arménisation » de la principauté latine[50], qui allait d'ailleurs être de courte durée pour des raisons tout autres.

Le nouveau pape ne tarda pas lui non plus à se brouiller avec les autorités arméniennes à la suite du décès de Léon Ier (1219) : dans la lutte à trois pour la succession royale, qui mit aux prises les deux filles du défunt et son petit-neveu, il soutint ce dernier[51] après avoir pris le parti de la fille aînée[52], puis n'apprécia pas la destitution en 1224 de Philippe d'Antioche, prince latin devenu roi d'Arménie en 1222 à la suite de son mariage avec l'héritière choisie, la fille cadette Zabel. Le conseil de régence répliqua de nouveau par l'expulsion des sièges latins[53]. Le second mariage de Zabel, avec le roi Hét'oum Ier, fut reconnu par Rome[54] et la seconde crise prit fin : la diplomatie religieuse arménienne avait bien fonctionné.

Un peu plus tard, en 1237, éclata la troisième crise arméno-romaine : le pape Grégoire IX mit en doute la validité du mariage royal pour cause de consanguinité, et sur les instances du patriarche latin il prétendit soumettre l'Église arménienne au siège d'Antioche[55]. Invoquant le *Dachants T'ought'*, les Arméniens obtinrent du pape l'annulation de ces décisions[56].

Les pourparlers avec Nicée

Ces échecs partiels du côté latin ravivèrent les contacts avec l'Église grecque, dont un évêque siégeait d'ailleurs dans la capitale, Sis[57]. Les autorités byzantines résidaient à Nicée depuis la prise de Constantinople par la quatrième croisade (1204), et à l'occasion de la dernière crise les pourparlers pour l'union reprirent, d'abord avec le patriarche Germain II, farouchement antilatin, puis, après sa mort (1240), avec le synode[58]. Une fois de plus ils n'aboutirent pas : les Grecs ne se départaient pas de leur ton condescendant, et les Arméniens, qui au fond n'avaient

Wilbrandi de Oldenborg Peregrinatio dans *Peregrinatores Medii Aevi Quatuor*, éd. J. C. M. Laurent, Leipzig 1864, p. 175 ; *Le Trésor des chartes d'Arménie ou Cartulaire de la chancellerie des Roupéniens*, éd. V. Langlois, Venise 1863, p. 135.

48. *Acta Innocentii PP. III*, cité note précédente, nos 205, 206, p. 441, 443.
49. *Ibid.*, app. I, no 21, p. 588-591.
50. *Regesta Honorii Papæ III*, éd. P. Pressutti, 2 vol., Rome 1888-1895, 1, nos 675, 677, 693, 707, p. 118, 121, 123.
51. *Ibid.*, 2, no 2876, p. 476. Cf. Hamilton, The Armenian Church, cité *supra* n. 14, p. 77.
52. *Regesta Honorii Papæ III*, 1, no 2320, p. 385.
53. *Acta Honorii III et Gregorii IX*, éd. A. Tăutu, Rome 1950 (CICO 3), no 130 p. 176.
54. *Chronique du royaume*, p. 648.
55. *Acta Honorii III*, cité *supra* n. 53, nos 222, 241, p. 298, 319.
56. *Ibid.*, nos 253-256, 258, p. 332-335. Cf. Hamilton, The Armenian Church, p. 79-80 ; Id., *The Latin Church*, cité *supra* n. 16, p. 341-342.
57. *Wilbrandi de Oldenborg*, cité *supra* n. 47, p. 177.
58. S. Lagopatès, *Germain II, patriarche de Constantinople-Nicée (1222-1240)* (en grec), Tripoli 1913, p. 350-353 ; V. Laurent, *Les regestes des actes du patriarcat de Constantinople*. 1, *Les actes des patriarches*. Fasc. 4, *Les regestes de 1208 à 1309*, Paris 1971, no 1290, p. 97 s., p. 116 ; H. Bart'ikian, Les relations ecclésiastiques arméno-byzantines dans les documents (en arménien), *Gandzassar* 7, 2002, p. 62-71 ; Cf. R. Devreesse, Négociations ecclésiastiques arméno-byzantines au XIIIe siècle, *Atti del V congresso internazionale di studi bizantini*, 1, Rome 1939 (Studi bizantini e neoellenici 5), p. 148-151.

jamais voulu cette union autrement que comme arme diplomatique, en restaient à la profession de foi de Nersès Chnorhali. Une dernière tentative, en 1248, n'eut pas plus de succès[59], d'autant qu'en ce milieu de siècle les Arméniens avaient repris langue avec Rome. Il est curieux de noter le silence total des sources arméniennes au sujet de cette phase des pourparlers.

L'Église jacobite sous protectorat arménien

À partir du XIIIe siècle, le contrôle arménien sur l'Église jacobite se renforça. On trouve mention de deux couvents syriaques en Cilicie[60], et le patriarche Jean XIV, mort en 1220, résida longtemps dans l'un d'eux[61]. Son successeur, Ignace II (1222-1252), fit construire des églises à Sis et à Hr̄omkla, où il alla s'installer auprès du catholicos Constantin Ier Bardzrberdtsi[62]. En 1264 le patriarche Ignace III fut élu dans un couvent syriaque de Cilicie[63], et quelques jours plus tard Bar Hebræus fut proclamé à Sis « maphrian de Takrit et de l'Orient », en présence de la famille royale arménienne[64]. Il donne dans ses œuvres des preuves concrètes de la dépendance des autorités jacobites par rapport au roi d'Arménie[65]. Le contrôle mamelouk s'affirmant progressivement sur la Syrie toute entière, la Cilicie devint tout naturellement le refuge des patriarches jacobites, qui, jusqu'à la chute du royaume, résidèrent dans leur couvent cilicien de Gavikat, près de Misis, ou à Sis, sous le protectorat des rois d'Arménie[66]. Leur juridiction ne s'en étendait pas moins jusqu'à l'Atropatène[67].

Arménie-Rome : des relations égalitaires au milieu du XIIIe siècle

On connaît le choix diplomatique du roi Hét'oum Ier face à la déferlante mongole, qui ravagea la Grande Arménie dans le second quart du XIIIe siècle[68]. L'alliance mongole, qui devint durant plus d'un demi-siècle la base de la diplomatie arménienne, n'empêcha pas la reprise des relations arméno-latines. Depuis le début du siècle, dominicains et franciscains formaient le fer de lance de l'offensive pontificale vers les Mongols et les chrétiens « hérétiques ». Les Arméniens accueillirent

59. Laurent, *Les regestes*, cité note précédente, no 1309, p. 115-117 ; Bart'ikian, Les relations, cité note précédente, p. 55-58, 74-85 ; Kirakos de Gandzak, *Histoire d'Arménie*, p. 365.
60. Bar Hebræus, *Chronique ecclésiastique*, 2, col. 622-624. Cf. Alichan, *Sissouan*, cité *supra* n. 45, p. 221, trad. française dans Gh. Alichan, *Sissouan ou l'Arméno-Cilicie*, Venise 1899, p. 253 ; F. Hild, H. Hellenkemper, *Kilikien und Isaurien*, 2 vol., Vienne 1990 (TIB 5), 1, p. 256, 375.
61. Bar Hebræus, *Chronique ecclésiastique*, 2, col. 624-626.
62. *Ibid*., col. 668, 670 ; *The Chronography of Gregory Abul Faradj*, p. 409 s., 446.
63. Bar Hebræus, *Chronique ecclésiastique*, 2, col. 746-750.
64. *Ibid*., col. 750-752, 3, col. 434.
65. *Ibid*., 2, col. 622-624.
66. *Ibid*., col. 784, 790, 794-798, 808.
67. *Ibid*., col. 794.
68. *Colophons de manuscrits arméniens, XIIIe siècle* (en arménien), éd. A. Mat'évossian, Érévan 1984, no 184, p. 233 ; Grégoire d'Akner, History of the Nation of the Archers (the Mongols) by Grigor of Akanc', éd. et trad. R. Blake, R. Frye, *Harvard Journal of Asiatic Studies* 12, 1949, p. 312 s. ; Kirakos de Gandzak, *Histoire d'Arménie*, p. 285 ; *Chronique du royaume*, p. 649 ; *The Chronography of Gregory Abul Faradj*, p. 407 s. ; *Die Seltschukengeschichte des Ibn Bîbî*, trad. H. Duda, Copenhague 1959, p. 234.

plutôt chaleureusement ces missionnaires, dont ils sous-estimèrent l'efficacité à long terme. En 1246, Innocent IV envoya le franciscain Dominique d'Aragon auprès du roi Hét'oum Ier et du catholicos Constantin Ier. Poliment mais fermement, l'Église arménienne répondit en maintenant ses positions, envoyant au pape la profession de foi de Nersès Chnorhali et une liste de vingt-cinq canons habilement établie par l'historien et théologien Vardan l'Oriental[69]. Pour des raisons difficiles à établir de manière précise, les relations s'envenimèrent bientôt, comme le montre la violente répartie de Mekhit'ar de Skevra, délégué du catholicos, face au légat du pape à Acre en 1262 : « D'où l'Église de Rome tient-elle ce pouvoir, de se faire juge des autres sièges apostoliques et de n'être point elle-même soumise à leur jugement[70] ? »

Les dernières relations arméno-grecques

Autour de 1260, le royaume était à son apogée, il pouvait se permettre une attitude aussi hautaine vis-à-vis de la hiérarchie catholique. La situation devait vite changer avec la montée en puissance des Mamelouks, maîtres de l'Égypte et bientôt de la Syrie, et l'affaiblissement progressif des Mongols sur leur front occidental. L'alliance *de facto* des Paléologues avec les Mamelouks augurait mal des relations arméno-grecques[71], et quelques patriarches grecs, soupçonnés d'avoir eu des contacts avec les Arméniens, furent punis[72].

Pendant plusieurs décennies, les autorités arméniennes semblent avoir totalement négligé Byzance : ce n'est que vers 1330 qu'un ultime dialogue s'est noué, le roi Léon IV et le catholicos Constantin IV demandant une médiation auprès des Mamelouks. Les réponses du patriarche grec trahissaient toujours ce ton hautain, réfutant toute accusation de prosélytisme[73].

Au fond, dans leur situation respective, aucune des deux parties n'avait besoin de l'autre, et on ne possède plus de trace de contacts arméno-grecs jusqu'à la chute du royaume.

69. *Guirk' Tght'ots* [Livre des Épîtres] (en arménien), Tiflis 1901, p. 503-509 ; Kirakos de Gandzak, *Histoire d'Arménie*, p. 329-344 ; *Archivio Segreto Vaticano*, A. A. Arm. I-XVIII, 1804 (manuscrit arménien). Cf. C. Mutafian, Franciscains et Arméniens (xiiie-xive siècle), *Studia Orientalia Christiana, Collectanea* 32, 1999, p. 229-231.
70. *RHC Arm.*, I, p. 697.
71. Moufadhdhal, *Histoire des sultans mamlouks*, éd. et trad. É. Blochet, Paris 1919 (PO 12), p. 452 s. ; Al-Zâhir dans P. Holt, *Early Mamluk diplomacy (1260-1290)*, Leyde 1995, p. 118-128 ; Dölger, *Regesten*, cité *supra* n. 39, 3, n°s 2054 a-2054 b, p. 138 s. ; M. Canard, Le traité de 1281 entre Michel Paléologue et le sultan Qalâ'ûn, *Byz.* 10, 1935, p. 669-680.
72. Pachymère, *Relations historiques*, éd. et trad. A. Failler, V. Laurent, 5 vol., Paris 1984-2000, 2, p. 354, 3, p. 66 s., 136, 141 ; Laurent, *Les regestes*, n°s 1498, 1511, 1568, p. 293 s., 304 s., 356.
73. PG 152, col. 1207-1211 ; Dölger, *Regesten*, 4, n° 2758, p. 144 ; J. Darrouzès, *Les regestes des actes du patriarcat de Constantinople*. 1, *Les actes des patriarches*. Fasc. 5, *Les regestes de 1310 à 1377*, Paris 1977, n°s 2158, 2159, p. 117-119 ; Bart'ikian, Nouveaux matériaux, cité *supra* n. 39, p. 291-295. Cf. Bart'ikian, Les relations, p. 51-53.

Quelques contacts avec le monde nestorien

La politique de Hét'oum Ier, avec son orientation mongole, créa une solidarité entre les mondes arménien et nestorien, au-delà des divergences doctrinales, d'autant plus que, parmi les épouses des souverains mongols, on comptait de nombreuses princesses nestoriennes. La plus célèbre fut Dokhouz Khatoun, épouse de Houlagou et grande protectrice des chrétiens orientaux, en particulier des Arméniens, qui ressentirent douloureusement sa disparition en 1265, peu après son époux[74]. Une quinzaine d'années plus tard, deux moines nestoriens originaires de Chine passèrent à Ani, dont ils admirèrent les ruines[75]. L'un d'eux devint en 1282 catholicos sous le nom de Yahbhallâhâ III[76], et durant les persécutions antichrétiennes qui marquèrent en 1296 le début du règne de Ghazan, il dut son salut à l'intervention du roi Hét'oum II, qui l'amena à Tabriz auprès du khân[77].

L'engagement prolatin des autorités arméniennes à partir de la fin du XIIIe siècle

À la suite de la défaite arméno-mongole de 1281, du traité de paix que dut concéder en 1285 le roi Léon II face au sultan mamelouk, et de la victoire arméno-mongole sans lendemain de 1299 qui resta comme le chant du cygne de la politique d'alliance mongole, il n'est pas étonnant que la diplomatie arménienne ait choisi de se lancer dans la seule alliance sur laquelle elle pouvait encore espérer compter, celle de l'Europe catholique. Le virage pratiquement définitif fut pris sous le règne de Hét'oum II (1289-1307), qui se fit lui-même franciscain[78].

En 1292, Hṙomkla tomba aux mains des Mamelouks, et le siège catholicossal dut se déplacer à Sis, à l'ombre du pouvoir royal. À partir de dette date, et à quelques exceptions près, rois et catholicos allaient rivaliser d'ardeur pour séduire la papauté et les cours européennes. Les résultats s'avérèrent bien en deçà des espérances : malgré l'escalade des concessions de l'Église arménienne, pratiquement aucune aide européenne ne vint au secours du royaume. Parmi les multiples raisons, deux sont à signaler. Les affrontements entre royaumes européens, souvent armés comme dans le cas de la guerre de Cent Ans, engendraient une désaffection croissante pour ce Levant où le seul État latin survivant était le royaume de Chypre ; quant à la papauté, installée à partir du début du XIVe siècle à Avignon, sous la coupe des rois de France, elle se montra exceptionnellement intransigeante, cherchant à tout prix à soumettre l'Église arménienne, à ramener les « hérétiques » dans le « droit chemin » catholique, et répondant à chaque demande d'aide par de drastiques conditions préalables.

74. Vardan l'Oriental, *Compilation*, p. 160 s., trad. anglaise, p. 222 ; Grégoire d'Akner, cité *supra* n. 68, p. 350 s. ; *The Chronography of Gregory Abul Faradj*, p. 444.
75. *The Monks of Kûblâi Khân*, cité *supra* n. 2, p. 145.
76 *The Chronography of Gregory Abul Faradj*, p. 492.
77. *The Monks of Kûblâi Khân*, p. 213-215.
78. *Colophons*, cité *supra* n. 68, nos 567, 573, p. 698, 705 ; *Cronaca del Templare di Tiro (1243-1314)*, éd. L. Minervini, Naples 2000, § 317, p. 268, § 374, p. 296-298, § 386, p. 302-304. Cf. G. Golubovich, *Biblioteca bio-bibliografica della Terra Santa e dell'Oriente francescano*, 5 vol., Quaracchi 1906-1927, 1, § 99, p. 328-339.

Outre son inefficacité, cette diplomatie religieuse choisie par les instances dirigeantes, tant laïques qu'ecclésiastiques, provoqua de dramatiques conflits internes au monde arménien. La latinophilie poussée à l'extrême n'était pas du goût de tout le monde, loin de là, elle rencontra de fortes résistances en Cilicie même (voir par exemple la biographie de Georges de Skévra[79]), et suscita une hostilité quasi unanime de la part du clergé arménien du sultanat de Roûm et surtout de celui de Grande Arménie, qui n'avait pas ce passé de coexistence avec le monde latin et voyait toute concession comme une trahison envers l'Église arménienne, symbole de la nation : citons, parmi ces opposants, Moïse d'Erznka[80], l'historien et archevêque de Sunik Étienne Orbélian[81], et les docteurs des grandes universités, comme Essayi Ntchetsi[82] à Gladzor ou Grégoire de Tat'ev[83].

En plein accord avec le catholicos Grégoire VII, le roi Hét'oum II prépara au début du XIVe siècle la réunion d'un concile explicitement destiné à réaliser « l'union des Arméniens avec l'Église de Rome »[84]. Les participants avaient été soigneusement choisis[85], et ce « concile de Sis » se tint en mars 1307, peu après le décès du catholicos. Il fit à l'Église catholique des concessions majeures[86], entre autres sur les dates de célèbration de la Nativité et de Pâques. Écartés des débats, les opposants à l'union rejetèrent ces décisions et furent victimes d'une violente répression[87]. Parmi ceux-ci, l'évêque arménien de Jérusalem aurait fait sécession pour fonder en 1311 le patriarcat arménien de Jérusalem sous l'égide de son suzerain temporel, le sultan mamelouk du Caire : c'est là la version communément admise de la création de ce patriarcat autonome – qui existe encore de nos jours –, on la trouve pour la première fois en 1786 chez Tchamtchian[88], mais le savant mékhitariste ne donne pas ses sources, si bien que l'information est à prendre sous toute réserve. Quelques années plus tard, en 1316, le roi Ochine et le catholicos Constantin III suivirent fidèlement la politique de leurs prédécesseurs, et le « concile d'Adana », aussi peu représentatif que celui de Sis, confirma les décisions de ce dernier[89].

79. E. BAGHDASSARIAN, La « Vie » de Georges de Skévra (en arménien), *Banber Matenadarani* 7, 1964, p. 399-435 ; trad. française, V. MISTRIH, Trois biographies de Georges de Skevra, *Studia Orientalia Christiana, Collectanea* 14, 1970-1971, p. 301-353.
80. Dans SAMUEL D'ANI, *Chronique*, n. 89, p. 300 s.
81. *Histoire de la maison de Sissakan par Stép'annos Orbélian, évêque de Sunik'* (en arménien), éd. M. ÉMINE, Moscou 1861, p. 329-342, trad. française, M.-F. BROSSET, *Histoire de la Siounie par Stéphannos Orbélian*, Saint-Pétersbourg 1864, p. 250-256.
82. Cf. ORMANIAN, *Azgapatoum*, § 1241, col. 1800 s. ; *Roma-Armenia*, p. 172 s.
83. *Canons de Grégoire de Tat'ev*, dans B. GULESSÉRIAN, *Histoire des catholicos de Cilicie (de 1441 à nos jours)* (en arménien), Antélias 1990², col. 1379-1402.
84. BALDJIAN, *Histoire de la doctrine*, p. 273.
85. GALANUS, *Conciliationis*, cité *supra* n. 21, p. 458-460 ; BALDJIAN, *Histoire de la doctrine*, p. 274-276. Cf. ORMANIAN, *Azgapatoum* § 1231 s., col. 1785-1787.
86. SAMUEL D'ANI, *Chronique*, p. 155 et n. 82, p. 298 s.
87. *Ibid.*, p. 156.
88. TCHAMTCHIAN, *Histoire d'Arménie*, cité *supra* n. 40, p. 313.
89. GALANUS, *Conciliationis*, p. 471-507 ; BALDJIAN, *Histoire de la doctrine*, p. 282-298. Cf. ORMANIAN, *Azgapatoum* § 1253-1257, col. 1816-1823 ; TOURNEBIZE, *Histoire politique*, cité *supra* n. 20, p. 311-317.

L'OFFENSIVE DOMINICAINE ET LA CHUTE DU ROYAUME

Le prosélytisme missionnaire catholique profitait bien entendu de ce terrain favorable. Les Franciscains fondèrent des couvents à Sis, à Sébaste, à Erzeroum, à Erznka[90], et réussirent, après celle du roi Hét'oum II, une seconde conversion importante : l'archevêque arménien de Saint-Thaddée, en Atropatène[91]. Ils furent toutefois bientôt supplantés par les Dominicains, pour lesquels le pape Jean XXII (1317-1334) avait créé en 1318 l'archevêché de Soultâniyya, en Iran mongol[92], tout en favorisant l'implantation de Frères prêcheurs en Cilicie[93]. Ces missionnaires avaient parfois une aversion profonde pour les Arméniens, qualifiés d'infidèles, de cruels, d'hypocrites, « plongés dans les erreurs », aussi incapables de les corriger qu'un Éthiopien qui « ne peut changer sa peau » : c'est ce qu'on lit dans un violent pamphlet adressé en 1332 à Philippe VI de Valois par un dominicain anonyme[94]. Remarquablement formés, exceptionnellement cultivés, ces prêcheurs firent un efficace travail de propagande dans le monde arménien, culminant en 1330 avec la fondation du couvent catholique de K'ṙna, au Nakhitchevan : c'est à partir de cette base qu'ils allaient former une école de dominicains arméniens, les « Frères uniteurs » [95]. C'est aussi sous Jean XXII que deux nouveaux sièges latins furent créés en Cilicie, Ayas[96] et Korykos, ce dernier sur demande des autorités arméniennes[97].

Le pontificat de Benoît XII fut marqué par la fameuse affaire des « cent dix-sept erreurs des Arméniens »[98], une liste établie en 1341, sur demande du pape, par un uniteur arménien fanatique, Nersès Balients. Ce féroce réquisitoire fut brandi face aux demandes d'aide constamment présentées par les Arméniens. Il reçut deux réfutations, l'une de la part de Daniel de Tabriz, franciscain arménien[99], l'autre élaborée par un concile[100] réuni à Sis en 1345. Le catholicos Jacques II, qui s'était opposé à la politique latinophile du roi Léon IV, avait été destitué[101]. L'assassinat en 1344 du second roi latin d'Arménie, Guy de Lusignan, créa bien entendu des tensions, et Clément VI haussa le ton : les autorités arméniennes feignirent la soumission[102], mais le pape n'était pas dupe[103]. Innocent VI franchit un nouveau pas, en envoyant

90. Cf. MUTAFIAN, Franciscains, cité *supra* n. 69, p. 242-246, 260 s.

91. *Acta Innocentii PP. VI*, éd. A. TĂUTU, Rome 1961 (CICO 10), n° 14, p. 25-27. Cf. GOLUBOVICH, *Biblioteca*, cité *supra* n. 78, 3, p. 370-373.

92. *RHC Arm.*, II, p. CLXXIX, n. 1. Cf. R. LOENERTZ, *La Société des Frères Pérégrinants : étude sur l'Orient dominicain*, Rome 1937, p. 137-141 ; J. RICHARD, *La papauté et les missions d'Orient au Moyen Âge*, Rome 1998², p. 169-176.

93. *Acta Ioannis XXII*, éd. A.TĂUTU, Rome 1952 (CICO 7/2), n° 15, p. 26 s. Cf. LOENERTZ, *La Société*, cité note précédente, p. 187 s.

94. *RHC Arm.*, II, p. 487-490.

95. GALANUS, *Conciliationis*, p. 513-522. Cf. LOENERTZ, *La société*, p. 141-150.

96. *Acta Ioannis XXII*, cité *supra* n. 93, n° 108, p. 202 s. Cf. MUTAFIAN, Les sièges, cité *supra* n. 16, p. 910-912 ; RICHARD, *La papauté*, cité *supra* n. 92, p. 208.

97. *Acta Ioannis XXII*, n° 59, p. 117. Cf. LOENERTZ, *La société*, p. 104 s. ; RICHARD, *La papauté*, *ibid*.

98. *Acta Benedicti XII*, éd. A. TĂUTU, Rome 1958 (CICO 8), n° 57, p. 119-155. Cf. TOURNEBIZE, *Histoire politique*, p. 347-365 ; RICHARD, *La papauté*, p. 210-213.

99. *RHC Arm.*, II, p. 559-650. Cf. GOLUBOVICH, *Biblioteca*, 4, p. 333-358.

100 *Acta Benedicti XII*, cité *supra* n. 98, n° 59, p. 160-229. Cf. TOURNEBIZE, *Histoire politique*, p. 365-388.

101. AṘAK'EL DE TABRIZ, *Livre d'histoires* (en arménien), éd. L. XANLARIAN, Érévan 1990, p. 341 ; trad. française dans M.-F. BROSSET, *Collection d'historiens arméniens*, 1, Saint-Pétersbourg 1874, p. 477. Cf. ORMANIAN, *Azgapatoum*, § 1283, col. 1857-1859.

102. JEAN DARDEL, *Chronique d'Arménie*, dans *RHC Arm.*, II, p. 28 s.

103. *Acta Clementis PP. VI*, éd. A. TĂUTU, Rome 1960 (CICO 9), n°s 176, 176 a, 190-192, p. 276 s., 297-317.

ce Nersès Balients comme légat en Cilicie[104] et en officialisant, en 1356, les Frères uniteurs[105]. Les Arméniens se rendirent compte, mais un peu tard, que la diplomatie prolatine n'avait eu d'autre résultat que le renforcement de l'influence catholique dans le monde arménien. Le catholicos Mesrop Ier réunit en 1361 un concile à Sis pour condamner enfin cette ligne politique[106], et son successeur, Constantin V, semble s'être heurté au dernier roi d'Arménie, Léon V Lusignan, neveu de Guy. Il faut toutefois tenir compte du fait que notre seule source en la matière est Jean Dardel, qui rend même le catholicos en partie responsable de la chute de Sis, en 1375[107]. Le parti pris antiarménien de ce confesseur de Léon V rend toutefois son témoignage pour le moins suspect.

Conclusion

Seule Église nationale pouvant s'appuyer sur une structure étatique, suffisamment sûre d'elle-même pour engager sans risque, lorsque les circonstances l'exigeaient, un dialogue avec l'une ou l'autre des Églises chalcédoniennes, pour lesquelles elle représentait un enjeu important, l'Église arménienne joua, du XIIe au XIVe siècle, un rôle à la fois important et spécifique dans la mosaïque proche-orientale. Relayant ou soutenant les intérêts de l'État, elle fut sans cesse partie prenante dans le jeu politique complexe qui se déroula depuis les croisades jusqu'aux Mongols et aux Mamelouks.

Les Églises syriennes ne représentant aucun État, elles n'ont eu que peu d'influence sur l'histoire, tant politique qu'ecclésiastique, de l'Arménie cilicienne : avec les Nestoriens les relations restèrent très épisodiques, avec les Jacobites elles furent certes plus continues, mais sans que l'Église arménienne se départisse jamais de son attitude paternaliste et/ou autoritaire. En revanche, les deux puissantes Églises chalcédoniennes représentaient des États qui, suivant la situation géopolitique au Levant, pouvaient constituer soit des menaces, soit, au contraire, des perspectives d'alliance, voire des espoirs de secours. Dans les deux cas la diplomatie religieuse constituait un important facteur de la politique arménienne, qui faisait miroiter, tantôt avec les Grecs, tantôt avec les Latins, le mythe d'une union qu'elle n'a au fond jamais souhaitée. Cette diplomatie fut couronnée de succès tant que les rapports de force restaient en faveur des Arméniens, ou pour le moins équilibrés. Ce fut le cas par exemple au XIIe siècle, avec le dialogue arméno-grec mené de main de maître par les catholicos Pahlavouni, ou encore au XIIIe siècle, quand Léon Ier et Hét'oum Ier parvenaient à imposer à la papauté une ligne politique favorable aux intérêts de la royauté arménienne.

Les données changèrent du tout au tout à partir de la fin du XIIIe siècle, lorsque la disparition progressive du soutien mongol affaiblit le royaume et laissa *de facto* l'Europe catholique comme seul interlocuteur possible, dans une flagrante situation d'inégalité. La situation s'aggrava au XIVe siècle avec la papauté d'Avignon, qui profita de la décadence du royaume pour tenter de soumettre l'Église arménienne,

104. *Acta Innocentii PP. VI*, cité *supra* n. 91, nos 20, 59, p. 37-39, 107-109.
105. *Acta Innocentii PP. VI*, no 73, p. 128-130. Cf. RICHARD, *La papauté*, p. 220.
106. SIMÉON ÉRÉVANTSI, *Djambr* (en arménien), Vagharchapat 1873, p. 17. Cf. ORMANIAN, *Azgapatoum*, § 1322, col. 1922 s.
107. DARDEL, cité *supra* n. 102, p. 58, 79 s., 87.

en se bornant à proposer en échange les espoirs purement théoriques d'une aide militaire qu'elle n'avait probablement au fond jamais sérieusement envisagée. L'unique monnaie d'échange aux mains de l'Arménie était sa position de dernier État chrétien sur le continent levantin, mais, à part quelques rares personnalités comme Marino Sanudo, personne en Europe n'y attachait la moindre importance. Le sort du royaume d'Arménie, réduit au rôle de suppliant et déchiré par les querelles internes que suscitait cette situation humiliante, était dès lors scellé : il tomba en 1375 aux mains des Mamelouks égyptiens.

Claude Mutafian
Université Paris XIII

Du comté de Champagne aux royaumes d'Orient : sceaux et armoiries des comtes de Brienne

Marie-Adélaïde NIELEN

Peu de familles ont connu un destin aussi brillant que celle de Brienne. Celui-ci devait la mener, depuis son comté vassal du comté de Champagne, jusqu'en Orient latin, en Grèce franque et en Italie, et s'achever tragiquement avec la mort de son dernier descendant mâle sur le champ de bataille de Poitiers.

Que ce soit dans des entreprises vers l'Orient, ou dans le service du prince, où bon nombre d'entre eux s'illustrèrent (en particulier comme connétables de France), les Brienne sont des représentants particulièrement intéressants de cette haute noblesse champenoise qui ne se contente pas de graviter dans l'entourage des thibaudiens.

À l'instar des maîtres des principaux châteaux de Champagne ou d'ailleurs, les comtes de Brienne sont parmi les premiers, à l'imitation de leur suzerain, à faire usage d'un sceau pour valider leurs actes : dès le milieu du XIIe siècle, peut-être même avant, le comte de Brienne tient à se munir de ce signe distinctif de l'élite. L'image représentée sur le sceau, mais aussi sa taille et surtout sa légende, le parant de ses titres ou de ceux qu'il brigue, sont un des moyens de tenir son rang et d'affirmer son appartenance à la noblesse.

L'extraordinaire destin des comtes de Brienne peut se lire à travers leurs sceaux. Nous avons voulu ici en retracer les grandes lignes, depuis les classiques sceaux équestres des premiers comtes (choix qui s'impose aux plus grands seigneurs), jusqu'aux sceaux de majesté dont les symboles affirment la suprématie de la Jérusalem céleste sur toutes les autres gloires, ainsi que l'évolution, conforme à la mode du temps, vers les sceaux simplement héraldiques, de plus petite taille, où les armoiries suffisent à identifier le lignage, montrant quelle fierté elles inspirent.

AUX ORIGINES D'UN GRAND LIGNAGE

Cités dès le Xe siècle, les comtes de Brienne sont parmi les plus importants vassaux du comte de Champagne. Si le premier comte connu en ligne directe, Engilbert Ier, apparaît vers 950, les limites du comté, situé entre Troyes et Bar-sur-Aube, forment dès 853 deux circonscriptions comtales héritées du *pagus breonensis* carolingien, dont l'une devient le comté de Brienne. Parmi ses vassaux, le seigneur de Villehardouin : le chroniqueur, Geoffroi, cite en abondance son suzerain dans son célèbre récit. Parmi les alliances des comtes de Brienne, une comtesse de Sens, une autre de Bar-sur-Seine, Agnès de Montbéliard. À un moindre rang, les Brienne s'allient à des familles champenoises connues et solidement établies : les Joinville, les Broyes, les Ramerupt, les Venisy, s'assurant ainsi un solide réseau d'alliances.

Chemins d'outre-mer. Études d'histoire sur la Méditerranée médiévale offertes à Michel Balard.
Paris, Publications de la Sorbonne, 2004 (Byzantina Sorbonensia 20)

Tableau généalogique des comtes de Brienne

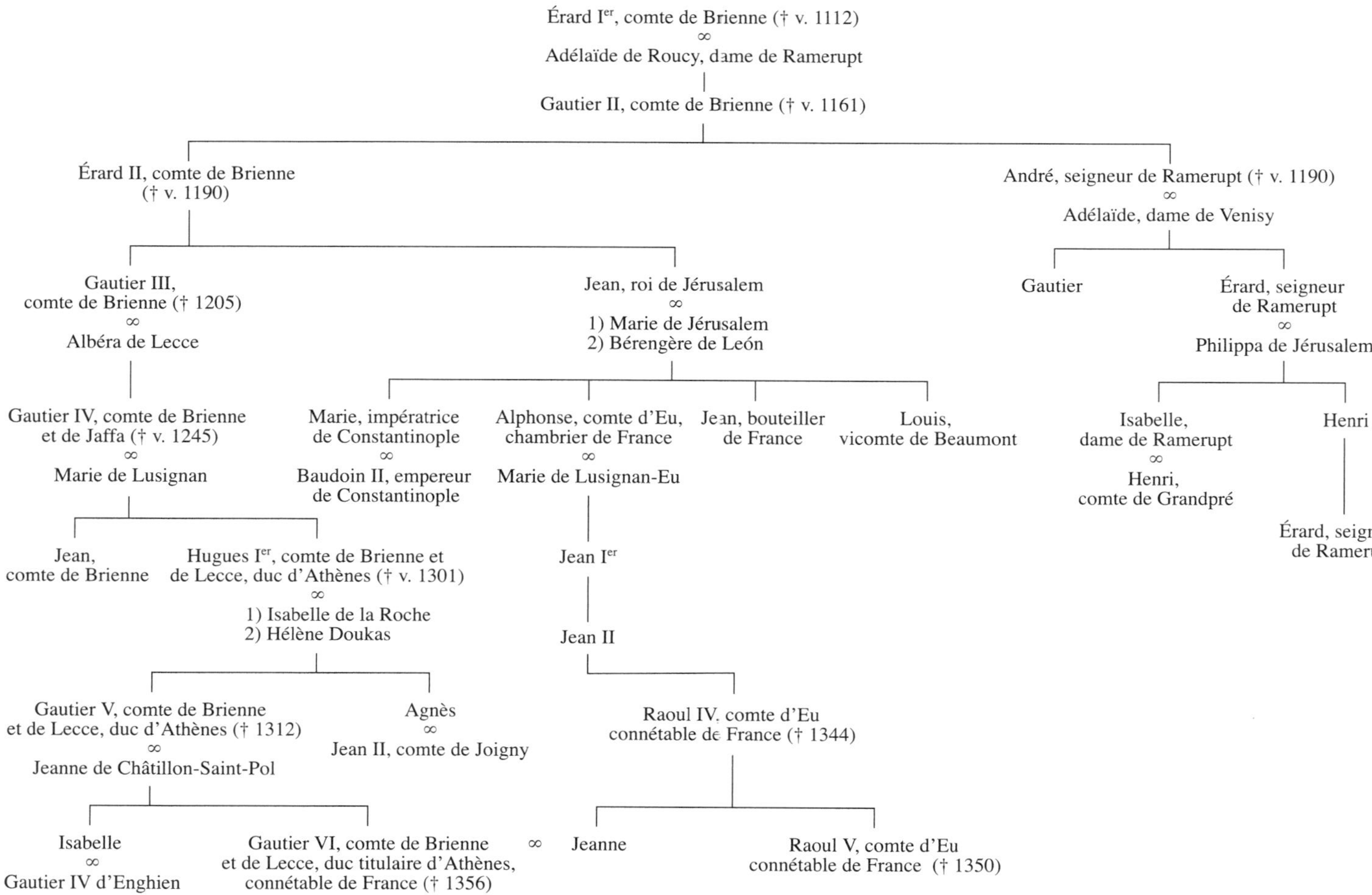

Au cours des Xe et XIe siècles, seuls les très grands princes territoriaux scellent. Il n'est donc pas encore question d'un sceau pour le comte de Brienne. Le premier à avoir scellé de façon certaine est Gautier II, comte de Brienne entre 1125 et 1161 environ. C'est un sceau rond de 65 mm, appendu à un acte non daté par lequel le comte fait un don au prieuré Notre-Dame de Foisy, fondé par Thibaud II de Champagne, mort en 1152 : cela permet de dater cette empreinte de 1152 au plus tard[1]. On est dans cette fin de la première moitié du XIIe siècle, où les lignages les plus importants adoptent les habitudes de leurs suzerains, en particulier le sceau. Comme eux, le comte de Brienne choisit un sceau équestre : la représentation traditionnelle du chevalier, du noble, chevauchant et portant sur lui les signes distinctifs de sa fonction, le heaume, le casque, l'écu, l'épée ou la lance, parfois la bannière. Le sceau de Gautier II est cependant d'un type tout à fait original, puisqu'il combine le type équestre de guerre, extrêmement répandu dans l'aristocratie chevaleresque, avec le type équestre de chasse, sensiblement plus rare[2]. Il s'agit en effet d'un type équestre à gauche, où le cavalier en costume de guerre porte un heaume conique à nasal et au bras droit un écu très allongé en amande, de type normand, caractéristique du milieu du XIIe siècle, tandis que sur le poing gauche se trouve un oiseau, le bras étant rejeté en arrière[3].

Les sceaux des deux fils de Gautier II, Érard II, comte de Brienne (1161-1190) et André, seigneur de Ramerupt[4], sont tous deux conservés. Celui d'Érard II scelle un acte de 1176. Il s'agit d'un type équestre à droite, mariant, comme celui de son père, le type équestre de guerre et le type équestre de chasse, avec l'écu, ici très fruste, tenu de la main gauche, et un oiseau, posé sur le bras droit tendu vers l'arrière. Le mauvais état de ce sceau ne permet pas de dire si le cavalier, dont la tête manque, était coiffé d'un heaume[5].

Celui de son frère, André de Ramerupt, appendu à une donation de 1185, mesure 60 mm. Lui aussi en mauvais état, il montre un cavalier marchant vers la droite, coiffé d'un heaume ovoïde et tenant un écu, non héraldique mais orné d'un rais d'escarboucle et d'une bordure. Rompant avec les habitudes de la branche aînée et sans référence au type de chasse, il s'agit d'un type équestre classique, puisque le cavalier est armé d'une épée[6].

La branche de Ramerupt, issue d'André et d'Adélaïde, dame de Venisy, est elle aussi bien connue, notamment grâce au fils d'André, Érard, un moment tenté par la carrière en Orient, à l'instar de ses cousins germains Gautier III et Jean de Brienne, et dont la querelle avec les comtes de Champagne pour l'obtention du comté est célèbre. En 1213, Érard part en Orient (où son père avait trouvé la mort, au siège d'Acre) et, avec l'appui de son cousin Jean, devenu roi de Jérusalem, épouse la princesse Philippa, deuxième fille d'Henri, comte de Champagne, et

1. Il est aussi attesté dans le manuscrit latin 5441-1 de la BNF, p. 388, dans un acte daté de 1147.
2. Une famille célèbre a souvent choisi le type équestre de chasse : la famille de Montfort. Voir en particulier le sceau de Simon IV, comte de Montfort (collections de moulages des Archives nationales, D 707).
3. A. COULON, *Inventaire des sceaux de la Champagne* (dact.), 2, p. 34 ; coll. de moulages, Ch 49 ; P. BONY, Note sur les sceaux des comtes de Brienne dans la collection de Champagne (note manuscrite) ; ces deux ouvrages non publiés sont consultables au Service des Sceaux du Centre historique des Archives nationales.
4. La seigneurie de Ramerupt (Aube, arr. de Troyes) entre dans la famille de Brienne par le mariage d'Érard Ier, père de Gautier II, avec Adélaïde de Roucy, dame de Ramerupt, aux tournants des XIe et XIIe siècles.
5. COULON, *Inventaire des sceaux de la Champagne*, cité *supra* n. 3, 2, p. 35 ; coll. de moulages, Ch 50.
6. COULON, *Inventaire des sceaux de la Champagne*, 2, p. 35-36 ; coll. de moulages, Ch 51 et D 3359.

d'Isabelle, reine de Jérusalem. Revenu avec son épouse en France dès l'été 1215, il entreprend de revendiquer le comté de Champagne au nom de sa femme, s'opposant ainsi au jeune comte Thibaud IV, fils posthume de Thibaut III, frère et successeur du comte Henri[7]. Malgré quelques puissants appuis, l'aventure d'Érard de Brienne tourne court, tant sur le plan militaire que politique. En 1221, il renonce définitivement à la Champagne, se reconnaissant vassal du comte Thibaud.

Ces nombreuses tribulations n'ont pas laissé de traces dans les sceaux d'Érard et de Philippa parvenus jusqu'à nous. L'empreinte du sceau d'Érard, appendue à un acte de 1211, propose une légende très simple : SIGILLUM ERARDI BRENE, et montre un cavalier au casque carré[8], tenant l'épée de la main droite, et l'écu, maintenu par un baudrier, de la main gauche. Cet écu, même si cela est difficile de l'affirmer, porte peut-être déjà le burelé qui sera quelques décennies plus tard les armes de Ramerupt. Si la date de 1211 donnée par l'inventaire est exacte, nous serions en présence du sceau utilisé par Érard alors qu'il est encore un cadet peu fortuné, dépendant de son frère aîné Gautier, héritier de la seigneurie de Ramerupt. Cela expliquerait l'absence de titre seigneurial dans la légende du sceau, le mentionnant comme Érard de Brienne, tout simplement. Sur le même document est appendu un autre sceau, décrit dans l'inventaire de Douët d'Arcq ainsi que dans celui de Coulon comme étant le sceau de Philippa de Champagne, femme d'Érard[9]. Or en 1211, Érard et Philippa n'étaient pas encore mariés. Soit la date de l'acte est fausse[10], soit il ne s'agit pas du sceau de Philippa. Très fragmentaire, il montre une dame debout, en robe ajustée et manteau, une coiffe carrée sur la tête, la main droite à l'attache du manteau et la gauche sur la hanche, et ne donne qu'une légende tronquée, où l'on semble pouvoir lire DE BRENA, fragment insuffisant pour l'identifier. S'il s'agissait du sceau de Philippa, il paraîtrait bien simple pour la fille d'une reine et du comte de Champagne : nulle trace d'ornements, ni d'armoiries, pas de recherche particulière dans le style, rien susceptible d'évoquer, ni dans ce sceau, ni dans celui de son mari, la moindre ambition à la succession de Champagne. Plutôt que le sceau d'une première femme d'Érard, peut-être cette Hélissent de Rethel citée par le P. Anselme[11], il pourrait s'agir du sceau d'Adélaïde de Venisy, mère d'Érard, qui, veuve d'André de Brienne, seigneur de Ramerupt, s'est remariée à Gaucher de Joigny, seigneur de Châteaurenard, dont le sceau se trouve également appendu à ce document [12]. Il apparaît donc évident que nous ne possédons pas le sceau de Philippa de Jérusalem.

7. Sur cette question, bien connue, voir H. D'ARBOIS DE JUBAINVILLE, *Histoire des ducs et comtes de Champagne*, s. l., 1859-1869, *passim* ; M.-A. NIELEN, La succession de Champagne à travers les chartes d'Alix, reine de Chypre, *La présence latine en Orient au Moyen Âge*, textes réunis par G. BRUNEL, avec la collaboration de M.-A. NIELEN (Documents inédits des Archives nationales), Direction des Archives de France, Paris 2000.

8. Coll. de moulages, D 1568 et B 222.

9. L. Cl. DOUËT D'ARCQ, *Collection de sceaux. Archives de l'Empire. Inventaires et documents*, Paris 1863, 1, p. 505 ; A. COULON, *Inventaire des sceaux de la Bourgogne*, Paris 1912, p. 44 ; coll. de moulages, D 1570 et B 223.

10. Douët d'Arcq indique, lui, la date de 1222. Coulon l'a relevé dans *Inventaire des sceaux de la Bourgogne*, cité note précédente, p. 44, indiquant « Douët d'Arcq met par erreur la date de 1222 ».

11. ANSELME DE SAINTE-MARIE (Père ANSELME), *Histoire généalogique et chronologique de la maison royale de France*, 6, Paris 1730, p. 140.

12. Ce sceau est également inventorié par COULON, *Inventaire des sceaux de la Bourgogne*, cité *supra* n. 9, p. 59 ; coll. de moulages, B 322 et D 2489.

Ce sceau de 1211 nous montre Érard comme un cadet encore sans possessions, scellant aux côtés de sa mère et de son beau-père, ce qui explique que son sceau, quoique de belle facture[13], soit simple. On conserve un autre sceau d'Érard, bien différent du précédent, appendu à un document daté de 1230[14]. Nulle trace cependant dans ce sceau de taille importante (il mesure 80 mm), d'une très belle exécution, ni de l'épopée orientale d'Érard, ni de ses prétentions au comté de Champagne. Il est vrai qu'à cette date, il a déjà renoncé à la succession et reçu des compensations. De plus, par la mort de son frère aîné et de sa mère, il est devenu seigneur de Ramerupt et de Venisy. C'est le sceau d'un seigneur fortuné et de haut lignage, mais qui est « rentré dans le rang » : sur la légende du sceau, on peut lire SIGILLUM : ERARDI DE BRIENA : [D]OMINI : RAMERUTI. L'extrême qualité de la gravure de ce sceau équestre est cependant frappante. Les armoiries y sont représentées sur l'écu du cavalier et la housse du cheval, ainsi que sur le contre-sceau, un écu aux armes accompagné de rinceaux. Ces armes sont un lion sur un burelé : on retrouve ici le lion des Brienne, si fréquent en Champagne[15], le burelé étant les armes de Ramerupt. Autre élément de luxe, la présence, sous le ventre du cheval, d'une intaille antique, représentant une aigle aux ailes déployées. Le seigneur de Ramerupt imite une mode adoptée par le comte Thibaud IV de Champagne, qui a fait insérer une ou plusieurs intailles dans les matrices de ses sceaux[16], de même que plusieurs autres grands seigneurs champenois.

Fig. 1 - Sceau d'Érard de Brienne, seigneur de Ramerupt, D 1569
(Photo : Centre historique des Archives nationales)

13. Il rappelle celui de Thibaud IV de Champagne. Voir coll. de moulages, S 2055 et D 572.
14. Coll. de moulages, D 1569 (Fig. 1).
15. Voir J.-L. Chassel, La Champagne et ses chevaliers au lion, *Les sceaux, sources de l'histoire médiévale en Champagne*, table ronde organisée par la Société française d'héraldique et de sigillographie, Troyes, 14 septembre 2003, à paraître.
16. Voir le sceau de Thibaud IV, ou le sceau de Jean de Joinville, coll. de moulages, S 2055 et S 2098bis.

Des armes semblables se retrouvent dans le sceau d'Érard de Brienne, seigneur de Venisy, petit-fils d'Érard et de Philippa[17]. Ce sceau, appendu à un document de 1269[18], est plus petit que le précédent (58 mm), mais la représentation, un cavalier en armes, et les armoiries, le lion sur un burelé, sont semblables. La légende de la face, en latin, est : S(*igillum*) : [E]RARDI : DE : BRENA..., et celle du contre-sceau, en français : + S(*eel*) ERAR DE BRIENNE SIRES DE VENISIE.

En revanche, le sceau d'Isabelle de Brienne[19], fille d'Érard et de Philippa, femme d'Henri, comte de Grandpré, datant de 1258, représente une dame debout, les cheveux dénoués, tenant de la main droite un oiseau, avec la légende : + S(*igillum*) YSABELLIS CO[MITISSE GR]ANDISPRATI D(*omi*)NE DE RAMERU. Il ne porte aucune représentation armoriée, mais on voit dans la légende qu'Isabelle a déjà hérité de son neveu la seigneurie de Ramerupt. On connaît un autre sceau d'Isabelle[20], femme d'Henri de Grandpré, sans doute la même personne, bien qu'il soit beaucoup plus tardif (1274). En effet, à côté de la représentation traditionnelle de ce sceau de dame en navette, une dame debout, en robe et manteau vairé, tenant de la main gauche un oiseau de proie, on peut voir sur ce sceau à droite les armoiries de Grandpré[21], celle du mari, un burelé au franc canton, et à gauche un lion rampant sur un burelé, armes de Ramerupt, brisées d'un lambel, ce qui s'explique tout à fait s'il s'agit bien d'un deuxième sceau d'Isabelle de Brienne, dame de Ramerupt.

La branche de Ramerupt, après avoir eu de grandes ambitions, se range parmi les principaux vassaux du comte de Champagne, comme le montrent les mariages (les filles d'Érard s'allient aux lignages de Grandpré, Nanteuil, Montmorency...), ou encore la beauté des matrices qui sont réalisées pour les sceaux. Chez eux, les armoiries apparaissent vers 1230, peut-être même dès 1211, avec le premier sceau d'Érard de Brienne. Dans la branche aînée, cela se produit bien plus tôt.

Du comté de Champagne aux royaumes d'Orient

La branche aînée des Brienne connaît au cours du XIIIe siècle un destin exceptionnel, qui la mène, depuis la Champagne, sur toutes les rives de la Méditerranée.

Le fils aîné d'Érard II, Gautier III, suit les traces de son père, mais aussi de son aïeul et de son bisaïeul sur le chemin des croisades. Malheureusement, les sceaux laissés par Gautier III sont en très mauvais état, et ne permettent pas de retracer sa carrière mouvementée. Devenu comte de Brienne vers 1190, à la mort de son père Érard II au siège d'Acre, il se croise à son tour en 1199, décidé à rejoindre la Terre sainte. Très vite, Gautier se voit détourné de son but initial[22], puisqu'il est choisi pour épouser Albéra de Lecce, fille du roi Tancrède de Sicile, pour défendre ses

17. Anselme de Sainte-Marie, *Histoire généalogique*, cité *supra* n. 11, p. 140.
18. Coll. de moulages, D 1571.
19. Coulon, *Inventaire des sceaux de la Champagne*, 2, p. 58-59 ; coll. de moulages, Ch 74.
20. Coll. de moulages, D 2311.
21. Il y aurait beaucoup à dire aussi sur les sceaux et les armes de la famille de Grandpré, apparentée à celle de Brienne. Leurs armes, un burelé au franc canton, rappellent parfois celles des Brienne, comme dans le sceau de Gérard, de 1341, qui reprend le lion sur le burelé. Ce burelé, si fréquent en Champagne, a peut-être été adopté par les Grandpré après le mariage d'Henri avec Isabelle de Brienne. Voir coll. de moulages, D 2309.
22. Voir Arbois de Jubainville, *Histoire des comtes*, cité *supra* n. 7.

droits au royaume de Sicile. Parti de Champagne au printemps de 1201, il est investi par Innocent III de la principauté de Tarente et du comté de Lecce, et réussit à reconquérir presque toute l'Italie du Sud[23]. Mais son aventure tourne court : attaqué de nuit par ses ennemis, il est poignardé sous sa tente et meurt de ses blessures, sans avoir jamais gagné la Terre sainte, en juin 1205.

Malheureusement, les sceaux de Gautier parvenus jusqu'à nous ne nous disent rien de cette expédition. Deux seulement sont conservés, à l'état de fragments, et sont très probablement antérieurs au départ de Gautier pour l'Italie. Le premier, non daté, a été à tort attribué par Auguste Coulon[24] à Gautier II, mais nous savons, grâce aux recherches de Pierre Bony[25], qu'il n'en est rien. Il s'agit d'un équestre à droite, montrant un cavalier coiffé d'un heaume cylindrique à timbre plat. Selon la tradition des Brienne, le cavalier tient sur la main droite un oiseau, au lieu de l'épée qu'on attendrait chez un guerrier. L'autre exemplaire, correspondant au fragment d'un sceau de 68 mm environ, semble être issu de la même matrice[26]. Il est appendu à un document que Coulon a daté de 1129, où il a donc cru voir un deuxième sceau de Gautier II, tout en constatant qu'ils étaient d'un style très différent, l'un étant beaucoup plus archaïque que l'autre. Nous pensons, avec Pierre Bony, que ce document doit être redaté, peut-être de 1199, et que le sceau doit être attribué à Gautier III. En effet, son style, avec notamment le heaume à timbre plat, est caractéristique des années 1190. D'autre part, il est doté d'un contre-sceau, or celui-ci n'apparaît pas avant le milieu du XIIe siècle, et seulement chez les très grands personnages[27]. Enfin, tant sur ce dernier que sur le bouclier du cavalier, on distingue des armes : cinq rangs d'annelets. On sait que les premières armoiries sur les sceaux, en particulier sur les écus des cavaliers, n'apparaissent que vers 1180[28]. Malgré son mauvais état, cette pièce nous apporte quelques éléments intéressants, en particulier l'existence des cinq rangs d'annelets dans les armes de Brienne à l'extrême fin du XIIe siècle, ce qui devait changer quelques années plus tard. La légende de ces sceaux confirme la datation du document antérieurement au départ de Gautier III pour l'Italie : SIGILL[UM] G[ALT]ERI COMITIS BRENENS[IS]. Pour la suite de sa carrière, on ne conserve, à notre connaissance, aucune empreinte de sceau de Gautier III en tant que comte de Lecce. On en est donc réduit à se demander s'il a continué à utiliser la même matrice, ou s'il s'en est fait graver une nouvelle, avec son nouveau titre. Des recherches dans les archives italiennes permettraient peut-être de donner une réponse à cette question.

Le troisième frère de Gautier III, Jean de Brienne, a connu un destin inespéré pour un cadet de famille. Son frère aîné étant mort en 1205, il commence sa carrière, probablement âgé d'une trentaine d'années[29], en devenant le gardien de son neveu Gautier IV, né posthume, assurant pendant quelques années l'administration du

23. Voir F. DE SASSENAY, *Les Brienne de Lecce et d'Athènes*, Paris 1869.
24. COULON, *Inventaire des sceaux de la Champagne*, 2, p. 32-33 ; coll. de moulages, Ch 47.
25. BONY, Note sur les sceaux, cité *supra* n. 3.
26. COULON, *Inventaire des sceaux de la Champagne*, 2, p. 33 ; coll. de moulages, Ch 48 et 48bis.
27. Voir par exemple les sceau et contre-sceau de Louis VII, roi de France, M. DALAS, *Corpus des sceaux, les sceaux des rois et de régence*, Paris 1991, p. 146-149 ; coll. de moulages, D 36 à 37bis.
28. Il existe aussi un dessin de ce sceau, dans le manuscrit latin 5480 de la BNF, p. 432, correspondant à un document non daté, mais confirmant une donation faite par « mon grand-père Gautier », et suivi d'un acte de surconfirmation de Gautier IV, rappelant toute sa généalogie, compatible avec nos hypothèses.
29. Contrairement à ce qui a pu être dit autrefois, par Sassenay en particulier, Jean de Brienne n'était probablement pas octogénaire quand il est devenu roi de Jérusalem. Voir sur cette question J. M. BUCKLEY, The Problematical Octogenarianism of John of Brienne, *Speculum* 32, n° 2 (avril 1957), p. 315-322.

comté de Brienne. On conserve trois sceaux de cette période de régence, tous les trois fragmentaires, mais provenant probablement de la même matrice. Pour l'un d'entre eux, l'attribution à Jean de Brienne reste une hypothèse délicate à vérifier, étant donné qu'il s'agit d'un sceau détaché, très fragmentaire[30]. C'est un classique type équestre de guerre, où le cavalier tient, de la main droite, une épée, soit une rupture avec la représentation traditionnelle des comtes de Brienne, le sceau équestre de chasse. Pour les deux autres, malgré le très mauvais état des fragments, on est frappé à la fois par les dimensions du sceau (environ 80 mm) et par le style, très beau, témoignage de sa création par un remarquable atelier de gravure. Le premier[31], appendu à un document de 1203, est un équestre à droite, dont la plus grande partie, en particulier la légende, est détruite. L'autre fragment[32], non moins partiel, est appendu à un document de 1209, à une époque où Jean de Brienne était déjà sur le point de devenir roi de Jérusalem, par son mariage avec l'héritière, la princesse Marie. On entrevoit un sceau équestre, où le cavalier porte un bouclier au lion rampant, peut-être accompagné de billettes, ce qui semble être confirmé par le fragment de sceau détaché. Ceci est particulièrement intéressant, car on sait que le lion sur champ de billettes sera les armes des comtes de Brienne jusqu'au dernier descendant direct de ce lignage. Il est impossible de dire pourquoi Jean de Brienne a choisi ces armes, plutôt que les annelets de son père. Étaient-ce celles d'un cadet ? Ou des armes choisies en fonction d'une circonstance extérieure ? On a déjà parlé du rôle du lion dans les armoiries des seigneurs champenois : il peut s'agir d'une référence aux armes d'un suzerain, d'un parent, voire d'un frère d'armes. Sa taille nous permet d'affirmer qu'il appartenait à un personnage de haut rang, jaloux de ses prérogatives, ce qui est confirmé par la beauté du style de la gravure, que l'on peut voir malgré le mauvais état des sceaux. Malheureusement, il ne reste rien d'utile de la légende, ce qui aurait permis de connaître le titre exact porté par Jean de Brienne sur son sceau au moment de la minorité de son neveu, à la veille de son départ pour Jérusalem.

Il épouse la reine Marie le 14 septembre 1210, et est couronné roi de Jérusalem le 3 octobre de la même année. Les sceaux de Jean de Brienne en tant que roi de Jérusalem sont bien sûr très différents de ceux du tuteur du jeune Gautier IV. Tout d'abord, ce sont des bulles de plomb[33], technique de scellage traditionnelle à la papauté et aux empereurs de Constantinople, ainsi que dans toutes les régions méditerranéennes qui ont eu tendance à copier les usages en vigueur à Rome ou à Constantinople. Le roi de Jérusalem, mais aussi de nombreux seigneurs d'Orient latin, ne font pas exception à cette règle qui veut que les personnages de haut rang scellent de plomb plutôt que de cire[34].

Les bulles de Jean de Brienne sont d'un type tout à fait conforme au modèle créé sous Baudouin Ier. Sur la face, le roi en majesté, assis de face sur un trône décoré de têtes de lion, portant les *regalia* dans ses mains : le sceptre crucifère et le globe de même. Il est revêtu de la tunique longue, recouverte de la dalmatique attachée par une agrafe. Sa tête est coiffée d'une couronne à pendeloques en forme

30. COULON, *Inventaire des sceaux de la Champagne*, 4, p. 14 ; coll. de moulages, Ch 1420 ; BONY, Note concernant les sceaux.
31. COULON, *Inventaire des sceaux de la Champagne*, 2, p. 37 ; BONY, Note concernant les sceaux.
32. Coll. de moulages, D 1016.
33. G. SCHLUMBERGER, F. CHALANDON, A. BLANCHET, *Sigillographie de l'Orient latin*, Paris 1943, p. 13-14.
34. F. DE CHANDON DE BRIAILLES, Le droit de « coins » dans le royaume de Jérusalem, *Syria* 23, 1942-1943, p. 244-257.

de mitre. La légende est : IOH(*ann*)ES : DEI GR(*ati*)A REX : IH(*e*)R(*usa*)L(*e*)M. L'ensemble n'est pas sans rappeler la raideur et le hiératisme des représentations byzantines : les rois de Jérusalem ont fait leurs des types en usage en Orient. Au revers, on voit une représentation de Jérusalem, avec le Saint-Sépulcre, le Temple et la Tour de David, c'est-à-dire, à quelques détails près, le type utilisé depuis Baudouin Ier. La légende, + CIVITAS : REGIS : REGUM : OMNIUM est aussi la même, affirmant la prééminence de Jérusalem, symbole de l'Église, sur tous les honneurs du monde.

Veuf dès 1212 de la reine Marie de Jérusalem, Jean de Brienne se remarie avec Bérengère de León, nièce de Blanche de Castille. De ce mariage naissent quatre enfants, dont une fille, Marie, et trois fils dont nous parlerons plus loin.

Marie de Brienne connaît, elle aussi, une destinée brillante et mouvementée : fiancée dès l'âge de quatre ans à l'empereur Baudouin II qui en a douze, elle se rend, accompagnée de toute sa famille, dans la capitale du jeune Empire latin d'Orient, qui espère avoir en Jean de Brienne, qui exercera la régence, un chef expérimenté. Des années plus tard, on retrouve Marie sur les routes d'Europe et d'Orient, à Chypre, en France, en Castille, tenter de sauver les intérêts de l'Empire.

Sur un sceau en navette, de cire rouge (caractéristiques semblables à celles des sceaux utilisés par les femmes en Occident), on voit l'impératrice debout, de face, portant une robe et un manteau vairé. Dans la main droite, elle tient un sceptre orné de multiples fleurons, et porte sur la tête une couronne à trois fleurons garnie de pendeloques, à la mode byzantine[35]. Ce sceau, qui montre une image raide, hiératique, est très probablement de facture byzantine, et il est intéressant d'y voir cohabiter des habitudes occidentales (forme en navette, utilisation de la cire) avec un style et des attributs orientaux (hiératisme, couronne à pendeloques), assurant

Fig. 2 - Sceau de Marie de Brienne, impératrice de Constantinople, D 11828
(Photo : Centre historique des Archives nationales)

35. SCHLUMBERGER, CHALANDON, BLANCHET, *Sigillographie*, cité *supra* n. 33, p. 173-174 ; coll. de moulages, D 11828 (Fig. 2).

la synthèse de ces deux traditions dont se réclamaient les empereurs latins de Constantinople. La légende du sceau, MARIA IMPERATRIX ROMANIE, est cependant uniquement en latin, là où son mari, grâce à un sceau biface, montre la légende en latin sur la face, et en grec sur le revers[36].

La branche aînée des Brienne, issue de Gautier III, conserve l'administration du comté champenois, mais poursuit également une carrière en Orient. Gautier IV, fils posthume de Gautier III, hérite à sa naissance du comté de Brienne, et se retrouve, une fois sorti de la tutelle de son oncle Jean, dans l'entourage des rois de Chypre. Il épouse Marie de Lusignan, fille du roi Hugues Ier de Chypre, qui, sans lui être vraiment apparentée, lui est proche : elle est fille d'Alix de Jérusalem, sœur utérine de Marie, fille de Jean de Brienne et cousine germaine de Gautier. Ces liens familiaux expliquent l'installation de Gautier IV en Orient, où son oncle Jean l'investit du comté de Jaffa, traditionnellement réservé à des membres de la famille royale, dès 1221. Ce titre n'apparaît pas sur les sceaux qui nous sont parvenus[37], bien qu'ils soient postérieurs à cette date. Dans la légende : + SI[GILLUM GALTERI COMITIS BRE]NE, il n'y a pas de mention du comté de Jaffa. Faut-il penser que Gautier possédait deux matrices, une pour son comté d'Occident, une pour son comté d'Orient, entre lesquels il fit plusieurs fois l'aller-retour ? Ou voulait-il ainsi affirmer la prééminence de Brienne, sa terre tenue de droit héréditaire, sur le comté de Jaffa ?

Ce sceau est particulièrement intéressant : Gautier IV a en effet adopté le type héraldique, utilisé jusqu'alors par des seigneurs de moindre rang, ou des cadets de famille, celui-ci se prêtant particulièrement bien à des sceaux de moindres dimensions. Au début du XIIIe siècle, il se propage peu à peu dans toute la noblesse (bien que le type équestre subsiste), même parmi des seigneurs puissants, témoignage de l'importance des armoiries et de la fierté qu'elles inspirent, signe distinctif de l'élite alors même que l'héraldique a perdu sa signification militaire d'origine. Le sceau de Gautier IV, d'environ 70 mm, montre en plein champ les armes de Brienne telles qu'elles ont été adoptées par son oncle Jean : un lion rampant, sur champ de billettes. Au revers, le contre-sceau porte une croix tréflée, cantonnée de quatre croix potencées, peut-être allusion aux armes de Jérusalem dont était vassal le comté de Jaffa.

Gautier IV meurt massacré par les musulmans qui l'avaient fait prisonnier lors de la défaite de Gaza en 1244[38]. Aucun de ses trois fils ne recueille l'héritage de Jaffa. L'aîné, Jean, comte de Brienne, meurt sans descendance. Le second fils, Hugues Ier, entreprend de gérer, à l'instar de son père, des territoires aussi distants que le comté de Brienne en Champagne, le comté de Lecce en Italie, et le duché d'Athènes en Grèce, dont il devient régent : il épouse d'abord Isabelle de la Roche, fille de Guillaume, duc d'Athènes, puis, en 1287, la veuve de ce dernier, Hélène Doukas, et devient bail de la principauté au nom de son beau-fils, Guy II. Il fait de nombreux aller-retour entre ses possessions d'Italie, de Grèce et de Champagne, comme l'atteste la présence de son sceau appendu à des documents champenois.

36. SCHLUMBERGER, CHALANDON, BLANCHET, *Sigillographie*, p. 169-173 ; coll. de moulages, D 11827 et 11827bis.
37. COULON, *Inventaire des sceaux de la Champagne*, 2, p. 37-38 ; coll. de moulages, Ch 53.
38. Saint Louis, lors de son séjour en Terre sainte, négocie la restitution de sa dépouille, qui fut rendue en 1251 à Marguerite de Risnel, sa cousine, dame de Sidon, qui la fit ensevelir à Acre, dans l'église des Hospitaliers. Voir JEAN DE JOINVILLE, *Vie de saint Louis*, éd. J. MONFRIN, Paris 1995, chap. 465 et 466.

Il a manifestement possédé deux sceaux. Le premier est un équestre à droite de 65 mm environ, de belle facture, montrant un cavalier au heaume tronconique, l'écu et la housse du cheval aux armes, c'est-à-dire un lion sur champ de billettes, une fleur de lis sous le ventre du cheval[39]. Le contre-sceau est un écu aux armes. Dans la légende du sceau, on lit : + SIGILLUM : HUGON[IS COM]ITIS : DE : BRENA : et sur le contre-sceau : + SECRETUM COMITIS BRENE, il n'est donc pas question du comté de Lecce. Or il s'agit de sceaux appendus à des documents datant de 1270, alors qu'Hugues est également comte de Lecce depuis 1269[40]. Peut-être n'avait-il pas encore eu le temps de se faire graver une nouvelle matrice.

Un autre sceau d'Hugues, détaché, a été décrit par Coulon[41]. Apparemment, le comte de Brienne n'avait qu'une seule et même matrice, tant pour sa seigneurie de Champagne que pour ses terres d'Italie. Ce second sceau est d'une taille supérieure (75 mm) : nul doute que le nouveau comte de Lecce a voulu montrer l'importance de son rang. C'est un équestre à droite, avec un cavalier à heaume tronconique cimé d'un dragon qui se retrouve aussi sur la tête du cheval, l'écu et la housse aux armes, de même que l'écu du contre-sceau dans une rosace à six lobes. La légende de la face est détruite, mais celle du contre-sceau encore partiellement lisible : ...BRENNE(*nsis*) LICIE(*nsis*) COMITIS. Pour la première fois, à notre connaissance, un comte de Brienne faisait état, dans son sceau, de ses différents titres, adjoignant au comté de Brienne une terre bien éloignée du berceau familial. Sans doute faut-il y voir une volonté d'enracinement dans ces régions de la Méditerranée où les Brienne sont maintenant présents depuis près d'un siècle.

Cependant, les descendants d'Hugues, comtes de Brienne mais aussi de Lecce et de Conversano, ducs d'Athènes, gouverneurs de Florence, ne perdront jamais de vue leurs terres champenoises et resteront toujours attachés au royaume de France, malgré la fortune faite outre-mer.

Le service du prince

Si les descendants de Gautier IV et d'Hugues Ier restent présents de chaque côté de la Méditerranée, paradoxalement les fils de Jean de Brienne, roi de Jérusalem et régent de l'empire de Constantinople, se consacrent au service du roi de France. Alphonse, Jean et Louis de Brienne, les « enfants d'Acre », bien qu'élevés à Constantinople dans leur prime jeunesse, passèrent la plus grande partie de leur vie dans l'entourage du roi saint Louis[42], à qui ils furent confiés dès 1236.

D'Alphonse, l'aîné, on connaît deux sceaux, témoignant des différentes charges qu'il a occupées. Vers 1250, il épouse Marie de Lusignan, comtesse d'Eu. Il adopte alors un sceau armorial de 65 mm, représentant un écu portant un lion rampant à la bordure chargée de seize châteaux, appendu à un document daté de 1251[43]. On y reconnaît aisément le lion de Brienne (bien que les billettes aient disparu ici). Quant aux châteaux de la bordure, ils pourraient représenter les châteaux de Castille.

39. Coulon, *Inventaire des sceaux de la Champagne*, 2, p. 38 ; coll. de moulages, Ch 54 et D 1017.
40. Sassenay, *Les Brienne*, cité *supra* n. 23.
41. Coulon, *Inventaire des sceaux de la Champagne*, 2, p. 40.
42. L'aîné, Alphonse, mourut en 1270, de retour de la croisade de Tunis, et fut inhumé à Saint-Denis. Le plus jeune, Louis, dont nous ne parlerons pas ici, fut vicomte de Beaumont. Sa fille Marguerite épousa le dernier prince d'Antioche, Bohémond VII : les liens des Brienne avec les royaumes d'Outre-mer ne se sont jamais brisés.
43. Coll. de moulages, D 922.

On se souvient en effet que la mère d'Alphonse, Bérengère, était fille d'Alphonse IX, roi de León, et de Bérengère de Castille. Sur le contre-sceau, sans légende, un écu burelé brisé d'un lambel de cinq pendants : c'est le burelé des seigneurs de Lusignan, la brisure indiquant qu'il s'agit d'une branche cadette, soit les armes de Marie, femme d'Alphonse[44]. Alphonse porte ainsi sur son sceau les armes de son père, de sa mère et de sa femme, ce qui lui permet d'indiquer clairement sa filiation et de montrer les armoiries illustres dont il peut se parer.

La légende du sceau est également intéressante : + S(*igillum*) ALPHO(*n*)SI . FILII... COMITIS AUGI. Elle est fragmentaire, mais la présence du mot *filii* permet d'affirmer qu'elle contient une référence directe au père d'Alphonse, le roi Jean. Cela montre l'importance accordée au titre royal et au royaume de Jérusalem. Alphonse porte aussi, sur le sceau, le titre comtal qu'il tient de sa femme. Le sceau de celle-ci[45], appendu à une charte de 1256, est un sceau en navette, de 55 mm, d'un travail un peu décevant, notamment par ses proportions. Il représente une dame debout, en robe et manteau d'hermine, portant sur la tête une coiffe carrée. Dans sa main droite, elle tient une fleur de lis, symbole de la continuité dynastique. Dans le champ, on voit un petit chien et deux roses, figures dont la présence est inexpliquée. Au revers, le contre-sceau est aux armes de Marie, un écu burelé au lambel de cinq pendants : elle n'a donc pas adopté, sur son sceau, les armes de son mari aux côtés de celles de son père. Il est probable que la matrice en ait été gravée en même temps que celle d'Alphonse, au moment du mariage, mais manifestement par des ateliers différents, l'un étant de belle qualité, l'autre médiocre.

On connaît un autre sceau d'Alphonse[46], datant de 1255, soit de quatre ans seulement postérieur au précédent. Entre-temps, Alphonse de Brienne est devenu chambrier de France, ce qui explique qu'il ait eu besoin de changer de matrice. Ce sceau est totalement différent du précédent, tant dans la représentation choisie, que par les armoiries ou la légende. C'est un sceau équestre, ce qui n'a rien de surprenant, mais on est amené à se demander pourquoi son titulaire abandonne subitement le sceau héraldique pour revenir à la forme équestre classique, montrant un chevalier en armes, tenant l'épée de la main droite, et dans l'autre main un écu aux armes, de même que la housse du cheval : un lion rampant sur champ de billettes.

Le contre-sceau offre un certain nombre de particularités intéressantes. L'écu est un burelé à cinq pendants, c'est-à-dire les armes du comté d'Eu, qu'Alphonse tient de sa femme. L'écu est surmonté d'une fleur de lis, peut-être pour rappeler la fonction de chambrier de France. À droite, il est accosté d'une aigle, et à gauche d'un château, sans doute par référence aux armes de Castille, venues de la mère d'Alphonse. L'aigle, symbole impérial, lui a peut-être été attribuée par son cousin Alphonse le Sage, qui l'avait adoubé à Burgos, mais qui n'était alors pas encore élu empereur. Enfin, la légende du contre-sceau indique son nouveau titre, attribué par saint Louis : + CAMERARII . REGNI . FRANCIE. Il s'agit là d'un sceau particulièrement riche en renseignements, résumé de tous les signes qui peuvent symboliser le personnage d'Alphonse de Brienne : les armes de ses parents, de sa femme, celles du comté d'Eu et son titre de chambrier de France.

44. Marie était fille de Raoul, seigneur d'Issoudun, lui-même petit-fils d'Hugues VIII de Lusignan. La grand-mère de Marie, Alix, avait apporté le comté d'Eu.

45. Coll. de moulages, D 923.

46. F. EYGUN, *Sigillographie du Poitou*, Poitiers 1938, p. 204 et n° 308 ; W. DE GRAY BIRCH, *Catalogue of seals in the department of manuscripts in the British Museum*, 5, Londres 1898, n° 18162, p. 150.

Le sceau de son frère cadet, Jean, est également très intéressant. Il s'agit d'un sceau équestre[47], appendu à un document datant de 1288. Il est probablement issu d'une matrice beaucoup plus ancienne, datant du moment où Jean a été fait bouteiller de France, vers 1255, alors même que son frère Alphonse devient chambrier. Le style, l'armement, la façon de porter l'écu (droit et non de biais comme ce sera le cas à partir de 1260) renforcent cette hypothèse. La facture du sceau, et notamment du contre-sceau, laisse penser qu'il a été gravé par le même artiste que celui de son frère. Sur la face, on voit un cavalier portant l'armure, tenant l'épée de la main

Fig. 3 - Sceau de Jean de Brienne, bouteiller de France, D 275
(Photo : Centre historique des Archives nationales)

droite et l'écu de la main gauche. Ce travail particulièrement soigné permet de distinguer les mailles du haubert, le grillage qui ferme le heaume sur le devant, et le tranchant de l'épée. Les plis du bliaut et de la housse du cheval sont d'une grande fluidité. Ce qui frappe le plus, ce sont les armoiries de l'écu et du caparaçon : l'aigle impériale, soit une rupture totale avec les armoiries traditionnelles de Brienne. La présence de cette aigle est, encore aujourd'hui, une énigme[48]. Pierre Bony[49] pense que ces armes d'empire ont pu lui être attribuées par son cousin Alphonse le Sage, roi de Castille, comme nous l'avons vu plus haut. Cependant, il n'est élu empereur

47. Coll. de moulages, D 275 (Fig. 3).
48. H. Pinoteau, L'héraldique de saint Louis et de ses compagnons, *Les Cahiers nobles* 27, 1966, p. 30-32.
49. P. Bony, Le gisant en marbre noir de Saint-Denis : les signes symboliques de l'impératrice Marie de Brienne, *Revue française d'héraldique et de sigillographie* 54-59, 1984-1989, p. 91-110.

qu'en 1257, après la nomination des deux frères comme chambrier et bouteiller. Ces mêmes armes se retrouvaient sur le tombeau de Jean, qui était dans l'abbaye de Maubuisson auprès de celui de sa sœur[50]. Quant à la légende, elle dit : S(*igillum*) IOH(*ann*)IS : FILII : I(*ohannis*) : REGIS : IE[RUSALEM BU]TICULARII : FRA(*n*)CIE. Cela appelle deux remarques. Tout d'abord, il faut noter qu'elle a le même déroulement que la légende du sceau d'Alphonse[51]. Au-delà de la référence au père, on croit déceler ici une volonté particulière d'honorer le nom paternel, et plus encore le titre de roi porté par celui-ci. Dans l'échelle de valeurs de ce siècle où la croisade reste le but ultime, la défense du royaume de Jérusalem apparaît comme un idéal. Jean de Brienne précise aussi qu'il détient la charge de bouteiller de France, sur le contre-sceau : + SECRETUM IOH(*ann*)IS . BUTICULARII . FRA(*n*)CIE.

Sur l'écu du contre-sceau, il a fait représenter les armes de Brienne, le lion sur fond de billettes, ce qui lui permet de se rattacher à son lignage à un moment où il s'était choisi des armes personnelles. Ce contre-sceau, si l'on excepte les armoiries de l'écu (armes de Brienne pour Jean, armes d'Eu pour Alphonse) est rigoureusement identique au second sceau d'Alphonse. L'écu armorié placé au centre est surmonté d'une fleur de lis (allusion à la fonction de bouteiller accordée par saint Louis ?), accosté à gauche d'un château (pour la Castille ?) et à droite d'une aigle (pour l'Empire ?). Cela semble confirmer que les deux frères ont commandé leur matrice en même temps, chez le même graveur, en prenant soin d'adopter les mêmes symboles.

Il faut attendre plusieurs décennies avant de rencontrer à nouveaux des sceaux chez les descendants d'Alphonse de Brienne, puisque l'on n'a conservé aucun sceau ni de son fils Jean Ier, ni de son petit-fils Jean II. En revanche, on conserve deux sceaux successifs de son arrière-petit-fils Raoul IV de Brienne, comte d'Eu, qui s'illustre aussi au service du roi de France : Philippe VI de Valois le nomme connétable de France dans les années 1330. Son premier sceau est appendu à un document de 1323, alors qu'il n'est encore que comte d'Eu[52]. C'est un fragment de sceau rond de 75 mm, représentant un cavalier en armes. Seul le cheval, qui porte la housse aux armes de Brienne, est complet. Le contre-sceau montre, dans une rosace, les armes des anciens comtes d'Eu, un écu à la bordure engrêlée. Il est très intéressant de noter que Raoul de Brienne a repris les armes d'Eu, alors que son ancêtre Alphonse avait adopté celles de Lusignan, accompagnées d'une brisure (un burelé au lambel de cinq pendants). Il n'est pas inutile de rappeler que le comté d'Eu est entré dans la famille de Brienne par le mariage d'Alphonse avec Marie de Lusignan, comtesse d'Eu, fille de Raoul II de Lusignan, comte d'Eu, qui lui-même tenait le comté d'Eu de sa mère, Alix, unique héritière d'Henri II d'Eu[53]. Il est donc surprenant de constater que cette famille, après avoir privilégié les armes des Lusignan, tenues de la branche paternelle, adopte celles de la branche

50. Sur ces gisants, dont l'un, celui de Marie de Brienne, est maintenant dans la basilique de Saint-Denis, voir Bony, Le gisant, cité note précédente, et Id., Pour le tombeau d'une impératrice, *Annales de l'Académie des Lettres et des Arts du Périgord* 87, janv.-mars 1982, p. 8-13.

51. Celle-ci, comme on l'a vu plus haut, est amputée, mais la présence du mot *filii* permet de la reconstituer, et d'affirmer qu'elle est identique à celle du sceau de Jean, à l'exception du prénom et du titre.

52. Coll. de moulages, D 924 et 924bis.

53. On ne conserve pas le sceau d'Henri II. Celui de sa fille et héritière, Alix, femme de Raoul de Lusignan, adopte les armes du mari (burelé au lambel, avec ici sept et non cinq pendants). Coll. de moulages, D 919.

maternelle, à une époque inconnue puisque l'on ne conserve pas les sceaux du père et du grand-père de Raoul IV. Alors que les armes de Brienne sont toujours présentes sur la face du sceau, celles de Lusignan disparaissent complètement, au profit de celles du comté d'Eu. L'on n'y voit pas non plus celles du comté de Guînes, que Raoul IV tient de sa mère, la comtesse Jeanne. Ce nouveau titre ne figure pas non plus sur le contre-sceau, qui porte la légende : + CONTRA : SIGILLUM : RADULPHI : COMITIS : AUGI.

Son second sceau, d'un plus petit module (70 mm), est appendu à un document de 1339, alors que Raoul IV a été nommé connétable de France[54], d'où la nécessité de changer de matrice. C'est un sceau équestre, aux armes de Brienne, comme le précédent, d'un très beau style. Le contre-sceau est également semblable, montrant dans une rosace un écu à la bordure engrêlée. La légende, en français, est très complète, détaillant tous les titres de Raoul, depuis ses comtés d'Eu et de Guînes, jusqu'à son titre de connétable : + CO(*n*)TRESEEL : RAOUL : CO(*m*)TE : DE : EU : ET : DE : GUINES : CONESTABLE : DE : FRA(*n*)CE. Les armes de Guînes, comme sur son premier sceau, ne sont pas reprises, non plus que celles de Lusignan : c'est en tant que comte d'Eu que Raoul de Brienne tient particulièrement à s'affirmer.

Raoul IV meurt tragiquement lors d'un tournoi en 1344. Son fils Raoul V lui succède dans tous ses titres, devenant comte d'Eu et de Guînes, puis connétable de France. En 1350, il meurt décapité sur ordre du roi Jean le Bon, accusé de trahison après la prise de Caen par les Anglais.

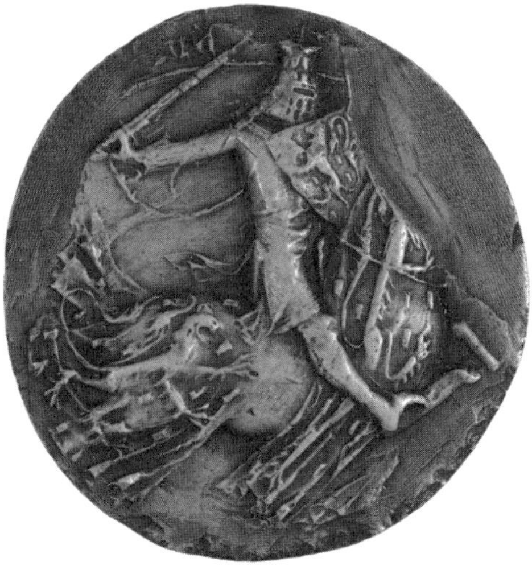

Fig. 4 - Sceau de Raoul IV de Brienne, connétable de France, D 925
(Photo : Centre historique des Archives nationales)

54. Coll. de moulages, D 925 (Fig. 4) et 925bis.

Pour son sceau, Raoul V a adopté la mode du signet, diffusé par commodité à la fin du Moyen Âge, soit un sceau de très petit module, pouvant servir à sceller des actes comme à clore des lettres. Sa taille se prête tout à fait aux représentations héraldiques. Il s'agit ici d'un sceau de 27 mm de diamètre, appendu à un document de 1345 relatif au mariage de Jeanne, sœur de Raoul V, avec son cousin Gautier VI de Brienne[55]. Il représente un écu penché, timbré d'un heaume à cimier, sur un fond réticulé. L'écu est écartelé, au 1 et 4 d'un lion sur champ de billettes (Brienne), au 2 et 3 d'un plein à la bordure engrêlée (Eu), c'est-à-dire les mêmes armoiries que son père. La légende, très fragmentaire, permet de lire : S(*eel*) RAOUL CO(*n*)T ... ES. Il faut probablement lire « comte d'Eu et de Guînes », Raoul ne faisant pas état de son titre de connétable.

Les fils du roi Jean de Brienne, ainsi que leurs descendants, passèrent toute leur vie au service des rois de France, sans cependant perdre de vue le rôle de la croisade. Leurs cousins de la branche aînée des Brienne, descendants d'Hugues Ier, paraissent être de moins en moins présents en Occident, où on ne les voit plus faire que quelques brefs séjours[56], toute leur attention étant retenue par leurs possessions d'Italie du Sud et de Grèce franque[57]. Hugues de Brienne avait exercé la régence du duché d'Athènes pour son beau-fils Guy II. À la mort de celui-ci, sans enfants, en 1308, le problème de la succession se pose, à laquelle prétendent deux candidats, tous les deux cousins germains du défunt : Échive d'Ibelin, dame de Beyrouth et Gautier V, comte de Brienne. C'est ce dernier qui l'emporte, compte tenu de son sexe et de ses liens étroits avec la Morée[58]. Devenu duc d'Athènes en 1308, il meurt le 15 mars 1312, lors de la bataille du lac Copaïs qu'il livre contre les Catalans. Gaston Schlumberger a eu connaissance d'un fragment de sceau de cire de Gautier V, qui se trouvait alors dans les archives privées de la famille de Bauffremont[59]. Appendu au testament du duc, datant de 1312, il permettait de distinguer un cavalier allant à droite, l'épée à la main. Le caparaçon du cheval portait le lion sur champ de billettes, mais il n'y avait plus rien d'utile de la légende, si bien que l'on ne connaît pas les titres que Gautier V indiquait sur son sceau.

La sœur de Gautier, Agnès, a, elle, été mariée en Occident, puisqu'elle épouse Jean II, comte de Joigny. Son sceau[60], une navette de 70 mm, la montre debout, voilée, tenant une quintefeuille dans la main droite[61]. Dans le champ, on voit deux écus, à droite celui de Joigny (une aigle), armes du mari, à gauche celui de Brienne, armes du père. Au revers, le contre-sceau montre, dans un encadrement gothique, un parti des écus de la face. Ce système n'est pas rare dans les sceaux de dames, qui portent souvent, accolées, les armes de leur père et celles de leur mari.

55. Coll. de moulages, D 1018. Douët d'Arcq, dans *Collection de sceaux*, décrit par erreur ce sceau comme étant celui de Gautier VI de Brienne, ce que la légende dément catégoriquement.
56. Témoin en particulier leur désengagement vis-à-vis de la commanderie de Beauvoir. Voir K. POLEJOWSKI, Les comtes de Brienne et l'ordre teutonique (XIIIe-XIVe siècles), *La vie en Champagne*, nouvelle série, no 32, oct.-déc. 2002, p. 4-8.
57. Sur le rôle des Brienne en Grèce franque, voir SASSENAY, *Les Brienne* ; A. BON, *La Morée franque. Recherches historiques, topographiques et archéologiques sur la principauté d'Achaïe (1205-1430)*, 2 vol., Paris 1969 (Bibliothèque des Écoles françaises d'Athènes et de Rome 213).
58. Voir BON, *La Morée*, cité noté précédente, p. 186 et *passim*.
59. G. SCHLUMBERGER, *Les sceaux des feudataires et du clergé de l'empire latin de Constantinople*, Caen 1898, p. 22-23 ; SCHLUMBERGER, CHALANDON, BLANCHET, *Sigillographie*, p. 196-197.
60. Coll. de moulages, D 526 (Fig. 5).
61. Comme nous l'avons dit plus haut, la fleur est, sur le sceau des dames, le symbole de la continuité dynastique.

Fig. 5 - Sceau d'Agnès de Brienne, comtesse de Joigny, D 526
(Photo : Centre historique des Archives nationales)

Le duché d'Athènes ne reste pas dans la famille de Brienne mais passe aux Catalans. Gautier VI, comte de Brienne, n'est plus que duc titulaire. Replié sur les seigneuries d'Argos et de Nauplie, il séjourne peu en Grèce, sauf lors de sa tentative de reconquête du duché, en 1331-1332. Après son échec, il tourne ses ambitions vers l'Italie, devenant en 1342 podestat de Florence. Il en est chassé dès l'année suivante, et regagne alors le royaume de France, où le roi Jean le Bon le nomme, en 1356, connétable de France, peu de temps avant qu'il ne meure sur le champ de bataille de Poitiers. La charge de connétable avait été exercée avant lui par ses cousins Raoul IV et Raoul V de Brienne (qui est également son beau-frère), ainsi que par son grand-père maternel, Gaucher V de Châtillon-Saint-Pol. La transmission de cette charge importante au sein d'une même famille est ici remarquable.

Les sceaux de Gautier VI qui nous sont parvenus sont décevants, compte tenu du rôle du personnage. Il est vrai qu'à cette époque la mode du grand sceau tend à disparaître au profit de celle des petits sceaux héraldiques, plus maniables. Gaston Schlumberger[62] note cependant l'existence, aux Archives de Mons, d'un grand sceau de Gautier VI, fragmentaire, qu'il décrit comme « un type équestre aux armes des ducs d'Athènes », ce qui est bien vague. Faut-il comprendre qu'il s'agit des armes de Brienne ? Les seules empreintes qui nous sont parvenues sont celles du petit sceau de Gautier[63], d'un diamètre de 26 mm, utilisé dès 1345 et jusqu'en 1351 au moins, alors qu'il n'est pas encore connétable de France, et qu'il n'est déjà plus podestat de Florence. On y voit, dans un encadrement circulaire à huit lobes, dans une arcature trilobée, un écu aux armes de Brienne. La légende en

62. SCHLUMBERGER, *Les sceaux*, cité *supra* n. 59, p. 23 ; SCHLUMBERGER, CHALANDON, BLANCHET, *Sigillographie*, p. 197.
63. Coll. de moulages, D 926 et Clairambault 350 ; SCHLUMBERGER, *Les sceaux*, p. 23-24 ; SCHLUMBERGER, CHALANDON, BLANCHET, *Sigillographie*, p. 197.

est : [SECRE]TUM G[ALT]ERI DUCI[S] A[THE]N[A]RU[M]. Le seul titre dont se prévaut Gautier VI est celui de duc d'Athènes : en réalité, le duché lui échappe depuis 1312 ! On ne voit aucune référence au comté de Brienne, titre qui se trouvait peut-être sur son grand sceau, trop fragmentaire pour pouvoir l'affirmer. On ne conserve pas de document qu'il aurait scellé en tant que podestat de Florence, encore que les recherches puissent être poursuivies dans ce domaine. Enfin, on ne conserve pas non plus son sceau comme connétable de France, dont il n'a peut-être même pas eu le temps de faire graver la matrice, puisqu'il n'a exercé cette charge que quelques mois. Il est donc intéressant de noter que le titre qui l'emporte est celui de duc d'Athènes, qui, à cette date, n'est plus qu'honorifique...

Par testament, Gautier VI de Brienne transmet ses droits sur le duché d'Athènes à sa sœur Isabelle, femme de Gautier d'Enghien, ainsi que les comtés de Brienne, Lecce, Conversano, et les seigneuries d'Argos et de Nauplie. Ainsi s'éteint la dynastie des comtes de Brienne[64], dont l'histoire, véritable épopée qui a duré quatre siècles, les a menés, depuis la Champagne, vers toutes les grandes entreprises issues des croisades : l'Orient latin, Chypre, la Grèce franque, l'Italie du Sud et du Centre...

Leurs sceaux, en nombre conséquent, illustrent toutes les phases de cette tumultueuse aventure. On les voudrait parfois plus nombreux encore, plus riches de renseignements. Ils nous permettent cependant, dans une large mesure, de connaître les destinées, les ambitions, les prétentions, de cette dynamique aristocratie des XIIe et XIIIe siècles. Malgré leur petite taille, leur état de conservation parfois très médiocre, malgré le poids des conventions dans les symboles qu'ils utilisent, les sceaux sont un des documents les plus dignes de foi qui existent au Moyen Âge. En effet, les informations qu'ils contiennent (date, localisation, titres et armoiries du propriétaire, représentations écrites aussi bien que figurées), sont toujours exactes.

La famille de Brienne attend toujours son historien (à l'exception toutefois des Brienne de Lecce et d'Athènes). Formons le vœu que l'étude de leurs sceaux permette une meilleure connaissance de ce lignage hors du commun.

Marie-Adélaïde Nielen
Archives nationales

64. Il existe un sceau d'un Jean de Brienne inconnu, que l'on n'arrive à rattacher à aucune branche de la famille. Ce personnage, chevalier, garde des foires de Champagne et de Brie, porte, sur un sceau appendu à un document de 1286, un écu au chef, chargé d'un lion couronné brochant sur le tout, sommé d'une palmette, accosté de deux faucons adossés ; au contre-sceau, un écu parti de Champagne et de Navarre. On reconnaît aisément le lion de Brienne, mais dans l'état actuel des recherches, il n'est pas possible de dire à quelle branche appartient ce personnage. Voir COULON, *Inventaire des sceaux de la Champagne*, 2, p. 39 ; coll. de moulages, Ch 55.

Mouvements de populations, migrations et colonisations en Serbie et en Bosnie (XIIe-XVe siècle)

Marie NYSTAZOPOULOU-PÉLÉKIDOU

Les mouvements de populations étaient un phénomène fréquent dans les Balkans, depuis la plus haute antiquité jusqu'aux temps modernes, la péninsule Balkanique étant par sa situation géographique une aire de transition entre l'Asie et l'Europe, entre le continent et la Méditerranée[1]. Les causes de cette mobilité, qui a mis son sceau sur l'histoire des peuples balkaniques, étaient multiples et variaient dans le temps selon la conjoncture historique et les conditions locales. Il s'agissait en premier lieu d'événements politiques, d'invasions et d'installations de peuples nouveaux[2], de guerres et de conquêtes, d'instabilité politique et d'insécurité qui en résultaient, ainsi que de motifs d'ordre économique et social, d'évolution ou de décadence économique et démographique, de famine et d'épidémies[3]. Pour la période considérée, mis à part les déplacements saisonniers des transhumances – pratique courante chez les éleveurs de bétail –, les sources témoignent notamment des migrations de populations entières, provenant surtout des couches sociales inférieures, qui cherchaient de meilleures conditions de vie, quand la production de la terre ne suffisait plus à les nourrir ; ou bien des déplacements de groupes d'habitants d'une région à une autre, désertée ou nouvellement conquise ; ou encore, à des époques troublées, des transplantations de masses qui, pour des raisons de sécurité, étaient obligées de quitter leur foyer pour chercher refuge dans des régions mieux protégées ou à l'étranger. Elles attestent aussi, à la suite du développement économique d'un pays, des colonisations effectuées par des facteurs économiques étrangers, de même que des déplacements d'indigènes de la campagne vers les centres urbains et commerciaux qui offraient de meilleures possibilités de travail. Il faut encore ajouter les transferts forcés de populations, imposés par le pouvoir – pratique souvent appliquée tant au Moyen Âge qu'à l'époque moderne et dont le but principal était d'assurer aux gouvernants le contrôle d'une région ou d'une

1. Cf. les considérations générales de R. SAMARDŽIĆ et D. DJORDJEVIĆ, dans *Migrations in Balkan History*, éd. I. NINIĆ, Belgrade 1989 (Actes de la Conférence sur *Population Migrations in the Balkan from Pre-History to Recent Times*, tenue à Santa Barbara en 1988), p. 7.

2. Cf. P. LEMERLE, Invasions et migrations dans les Balkans depuis la fin de l'époque romaine jusqu'au VIIIe siècle, *Revue Historique* 211, 1954, p. 265-308.

3. H. ANTONIADIS-BIBICOU, Mouvement de la population et villages désertés : quelques remarques de méthode, *XVe Congrès International d'Études Byzantines, Résumés des communications. I, Histoire*, Athènes 1976, où l'auteur met l'accent sur l'importance des raisons économiques et sociales ; les mouvements de populations en rapport avec les événements politiques ont fait l'objet d'un des thèmes majeurs du XVe Congrès, sous le titre *Forces centrifuges et centripètes dans le monde byzantin entre 1071-1261*. Cf. EAD., Village désertés. Un bilan provisoire, *Villages désertés et histoire économique. XIe-XVIIIe siècle*, Paris 1965, p. 343 s.

Chemins d'outre-mer. Études d'histoire sur la Méditerranée médiévale offertes à Michel Balard.
Paris, Publications de la Sorbonne, 2004 (Byzantina Sorbonensia 20)

population agitée, la défense de la frontière ou d'un poste stratégique, ou bien l'exploitation économique[4].

La période du XIIe au XVe siècle est une des plus mouvementées pour les Balkans, en raison d'une part de grands événements politiques qui bouleversèrent le *statu quo* de la péninsule et, d'autre part, à cause de la pénétration économique de villes marchandes étrangères qui modifièrent l'équilibre des forces d'antan. Au sud-ouest des Balkans, le statut politique et économique fut conditionné par les facteurs suivants : la création de l'État serbe indépendant par le grand žoupan de Rascie Étienne Nemanja (1166-1196) ; l'extension vers le sud des Hongrois, qui imposèrent en 1254 leur suzeraineté sur les princes de Bosnie[5] ; la pénétration économique progressive de puissances étrangères qui, par leur commerce bien organisé sur la base de méthodes nouvelles, ont contribué de façon décisive à mettre en valeur les ressources économiques de ces régions, ce qui influença profondément la structure de leur société. Cette période se termine au XVe siècle avec la conquête de ces contrées par les Ottomans[6], qui instaurèrent de nouvelles conditions politiques et socio-économiques.

Ces changements politiques et économiques provoquèrent en Serbie et en Bosnie une grande mobilité de divers groupes d'habitants. Toutefois, malgré les importantes études et recherches parues surtout ces dernières décennies, nos connaissances sur les divers aspects de la question sont inégales, en raison de la documentation souvent fragmentaire. Ainsi, il est la plupart du temps difficile de délimiter et de dater les changements démographiques et, faute de données quantitatives précises, d'évaluer le volume et l'étendue des mouvements de population, ainsi que le nombre, même approximatif, des colons. Je me bornerai donc à relever les motifs, la forme et les conséquences de ces phénomènes en Serbie et en Bosnie du XIIe au XVe siècle.

L'État serbe sous la dynastie des Nemanja connut une évolution remarquable[7] et ne tarda pas à devenir une puissance balkanique ; la stabilité politique et les conditions économiques favorables préparèrent le terrain pour l'exploitation des richesses du pays. À partir du XIIIe siècle, les principales ressources économiques provenaient de l'exploitation des mines, le sous-sol serbe étant très riche en minerais. L'historien byzantin Imbrios Kritoboulos dans une description perspicace sur la prospérité de la terre serbe conclut que « l'or et l'argent jaillissent de la terre comme des sources naturelles »[8] : mines de fer, de plomb et de cuivre à plusieurs

4. Cf. V. TĂPKOVA-ZAIMOVA, Les mouvements des polulations en Mésie et en Thrace entre le début du XIe et le début du XIIIe siècle, *Byz. Forsch.* 7, 1979, p. 193. M. NYSTAZOPOULOU-PÉLÉKIDOU, Ἡ δημογραφικὴ κατάσταση ἀστικῶν κέντρων τῶν Κεντρικῶν Βαλκανίων (15ος-18ος αἰ.), *Βυζαντιακὰ* 18, 1998, p. 35.

5. Sur la conquête de la Slavonie (1091-1095), de la Croatie (en 1102) et l'annexion de la Dalmatie (en 1105) par les Hongrois, voir H. BOGDAN, *Histoire de la Hongrie*, Paris 1966 (Que sais-je ? 678), p. 15 ; *Cambridge Medieval History* 6, Cambridge 1968, p. 466 ; P. HANÁK, *Die Geschichte Ungarns, von den Anfängen bis zur Gegenwart*, Budapest 1988, p. 28. Sur la conquête de la Bosnie en 1254, après une série de tentatives échouées, voir en détail S. ĆIRKOVIĆ, *Istorija srednjevekovne bosnaske države* (Histoire de l'État bosniaque médiéval), Belgrade 1964.

6. La conquête de la dernière principauté serbe de Smederevo a eu lieu en 1459, de Bosnie en 1463, d'Herzégovine en 1482 et de Monténegro en 1499.

7. Une des conséquences de cette évolution fut la croissance démographique, dont témoignent les nombreuses localités attestées à cette époque : cf. Fr. CARTER, Urban Development in the Western Balkans 1200-1800, *An Historical Geography of the Balkans*, Londres-New York 1977, surtout p. 148, 149, 151, 159 (et les cartes), avec des constatations numériques pour tout le territoire de l'ex-Yougoslavie. Cf. S. ĆIRKOVIĆ, Unfulfilled Autonomy: Urban Society in Serbia and Bosnia, *Urban Society in Eastern Europe in Premodern Times*, éd. B. KREKIĆ, Berkeley1987, p. 159-160 (pour la Serbie).

8. Mihaèl KRITOBOULOS (*Critobuli Imbriotae Historiae*, éd. D. R. REINSCH, [cité désormais KRITOBOULOS],

endroits, d'or près de Novi Pazar et de Prizren entre autres, et surtout d'argent – très recherché en Occident, à cause de l'épuisement des mines occidentales – à Rudnik, à Priština, à Novo Brdo et dans bien d'autres localités[9]. Les possibilités économiques qu'offrait l'exploitation du sous-sol attirèrent très tôt des colons étrangers. Il s'agissait en premier lieu de mineurs allemands expérimentés (que les sources slaves appellent *Sassi* = Saxons)[10], qui, dès le milieu du XIIIe siècle, s'étaient installés en Serbie. Leur appel probable par le roi Uroš Ier (1243-76) est révélateur de la politique de ce souverain serbe, visant à exploiter ces ressources de façon systématique, avec des méthodes et des techniques déjà appliquées ailleurs avec succès. La première colonie « saxonne » s'était formée à Brskovo (près de l'actuelle ville de Mojkovac au Monténégro), dont l'exploitation des mines date de 1254. Par la suite les Sassi formèrent un véritable réseau de colonies minières, à Rudnik, à Trepča et surtout à Novo Brdo (le *Nuovo Monte* des sources latines) – le plus important centre minier, non seulement de la Serbie médiévale, mais de toute la péninsule Balkanique[11] –, ainsi que dans plusieurs autres localités, minières ou non, telles que Črnča, Golija, Rogozna près de Novi Pazar, Kapaonik, Janjevo[12]. Les colons allemands contribuèrent de façon décisive à l'économie et à l'évolution sociale du pays. Comme l'a fait observer Mihailo Dinić, ils introduisirent dans l'exploitation des mines serbes une nouvelle organisation du travail fondée sur leur expérience de l'Europe centrale ; ils établirent tout un réseau économique dépendant de l'industrie minière et contribuèrent à l'évolution des colonies minières en centres urbains[13]. Les Sassi constituaient donc pour le pays une puissance économique considérable, ce qui incita les souverains serbes et plus tard les princes de Bosnie à prendre d'importantes mesures en leur faveur[14]. Les Sassi jouissaient de privilèges fondamentaux concernant la liberté personnelle et religieuse (étant catholiques dans un milieu orthodoxe), la libre circulation et l'exploitation des mines, ainsi que d'une autonomie judiciaire et administrative. À Brskovo – et par

Berlin 1983 [CFHB 22]), II, 7.3, p. 96 : « Τὸ δὲ μέγιστον καὶ ᾧ πάσας τὰς ἄλλας νικᾷ μεθ' ὑπερβολῆς, ὅτι χρυσὸν καὶ ἄργυρον ὥσπερ ἀπὸ πηγῶν ἀναδίδωσι... »

9. Cf. D. KOVACEVIĆ, Dans la Serbie et la Bosnie médiévales : les mines d'or et d'argent, *Annales. Économie. Sociétés. Civilisations*, 15e année, n° 1, 1960, p. 251-252 (et p. 256-257, la liste des mines, vingt-quatre en Serbie et huit en Bosnie, avec la date de leur ouverture). S. ĆIRKOVIĆ, The Production of Gold, Silver and Copper in the Central Part of the Balkans from 13th to the 16th Century, *Precious Metals in the Age of Expansion*, Stuttgart 1981, p. 41-69.

10. Les sources slaves emploient le mot *Sassi* (les sources latines, celui de *Teotonici*) pour désigner les mineurs allemands, venus surtout de Slovaquie, bien que dans leur majorité ces colons ne soient pas d'origine saxonne : cf. N. BELDICEANU, *Les actes des premiers sultans conservés dans les manuscrits turcs de la Bibliothèque Nationale à Paris, II. Réglements miniers (1390-1520)*, Paris-La Haye 1964, p. 60-66.

11. Cf. KRITOBOULOS, II, 8.4-9.1, p. 98 s. Sur Novo Brdo en tant que ville minière, voir le chapitre II de l'introduction de N. RADOJČIĆ, *Zakon o rudnicima despota Stefana Lazareviča* (La Loi sur les mines du despote Stefan Lazarević), Belgrade 1962.

12. Certains noms de lieu, par exemple le *selo Sasse* (= le village Sasse), constituent un témoignage certain de la colonisation saxonne : cf. M. J. DINIĆ, *Za istoriju rudarstva u srednjevekovnoj Srbiji i Bosni* (Contributions à l'histoire de l'industrie minière en Serbie et en Bosnie médiévales), 1, Belgrade 1955, p. 2. Dans cette étude bien documentée, l'auteur traite de l'histoire des mines depuis l'arrivée des Sassi jusqu'à la conquête ottomane. La majeure partie de l'étude est consacrée à l'industrie minière de la région du cours moyen de la Drina, tant en Serbie qu'en Bosnie, et surtout au centre minier de Srebrenica.

13. *Ibid.*, surtout p. 1 s. (cf. aussi p. 107-108).

14. On notera que les premiers actes princiers octroyant ces privilèges ne sont pas conservés, mais on a pu les reconstituer d'après la documentation postérieure et leur application est bien attestée.

la suite dans les autres colonies saxonnes –, au moins jusqu'à une certaine époque, leur communauté avait à sa tête un chef saxon (*comes civitatis*), elle était administrée par un conseil de douze juges appelés *purgari* (de l'allemand *Burger*) et avait son propre tribunal (*curia Teutonicorum*)[15]. Ce statut privilégié put par la suite être octroyé à d'autres habitants des sites miniers, sans considération de leur origine ethnique[16] ; ce fut une conséquence de l'intensification de l'exploitation des mines, qui exigeait un nombre de plus en plus grand de main-d'œuvre et rendit indispensable la participation de la population indigène. Les colons allemands étaient beaucoup moins nombreux que les Slaves du pays et se slavisèrent avec le temps, de sorte qu'au début du XVe siècle ils ne figurent plus dans les sources en tant que groupe ethnique[17].

Les grandes possibilités économiques du pays attirèrent aussi l'intérêt d'autres puissances économiques, parmi lesquelles Raguse (Dubrovnik), la plus importante des villes dalmates, tient la première place. Disposant d'une position géographique exceptionnelle au carrefour des routes reliant les Balkans à l'Italie et à la Méditerranée, cette ville connut à partir du XIIIe siècle une grande évolution et pendant plus de trois siècles tint une place importante dans le commerce international[18] – place qu'elle sut conserver même après la conquête des Balkans par les Ottomans[19]. Il est très significatif que son essor commence après les traités de paix avec la Serbie (1186) et la Bosnie (1189), qui lui ont ouvert les marchés balkaniques[20]. Les Ragusains contrôlèrent très tôt la plus grande partie du commerce interbalkanique ; ils devinrent les principaux entrepreneurs des mines serbes et bosniaques[21] et jouèrent le rôle d'intermédiaires entre ces pays, le Levant et l'Occident dans le commerce des produits miniers, et plus tard aussi dans celui du sel et des draps.

15. Cf. ĆIRKOVIĆ, Unfulfilled Autonomy, cité *supra* n. 7, p. 161-162. J. KALIĆ, Les étrangers en Serbie médiévale, *Toleration and Repression in the Middle Ages*, Athènes 2002 (Fondation Nationale de Recherches. Institut de Recherches Byzantines. Symposium International 10), p. 358. Notons par exemple qu'à la tête de la colonie saxonne de Brskovo en 1280 se trouvait un comte allemand (*comes Freibergerius*), auquel succédèrent d'autres personnalités saxonnes. Cf. St. NOVAKOVIĆ, *Zakonik Stefana Dušana cara Srbskog 1349 i 1354* (Le Zakonik d'Étienne Duchan, tsar des Serbes, 1349 et 1354), Belgrade 1898, art. 123, p. 94-95. M. ŽIVOJINOVIĆ, Settlements with Market-Place Status, *ZRVI* 34-35, 1986, p. 410-411.
16. ĆIRKOVIĆ, Unfulfilled Autonomy, p. 161.
17. Sur leur slavisation progressive, voir en détail DINIĆ, *Za istoriju rudarstva*, cité *supra* n. 12, p. 7 s. et 20-22 ; au XVe siècle les noms allemands désignant des Sassi deviennent une exception : *ibid.*, p. 23 (constatation fondée sur les documents des Archives de Dubrovnik). Cf. aussi le témoignage tiré du livre de commerce d'un marchand ragusain, installé à Novo Brdo : les personnes s'occupant des mines, environ deux cents, mentionnées dans ce cadastre entre 1432 et 1440, ne portent que des noms slaves : D. KOVAČEVIĆ, Trgovacka knjiga Nikole i Luke Kabužiča (Le Livre du commerce de Nikolas et de Luka Kabužić), *Istoričeskij Pregled* 1, Belgrade 1954.
18. Sur l'histoire de Raguse, son administration, son développement et son activité économique dans les Balkans, voir, parmi la très riche bibliographie, les études fondamentales de B. KREKIĆ, *Dubrovnik (Raguse) et le Levant au Moyen Âge*, Paris 1961, et *Dubrovnik, Italy and the Balkans in the Late Middle Ages*, Londres 1980, en particulier les n^os^ I, II, IV, IX, XII, XIX, XXI.
19. B. BOJOVIĆ, Dubrovnik et les Ottomans (1430-1472). 20 actes de Murād II et de Meḥmed II en médio-serbe, *Turcica* 19, 1987, p. 119-173 et surtout p. 158 n. 208 (cf. ID., *Turcica*, 24, 1992, p. 153-182, onze actes délivrés entre 1473 et 1476, et *Turcica* 28, 1996, p. 171-297, 19 actes datant de 1476 à 1481). ID., *Raguse et l'Empire ottoman (1430-1520)*, Paris 1998.
20. KREKIĆ, *Dubrovnik (Raguse) et le Levant au Moyen Âge*, cité *supra* n. 18, p. 21.
21. *Ibid.*, surtout p. 95 et 105 et les Régestes, n°s 694, 1239 (du XIVe s.) ; ID., Venice and the Balkan Hinterland in the Fourteenth Century, *ZRVI* 21, 1982, p. 157-158 ; A. DUCELLIER, La place des Toscans et des Italiens du Nord dans le commerce balkanique au XVe siècle : l'apport des sources ragusaines, *Byz. Forsch.* 11, 1987, surtout p. 303.

Pour soutenir et organiser sur place cette activité commerciale, Raguse a créé des colonies dans tous les centres commerciaux tels que Novo Brdo, Priština, Prizren, Rudnik, Belgrade, Smederevo, et dans bien d'autres localités qui offraient des possibilités économiques. Les Ragusains constituaient en Serbie, comme les Sassi, une catégorie privilégiée de colons et de marchands, leurs privilèges étant accordés et renouvelés par des actes officiels[22]. Ils jouissaient de la liberté en matière de circulation et de commerce, de religion, ainsi que d'une autonomie juridique ; en revanche, ils étaient obligés de participer à la défense de la colonie et de payer des taxes[23].

Les Ragusains n'étaient pas les seuls : à un moindre degré, des marchands des villes dalmates Kotor, Bar et Split, des Italiens, en particulier des Vénitiens et des Florentins, ainsi que des Espagnols, des Juifs (commerçants et banquiers) et des Grecs s'installèrent en Serbie et en Bosnie et prirent une part active à la vie politique et à l'économie des deux pays. L'installation des Grecs, accélérée par les troubles très importants du XVe siècle, est attestée dans divers centres miniers, surtout celui de la riche mine de Novo Brdo, où l'on trouve des membres de la famille Cantacuzène. Les colons grecs s'occupaient surtout du commerce des métaux et en particulier de l'argent[24].

La présence des marchands et des colons étrangers, de dogme ou de religion différents, pouvait susciter des problèmes, juridiques ou autres. C'est pourquoi le tsar Étienne Duchan (1331-1355) fit inclure dans le *Zakonik* (1349 et 1354)[25] certaines dispositions concernant les catholiques[26] et les marchands[27]. Nous avons déjà mentionné la *curia Teutonicorum* des colonies saxonnes, mais un article du *Zakonik* envisage de façon plus générale le cas des procès entre « hétérodoxes » en précisant la composition du tribunal[28], ce qui constitue un témoignage indirect

22. Pour les documents serbes, voir p. ex. St. NOVAKOVIĆ, *Zakonskih spomenici srbskih država srednjega veka* (Sources juridiques de l'État serbe médiéval), Belgrade 1912, p. 162, XIII, XIV (de Milutin), p. 163, II (de Stefan Dečanski), p. 169, I (de Duchan), p. 177, I-II et 182-183, II (de Stefan Uroš), etc.

23. Cf. ĆIRKOVIĆ, Unfulfilled Autonomy, p. 163-164 ; KALIĆ, Les étrangers en Serbie médiévale, cité *supra* n. 15, p. 361-362.

24. Cf. M. STREMIĆ, La Serbie entre les Turcs, les Grecs et les Latins au XVe siècle, *Byz. Forsch.* 11, 1987, p. 438.

25. Pour le *Zakonik*, le Code des Lois d'Étienne Duchan, voir l'édition des quatre plus anciens manuscrits : St. NOVAKOVIĆ, *Zakonik Cara Dušana, cara Srpskog, 1349 i 1354* (Le Zakonik d'Étienne Duchan, tsar des Serbes, 1349 et 1354), Belgrade 1898 (ms. de Prizren) ; N. RADOJČIĆ, *Zakonik Cara Stefana Dušana*, Belgrade 1953 (ms. de Prizren) ; M. BEGOVIĆ, *Zakonik Cara Stefana Dušana. Kniga I. Struški i Atonski Rukopis*, Belgrade 1975 (mss de Struga et du Mont Athos) ; L. HATZIPRODROMIDIS, *Στέφανος Δουσὰν αὐτοκρατόρας Σερβίας καὶ Ἑλλάδος. Ὁ Κώδικας Νόμων*, Athènes 1983 (ms. du Mont Athos en traduction grecque) ; D. BOGDANOVIĆ, Dj. KRSTIĆ, *Dushan's Code. The Bistrica Transcript*, Belgrade 1994 (ms. de Bistrica). Dans la présente étude je renvoie aux manuscrits de Prizren (P), du Mont Athos (A) et de Bistrica (B), d'après les éditions mentionnées ci-dessus.

26. *Zakonik*, PAB 6-9. Les dispositions sur le catholicisme, que le texte qualifie d'« hérésie latine », concernent non seulement les colons mais aussi les marchands, dont la présence et l'activité dans les centres urbains sont bien attestées dans les sources (voir note suivante).

27. Voir entre autres *Zakonik*, P118-122/ A112-115/ B115-118.

28. Voir *Zakonik*, P153/ A143/ B148 : « Pour les hétérodoxes et les marchands, les juges devaient être pour moitié chrétiens [= orthodoxes] et pour moitié devaient appartenir à leur foi, suivant la loi du saint roi [= Milutin]. » La mention de Milutin (1282-1321) implique que le problème avait été déjà envisagé par ce souverain, mais alors ses mesures juridiques ne concernaient que les Ragusains (cf. NOVAKOVIĆ, *Zakonik*, p. 193, 237). On doit remarquer que les mss de Prizren et de Struga (*ibid.*, p. 120) au lieu des « chrétiens » caractérisent les juges comme « serbes », ce qui constitue une conception plus exacte ; toutefois on ne saurait dire quelle était la version originale, ni attribuer la différence entre les deux versions à un changement de l'attitude des souverains serbes vis-à-vis des hétérodoxes, suivant la conjoncture politique générale et leurs propres intérêts politiques et économiques.

mais certain sur l'importance dans les villes et les centres commerciaux des colons et des marchands étrangers non orthodoxes. De même, un document pontifical de la première moitié du XIVe siècle mentionne des catholiques à Brskovo, Rudnik, Trepča, Prizren, Brvenik, Trgovište, Novo Brdo, Janjevo, Plana et dans bien d'autres places[29]. Le grand nombre d'églises catholiques au service des colonies, même dans de petites localités comme Zajača, Črnča, Krupanj, témoigne de la symbiose des indigènes avec les colons et de la liberté de religion dont ces derniers jouissaient[30] ; il témoigne aussi du réalisme politique des souverains qui ont su s'adapter aux circonstances. Car l'installation d'éléments étrangers et la création des colonies ont eu des conséquences immédiates sur l'évolution économique et sociale du pays[31].

L'exploitation des mines, l'élaboration et le commerce des produits miniers amenèrent un nombre important d'indigènes à se déplacer vers les bourgs miniers et les centres commerciaux, attirés par les possibilités de travail et les meilleures conditions de vie que ceux-ci pouvaient leur offrir. Ce mouvement interne, qui s'accentuait lors des époques troublées, aboutit à modifier jusqu'à un certain point la carte démographique du pays et la répartition de la population entre ville et campagne, ainsi que l'état social de certains groupes d'habitants ; mais en même temps il privait la campagne d'une main-d'œuvre indispensable, tant d'ouvriers que de cultivateurs. Ce déplacement ne devait pas être illimité ni sans contrôle de la part de l'État, d'autant plus que les villes et les centres miniers et commerciaux serbes formaient en principe des unités économiques, indépendantes de la grande propriété, et jouissaient de certains privilèges[32]. C'est là sûrement le motif d'une importante disposition du *Zakonik* interdisant l'installation dans les villes de nouveaux habitants[33]. Cette mesure ne concernait évidemment pas les seuls indigènes, mais touchait aussi les marchands étrangers, dont l'installation dans les centres urbains et les marchés devait être rigoureusement déterminée par des traités entre l'État serbe et les villes et sociétés marchandes intéressées.

Une autre cause de mobilité fut l'extension territoriale de la Serbie vers le sud, qui facilita la migration interne vers les régions nouvellement conquises, migration suscitée peut-être par le pouvoir. C'est ainsi que certaines régions du sud, dévastées par la guerre, furent repeuplées par des Serbes venus du centre ou de l'ouest du pays. Tel fut par exemple au XIIIe siècle le cas des Serbes venus de Zahlumie (Herzégovine) et installés à Ochrid[34]. De même, au milieu du XIVe siècle, Étienne

29. Cf. CARTER, Urban development in the Western Balkans, cité *supra* n. 7, p. 157.

30. Cf. KALIĆ, Les étrangers en Serbie médiévale, p. 360-361 et n. 8 et 9 ; mentionnons entre bien d'autres l'église S. Maria Teutonicorum à Brskovo et l'église dédiée à saint Nicolas et appelée *église saxonne* à Novo Brdo. Cf. aussi STREMIĆ, La Serbie entre les Turcs, les Grecs et les Latins, cité *supra* n. 24, p. 441.

31. Voir M. NYSTAZOPOULOU-PÉLÉKIDOU, Le développement économique des Balkans occidentaux et le rôle de l'Europe centrale et occidentale, *Φιλέλλην. Studies in Honour of Robert Browning*, éd. C. N. CONSTANTINIDES *et alii*, Venise 1996, p. 301-312, avec la bibliographie antérieure.

32. Voir entre autres *Zakonik*, P137/ A126/ B132. Pour la structure des villes et leurs privilèges, voir M. NYSTAZOPOULOU-PÉLÉKIDOU, Τὸ Ζάκονικ τοῦ Στέφανου Δουσὰν ἔκφραση τῆς κοινωνίας καὶ τῆς οἰκονομίας τῆς Σερβίας τὸν 14ον αἰ., *Βυζαντινὰ* 21, 2000, surtout p. 304-306. En ce qui concerne le volume des centres urbains dans le sud-ouest des Balkans, les spécialistes estiment que les villes ayant une population de 5 000 habitants étaient très rares et que les sites ayant plus de 1 000 habitants étaient considérés comme *grad* (= ville) : cf. CARTER, Urban Development in the Western Balkans, p. 151.

33. Voir *Zakonik*, P125/ A116/ B120.

34. Dr. DRAGOJLOVIĆ, Migrations of the Serbs in the Middle Ages, *Migrations in Balkan History*, cité *supra* n. 1, p. 62.

Duchan installa à Berroia – une importante ville grecque, nouvellement conquise – un grand nombre de soldats et de puissants serbes, après avoir expulsé, par peur de sédition, la plus grande partie des anciens habitants[35].

On constate, avec un retard d'un siècle, des phénomènes analogues en Bosnie, quand la stabilité politique eut préparé le terrain pour le développement économique du pays. En effet, dans la première moitié du XIVe siècle, la Bosnie s'étendit beaucoup territorialement sous la dynastie des Kotromanović et devint un État puissant, bien que nominalement toujours vassal de la Hongrie[36]. Sa position géographique entre la côte dalmate, la Hongrie et la Serbie facilitait les transactions et le transport des marchandises. Il est à noter que toute l'activité économique se trouvait alors aux mains de grands propriétaires ; les villes et les centres commerciaux dépendaient de grands seigneurs ou appartenaient au domaine royal et n'avaient pas une activité indépendante, comme les villes serbes. Vers le milieu du XIVe siècle les Sassi s'y installèrent, attirés par les possibilités du riche sous-sol du pays – bien connu déjà depuis l'époque romaine[37] – et ils contribuèrent grandement à l'exploitation des mines et à la création de nouvelles villes minières, comme Olovo, Kreševo, Fojnica, Sasse, Ostružnica et avant tout Srebrenica, qui connut un essor exceptionnel. Située sur le cours moyen du fleuve Drina, dans la région la plus riche en minerais, Srebrenica (dont le nom, provenant du mot *srebro* = argent, souligne sa production d'argent) fut fondée par les Sassi vers le milieu du XIVe siècle, près des ruines de l'importante ville romaine d'Argentaria Domavia (dont le nom indiquait déjà à l'époque romaine une mine argentifère), et elle devint vite la plus grande colonie minière de la Bosnie médiévale[38]. Un nombre considérable de colons ragusains s'y étaient installés, attirés par ces perspectives économiques[39]. Ils furent suivis par d'autres colons, Italiens, Juifs, Hongrois et Grecs, ces derniers constituant un important élément « bourgeois »[40].

Nous avons signalé d'une part des colonisations de groupes ethniques et socio-économiques venant de l'étranger à l'intérieur des deux pays et ayant comme motif principal l'exploitation des ressources économiques et les transactions commerciales, et d'autre part des déplacements d'autochtones de la périphérie et de la campagne vers les centres urbains à la recherche de meilleures conditions de vie et de travail. Cependant il y avait aussi des mouvements de populations et des migrations en sens inverse, c'est-à-dire de l'intérieur vers la périphérie et en dehors de la frontière, mais ceux-ci avaient pour cause des facteurs plutôt négatifs. Tel fut le cas des paysans qui, fuyant des domaines de grands seigneurs, prenaient

35. Jean CANTACUZÈNE, IV, 18 (éd. Bonn, 3, p. 120, 6-15) : « Ἐν Βερροίᾳ δὲ καὶ πρότερον μὲν ἦσαν οὐκ ὀλίγοι Τριβαλῶν ὑπὸ Κράλῃ κατῳκισμένοι, οὐ στρατιῶται μόνον ἀλλὰ καὶ τῶν δυνατῶν, διά τε τὴν ἄλλην τῆς πόλεως εὐφυῒαν [...] διὰ τὸ μεγάλην εἶναι καὶ πολλοὺς τοὺς ἐνοικοῦντας ἔχειν, οὐ δημώδη μόνον ὄχλον, ἀλλὰ καὶ στρατιώτας καὶ οὐκ ὀλίγους τῶν συγκλητικῶν · ὧν τοὺς πλείους μὲν ἢ πάντας ὁ Κράλης ἐξήλασε κατασχών, ὅμως ἔτι τὴν ἀποστασίαν δεδιὼς τῆς πόλεως, στρατιώτας τε ἐγκατῴκισεν οὐκ ὀλίγους καὶ τῶν παρ' αὐτῷ ἐπιφανῶν τινάς. »

36. E. HÖSCH, *Geschichte der Balkanländer, von der Frühzeit bis zur Gegenwart*, Munich 1988, p. 75. Cf. la description de KRITOBOULOS, IV, 15.1-2, p. 175.

37. Déjà à l'époque romaine il y avait dans cette région une exploitation minière bien organisée et un réseau routier qui assurait la circulation des marchandises et le transport des produits miniers : cf. G. SKRIVANIĆ, Roman Roads and Settlements in the Balkans, *An Historical Geography of the Balkans*, cité *supra* n. 7, p. 115-145.

38. DINIĆ, *Za istoriju rudarstva*, p. 49 s. et 118.

39. *Ibid.*, p. 49 s.

40. Cf. CARTER, Urban Development in the Western Balkans, p. 166-167.

souvent la route vers les villes dalmates ou bien cherchaient refuge auprès d'autres propriétaires fonciers qui offraient de meilleures conditions de travail. Cette tendance, attestée déjà peu de temps après la fondation de l'État serbe, est devenue de plus en plus fréquente aux siècles suivants. Cela amena Étienne Duchan à prendre dans le *Zakonik* des mesures pour enrayer cette hémorragie qui privait certaines régions d'ouvriers et de cultivateurs ; il prévit même des peines dures pour ceux qui recevaient des fugitifs, qu'ils fussent de grands seigneurs, l'Église, des centres commerciaux, des villages ou des villes[41] ; toutefois ces dispositions n'empêchèrent pas certains propriétaires, laïcs ou ecclésiastiques, de repeupler leurs domaines déserts, ou tout au moins de compléter leur personnel, avec des évadés venant de n'importe quel coin de la Serbie[42]. En ces temps d'essor économique et d'intense activité commerciale, l'antagonisme était dur entre les puissants propriétaires fonciers pour s'assurer la main-d'œuvre indispensable à l'exploitation de leur fortune.

Les troubles politiques étaient une autre cause de déplacement de populations locales ; ainsi par exemple à la fin du XIIe siècle, les conflits entre les fils d'Étienne Nemanja pour la succession au trône ont obligé un certain nombre d'habitants à partir au-delà de la frontière[43]. Les fugitifs, pour une raison ou pour une autre, prenaient souvent la route vers les villes côtières comme Budva, Kotor et surtout Dubrovnik, où ils trouvaient, selon les cas et les circonstances, un bon accueil[44]. L'afflux d'émigrés de l'intérieur vers Raguse a été accentué à partir de la fin du XIIIe siècle. Cette ville, par sa stabilité politique, représentait, selon l'expression bien appropriée de Bariša Krekić[45], un « pôle d'attraction » pour les populations venant de l'arrière-pays, constituant en même temps un important « point de transit » vers l'Italie et l'Occident.

Une des raisons de déplacement vers Dubrovnik était le commerce des *esclaves*, très intense surtout en Bosnie depuis la fin du XIIIe jusqu'au XVe siècle. Le fait que les bogomiles de Bosnie étaient considérés comme « schismatiques » représentait pour les marchands catholiques, Ragusains et Occidentaux, une bonne excuse pour réduire en esclavage des hommes et surtout des femmes dans le besoin[46].

Un important groupe d'émigrés était constitué de *domestiques*, de gens pauvres et de couche sociale inférieure, qui quittaient leur pays d'origine à cause des difficultés économiques et des troubles politiques et arrivaient à Dubrovnik, attirés par la possibilité de travail que cette ville pouvait leur offrir. De son côté la ville, malgré les problèmes que ce mouvement migratoire représentait pour sa sécurité,

41. *Zakonik*, P22/ A27/ B23 ; P93/ A95/ B90 ; P140-141/ A129-130/ B135-136.
42. *Zakonik*, P93/ A95/ B90 ; P112/ A108/ B109 ; P115/ A110/ B 112. Cf. DRAGOJLOVIĆ, Migrations of the Serbs in the Middle Ages, cité *supra* n. 34, p. 64-65.
43. *Ibid.*, p. 64.
44. *Ibid.*
45. B. KREKIĆ, Dubrovnik as a Pole of Attraction and a Point of Transition for the Hinterland Population in the Late Middle Ages, *Migrations in Balkan History*, p. 67 s.
46. La plus grande partie des esclaves balkaniques, dirigés vers Venise et les autres villes de l'Occident, passaient par Dubrovnik. Sur le commerce des esclaves surtout en Bosnie, voir B. KREKIĆ, *Dubrovnik (Raguse) et le Levant au Moyen Âge*, p. 109-110, et les Régestes, nos 24-28 (de 1282), 31, 34 (1283), 438 (1393). ID., L'abolition de l'esclavage à Dubrovnik (Raguse) au XVe siècle – mythe ou réalité ?, *Byz. Forsch.* 12, 1987, p. 309-310. ID., Dubrovnik as a Pole of Attraction, cité note précédente, p. 67-68. ID., Contributo allo studio degli schiavi levantini e balcanici a Venezia (1388-1398), *Studi in memorie di Federigo Melis*, Naples 1978, 2, p. 379 (= *Dubrovnik, Italy and the Balkans*, cité *supra* n. 18, VII) ; cf. aussi p. 381-390, les tableaux, où les femmes prédominent et où les Bosniaques représentent durant ces dix ans 4,10 % du total.

en profitait pour se procurer de la main-d'œuvre à bon marché, indispensable à ses activités commerciales et maritimes. Les autorités ragusaines accueillaient donc volontiers les gens qui arrivaient là comme ouvriers ou domestiques ou encore comme commerçants et artisans. Cependant, elles n'étaient pas aussi favorablement disposées envers d'autres groupes d'émigrés, comme par exemple envers ceux qui quittaient leur demeure pour cause de famine, phénomène alors assez fréquent qui frappait toujours les régions et les gens les plus faibles[47] ; grâce à son excellente organisation et à son système d'approvisionnement, Raguse représentait pour eux un lieu de refuge sûr dans des moments difficiles.

Toutes ces populations venues de l'arrière-pays slave, Serbes et Bosniaques, appartenaient en principe à la même race et parlaient la même langue que les habitants de Raguse, la *lingua sclavonesca* des sources. Toutefois, malgré cette parenté, les conflits et les disputes entre réfugiés et indigènes étaient fréquents[48]. Car, en réalité, l'afflux des populations pauvres et affamées créait des problèmes pour la ville. C'est ainsi que les autorités ragusaines prirent des mesures successives pour faire face à la situation, en créant des services spéciaux pour veiller à la sécurité de la cité et y contrôler l'arrivée de pauvres[49]. Parallèlement elles essayaient de canaliser immédiatement le plus grand nombre possible de réfugiés vers l'Italie. Il est bien attesté que beaucoup de gens arrivés à Raguse, surtout les plus jeunes, furent transportés par les autorités de la ville en Italie comme domestiques ou apprentis. D'après les données des sources, on peut affirmer que tous ces expatriés ne retournaient ni à Dubrovnik, ni dans leur pays d'origine[50].

Au début du XIVe et au XVe siècle on remarque aussi une grande migration des *Vlachs* (Valaques) : venant de l'intérieur de la péninsule, et précisément de la région de Rudnik, de la plaine de Morava et de Prizren, ils se sont installés en Croatie et sur les côtes dalmates. Ces Vlachs, dont l'identification ethnique pose problème[51], étaient éleveurs de bétail et leur déplacement vers l'ouest était dû, d'une part à la recherche de nouveaux pâturages, et d'autre part au trafic de bétail et au transport des marchandises dans lequel ils s'étaient engagés. Un autre groupe de Vlachs venant des vallées de Hum (Herzégovine) et de Drina s'était installé à l'intérieur de la Bosnie. Les Vlachs installés en Croatie et en Dalmatie se sont pour la plupart convertis au catholicisme, contrairement à ceux de Bosnie qui sont restés fidèles à l'orthodoxie[52]. Cela témoigne de la prépondérance de l'Église catholique en Croatie et de l'orthodoxie en Bosnie, où toutefois l'hérésie des bogomiles était assez répandue.

47. Voir *infra*, p. 617.
48. KREKIĆ, Dubrovnik as a Pole of Attraction, p. 72.
49. *Ibid*., p. 69.
50. *Ibid*., p. 70-72 et 73.
51. Cf. p. ex. N. BELDICEANU, Les Valaques de Bosnie à la fin du XVe siècle et leurs institutions, *Turcica* 7, 1975, p. 122 n. 4 (= *Le Monde ottoman des Balkans (1402-1566), Institutions, Société, Économie*, Londres 1976, IV) : l'auteur remarque que l'on peut se demander si le nom de Valaque désigne ici un groupe ethnique d'origine latine ou bien une population pastorale d'origine slave. Sur l'origine ethnique des Valaques, voir entre autres études d'A. LAZAROU, *Valaques de Grèce et l'Union Européenne*, Athènes 1995, surtout p. 7, 9-10, 26-27 et n. 1 et 3, avec une riche bibliographie ; certaines interprétations concernant l'origine et l'évolution sémantique du nom, fondées sur la linguistique, sont intéressantes, par exemple la théorie de G. Bonfante, *ibid*., p. 26 et n. 3.
52. DRAGOJLOVIĆ, Migrations of the Serbs in the Middle Ages, p. 66.

Comme nous l'avons fait remarquer, les mouvements de populations en Serbie et en Bosnie avaient des traits contradictoires, les mêmes qui caractérisaient la structure de leur société. Ils étaient la conséquence d'une part de l'extension territoriale et de l'évolution économique, et d'autre part des difficultés d'existence et même de la misère qui frappait les couches inférieures. Pour de multiples raisons, on relève à cette époque des migrations et des mouvements de colonisation dans diverses directions, ce qui a dû influencer la répartition démographique et la composition ethnique de certaines régions. Cette mobilité s'est intensifiée à partir de la fin du XIVe et au XVe siècle à cause du danger ottoman, mais alors les conditions et les motifs étaient différents.

En effet, les invasions et les expéditions ottomanes, les guerres continuelles entre l'armée turque et les coalitions chrétiennes, puis la conquête par les Ottomans ont provoqué des mouvements de populations et de migrations successifs. Fuyant les invasions et les opérations militaires des XIVe et XVe siècles les populations se repliaient, d'abord pour mieux se défendre, vers les bourgs miniers et les villes fortifiées, vers les régions encore libres et les pays voisins. Après la conquête définitive et la consolidation du pouvoir ottoman, une migration massive des habitants eut lieu, des plaines ouvertes vers les forêts protectrices et les régions montagneuses, ou encore vers les villes du littoral et, au-delà des frontières, vers la Pannonie occidentale, la plaine hongroise et l'Autriche[53]. Cette fuite est un phénomène bien attesté presque partout dans les Balkans à l'époque de la conquête ottomane[54]. L'insécurité, l'abaissement du niveau de vie et la peur des représailles de la part des conquérants, obligeaient les gens, pas seulement les plus pauvres, à abandonner leur terre.

Ce fut notamment le cas après la bataille désastreuse de Kossovo en 1389, quand la Serbie fut devenue vassale des Turcs ; un grand nombre d'habitants, fuyant les troupes ottomanes, abandonna les plaines fertiles de la vallée de la Morava et se dirigea en masse vers le nord et l'ouest, vers les régions encore libres, ainsi que vers les villes dalmates et à l'étranger[55]. Au XVe siècle, quand les Ottomans devinrent maîtres de la plus grande partie des Balkans, des populations serbes trouvèrent refuge dans la Zéta (Monténégro) montagneuse et dans les régions qui se trouvaient au-delà de la frontière ottomane d'alors – à Banat, Batchka (dans l'actuelle Vojvodina), Baranja, en Sirmie et en Slavonie. L'immigration dans ces régions était très importante : au XVIe siècle les Serbes constituaient par exemple dans la région de Batchka la majorité de la population[56]. Une migration serbe massive vers la Hongrie méridionale eut lieu après la chute de la dernière principauté serbe de Smederevo (la *despotovina*) en 1459[57]. L'installation des Serbes était si dense, surtout dans la région de Srem, que dans les cartes hongroises de l'époque cette région porte le nom de *Rascia*. Un autre groupe de fugitifs arriva après la chute de la *despotovina* dans la région nord-est de la Bosnie et surtout à Jajce, avant la conquête de la ville par les Ottomans[58]. À son tour, la majorité des émigrés

53. R. PORTAL, *Les Slaves. Peuples et Nations*, Paris 1965, p. 108.
54. Pour la Grèce, voir Ap. VACALOPOULOS, La retraite des populations grecques vers des régions éloignées et montagneuses pendant la domination turque, *Balkan Studies* 4, 1963, p. 265-276.
55. DRAGOJLOVIĆ, Migrations of the Serbs in the Middle Ages, p. 63.
56. PORTAL, *Les Slaves*, cité *supra* n. 53, p. 245.
57. DRAGOJLOVIĆ, Migrations of the Serbs in the Middle Ages, p. 63, 66.
58. Pour l'importante ville de Jajce, les sièges successifs et la conquête par les Ottomans, voir KRITOBOULOS, IV, 15.6-10, p. 176-177, et V, 4.1-6.9, p. 185-190.

de Bosnie-Herzégovine se dirigea vers Dubrovnik, où certains prirent la route déjà bien connue de l'Italie. Il est attesté qu'au cours du XVe siècle, un grand nombre de réfugiés de ces pays furent engagés par les marchands ragusains comme assistants et apprentis. Leur participation au commerce ragusain était, paraît-il, si importante que l'on a soutenu que Raguse « n'aurait pas acquis la place maritime extraordinaire qu'elle avait au XVIe siècle, si elle n'avait pas été colonisée à la fin du XVe siècle par les chrétiens fugitifs d'Herzégovine et de Bosnie »[59].

La situation déjà problématique pour les populations à cause de la guerre et des opérations militaires fut aggravée par la famine, qui obligea les habitants pauvres à abandonner leur terre à la recherche de nourriture. Ainsi, après la bataille de l'Hévros (Maritza), en 1371, et durant la grande famine des années 1454 et 1455 « les pauvres de Sclavinia » se réfugièrent une fois encore à Raguse, mais les autorités ragusaines interdirent leur entrée dans la ville et les installèrent dans les grottes de la côte[60]. Par la suite le Sénat fit son possible pour les transporter en Italie.

L'avance des Turcs et la famine n'étaient pas les seules causes de migrations massives. La grande peste (la *mort noire*), qui en 1348 décima les populations partout en Europe[61], et, un siècle plus tard, les épidémies de 1437 et de 1456 obligèrent les populations les plus affectées à abandonner leur foyer et à chercher refuge dans les villes et les forêts ou bien à prendre la route vers les côtes de l'Adriatique et les pays voisins. Le grand nombre de localités modernes portant le nom de *selišta*, qui signifie village déserté et repeuplé plus tard, témoigne, même indirectement, de ces migrations massives de villages entiers, provoquées par la guerre, la famine et les épidémies[62].

Outre ces migrations provoquées par les circonstances problématiques, les Ottomans procédèrent, dès les premières conquêtes de la péninsule, à des transferts forcés de populations des régions balkaniques en Asie Mineure. Ainsi, lors des attaques turques contre la Serbie en 1438, 1439, 1444, un nombre important d'habitants – on parle de soixante mille personnes – furent déportés en Asie ; après la chute de Novo Brdo en 1445, de nombreux Serbes furent transportés de force en Anatolie[63] ; puis, après la prise de Constantinople en 1453, beaucoup de Serbes et de Bosniaques furent installés aux alentours de la Ville par ordre du sultan Mehmet II[64]. Parallèlement, les Ottomans colonisèrent systématiquement

59. Tr. Stojanović, Conquering Balkan Orthodox Merchant, *Journal of Economic History* 20, 1960, p. 234-313 = trad. grecque Ὁ κατακτητὴς ὀρθόδοξος Βαλκάνιος ἔμπορος, *Οἰκονομικὴ δομὴ τῶν Βαλκανικῶν χωρῶν (15ος-19ος αἰ.)*, Athènes 1979, surtout p. 315.
60. Dragojlović, Migrations of the Serbs in the Middle Ages, p. 64.
61. Sur la mortalité en Europe causée par la peste (la mort noire) de 1347-1350, voir D. Nicholas, *The Evolution of the Medieval World. Society, Government and Thougth in Europe, 312-1500*, Londres-New York 1992 = trad. grecque *Ἡ ἐξέλιξη τοῦ μεσαιωνικοῦ κόσμου. Κοινωνία, διακυβέρνηση καὶ σκέψη στὴν Εὐρώπη. 312-1500*, Athènes 1999, p. 423 s., 576-577. Voir aussi Ch.-O. Carbonell *et alii*, *Une histoire européenne de l'Europe, [1] Mythes et fondements (Des origines au XVe siècle)*, Toulouse 1999, p. 228.
62. Dragojlović, Migrations of the Serbs in the Middle Ages, p. 64. Sur les *selište* et les raisons de leur abandon, voir en détail K. Mihaljčić, Selišta, *Zbornik Radova Filos. Fakultet* 9/1, Belgrade 1967, p. 173-224 ; cf. L. Maksimović, M. Popović, *Le village en Serbie médiévale* (tiré à part de la communication présentée au XXe Congrès International d'Études Byzantines), Belgrade 2001, surtout p. 7-8.
63. Kritoboulos, II, 22, p. 114. Ch. Gandev, *L'Ethnie bulgare au XVe siècle*, Sofia 1987, p. 63, 66.
64. Kritoboulos, II, 22, 1-2, p. 114 : « Βασιλεὺς [Mahomet II] δὲ διάγων ἐν Κωνσταντινουπόλει συνῴκιζέ τε αὐτὴν καὶ τῶν ἔνδον ἐπεμέλετο ἰσχυρῶς [...] οὐ μόνον δὲ ἀλλὰ καὶ τὰ ἔξω πάντα τῆς χώρας συνῴκιζεν ἀποικίζων πολλούς τε τῶν Τριβαλλῶν [des Serbes] καὶ Παιόνων [des Bosniaques] καὶ Μυσῶν [des Bulgares] τῆς αὐτῶν... »

les régions dépeuplées ou partiellement habitées, de préférence les sites stratégiques et importants sur le plan économique. Ainsi, par exemple, dès avant la chute de la *despotovina* (1459), à côté de la Trepča serbe, existait la Trepča « turcha »[65], ce qui implique une installation de colons turcs dans ce centre minier et commercial. De même, à la place des indigènes déportés les conquérants installèrent des populations turques et en général musulmanes venues d'Asie Mineure[66]. Les sources littéraires attestent, de façon sommaire mais éloquente, ce processus de colonisation. Laonikos Chalkokondylès mentionne par exemple que « déjà sous le règne de Bayezit Ier (1389-1402/3), [les Turcs] s'installèrent partout en Europe [c'est-à-dire dans les Balkans], de la ville de Skopje aux pays des Serbes et des Bulgares, et en Macédoine[67]... » Les plus importants de ces déplacements forcés eurent lieu en Serbie méridionale, en Bulgarie et en Grèce du Nord – c'est-à-dire dans des régions qui intéressaient spécialement la Porte pour des raisons de sécurité ou d'exploitation économique. Les registres de recensements ottomans de la deuxième moitié du XVe siècle témoignent de la présence d'un grand nombre de musulmans dans certaines villes d'importance militaire, administrative ou économique, telles Skopje, Kjustendil et Monastir[68]. De cette façon les Ottomans altérèrent dans certaines régions la composition ethnique et l'image de la société, et facilitèrent le contrôle du pouvoir.

En définitive, les mouvements de populations, les colonisations et les migrations ont influencé l'économie, la structure sociale et la répartition démographique et ethnique de ces pays et en même temps, mirent en contact ces populations balkaniques avec l'Europe centrale occidentale.

Marie Nystazopoulou-Pélékidou
Professeur émérite à l'Université de Jannina

65. Cf. STREMIĆ, La Serbie entre les Turcs, les Grecs et les Latins au XVe siècle, p. 435.
66. N. TODOROV, La situation démographique de la péninsule Balkanique au cours des XVe et XVIe siècles, *Annuaire de l'Université de Sofia. Faculté de Philosophie et d'Histoire*, I, III, 2, 1960, p. 191 s.
67. Cf. Laonikos CHALKOKONDYLÈS, I, 93, 15-18 (éd. E. DARKÒ, Budapest 1922) : « ἁπανταχοῦ τε τῆς Εὐρώπης οἰκήσαντας [les Turcs], ἀπὸ τῆς τῶν Σκοπίων πόλεως ἐπὶ τὴν Τριβαλλῶν χώραν [le pays des Serbes] καὶ τῶν Μυσῶν [des Bulgares] καὶ κατὰ τὴν Μακεδονίαν ». Cf. aussi I, 94, 7 s.
68. NYSTAZOPOULOU-PÉLÉKIDOU, Ἡ δημογραφικὴ κατάσταση, cité *supra* n. 4, surtout p. 43-46, avec la bibliographie antérieure.

Questioni tra Bizanzio e Genova intorno all'anno 1278

Sandra Origone

Gli studiosi che si sono occupati delle vicende di Genova medievale hanno in genere privilegiato il periodo culminante della proiezione mediterranea della città, suscitando qualche perplessità in chi a ragione giudica opportuno un approfondimento di tematiche meno frequentate, come le origini oscure e le battute iniziali del decollo marittimo e mercantile. In questa prospettiva lo studio delle evidenze interne, piuttosto rarefatte, può trovare e trova sostegno nelle fonti esterne, come è stato ancora recentemente dimostrato[1]. E tuttavia bisogna rilevare che le fonti, anche quelle più tradizionali, una volta rese adeguatamente fruibili, riservano sorprese e offrono spunti di approfondimento persino per i periodi più studiati. Ciò è vero, se si pensa non solo al ricco materiale notarile in gran parte inedito, ma anche a quello più nettamente circoscrivibile e noto di cancelleria.

Al centro della nostra attenzione vi è l'atto del maggio 1278, per molto tempo sconosciuto quanto al dispositivo e pertanto citato per quel che si poteva o del tutto ignorato nella storiografia dell'ultimo periodo delle relazioni tra Michele VIII Paleologo e Genova. Se ne conoscevano solo gli estremi della *narratio* e dell'escatocollo riportati in una breve notizia pubblicata da Guglielmo Caro: *Ex quo nobilis vir d. Guillielmus de Savignono, sollempnis nuncius et ambaxator transmissus ad imperium nostrum ab illustribus viris, potestate, capitaneis, ancianis populi, consilio et Comune civ. Jan. [...] Actum in sacro palatio Blakernarum (anno 6786 dell'era bizantina) a.d. nat. 1278, ind. 5, mense Madii*[2]. Su questa base riconosciuto genericamente come scritto della cancelleria di Michele VIII Paleologo, ne venne incluso il regesto nel terzo volume della raccolta a cura di Franz Dölger e Peter Wirth segnalandolo con una formula generica, senza poterne individuare la tipologia: « Schreiben für Genua, im Blachernenpalast ausgefertigt, dem Guglielmo da Savignono übergeben: unbekannten Inhalts[3]. »

A distanza di circa trent'anni la recente riedizione dei *Libri Iurium* genovesi, condotta sulla tradizione manoscritta di tutti i codici pervenuti, ha restituito il testo latino completo anche della data del giorno, ovvero il 3 maggio 1278, dell'atto conservato in copia autentica solo nel registro *Vetustior*, che non si era potuto utilizzare per l'edizione ottocentesca degli *Historiae Patriae Monumenta*. Sulla base di tale copia e della relativa autenticazione è possibile individuare i caratteri dell'originale. Il testo definisce l'atto stesso *privilegium signatum et bullatum*

1. B. Z. Kedar, Una nuova fonte per l'incursione musulmana del 934-935 e le sue implicazioni per la storia genovese, *Oriente e Occidente tra Medioevo ed Età moderna. Studi in onore di Geo Pistarino*, a cura di L. Balletto, Acqui Terme 1997, 2, p. 605-616.
2. G. Caro, Genova e la supremazia sul Mediterraneo (1257-1311), *ASLi*, n. s. 14, 1974, p. 395 (ed. orig.: *Genua und die Mächte am Mittelmeer, 1257-1311*, Halle 1895-1899).
3. *Regesten der Kaiserurkunden des oströmischen Reiches. 3. Teil, Regesten von 1204-1282*, bearbeitet von F. Dölger, P. Wirth, München 1977, n° 2039, p. 135.

Chemins d'outre-mer. Études d'histoire sur la Méditerranée médiévale offertes à Michel Balard.
Paris, Publications de la Sorbonne, 2004 (Byzantina Sorbonensia 20)

bulla aurea imperii nostri, e l'autenticazione del notaio Benedetto *de Fontanegio* dà una descrizione sintetica dell'originale, da lui visionato e trascritto nel registro in cui ancora oggi è conservato: *Ego Benedictus de Fontanegio, sacri Imperii notarius, ut supra extraxi et exemplificavi a privilegio predicto bullato bulla aurea pendenti in cera violeta in qua bulla sculpta erat ab una parte ymago Iesu Christi cum talibus litteris « ICXC » et ab alia parte ymago domini imperatoris cum litteris grecis et dictum privilegium scriptum erat in pergameno cum litteris quibusdam grecis in eo scriptis rubei coloris ut in dicto privilegio vidi et legi, nichil addito vel diminuto nisi forte littera vel sillaba, titulo seu puncto, sententia in aliquo non mutata, et in publicam formam redegi, de mandato tamen et auctoritate domini Rogerii de Guidisbobus, potestatis Ianue, M°CC°LXXVIII°, indicione VI^a, die VII^a decembris, inter nonam et vesperas, presentibus testibus Lanfrancho de Valario et Bernabove de Porta*[4].

Secondo questo testo, dunque, l'esemplare perduto, redatto su pergamena, conteneva lettere greche in cinabro, la bolla d'oro pendente, composta di due facce unite da cera violacea e istoriate, l'una con l'immagine di Cristo e il monogranna « ICXC », l'altra con quella dell'imperatore e le relative iscrizioni greche, e pertanto è possibile individuare in tale atto effettivamente un crisobollo della cancelleria bizantina, rilasciato in Costantinopoli all'ambasciatore genovese Guglielmo *de Savignono*. Ne danno conferma altri aspetti: la breve *narratio*, introdotta con la formula iniziale *ex quo* corrispondente al greco ἐπεί l'indicazione della presenza della bolla d'oro e della sottoscrizione imperiale, la nota di emissione collegata alla data ... *in qua nostrum pium et a Deo promotum ad roburem et firmitatem signavit presens privilegium et iussit bulla aurea communiri feliciter*, probabile adattamento latino della formula conclusiva del *chrysobullos logos* dell'ultimo periodo[5]. Inoltre ulteriori elementi nell'escatocollo di questa versione latina, la datazione topica, *in sacro palacio Blakernarum*, e la datazione cronica dalla creazione del mondo secondo l'uso greco e dalla nascita di Cristo secondo l'uso latino, suggeriscono l'ipotesi che la redazione dell'atto abbia subito l'influenza della prassi notarile, che caratterizza i documenti bizantini destinati alle città italiane della seconda metà del secolo XIII. Nell'insieme della documentazione ufficiale genovese-bizantina successiva al trattato del 1261, questo privilegio è preceduto da una serie di azioni diplomatiche, note attraverso i documenti o la storiografia: due lettere imperiali del 1262 (di cui una pervenuta nella traduzione latina), una lettera del 1264; una lettera anteriore al 1280 (pervenuta nella traduzione latina), un privilegio nel 1267; un trattato fra il 1272 e il 1275 (documentato da tre atti latini), 2 *prostagmata* del 1275, almeno cinque ambascerie bizantine a Genova e sei ambascerie genovesi a Costantinopoli, precedenti quella di Guglielmo *de Savignono* del 1278[6]. E' dunque evidente che l'atto del

4. *I* Libri Iurium *della Repubblica di Genova*, I/5, a cura di E. MADIA, Genova-Roma 1999 (Fonti per la Storia della Liguria 12; Pubblicazioni degli Archivi di Stato. Fonti 29), 870, p. 127-129. Per la tradizione dei *Libri Iurium* genovesi, cfr. *I* Libri Iurium *della Repubblica di Genova*, Introduzione a cura di D. PUNCUH, A. ROVERE Genova 1992 (Fonti per la storia della Liguria 1; Pubblicazioni degli Archivi di Stato 12).

5. S. ORIGONE, Realtà e celebrazione nella prospettiva delle relazioni tra Bisanzio e Genova, *Comuni e memoria storica. Alle origini del comune di Genova. Atti del Convegno di Studi, Genova, 24-26 settembre 2001*, *ASLi*, n. s. 42, 2002, p. 551-582. Per la tipologia del *chrysobullos logos* a partire dal XIII secolo, cfr. F. DÖLGER, J. KARAYANNOPOULOS, *Byzantinische Urkundenlehre*, München 1968, p. 124-125.

6. *Regesten*, citato *supra* n. 3, 1906a, 1921, 1940, 1941, 1990, 1991, 2016, 2017, 2019, 2020, e ulteriori riferimenti ad ambascerie nei testi indicati. Inoltre per l'ambasceria di *Frexonus* Maloccello del 1265, cfr. P. RIANT, *Exuviae sacrae constantinopolitanae*, Genève 1878, 2, p. 186; C. MANFRONI, Le relazioni fra Genova, l'impero bizantino e i Turchi, *ASLi* 28, 1898, p. 671; *Annali genovesi di Caffaro e de' suoi continuatori*, 4, Roma 1926, p. 66, 107, 115.

1278 deve essere inquadrato nell'ambito delle relazioni bizantino-genovesi successive al 1261 e specificamente in rapporto al precedente accordo del 1275, trattandosi in entrambi i casi di testi che fanno riferimento alla convenzione stipulata a Ninfeo.

Il primo trattato è stato ampiamente studiato, anche per quanto ne concerne la tradizione. Ne possediamo infatti il testo in tre redazioni latine, due delle quali risalgono al 1272 e una al 1275[7]. Deno John Geanakoplos, sulla scorta di Camillo Manfroni, le ha poste in successione suggerendo la stesura dapprima del testo sottoposto dal legato bizantino Ogerio al cancelliere genovese Lanfranco di San Giorgio nella forma interlocutoria di domanda e risposta, quindi il testo del trattato con il riferimento al mandato in data 29 agosto 1272 per Lanfranco di San Giorgio, autorizzato a trattare presso l'imperatore, e infine il testo della ratifica genovese del 25 ottobre 1275. Il tempo trascorso sino alla ratifica della parte genovese con ogni evidenza significa un ritardo della sua applicazione e infatti sembra proprio che si siano frapposti eventi politici di ampia portata, come l'avvio delle negoziazioni tra Genova, Venezia e Carlo d'Angiò con l'intermediazione della Curia romana nel 1273 e l'inizio della guerra contro gli Angioini[8]. Tant'è vero che solo al tempo della ratifica del 1275 il commercio genovese in Romània raggiunse i livelli più alti dei primi anni Settanta, dimostrando i benefici effetti dell'accordo[9]. Nella documentazione diplomatica di questo periodo rientra anche una lettera inviata da Michele VIII Paleologo ai capitani del popolo e al podestà di Genova. Attribuita nell'edizione di Luigi Tommaso Belgrano a un momento successivo al 1275 e con qualche dubbio a circa il 1280, era stata ricondotta successivamente da Camillo Manfroni e da Gheorghe I. Bratianu al 1274 o tutt'al più all'inizio del 1275 per i riferimenti contenuti nel testo al *devetum circa nostrum imperium*, che allude a un periodo di sospensione dei traffici genovesi, da questi autori ritenuto anteriore alla rappacificazione del 1275[10].

Gli studiosi concordano nell'individuare una crisi delle relazioni bizantino-genovesi in concomitanza con i due incidenti ben noti, di cui riferisce lo storico bizantino Giorgio Pachimere, ripreso da Niceforo Gregora[11]: l'opposizione di alcuni Genovesi alla concessione del monopolio dell'allume del mar Nero ai loro compatrioti Zaccaria, già insigniti della concessione di Focea con i suoi consistenti

7. I testi sono pubblicati in L. SAULI, *Della colonia dei Genovesi in Galata*, Torino 1831, 2, p. 204-208; G. BERTOLOTTO, Nuova serie di documenti sulle relazioni di Genova con l'Impero bizantino, *ASLi* 28, 1897, p. 500-511.
8. MANFRONI, Le relazioni fra Genova, l'impero bizantino e i Turchi, citato *supra* n. 6, p. 672-678; D. J. GEANAKOPLOS, *Emperor Michael Palaelogus and the West. 1258-1282*, Cambridge, Mass. 1959, p. 248-250. Inoltre cfr. CARO, Genova e la supremazia sul Mediterraneo, citato *supra* n. 2, 1, p. 293-294, n. 4; M. BALARD, *La Romanie génoise (XIIe-XVe siècle)*, Roma 1978 (Bibliothèque des Écoles françaises d'Athènes et de Rome 235; *ASLi*, n.s. 18, 1978), 1, p. 52-53.
9. BALARD, *La Romanie génoise*, citato *supra* n. 8, 2, p. 681-682.
10. L. T. BELGRANO, Cinque documenti genovesi-orientali, *ASLi* 17, 1885, p. 236-239; CARO, Genova e la supremazia sul Mediterraneo, 1, p. 394-395, n. 30; MANFRONI, Le relazioni fra Genova, l'impero bizantino e i Turchi, p. 679-680; G. I. BRATIANU, *Recherches sur le commerce génois dans la mer Noire au XIIIe siècle*, Paris 1929, p. 139.
11. NICEPHORUS GREGORAS, *Byzantina Historia*, ed. L. SCHOPEN, Bonn 1829 (CSHB), 1, p. 133-137; GEORGES PACHYMÉRÈS, *Relations historiques*, 1-2, ed. A. FAILLER, Paris 1984 (CFHB 24), 2, p. 535-543. Cfr. W. HEYD, *Histoire du commerce du Levant au Moyen Âge*, Amsterdam 1983 (ed. orig.: Leipzig 1885-1886), 1, p. 438-439; MANFRONI, Le relazioni fra Genova, l'impero bizantino e i Turchi, p. 679; BRATIANU, *Recherches*, citato *supra* n. 10, p. 140; GEANAKOPLOS, *Emperor Michael Palaeologus*, citato *supra* n. 8, p. 250-252; BALARD, *La Romanie génoise*, 1, p. 53.

giacimenti, manifestatasi con un grave affronto all'imperatore e con sconsiderati atti di pirateria; inoltre l'uccisione di un costantinopolitano da parte di un genovese. L'imperatore in entrambi i casi si fece ripagare delle offese umiliando l'orgoglio dei Genovesi, che avrebbero risposto ritirandosi dall'impero. La reazione genovese alle richieste dell'imperatore, in passato datata al 1275 ritenendo già appianati gli incidenti nel 1276, è stata attendibilmente posticipata alla primavera di questo anno, in considerazione del *devetum* di recarsi nella Romània che il governo genovese impose ai suoi mercanti, di cui parla la lettera menzionata di Michele VIII[12]. Infatti proprio a partire dalla stagione primaverile estiva di questo anno si verificò il crollo degli investimenti genovesi nella Romània, evidente conseguenza di un embargo, e nel 1277 Michele VIII per parte sua riprese i contatti con Venezia, ne ricevette gli ambasciatori Marco Bembo e Matteo Gradonico e concluse con i Veneti una tregua biennale[13]. Nella prospettiva, indicata da Michel Balard, la lettera dell'imperatore sarebbe posteriore agli incidenti raccontati da Pachimere e Gregora e anteriore a un nuovo ristabilimento della pace fra le due potenze, grazie all'invio del legato Guglielmo *de Savignono* con la conseguente ripresa dei traffici mercantili, testimoniata dalla documentazione notarile[14].

L'inviato genovese a formale garanzia del rispetto dei Genovesi nella Romània ottenne il privilegio emanato il 3 maggio 1278, il cui testo non solo conferma la ripresa delle relazioni bizantino-genovesi a livello diplomatico, ma rivela anche dettagli sul contesto difficile del periodo precedente. Tale crisobollo dunque era destinato a ricucire l'accordo, richiamando i Genovesi a Costantinopoli, ristabilendo la situazione di cui avevano goduto secondo le disposizioni del trattato del 1261 e rimettendo loro le offese arrecate all'Impero, eccetto quelle di un gruppo di nove individui, le cui diverse colpe, però, non sono esplicitate. C'è da dire che le condizioni dei Genovesi nella Romània non sono oggetto di ulteriore trattazione; avevano trovato posto, infatti, già nel precedente patto, il cui carattere di mera conferma della convenzione stipulata a Ninfeo, indicato da Camillo Manfroni e da Guglielmo Caro, non convince Deno John Geanakoplos[15]. Se certo dal punto di vista dell'interesse mercantile nell'atto del 1275 si coglie la necessità di chiarire argomenti già affrontati in quello del 1261, che si erano o potevano prestarsi ad abusi ed equivoci, come la giurisdizione del podestà sui reati commessi dai Genovesi, la collaborazione mercantile con i Greci, la competenza dei *commerciarii* in sede di compra e vendita, il rispetto delle norme riguardo alle merci di mercanti di altra nazionalità, la disciplina in materia di esportazione di metalli preziosi, grano e altri rifornimenti alimentari, questa è solo una parte dell'accordo, indubbiamente importante, visto

12. Caro, Genova e la supremazia sul Mediterraneo, 1, p. 394, n. 29; Bratianu, *Recherches*, p. 139; Geanakoplos, *Emperor Michael Palaeologus*, p. 250. Per la revisione della datazione, cfr. Balard, *La Romanie génoise*, 2, p. 681, 687-688, 776-777; Pachymérès, *Relations*, citato *supra* n. 11, 2, p. 538, n. 3.

13. *Andreae Danduli ducis venetiarum Chronica per extensum descripta aa. 46-1280 d.C.*, a cura di E. Pastorello, Bologna 1942-1958 (Rerum Italicarum Scriptores 12/1), p. 324.

14. Balard, *La Romanie génoise*, 1, p. 54; 2, p. 777 e n. 34. Per la successione di questi avvenimenti, cfr. anche R. S. Lopez, *Benedetto Zaccaria, ammiraglio e mercante nella Genova del Duecento*, Firenze 1996 (tit. orig.: *Genova marinara nel Duecento. Benedetto Zaccaria ammiraglio e mercante*, Messina-Milano 1933), p. 39-40, che attribuisce la punizione dei corsari genovesi al 1276, la lettera di Michele VIII alla conseguente circostanza del *devetum* e la soluzione della crisi al 1278, in relazione con l'ambasceria di Guglielmo *de Savignono*.

15. Manfroni, Le relazioni fra Genova, l'impero bizantino e i Turchi, p. 678; Caro, Genova e la supremazia sul Mediterraneo, p. 293-294; Geanakoplos, *Emperor Michael Palaeologus*, p. 249-250.

che le questioni qui disciplinate emergono non appena la ripresa dei traffici ci pone di fronte ad atti come quelli del 12 luglio 1278, che riguardano proprio fideiussioni prestate nei confronti dei *commerciarii* a favore di Corrado *de Rainaldo* di Noli per la transazione di un carico di sale in sua custodia a Costantinopoli[16].

Non si può sottovalutare, tuttavia, l'aspetto politico-militare, che ora non riguarda più la lotta contro Venezia bensì l'approssimarsi di una nuova situazione, con dettagliate clausole relative alla scelta del podestà di Pera in una persona rispettosa dell'onore della propria città e dell'imperatore, alla segretezza dell'uscita delle navi greche dai porti per spedizioni militari, al diritto ribadito di requisire per esigenze militari le navi mercantili in sosta nei porti bizantini, alla repressione della pirateria e dello spionaggio genovese. Nello stato di allerta militare si coglie l'eco della guerra marittima sostenuta dal Paleologo contro Carlo d'Angiò e i suoi alleati: nel 1272, quando l'inviato bizantino Ogiero e Lanfranco di San Giorgio redassero la prima bozza dell'accordo, il re di Sicilia aveva manifestato concretamente i propri piani di aggressione proclamandosi re di Albania; nel 1275, quando il 25 ottobre la parte genovese ratificò il trattato, la situazione era evoluta nella tregua greco-angioina voluta dal pontefice Gregorio X e concordata fino al 1° maggio 1276. Ma in entrambi i momenti Michele VIII si sentiva particolarmente minacciato e, pur stringendo la sua amicizia con i Genovesi, non si fidava completamente di questi alleati, come dimostra l'imposizione alle loro navi, che si trovassero nelle aree di manovra della flotta bizantina, di un'attesa in rada fino a venti giorni[17].

Come si è visto, il crisobollo del 1278 ebbe immediati riflessi sulla situazione mercantile producendo il ristabilimento dei viaggi genovesi nella Romània, ma la materia trattata ha un carattere squisitamente politico, anzi possiamo dire che questo testo si colloca al centro di un turn-over delle relazioni bizantino-genovesi. Nel 1278 dall'Italia provenivano segnali di distensione: l'anno precedente era stato stipulato un trattato fra Venezia e l'Impero ed era in vigore un accordo fra Venezia e Genova, tuttavia l'ostilità del pontefice Nicolò III nei confronti di Carlo d'Angiò si era notevolmente attenuata[18]. L'approssimarsi di una nuova minaccia angioina, considerate le difficoltà a realizzare l'unione religiosa, richiedeva l'impegno saldo e coerente dei Genovesi con la rinuncia a proteggere antichi e recenti nemici dell'Impero[19]. Qui si apre la parte più circostanziata del documento che fa riferi-

16. ASG, Notai antichi, 79, c. 269v.-270v. Uno dei tre atti relativi al carico di sale di Corrado *de Rainaldo* di Noli è stato pubblicato in BRATIANU, *Recherches*, p. 311-312.

17. MANFRONI, Le relazioni fra Genova, l'impero bizantino e i Turchi, p. 674; M.-H. LAURENT, Innocent V et Michel VIII Paléologue, *Le bienheureux Innocent V (Pierre de Tarentaise) et son temps*, Città del Vaticano 1947 (Studi e testi 129), p. 259, 268-274. Sono gli anni dell'offensiva bizantina sul mare, fra il 1274 e il 1275, contro l'Albania e la Tessaglia, nel 1276 contro Negroponte e le isole dell'Arcipelago: sulle vicende di questo periodo, cfr. V. LAURENT, La croisade et la question d'Orient sous le pontificat de Grégoire X (1272-1276), *Revue Historique du Sud-Est Européen* 22, 1945, p. 106-137; GEANAKOPLOS, *Emperor Michael Palaeologus*, p. 279-300.

18. *I trattati con Bisanzio 1265-1285*, a cura di M. POZZA, G. RAVEGNANI, Venezia 1996 (Pacta veneta 6), p. 79-110; C. MANFRONI, Relazioni di Genova con Venezia dal 1270 al 1290, *Giornale Storico e Letterario della Liguria* 2, 1901, p. 372-373; CARO, Genova e la supremazia sul Mediterraneo, 2, p. 398-391.

19. S. RUNCIMAN, *I Vespri siciliani. Storia del mondo mediterraneo alla fine del tredicesimo secolo*, Milano 1976 (tit. orig.: *The Sicilian Vespers. A History of the Mediterranean World in the Later Thirteenth Century*, London 1959), p. 238-240, 243-244. In particolare sulla diffidenza del pontefice nei confronti della possibilità della fine dello scisma, cfr. D. J. GEANAKOPLOS, On the Schism of the Greek and Roman Churches. A Confidential Papal Directive for the Implementation of Union (1278), *Greek Orthodox Theological Review* 1, 1954, p. 16-24.

mento ai settori in cui i cittadini genovesi avevano operato e tuttora operavano a detrimento dello stato bizantino: *videlicet factum domini Guillelmi comitis de Vintimilio, factum Guillelmini Guercii qui est inimicus nostri imperii in Moreis, factum Lucheti de Tiba qui est inimicus noster in Zagora, factum Percivallis de Varagine qui est inimicus noster in Trapesonda, factum Oberti Migardi, factum Iacobi Lombardi, factum Nicolai Storbaioci et factum Marabottorum Lanfrankini et Iacobi quod potestati Ianuen(sium) committimus cognoscendum...*[20] Il primo riferimento riguarda l'affare assai lontano del conte di Ventimiglia, Guglielmo Pietro, e suona a conferma della sua adesione, un tempo, al partito antibizantino. L'informazione di Giorgio Pachimere indica che allora a Guglielmo Pietro Michele VIII aveva dato in moglie una delle figlie del suo predecessore Teodoro II Lascaris, senza alcun chiarimento della situazione che trova soltanto qualche laconica spiegazione nel testo della lettera del 1262 quando l'imperatore, considerandolo *karissimum generum imperii*, lo rimandò a Genova con la sposa, dopo averlo liberato e avergli consegnato ventimila iperperi per investimenti. Sulla scorta di queste notizie Guglielmo Caro ha postulato la partecipazione del Conte, che nel 1258 aveva dovuto cedere i possessi e i diritti nella contea avita a Carlo d'Angiò, all'alleanza di Manfredi con il Villehardouin e il despota di Epiro sconfitta a Pelagonia (1259), mentre la sua appartenenza allo schieramento antiangioino non può essere messa in dubbio anche in seguito[21]. Sappiamo infatti che nel 1271 aveva ricoperto l'incarico di ambasciatore di Alfonso X di Castiglia presso i ghibellini lombardi e che al fianco di Genova aveva combattuto contro l'offensiva di Carlo d'Angiò degli anni 1273-1276, ottenendo nel 1274 la restituzione dei possessi liguri. Dunque la sua presenza in questo elenco di nemici dell'Impero presuppone una nuova colpa, di cui, forse coinvolto nell'opposizione dei Lascaris, egli si sarebbe reso responsabile, piuttosto che un semplice riferimento alla sua passata militanza con Manfredi[22]. In ogni caso la sua azione contro l'Impero sembra ormai cessata. Diversamente per Guglielmo Guercio si segnala l'attività in corso nello schieramento antibizantino, *qui est inimicus noster in Moreis*. L'accostamento alla figura del conte Guglielmo Pietro può confermare l'identità tra il primo podestà dei Genovesi a Costantinopoli e l'ammiraglio di Guglielmo di Villehardouin nella Morea. Di certo, stando all'Annalista genovese, anche il Guercio podestà del 1264, aveva agito a favore di Manfredi contro i Bizantini e a causa del suo tradimento era stato bandito dalla patria. Ora, però, al seguito del Villehardouin, si trovava al servizio della causa angioina in Morea[23]. Fin qui i personaggi più conosciuti, ricordati nel documento.

20. *I* Libri Iurium, citato *supra* n. 4, I/5, 870, p. 127-128.

21. PACHYMÉRÈS, *Relations*, 1, p. 243; BELGRANO, Cinque documenti, citato *supra* n. 10, p. 227-229; CARO, Genova e la supremazia sul Mediterraneo, 1, p. 129.

22. Per l'ambasceria di Guglielmo di Ventimiglia, cfr. *Annales Placentini Ghibellini*, ed. G. H. PERTZ, Hannover 1863 (MGH, SS, 18), p. 553; GEANAKOPLOS, *Emperor Michael Palaeologus*, p. 253, che ricorda anche un ulteriore contatto, quando nel 1273 il Conte con altri lombardi si sarebbe recato presso il sovrano di Castiglia per sollecitare il suo aiuto. Per la sua politica fra Genova e Carlo d'Angiò cfr. CARO, Genova e la supremazia sul Mediterraneo, 1, p. 143-148, 337-353; M.-H. LAURENT, Innocent V et Gênes, *Le bienheureux Innocent V*, citato *supra* n. 17, p. 287-307. Sull'opposizione dei Lascaris, cfr. GREGORAS, *Byzantina Historia*, citato *supra* n. 11, 1, p. 173-174; PACHYMÉRÈS, *Relations*, 1, p. 265, la cui testimonianza, peraltro, esclude la fuga di Giovanni IV presso Carlo d'Angiò: cfr. GEANAKOPLOS, *Emperor Michael Palaeologus*, p. 217, 362.

23. *Annali genovesi*, citato *supra* n. 6, 4, p. 65-66. L'Annalista informa che il podestà Guglielmo Guercio venne bandito dalla patria con la facoltà di convertire la pena nel pagamento di una multa di 10.000 lire. La probabile identificazione dell'ammiraglio con il podestà è suggerita in CARO, *Genova e la supremazia sul Mediterraneo*, 1, p. 167, n. 37. Per Guglielmo Guercio, ammiraglio del principe di

Vi si allude infatti anche ad altre situazioni, ma i protagonisti sono individui assai meno noti. Come spesso avviene per intrighi internazionali, le fonti contemporanee sono reticenti. In questa materia lacunosa il crisobollo del 1278 suggerisce indizi sulle insidie genovesi nei settori critici dell'area pontica: la Bulgaria, scossa dagli intrighi della bizantina Maria, sposa di Costantino Tich, ucciso in battaglia da Lachanas che, divenuto marito della vedova e zar (1277-1279), si contrappose al candidato filobizantino Mytzes (Ivan III Asan)[24]; lo stato di Trebisonda, ove Giorgio Comneno avanzava il titolo imperiale[25]. Inutile sottolineare che la politica unionista di Michele Paleologo incontrava una forte opposizione da parte di questi come di altri potentati rivali tanto nei Balcani quanto nella Grecia, verso i quali Carlo d'Angiò non mancò di indirizzare la propria diplomazia.

La presenza latina nel mar Nero è l'altro fattore di cui tenere conto: com'è noto già nel 1274 i Genovesi, da pochi anni stabiliti a Pera, erano attivi a Soldaia, Vatiza e Siwas[26]. Negli anni della crisi con Costantinopoli certamente i loro traffici deviarono dalla Romània e divennero più intensi altrove. Se prendiamo a mo' di campione un gruppo di atti commerciali del 1277, rileviamo che allora i traffici si indirizzavano soprattutto verso le aree tirreniche (Corsica, Sardegna, Sicilia, Napoli, Provenza) e inoltre verso la Spagna, l'Oltremare, Tunisi, l'Armenia ed eccezionalmente Tripoli, Alessandria, Ceuta, Bugea[27]. Il significato del *devetum* a recarsi nella Romània, imposto dai Genovesi ai propri mercanti, nonostante qualche prevedibile eccezione probabilmente riscontrabile nella relativa frequenza dei traffici marittimi privi dell'indicazione della destinazione, è tuttavia indubbio non solo considerando l'irrilevanza numerica ma anche la natura degli atti pervenuti in riferimento ai territori dell'Impero, che appaiono risoluzioni di negozi contratti precedentemente, sebbene non se ne possa escludere del tutto la stipulazione nel periodo vietato[28].

Acaja verso il 1275 e il 1276, divenuto castellano di Clarenza nel 1283, cfr. C. Minieri Riccio, Il regno di Carlo I d'Angiò dal 2 gennaio 1273 al 31 dicembre 1283, *Archivio Storico Italiano*, s. IV, 5, 1880, p. 184; K. Hopf, *Geschichte Griechenlands vom Beginn des Mittelalters bis auf unsere Zeit*, Leipzig 1867 (Allgemeine Enzyklopädie der Wissenschaften und Künste 85), I, p. 252; D. A. Zakythinos, *Le Despotat grec de Morée. Histoire politique*, édition revue et augmentée par Ch. Maltézou, London 1975, p. 52; A. Bon, *La Morée Franque. Recherches historiques, topographiques et archéologiques sur la Principauté d'Achaïe (1205-1430)*, Paris 1969, p. 143, 163.

24. Runciman, *I vespri siciliani*, citato *supra* n. 19, p. 208, 255-256; Geanakoplos, *Emperor Michael Palaeologus*, p. 232, 274, 291n.; A. E. Laiou, *Constantinople and the Latins. The Foreign Policy of Andronicus II 1282-1328*, Cambridge, Mass. 1972, p. 29. Maria, figlia di Irene sorella di Michele VIII, come la madre, era antiunionista.

25. S. P. Karpov, *L'impero di Trebisonda, Venezia Genova e Roma, 1204-1261. Rapporti politici, diplomatici e commerciali*, Roma 1986, p. 196-197, ritiene poco verosimile la possibilità di un collegamento con la coalizione di Carlo d'Angiò, sebbene questi nel 1266-1267 avesse affidato a Arnaldo *marinarius*, cittadino e mercante di Marsiglia, incarichi presso il sovrano di Trebisonda e l'Il-Khan di Persia (G. del Giudice, *Codice diplomatico del regno di Carlo I e II d'Angiò dal 1265 al 1309*, Napoli 1863, I, p. 219-223, che menziona altre analoghe testimonianze di politica estera presso diversi potentati orientali); l'imperatore di Trebisonda si sarebbe limitato, infatti, nei confronti di Bisanzio a una contrapposizione politica, procedendo alla propria incoronazione imperiale e accogliendo gli antiunionisti.

26. Bratianu, *Recherches*, p. 301-309.

27. I dati si riferiscono ai seguenti reperti del 1277: ASG, Notai antichi, 9/I, 12/I, 53, 72, 79, 86; Notai ignoti, 3.31, 14.128, 20.186, 25.28.

28. Atti senza destinazione compaiono, ad esempio, con una certa frequenza in ASG, Notai antichi, 53. Per traffici con la Romània indicati negli atti del 1277 cfr. Notai antichi, 12/I, c. 181v. (27 aprile 1277): soluzione di una fideiussione per un viaggio in Romània; c. 190v. (15 maggio 1277): soluzione di un debito per un viaggio nella Romània; c. 200v. (8 giugno 1277): soluzione di un debito per un carico di pepe venduto a Costantinopoli; c. 200v.-201r. (8 giugno 1277): soluzione di un debito per il nolo della

Di certo per il 1277 non ci sono pervenuti contratti di *accomendacio*, *societas* o nolo per la Romània. Altre evidenze, tuttavia, indicano che il flusso dei Genovesi a Costantinopoli non si era mai del tutto interrotto. La vita dell'insediamento genovese di Pera non sembra abbia subito contraccolpi durante questa crisi, anzi l'Annalista, raccontando lo scontro con alcuni Pisani a Costantinopoli nel 1277, ricorda che in quella circostanza nella capitale vi erano dei Genovesi e che erano molto numerosi nel mar Nero, descrive i Peroti pronti a intervenire in difesa dei propri connazionali e parla dell'arrivo a Pera di una galea dei Bancheri proveniente da Genova carica di mercanzie, messasi poi all'inseguimento dei Pisani intercettandoli a Soldaia[29]. Possiamo supporre che la comunità di Pera abbia continuato la propria regolare esistenza sotto il governo del podestà inviato da Genova, che nel 1277 doveva essere Ansuisio Grillo, ricordato come già deceduto il 17 maggio 1278, quando il padre Amico Grillo venne assolto a Genova per l'importo di 30 iperperi pertinenti l'eredità del figlio[30]. D'altra parte è anche vero che la situazione di crisi dell'area pontica può aver favorito la crescita dell'insediamento di Laiazzo, la cui vitalità proprio negli anni 1277 e 1279 è ben documentata[31].

Ma l'interesse del mar Nero non si può sottovalutare ed era tale da spingere i Genovesi a scavalcare il tradizionale alleato bizantino e a tramare per crearsi alternative o anche solo per mitigare la recente durezza di Michele VIII che li aveva fortemente umiliati. Vi erano condizioni favorevoli: i possessi bizantini dell'area pontica occidentale con le fortezze di Sozopoli, Agathoupolis, Kanstritzion e i centri marittimi di Mesembria e Anchialos difesi dal mongolo Nogai, divenuto genero dell'imperatore nel 1272, erano oggetto di aspra contesa tra l'imperatore e il bulgaro Costantino Tich, la cui morte peraltro determinò una successione di eventi negativi per il paese, a cui si è fatto sopra riferimento[32]. E' possibile che nel contesto della conflittualità tra il potentato bulgaro e l'impero bizantino si fossero insinuate le trame dei Genovesi e che l'inizio della loro frequentazione della costa bulgara debba essere anticipata di qualche anno, senza dubbio anteriormente al 1278, rispetto alle evidenze mercantili risalenti al 1281[33], rappresentando probabilmente

galea Sant'Antonio a Costantinopoli; 72, c. 199r. (17 novembre 1277): soluzione di un debito in iperperi d'oro al peso di Costantinopoli; 79, c. 238v. (17 novembre 1277): soluzione di un'*accomandacio* di 1931 lire, contratta in Romània da Inghetto Spinola per conto di Nicolò Boccanegra con Bonifacio *Beaqua*. Si fa presente che talvolta gli affari potevano prorogarsi nel tempo come nel caso di un negozio del 1274 per 345 iperperi *ad sagium de Constantinopoli*, trattato ancora a Genova nel 1278 (cfr. ASG, Notai ignoti, 19.180b, c. 5v.-6r.).

29. *Annali genovesi*, 4, p. 180.

30. ASG, Notai antichi, 76, c. 227r.: atto del 17 maggio 1278, ricordato in A. FERRETTO, Codice diplomatico delle relazioni fra la Liguria, la Toscana e la Lunigiana ai tempi di Dante (1265-1321), *ASLi* 31/2, 1903, p. 244. Ansuisio Grillo, considerato da BRATIANU, *Recherches*, p. 326, podestà dei Genovesi a Costantinopoli nel 1278, invece poteva aver ricoperto la carica nell'anno precedente, poiché il 17 maggio 1278 se ne parla come *quondam Ansuisium, olim existentem in partibus Romanie potestatem super Ianuensibus*, collocandosi pertanto tra Giannotto Spinola per il 1276 e Ansuisio Spinola per il 1278, indicati da BALARD, *La Romanie génoise*, 2, p. 899. *Annali genovesi*, 4, p. 180.

31. L. BALLETTO, *Notai genovesi in Oltremare. Atti rogati a Laiazzo da Federico di Piazzalunga (1274) e Pietro di Bargone (1277, 1279)*, Genova 1989 (Collana storica di fonti e studi 53).

32. PACHYMÉRÈS, *Relations historiques*, 2, p. 449, 549-569, 589-591. Cfr. G. JIREČEK, *Geschichte der Bulgaren*, Praga 1876, p. 275-280; sull'influenza bizantina alle foci del Danubio sino alla morte di Nogai, che ne segna il declino, cfr. V. LAURENT, La domination byzantine aux bouches du Danube sous Michel VIII Paléologue, *Revue Historique du Sud Est Européen* 22, 1945, p. 184-198.

33. G. I. BRATIANU, *Actes des notaires génois de Péra et de Caffa de la fin du treizième siècle (1281-1290)*, Bucarest 1927, docc. 34, 80 (Mesembria); M. BALARD, *Gênes et l'Outre-Mer I. Les actes de Caffa du notaire Lamberto di Sambuceto, 1289-1290*, Paris 1973, docc. 258, 488, 885 (Vicina). Inoltre,

la figura di Luchetto *de Tiba, qui est inimicus noster in Zagora*, uno dei promotori dell'iniziativa per stabilire la presenza ligure in quell'area, consolidatasi poi ulteriormente nel XIV secolo. Anche per Trebisonda le notizie sul primo insediamento genovese sono molto rarefatte, nonostante siano ben documentati contatti ai confini di questo stato con Vatiza fin dal 1274 e successivi traffici con la stessa Trebisonda nel 1281[34]. La figura di Percivalle *de Varagine, qui est inimicus noster in Trapesonda*, assume, però, un particolare rilievo in rapporto alla presenza genovese in questa città. La sua collocazione tra i nemici dell'impero deve essere collegata all'antagonismo di Giorgio Comneno nei confronti di Costantinopoli e al clima a cui si riferisce la lettera di Ogiero, protonotario e capo degli interpreti della cancelleria di Michele VIII, a Marco e Marchetto ambasciatori del pontefice Nicolò III. Tra gli avversari dell'unione con Roma viene indicato appunto il principe di Trebisonda. Non conosciamo approfonditamente i fatti a cui fa riferimento Ogiero, quando parla della delegazione degli oppositori costantinopolitani al regime di Michele VIII sotto il pretesto della sua politica ecclesiastica: ipotesi e dubbi sono stati avanzati sulla nazionalità dei Latini, accusati in questo testo di essersi uniti alla cospirazione per sobillare Giorgio di Trebisonda[35]. Il nome di Percivalle *de Varagine* chiarisce l'accusa del protonotario, rendendo evidente la partecipazione dei Genovesi alle trame perpetrate a Trebisonda contro il Paleologo e consentendo di cogliere forse i prodromi dell'insediamento genovese nella città, dove nel giro di qualche anno, comunque anteriormente al 1290, si sarebbe insediato il primo console ligure di cui si abbia notizia, Paolino Doria.

Lo scopo di Michele VIII di eliminare ogni collusione tra i Genovesi e i rivali dell'Impero che, approfittando del dissidio religioso per la politica unionista, avrebbero potuto essere attratti nel gioco dell'aggressione latina a Bisanzio, è ormai chiaro: questi erano anche i termini dell'alleanza bizantino-genovese, rinnovata nel 1278 nella prospettiva della mobilitazione antiangioina che l'imperatore stava preparando e foriera della collaborazione descritta da Jacopo Doria a proposito della reazione genovese all'invito di Carlo d'Angiò a partecipare alla conquista dei territori greci nel 1281: *Unde in continenti per comune Ianue fuit armata galea una in Ianua per comune, et missa ad dictum imperatorem, significando eidem omnia supradicta. Dictus autem imperator gratum hoc a comuni valde accepit, ac tamen terram suam et civitates constanter fecit omnibus necessariis optime premuniri*[36].

anche per il successivo sviluppo del commercio genovese in quest'area, cfr. ID., Les Génois dans l'Ouest de la mer Noire au XIVe siècle, *Actes du XIVe Congrès International des Études Byzantines*, Bucarest 1975, 2, p. 21-32; ID., *La Romanie génoise*, 1, p.143-150 ; V. GJUZELEV, Du commerce génois dans les terres bulgares durant le XIVe siècle, *Revue Bulgare d'Histoire* 4, 1979, p. 36-58 ; M. BALARD, Les Génois et les régions bulgares au XIVe siècle, *Bulgaria Pontica Medii Aevi*, 1, *Premier symposium international, Nessèbre, 23-26 mai 1979*, Sofia 1981 (Byzantino-bulgarica 7), p. 87-97 (= *La mer Noire et la Romanie génoise, XIIIe-XVe siècles*, London 1989, IX); G. PISTARINO, All'origine dei rapporti bulgaro-genovesi (1281-1290), *Genova e la Bulgaria nel Medioevo*, Genova 1984 (Collana storica di fonti e studi 42), p. 53-87.

34. BRATIANU, *Actes des notaires génois*, citato *supra* n. 33, docc. 5, 25, 103 ; ID., *Recherches*, p. 172; BALARD, *La Romanie génoise*, 1, p. 134-135; KARPOV, *L'impero di Trebisonda*, citato *supra* n. 25, p. 142-143.

35. R. J. LOENERTZ, Mémoire d'Ogier, Protonotaire, pour Marco et Marchetto, nonces de Michel VIII Paléologue auprès du pape Nicolas III (1278, Printemps-été), *Byzantina et Franco-Graeca*, Roma 1970 (Storia e letteratura. Raccolta di Studi e Testi 118), p. 537-572, che a p. 546 avanza l'ipotesi, ora confermata, della presenza di Genovesi, forse di Pera, nella delegazione degli oppositori di Michele VIII. Per contro, cfr. KARPOV, L'impero di Trebisonda, p. 197.

36. *Annali genovesi*, 5, Roma 1929, p. 16-17.

I documenti del 1278 e del 1280 peraltro rendono possibile esaminare quali vantaggi derivarono dalla ricomposizione dell'alleanza bizantina, inducendo l'opinione collettiva genovese a perseguirla con determinazione.

Ignoriamo il momento della decisione di inviare Guglielmo *de Savignono* ambasciatore a Costantinopoli[37], ma è probabile che vi si sia provveduto al più tardi all'inizio del 1278. Il 18 gennaio, infatti, in una stagione peraltro abbastanza insolita per i traffici mercantili, la galea di Leonardo Borborino doveva recarsi nella Romània. E questo è il primo viaggio nell'Impero che si evidenzi in un documento attribuibile al periodo del *devetum*, cessato appunto col privilegio del maggio successivo[38]. Solo con la stagione estiva di quest'anno è possibile cogliere i risultati delle negoziazioni condotte dall'ambasciatore genovese. Nel luglio successivo l'embargo era terminato, nonostante qualche documento notarile per traffici diretti nell'Impero faccia cautelativamente riferimento alla condizione *preter devetum*[39]. Gli atti dei notai Leonino *de Sexto* e Manuele *de Albara* rogati nei mesi di luglio e agosto, particolarmente favorevoli per i viaggi lungo le rotte più lunghe, dimostrano un notevole afflusso di merci e capitali nella Romània, verso cui è indirizzato il 75 per cento degli investimenti marittimi, mentre altre piazze come l'Armenia, Maiorca, la Corsica, Tunisi, la Provenza sono rappresentate sporadicamente. In questo periodo partono alla volta della Romània una *navis* di Benedetto Zaccaria e soci, la galea *Alegrancia* di Percacio di Portovenere[40] e un'altra ancora di Gasparino Grillo[41]. L'effetto psicologico del rilancio del mercato romaniota potrebbe aver prodotto una risposta immediata e il fenomeno temporaneo della crescita dei traffici in quella direzione, come suggerirebbe la dichiarazione abbastanza frequente negli atti dell'impiego di capitali provenienti da precedenti negoziazioni, forse svolte su altre piazze[42]. Ma la tendenza positiva continua nel 1280, quando a detta di Jacopo Doria furono armate sette galee, di cui tre cariche di mercanzia, il cui valore superava le centomila lire, e le altre quattro dei mercanti definite ricchissime: anche in questo anno, nei mesi estivi, circa la metà delle transazioni marittime riguardano la Romània (49 per cento), seguita da Maiorca (20 per cento), dalla Provenza con le città di Narbona, Marsiglia, Montpellier, Aigues-Mortes, Arles (14 per cento) e da altre destinazioni occasionali (Sardegna, Alessandria, Siria, Armenia, Bugea, Corsica, Pisa, Messina)[43]. Importanti sono soprattutto i nomi degli

37. La figura di Guglielmo *de Savignono* si collega all'attività mercantile, con negoziazioni in tarì d'oro e seta, e all'attività diplomatica già sperimenta nella sua qualità di giurisperito per la tregua fra Genova, Venezia e Pisa al fine facilitare il passaggio delle flottiglie di Luigi IX nel 1270 (FERRETTO, Codice diplomatico, citato *supra* n. 30, 1, p. 107, 209, 346). Una *galea Savignonorum* figura tra le richieste di indennizzo all'Impero del 1294: cfr. BERTOLOTTO, Nuova serie, citato *supra* n. 7, p. 519. I suoi interessi gravitavano anche nell'area provenzale: il 2 gennaio 1278 Vassallino *de Campis* a nome suo dà *in accomendacione* a Ugolino Bucucio la sesta parte di una galea per recarsi ad Aigues-Mortes (ASG, Notai antichi, 12/I, c. 239r.); all'anno 1279 l'Annalista informa che con Simone Grillo e altri nobili pagò una fideiussione per la liberazione degli Astigiani trattenuti in carcere da Carlo d'Angiò (*Annali genovesi*, 4, p. 186).

38. ASG, Notai antichi, 37, c. 155r. : Vivaldo *Trencherius* di Taggia dichiara a Iacobeto di Modena lanaiolo di Santa Sabina di aver pagato la fideiussione di 2 lire e 16 soldi su richiesta di Oberto di Porto Maurizio per il fatto che doveva andare in Romània sulla galea di Leonardo Borborino.

39. ASG, Notai antichi, 63/I, c. 88r.-v., 91r.

40. ASG, Notai antichi, 63/I (notaio Palodino *de Sexto*), c. 85r., 85v.-86r.

41. ASG, Notai antichi, 79 (notaio Manuele *de Albara*), c. 262v.-263r.

42. Cfr., ad esempio, ASG, Notai antichi, 63/I, c. 88r.-88v.; 79, c. 263r.-263v.

43. *Annali genovesi*, 5, p. 9-10. Si è escluso dalla considerazione l'anno 1279 per l'esiguità degli atti complessivamente pervenuti. Per il 1280 i dati si riferiscono ai seguenti cartolari: ASG, Notai antichi, 42/I, 72, 75/II, 123; Notai ignoti, II.8, II.30.

operatori, nella maggioranza appartenenti all'alta aristocrazia mercantile, quasi totalmente di antica tradizione (Boccanegra, Calvo, de Camilla, Cibo, Cigala, Contardo, Doria, Grillo, Guasco, Guercio, Leccavela, Lercari, Lomellino, Mallone, Maloccello de Mari, Musso, de Nigro, Pinelli, Sardena, Serra, Spinola, Squarciafico, Usodimare, Zaccaria e persino i Fieschi), in genere ben disposti a impegnare somme di notevole entità, senza chiudere gli spazi a individui di altre città, soprattutto mercanti astigiani, nolesi e altri rivieraschi e a piccoli investitori per operazioni modeste. Certo il mercato della Romània in questa fase attrae soprattutto capitali ingenti: basti pensare che il 32 per cento circa degli investimenti del 1278 e del 1280 raggiungono o superano le 100 lire e che le *accomendaciones* più rilevanti, in cui per lo più si uniscono diversi capitalisti per l'esportazione di panni, drappi, tele, argento, hanno entità di qualche migliaia di lire[44].

Un esame della situazione delineata in rapporto alle dinamiche interne della società genovese del tempo, descritta per la sua capacità di assimilare nuove convergenze di interessi, non può non tener conto del posto rilevante delle esportazioni di manufatti in Occidente come pure a Bisanzio[45]. Il mercato della Romània fin da ora infatti non richiede soltanto produzione tessile occidentale, ma anche oggetti di oreficeria e prodotti dell'artigianato. Sullo sfondo dell'attività degli operatori genovesi appaiono due realtà complementari: da una parte l'élite bizantina, facoltosa, attenta alle suggestioni tecnico-artistiche esterne e in grado di soddisfare il proprio gusto innovativo, dall'altra il ceto mercantile genovese, precocemente impegnato a coniugare la produzione di alta qualità con le esigenze dei mercati più raffinati. E' significativo, se pure con un rilievo di eccezione, il caso degli oggetti preziosi in argento e corallo, vasellame e utensili d'argento (*syphos et gacos*, *rellorium*), coltelli, spade, tela *deaurata* e anche rarità come i *clericifalchi*, portati nel 1278 in Romània in società da Inghetto Spinola che, podestà di Pera nel 1272, qualche anno dopo negoziatore *in partibus Romanie* per Nicolò Boccanegra, conosceva bene le esigenze del lusso a Costantinopoli e, forte della sua esperienza, avrebbe continuato a commerciare tra le sponde del mar Nero[46]. La complessità delle componenti sociali coinvolte nella produttività e nelle operazioni mercantili e, dunque, la cointeressenza di diversi settori dell'economia cittadina per il mercato della Romània sono fattori determinanti che guidano le linee della politica estera genovese.

E' possibile che negli anni della crisi la direttrice del mar Nero, abbandonata a livello ufficiale, fosse stata perseguita grazie all'intraprendenza di personaggi minori, tutti appartenenti peraltro all'entourage mercantile, impegnati a sondare possibilità alternative. Al milieu composito delle componenti coinvolte nei traffici

44. ASG, Notai antichi, 63/I, c. 91r.: investimento di 3.335 lire genovesi; c. 91r.: investimento di 3.331 lire genovesi, 10 s., 4 d., per l'anno 1278; 72, c. 236v.: investimento di 4.128 lire genovesi, per l'anno 1280. Gli spogli si riferiscono ai seguenti cartolari, per il 1278: ASG, Notai antichi, 37, 63/I, 76, 79; per il 1280: *ibid.*, 42/I, 49, 72, 75/II, 123; Notai ignoti, II.8.

45. Per una descrizione della società genovese nel secolo XIII cfr. G. PETTI BALBI, *Una città e il suo mare*, Bologna 1991, p. 116-136; per artigianato e arti minori in riferimento all'esportazione nei paesi occidentali cfr. EAD., Circolazione mercantile e arti suntuarie a Genova tra XIII e XV secolo, *Tessuti, oreficerie, miniature in Liguria, XIII-XV secolo, Atti del Convegno Internazionale di Studi Genova-Bordighera, 22-25 maggio 1997*, Bordighera 1999, p. 41-54.

46. ASG, Notai antichi, 63/I, c. 90v.-91r. Il 17 novembre 1277 si risolve a Genova l'*accomendacio* di 1.931 lire contratta in Romània da Inghetto Spinola, per conto di Nicolò Boccanegra, con Bonifacio *Beaqua* al quale viene rilasciata quietanza: cfr. ASG, Notai antichi, 79, c. 238v. La presenza di Inghetto a Caffa è segnalata da BALARD, *Les actes de Caffa*, citato *supra* n. 33, 375.

marittimi appartenevano senz'altro individui come quelli ricordati nel crisobollo del 1278, Lucheto *de Tiba*, Percivalle *de Varagine*, Oberto Migardo, Iacobo Lombardo, Nicolò Storbaioco, Lanfranco e Iacobo Marabotti. Individualmente questi personaggi dicono poco, non ne se ne trova menzione negli *Annali* e solo in qualche caso se ne trova ricordo nei documenti del tempo. Fra tutti il meglio documentato è Lucheto *de Tiba*, del quale sappiamo che era un genovese residente a Pera e che nel 1274, praticando la pirateria col proprio *lignum*, aveva assalito a Cembalo un'imbarcazione veneziana in viaggio da Costantinopoli a Soldaia. In genere si può pensare che la scarsa notorietà dei protagonisti fosse opportuna per questo tipo di attività, ed è possibile che ciascuno di loro si muovesse autonomamente, ma non c'è motivo di ipotizzare un'azione rivale o concorrenziale rispetto agli interessi della collettività genovese, a cui appartengono essi stessi e le loro famiglie. Per comprendere il dinamismo di questi gruppi e la complessità dei legami che garantiscono il successo mercantile basterà osservare che in questi stessi anni un *de Tiba*, Bonifacio, il più rappresentativo della famiglia, già membro della magistratura degli Otto Nobili nel 1249, è presente in operazioni commerciali a Genova nel 1268, a Laiazzo nel 1279, poi ancora a Genova nel 1280, impegnato a inviare in Romània il figlio Iacobino con un'*accomandacio* di 400 lire per conto di Simone fu Opizzone Fieschi, e tale Iacobino potrebbe corrispondere a un altro Iacobo, attivo sul mercato della Romània sempre nel 1280. Inoltre, in un momento imprecisabile ma con certezza prima del 1294, un Nicolò *de Tiba*, cittadino genovese, indipendentemente dal comportamento di Lucheto o forse a incidente appianato, era stato con una propria galea al servizio di Michele VIII e anche di Ivan III Asan (*desspotus Assanus*), che aveva regnato sulla Bulgaria, gradito ai Bizantini, dal 1279 al 1280, ma che è segnalato col titolo di despoto dal 1284[47]. E ancora: i *de Varagine* costituiscono un gruppo molto attivo nell'insediamento di Caffa tra il 1289 e il 1290[48], dove è documentato anche un Marabotto nella persona di Percivalle, mentre une Iacobino Marabotto, forse lo stesso Iacobo del 1278, nel 1280 ha a che fare con una grossa operazione di trasporto di panni a Costantinopoli sulla nave Santo Spirito[49]. Dunque, un filo di continuità lega i personaggi indicati nel privilegio come nemici, o almeno le loro famiglie, agli insediamenti del mar Nero e, più in generale, all'attività mercantile genovese, che anche la loro azione mirava a promuavere.

47. Per Lucheto *de Tiba*, cfr. L. Balletto, *Genova nel Duecento. Uomini nel porto e uomini sul mare*, Genova 1983 (Collana storica di fonti e studi 36), p. 83-84; per Bonifacio *de Tiba*, cfr. ASG, Notai antichi, 123, c. 62v.; Notai ignoti, II.8., c. 48v.; Ferretto, Codice diplomatico, 1, 142; 2, 274; *Annali genovesi*, 3, Roma 1923, p. 182-183; Balletto, *Atti rogati a Laiazzo*, citato *supra* n. 31, notaio Petrus *de Bargono*: docc. 92, 95, 99; per Giacomo *de Tiba*, cfr. Ferretto, Codice diplomatico, 2, p. 302; per Nicolò *de Tiba*, cfr. Bertolotto, Nuova serie, p. 514. 515, 535, 536: nel 1294 reclamava il pagamento di 1.300 iperperi d'oro per il nolo di un *lignum*, al servizio di Michele VIII, il risarcimento del valore di quattordici scodelle d'argento sottrattegli dal despoto Asan e lo stipendio per il servizio prestato presso quest'ultimo. Per Ivan III Asan, cfr. *PLP*, 1, 1501.

48. I *de Varagine* alla fine del Duecento erano numerosi a Caffa, cfr. Balard, *Les actes de Caffa*, 59, 107, 238, 244, 404, 417, 418, 502, 613, 832, 846; mentre in questo periodo non ne risultano né a Laiazzo né a Pera.

49. Balard, *Les actes de Caffa*, 791. Percivalle Marabotto, ricordato nelle richieste di indennizzo del 1294, operava anche sulla piazza di Salonicco: Bertolotto, Nuova serie, p. 512. Per Iacobino Marabotto cfr. ASG, Notai ignoti, II.8, c. 11v. e 12r. Cfr. anche un Lanfranco Marabotto fra i testi di una vendita di possessi del castello di Montaldo al comune di Genova nel 1280: cfr. *I* Libri Iurium *della Repubblica di Genova*, I/6, a cura di M. Bibolini, Introduzione di E. Pallavicino, Genova 2000 (Fonti per la Storia delle Liguria 13; Pubblicazioni degli Archivi di Stato 32), 1161. Inoltre per Oberto *Migardus* il cognome può essere una variante per *Mignardus*, rappresentato da due individui negli atti di Caffa e da altri che operano in particolare coi Lomellini nei traffici con la Romània, cfr. Balard, *Les actes de*

Nel 1278 l'iniziativa, comunque, venne ripresa dal governo dei Capitani e rientrò nei canali dell'ufficialità. La situazione era favorevole: l'imperatore isolato aveva compiuto il primo passo ed era ben disposto a mantenere gli accordi del 1261, riservandosi di richiamare i Genovesi a un impegno coerente, adeguato alla situazione politica del momento. Ed è indubbio che, quando le navi del Regno si trovavano impegnate in una impari guerra in difesa delle coste e il pontefice Nicolò III colpiva la città ligure con la scomunica per la sua politica antiangioina, la situazione delle relazioni bizantino-genovesi era tornata ad essere quella di vent'anni prima, con l'impero stretto fra potentati ostili e Genova come sola alleata[50]. Il privilegio del 1278, mantenendo le condizioni mercantili del 1261, ribadite nel 1275, comportando un ulteriore chiarimento della linea politica e identificando precise responsabilità laddove si erano verificate situazioni conflittuali, non solo aveva chiuso una crisi temporanea, bensì il lungo periodo del difficile decollo della presenza dei Genovesi nel mar Nero.

Sandra Origone
Università degli Studi di Genova

Caffa, 498, 541, 861; Id., *La Romanie génoise*, 2, p. 528, 530, 605. Un Obertino Mignardo era tra coloro che a Genova giurarono il trattato di Ninfeo nel 1261: cfr. *I* Libri Iurium *della Repubblica di Genova*, I/4, a cura di S. Dellacasa, Genova 1998 (Fonti per la Storia delle Liguria 11; Pubblicazioni degli Archivi di Stato 28), 749. Un Giacomo Lombardo nel 1274 era capitano di una galea della flotta allestita a Genova contro Carlo d'Angiò: cfr. Ferretto, Codice Diplomatico, 1, p. 359.

50. Caro, Genova e la supremazia sul Mediterraneo, 1, p. 377-380; Lopez, *Benedetto Zaccaria*, citato *supra* n. 14, p. 65; Geanakoplos, *Emperor Michael Palaeologus*, p. 362. Inoltre C. Manfroni, *Storia della marina italiana. Dal trattato di Ninfeo alla caduta di Costantinopoli (1261-1453)*, Livorno 1902, 1, p. 61; W. Cohn, Storia della flotta siciliana sotto Carlo d'Angiò, *Archivio storico per la Sicilia orientale* 25, 1929, p. 46.

Les *giorni uziagi*
Hommes de mer vénitiens et jours néfastes

Gherardo ORTALLI

LE JOUR NÉFASTE DANS LE CARNET DU NAVIGATEUR

Lorsque de Venise (et pas seulement de Venise) l'homme de mer partait pour les voyages en terres plus ou moins lointaines, il emportait avec lui non seulement les marchandises et ce qui servait matériellement à la navigation et aux affaires, mais aussi la culture dont il était dépositaire ; et de cette culture faisaient également partie bien des convictions qu'aujourd'hui on écarte comme de banales superstitions. On retrouve la trace de certaines d'entre elles dans ces livres qui contenaient toutes les informations utiles au bon déroulement d'un voyage, insérées parmi les instructions sur le cap à suivre, les modalités de calcul des étoiles, la valeur des marchandises, le choix des places commerciales et bien d'autres aspects encore. Il s'agissait de livres « de besace », de grande importance pratique mais souvent de bien maigre valeur intrinsèque[1]. Lorsqu'ils étaient usés, ils ne devenaient rien de plus que de la paperasse, et cela explique qu'ils se soient conservés seulement en des cas exceptionnels, bien qu'ayant dû être très répandus. Parmi le petit nombre d'exemplaires qui nous est parvenu, l'on trouve systématiquement un calendrier avec des informations pouvant être utiles, comme les indications sur la position des étoiles, sur les festivités et naturellement (selon la logique de l'époque) les saints du jour. Mais l'on se préoccupait aussi de signaler les jours néfastes, et voici donc que sur son livre de *Raxon de marineri* le navigateur vénitien trouvait aussi, dûment répertoriés, les jours *uziagi*.

« Ceux qui sont indiqués ci-dessous sont les jours *uziagi* et dangereux, durant lesquels il vaut mieux ne rien entreprendre ; gardez-vous en bien ; et le sieur saint Jérôme dit en personne qu'il fallait bien tenir compte de cela[2]. » C'est ainsi qu'en 1444-1445 Pietro di Versi (navigateur chevronné) dresse une liste spécifique de ces jours néfastes dans son carnet de marin, puis prend soin de les marquer d'une croix sur son calendrier[3]. À la fin du XVe siècle, après 1475, l'auteur anonyme qui transcrivit un manuscrit aujourd'hui conservé à la Bibliothèque Municipale de Padoue en y indiquant *Algune raxion per marineri li quali serano utelle a saver*,

1. Sur les « livres de besace » : A. PETRUCCI, *Libri, scrittura e pubblico nel Rinascimento. Guida storica e critica*, Bari 1979, p. 142-147.
2. PIETRO DI VERSI, *Raxion de' marineri. Taccuino nautico del XV secolo*, éd. A. CONTERIO, Venise 1991 (Fonti per la storia di Venezia, sez. V. Fondi vari), p. 43 : « Quysti qui de ssotto sarano dì uziagi e zorny pericholoxi inchomenzar a far nulla chossa de ben per zo vardave e questo disse per bocha miser s. Ieronymo che se debia opservalo. »
3. *Ibid.*, p. 44 et 45-55 pour le calendrier.

Chemins d'outre-mer. Études d'histoire sur la Méditerranée médiévale offertes à Michel Balard.
Paris, Publications de la Sorbonne, 2004 (Byzantina Sorbonensia 20)

suivit exactement le même critère[4]. Avant eux encore, vers 1434, Michele di Rodi avait déjà adopté ces mêmes modalités dans sa propre liste, dans un texte particulièrement intéressant, puisqu'il est le plus ancien parmi ceux que l'on connaît[5]. Cette liste réapparaît ensuite avec une structure presque identique dans le manuscrit des *Ragioni antique spettanti all'arte del mare*, écrit à Venise entre 1470 et 1529[6]. À cet ensemble non indifférent de manuscrits s'ajoute celui connu comme *Atlante Cornaro*, rédigé presque certainement à Venise vers 1489 pour le compte de la famille dont il tire son nom, et aujourd'hui conservé à Londres, à la British Library[7].

La ressemblance entre tous les livres indiqués est très étroite lorsqu'il s'agit de fournir, en préambule à la liste, ces trois autres jours, *uziagi* eux aussi, pour lesquels on indique pourquoi ils sont néfastes. Ainsi le premier lundi d'avril est celui où Caïn tue son frère et « ceci fut le premier sang au monde qui fut répandu » ; le premier lundi d'août, « Judas commença à trahir le Christ » et le *drian dì* (le dernier jour) de décembre fut celui qui vit la ville de Gomorrhe s'abîmer pour ses péchés de sodomie. En somme, bien que n'étant pas extraordinairement nombreux, les manuels qui accompagnaient les hommes de mer vénitiens dans leurs voyages suffisent à nous rendre témoignage d'une croyance bien enracinée, partagée par tous[8].

Uziago-oziaco-egiziaco

Si la signification du terme *uziago* est tout à fait claire, son origine par contre peut sembler à première vue incertaine. Le lien avec le latin *otium-ocium*, oisiveté, désœuvrement, se fait spontanément. L'hypothèse est raisonnable. Pendant ces jours-là il ne fallait rien entreprendre et l'on peut raisonnablement penser que celui qui utilisait le terme en était convaincu. En réalité l'origine, comme on le sait depuis longtemps, doit être mise en rapport avec les « jours égyptiens », les *dies Aegyptiaci*[9].

4. Padoue, Biblioteca Civica, ms. C.M.17, fol. 12v-13r et 1r-10v pour le calendrier. Indiqué d'ordinaire comme *Libro veneziano del navigare* ou *Arte veneziana del navigare* ou *Arte del navegar*, le titre exact du manuscrit est repris par O. Pittarello, *Testimonianza di una civiltà mercantile. Il 'Libro veneziano del navigare', ovvero 'Algune raxion per marineri'*, mémoire soutenu à l'Université Ca' Foscari de Venise, année universitaire 2002-2003.
5. Le manuscrit fut vendu lors d'une vente aux enchères à Londres en 1966. Il est aujourd'hui conservé aux États-Unis, et Franco Rossi en prépare une édition. Parmi les études qui accompagneront l'édition, est prévue une contribution de Faith Wallis, qui s'attache particulièrement aux calendriers. Je remercie Franco Rossi pour les informations qu'il m'a fournies à titre amical.
6. *Ragioni antique spettanti all'arte del mare et fabriche de vasselli. Manoscritto nautico del secolo* xv, éd. G. Bonfiglio Dosio, avec des contributions de P. van der Merwe, A. Chiggiato et D. V. Proctor, Venise 1987 (Fonti per la storia di Venezia, sez. V. Fondi vari), p. 94-95. Les jours *uziagi* n'apparaissent pas marqués selon une organisation particulière sur le calendrier.
7. Londres, British Library, ms. Egerton 73. Pour une description du manuscrit, cf. *Catalogue of the Manuscript Maps, Charts and Planes, and of the Topographical Drawings in the British Museum*, 1, Londres 1844, p. 17-21.
8. Le fait que les jours *uziagi* n'apparaissent pas dans l'ouvrage de Zorzi da Modone ne change pas cet avis. Cf. A. Conterio, L' « arte del navegar » : cultura, formazione professionale ed esperienze dell'uomo di mare veneziano nel xv secolo, in *L'uomo e il mare nella civiltà occidentale : da Ulisse a Cristoforo Colombo*, Gênes 1992 (*ASLi*, n.s. 32/2), p. 222.
9. Cf. pour les références générales, W. Meyer-Lübke, *Romanisches Etymologisches Wörterbuch*, Heidelberg 1935[3], p. 18, n. 234 ; C. Battisti, G. Alessio, *Dizionario Etimologico Italiano*, 4, Florence 1954, p. 2711 ; S. Battaglia, *Grande Dizionario della lingua italiana*, 12, Turin 1984, p. 305. Et plus particulièrement : J. Loiseleur, Les jours égyptiens. Leurs variations dans les calendriers du Moyen Âge, *Mémoires de la Société Nationale des Antiquaires de France* 33 (sér. IV, t. III), 1872, p. 198-253 ;

En substance, nous sommes devant une sorte de vestige des jours qui étaient considérés funestes dans le calendrier égyptien, et dont on gardait encore mémoire vers le milieu du IVe siècle dans les calendriers officiels de l'Empire romain[10]. La culture chrétienne, en s'affirmant, avait tenté de balayer cette croyance traditionnelle liée au monde du paganisme, et à cet effet des personnages de très haut rang étaient intervenus. Dans une lettre adressée aux évêques d'Émilie, saint Ambroise avait lancé une invitation à se garder de croire en *quosdam dies* jugés néfastes, c'est-à-dire justement aux *dies Aegyptiaci*, outre qu'aux *posteri dies*, qui étaient les jours suivant les calendes, les ides et les nones que le monde romain croyait défavorables[11]. Saint Augustin en avait lui aussi disserté dans son commentaire du passage de l'Épître aux Galates, dans laquelle saint Paul reprochait à ces derniers d'observer les jours, mois, saisons et années selon des cultes que le message du Christ aurait dû éliminer[12]. Et précisément à ce propos, l'évêque d'Hippone rappelait les jours *quos Aegyptiacos vocant*, et parlait *de Judeorum superstitiosa observatione*[13].

Les anciennes pratiques, bien que réduites à des croyances païennes, avaient résisté, comme en de nombreux autres cas, à l'action de la culture chrétienne et étaient même parvenues, dans certains cas, à se teinter de nuances cohérentes avec la nouvelle religion. Ainsi, par exemple, le franciscain Barthélémy l'Anglais, au XIIIe siècle, en explique le nom en se référant aux jours du commencement et de la fin des dix fléaux bibliques par lesquels Dieu avait voulu punir l'Égypte. En fait, même si leur nombre n'était pas le même selon les calendriers, les *dies Aegyptiaci* se répartissaient en théorie, l'un au début, l'autre vers la fin de chaque mois, soit vingt-quatre en tout[14]. Les comptes n'étaient pas justes, puisque deux fois dix font vingt et non vingt-quatre, mais l'on pouvait surmonter l'obstacle en expliquant qu'évidemment, il y avait eu plus de dix fléaux en Égypte. On acceptait aussi assez bien l'idée que ces jours étaient liés à une vision qu'avait eue le patriarche Joseph en Égypte. On pouvait encore dire, par exemple, qu'ils s'appelaient *Aegyptiaci* parce que découverts par les Égyptiens[15].

Vincent de Beauvais, vers le milieu du XIIIe siècle, écrivait que certains les tenaient pour favorables, tandis que, peu d'années après, Guillaume Durand, évêque de Mende, soulignait la difficulté à retrouver le calcul des Égyptiens et n'excluait pas que ceux-ci aient en réalité voulu distinguer les jours fastes, liés aux constellations favorables ; mais, quoi qu'il en fût, ils devaient être rejetés du moment que l'Église ne suivait pas l'erreur de ces astrologues ; il fallait donc s'en

H. GROTEFEND, *Zeitrechnung des deutschen Mittelalters und der Neuzeit*, 1, Hanovre 1891, p. 36-37 ; R. STEELE, Dies Aegyptiaci, *Proceedings of the Royal Society of Medicine-Section History of Medicine* 13, 1918-1919, p. 108-121 ; F. AGENO, I « giorni egiziaci », *Lingua Nostra* 12, 1952, p. 69-70.

10. En synthèse : L. THORNDIKE, *A History of Magic and Experimental Science*, New York 1923-1958, 1, p. 686.

11. AMBROISE, *Epistolae*, cl. I, n. 32.4 (PL 46, col. 1071AB).

12. *Gal.* IV, 10-11 : *Dies observatis, et menses et tempora et annos ; timeo ne sine causa laboraverim in vobis.*

13. AUGUSTIN, *Epistolae ad Galatos expositionis liber*, chap. 35 (PL 35, col. 2310).

14. Voir aussi les écrits du carmélite GUIDO DA PISA, *Fiore d'Italia*, éd. L. MUZZI, Bologne 1800, p. 45 : « Sono certi dì nel calendario notati, li quali si chiamano egiziaci, non perché sieno infortunati, ma per quello dì che fu piagato lo Egitto, ed in memoria di loro in ciascheduno mese n'avemo notati dui » (première moitié du XIVe siècle).

15. HONORIUS AUGUSTODUNENSIS, *Imago mundi*, éd. V. I. J. FLINT, *Archives d'histoire doctrinale et littéraire du Moyen Âge* 57, 1982, p. 123, 1. II, chap. 120 : *Dies Aegyptiaci ideo dicuntur, quia ab Aegyptiis sunt inventi* (PL 172, col. 164D).

tenir éloignés : *e talibus cavetur*[16]. Ils figuraient malgré tout dans de nombreux calendriers ecclésiastiques et déjà Bède le Vénérable, dans le *De mensura horologii*, pouvait reporter une ancienne formule en vers latins qui permettait de les repérer mois par mois[17]. D'autres formules en vers allaient suivre, dont une que l'on retrouve encore dans le premier missel imprimé à Orléans en 1519[18]. Mais il s'agissait désormais d'un vestige oublié des temps passés. Pour indiquer les jours néfastes, il n'était plus besoin d'en appeler à l'Égypte.

La tradition vénitienne et la lente disparition du *dies Aegyptiacus*

Lorsque nous trouvons les jours *uziagi* dans les « livres de besace » des marins vénitiens, la phase de référence à l'Égypte semble désormais terminée depuis longtemps. Déjà au XIVe siècle on avait tendance à ne plus en parler. Certes, le terme pouvait occasionnellement reparaître, comme nous le montre le missel d'Orléans que nous avons cité plus haut. On peut aussi rappeler que Nicholas von Dinkelsbühl, ecclésiastique mort en 1433 et dont les écrits sont bien répandus dans les bibliothèques allemandes, déplorait encore la croyance dans les jours égyptiens[19]. Pour rester en Italie, le dominicain florentin Jacopo Passavanti (mort en 1357), alors qu'il condamnait comme « vanité » et « grave péché » l'« observance du temps », ou croyance en jours néfastes et de mauvais augure, nommait expressément « certains jours que certains disent *egiziachi* », utilisant le terme originel[20]. Et dans la *Cronica* en vers du notaire Bartolomée de ser Gorello d'Arezzo, la ville parle à la première personne et rappelle la *depredatio* subie le 18 novembre 1381 sous les coups des milices d'Albéric de Barbiano en se lamentant : « Le jour *egiziaco* se mit contre moi[21]. » Mais désormais le temps du véritable jour *egiziaco* était terminé, ou du moins sa qualification originelle était en train de se perdre.

Le Florentin Franco Sacchetti, dans son ouvrage autographe de rimes commencé en 1363, indiquait la méthode pour calculer « selon l'Église » les jours *egiziaci*, mais les appelle *oziachi*[22], et dans ses vers le terme *oziaco* prend aussi un sens générique (et désormais dominant) de néfaste, malheureux, au point qu'il peut tout à fait s'appliquer aux années et pas seulement aux jours[23]. Cela peut également

16. *Guillelmi Duranti Rationale divinorum officiorum*, éd. A. Davril, T. M. Thibodeau, B.-G. Guyot, 3, Turnhout 2000 (Corpus Christianorum. Continuatio mediaevalis 140B), p. 148, 1. VIII, chap. IV, 20.
17. Pour tout cela, cf. Loiseleur, Les jours égyptiens, cité *supra* n. 9, p. 203-206, 210-211, et Thorndike, *A History of Magic*, cité *supra* n. 10, 1, p. 686-688.
18. Loiseleur, Les jours égyptiens, p. 212, avec rappel également de la formule *dies aeger* dérivée d'une interprétation erronée de la forme abrégée *dies Aeg.* ; du reste, même *aeger*, dans son acception de « pénible, onéreux », pouvait sembler justifiable.
19. Thorndike, *A History of Magic*, 4, p. 284-285.
20. Iacopo Passavanti, *Lo specchio della vera penitenza*, éd. F. L. Polidori, Florence 1863, p. 321-322 : « L'osservantia del tempo [...] è vanità e non è senza grave peccato : e spezialmente osservando certi dì di quali dicono alcuni che si chiamano egiziachi, ne' quali non si dee fare alcuna impresa che altri voglia che riesca bene » (*Trattato della scienza*, chap. 5).
21. Bartolomeo di ser Gorello, *Cronica dei fatti di Arezzo*, éd. A. Bini, G. Grazzini, Bologne 1917-1933 (Rerum Italicarum Scriptores 15.1), p. 120, v. 37, avec la correction (« dì contra » au lieu de « dicontra ») proposée par Ageno, I « giorni egiziaci », cité *supra* n. 9, p. 69 : « L'Egiziaco dì contra me vene, / feria seconda, ch'a Luna è inserto / sei via tre che'l nono mese tiene. »
22. Ageno, I « giorni egiziaci », p. 69-70.
23. Franco Sacchetti, *Il libro delle rime*, éd. F. Brambilla Ageno, Florence 1990 (Italian Medieval and Renaissance Studies 1), p. 13, n. 7 : « Ahi, ria Fortuna dispietata e cruda, / che 'nvèr me volgi tanti *oziachi anni*, / pensi tu altro che ragunar danni / per caricarmi e far mia vita cruda ? »

signifier jeteur de sorts, porte-malheur tout court, en parlant d'une personne[24]. Si le souvenir de l'Égypte tend à disparaître (aussi à cause de la pression étymologique de *otium*, oisiveté, désœuvrement), la croyance résiste encore longtemps. La magie des jours garde de sa force malgré la ferme hostilité des hommes d'Église. Le bienheureux Giordano di Pisa (mort en 1310) avait beau prêcher, avec toute l'extraordinaire efficacité qui le caractérisait, que « les jours *oziachi* n'existent pas et qu'il est sot d'y croire »[25]. Et sant'Antonino, c'est-à-dire le dominicain Antonino Pierozzi devenu archevêque de Florence en 1446, dans son *Confessionale*, mettait en garde contre le fait de suivre l'inconsistante vacuité de l'attention au jour *oziaco*, mais sans grand résultat[26]. La victoire sur l'idée du jour néfaste n'était pas du tout acquise.

Assurément il était difficile de convaincre les gens de mer vénitiens. Car même sans la référence à l'Égypte, avec un terme légèrement différent, le jour *oziaco* ou *ugiaco* continuait à jouer son rôle. « Néfaste, de mauvais augure », est la signification que le navigateur vénitien lui reconnaît. Plus nombreux que les vingt-quatre jours canoniques (lesquels à Venise étaient déjà plus nombreux que ceux que l'on trouve en moyenne dans les calendriers ecclésiastiques), ils se trouvent répartis de façon irrégulière entre les différents mois dans la tradition vénitienne. D'ordinaire on en déclare trente-deux, même si parfois en apparaissent trente-trois, en plus des trois en préambule de la liste à proprement parler : c'est-à-dire ceux qui sont « anniversaires » de Caïn, Judas et Gomorrhe. On obtient ainsi un maximum de sept jours en janvier et un minimum d'un jour seulement en juin et octobre, avec une concordance très forte entre les différents manuscrits ; lorsqu'il y a divergence, on peut parfois invoquer de simples erreurs de copistes[27].

Même si les textes à notre disposition sont peu nombreux, leur très forte concordance autorise à penser à des traditions et à des usages typiques du milieu vénitien, surtout si l'on tient compte de la forte variété de dates proposées par les précédents calendriers ecclésiastiques que nous connaissons et des grandes différences que l'on rencontre sur le repérage des différents jours dangereux selon les localités[28]. Les variantes possibles sont certainement multiples. Si l'on passe par exemple du milieu de la Lagune au milieu toscan, avec ce manuscrit du début du XIVe siècle conservé à la bibliothèque Corsiniana à Rome, l'on trouve une liste de jours *oziachi* qui n'a pas de correspondance avec les textes vénitiens, aussi bien en ce qui concerne le nombre total (trente-quatre jours), que la répartition entre les différents mois et surtout la datation exacte, qui pour dix-neuf jours ne coïncide absolument pas[29].

24. BATTAGLIA, *Grande Dizionario*, cité *supra* n. 9, p. 305.

25. *Prediche del beato frate Giordano da Rivalto dell'ordine dei Predicatori*, Florence 1739, p. 87 : « I dì *oziachi* sono nulla ; ed è somma stultìa a ciò credere. »

26. Sant' ANTONINO, *Confessionale*, Florence 1477, p. 21 : « Osservazione de tempi non si debbono fare vanamente, come è di guardarsi di non principiare una cosa più in uno dì che in uno altro per che sia oziaco. »

27. C'est le cas, par exemple, de l'unique divergence entre Pietro di Versi et le manuscrit de Padoue C.M.17, lequel à la col. 13v reporte dans la liste le 18 juillet, tandis que di Versi indique le 17 ; mais en fait, sur le calendrier, à la col. 4v du manuscrit, le 17 est marqué d'une croix, revenant ainsi à une pleine concordance.

28. Pour l'indication des ouvrages vénitiens utiles à notre thème (par ailleurs indiqués ci-dessus), voir CONTERIO, L'« arte del navegar », cité *supra* n. 8, p. 222. Seul l'ouvrage de Zorzi da Modone ne contient pas la liste des jours *uziagi*.

29. Cf. [G. AMATI], *Ubbìe ciancioni e ciarpe del secolo XIV*, Bologne 1866 (Scelta di curiosità letterarie inedite o rare dal XIII al XVII secolo 72), p. XXII, 11-12.

Le terme *uziago* allait avec le temps disparaître des calendriers vénitiens ainsi que de l'usage courant. Je crois que les plus importants restes de l'ancienne référence au *dies Aegyptiacus* se trouvent dans les langues de la péninsule Ibérique, sous les formes *aciago*, *aziago*, mis pour malheureux, négatif, de mauvais augure. Dans tous les cas, *uziago* pouvait certes appartenir au passé, mais l'ombre de la magie du jour néfaste pouvait encore résister chez les marins vénitiens autant qu'ailleurs.

Gherardo Ortalli
Università Ca' Foscari di Venezia

Contribution à l'étude de la procédure du *sindicamentum* en Méditerranée orientale (XIVe-XVe siècle)

Catherine OTTEN-FROUX

Dans *La Romanie Génoise*, Michel Balard, étudiant l'organisation administrative des territoires génois en Méditerranée orientale et en mer Noire (XIIe-début XVe siècle), évoque le système de contrôle de ses agents par la république de Gênes[1]. Il distingue deux types de contrôle : l'un régulier, de caractère administratif et financier, fait par les officiers à leur entrée en charge, lorsqu'ils examinent les comptes de la trésorerie (*massaria*) de leurs prédécesseurs, l'autre, exceptionnel, diligenté par le doge et le conseil des Anciens, pour corriger des abus. Ce dernier, appelé *sindicamentum*, est un examen du gouvernement des principaux officiers à leur sortie de charge ; il est exécuté par une commission de plusieurs membres, les *sindicatores*, auprès de qui les administrés peuvent venir déposer plainte. Le magistrat mis en examen a un droit de réponse et des témoignages contradictoires sont recueillis. Les *sindicatores* rendent ensuite leur verdict. Le compte rendu des opérations, qui se déroulent dans un laps de temps limité, est consigné par un notaire dans un cahier transmis à Gênes. S'appuyant sur l'exemple des deux *sindicamenta* de Péra conservés pour les années 1402 et 1403, c'est cette procédure que Michel Balard décrit comme une inspection extraordinaire, diligentée par Boucicaut, alors gouverneur de Gênes pour le roi de France Charles VI. Or, une cinquantaine d'années plus tard, cette même procédure est appliquée régulièrement dans les colonies à chaque renouvellement des officiers ; nous en avons la preuve pour Famagouste comme pour Caffa. L'institution du *sindicamentum* qui s'est développée à Gênes à l'époque médiévale et moderne, a été récemment étudiée par Riccardo Ferrante[2], mais le cas des colonies génoises de Méditerranée orientale n'a pas été traité spécifiquement. Nous voudrions l'aborder ici sous l'angle des relations entre la métropole et ses colonies orientales et voir comment Gênes par l'intermédiaire de cette institution de contrôle garde des liens étroits avec Péra, Caffa, Chio et Famagouste ; les textes législatifs aussi bien que les documents de la pratique vont nous y aider.

LE *SINDICAMENTUM* AVANT LES TEXTES LÉGISLATIFS DE 1363

C'est à Gênes même que l'institution du *sindicamentum* fut d'abord mise en place dès la première moitié du XIIIe siècle. Il s'agissait de faire contrôler par une commission de plusieurs membres, les *sindicatores*, l'action des podestats à la fin

1. M. BALARD, *La Romanie génoise*, 2 vol., Gênes-Rome 1978, p. 367, 373-374, 381, 480-485.
2. R. FERRANTE, *La difesa della legalità. I sindacatori della repubblica di Genova*, Turin 1995 (Analisi e diritto, serie storica 3).

Chemins d'outre-mer. Études d'histoire sur la Méditerranée médiévale offertes à Michel Balard.
Paris, Publications de la Sorbonne, 2004 (Byzantina Sorbonensia 20)

de leur mandat et de constituer une magistrature d'appel permanente face aux abus des divers officiers de la Commune. Le podestat Ugolino de Parme a été soumis à ce contrôle en 1231 ainsi que le signalent les Annales de Gênes[3]. Si l'existence d'une telle pratique pour sanctionner un gouvernement abusif est mentionnée dans le texte appelé traditionnellement « Statuts de Péra » remontant au début du XIVe siècle[4], les premiers documents législatifs détaillant la procédure à Gênes et dans les colonies se trouvent dans les *Regulae* de Gabriele Adorno de 1363[5]. Pourtant, un ensemble législatif antérieur, perdu aujourd'hui, remontant au temps du pouvoir de Simone Boccanegra[6] et de son successeur doit être ici évoqué car il a probablement servi de référence pour la rédaction des clauses de la première convention passée le 26 février 1347 entre la commune de Gênes et la Mahone de Chio. Il y est précisé que la gestion du podestat de Chio et des châtelains de l'ancienne et de la nouvelle Phocée sera soumise à contrôle : si un des officiers est accusé de mauvaise conduite par quelqu'un n'habitant pas sur les lieux, il sera mis en examen par les *sindicatores* de la commune de Gênes selon les règles de celle-ci et par les *sindicatores* de Chio et non par d'autres magistrats. Pour les reproches de mauvaise conduite à l'égard des Grecs et autres habitants de ces lieux, il pourra être traduit devant quatre prud'hommes choisis parmi les habitants de Chio (*quatuor bonos viros ex habitantibus*), élus par le nouveau podestat et par son conseil. Le nouveau podestat est tenu d'envoyer le compte rendu de l'opération aux *sindicatores* de la commune de Gênes pour qu'ils voient si elle a été bien menée et ce qu'il faut faire. De la même manière le podestat de Chio et le châtelain de l'ancienne et de la nouvelle Phocée seront contrôlés (*sindicentur*) à la fin de leur mandat. Les autres officiers et recteurs desdits lieux seront jugés par les *sindicatores*, hommes respectables élus par le podestat de Chio et son conseil[7].

3. *Annali Genovesi di Caffaro e de' suoi continuatori*. 3, *Dal 1225 al 1250*, éd. C. IMPERIALE DI SANT'ANGELO, Rome 1923, p. 62, d'après FERRANTE, *La difesa*, cité note précédente, p. 24-25.
4. Statuti della colonia genovese di Pera, éd. V. PROMIS, *Miscellanea di Storia italiana* 11, 1871, p. 513-780 ; les références à la *pena sindicamenti* sont nombreuses mais ne mentionnent que des sanctions pécuniaires, sans détail sur la réalité de la procédure, par exemple p. 775 à propos d'une condamnation à deux cents livres d'amende pour le podestat, consul ou recteur des Génois qui ne ferait pas respecter l'interdiction pour un Génois d'acheter la collecte du *comerchium* en Romanie. Cf. FERRANTE, *La difesa*, p. 27.
5. *Regulae Comunis Ianue anno 1363 tempore Gabriele Adorno*, dans *Leges Genuenses*, éd. C. DESIMONI, A. T. BELGRANO, V. POGGI, Turin 1901 (Historiae Patriae Monumenta 18).
6. Voir R. SAVELLI, « Capitula », « regulae » e pratiche del diritto a Genova tra XIV e XV secolo, *Statuti, città e territori in Italia e Germania tra Medioevo ed Età moderna*, éd. G. CHITTOLINI, D. WILLOWEIT, Bologne 1991 (Annali dell'Istituto Storico italo-germanico trentino 30), p. 447-502, paru aussi en allemand : « Capitula », « Regulae » und Rechtpraxis in Genua während des 14. und 15. Jahrhunderts, *Statuten, Städte und Territorien zwischen Mittelalter und Neuzeit in Italien und Deutschland*, Berlin 1992, p. 344-401, ici p. 450-451.
7. Ph. ARGENTI, *The Occupation of Chios by the Genoese and their Administration of the Island, 1346-1556*, 3 vol., Cambridge 1958, 2, p. 45-46 : *Qui potestas et castelani Folie Veteris et Noue de male et non recte gestis per eos vel aliquem ipsorum contra aliquem vel aliquos non habitantes in dictis Locis possint et debeant sindicari per sindicatores comunis Janue secundum formam capitulorum et regularum comunis Janue et per sindicatores Chij de quibus infra dicetur et non per alios magistratus. De gestis vero non ricte seu non recte aut male vel iniuste contra Grecos et alios habitantes in dictis locis sindicentur et sindicari possint per quatuor bonos viros ex habitantibus dicte Civitatis Chij elligendos per potestatem successorem ipsius potestatis Chij et suum consilium. Et potestas sui successor teneatur mittere processus sindicatoribus communis Janue ut videant si bene gesserit et quidquid videatur faciendum. Et eodem modo sindicetur potestas et castellanus Folie Veteris et Noue in dictis Locis. Alij vero officiales et rectores dictorum Locorum sindicentur per sindicatores bonos homines elligendos per dictum potestatem Chij et suum consilium.*

Ce texte est particulièrement intéressant car il suit de peu la conquête de l'île par Simone Vignoso ; il est antérieur aux lois de 1363 et plus précis que les statuts de Péra ; de plus il montre l'évolution de l'institution à cette date : le fait de mentionner en premier, de façon précise, la possibilité de plaintes déposées par des étrangers non-habitants de Chio, puis par des Grecs, indique qu'il s'agit de répondre à une situation précise pour respecter les nouveaux rapports avec les Grecs tels qu'ils ont été définis par les conventions récemment signées. Le rappel de manière générale que podestat et châtelain devront être examinés correspond certainement à la législation en vigueur auparavant dans les colonies. De même il n'est pas fait mention de respect d'équilibre politique entre *nobili* et *popolari*, ni de mixité entre citoyens et bourgeois, il n'est question que d'hommes respectables habitants de Chio. Enfin on remarque que la métropole joue un rôle éminent : les *sindicatores* de Gênes peuvent soit juger en première instance dans le cas de plaintes d'étrangers, soit faire fonction de magistrats d'appel. De toute façon un compte rendu de l'opération de *sindicamentum* effectuée à Chio doit leur parvenir pour qu'ils en vérifient la régularité. Cette possibilité d'appel à Gênes sera mise en question plus tard. Gênes joue le rôle de surveillance et de garant du bon fonctionnement de l'institution.

Ces mesures sont reprises presque mot pour mot dans la troisième convention conclue entre Gênes et la nouvelle Mahone en 1373[8] ; dans la septième convention de 1476, le *sindicamentum* est toujours prévu, mais le mode d'élection des *sindicatores* est devenu plus complexe[9], sur le modèle de ce qui existe dans les autres colonies au milieu du XVe siècle.

La législation

Le corpus législatif de Gabriele Adorno de 1363 détaille les règles de fonctionnement des *sindicatores* à la fois à Gênes et dans les colonies[10]. Dans ces dernières, Gênes n'intervient plus directement en cas de plainte et la désignation des *sindicatores* se fait sur place. Les *sindicatores* du consul de Caffa et des podestats de Péra et de Chypre et de tous les consuls et recteurs envoyés outre-mer, à l'exception du consul d'Alexandrie à qui est consacré un paragraphe particulier, sont au nombre de deux désignés par le nouvel officier (consul ou podestat) assisté de son conseil, parmi les marchands génois *popolari*. Les élus devront prêter serment d'exercer correctement leur office, de mener une enquête, de contrôler, punir et absoudre podestat, consul, recteur ou officier. Les *sindicatores* de Caffa devront pareillement contrôler le consul de Tana qui est élu à Caffa, le consul de Cembalo et tous les autres consuls, recteurs et officiers de la commune en Gazarie. Les *sindicatores* du podestat de Péra devront contrôler les consuls et officiers de Licostomo ou Chilia, Simisso, Sinope et Trébizonde et tous ceux qui sont en Romanie ou en quelque lieu de Turquie. Il revient également aux *sindicatores* de punir quiconque aura porté une fausse accusation contre un des officiers[11]. Le cas du consul d'Alexandrie est traité

8. *Ibid.*, p. 113.
9. *Ibid.*, p. 262.
10. *Regulae Comunis Ianue anno 1363*, cité *supra* n. 5, respectivement col. 325-331 pour Gênes et 350-359 pour les colonies.
11. *Ibid.*, § 108, col. 350-351 : *Quando vero dicti potestas, consul, rectores et officiales ad regimen seu officium suum accesserint et virgam sui regiminis acceperint, seu eius officium intraverint, tunc primo et ante omnia ipse officialis cum consilio suo, seu maiori parte eorum, elligere debeat duos de*

à part, mais lui aussi est soumis au contrôle à sa sortie de charge, et la procédure apparaît la même que pour ses collègues de Méditerranée orientale : deux marchands génois *popolari* seront élus par le nouveau consul et son conseil[12]. De fait les mentions rencontrées dans les documents de la pratique concernant les colonies orientales, lorsqu'elles sont explicites sur le nombre des *sindicatores*, font état de l'existence de deux *sindicatores* jusque dans la première décennie du XVe siècle[13]. Les *sindicatores* devront aussi envoyer dans la métropole aux *sindicatores generales* de Gênes, par le premier navire en partance, tous les documents concernant leur action, procès, condamnations et acquittements, pour qu'ils soient examinés. Si on y trouve des négligences, les *sindicatores* coloniaux seront punis ; les *sindicatores generales* peuvent et doivent également faire lire en public à Gênes les condamnations prononcées outre-mer[14]. Gênes veut marquer là une continuité territoriale, les colonies ne sont pas un lieu lointain où tout est permis et où le détenteur du pouvoir peut agir à sa guise. On ignore si la législation se modifia profondément avant la rédaction des statuts spécifiques de Caffa et de Famagouste au milieu du XVe siècle. Des lois de Boucicaut du début du XVe siècle, il ne nous reste que les rubriques pour cette partie de la législation. Elles font apparaître un grand souci de contrôle puisque pas moins de neuf rubriques y sont consacrées[15]. Cette lacune peut cependant être partiellement comblée grâce à un décret de Boucicaut concernant le gouvernement de Chio, émis le 23 avril 1409, en réponse à une requête des envoyés des bourgeois de l'île. Le texte précise que quiconque sera podestat devra, assisté de son conseil, et au début de son office, élire quatre

melioribus mercatoribus ianuensibus popularibus, qui in dicto loco fuerint, in syndicatores et pro syndicatoribus consulis potestatis seu rectoris vel officialis qui anno proximo preterito in illo consulatu potestacia vel regimine seu officio fuerit [...] *Et quia in Gazaria et similiter in imperio Romanie et aliis contractis multa sunt loca recta et districta per comune, in quibus difficile esset syndicatores tales quales convenit invenire, propter parvam quantitatem Ianuensium frequentancium dicta loca, decernimus et firmamus quod syndicatores Caffe, ellecti ut supra ad syndicandum consulem ut predicitur, similiter syndicent et syndicari debeant consulem Tane qui elligitur in Caffa, vel aliquando in Tana, et consulem Cembari ac omnes alios consules rectores et officiales comunis in imperio Gazarie, exceptis semper hiis de quibus nominatim infra dicetur. Syndicatores vero potestatis Peyre syndicent et syndicare debeant consules et officiales Licostomi sive Chili, Symisso, Synopi et Trapesonde, ac omnes alios rectores et officiales si qui sunt in imperio Romanie et etiam qui fuerint pro comuni in aliquibus locis Turchie.*

12. *Ibid.*, § 119, col. 357-358 : *...quilibet consul ianuensis in Alexandria teneatur et debeat deinceps, una cum suis sex consiliariis, in principio et introytu sui regiminis, elligere et constituere duos bonos viros mercatores et legales populares,* [...] *ex illis ianuensibus qui in Alexandria erunt ; et qui duo sic ellecti et constituti sint et appellentur et esse debeant et vocare syndicatores.*

13. Par exemple pour Famagouste, voir les cas cités dans C. OTTEN-FROUX, *Une enquête à Chypre au XVe siècle. Le* sindicamentum *de Napoleone Lomellini, capitaine génois de Famagouste (1459)*, Nicosie 2000 (Sources et études de l'histoire de Chypre 36), p. 27, et ASG, Antico Comune 481, f. LXXXIIII (27/02/1364).

14. *Leges Genuenses*, cité *supra* n. 5, § 108, col. 352 : *Ipsi autem syndicatores, qui ellecti fuerint in Caffa, Peyra, Cipro et ut supra, postquam processerint in predictis, cognoverint, sindicaverint, condempnaverint vel absolverint aliquos ex predictis, tunc in primo passagio seu navigio venturo Ianuam mittere teneantur et debeant, sub pena syndicamenti, omnes et singulos processus condempnaciones et absoluciones quos fecerint syndicatoribus comunis Ianue generalibus, ut ipsi illos omnes examinent ; et si quidem aliquid minus bene factum cognoverint vel neglectum seu obmissum, possint et debeant ipsos syndicatores, qui illos processus condemnaciones seu absolutiones fecerint, sindicare et punire et condempnare prout cognoverint convenire et condempnationes ipsas exigere, si Ianue exigere potuerint, vel exigendas mandare in locis quibus fuerint. Possint etiam et debeant ipsi syndicatores generales dictas tales condempnaciones factas per dictos syndicatores ultramarinos ut supra publicare et publice legi facere in consilio maiori, seu in secunda dominica mensis ut infra dicetur, ad victuperium et confusionem ut plenius infra dicetur in regula syndicatorum.*

15. *Ibid.*, col. 358-359 ; cf. OTTEN-FROUX, *Une enquête*, cité *supra* n. 13, p. 23-24.

sindicatores, hommes de bonne condition et bonne réputation, dont deux citoyens de Gênes s'il s'en trouve, sinon un seul, les autres étant des bourgeois de Chio ; les hommes ainsi désignés auront pleins pouvoirs pour enquêter sur tout ce qui aura été fait de façon illicite par le podestat, son vicaire, le chevalier, un membre de sa *familia*, un officier ou un scribe. Le nouveau podestat devra prêter aide et conseil aux *sindicatores* (*brachium suum prestare nec non omne auxilium*)[16]. Quant aux statuts de 1413, encore inédits, les études qui ont été consacrées aux lois de Gênes montrent que leur contenu est très proche de celui de 1363[17].

Au XVe siècle, Famagouste et Caffa passent sous le gouvernement du Banco di San Giorgio ; à cette occasion des statuts sont rédigés en 1447-1448 pour Famagouste[18] et 1449 pour Caffa[19]. Là aussi la procédure du *sindicamentum* est détaillée ; l'élection des *sindicatores* qui se fait toujours sur place dans les colonies, devient plus complexe, le nouveau consul de Caffa ou capitaine de Famagouste ne nomme plus les *sindicatores*, il est seulement chargé d'organiser la procédure de *sindicamentum* de son prédécesseur et de désigner la commission qui élira les *sindicatores*. Ces derniers sont au nombre de quatre, élus en respectant les équilibres politiques. S'il semble que les *sindicatores* agissent mollement ou avec malice, le nouveau capitaine de Famagouste fera envoyer aux Protecteurs de San Giorgio à Gênes les documents de condamnation et d'acquittement[20]. De fait on possède deux registres de *sindicamenta* réalisés à Famagouste en 1448-1449 et en 1459[21], et un fragment pour Caffa de 1474[22].

Les missions d'inspection

Quel droit de regard Gênes conserve-t-elle ? Si d'après les textes législatifs Gênes a abandonné à ses colonies le soin d'organiser sur place le contrôle du gouvernement des officiers sortants, elle n'a pas pour autant renoncé à envoyer des inspections ponctuelles. Il faut à ce point faire une remarque de vocabulaire. Dans son index à *La Romanie génoise*, Michel Balard regroupe dans la même entrée les deux mots *sindicatores* et *sindici*. Il est exact que, dans nombre de textes, les deux termes sont accolés ou parfois employés l'un pour l'autre, certains des exemples

16. *Documenti della maona di Chio, (secc. XIV-XVI)*, éd. A. Rovere, Gênes 1979 (*ASLi*, n. s. 19, fasc. 2), no 72, p. 263-264 : *quicumque fuerit de cetero potestas Chii teneatur et debeat semper in principio sui officii cum eius consilio et anno singullo elligere quatuor bonos sindicatores, homines bone condicionis et fame debitis equalitatis observantis, quorum duo sint cives Ianue, si reperientur, si vero non saltem unus, reliqui vero sint burgenses, quibus sindicatoribus* [...] *dominus gubernator, consilium et officium* [...] *dant et concedunt plenam potestatem et amplam bailiam inquisicionem et investigationem faciendi seu fieri mandandi de omnibus et singulis hiis que indebite, illicite seu contra formam iuris capitulorum et ordinamentorum quorumlibet communis Ianue commissa et perpetrata fuerint per illum tunc potestas fuerit dicti loci, per eius vicarium eiusque cavalerium, quemcumque alium de sua familia et seu comitiva nec non per quemcumque alium officialem et scribam*...

17. Ferrante, *La difesa*, p. 67-76.

18. V. Vitale, Statuti e ordinamenti sul governo del Banco di San Giorgio a Famagosta, *ASLi* 64, 1935, p. 393-554.

19. A. Vigna, Codice diplomatico delle colonie tauro-liguri durante la signoria dell'Ufficio di S. Giorgio, *ASLi* 7, part. 2, 1881, p. 575-680.

20. Vitale, Statuti e ordinamenti, cité *supra* n. 18, p. 415.

21. Ils sont tous les deux édités : S. Fossati Raiteri, *Genova e Cipro. L'inchiesta su Pietro de Marco, capitano di Genova in Famagosta (1448-1449)*, Gênes 1984 (Collana storica di Fonti e Studi 41) ; Otten-Froux, *Une enquête*.

22. Vigna, Codice diplomatico, cité *supra* n. 19, p. 355-441.

fournis par Michel Balard en sont la preuve. Cependant une différence doit être faite, Riccardo Ferrante l'explique clairement[23] : le *sindicus* est un représentant à qui on confie une mission ; celle-ci peut être un rôle d'ambassadeur, ou bien un rôle d'inspecteur, et il est alors synonyme de *sindicator*, contrôleur, ou bien les deux à la fois. On a ainsi des traces de ces inspecteurs qui peuvent avoir une mission plus importante que celle d'un simple contrôle[24] ; on peut les repérer par des mentions dans les comptes de la commune ou bien par des documents plus explicites comme des ordres donnés et par le fait qu'ils sont nommés par le gouvernement de Gênes. C'est pourquoi les deux *sindicamenta* de Péra conservés pour les années 1402 et 1403 répondent à une autre logique que ceux de Famagouste et de Caffa[25]. Dans l'opération de 1402, les *sindicatores* forment une commission de cinq membres, élus à Gênes le 23 mai 1402 par Boucicaut lui-même assisté de l'*officium monete* ; elle commence son travail en octobre 1402, mais entre-temps deux membres absents ont été remplacés par deux personnes désignées par les trois autres *sindicatores*, ce qui est contraire aux statuts et montre bien qu'il s'agit d'un contrôle exceptionnel. De plus, le texte rappelle qu'il y avait déjà eu une opération de *sindicamentum* organisée en mai 1402, dont les *sindicatores* étaient les nouveaux officiers, le podestat et ses *massarii*, mais dont on ne connait pas les détails[26]. Mis à part la nomination tout à fait particulière des *sindicatores*, la procédure suivie est semblable à celle utilisée régulièrement et que l'on connaît pour les autres colonies un demi-siècle plus tard. Le *sindicamentum* de novembre 1403 présente encore davantage d'irrégularités, puisqu'il n'y a qu'un seul *sindicator* désigné à Gênes par Boucicaut et qui porte le titre de « capitaine général de toutes les parties orientales soumises aux Génois » ; il va examiner et juger non seulement les anciens podestats Bartolomeo Rubeo et Gianoto Lomellini mais aussi le vicaire Lodisio *de Goastonibus*, les scribes et les chevaliers ainsi que le consul de Sinope Bernardo Bavoso. Il s'agit là d'une enquête bien particulière qui reprend les éléments du *sindicamentum* de 1402 et non d'un *sindicamentum* classique. On le voit, les *sindicamenta* de Péra sont un cas particulier et ne peuvent servir de modèle pour comprendre le fonctionnement de l'institution. Boucicaut, on le sait, visait à la restauration de l'ordre à Gênes et dans les colonies. Il est dommage que le contenu de la législation qu'il institua, ait été perdu sur ce point.

Les *sindicamenta* de Péra ne sont pas les seuls exemples d'inspection. On possède une copie d'une partie du registre de l'inspection exécutée en 1374 sur les agissements de Nicolo Moro, vicaire de Aymone Grimaldi, ex-consul de Caffa ; Nicolo Moro est accusé d'avoir demandé et perçu des pots de vin pour rendre une sentence. Les *sindicatores*, au nombre de deux, Matteo Cataneo et Giovanni de Carignano, trésoriers de Caffa l'année suivante comme le précise Michel Balard, élus à Gênes par le doge et le conseil des Anciens, ont clairement reçu mission d'inspection, comme on le lit à l'énoncé de la sentence qui enregistre des condam-

23. FERRANTE, *La difesa*, p. 18-19. Il s'appuie sur un texte d'Amedeo Giustino, juriste du XVIe siècle, le *Tractatus sindicatus*.

24. BALARD, *La Romanie*, cité *supra* n. 1, p. 482.

25. ASG, San Giorgio, Sala 34, 590/1306 et 590/1307. Ces documents souvent utilisés par les chercheurs sont inédits ; seuls quelques extraits en ont été publiés dans N. IORGA, Notes et extraits pour servir à l'histoire des croisades au XVe siècle, *ROL* 4, p. 25-26 ; K. FLEET, Corruption and Justice: the Case of Ettore di Flisco et Ottobono Giustiniano, *Porphyrogenita. Essays on the History and Literature of Byzantium and the Latin East in Honour of Julian Chrysostomidès*, éd. C. DENDRINOS, J. HARRIS, E. HAECALIA-CROOK, J. HERRIN, Aldershot 2003, p. 275-290, documents p. 284-290.

26. ASG, San Giorgio, Sala 34, 590/1306 ; cf. note précédente.

nations pécuniaires : *condemnationes peccuniarie date et late per sindicatores pro comuni Ianue ellectos per magnificum et excelsum dominum dominum Dominicum de Campofregoso Dei gratia Ianuensium ducem et populi deffensorem et consilium Antianorum eiusdem in Caffe et in toto imperio Gazarie, ut de ellectione eorum et baylia constat publico instrumento*...[27] ; plus loin ils sont qualifiés de *syndici* [28], ce qui selon moi indique bien une mission particulière. Michel Balard donne d'autres références[29], auxquelles on ajoutera l'élection le 1er décembre 1399 de deux hommes pour réviser les comptes des capitaines de Famagouste et des consuls de Caffa (*ad videndum, calculendum et examinendum rationes capitaneorum Famaguste et consulum Caffe*) et en référer à Boucicaut[30]. Dans la seconde moitié du XVe siècle, ce sont les Protecteurs de San Giorgio qui mandatent des inspecteurs dans les colonies : par exemple, le 3 février 1464, les Protecteurs de San Giorgio avisent les officiers de Caffa de l'élection de quatre citoyens *chribelatori et revisori de tuto quello malefacto*[31]. Et ce ne sont là que quelques exemples, on pourrait en ajouter d'autres.

Le recours à Gênes pour les sentences

Si Gênes est soucieuse de garder le contrôle sur ses colonies par des missions d'inspection, elle est également sollicitée par les *sindicatores* coloniaux qui demandent confirmation de leur sentence ou renvoient à Gênes la décision. En effet un avis peut être requis si deux textes juridiques se contredisent, ou bien si des précautions ont été prises par l'officier en poste pour rendre légale une action ou une dépense. Au XIVe siècle, ce sont les *sindicatores generales* de Gênes qui sont sollicités. Prenons un exemple : en 1364, Napoleone Cigala et Lorenzo Maruffo, *sindicatores* du capitaine de Famagouste Benedetto de Darfinis de Paxano, envoient à Gênes la copie de trois enquêtes pour lesquelles des réserves sur la sentence avaient été émises. La première se terminait par une sentence émise à Famagouste le 14 août 1363 : le podestat avait obtenu le droit d'introduire comme « bonne manière » (gratuitement) 100 végètes de vin à donner aux marchands génois trafiquant et demeurant à Famagouste ; or Benedetto avait fait vendre ces végètes et en avait obtenu 1 850 besants blancs de Chypre. Il est condamné sur place à verser cette somme à la trésorerie de Famagouste et à rien de plus car il avait le consentement de son conseil, mais les *sindicatores* de Gênes, à qui l'enquête et son verdict sont soumis, peuvent le condamner davantage. La deuxième affaire avait abouti à une sentence le 27 août 1363 et a pour objet une somme de 1 000 besants blancs reçus du roi de Chypre ; le podestat n'aurait touché que 250 besants, 500 besants ayant été mis sur le compte de son fils défunt Lodisio. Il a été condamné à rembourser les 250 besants blancs. La troisième affaire jugée à Famagouste le 29 août 1363 concerne le loyer pour un an de la maison du podestat que ce dernier a fait payer par les Génois ; toutefois le podestat a déposé chez Pietro Giustiniani *olim* Longo une somme d'argent correspondant au loyer

27. ASG, Notai antichi, 307, f. 215v ; cf. BALARD, *La Romanie*, p. 373-374.
28. ASG, Notai antichi, 307, f. 218.
29. BALARD, *La Romanie*, p. 482 et note 34, pour les années 1353, 1355, 1356, 1357, 1364, 1365, 1373, 1382, 1384, 1398.
30. ASG, Archivio Segreto (AS), *Diversorum Comunis Ianue*, 499, f. 175.
31. VIGNA, Codice diplomatico, *ASLi* 7, part. 1, doc. DCXXV, p. 282.

annuel de la maison. Les *sindicatores* de Gênes Antonio Niger et Antonio de Roccatagliata le condamnent finalement à payer 200 livres de Gênes desquelles il pourra soustraire la somme qu'il a laissée en dépôt auprès de Pietro Giustiniani[32].

Les magistrats compétents sont ici les *sindicatores generales* de Gênes[33], qu'il faut distinguer des *sindicatores* élus pour juger les officiers à leur sortie de charge. Les *sindicatores generales* de Gênes forment un collège de quatre élus, qui siègent par groupe de deux de six mois en six mois. Ils ont avant tout un rôle judiciaire de magistrature d'appel et sont chargés de corriger la mauvaise conduite des magistrats. Les *Regulae* de 1363 traitent de leur mode d'élection et de leur compétence[34]. Dans les colonies, les deux types de *sindicatores* n'existent qu'à Caffa. Rappelons le texte des statuts de 1449. Le chapitre quatre traite des *sindicatores generales et assidui Caphe* : au nombre de quatre, ils sont élus sur place, de six mois en six mois, par une commission de seize membres (huit citoyens de Gênes et huit bourgeois de Caffa), elle-même nommée par le consul, le conseil des Anciens et l'*Officium Provisionis* ; ils ont un rôle très étendu de surveillance de tous les rouages du gouvernement de Caffa, rôle qui se traduit avant tout dans le domaine judiciaire – deux d'entre eux doivent siéger tous les jours, et tous les quatre siègent au moins deux jours par semaine pour recevoir les plaintes contre les officiers de Caffa qui remplissent mal leur fonction et commettent des délits ; ils sont également juges compétents pour les manumissions d'esclaves, la revue de l'entourage de la *familia* du consul et des cavaliers, les perquisitions de navires ; ils reçoivent les appels contre les jugements du consul et de son vicaire[35].

D'autres magistratures peuvent être impliquées dans les *sindicamenta* : en 1442, Alaone Imperialis demande qu'on lui désigne un magistrat devant qui il pourra déposer une requête ; en effet son procureur Barnaba Centurione avait déjà requis devant les *sindicatores* du podestat de Péra Giovanni de Levanto car ce dernier avait pris et libéré quatre « têtes » (*capita*), deux hommes et deux femmes, d'une nef dont le patron était Nicola de Monelia ; or ces esclaves devaient servir pendant dix ans Alaone, en échange de leur nourriture et de leurs vêtements ; un instrument public avait été rédigé en ce sens et enregistré devant les *sindicatores* de Caffa. Le doge et le conseil des Anciens qui reçoivent la requête estiment que l'affaire doit être traitée par l'*Officium Romanie*[36].

Une fois Caffa et Famagouste passées sous l'administration de l'Officio di San Giorgio, ce sont les Protecteurs qui sont sollicités pour rendre une sentence. Dans le *sindicamentum* de Napoleone Lomellini, la sentence est renvoyée aux Protecteurs dans sept cas sur trente-huit. Il s'agit de cas où il y a conflit entre deux législations, les *sindicatores* ne sachant laquelle choisir – même l'avis du nouveau vicaire n'a pas suffi – , et de cas de relations avec des pirates qui peuvent avoir des conséquences politiques et que les Protecteurs ont demandé à traiter eux-mêmes[37].

Ainsi, si la métropole n'est pas impliquée dans le choix des *sindicatores* coloniaux qui se fait sur place, elle est impliquée dans le verdict rendu et encore bien davantage dans les appels qui ne manquent pas d'être interjetés par les officiers contrôlés.

32. ASG, Antico Comune 481, f. LXXXIIII-LXXXVv.
33. FERRANTE, *La difesa*, ch. 1.
34. *Leges Ianuenses*, col. 325-331.
35. VIGNA, Codice Diplomatico, *ASLi* 7, part. 2, p. 587-593.
36. ASG, AS, 3033, doc. 202. Je remercie Thierry Ganchou de m'avoir communiqué ce document.
37. OTTEN-FROUX, *Une enquête*, p. 47 et 192-202.

La procédure d'appel

Les officiers sortants une fois jugés peuvent-ils faire appel et si oui auprès de qui ? La question a préoccupé le législateur et les autorités génoises qui ont émis divers textes. Dans un premier temps, l'appel se fait auprès des *sindicatores* de Gênes comme pour toute autre plainte contre un magistrat. Ainsi en 1408, le podestat de Chio Percevale de Cassina, soumis avec ses officiers au contrôle des *sindicatores*, dépose un appel auprès du doge de Gênes ou des *sindicatores* de Gênes d'une sentence rendue le 12 septembre 1408 par ses *sindicatores* en faveur de Dorino de Portofino[38]. Dans la pratique les appels devaient être fréquents. En effet, le 10 décembre 1409, le marquis de Montferrat, alors à la tête du gouvernement de Gênes, émet un décret interdisant aux magistrats sortants (*olim officiales pro comuni Ianue in diversis mundi partibus*) jugés par leurs *sindicatores* de faire appel de leur condamnation au doge, à son conseil ou à l'office des *sindicatores* de Gênes ou à tout autre magistrat ; il s'agissait, explique le texte, d'éviter que des méfaits ne demeurent impunis, car l'appel suspendait les causes et donc le paiement des réparations réclamées[39]. Il y a là clairement une volonté politique d'efficacité et de se concilier la population des colonies.

Cependant les appels continuèrent à être portés à Gênes. L'affaire de Paolo Salvago fournit le meilleur traitement de la question dans le premier tiers du XVe siècle, avec rappel des textes législatifs par le grand juriste Bartolomeo Bosco. Paolo Salvago, capitaine de Famagouste en 1426, examiné et condamné à des amendes sur place, présente à son retour à Gênes, une requête devant le gouverneur et son conseil, demandant de confier la révision de son procès à l'*Officium Provisionis Romanie*. Après consultation d'un des *sindici* de la commune et de « ceux à qui il appartient de connaître de l'affaire », l'*Officium Provisionis Romanie* confia à Nicolo di Negro, Giovanni Spinola et Bartolomeo Bosco, après audition des parties et examen de leurs droits, de dire si l'*Officium* pouvait s'entremettre, accepter l'appel de Paolo Salvago et réexaminer son procès et ses condamnations ; le syndic de la Commune avait répondu par la négative, mettant en avant les lois (*regulae*) sous la rubrique *Contra officiales sindicatores ad magistratum Ianue postea reclamantes*, mais Paolo Salvago réclamait l'application du chapitre *Ne sindicati habeant recursum nisi ad sindicatores*. Les trois arbitres furent d'opinions différentes ; les deux premiers étaient favorables à l'appel mais Bartolomeo Bosco s'y opposa. Ce juriste célèbre a développé ses arguments dans le *consilium* CCXXIX qui nous fait connaître l'affaire[40]. Il affirme avoir trouvé dans le livre des *Regulae* de Nicola de Goarco de 1381[41] ou environ, sous la rubrique *Contra officiales sindicatos, ad magistratum postea reclamantes*, la possibilité pour le plaignant de faire appel contre celui qui l'aura condamné, et d'être jugé (*sindicari*) à nouveau par les *Sindicatores* de Gênes sur les méfaits qu'il a commis pendant son service, nonobstant un précédent *sindicamentum* et nonobstant le laps de temps écoulé, mais la loi ne précise pas devant quel magistrat, les *sindicatores* de Gênes ou un autre officier, la demande doit être déposée ; il évoque ensuite les *Capitula Ianue* de 1403, c'est-à-dire les lois de Boucicaut, sous la rubrique *Ne Sindicati habeant*

38. ASG, Notai antichi, 603, doc. 517.
39. Texte dans Argenti, *The Occupation of Chios*, cité *supra* n. 7, 2, p. 140-141.
40. Bartolomei de Bosco, *Consilia*, éd. F. Senarega, Lodani 1620, p. 370-373.
41. Le texte de ces *Regulae* a été perdu ; cf. Savelli, « Capitula », « regulae », cité *supra* n. 6.

recursum nisi ad sindicatores Ianue, qui précise que seuls les *sindicatores* de Gênes sont compétents en cas d'appel et seulement si une demande d'annulation de la chose jugée a été déposée de façon idoine devant leur commission. C'est donc ce qu'aurait dû faire Paolo Salvago. Bartolomeo Bosco ajoute cependant que dans ce chapitre il n'est pas fait spécifiquement mention d'une interdiction de présenter l'appel au doge et à son conseil, mais seulement d'une interdiction générale de tout magistrat et précise que ce chapitre est repris dans le registre des *Capitula* de 1414. Bosco explique ensuite que, dans le corpus des *Regulae* de Nicola de Goarco, repris dans le recueil législatif de 1413, sous la rubrique *De prohibita intromissione iustitie* avec les additions commençant par *Salvo et specialiter reservato*, il apparaît que le droit et la justice sont rendus par des magistrats de Gênes spécialement désignés pour cela et que le doge et son conseil ne peuvent intervenir dans l'administration de la justice sauf dans certains cas spéciaux (injures évidentes, fraudes, dol ou *mancariae* et cas d'étouffement de la justice par la puissance de l'adversaire). Il remarque que la règle *De prohibita intromissione iustitie* est au début du registre de lois de 1413, mais il a trouvé une autre règle, à la fin du même volume sous la rubrique *Contra officiales sindicatos ad magistratum Ianue postea reclamantes*[42] ; cet article a le même début que le texte de Nicola de Goarco mais des conclusions contraires, puisqu'elles précisent qu'aucun officier de la commune de Gênes, dans quelque partie du monde qu'il soit mis en examen, ne peut faire appel pour corriger, annuler ou modifier son *sindicamentum* ou se plaindre ni au gouverneur, ni à son conseil ni à la commission des *sindicatores* ni à un quelconque magistrat ou commission. Il justifie ensuite les raisons qui l'ont amené à dénier à Paolo Salvago le droit de faire appel à l'*Officium Provisionis Romanie* du jugement délivré contre lui, en rappelant toutes les lois et en invoquant le fait que souvent les officiers condamnés sur les lieux de leur office, une fois revenus à Gênes, firent appel et que, grâce à de l'argent ou à des amitiés, ils virent leurs condamnations annulées et leurs fautes restées impunies, ce qui est une mauvaise chose. L'expérience montre, ajoute-t-il, que les *sindicatores* ne condamnent pas par malveillance ou injustice mais cherchent à punir les excès des officiers. Or les excès ne doivent pas demeurer impunis. Le fait que les officiers rentrés à Gênes finissent toujours par être absous de leurs méfaits en raison des changements politiques, de la corruption des temps, du manque de vertu et de la rapacité des magistrats, suscite le murmure des citoyens. Considérant l'affliction de la patrie outre-mer et de ses citoyens et l'audace des officiers qui veulent faire des profits aux dépens des administrés, ce qui conduit au désespoir des habitants de ces lieux, considérant que cela constitue de mauvais exemples si les officiers ne sont pas punis, considérant de plus qu'il est difficile de juger à Gênes de choses qui se sont passées au loin et que les plus concernés ne peuvent pas facilement apporter des preuves à Gênes, il refuse à Paolo Salvago le droit d'appel à l'*Officium Provisionis Romanie*.

Cependant les autorités de Gênes n'abandonnent pas Paolo et une délibération du 22 décembre 1427 du gouverneur et de l'*Officium Provisionis Romanie* ordonne d'agir correctement avec lui[43]. Il est intéressant de noter que Paolo Salvago a été

42. Il s'agit probablement du décret de 1409, cité *supra* n. 39.

43. L. Balletto, *Liber Officii Provisionis Romanie (Genova, 1424-1428)*, Gênes 2002, nº 286, p. 318 ; cf. N. Banescu, *Le déclin de Famagouste. Fin du royaume de Chypre*, Bucarest 1946, nº XXXIII, p. 83-85.

démis de son office de capitaine de Famagouste le 8 novembre 1426 par le gouverneur (Gênes est alors sous la domination de Filippo Maria Visconti) sur demande du conseil des Anciens, de l'*Officium Provisionis* et de l'*Officium Provisionis Romanie*, avec obligation cependant de rester pour être inspecté (*iussimus illum mox revocari ac compelli ad satisdandum idonee de stando censure seu sindicamento ut semper fieri consuetum est*). On l'accuse d'avoir dilapidé l'argent de la *massaria*. Or Paolo prétend avoir des lettres ducales selon lesquelles il ne peut être mis en examen (*verum quare idem Paulus iactat habere se litteras a ducali excellentia, quarum vigore sindicari non potest*) ; de plus son frère Lodisio, *massarius*, qui devait lui succéder comme capitaine et a également été démis, prétend lui aussi avoir des lettres du doge lui assurant de succéder à son frère ; or si cela arrivait il y aurait émeute dans la ville[44] ; le 13 novembre 1426, une lettre de Filippo Maria Visconti, duc de Milan, est envoyée dans ce sens[45].

Lorsque les colonies de Famagouste et de Caffa passèrent sous l'administration de l'Officio di San Giorgio, c'est aux Protecteurs que les appels furent adressés. Mais les appels ne suspendaient plus l'application de la peine. Ainsi Napoleone Lomellini fait appel des sentences prononcées contre lui, mais il paie immédiatement les amendes auxquelles il a été condamné[46]. En cas de condamnation à des peines corporelles à Caffa, les Protecteurs décident que l'appel interjeté par le consul est suspensif si le consul a été examiné pour avoir ordonné une peine corporelle du temps de son mandat ; il pourra faire appel de sa condamnation auprès des Protecteurs en laissant une fidéjussion ; cet appel est suspensif, mais non pour une condamnation à une peine pécuniaire de moins de quinze *sommi* ; dans ce cas il devra payer, mais ceux à qui la somme aura été versée devront donner des gages que la somme sera rendue au consul en cas d'acquitement[47].

Les motifs d'appel sont divers. Certains démontrent que leurs *sindicatores* ne devaient pas les juger parce qu'ils avaient des lettres ducales les protégeant, c'est le cas de *Troilus* Spinola qui est connu grâce à un *consilium* de Bartolomeo Bosco. La question a été posée au juriste de dire si ceux qui ont controlé *Troilus* Spinola en avaient le pouvoir, *an illi qui sindicaverunt D. Troilum Spinulam in Cipro habuerint potestatem et iurisdictionem eum sindicandi*. Recourant à des arguments juridiques Bosco répond que non ; en effet *Troilus* avait une lettre du doge lui garantissant de ne pas être poursuivi pour ses actions, sauf pour vol et concussion (*furtum vel maniariam*), cas que le doge se réserve de connaître. Le doge étant détenteur de la justice, il a le droit de se réserver certaines affaires, les *sindicatores* n'ont donc aucun pouvoir pour juger *Troilus* Spinola[48]. D'autres mettent en avant que leurs *sindicatores* ne sont pas dans leurs pleins droits et donc que le *sindicamentum* doit être annulé. Ainsi, en 1414, Guglielmo de Ceva, vicaire du podestat de Chio Paolo de Montaldo, conteste ses *sindicatores* qui n'ont pas été élus selon les règles car le collège est composé uniquement de bourgeois de Chio ; il leur reproche de ne pas se conduire en juges médiateurs, mais en accusateurs, de refuser l'assistance d'un expert en droit alors qu'il y a des points délicats et

44. ASG, AS, *Diversorum communis Ianue*, 619, f. 72v-73 et 74v-75.
45. *Ibid.*, f. 77.
46. Otten-Froux, *Une enquête*, p. 48, 211, 262-264.
47. Vigna, Codice diplomatico, *ASLi* 7, part. 1, p. 494-495.
48. Bartolomei de Bosco, *Consilia*, cité *supra* n. 40, p. 8-9. Le texte ne donne malheureusement aucune date.

qu'ils ne sont pas juristes ; il en appelle donc aux *sindicatores* de Gênes car le jugement rendu l'a été par des *sindicatores* incompétents ; ces derniers protestent[49]. On pourrait encore trouver d'autres exemples.

Le vicaire se trouve particulièrement exposé au dépôt de plaintes s'il a rendu un jugement qui ne convient pas à une des parties. L'accusation la plus fréquente qui le concerne est celle d'accepter des pots de vin pour rendre un jugement favorable. Le document déjà cité de 1374 décrit le manège du vicaire de Caffa Nicolo Moro qui, par des intermédiaires, a reçu de l'argent d'Abrano de Beffelix/Teffelix agissant pour son épouse Blancheflor qui réclame la moitié de l'héritage de feu Antonio de Lorto. Le vicaire lui fait comprendre que s'il veut rapidement un jugement favorable, il doit verser 45 *sommi* d'argent. Le vicaire est finalement condamné à verser 50 *sommi* d'argent à la commune de Gênes et 25 à Abrano. Copie de l'enquête et du jugement a été faite à Gênes dans le palais de la commune par le vicaire du doge à la demande de la partie adverse, c'est-à-dire des héritiers et fidéicommissaires du défunt Antonio de Lorto[50]. Le risque de ne plus trouver personne pour exercer la fonction de vicaire en raison d'accusations fréquentes a conduit les Protecteurs de San Giorgio à modifier les règlements pour le vicaire de Caffa. Par un décret du 16 décembre 1463, Leonardo di Pietrasanta, élu pour trois ans vicaire à Caffa, reçoit le droit, nonobstant lois et statuts, d'en appeler aux nouveaux consuls de Caffa de la sentence de ses *sindicatores* s'il se sent accusé injustement, et cela afin de ne pas retarder l'exécution des sentences par un appel suspensif[51]. La mesure est répétée pour le vicaire Pasquale Celsi le 28 avril 1470 et pour son successeur Giovanni Francesco le 25 octobre 1471[52].

Conclusion

Institution peu étudiée, le *sindicamentum* est une des pièces importantes de la politique génoise en Méditerranée orientale. Gênes ne se contente pas en effet d'envoyer des officiers outre-mer pour administrer ses colonies, elle les surveille pour mieux maintenir son autorité et ne pas s'aliéner les populations. Le contrôle peut prendre différents aspects : une inspection ponctuelle par des hommes spécialement envoyés de Gênes, ou bien une commission mise régulièrement en place dans chacune des colonies pour une durée limitée dans le but précis d'examiner la gestion des officiers sortants. Définie par les textes juridiques, l'institution a cependant évolué au gré des nécessités, notamment avec la pénétration de l'autorité de San Giorgio dans les colonies. Même si le contrôle est organisé sur place dans les colonies, la métropole s'y trouve mêlée par la procédure d'appel qu'il a pourtant fallu règlementer pour éviter que les magistrats déjà condamnés n'échappent complètement à toute sanction.

Catherine Otten-Froux
Université Marc Bloch - Strasbourg / UMR 7044

49. ASG, Notai antichi, 603, doc. 295.
50. ASG, Notai antichi, 307, f. 209-219v.
51. Vigna, Codice diplomatico, *ASLi* 7, part. 1, doc. DCX, p. 247-248.
52. *Ibid.*, respectivement doc. DCCCCVI, p. 677-678 et doc. DCCCCXCIV, p. 807.

Les Génois et la Horde d'Or : le tournant de 1313

Şerban Papacostea

Lorsqu'il en vient à discuter les origines de la guerre qui opposa une nouvelle fois Gênes et Venise en mer Noire au milieu du XIVe siècle, l'historien byzantin Nikèphoros Grègoras dénonce en termes vigoureux la démesure des Génois qui prétendaient ni plus ni moins que de disposer en exclusivité du droit de contrôler l'ensemble de la façade pontique de l'empire de la Horde d'Or. L'arrogance des Génois était telle – nous informe Grègoras – qu'ils finirent par revendiquer pour eux-mêmes l'empire des mers. « Pour commencer – nous dit-il –, ils prirent possession de l'ensemble du Pont [Euxin] à cause des gains qu'ils en tiraient ; non seulement intimèrent-ils aux Byzantins de manière hautaine de se tenir loin de la Méotide [= mer d'Azov], de Tanaïs [= Tana] et même de Cherson, et de s'abstenir du commerce avec la région des Scythes [= Tatars], mais encore interdirent-ils aux Vénitiens aussi de commercer dans ces régions ; ils se mirent même en tête d'obstruer l'accès du Pont Euxin avec de nombreuses trières...[1]»

L'assertion de l'historien byzantin n'est pas isolée ; d'autres sources contemporaines, antérieures de quelques années par rapport à la situation dénoncée par Grègoras, confirment ses dires. C'est à la guerre imprudemment déclenchée en 1343 par le khan Djanibek contre Gênes et Venise à la fois et à l'alliance qui a uni les deux puissances maritimes pendant un bref laps de temps que nous devons les sources les plus riches en informations concernant cet aspect essentiel de l'histoire du bassin pontique au XIVe siècle.

En effet, les événements ne tardèrent pas à dévoiler les intentions réelles des Génois qui, mettant à profit l'occupation de Tana par les Tatars et l'abandon forcé de cette position commerciale par les Vénitiens, décidèrent de rendre permanente une situation qui, en les débarrassant de l'emporium vénitien concurrent, exauçait leur vœu le plus fervent. Avec Tana fermée au commerce, Caffa allait inévitablement monopoliser les échanges du bassin nord-pontique au grand profit de la ville et du commerce génois. Car, malgré la guerre qui faisait rage autour de Caffa, assiégée par les armées du khan, et malgré le *devetum* imposé sur le commerce avec la Horde d'Or par les deux républiques italiennes unies contre leur ennemi commun, les marchands génois continuaient plus ou moins clandestinement leurs rapports avec ceux de la Horde d'Or[2]. Caffa, soutenaient les Génois, avait cessé d'appartenir à l'empire sur le territoire duquel elle était sise ; selon eux c'était à leur métropole, à Gênes, qu'appartenait de droit la souveraineté sur la colonie criméenne, prétention qui justifiait à leurs yeux l'exemption de leur emporium du

1. Nikèphoros Grègoras, *Byzantina Historia*, éd. L. Schoppen, Bonn 1830 (CSHB), 1, p. 877
2. R. Morozzo della Rocca, Notizie da Caffa, *Studi in onore di Amintore Fanfani*, 3, Milan 1962, p. 279-280.

Chemins d'outre-mer. Études d'histoire sur la Méditerranée médiévale offertes à Michel Balard.
Paris, Publications de la Sorbonne, 2004 (Byzantina Sorbonensia 20)

devetum imposé aux territoires du khan tatare[3]. Revendication lourde de conséquences, suivie par une prétention encore plus exorbitante : celle qui réservait nommément aux Génois le droit d'imposer leurs propres règles au commerce avec l'ensemble du littoral pontique de la Horde d'Or, prétention dont se fait l'écho le passage déjà cité de l'œuvre de Nikèphoros Grègoras.

Acculée par l'intransigeance du khan à consolider l'alliance avec sa grande rivale et en attendant une conjoncture plus favorable pour s'en débarrasser, Venise accepta, lors du renouvellement, le 22 juillet 1345, de « l'union » conclue avec Gênes, la condition que celle-ci lui avait posée, d'interdire à ses ressortissants le commerce avec les territoires de la Horde d'Or, *salvo ad locum et civitatem Caffa et abinde versus Occidentem, sive versus Peyram ipso loco sive ipsa civitate de Caffa comprehensa*[4]. Gênes concédait donc à ses alliés vénitiens le droit de fréquenter Caffa et les centres commerciaux situés au sud de leur chef-lieu jusqu'à Péra, mais leur refusait en même temps l'accès des territoires sis au nord de la ville. Une mention spéciale était réservée à Tana dans le cadre de cette renonciation arrachée aux Vénitiens au cours des négociations de l'été 1345. En effet, en vertu de l'accord conclu, les deux parties s'engageaient mutuellement à renoncer à toute activité commerciale aux Bouches du Don[5].

C'est précisément pour mettre un terme à une situation qui avait évolué au détriment de son empire et surtout des revenus de ses douanes que le khan Djanibek, renversant la politique de son prédécesseur Özbek, lança ses troupes à l'assaut de Caffa en 1343. Les ambassadeurs vénitiens qui se trouvaient en Crimée n'hésitaient pas à affirmer que l'objectif principal du khan lorsqu'il avait pris cette initiative était Caffa, qui avait réussi à se soustraire effectivement à son autorité[6]. Vaine tentative, car, à l'abri de leurs murailles et maîtres de la mer, les Génois résistèrent vaillamment à l'effort prolongé du khan pour les chasser de leur puissante forteresse criméenne. De cette épreuve l'hégémonie génoise en mer Noire sortit considérablement consolidée. Forts de leur victoire sur l'armée de Djanibek, les Génois durcirent encore plus leur attitude ; ils continuèrent à refuser à leurs concurrents l'accès de Tana et revendiquèrent en même temps pour eux-mêmes le droit de fixer les règles du commerce avec la Horde d'Or. Attitude intolérante, vigoureusement dénonçée par Nikèphoros Grègoras, mais dont les origines remontent à une époque plus ancienne. En effet, quelques années seulement après Nymphée, en 1268, lorsque les Vénitiens firent leur rentrée en mer Noire en vertu de la trêve conclue avec Byzance, les Génois leur arrachèrent, au cours des pourparlers de 1269, l'engagement de ne pas fréquenter le marché de Tana : *quod non iretur ad Tanam*[7]. Gênes

3. *Ibid.*, p. 291.
4. M. Volkov, O soperničestvi Venetii s Genueju v xiv veka, *Zapiski Odesskago Obščestva Istorii i Drevnostei* 4, 1858, p. 208.
5. *Ibid.*, p. 9.
6. Les ambassadeurs vénitiens qui se trouvaient à Caffa au début de l'année 1345 n'avaient aucun doute quant à la raison réelle de l'attaque du khan contre les Latins : *et non credat vestra dominatio* – avertissaient-ils le gouvernement de Venise – *quod novitates quam* [!] *fecit dominus Imperator fecisset pro morte Acamar qui mortuus fuit in Tana... Sed principaliter propter destruccionem Gaffe movit se dominus Imperator, ut dictum est ... et hoc nos simus per fratres minores et multos gentiles homines Januenses, et isti IIII-or qui hic sunt pro communi Janue habeunt* [!] *pro certo quod ista sit veritas...* ; Morozzo della Rocca, Notizie da Caffa, cité *supra* n. 2, p. 283.
7. G. I. Brătianu, *Recherches sur le commerce génois dans la mer Noire au XIIIe siècle*, Paris 1929, p. 254 ; Ş. Papacostea, « Quod non iretur ad Tanam ». Un aspect fondamental de la politique génoise en mer Noire au xive siècle, *RÉSEE* 17/2, 1979, p. 202-203.

consolidait de la sorte la position privilégiée de son commerce dans les territoires de la Horde d'Or, dans leur point le plus sensible, la tête de ligne pontique de la route transcontinentale qui reliait la mer Noire avec l'Extrême-Orient.

Cependant, vers la fin du XIIIe siècle, un nouveau danger menaça d'emporter la situation privilégiée des Génois dans l'espace dominé par la Horde d'Or. En effet, en 1291, Acre, dernière position de la chrétienté en Terre sainte et principal avant-poste du commerce oriental de Venise, tomba entre les mains du sultan d'Égypte. Événement de première importance qui, en bouleversant les données du commerce international, poussa Venise à chercher ailleurs une nouvelle solution pour ses rapports avec le monde asiatique. Passant outre à la clause restrictive qu'ils avaient acceptée en 1269 – *quod non iretur ad Tanam* –, les Vénitiens se mirent en contact direct avec la Horde d'Or pour nouer leurs propres relations commerciales avec l'Asie à travers ses territoires en se passant de l'intermédiaire génois ; au grand dam de Caffa qui connaissait à cette époque son premier grand essor, grâce sans doute à la situation avantageuse qu'elle s'était forgée au nord du bassin pontique[8]. Conséquence de cette évolution, quelques années seulement après la chute d'Acre, le choc de leurs intérêts contradictoires dans le bassin pontique mit aux prises les deux puissances navales principales de la Méditerrannée au cours de ce que l'on convient d'appeler la première guerre des Détroits[9].

La paix de Milan (1299) qui mit un terme à cette guerre au cours de laquelle la flotte génoise remporta deux victoires éclatantes – celle de l'Aïas et celle de Curzola – offrit à Gênes un répit d'une vingtaine d'années en mer Noire, intervalle au cours duquel Venise avait assumé l'obligation de ne pas installer ses propres comptoirs dans le bassin pontique[10] ; avantage considérable bien que limité dans le temps, que Gênes mit à profit pour asseoir sur de nouvelles bases son activité commerciale afin de mieux pouvoir résister à l'inévitable retour offensif des Vénitiens dans la région. C'est en prévision de ce retour et des conséquences négatives multiples qu'il allait immanquablement entraîner pour son commerce, que Gênes inaugura une nouvelle politique destinée à consolider la situation des centres vitaux de son commerce en mer Noire. La construction de puissantes fortifications autour de ces centres lui parut donc le moyen le plus sûr de servir ses intérêts et d'affronter les adversités multiples que sa politique hégémonique ne pouvait manquer de susciter. Les comptoirs de Péra, Caffa et Trébizonde, qui, au début du XIIIe siècle, concentraient le plus gros de leurs affaires, furent aussi parmi les premiers que les Génois se proposèrent de mettre à l'abri de leurs éventuels adversaires en les dotant de solides murailles[11]. L'âge d'or de l'exploitation libre de concurrences embarrassantes inauguré à Nymphée était révolu ; une époque d'âpre concurrence avec Venise et d'affrontements avec les puissances riveraines de la mer Noire allait inévitablement le suivre.

Durement éprouvée pendant la guerre par les coups qui lui furent administrés aussi bien par les Vénitiens que par les Tatars[12], Caffa prit l'initiative, dans les

8. *Ibid.*, p. 201.
9. G. I. BRĂTIANU, *La mer Noire, des origines à la conquête ottomane*, Munich 1969, p. 258.
10. Ş. PAPACOSTEA, Gênes, Venise et la mer Noire à la fin du XIIIe siècle, *Revue Roumaine d'Histoire* 29/3-4, 1990, p. 233-234 ; V. CIOCÎLTAN, *Mongolii şi Marea Neagră în secolele XIII-XIV* (Les Mongols et la mer Noire aux XIIIe-XIVe siècles), Bucarest 1998, p. 147.
11. *Ibid.*, p. 150.
12. *Ibid.*, p. 147-148 ; W. HEYD, *Histoire du commerce du Levant au Moyen Âge*, 2, Leipzig 1886, p. 169 ; PAPACOSTEA, Gênes, Venise et la Mer Noire, cité *supra* n. 10, p. 231-232.

premières années du XIVe siècle, de s'entourer d'une puissante fortification sans avoir demandé ou obtenu au préalable le consentement de l'autorité suprême de la région, le khan Tokta de la Horde d'Or. Initiative audacieuse que le khan ne se montra pas disposé à tolérer. En 1307, Tokta mit le siège devant la ville qui avait défié son autorité. Finalement, après avoir résisté pendant huit mois à l'assaut tatare, à l'abri de l'enceinte récemment édifiée, les Génois se virent obligés d'abandonner la ville[13] ; résistance prolongée qui prouve l'existence à cette date d'une puissante fortification à Caffa et atteste en même temps la volonté de Gênes de faire de la ville le centre régulateur du commerce au nord du bassin pontique.

Délogés de Caffa par le khan, les Génois eurent finalement raison de l'hostilité de la Horde d'Or. L'arme du *devetum* fit une nouvelle fois la preuve de son extraordinaire efficacité. En bloquant le commerce de l'empire des « Tatars aquilonaires » et en privant les caisses du khan des ressources considérables que lui procurait en temps de paix le commerce pontique, Gênes accula la Horde d'Or à capituler. Lorsqu'en 1313 un nouveau khan, Özbek, succéda à Tokta, il s'empressa de renouer les liens avec Gênes en se soumettant à son exigence capitale : il lui concéda le droit de fortifier Caffa[14]. Concession qui permit aux Génois non seulement de faire de Caffa l'une des forteresses les plus redoutables de l'Europe orientale – elle devait résister jusqu'en 1475 aux tentatives de conquête de ses ennemis –, mais aussi de lui assurer la fonction de *caput Gazarie*, chef-lieu commercial des territoires dominés par la Horde d'Or. Le rapport de forces entre la Horde d'Or et la colonie qu'elle avait tolérée sur son territoire évolua dorénavant inexorablement et rapidement en faveur de celle-ci.

Gênes ne tarda pas à exploiter la grande victoire qu'elle venait de remporter sur la Horde d'Or. Dès la fin de 1313, la métropole décida de réorganiser son commerce pontique. À cet effet un conseil de « huit sages » fut constitué – rebaptisé plus tard *Officium Gazarie* – avec pour mission de délibérer *super factis navigandi et Maris Majoris* et de prendre les décisions qui s'imposaient pour assurer la rapide expansion du commerce génois et surtout le relèvement de Caffa[15]. La fortification de la ville fut rapidement achevée. En 1316, la chronique génoise constatait sobrement : *Anno Domini MCCCXVI redificata fuit civitas Caffa per dominum Antonium Gallum et dominum Nicolaum de Pagana sindicos communis Janue per gratiam sibi concessam per Usbech imperatorem Tartarorum*[16]. La reconstruction de la ville et la consolidation de sa fonction commerciale allèrent de pair avec l'édification de son enceinte protectrice. Toute une série de mesures visant à accélérer le développement de Caffa fut adoptée à Gênes par l'instance nouvellement instituée à cet effet.

13. CIOCÎLTAN, *Mongolii şi Marea Neagră*, cité *supra* n. 10, p. 149-150 ; ID., Enigme ale diplomaticei : primele tratate tătaro-genoveze (Énigmes de la diplomatique : les premiers traités tataro-génois), *Studii şi materiale de istorie medie* 18, 2000, p. 11-12.

14. ID., Politica faţă de genovezi a hanului Özbek (1313-1341) în contextul relaţiilor Hoardei de Aur cu ilhanatul şi cu sultanatul mameluc (La politique du khan Özbek par rapport aux Génois dans le contexte des relations de la Horde d'Or avec l'Ilkhanat et le sultanat mameluk), *Naţional şi universal în istoria românilor*, Bucarest 1998, p. 233-263.

15. *Imposicio Officii Gazarie*, Monumenta Historiae Patriae 2, *Leges Municipales*, éd. L. SAULI, Turin 1838, col. 308-309 ; cf. G. FORCHERI, *Navi e navigazione a Genova. Il « Liber Gazarie »*, Gênes 1974, p. 11 ; M. BALARD, Les Génois en Crimée aux XIIIe-XIVe siècles, *Ἀρχεῖον Πόντου* 35, 1979, p. 206-208.

16. Continuazione della cronaca di Jacopo da Varagine dal MCCCXVII al MCCCXXXII, éd. V. PROMIS, *ASLi* 10, 1874, p. 502.

Le grand projet conçu à Gênes ne pouvait se réaliser sans l'appui de moyens financiers à la hauteur de la tâche assumée. Dès le début de leur activité, les huit « sages » prirent soin de pourvoir à cet impératif en instituant l'obligation pour tous les bâtiments qui naviguaient dans la région de faire escale à Caffa à l'aller et au retour, en acquittant la taxe d'ancrage fixée[17]. De lourdes amendes frappèrent dorénavant ceux qui transgressaient cette décision. À leur sortie de la mer Noire, les patrons des vaissaux étaient astreints à un contrôle rigoureux de la part du podestat de Péra qui avait l'obligation de vérifier s'ils avaient obtempéré aux règles instituées par le conseil de Gênes. Le taux des taxes perçues à Caffa était fixé en fonction de la quantité des marchandises chargées sur les navires et de la valeur de la cargaison appartenant à chacun des participants aux transports navals. Les marchandises mises en vente sur place étaient soumises au tarif douanier local[18].

Concentrer le flux commercial à Caffa était une condition essentielle pour la réussite de la stratégie élaborée à Gênes ; pour ce faire, l'activité des Génois dans les centres concurrents, Soldaïa et Tana en tout premier lieu, devait être strictement limitée. Interdiction fut faite dès 1316 aux Génois et à ceux qui leur étaient assimilés du point de vue de leur statut légal d'exercer directement ou indirectement des activités commerciales à Soldaïa. Les transgresseurs de cette ordonnance furent eux aussi soumis à de lourdes amendes[19]. La réussite du projet des « sages » de Gênes sonnait inévitablement le glas de la ville qui avait dominé antérieurement le commerce des régions nord-pontiques. Encore florissante à la date où fut émise cette ordonnance qui la concernait directement, Soldaïa déchut bien avant la fin du XIVe siècle de son ancienne splendeur, processus qui s'accéléra lorsque la ville fut occupée par les Génois.

Non moins sévères furent les peines édictées au cours de la même année à l'encontre de ceux qui chargeaient ou déchargeaient leurs marchandises le long du littoral sis entre Caffa et Soldaïa pour échapper à la vigilance des douaniers[20]. Encore plus lourdes furent les amendes imposées à ceux qui séjournaient pendant l'hiver à Tana ou qui y acquéraient des habitations[21]. Le commerce avec Solkhat, centre du pouvoir tatare en Crimée, fut lui aussi soumis, dans le même but, à une série de restrictions[22].

En adoptant ces ordonnances, Gênes avait marqué l'essentiel de sa politique commerciale au nord du bassin pontique. Sans doute, à la date de leur promulgation, ces ordonnances et d'autres encore ne visaient que les ressortissants de Gênes. Bientôt cependant elles seront également appliquées aux marchands appartenant aux autres « nations » qui fréquentaient la région, pour aboutir finalement à la politique exclusiviste des Génois, sévèrement dénoncée par Nikèphoros Grègoras. Les prémices de cette politique qui, vers le milieu du XIVe siècle, devait provoquer un conflit armé entre Gênes et Byzance, un nouveau siège de Caffa par les Tatars et une nouvelle guerre vénéto-génoise, se retrouvent toutes dans les règles fixées par les huit « sages » de Gênes dès le début de leur activité.

17. *Imposicio Officii Gazarie*, cité *supra* n. 15, col. 378-379 ; BRĂTIANU, *Recherches*, cité *supra* n. 7, p. 219 ; M. BALARD, Les formes militaires de la colonisation génoise (XIIe-XIIIe siècles), *Castrum 3. Guerre, fortification et habitat dans le monde méditerranéen au Moyen Âge*, Rome 1988, p. 70.
18. *Imposicio Officii Gazarie*, col. 378-379.
19. *Ibid.*
20. *Ibid.*, col. 322.
21. *Ibid.*, col. 381.
22. *Ibid.*, col. 379.

C'est à un texte appartenant à l'histoire ecclésiastique que nous devons non seulement la preuve la plus directe du rapide développement de Caffa grâce à la sollicitude exceptionnelle dont elle fut l'objet de la part de la métropole mais aussi les informations les plus explicites concernant l'étendue des visées de Gênes au nord du bassin pontique et l'explication de l'extraordinaire déploiement du commerce génois en Europe centrale et orientale. En effet, en 1318, le pape Jean XXII, très probablement sollicité par les Génois eux-mêmes, décida d'élever la colonie génoise de Crimée au rang de *civitas*. Le pape nomma à la tête du nouveau diocèse le moine franciscain Hyeronimus[23] : *Nuper vero* – affirme le pape – *ex certis manifestis et notabilibus causis quae ad hoc animum nostrum induxerunt civitatem Caphensem, tunc villam intra Canbaliensis diocesis limites constitutam, quae locus insignis exstitit et ubertate multiplici hominum et rerum exuberat, de fratrum nostrorum consilio et apostolicae civitatis vocabulo duximus decorandam...* Après avoir constaté l'essor exceptionnel de Caffa, antérieurement une simple *villa* qui n'avait pas mérité d'être dotée d'un évêché – évidemment il s'agit des temps antérieurs au retour victorieux des Génois à Caffa en 1313 –, le pape fixe les limites assignées au nouveau diocèse : *a villa de Varia in Bulgariam usque Saray inclusive in longitudine et a mari Pontico usque ad terram Ruthenorum in latitudine, pro diocesi eidem ecclesie duximus assignandam...*[24]. Or, les limites du diocèse de Caffa, telles que les a tracées le pape Jean XXII, coïncident singulièrement avec les territoires dominés par la Horde d'Or en Europe, où les Génois revendiquaient un statut privilégié. Et, en effet, au cours des années et des décennies suivantes, les Génois firent preuve d'une remarquable ténacité dans leurs efforts pour transformer en réalité ce qui, en 1318, ne semblait être qu'un programme ambitieux.

La mise en application d'un tel programme suscita inévitablement la résistance des puissances condamnées à faire les frais de l'hégémonie commerciale des Génois. Les Bulgares, qui connurent un dernier sursaut d'énergie au Moyen Âge sous leur tsar Svjatoslav, furent les premiers parmi les riverains de la mer Noire à s'opposer aux Génois après la capitulation de la Horde d'Or en 1313. Le recul temporaire de la puissance tatare avait laissé le terrain libre aux ambitions du tsar bulgare qui, profitant de ce vide d'autorité, étendit au nord les limites de son empire jusqu'à l'embouchure du Dniestr.

Dès le début de l'année 1315, sinon même plus tôt, le conflit avait éclaté entre les Génois et les Bulgares[25]. Antagonisme profond et général qui a mis aux prises la République ligure et le Tsarat bulgare. Constatant le refus des Bulgares d'accepter leurs conditions et d'offrir les dédommagements sollicités en faveur de leurs concitoyens pour les pertes qu'ils avaient subies *tam in Maocastro quam alibi*, les autorités de Gênes proclamèrent un *devetum generale* sur le commerce avec les territoires de l'*imperator de Zagora tam per mare vel per terram*. Le tsar lui-même et tous ses sujets étaient exposés aux représailles de la part des Génois qui furent autorisés par la métropole à les léser impunément *in personis et rebus*[26]. Ni les causes du conflit ni son épilogue immédiat ne nous sont révélés par les sources.

23. *Acta Ioannis XXII (1317-1337)*, éd. A. L. Tăutu, Cité du Vatican 1952 (Pontificia commissio ad redigendum codicem iuris canonici Orientalis, Fontes ser. 3, vol. 7, 2), p. 12-13 ; cf. J. Richard, *La papauté et les missions d'Orient au Moyen Âge (XIIIe-XVe siècles)*, Rome 1977, p. 157-158.
24. *Ibid.*
25. I. Sakâzov, Le relazioni commerciali fra la Bulgaria e i Genovesi all'inizio del secolo XIV, *Genova e la Bulgaria nel Medioevo*, Gênes 1984 (Collana storica di fonti e studi 42), p. 347-349.
26. *Ibid.*

Cependant il est certain que le contentieux qui opposait les deux adversaires était très chargé, car il continua à envenimer longtemps encore les relations entre les Génois et les puissances qui ont contrôlé successivement le littoral occidental de la mer Noire jusque vers la fin du XIVe siècle. Le « despote » Dobrotić, d'origine incertaine, et son fils Ivanko, maîtres de la Dobroudja, ont opposé une résistance tenace aux Génois en attaquant leurs navires sur la route Kilia (Licostomo)-Péra et même, de temps en temps, en lançant des attaques contre les comptoirs génois des Bouches du Danube[27]. Mais, finalement, en 1387, Ivanko capitula en acceptant les conditions des Génois. Le traité de paix que ceux-ci lui arrachèrent consacrait, en effet, le régime privilégié que Gênes s'efforçait de longue date d'imposer à l'ensemble du littoral nord-pontique qui, auparavant, avait appartenu à la Horde d'Or[28]. En outre, les Génois se sont emparés, pendant les hostilités ou après leur conclusion, de la forteresse de Kaliakra, poste important sur l'itinéraire Caffa-Péra[29]. D'autres fortificatons arrachées aux Bulgares ou édifiées par les Génois consolidèrent encore plus la sécurité de la navigation génoise le long de cet itinéraire[30].

La Horde d'Or qui, en 1313, avait largement ouvert la voie au déploiement de cette politique de grande envergure conçue par les huit « sages » de Gênes revint à la charge sous un nouveau khan, Djanibek, qui tenta de renouer avec la politique de Tokta. Mais, malheureusement pour la Horde d'Or, la politique de Djanibek fit long feu au bout de quelques années seulement. L'échec du khan ne brisa pas définitivement la volonté des Tatars de récupérer les positions perdues en faveur des Génois, avant, pendant et après l'affrontement des années 1343-1347 ; cependant, toutes les tentatives ultérieures ne firent qu'accélérer la mise en application du programme génois de contrôle rigoureux du littoral pontique de la Horde d'Or. L'un après l'autre les centres commerciaux les plus importants du littoral tombèrent sous la coupe des Génois qui finirent par éliminer, à une exception près, toutes les concurrences effectives ou en puissance de la région. En 1365, Soldaïa, principal centre rival en Crimée, dont la fonction commerciale éminente dans la région avait été progressivement assumée par Caffa après 1313, fut annexée par les Génois avec les villages qui constituaient la *riparia Soldaie*[31]. Cembalo (Balaklava), qui menaçait de devenir un centre naval et commercial rival au cours de la guerre déclenchée par Djanibek, avait été annexée avant même la conclusion du conflit et du siège prolongé auquel les Tatars avaient soumis Caffa[32]. Ayant épuisé ses forces dans la vaine tentative de récupérer le terrain perdu, de guerre lasse, la Horde d'Or se résigna finalement à céder aux Génois en bonne et due forme les positions maritimes dont la possession consolidait leur hégémonie commerciale en Crimée[33].

27. G. BALBI, S. RAITERI, *Notai genovesi in Oltremare. Atti rogati a Caffa e a Licostomo (sec. XIV)*, Gênes 1973 (Collana storica di fonti e studi 14), p. 205, 208, 209 ; V. ESKENAZY, Din istoria litoralului vest-pontic : Dobrotici şi relaţiile sale cu Genova (Aspects de l'histoire du littoral ouest de la mer Noire. Dobrotić et ses relations avec Gênes), *Revista de Istorie* 34/11, 1981, p. 2051-2052 ; E. TODOROVA, Le relazioni di Dobrotiza con i Genovesi, *Genova e la Bulgaria nel Medioevo*, cité *supra* n. 25, p. 235-248.
28. M. ANDREEV, Vl. KUTIKOV, Le traité de 1387 entre Ivanko prince de Dobroudja et les Génois (Contribution à l'étude des traités internationaux de la Bulgarie au Moyen Âge), *Annuaire de l'Université de Sofia* 51, 1960, p. 97-103.
29. Ş. PAPACOSTEA, Genovezii la Kaliakra : un document ignorat (Les Génois à Kaliakra : un document ignoré), *Pontica* 30, 1997, p. 277-283.
30. SAKÂZOV, Le relazioni commerciali, cité *supra* n. 25, p. 335.
31. PAPACOSTEA, « Quod non iretur ad Tanam », p. 214.
32. G. PETTI BALBI, Caffa e Pera a metà del Trecento, *RÉSEE* 16/2, 1978, p. 226.
33. CIOCÎLTAN, *Mongolii şi Marea Neagră*, p. 222-223 ; PAPACOSTEA, « Quod non iretur ad Tanam », p. 214.

Aux Bouches du Danube les Génois ont pris la relève du contrôle byzantin très probablement pendant la seconde guerre des Détroits ; en tout cas, en 1359 ils étaient à même d'interdire aux Vénitiens d'acheter du blé *in partibus Licostomi* s'ils ne s'associaient pas avec les marchands ligures[34]. À une date qu'il est impossible de préciser mais qui, très probablement, se situe dans la seconde moitié du XIVe siècle, les Génois avaient acquis une situation privilégiée à l'embouchure du Dniestr aussi ; vers la même époque ils avaient implanté un point d'appui aux Bouches du Dniepr, à Lerici, relais important sur l'itinéraire de Caffa à Péra[35].

La persévérance de Gênes fut finalement couronnée de succès. À travers une longue série de coups de force et d'habiles négociations, les Génois réussirent à contrôler la presque totalité de la façade maritime de la Horde d'Or, dans les limites inscrites dans l'acte constitutif de l'évêché de Caffa : *a villa de Varia in Bulgariam usque Saray*. La seule pièce de cet ensemble qui échappa à l'emprise des Génois fut la position-clé de Tana où les Vénitiens réussirent à installer durablement leur propre comptoir, malgré l'opposition constante de leurs concurrents qui s'efforçèrent, mais vainement, de leur interdire l'accès direct aux sources du commerce mongol. Jusqu'à la fin de leur présence dans le bassin pontique, les Génois ont ressenti la présence des Vénitiens à Tana comme une épine dans le système commercial hégémonique qu'ils avaient établi dans les territoires ayant appartenu à la Horde d'Or.

Maîtres du littoral, les Génois poursuivirent leur programme en intégrant une partie importante de l'Europe centrale dans les réseaux du commerce internationnal qu'ils avaient contribué de manière décisive à installer dans le bassin pontique. Une carte datant de 1339 mentionne la route commerciale qui, passant par Lvov, aboutissait à la mer Baltique et plus loin encore à Bruges. Les marchands qui prenaient cette route, la *via tartarica*, passaient par Kiev où les sources attestent vers le milieu du XIIIe siècle déjà la présence des marchands italiens : *postea vadunt per mare Gothalandiae ad partes fiandres, specialiter in Bruges*[36]. Vers la fin du siècle, la *via tartarica* fut abandonnée en faveur de la *via valachica* ou *moldavica*, laquelle reliait Maurocastrum et Lvov, en traversant la principauté moldave. L'activité des Génois le long de cette route a été très intense et a laissé de nombreuses traces.

Un rôle non moins important fut assumé par la route qui reliait les Bouches du Danube, dominées par les Génois depuis le milieu du XIVe siècle, et l'Europe centrale. La grande prospérité des centres qui contrôlaient sur le littoral le commerce avec l'Europe centrale – Kilia-Licostomo, d'un côté, Maurocastrum d'un autre côté – est largement confirmée par les rivalités qu'elle engendra entre les puissances de la région qui se disputaient les profits résultant de l'exploitation des deux routes commerciales[37].

34. ID., De Vicina à Kilia. Byzantins et Génois aux Bouches du Danube au XIVe siècle, *RÉSEE* 16/1, 1978, p. 71-72.

35. ID., « Quod non iretur ad Tanam », p. 215.

36. G. I. BRĂTIANU, *Recherches sur Vicina et Cetatea Albă. Contributions à l'histoire de la domination byzantine et tatare et du commerce génois sur le littoral roumain de la mer Noire*, Bucarest 1935, p. 123.

37. V. SPINEI, La genèse des villes du sud-est de la Moldavie et les rapports commerciaux des XIIIe-XIVe siècles, *Balkan Studies* 35/2, 1994, p. 234-237 ; Şt. ANDREESCU, Genovezii pe drumul moldovenesc (Les Génois sur la route moldave), *Din istoria Mării Negre (Genovezi, români şi tătari în spaţiul pontic în secolele XIV-XVII)*, Bucarest 2001 (Biblioteca pontica 3), p. 89-116 ; Ş. PAPACOSTEA, Un tournant de la politique génoise en mer Noire au XIVe siècle : l'ouverture des routes continentales en direction de l'Europe centrale, *Oriente e Occidente tra Medioevo ed Età moderna. Studi in onore di Geo Pistarino*, éd. L. BALLETTO, Gênes 1997, 2, p. 939-947.

L'extraordinaire épanouissement du commerce génois en Europe orientale et centrale aux XIVe et XVe siècles a été le fruit de la mise en application du projet conçu à Gênes par le conseil des « huit sages » institué à cet effet en 1313. Ce projet visait à asseoir solidement l'hégémonie génoise dans un vaste espace, « depuis Varna jusqu'à Saray », le long du littoral, et « depuis la mer Pontique jusqu'au pays des Russes » à l'intérieur du continent, limites inscrites dans l'acte de fondation de l'évêché de Caffa en 1318. Conçu au début du XIVe siècle, ce projet qui témoigne de l'excellente connaissance à cette date par les Génois du bassin pontique, des réalités régionales de l'Europe centrale et orientale et des perspectives qu'elles offraient à leur commerce, a été mis en application avec une extraordinaire ténacité par les Génois du bassin pontique au cours des années et décennies suivantes. L'ensemble du territoire visé par le projet et par la politique qu'il inspira allait subir dans l'immédiat et à long terme les conséquences multiples de cette initiative de la République ligure.

Şerban Papacostea
Membre de l'Académie Roumaine

Des Lorrains en croisade. La maison de Bar

Michel PARISSE

À l'occasion d'un récent exposé sur l'écho qu'eut l'appel d'Urbain II dans le nord-est de la France[1], j'ai été conduit à signaler que la Lorraine avait été peu touchée par le phénomène de la croisade, à l'exception de la dynastie comtale de Bar. Le temps est venu d'en dire un peu plus et d'éclairer la lanterne du spécialiste de la Méditerranée et de la Terre sainte sur ce qui pouvait se passer à l'occasion des grands pèlerinages. Le plus commode sera de suivre la chronologie des différentes expéditions[2].

LA PREMIÈRE CROISADE : UN RAPPEL

Quelques Lorrains ont pu entendre Urbain II lancer son fameux cri de ralliement, s'il en fut bien ainsi. Le bouche à oreille a parfaitement fonctionné à la frontière de la France et de l'Empire, et c'est ainsi que, si des habitants de cette région ont répondu présents, ils ont d'emblée fait apparaître un fait qui devait se confirmer par la suite : la croisade a rencontré un succès incontestable en terre française, Bourgogne et Champagne, et en terre impériale francophone, c'est-à-dire en Lorraine et en Bourgogne comtale, mais peu au-delà de la frontière des langues et donc en Lorraine germanophone. Ces distinctions peuvent paraître factices ou peu signifiantes, et pourtant elles sont une manifestation supplémentaire des réactions politiques, sociales, religieuses différentes qui étaient celles de la France et de l'Empire, et dont on voyait les manifestations originales dans la marge impériale où la civilisation française trouvait une implantation naturelle. Ces remarques ne signifient pas que l'on méconnaît les croisés partis d'Allemagne ; elles doivent être entendues avec un certain recul.

Un homme a symbolisé à lui seul la participation lorraine à la première croisade : Godefroid de Bouillon. On parle à tort de Lorrain à son propos et il est plus correct de parler de Lotharingien, c'est-à-dire d'un habitant de ce qui fut le royaume de Lothaire II, de la Bourgogne à la Flandre, entre la Meuse et le Rhin. Le duc Godefroid avait hérité de ses ancêtres et reçu du roi Henri IV la charge ducale de la moitié nord de la Lotharingie, tandis que la moitié sud revenait à une nouvelle dynastie, celle des Habsbourg-Lorraine. Godefroid, dit de Bouillon d'après le château qu'il engagea à l'évêque de Liège pour avoir des liquidités, était un pur produit de l'aristocratie impériale et il le montra de façon lumineuse en prenant le titre d'avoué du Saint-Sépulcre au lieu de celui de roi, qu'on lui proposait. Il

1. Les effets de l'appel d'Urbain II à la croisade aux marges impériales de la France, *Le concile de Clermont de 1095 et l'appel à la croisade*, Rome 1997, p. 213-220.
2. On ne tiendra pas compte de l'ouvrage suivant, qui survole la question, s'en écarte souvent et n'apporte aucune information nouvelle : Cl. NOIRÉ, *La Lorraine aux Croisades*, Metz 1971.

Chemins d'outre-mer. Études d'histoire sur la Méditerranée médiévale offertes à Michel Balard.
Paris, Publications de la Sorbonne, 2004 (Byzantina Sorbonensia 20)

marquait ainsi sa soumission parfaite à l'Église dont il se voulait seulement protecteur ; il transportait en Orient une conception qui ne se maintint pas ; son jeune frère Baudouin n'hésita pas un instant à coiffer la couronne royale[3].

Godefroid fut un des chefs de la première croisade ; il entraînait derrière lui des chevaliers et des sergents, des comtes et des seigneurs venus de régions qu'il connaissait bien. La marge lorraine lui fournit quelques combattants, dont les sources ont conservé les rares noms. Nous oublierons Godefroid d'Esch et Lambert de Montaigu, sortis de l'actuel Luxembourg. Nous retiendrons deux familles : les comtes de Toul et les comtes de Montbéliard.

Pierre et Renard sont mentionnés par les récits des croisés comme de vaillants combattants ; ils sont régulièrement dits de Toul pour Renard et de Stenay pour son frère. L'un et l'autre en réalité appartiennent à la maison champenoise de Dampierre en Asthenois, située à la frontière de la Lorraine. Leur château paternel était établi en terre champenoise, mais avait d'étroits contacts avec les diocèses voisins de Verdun et de Toul. Au milieu du XIe siècle, un certain Frédéric est comte d'Asthenois, sur un territoire dont le point fortifié s'appelle Dampierre, rappelant sans doute le nom de son fondateur (*Domnus Petrus*). Ce baron a épousé Gertrude, l'héritière du comté de Toul, fille d'un comte Renard[4]. Frédéric se rencontre dans les chartes des évêques de cette période jusqu'en 1079 ; il laisse alors deux fils, Renard et Pierre, auxquels il donne des noms apportés par sa femme pour l'un et par ses ancêtres pour l'autre. Ce sont ces deux frères qu'on retrouve sur les champs de bataille de la Terre sainte ; Renard en revint sain et sauf, puisqu'on le retrouve régulièrement ensuite à Toul[5]. Renard se fit accompagner à la fin de sa vie par son fils Frédéric dès 1118 et il mourut avant 1124, après avoir tenu sa charge comtale durant près de quarante-cinq ans. Pierre a laissé son souvenir dans un nécrologe à la date du 13 janvier ; il semble n'avoir laissé qu'une fille. La référence régulièrement faire à Stenay[6] dans les sources de la croisade indique que Pierre y avait sa résidence habituelle. On sait que Stenay avait appartenu à la famille ducale et était tombé dans l'héritage de la comtesse Mathilde avec la localité voisine de Mouzay. La grande comtesse en fit don à l'Église de Verdun et Pierre en avait sans doute reçu la gestion en fief. Cette lignée comtale, vouée à n'avoir souvent que des filles, ne dépassa pas le milieu du XIIe siècle.

Les deux frères eurent en Terre sainte une conduite particulièrement valeureuse comme cela ressort de nombreuses mentions empruntées à diverses sources. C'est ainsi qu'Albert d'Aix dit de Louis de Montbéliard qu'il était « admirable pour ce qui est de combattre[7] ».

La seconde famille qui fait alors parler d'elle en Orient est en train de se construire un avenir. Sophie, seule héritière des ducs de Haute-Lotharingie, a été mariée après 1033 à un comte Louis, établi à Montbéliard ; leur descendance regroupe au moins trois comtés : Bar, presque en Champagne, Ferrette et Mont-

3. M. PARISSE, Godefroy de Bouillon, le croisé exemplaire, *L'histoire* 47, 1982, p. 18-25.
4. Cette première famille de comtes de Toul est bien connue dans la première moitié du XIe siècle (J. SCHNEIDER, Notes sur quelques documents concernant les cités lorraines au Moyen Âge, *Revue historique de la Lorraine* 87, 1950, p. 17-19).
5. Il figure comme témoin dans les actes des évêques Udon et Pibon. Voir J. CHOUX, *Recherches sur le diocèse de Toul au temps de la réforme grégorienne. L'épiscopat de Pibon (1069-1107)*, Nancy 1952, *passim* et notamment p. 103.
6. Ce mot est écrit de différentes manières : *Stenay*, *Stadeneis* (*RHC Occ.*, I/1, p. 263 et p. 136).
7. ALBERT D'AIX, II, 23 (*RHC Occ.*, IV, p. 317).

béliard aux confins de l'Alsace et de la Bourgogne comtale[8]. Leur nombreuse descendance fit éclater leur héritage. Cependant Bar et Montbéliard restèrent encore soudés du temps du comte Thierry Ier, mort en 1105. D'Ermentrude de Bourgogne, sœur du futur pape Calixte II, Thierry eut plus de dix enfants ; c'est l'aîné Louis qui fit parler de lui en croisade, tandis que ses frères assuraient la continuité en trois branches : Renaud à Bar/Mousson, Frédéric à Ferrette, Thierry à Montbéliard. Albert d'Aix le désigne ainsi : *Luodewicus de Monzuns, mirabilis in opere militari, filius comitis Tirrici de Montbiliarht*[9]. Louis est cité plusieurs fois : en Italie auprès de Godefroid, au siège d'Antioche aux côtés d'un autre Lotharingien Lambert, fils de Conon de Montaigu, au siège de Jérusalem avec le comte de Flandre et Tancrède. Il serait revenu de Jérusalem pour participer à la vie de sa famille ; on ne sait si c'est bien lui qui fut assassiné par ses serviteurs en 1102 sous le nom de comte de Montbéliard[10]. Louis n'était pas isolé, car bien d'autres croisés de cette expédition, provenant de Lotharingie ou de Bourgogne, lui étaient apparentés[11].

Parmi les autres nobles de Lorraine que l'aventure de la première croisade avait retenus, Albert d'Aix présente un clerc messin, Adalbéron, fils du comte Conrad de Luxembourg et archidiacre dans la cité de Metz. Le chroniqueur fait état de son origine royale (*de regio sanguine*), et précise même qu'il était proche de l'empereur Henri IV[12]. Le jeune clerc, que l'on ne retrouve pas dans les sources messines, fut surpris par les Turcs alors qu'il se distrayait dans un verger avec une noble dame et il y perdit la vie[13]. On aimerait en savoir davantage sur l'origine familiale de ce clerc un peu léger. Une série de chanoines de ce nom se succèdent à Metz comme princiers et il n'est pas facile de les distinguer. Sans doute y a-t-il un effet du népotisme, mais cela ne suffit pas à être renseigné. Si l'on se souvient que Metz se vit donner en 1090 un évêque par l'empereur Henri IV dont on dit qu'il était cousin du souverain et dont on ignore totalement l'origine familiale, on ne s'étonnera plus de rester en panne pour un simple chanoine.

La deuxième croisade

Si l'on suit le récit que fit Eudes de Deuil, abbé de Saint-Denis, du voyage outre-mer du roi Louis VII de France, on rencontre au moins trois Lorrains, cités de la sorte : le vénérable évêque de Metz, et son frère Renaud comte de Mousson, et l'évêque de Toul[14]. Les prélats ne sont pas nommément désignés mais sont connus par leur siège, et le comte de Mousson est précisément nommé. Tous trois faisaient alors partie de l'entourage du roi de France en Syrie, *Alemannos non ferentes*, écrit Eudes de Deuil[15]. Cette remarque, qui ne peut s'inventer, est révélatrice. Les croisés

8. Pour la famille des comtes de Bar, les seules références valables sont les suivantes : M. Grosdidier de Mâtons, *Le Comté de Bar des origines au Traité de Bruges (Vers 950-1301)*, Metz 1922, et G. Poull, *La Maison souveraine et ducale de Bar*, Nancy 1994.
9. Albert d'Aix, dans *RHC Occ.*, II, p. 23.
10. Tous ces renseignements avec référence aux sources de la première croisade sont rassemblés par Grosdidier, *Le Comté*, cité *supra* n. 8, p. 110-111. Ils sont repris par Poull, *La Maison*, cité *supra* n. 8, p. 82-83.
11. Voir aussi, Choux, *Recherches*, cité *supra* n. 5, p. 102-105 (« Les croisades »).
12. Albert d'Aix, *op. cit.*, p. 370.
13. *Ibid.*
14. Eudes de Deuil, *La croisade de Louis VII roi de France*, éd. H. Waquet, Paris 1946, p. 40.
15. *Ibid.*, p. 60.

lorrains se sont attachés à la troupe du roi de France qui avait fait une halte à Metz avant de rejoindre Worms et de filer vers l'est par voie de terre. Ce texte, ajouté à ce qu'on a pu dire de la prédication de saint Bernard[16], explique peut-être un relatif succès de la croisade auprès des Lorrains. En réalité il semble qu'on puisse en savoir plus sur le contingent lorrain de la deuxième croisade.

Pour ce qui est du comte Renaud Ier de Mousson et de Bar, fils du comte Thierry de Montbéliard et neveu du Louis de Mousson de la première croisade, il était à la fin de sa vie, ayant pris la tête du comté barrois en 1105[17]. Devenu borgne, il avait fait montre d'une grande ardeur dans l'établissement de son pouvoir, en particulier au détriment de l'évêché de Verdun. Marié à une fille du comte lorrain de Vaudémont, Gisèle, il en avait eu de nombreux enfants. Son fils aîné, Hugues, était mort prématurément lors d'un siège ; le second, Renaud, était l'héritier désigné ; un troisième garçon, Thierry, faisait carrière dans l'Église et avait reçu une prébende auprès de son oncle Étienne, évêque de Metz.

Renaud était peut-être l'un de ces barons qui, après avoir beaucoup combattu l'Église, voulaient se mettre à son service. Il semble s'être croisé dès l'année 1128, si l'on en croit un acte de Saint-Lambert de Liège[18]. Il réalise son vœu vingt ans plus tard. À la veille de partir il fait plusieurs dons aux chanoines réguliers de Saint-Pierremont :

> Le comte Renaud, qui avait obtenu le fief de Briey et s'apprêtait à partir pour Jérusalem, avec l'accord de sa femme et de ses enfants, loua et confirma, par une charte et par son sceau, pour que cela demeure pour toujours aux frères, ce que la comtesse Mathilde, sa parente, avait donné à cette même abbaye. Il donna en plus, avec sa femme et ses enfants, les sièges des moulins de Xarné, ce que Garnier Ronde avait déjà donné. Il donna, avec l'accord de son fils Renaud, le moulin voisin de Grammoz[19].

Renaud ne revit pas son pays, car il mourut en mer dans le voyage de retour, comme cela est mentionné accessoirement dans le même cartulaire de Saint-Pierremont dans les termes suivants :

> ...sire Renaud, comte de Bar et seigneur du château de Briey, au retour de son pèlerinage de Jérusalem, mourut en mer et donna à l'église de Saint-Pierremont un moulin situé devant Briey et qui était de son droit, en présence et avec l'accord de ses fils Thierry, princier de Metz, et de Renaud comte de Bar, en présence aussi de deux chevaliers, Thierry de Saussenrupt et Payen d'Azannes[20].

La mort se situerait entre mars et juin 1149[21],

> Après que les deux frères furent revenus chez eux, le seigneur princier Thierry, qui avait hérité le gouvernement du château de Briey, au jour anniversaire de la mort de son père, vint à l'église de Saint-Pierremont et après avoir célébré dignement le service anniversaire, au chapitre des frères, refit et confirma la donation et l'aumône que son

16. M. PARISSE, Saint Bernard et l'Empire, *Bernard de Clairvaux, histoire, mentalités, spiritualité*, Paris 1992, p. 401-427.

17. GROSDIDIER, *Le Comté*, p. 168-171 ; POULL, *La Maison*, p. 97-99.

18. S. BORMANS, E. SCHOOLMEESTERS, *Cartulaire de l'église Saint-Lambert de Liège*, 1, Bruxelles 1893, p. 58-60, n° 36 : *...me disponente ire Iherosolimam*.

19. M. PARISSE, *Actes des princes lorrains. Actes des comtes de Bar*, Nancy 1972, n° 17, p. 56.

20. *Ibid.*, n° 18, p. 57. Voir J. DENAIX, Quand est mort Renaud Ier de Bar ?, *Bulletin de la société d'histoire et d'archéologie de la Meuse* 1, 1964, p. 125-126.

21. Jean Denaix retient la fourchette février-mars, mais Grosdidier de Mâtons emprunte au nécrologe de Saint-Clément la date du 24 juin (p. 171). Cette dernière date mériterait assez la confiance, car l'abbé de Saint-Clément faisait partie de l'expédition (MGH, SS, 24, p. 500-501). Mais le nécrologe de Saint-Pierremont (Bibl. Metz, ms. 1714), où Thierry a fait le service anniversaire de son père, donne la date du 2 mars. Cette dernière donnée est la plus plausible.

père avait faites dudit moulin et déposa le don sur l'autel en présence et à la vue de nombreux membres de la domesticité de Briey qui étaient venus avec lui[22].

Cette notice nous apporte ainsi de nouveaux enseignements : quand Renaud fit sa donation sur le bateau qui le ramenait en Lorraine, il avait à ses côtés ses deux fils, le princier du chapitre de Metz Thierry et le futur comte de Bar Renaud II, avec deux chevaliers. On peut retrouver d'autres participants à cette croisade.

L'évêque de Toul, qui est évoqué par Eudes de Deuil, était Henri de Lorraine, frère du duc Simon Ier (1115-1138) et oncle de Mathieu Ier (1138-1176). Il avait fait part de son intention de partir outre-mer au moment du passage des troupes françaises, comme le rapporte le préambule d'une charte de donation destinée à l'abbaye Saint-Mansuy de Toul et donnée en 1147 :

> ...enflammé par le désir de prendre la route de Jérusalem, je me suis soucié de corriger les torts que j'ai causés, espérant par l'intervention de saint Mansuy et des frères qui servent Dieu dans ce monastère, bénéficier de leurs prières et pour que mon souvenir puisse être conservé parmi eux avec plus de force au cours du voyage, ou bien, dans le cas où il m'arriverait d'approcher le terme de ma vie, pour qu'ils assurent avec plus de soin des obsèques à mon cadavre[23].

L'évêque offre l'autel de Dombasle, où il favorise la fondation d'un prieuré pour la même abbaye ; il mentionne à cette occasion le retour récent de Jérusalem d'un clerc nommé Hugues, ce qui nous confirme que de nombreux pèlerins quittaient régulièrement la Lorraine. La précaution que prend Henri de Lorraine d'assurer qu'on se souviendra de lui habite également le chevalier Simon de Parroy, qui, dans le même temps, engage un fief auprès de l'église de Saint-Dié moyennant le versement de douze livres. La charte, scellée par l'évêque, a été dressée au dernier instant si l'on en juge au protocole suivant :

> Au moment où le roi des Français Louis et l'incroyable armée de toute l'Asie avaient décidé de partir pour Jérusalem avec armes et chevaliers pour soutenir la foi et dilater la chrétienté, Simon de Parroy, ayant pris la croix (*cruce suscepta*), exprimant le même désir, a engagé auprès de l'église de Saint-Dié le fief de trente sous monnaie de Saint-Dié qu'il tenait de l'évêque de Toul...[24].

Durant l'absence de ce même évêque, son neveu, le duc Mathieu Ier de Lorraine ne resta pas inactif, en bien comme en mal. Il s'établit dans un château à Gondreville, en un lieu normalement protégé contre les ambitions ducales, ce qui entraîna un long conflit entre les deux parents[25]. Par ailleurs en 1148, répondant semble-t-il à une demande de sa mère Adélaïde, il fonda une abbaye pour accueillir des religieuses cisterciennes. La vieille duchesse, qui s'était retirée dans l'abbaye bourguignonne du Tart, souhaitait ainsi revenir en Lorraine en y installant une communauté à l'Étanche (appelée Valduc au début). La solennité de la fondation fut confirmée par la rédaction de trois grandes chartes, celle du duc en 1148, celle de l'évêque du lieu en 1149, celle de l'archevêque de Trèves en 1150. Celle de l'évêque doit nous retenir : datée de Varangéville le 10 août 1149, elle s'achève par la mention des barons qui étaient témoins : Étienne, évêque de Metz, Thierry, princier, Henri, comte de Salm, Hugues, comte de Vaudémont, Renaud, comte de

22. Cartulaire de Saint-Pierremont, BnF, nouv. acq. lat. 1608, fol. 14r.
23. Acte pour Saint-Mansuy, éd. *Gallia christiana* XIII, instr., col. 504.
24. Original AD des Vosges G 254 no 2 ; éd. A. Philippe, Les chartes-parties des Archives départementales des Vosges, *Bulletin philologique et historique*, 1921, p. 162-163.
25. H. Collin, Le prétendu « ban royal » de Toul au Moyen Âge et l'affaire du château de Gondreville, *Annales de l'Est*, 1967, p. 345-354.

Bar, Albert, comte de Chiny, Folmar, comte de Sarrewerden, Gobert d'Apremont. On considère volontiers que cette liste donne les noms de croisés revenant juste d'Orient, car on est assuré qu'Étienne, Thierry, Hugues, Renaud y étaient allés ; les autres devaient faire partie du même voyage de retour[26].

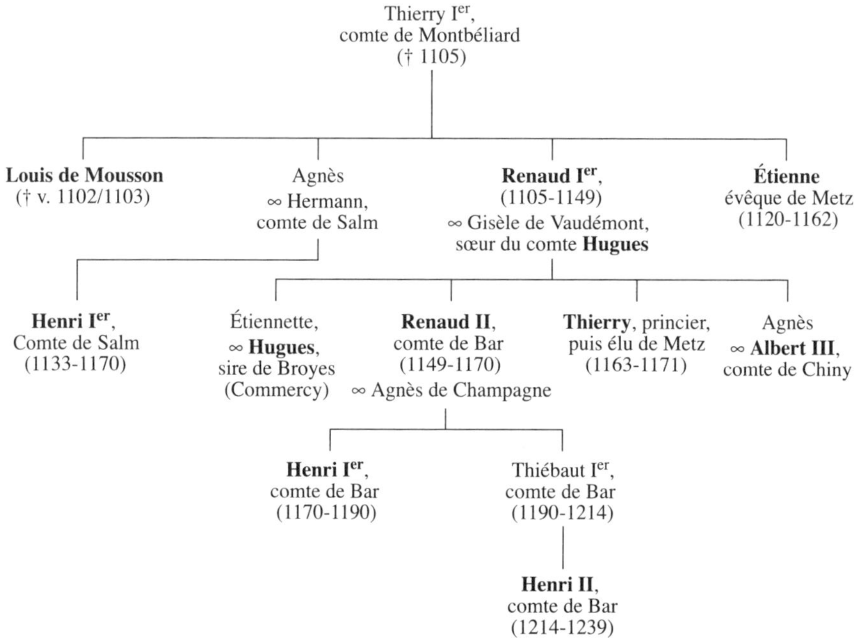

Fig. 1 - Les comtes de Bar et leur famille en croisade
(en gras, les participants à une croisade)

L'identification des témoins de la charte de l'Étanche ne pose pas de problème : Renaud de Bar est le fils de ce comte dont nous venons de voir qu'il était mort en mer lors du retour. Étienne de Bar, évêque de Metz (1120-1162), était le frère de ce comte défunt et l'oncle du princier de Metz Thierry de Bar et du jeune comte Renaud (1149-1170). Henri Ier, comte de Salm (vers 1133-1170), était le fils d'une Agnès de Bar, sœur du même évêque. Hugues Ier, comte de Vaudémont (1120-1154), était beau-frère de défunt Renaud de Bar. Albert III, comte de Chiny (1125-1162), était un gendre du même comte. Folmar Ier, comte de Sarrewerden (vers 1131-après 1149) avait épousé une Étiennette de Montbéliard de la même famille de Bar. La liste s'achève par un seigneur, Gobert (IV) (d'Apremont) (1147-1162). À cette liste on peut ajouter le nom du sire de Broyes, Hugues, qui a épousé Étiennette, fille de Renaud Ier de Bar et dame de Commercy. On le voit : à l'évidence c'est tout un groupe familial qui était parti pour Jérusalem, parents proches du vieux comte de Bar, ou vassaux. Le seul qui détonait d'une certaine manière dans ce groupe est justement l'évêque de Toul, qui appartient à la dynastie ducale, normalement réfrac-

26. AD des Vosges, XXXVII H 5 no 2 ; éd. A. Calmet, *Histoire ecclésiastique et civile de Lorraine*, Nancy 1728, 2, preuves, col. 333-334 ; 2e éd., Nancy 1757, 5, preuves, col. 334-336.

taire à la croisade. Certes il conviendrait d'avoir des sources plus assurées de la participation de tout ce groupe à la deuxième croisade, mais l'hypothèse n'est pas gratuite.

Otton de Freising, qui parle de cette croisade, cite notamment l'évêque de Metz ; pour ce qui est de l'évêque de Toul, il ne l'a mentionné que pour sa parenté : « Henri, frère du comte Thierry de Flandre. » Ce rapprochement parental peut surprendre qui a oublié que le duc de Lorraine Thierry s'était marié deux fois : d'abord avec Hedwige de Formbach qui lui donna son fils et successeur Simon Ier, puis avec Gertrude de Flandre dont il eut notamment le futur comte de Flandre Thierry et cet évêque de Toul, Henri. L'évêque bavarois ajoute à leur nom celui de Théodouin, cardinal-évêque de Porto et légat du Siège apostolique, auparavant abbé de Gorze en Lorraine. Voici la phrase de la chronique considérée : « Le roi des Français, Louis, peu après, le suivit, emmenant avec lui parmi les nôtres des Lorrains, dont les princes ou les grands étaient les évêques Étienne de Metz et Henri de Toul, les comtes Renaud de Mousson et Hugues de Vaudémont[27]... »

Un grand baron de Lorraine se trouve ainsi doublement attesté : le comte Hugues de Vaudémont. Il n'est sans doute pas inutile de revenir sur sa personne à propos de laquelle de nombreuses erreurs ont été sans cesse répétées. À l'origine de ces erreurs se trouve l'historien de cette famille comtale, Michel François[28]. Quelques actes du fonds de l'abbaye de Beaupré l'avaient conduit à penser qu'Hugues avait disparu en Terre sainte durant de nombreuses années avant de réapparaître en Lorraine alors que son fils Gérard lui avait déjà succédé. L'interprétation de l'historien de Vaudémont était la suivante : le comte Hugues était parti en croisade et n'en était revenu que seize ans plus tard alors que tout le monde le croyait mort. Cette relation serait sans doute passée inaperçue sans la découverte fortuite d'une statuette représentant un couple formé d'un croisé serrant tendrement contre lui son épouse. Ce bel objet, aujourd'hui exposé dans l'église des Cordeliers du Musée historique lorrain de Nancy, fut découvert dans le sous-sol du prieuré de Belval, fondation des comtes de Vaudémont au profit de l'abbaye de Moyenmoutier. Parmi les hypothèses émises alors sur le sens et l'origine de la sculpture, figurait la suivante : il s'agissait du comte de Vaudémont revenant tout vieilli de la croisade. Cette explication touchante eut le mérite de séduire immédiatement les historiens et l'on ne compte plus aujourd'hui les ouvrages, lorrains, français et occidentaux, qui publient une reproduction du couple, parfois donné clairement comme Hugues de Vaudémont et Aigeline de Bourgogne.

En réalité, on vient de le voir : Hugues de Vaudémont était de retour en 1149 avec les autres Lorrains croisés et le chroniqueur Jean de Bayon donne même l'année de sa mort en 1154, tandis que le jour nous est proposé par l'obituaire de Beaupré : 4 février[29]. Il faut oublier cette histoire romancée.

Pour les comtes de Salm et de Sarrewerden, on ne dispose pas d'autres indications permettant d'assurer leur présence en Terre sainte aux côtés de leurs parents lorrains. Des chevaliers plus modestes partirent également pour Jérusalem. Là encore le cartulaire de Saint-Pierremont fait état de donations faites avant leur départ par Gérard de Béchamps (fol. 18r), par Jean de Susange (fol. 20v), par Frédéric Mustell

27. *Ottonis et Rahewini gesta Friderici I. imperatoris*, Hanovre 1884 (MGH, Script. Rer. Germ., 46), p. 52.
28. M. FRANÇOIS, *Histoire des comtes et du comté de Vaudémont*, Nancy 1936, p. 24-39.
29. *Obituaire de l'abbaye de Beaupré, Ordre de Citeaux, diocèse de Toul*, publié par l'abbé J. CHOUX, Nancy 1968, p. 24.

(fol. 21v), chacun voulant avoir pour partir quelques dizaines de sous. Le rassemblement de toutes les mentions disparates empruntées aux chartes et aux chroniques devrait permettre d'en savoir un peu plus. Ajoutons qu'une charte du duc Mathieu nous apprend que Simon de Parroy et Thierry de Saint-Hilaire avaient aussi fait le voyage outre-mer[30], tout comme l'abbé de Saint-Clément de Metz, Simon[31]. En réalité bien d'autres noms pourraient encore être ajoutés si on procédait à un dépouillement approfondi des chartes données à cette époque[32].

Autres croisades

La troisième croisade

Le mariage du comte de Bar Renaud II avec Agnès de Champagne en fit un parent proche par alliance des rois de France, et les comtes Henri Ier et Thiébaut Ier étaient ainsi cousins germains de Philippe-Auguste. On ne s'étonne donc pas de rencontrer le jeune comte de Bar à Gisors quand le 21 janvier 1188 les rois de France et d'Angleterre décidèrent de se rendre en Terre sainte[33]. Le seigneur d'Apremont partit avec le comte de Bar, si l'on en croit une mention puisée dans un acte de son petit-fils. Ce baron lorrain trouva la mort en Orient, ce qui laissa la seigneurie en difficulté pour quelques années. Cette croisade attira aussi l'évêque de Toul Pierre de Brixey, fidèle à son empereur Frédéric Barberousse. Pierre n'en revint pas vivant et la date de sa mort est fixée en 1191, au cours de l'été[34].

Henri Ier, comte de Bar, demeura fidèle à la ligne de sa famille. Il n'attendit pas les rois pour partir et se retrouva en bonne compagnie en Terre sainte au début de 1190. Le siège d'Acre, mené par Saladin, traînait en longueur. À l'occasion d'une feinte du chef musulman, le comte de Bar s'engouffra dans son camp avec quelques imprudents. L'affaire tourna mal et Henri en revint gravement blessé. Il mourut deux semaines plus tard le 19 octobre 1190. Mort célibataire, il laissait la totalité de son héritage à son frère Thiébaut, déjà seigneur de Briey[35].

La quatrième croisade

Les croisades continuèrent de susciter l'enthousiasme, mais étaient de gros consommateurs d'hommes ; elles avaient besoin de chefs. Quand il fut question de lancer une quatrième croisade, les amateurs sollicitèrent le comte de Champagne, le duc de Bourgogne, puis le comte de Bar. Ce dernier venait de s'emparer du comté de Luxembourg et d'en épouser la jeune héritière. Il déclina l'offre flatteuse. Il ne renonçait pourtant pas à payer son tribut à la lutte pour la chrétienté et s'en-

30. É. Duvernoy, *Le duc de Lorraine Mathieu Ier (1139-1176)*, Paris 1904, p. 39-40.
31. *Chronicon sancti Clementis Mettense* (MGH, SS, 24), p. 500-501.
32. Voir la liste proposée par Poull, *La Maison*, p. 97.
33. Rigord, *De gestis Philippi Augusti*, dans *Histoire des Gaules*, t. XVII, p. 25.
34. E. Martin, *Histoire des diocèses de Toul, de Nancy et de Saint-Dié*. 1, *Des origines à la réunion de Toul à la France*, Nancy 1900, p. 264-265. Cet auteur propose la date du 27 août selon une source touloise ; le nécrologe de Jandeures donne le 25 juillet (Nancy, Bibl. Mun. ms. 995-3, fol. 42).
35. Le récit de cette attaque aventureuse en a été fait dans les mêmes termes par Grosdidier, *Le Comté*, p. 198-202, et par Poull, *La Maison*, p. 126-128. Ce dernier mentionne une série de chevaliers et de petits seigneurs partis également à la troisième croisade (*ibid.*, p. 127).

gagea à la fin de sa vie, en 1211, dans la croisade des Albigeois. Les historiens du comté ont repris les sources narratives qui conduisent le comte vers Carcassonne jusqu'à son renoncement et son retour[36].

La cinquième croisade

En 1214, Henri II a succédé à son père Thiébaut à la tête du comté de Bar. C'est un homme énergique qui agrandit et consolide sa principauté. C'est à l'approche de la cinquantaine qu'il décide de sacrifier à la tradition du pèlerinage outre-mer. Il entraîne ou suit, comme de coutume, des grands de son entourage familial et vassalique : Henri de Grandpré, Hugues de Vaudémont, Joffroi de Bourlémont, Simon de Clefmont, Joffroi de Toul, Simon de Neuville, Thierry de Morville, petits seigneurs, cadets de grandes familles, chevaliers, dont beaucoup échappent au recensement[37]. Le départ d'Henri est postérieur à juillet 1239. Les batailles font rage en permanence. Le comte de Bar s'engage sans compter. Il fera partie des premières victimes qui suivent l'arrivée de la troupe lorraine et champenoise[38]. Il serait mort dès le 13 novembre 1239, laissant la place à son jeune fils Thiébaut II, lequel ne succomba pas au charme du pèlerinage et gouverna son comté durant un demi-siècle (1240-1290).

La croisade des Apremont [39]

Une famille de nobles barons lorrains s'est illustrée aux croisades dans des conditions voisines de celle des comtes de Bar, d'abord avec ceux-ci, puis du côté français, celle d'Apremont. Pour le XIIe siècle les renseignements sont relativement maigres. On a par exemple supposé plus haut que les témoins de la charte de l'Étanche en août 1149 étaient des croisés de retour, or Gobert d'Apremont était parmi eux ; son voyage en Terre sainte n'est donc pas une hypothèse totalement gratuite. Par prudence on se contentera de dire que Gobert a pu accompagner son seigneur direct, l'évêque de Metz ; on ne saurait aller au-delà.

À la fin du siècle, les Apremont sont encore présents au moment de la troisième croisade, à laquelle ont participé le comte de Bar Henri Ier et l'évêque de Toul Pierre de Brixey. Une fugitive indication atteste que Gobert V fit une donation à l'abbaye de Rangéval avant de s'engager pour l'Orient ; la confirmation que fit son petit-fils en 1218 assure de la véracité du fait[40]. La liste des morts à la croisade que délivre Guiot de Provins contient le nom du seigneur d'Apremont[41]. Sa mort mit en difficulté son patrimoine ; son fils aîné Louis mourut lui aussi à cette époque ; l'héritier fut Joffroi, qui mourut précocement en 1204.

36. GROSDIDIER, *Le Comté*, p. 228-230 ; POULL, *La Maison*, p. 143-144.
37. *Ibid.*, p. 186.
38. GROSDIDIER, *Le Comté*, p. 296-299 ; POULL, *La Maison*, p. 186-189.
39. Leur situation a été bien étudiée par Mathias Auclair dans sa thèse de l'École des Chartes : *Politique lignagère et ambitions comtales en Lorraine. Famille et seigneurie d'Apremont des origines au début du XIVe siècle*, Paris 1999, 1, p. 146 s., 2, p. 36 s. Nous le suivons dans son exposé et ses conclusions.
40. AD. Meurthe-et-Moselle B 478, fol. 8v, n° 13. Gobert (V) serait mort à la croisade le 26 novembre 1190 (Chanoine SOUPLET, *Le bienheureux Gobert, Sire d'Apremont en pays verdunois, Moine de Villers-en-Brabant*, Verdun 1952, p. 26).
41. *Les œuvres de Guiot de Provins, poète lyrique et satirique*, éd. J. ORR, Manchester 1915, p. 23 ; Guiot de Provins, *La Bible*, vers 436.

Gobert VI vient ensuite au premier rang. On le trouve peut-être en 1226 dans la suite du roi de France Louis VIII partant combattre contre les Albigeois, si l'on en croit l'abbé Clouët[42]. La certitude paraît réelle pour l'engagement du même seigneur lorrain aux côtés de Frédéric II de septembre 1225 à mai 1229[43]. Avant de partir Gobert fit des dons aux abbayes de Belval, Rangéval et Sainte-Glossinde de Metz[44].

Le fils et héritier de Gobert VI s'appelait Joffroi et il est beaucoup question de lui dans le récit de la vie de Saint Louis, roi de France, établi comme on le sait par Jean de Joinville. Les deux hommes étaient de lointains parents et voyagèrent donc ensemble. Ils combattirent à la Mansourah et Joffroi mourut en Égypte sans doute en janvier 1250[45]. Lui aussi paya un tribut aux croisades par fidélité à un comportement familial. Au cours du XIIIe siècle, les liens des Apremont avec la Lorraine se distendent quelque peu et ces barons se rapprochent de la noblesse champenoise et des rois de France. La raison doit en être cherchée dans les mariages des seigneurs de Dampierre (Champagne) et de Rozoy (Picardie).

Conclusion

L'exposé précédent n'avait pas pour but de passer en revue tous les chevaliers lorrains ayant participé aux croisades. Il voulait seulement mettre en relief une maison comtale, une dynastie de grands barons lorrains qui ont payé un lourd tribut au pèlerinage de Jérusalem. À chaque génération ou presque, un membre de cette famille est mort outre-mer et dans la plupart des cas il s'agissait du chef de famille. Cette lignée est de haute volée et elle entraîne derrière elle des grands, des seigneurs et des chevaliers. Un comte de Bar a même été sollicité pour être le chef d'une expédition. Cette dynastie, dont l'influence s'exerce sur son pays, agit de concert avec ses pairs de Bourgogne et de Champagne. En revanche il y a un mur qui les sépare de l'est de la Lorraine. Salm, Vaudémont, qui sont à l'est du Barrois, Apremont qui en est proche, tout comme Clefmont, ce sont quelques-unes des grandes familles vassales qui suivent leur chef. Au-delà de la frontière des langues, l'appel, s'il a été lancé dans cette direction, n'a eu aucun écho. La mention d'un comte de Sarrewerden est une exception et s'explique par la parenté. Les ducs de Lorraine, qui auraient pu jouer un rôle dans le même sens sont totalement absents des expéditions. À travers le phénomène de la croisade on retrouve un phénomène que d'autres examens confirment : la Lorraine francophone est vouée à s'entendre avec la Champagne et à se détourner de l'Empire auquel elle appartient naturellement. Si cela ne se fait pas encore sentir très fortement au XIIe siècle, il n'y a plus de doute au siècle suivant. L'histoire des croisades donne de belles occasions d'apprécier le poids des liaisons parentales qui commandent le comportement des grandes familles nobles.

Michel Parisse
Université Paris I

42. L. Clouët, *Histoire de Verdun et du pays verdunois*, 2, Verdun 1869, p. 378.
43. AASS, août, IV, 20 août, p. 380-382.
44. Ch.-L. Hugo, *Sacrae antiquitatis Monumenta*, 2, 1731, p. 549-550 ; AD. Meurthe-et-Moselle B 477, fol. 39-40 ; Paris, BnF 10024, fol. 39v. Un long développement de la croisade de Gobert le Bienheureux figure dans : Souplet, *Le bienheureux Gobert*, cité *supra* n. 40, p. 51-63.
45. Testament de janvier 1250 (n. st.), *Documents rares ou inédits de l'histoire des Vosges*, 8, éd. J. Ch. Chapellier, Paris-Épinal 1884, p. 13-14.

Marins et marchands portugais en Méditerranée à la fin du Moyen Âge

Jacques PAVIOT

L'expansion économique portugaise que l'on sent naître à la fin du XIIIe siècle n'a véritablement pris son essor que dans les dernières décennies du XIVe siècle. Cette expansion s'est effectuée aussi bien vers le nord, vers la Manche et la mer du Nord, vers l'Angleterre et la Flandre, que vers l'est, vers la Méditerranée, vers la péninsule Ibérique orientale, la Provence et l'Italie[1].

Si les rapports économiques entre le Portugal et les pays du Nord sont relativement bien connus – je pense aux travaux déjà anciens de Violet Shillington et Annie Chapman[2] pour l'Angleterre, d'Anselmo Braamcamp Freire pour la Flandre[3], et plus récents d'António Henrique de Oliveira Marques de nouveau sur la factorerie de Flandre[4] ou la Hanse[5], ou encore les miens sur Bruges[6] –, les relations économiques du Portugal avec la Méditerranée occidentale, en fait ibérique, ont été étudiées plus récemment, notamment par Luís Adão da Fonseca[7], puis en 1998, avec une synthèse due à Filipe Themudo Barata[8]. Mais au-delà vers la Provence, la Ligurie, la Toscane[9], et plus loin encore ? Je ne suis bien sûr pas le premier à m'y intéresser, mais ce thème reste un thème en chantier, a *work in progress*, alors que l'aspect inverse de la question a été mieux étudié : on connaît l'importance du Portugal pour Gênes, notamment son rôle d'étape sur la voie maritime de l'Europe du Nord. La cité ligure a d'ailleurs donné au Portugal son premier amiral, Pessagno-Pessanha. Le rôle des Florentins dans les grands voyages vers les Indes est aussi bien connu, de même que les relations avec Venise. Mon propos ici n'est pas de refaire une nouvelle synthèse sur le sujet, mais plus modestement de tenter de voir quelle a été la présence physique des Portugais en Méditerranée (au-delà

1. À ce sujet, voir dernièrement les réflexions de L. A. DA FONSECA, Le Portugal et la Méditerranée au XVe siècle, *Arquivos do Centro cultural Calouste Gulbenkian* 43 (= *Le Portugal et la Méditerranée*), 2002, p. 3-34.
2. *The Commercial Relations of England and Portugal*, Londres 1907.
3. *Noticias da Feitoria de Flandres*, Lisbonne 1920 (reprenant des articles parus à partir de 1906).
4. Notas para a história da feitoria portuguesa na Flandres, no século XV, *Studi in onore di Amintore Fanfani. 2, Medioevo*, Milan 1962, p. 437-476.
5. *Hansa e Portugal na idade media*, Lisbonne 1959 ; 2e éd., Lisbonne 1993.
6. Les Portugais à Bruges au XVe siècle, *Arquivos do Centro cultural Calouste Gulbenkian* 38, 1999, p. 1-122.
7. *Navegación y corso en el Mediterraneo occidental. Los Portugueses a mediados del siglo XV*, Pampelune 1978 (Universidad de Navarra, Facultad de filosofia y letras, Cuadernos de Trabajos de Historia 8).
8. *Navegação, comércio e relações politicas: os Portugueses no Mediterráneo ocidental (1385-1466)*, Lisbonne 1998.
9. Voir les travaux des auteurs de l'*Histoire du commerce de Marseille*, de J. HEERS, de V. RAU et de G. G. MUSSO, cités *infra*.

Chemins d'outre-mer. Études d'histoire sur la Méditerranée médiévale offertes à Michel Balard.
Paris, Publications de la Sorbonne, 2004 (Byzantina Sorbonensia 20)

des côtes et des réseaux ibériques), signe tangible que des hommes, en dehors des grands financiers qui restaient chez eux, ont pensé pouvoir faire des profits en se rendant personnellement, comme marins ou comme marchands, dans cette région.

Les Portugais ont développé leur économie maritime en s'immisçant dans les routes ouvertes par les autres nations. Les Génois ont ouvert la route de l'Europe du Nord-Ouest au plus tard en 1277. Les Portugais ne l'ont fréquentée régulièrement que cent dix ans plus tard. Du côté méditerranéen, ils ont mis cent cinquante ans pour se rendre à Gênes, et là encore pas de manière directe, mais en s'intégrant à des réseaux déjà existants. Ils n'allèrent à Venise que tout à la fin du XVe siècle.

Nous possédons deux mentions de 1426, assez révélatrices. On peut auparavant mentionner le cas d'un marin isolé, Lourenço da Ponte, qui avait été employé à bord du navire du Génois Bartolomeo *Bondinarum*[10]. Les deux exemples annoncés sont plus intéressants. À Barcelone, au mois de mai 1426, deux marchands de Lisbonne, Egídèo Fernandes et Martinho Lourenço, ont affrété la barque *Santa Maria* dont le patron était le Castillan Didaco Martini de Serpa, pour transporter des marchandises à Gênes[11]. Est-ce à dire que les Portugais ignoraient les routes maritimes au-delà de la côte occidentale de la péninsule Ibérique ? Non, ainsi que le montre le second exemple de cette même année 1426. Le 5 novembre, le Gascon *Bertoleto de Grognono* [La Corogne ?] affrétait le navire *Santa Trinidade* qui se trouvait à Savone et dont le patron était Rodrigo Afonso de Lisbonne, pour aller charger du sel à Valence et Ibiza et revenir à Gênes[12].

Les percées portugaises n'avaient pas lieu qu'en direction de Gênes. Marseille et la Provence ont aussi attiré les marchands lusitaniens. La première mention date de 1437. Le navire d'Álvaro Ferrandes se rendait de Majorque à Nice quand il fut capturé par le Marseillais Jean Boton. Malgré tout, cette prise permit sans doute à Ferrandes de nouer des contacts à Marseille, car il y est mentionné le 3 octobre 1446, quand il embarqua à bord de son navire 287 tonneaux de vin rouge dont 196 appartenaient à Bertrand Forbin qui développait son propre commerce vers le Portugal[13]. On peut encore citer, cinq ans auparavant en 1441, l'arrivée d'un navire venant de Lisbonne ayant à son bord une cargaison de cuirs[14]. Plus loin vers l'est, vers la Sicile, aussi tôt que les années 1407-1408, des Catalans avaient affrété une nef portugaise[15]. Durant la décennie 1410-1419, des Génois nolisèrent un navire portugais mentionné à Palerme[16].

Ces exemples précoces nous montrent qu'il n'y avait pas d'empêchement matériel – en ce qui regarde les navires et la navigation – ni d'empêchement institutionnel, les marchés génois ou marseillais pour les cas cités ne semblant pas être fermés. Il me semble qu'il faut plutôt mettre ce retard portugais, qui est d'autant plus paradoxal que l'on avait assisté à la prise de Ceuta en 1415, que l'on assistait aux premières tentatives vers les îles de l'Atlantique, vers la côte africaine – mais il s'agissait d'entreprises princières où l'on pouvait se permettre des pertes élevées –, le mettre donc plutôt sur le compte peut-être d'un manque d'ambition des

10. BARATA, *Navegação*, cité *supra* n. 8, doc. 122, p. 527.
11. *Ibid.*, doc. 123, p. 527.
12. *Ibid.*, doc. 124, p. 527.
13. *Histoire du commerce de Marseille*. 2, *De 1291 à 1480*, par É. BARATIER, F. RAYNAUD, Paris 1951, p. 555.
14. *Ibid.*
15. H. BRESC, *Un monde méditerranéen. Économie et société en Sicile, 1300-1450*, Rome 1986, tabl. 57, 1, p. 297-298 (Bibliothèque des Écoles françaises d'Athènes et de Rome 262).
16. *Ibid.*, tabl. 59, p. 300.

marchands portugais – que pesaient-ils face aux grands marchands italiens ou catalans, qui détenaient les clefs du grand commerce international ? –, sur le compte plus sûrement d'une certaine prudence, sans doute parce que ceux-là n'avaient pas de personnes qui pouvaient se porter caution pour eux sur place, à défaut de compatriotes résidant à Gênes ou à Marseille.

On peut aussi se demander si pour les Portugais les côtes provençales et italiennes ne représentaient pas une sorte de *far west* (*east* dans ce cas). L'insécurité régnait pour les sujets du roi de Portugal voyageant de manière isolée et l'inverse aussi était vrai, des Portugais faisant régner l'insécurité sur mer. À Gênes, au mois de mars 1444, le doge Rafaelle Adorno et le Conseil des Anciens étudiaient la plainte du chevalier portugais João de Ataide. Celui-ci se rendait à Rhodes pour y être investi d'un bénéfice au Portugal. Il s'était embarqué à Cadix à bord du navire du Génois Domenico de Camila, ainsi que ses deux compagnons nobles. Le navire fit escale à Vado Ligure d'où João de Ataide envoya un héraut chercher un sauf-conduit du doge dans le but de résider à Gênes, puisque entre le doge et le roi de Portugal régnaient bonne paix et ferme amitié. Il s'embarqua à bord du *lembus* d'Oliviero *de Insula* de Nerino pour s'y rendre. Le bâtiment fut intercepté par un autre *lembus* armé par Giovanni de Nativo et ses compagnons, habitants de Sestri, qui les dévalisèrent de deux cents ducats d'or et les emmenèrent à Monaco chez Giovanni de Grimaldi, célèbre pirate, qui les jeta en prison. Les Portugais ne furent relâchés que contre le paiement d'une rançon de mille six cents ducats d'or, malgré l'intervention du doge qui avait envoyé Dorino de Grimaldi et Bartolomeo Lomellini pour tenter de régler l'affaire. Après sa libération, João de Ataide fut incapable de poursuivre son voyage vers Rhodes et dut rentrer au Portugal, perdant ainsi son bénéfice[17].

Un autre exemple met en scène Martim Mendes de Berredo, déjà mentionné à Gênes en 1453. En 1456, Jean de Coïmbre, fils de l'infant D. Pedro, était devenu régent de Chypre en ayant épousé l'héritière du royaume grâce à l'entremise du duc de Bourgogne Philippe le Bon et de sa tante Isabelle de Portugal. Au mois d'octobre 1457, il avait envoyé en ambassade vers les puissances latines son compatriote Pedro Barreto. À Naples, celui-ci rencontra Martim Mendes de Berredo, envoyé lui-même là en ambassade par le roi de Portugal. Plus tard, les deux hommes se retrouvèrent à Rome où ils décidèrent de faire route ensemble. Après avoir traversé la Savoie et le Dauphiné, ils arrivèrent à Avignon où le cardinal de Foix leur délivra une lettre en faveur du receveur général de Languedoc Jean Forestier. Or ce même Jean Forestier se saisit d'eux non loin de Montpellier et les emprisonna à Aigues-Mortes dont il était le capitaine. Là Martim Mendes de Barredo mourut le 11 ou 12 novembre 1458. Pedro Barreto fut libéré grâce à l'intervention du roi d'Aragon auprès du roi de France[18].

On peut encore signaler un autre cas. En 1462, le Génois Luciano De Marini (*de Marinis*, *de Maris*) s'empara d'une galère portant la bannière du roi de Portugal, mais il ne la crut pas portugaise car le patron, tous les marins et toute la chiourme étaient catalans, donc sujets du roi d'Aragon, ennemi juré des Génois, et il la vendit comme bonne prise de guerre pour la somme relativement faible de

17. ASG, Archivio segreto 3035, doc. 81 (3 décembre 1444) ; Archivio Segreto 1788, n° 1238, f. 503v. (lettre du doge et du Conseil au roi de Portugal, 23 décembre 1444).
18. A. M. Ferreira, O processo de Pedro Barreto contra Jean Forestier: um episódio nas relações luso-francesas, *Revista de Faculdade de Letras (Universidade de Lisboa)*, 4e série, 1, 1976-1977, p. 619-639.

sept cent quarante ducats[19]. On a conservé le dossier de demande de restitution, déposé par le procureur du roi Valasco Martines.

Les Portugais étaient eux-mêmes un facteur d'insécurité. Pour un certain nombre d'entre eux, la Méditerranée était une zone de frontière, de lutte non seulement contre les Maures ou les Sarrasins, mais aussi contre ceux qui pouvaient commercer avec eux. De plus, après la chute de Constantinople, les projets de croisade contre les Turcs ont circulé dans l'Europe latine. En 1456, le roi Alphonse V de Portugal devait participer à une expédition papale par l'envoi d'une flotte qui devait rejoindre celle du pape Nicolas V. Celle-ci n'alla cependant pas plus loin qu'Alcacer-Ceguer. Cela n'empêcha pas les opérations de course ou de piraterie de la part de capitaines portugais peu scrupuleux[20]. On en retrouve jusqu'en Chypre : entre 1457 et 1459, le capitaine génois de Famagouste, Napoleone Lomellini, a autorisé le débarquement de Lopes de Baldaia et ses hommes de leur balenier qui était entré dans le port avec une prise, un navire arabe[21].

Ainsi, en 1459, une caravelle de haute taille appartenant à l'infant D. Fernando s'empara, en plein Porto Pisano, d'un navire chargé de grains et de fromages de Sicile[22]. Un peu plus tard, un patron niçois fut attaqué par des Portugais en Sardaigne[23]. Jacques Heers a encore relaté le curieux exemple – auquel on peut ajouter quelques détails – du navire *Santa Maria Flor da Rosa*, dont le patron était Afonso Eanes (*Joanes*, *Yanes*) et qui appartenait aussi à l'infant D. Fernando. Il s'agissait d'une nave de gros tonnage, 11 000 cantares représentant un port de 525 tonneaux. Ce navire de commerce, présent en Méditerranée depuis au moins 1456[24], fut loué le 27 mars 1460, à Setubal, à Cosma Lomellini, fils de Bartolomeo, marchand génois résidant à Lisbonne, et devait être restitué en 1463[25]. Il se trouvait dans le port de Gênes cette année-là, quand on apprit qu'un bâtiment qui allait charger de l'alun à Civitavecchia était menacé d'attaque par des pirates. On loua la *Santa Maria Flor da Rosa* pour effectuer sa protection jusqu'à La Spezia. Ceci se passait entre juin et août. En septembre, la *Santa Maria Flor da Rosa* fut de nouveau utilisée pour convoyer un navire génois jusqu'à Bonifacio en Corse. D'autre part, le *dominus et administrator* de la nave portugaise était Bartolomeo Lomellini[26]. Au printemps 1473, ce navire, dont Afonso Eanes (*Ibanhes*) était toujours le patron, fit naufrage vers Tunis[27].

19. J. HEERS, L'expansion maritime portugaise à la fin du Moyen Âge : la Méditerranée, *Revista de Faculdade de Letras (Universidade de Lisboa)*, 2e série, 22/2, 1956, p. 95 ; G. G. MUSSO, *Genovesi e Portogallo nell'età delle scoperte (Nuove ricerche d'archivio)*, Gênes 1976, p. 24-25 (Civico Istituto Colombiano. Studi e Testi. Serie Geografica 1).

20. Cf. DA FONSECA, *Navegación y corso*, cité *supra* n. 7. On y trouve notamment le cas de João Pires qui pratiquait la course contre l'Infidèle, en fait surtout ceux qui commerçaient avec lui, au nom du duc de Bourgogne (cf. aussi mon étude *La Politique navale des ducs de Bourgogne, 1384-1482*, Lille 1995, p. 136-137).

21. *Une Enquête à Chypre au XVe siècle. Le* Sindicamentum *de Napoleone Lomellini, capitaine génois de Famagouste (1459)*, éd. C. OTTEN-FROUX, Nicosie 2000 (Sources et études de l'histoire de Chypre 36), p. 58-59 et *passim*.

22. HEERS, L'expansion maritime portugaise, cité *supra* n. 19, p. 89.

23. *Ibid*.

24. En 1456, il transportait du blé d'Espagne ; en 1462, il allait en Sicile ; en 1463, il était chargé de blé de Tunisie ; en 1463, il portait du sel d'Hyères à La Spezia.

25. MUSSO, *Genovesi e Portogallo*, cité *supra* n. 19, p. 25-26 et 70-75 (acte du différend à propos du bâtiment) ; en 1460, la *Santa Maria Flor de Rosa* avait déjà effectué six voyages.

26. HEERS, L'expansion maritime portugaise, p. 95 ; ASG, Archivio segreto 712 B ; je remercie Catherine Otten de m'avoir fourni les photocopies de ces derniers documents.

27. MUSSO, *Genovesi e Portogallo*, p. 56.

Plus à l'est, en Sicile, on ne relève que deux nefs portugaises entre 1420 et 1439 et deux baleniers entre 1440-1459 et (ou dont ?) trois navires ronds armés, deux pour Lisbonne et un pour Porto[28].

La *Santa Maria Flor da Rosa* n'est pas le seul bâtiment portugais qui ait été loué par un Lomellini. Bartolomeo lui-même loua, aussi en 1461, un navire du roi Alphonse V, dont le patron était Pedro Gonçalves. En 1465, il nolisa ce navire aux frères Centurioni pour un voyage de Valence en Aragon à L'Écluse en Flandre avec un fret de fruits, sous la conduite de Cosma De Marini (*de Maris*)[29]. Un autre Lomellini, Marco, résidant à Lisbonne, acheta même à Gênes un navire royal (de D. Afonso V) avec sa cargaison de draps, le 4 juillet 1469[30]. En 1470, les sources génoises mentionnent la menace de caravelles portugaises sur le commerce avec la Sicile[31]. Encore en 1474, le gouvernement génois informait les autorités locales de la Riviera d'une attaque portugaise sur un chargement d'alun appartenant au roi Ferdinand de Sicile[32]. Cette même année, des plaintes furent émises contre le patron d'un bâtiment du roi de Portugal qui s'était emparé de biens de Marco Lomellini[33] !

Cette insécurité persista, mais parallèlement se sont présentées des opportunités d'un commerce plus pacifique et régulier, ainsi qu'on peut le remarquer par la présence de quelques marchands portugais à Gênes et à Pise. Dans cette dernière ville, en 1449, un Florentin agissant au nom de João Braque de Coïmbre prêtait trente ducats à João Lourenço Gonçalvo, de Serpa. Parmi les témoins se trouvaient trois marchands portugais, dont un de Viana et un autre de Ponte do Lima[34]. Toujours à Pise, en 1465, un document indique la dette de deux cents ducats due par le marchand Pedro Afonso au patron Álvaro Gil de Porto et qui devait être remboursée à Porto[35]. À Gênes, la première mention d'un marchand résidant date de 1453 et concerne le *spectabilis miles Martinus Mendex de Berredo, Portugalensis, ... mercator in Janue comorans*[36]. Une seconde mention date de 1463. Afonso João, de Porto, fils de João Tanas, a emprunté soixante-dix ducats aux Lomellini (eux-mêmes bien établis au Portugal) et le témoin était João Johannes de Lisbonne, fils d'Afonso Peres[37]. Cependant, les Portugais – représentés par Afonso Eanes déjà cité, « patron général du royaume de Portugal » pour le roi et son frère l'infant Ferdinand, avaient institué un consul dans la cité ligure en la personne du Génois Giovanni Lavelli, le 16 juin 1452. Celui-ci occupait toujours cette fonction le 19 mai 1456[38]. Le 5 juillet 1465, le roi Alphonse V nommait dans ces fonctions Marco Lomellini, « son serviteur », qui retournait dans la cité ligure[39].

Parallèlement à ce qui se passait vers le nord, le commerce des marchands portugais était concurrencé par celui pratiqué par les membres de la famille royale, à commencer par le roi lui-même. Le premier cas mentionné est de 1451, à propos

28. BRESC, *Un monde méditerranéen*, cité *supra* n. 15, tabl. n°s 60, 63 et 66C, p. 301, 305 et 313.
29. HEERS, L'expansion maritime portugaise, p. 95 et 94.
30. *Descobrimentos Portugueses*. 3, *1461-1500*, éd. J. Martins da Silva MARQUES, Lisbonne 1971 (réimpr. 1988), n° 43, p. 63-64 ; cf. MUSSO, *Genovesi e Portogallo*, p. 27.
31. *Ibid.*, p. 41.
32. *Ibid.*
33. *Ibid.*, p. 60.
34. HEERS, L'expansion maritime portugaise, p. 91.
35. *Ibid.*
36. *Ibid.*
37. *Ibid.*
38. MUSSO, *Genovesi e Portogallo* (texte de l'acte de 1456), p. 69-70 ; cf. p. 42 (avec erreur de date).
39. *Descobrimentos Portugueses*, cité *supra* n. 29, n° 44, p. 64.

du balenier dont le patron était João Trigo, de Lisbonne, qui obtint à Gênes un sauf-conduit de six mois. Le même João Trigo réapparut en 1463, commandant le *San Antonio*, appartenant aussi au roi. Ce navire était d'un port de 500 bottes, soit 5 000 cantares, soit 250 tonneaux[40]. Il fut loué par des Toscans pour un voyage en Sicile[41]. D'autres navires royaux ou princiers semblent avoir été carrément envoyés à Gênes pour y être loués ainsi que les exemples mentionnés ci-dessus pourraient le faire croire. On peut penser soit à la qualité nautique de ces bâtiments, soit aux prix compétitifs offerts par le roi ou les infants.

Pour l'orient de la Méditerranée occidentale, parallèlement à l'Atlantique ou à la mer du Nord, on ne voit apparaître qu'un seul cas de location de navire par des particuliers. Mais il s'agit peut-être là simplement d'un défaut de la documentation. En 1465, la *Santa Cruz de Porto* était affrétée pour un transport de Cagliari à Porto Pisano par une compagnie toscane, celle de Quarrateri de Pistoia[42].

Mais il ne s'agit pas de commerce portugais *stricto sensu*. Dans les diverses et peu nombreuses mentions, on ne peut malheureusement pas discerner de structures ni de tendances. Précocement, en 1448, Pedro Afonso était allé chercher du blé à Bougie et à Alger et l'avait rapporté à Gênes[43]. À la fin de l'année 1451, on était renseigné à Florence sur la présence, sur la riviera de Gênes, de la caravelle et des baleniers de Vasco Gouveia, en provenance de Lisbonne[44]. Dans les années 1451-1452, on commence à connaître des marchands portugais à Pise et à Florence, Álvaro Gonçalves et Fernando Anes, de Porto[45]. En 1452, on mentionne une nave de Lisbonne, la *Chalva*, et aussi le navire *Fernando*, peut-être une référence au marchand Fernando Anes, à moins qu'il ne s'agît de l'infant D. Fernando[46]. La caravelle de Luís Feia, de Porto, transporta des textiles, draps, tissus de soie et d'or, brocarts, autres draps fins, ainsi que des marchandises achetées par le Florentin résidant à Lisbonne Bartolomeo di Jacopo di ser Vannni[47].

Ainsi que je l'ai déjà noté, c'est dans les décennies 1450-1460 que le commerce portugais prend de l'ampleur en Provence et en Italie. Si l'on ne comptait que deux marchands portugais à Florence et à Pise en 1451-1452, ils étaient cinq en 1458-1459 : João Gonçalves, Lourenço Caldeira, Pedro Álvares, Gil Rodrigues et Lopo Afonso. En 1470, on trouve entre autres Vasco Gil de Porto, Jaime Pinheiro, André Rodrigues, António Gonçalves, Vicente Gil[48]. Tout à la fin du siècle, à Marseille, en 1499, on voit apparaître un consul portugais, un homme d'un certain rang social, Basto de Crahosa, assez curieusement seigneur de Septèmes, localité proche de la ville[49]. Plus à l'est, à Gênes, leur nombre semble rester faible[50]. À Pise, parmi les témoins de l'acte de prêt d'argent à João Lourenço Gonçalvo déjà cité, se trouvaient trois marchands portugais dont un de Viana et un autre de Ponte

40. Heers, L'expansion maritime portugaise, p. 94.
41. *Ibid.*, p. 97.
42. *Ibid.*
43. *Ibid.* et doc. 1, p. 104.
44. V. Rau, *Portugal e o Mediterrâneo no século* XV. *Alguns aspectos diplomáticos e económicos das relações com a Itália*, Lisbonne 1973, p. 14-15.
45. *Ibid.*, p. 15.
46. *Ibid.*, p. 14.
47. *Ibid.*
48. *Ibid.*, p. 15.
49. *Histoire du commerce de Marseille*. 3, *De 1480 à 1599*, par R. Collier, J. Billioud, Paris 1951, p. 125.
50. Cf. l'exemple du prêt de 1463 cité *supra*.

do Lima[51]. Dans la décennie 1430-1439, se trouve mentionné un seul marchand portugais en Sicile[52].

Nous ne pouvons connaître qu'en partie le commerce de ces marchands par l'étude de la cargaison des navires quand elle est indiquée, ce qui n'est malheureusement pas le cas des trois bâtiments portugais mentionnés à Gênes en 1461. On continue à trouver le commerce traditionnel, notamment du cuir, mais de plus en plus des produits des îles atlantiques, le sucre de Madère, ou de la côte africaine, le poivre de Guinée, la malaguette, et les esclaves. Plusieurs dossiers nous en donnent des aperçus.

En 1470, Lopo Anes a, à bord de son navire *Santa Maria de Graça* – déjà mentionné en 1466 comme venant de Lisbonne et se rendant à Porto Pisano –, 3 725 cuirs de Lisbonne évalués à la somme de 5 751 florins d'or. La même année, la *Graciosa*, venant de Lisbonne à destination aussi de Porto Pisano, était chargée de draps et de tissus de luxe, des brocarts, provenant sans doute d'Europe du Nord-Ouest. En 1470-1471, arrivèrent à Porto Pisano la nave *Santa Maria Anunciada* – patron Afonso Anes – et les baleniers *Sodré* et *São Miguel* d'où furent débarqués surtout des cuirs d'Irlande (6 426 pièces d'une valeur de 3 544 florins 10 sous 4 deniers) et de Viana (559 pièces d'une valeur de 766 florins 5 sous 11 deniers). Cette opération a eu lieu sur ordre des marchands florentins résidant à Lisbonne Pier et Giovanni Guidetti. En 1477, le patron Lopo Rodrigues déchargeait de son balenier *São António*, toujours à Porto Pisano, six balles de malaguette appartenant à l'infant D. João et trois *caratelli* de poix. L'année suivante, le même y déchargeait, entre autres marchandises, deux *tonelli* de malaguette. Encore en 1478, la caravelle du cardinal de Lisbonne avait à son bord 3 332 livres de sucre de Madère, mais il s'agissait là d'un trafic florentin, au nom de Bartolomeo di Dominico Marchioni. À cause des éléments contraires, cette caravelle dut se réfugier à Marseille d'où le sucre fut transporté à bord d'une galère jusqu'à Porto Pisano[53].

Toujours en cette année 1478, apparaît la caravelle *Charachone* du patron Bartolomeu Dias (nous ne savons pas s'il s'agit du futur découvreur), chargée de sucre pour une valeur de 291 florins 10 sous pour le compte de Giovanni Guidetti déjà cité[54]. Dans un autre voyage de la même année, la *Charachone* débarquait à Porto Pisano trois *corbelli* de sardines, d'un poids total de 637 livres, envoyés de Lisbonne par Bartolomeo Marchioni, déjà cité. Bartolomeu Dias fréquentait d'autres ports de la Méditerranée occidentale, comme Gênes où il récupéra un esclave de l'infant D. João qui y était retenu prisonnier[55]. En 1484, deux nefs portugaises venant de Lisbonne et allant à Pise, furent prises par des pirates catalans qui les emmenèrent à Barcelone où ils s'emparèrent de leur cargaison : sucre, cuirs, graines d'écarlate, coussins de plumes, manteaux irlandais, saumon fumé, fourrures de loup-cervier et trois femmes esclaves[56]. La première mention à Gênes d'une cargaison de sucre provenant sans doute directement de Madère date du 25 avril 1479. Le 7 février 1488, il est fait mention d'un chargement de 172 caisses de sucre, à bord d'un navire *provincie Portusgalie*. Le patron reconnaissait en outre à Lodisio

51. HEERS, L'expansion maritime portugaise, p. 91.
52. BRESC, *Un monde méditerranéen*, tabl. nos 76 et 77, p. 379 et 381.
53. RAU, *Portugal e o Mediterrâneo*, cité *supra* n. 43, p. 15.
54. Dias est déjà cité à Gênes, comme patron de navire, le 3 janvier 1475 (cf. MUSSO, *Genovesi e Portogallo*, p. 38).
55. *Descobrimentos portugueses*, no 137, p. 177 ; cf. RAU, *Portugal e o Mediterrâneo*, p. 16.
56. *Histoire du commerce de Marseille*. 3, cité *supra* n. 49, p. 126.

Centurione un crédit de 172 ducats d'or. Le 12 juin 1489, un acte d'un notaire de l'Office de Gazarie est relatif à la caravelle d'Álvaro Fernando, patron de Madère, et à son chargement de 250 caisses de sucre. Un autre acte, du 6 août 1494, indique un trajet d'Angleterre *via* Madère ou plutôt Lisbonne, puisque le navire transportait des draps vermeils et *rozeschi* d'Angleterre et du sucre[57]. D'Afrique du Nord et noire, les Portugais amenaient des esclaves qu'ils vendaient pour faire partie d'une domesticité ou pour être livrés à la prostitution. Pour 1469 ou 1489, on a la mention de la prostituée *Jhane nigre, publica comorans ad locum Janue*, avec d'autres filles. Alonso Dias, de Lisbonne, se livrait activement à la vente d'esclaves à Gênes dès 1484. Parmi ceux-ci, une « maure de Guinée » (*sic*) (sans date), deux petites esclaves noires d'une dizaine d'années pour soixante-dix et soixante lires en 1489[58].

Nous sommes assez bien informés pour le port de Marseille. Le 4 septembre 1480, la caravelle *Les Trois Rois*, de Punta del Sol (Madère) – patron Rui Furtado – apporta sans doute du sucre[59]. En 1496, il y avait un Portugais résidant à Marseille, *Johannico Rodrigos*, qu'Afonso Gomes, de Coïmbre, nomma son procureur pour recevoir une caisse contenant des vêtements, des armes, des bijoux, un chapeau à l'espagnole, du drap gris ou *mesclat* de Londres[60]. Ajoutons qu'en 1495-1496, sont mentionnés les voyages Madère-Cadix-Chio, Madère-Chio-Civitavecchia, Madère-Cadix-Gênes-Venise, Madère-Messine-Venise pour le sucre[61]. En 1498, le *Pantaleone*, navire du roi de Portugal, en apporta à Venise, ainsi que le *São Miguel*[62].

Nous sommes encore moins bien renseignés sur le fret de retour. En 1470, la nave *Graciosa* quitta Porto Pisano à destination de Lisbonne avec des draps et des tissus de luxe, produits de l'industrie toscane[63]. À Marseille, les Portugais se procuraient surtout des étoffes et des vêtements, peut-être aussi des cuirs, du sel de Provence d'après un acte de 1504. En 1498 ou 1499, une caravelle portugaise quittait Marseille avec une cargaison de poissons et de figues, mais elle fut prise par les galées du capitaine Prigent et conduite à Toulon[64]. De la Méditerranée orientale, on rapportait des épices. En 1495, la coque d'Álvaro de Mera fit un voyage de Constantinople à Cadix avec un chargement de douze cantares de poivre et de vingt-huit pièces de camelot[65].

À côté de ce commerce pour le compte de Portugais ou de marchands surtout florentins établis à Lisbonne, comme pour les périodes précédentes, les Portugais louaient leurs navires à des marchands marseillais ou florentins. Le 8 octobre 1484, João Ribeiro, écuyer du roi de Portugal, nolisa sa caravelle à Jacques de Remesan, de Marseille, pour porter des draps de Languedoc à Cadix, ainsi que des toiles et des draps *esbordats*. Le 3 février 1500, un Portugais louait son galion à Charles Forbin pour aller à Agde charger 1 400 setiers de blé et les porter à Gênes. Des actes dont la date n'a pas été rapportée, indiquent des locations par des Florentins :

57. Musso, *Genovesi e Portogallo*, p. 47-48.
58. *Ibid.*, p. 63 et 76 (édition de l'acte de vente d'une des petites esclaves).
59. *Histoire du commerce de Marseille*. 2, cité *supra* n. 13, p. 557.
60. *Ibid.*, 3, p. 126.
61. Musso, *Genovesi e Portogallo*, p. 48.
62. Rau, *Portugal e o Mediterrâneo*, p. 15.
63. *Ibid.*
64. *Histoire du commerce de Marseille*. 3, p. 126 et 125.
65. Musso, *Genovesi e Portogallo*, p. 57 ; sans doute s'agit-il du même cas indiqué par Heers, L'expansion maritime portugaise, (p. 103) sans référence, pour un voyage de Chio à Cadix.

par l'un habitant Aigues-Mortes pour porter des draps à Livourne, par un autre habitant à Lisbonne pour porter du sucre et des cuirs à Pise sur la nave de Vasco Eanes, de Lisbonne, mais à cause de la guerre, le chargement fut débarqué à Marseille[66]. Toutes ces mentions isolées ne permettent pas d'évaluer le volume de ce trafic. Seul un registre de douane de Gênes, pour l'année 1495, apporte un élément de réponse : dix navires portugais ont été signalés dans le port ligure[67].

L'expansion portugaise en Méditerranée occidentale s'est opérée selon les mêmes schémas que celle vers la mer du Nord, mais plus tardivement. Les marchands et les maîtres de navire portugais se sont intégrés dans les circuits existants. D'abord épisodique durant la première moitié du XVe siècle, la présence portugaise s'affirme à partir de 1450, pour être pleinement établie à la fin du siècle, ainsi que l'a montré Domenico Gioffrè avec l'exemple génois[68]. Deux facteurs ont été essentiels : l'un, comme dans le Nord, a été la location de navires à des tiers, l'autre a été la distribution des produits des îles et de la côte africaine. Pour Filipe Themudo Barata, cette expansion économique est restée limitée, car des phénomènes plus vastes, l'exploitation des îles, de la côte africaine, une balance des paiements déficitaire[69], ont pu retenir les marchands et les marins portugais de franchir le détroit de Gibraltar. Cependant les richesses tirées de l'exploitation des îles, de l'Afrique et du commerce de l'Asie, alliées à la présence même des Portugais en Méditerranée, ont permis au roi D. Manuel d'envoyer une flotte en Méditerranée et de rêver d'une reconquête de Jérusalem[70].

Jacques Paviot
Université Paris XII

66. *Histoire du commerce de Marseille*. 3, p. 127.
67. Heers, L'expansion maritime portugaise, p. 100.
68. Documenti sulle relazioni fra Genova ed il Portogallo dal 1493 al 1539, *Bulletin de l'Institut belge de Rome* 33, 1961, p. 180-316.
69. Cf. sa contribution Vers l'Atlantique : quand le Portugal s'éloigne de la Méditerranée – un débat au XVe siècle, *Arquivos do Centro cultural Calouste Gulbenkian* 43, cité *supra* n. 1, p. 35-59.
70. V. Resende, A Armada de Socorro aos Venezianos (1501) e o interesse português pelo Mediterrâneo no principio do século XVI, *Clio, Revista do Centro de História da Universidade de Lisboa* 10, 2004, p. 65-79 ; Ch.-M. De Witte, Un projet portugais de reconquête de la Terre-Sainte (1505-1507), *Congresso internacional de história dos descobrimentos. Actas* 5, Lisbonne 1961, p. 419-449.

La celebrazione del potere : l'apparato funebre per Battista Campofregoso (1442)

Giovanna Petti Balbi

Scarsa è la memoria di onoranze funebri tributate a Genova in età medievale a persone anche di spicco, cittadine o forestiere, laiche o ecclesiastiche, forse per quella sorta di ritrosia e di silenzio volontario che si assume nei confronti della morte. Gli annalisti, tutti concentrati sulle turbolente vicende politiche, non prestano alcuna attenzione a queste cerimonie, come anche i testamenti che pure recano minuziose disposizioni sull'organizzazione della « mort de soi », sul luogo della sepoltura e sul numero delle messe, con una sorta di delirio funebre. Ad esempio per Margherita di Brabante, la moglie dell'imperatore Enrico VII morta improvvisamente a Genova nel 1311, per la quale il marito fece erigere un grandioso monumento funebre da Giovanni Pisano, ci si limita a dire che *corpus eius in ecclesia Fratrum Minorum urbis ipsius tumulo fuit locatum*[1].

Solo dal secondo Trecento, forse in concomitanza con il mutamento della mentalità o con la crisi provocata dalla Grande Peste, affiorano sporadiche notizie sulla sepoltura dei pochi dogi a vita morti in carica. Di Giovanni de Murta, morto nel 1350, da tutti amato e compianto, si scrive che fu molto onorevolmente sepolto nella cattedrale di San Lorenzo[2], come pure del doge Leonardo Montaldo, vittima della peste nel giugno 1384, traslato in San Lorenzo con una solenne cerimonia a cui intervengono l'arcivescovo, il nuovo doge e molti cittadini. Nonostante il pericolo del contagio, al Montaldo vengono tributate solenni esequie: cento notai, il ceto a cui appartiene il doge notaio e giurisperito, accompagnano il feretro con fiaccole, mentre altre persone su cavalli bardati portano vessilli ed insegne, come si conviene alla sepoltura dei magnati, sottolinea l'annalista Giorgio Stella[3]. Nulla comunque al confronto della complessa ritualità che si diffonde in altre città della penisola o altrove in occasione della morte di qualche potente[4].

1. *Georgii et Iohannis Stellae Annales Genuenses*, a cura di G. Petti Balbi, Bologna 1975 (Rerum Italicarum Scriptores 17/2), p. 78. A questi si ispira il cronista più tardo Agostino Giustiniani nel redigere i suoi annali in volgare. Sulla morte di Margherita, A. M. Boldorini, L'imperatore Enrico VII e il capitolo di San Lorenzo di Genova, *Miscellanea di storia ligure in memoria di G. Falco*, Genova 1996, p. 129-153; E. Poleggi, I luoghi genovesi di Enrico e Margherita di Lussemburgo. Sedi e cerimonie dell'ospitalità pubblica nelle fonti genovesi, *Giovanni Pisano a Genova*, Genova 1987, p. 265-273; A. Assini, Genova negli anni di Enrico VII di Lussemburgo: le fonti archivistiche, *La storia dei genovesi* 8, Genova 1988, p. 369-387.
2. *Georgii et Iohannis Stellae Annales*, citato *supra* n. 1, p. 150.
3. *Ibid.*, p. 190. Cfr. * (fine dell'articolo); anche A. Tenenti, *La vie et la mort à travers l'art au xve siècle*, Paris 1952; Ph. Ariès, *L'homme devant la mort*, Paris 1977; J. Chiffoleau, *La comptabilité de l'au-delà. Les hommes, la mort et la religion dans la région d'Avignon à la fin du Moyen Âge*, Roma 1980; M. Vovelle, *La mort et l'Occident de 1300 à nos jours*, Paris 1983.
4. M. Vaquero Pineiro, I funerali romani del principe Giovanni e della regina Isabella di Castiglia: rituale politico al servizio della monarchia spagnola, *Roma di fronte all'Europa al tempo di Alessandro VII*, Roma 2001, 2, p. 641-655.

Chemins d'outre-mer. Études d'histoire sur la Méditerranée médiévale offertes à Michel Balard.
Paris, Publications de la Sorbonne, 2004 (Byzantina Sorbonensia 20)

Quello del Montaldo è l'unico funerale che potrebbe essere servito da modello per quello grandioso che il 22 giugno 1442 il doge Tommaso Campofregoso volle riservare al fratello Battista, capitano della città, morto due giorni prima. Forse proprio lo sfarzo inusitato e la pompa anomala colpiscono il più tardo cronista Agostino Giustiniani e lo inducono a descrivere minuziosamente l'evento, « acciò che sia conosciuta dai moderni la magnificenza ovvero la pazzia dei nostri antichi », o forse anche perché ritiene che questa parata, questa ostentazione di sfarzo e di potere potrebbero aver concorso ad affrettare la caduta di Tommaso che infatti abbandona il dogato alla fine dello stesso 1442[5]. Nel ripercorrere l'evento più che ai ricordi nell'annalista coevo, la cui opera è comunque perduta[6], il Giustiniani pare ispirarsi ed avere sottomano il documento ufficiale in cui, per volere del doge, vengono minuziosamente elencate le modalità di esecuzione, documento che si pubblica in questa sede anche per rettificare l'errata lettura di taluni nomi[7].

Nelle intenzioni del doge la cerimonia deve non tanto esternare il dolore dei familiari o esaltare i meriti del defunto, quanto trasformarsi in un messaggio politico, in una sorte di vetrina del potere e di apoteosi del dogato. In particolare la scelta e la disposizione delle persone attorno al feretro riflettono l'ordine e le gerarchie socio-politiche che il doge-signore è riuscito ad instaurare in città ed il corteo diventa una manifestazione del potere e dell'assetto di questa criptosignoria, di cui non si conoscono ancora a sufficienza i caratteri. Molto si è scritto sulla cultura, sull'amore per le lettere e per le arti, sul mecenatismo di Tommaso e di altri suoi familiari[8]. Molta minor attenzione è stata invece dedicata all'azione di governo, alle intuizioni e alle strategie di questo affascinante personaggio dalla lunga vita, doge per tre volte, in grado di imporre altri tre dogi, Giano, Ludovico e Pietro Campofregoso, diventato dal 1411, dopo la morte del fratello maggiore Rolando, il capo famiglia, abile tessitore di trame matrimoniali e dinastiche, attento a distribuire cariche ed onori ai numerosi congiunti e a disciplinare le ambizioni dei molti fratelli e nipoti, non sempre con successo. Undici sono i figli che il padre Pietro, il celebre ammiraglio vittorioso contro il re di Cipro, assurto a stipite della famiglia, ebbe dalle due mogli Teodora Spinola e Benedetta Doria, scelte quindi all'interno delle famiglie più cospicue della nobiltà genovese di parte ghibellina. Tommaso sembra comunque non aver fatto distinzioni tra figli di primo e di secondo letto, prendendosi cura anche dei figli illegittimi del padre[9].

5. A. GIUSTINIANI, *Annali della Repubblica di Genova*, 2ª ed., Genova 1854, p. 370-371. A conclusione della cerimonia l'annalista aggiunge: « la qual pompa non so bene come sarà approvata dai savii e da coloro ai quali piace più la mediocrità e la parsimonia che la superfluità e la prodigalità. » Per la rinunzia di Tommaso, *ibid.*, p. 372-373.

6. Giovanni Stella termina i suoi annali con il 1435. A continuarli fu chiamato dal Comune Battista Stella figlio di Giorgio che arriva al 1461. La sua narrazione era andata perduta già alla fine del secolo XV: G. PETTI BALBI, *Caffaro e la cronachistica genovese*, Genova 1982, p. 140-161.

7. In particolare nella parte centrale del documento ove sono elencati in ordine gerarchico i Campofregoso, il Giustiniani legge Giovanni in luogo di Giano, escludendo di fatto da questa parata l'erede designato di Tommaso. Anche il fratello del doge Giovanni diventa Giovan Battista e di Iacopo Spinola non si dice che è cognato del defunto. Inoltre la frase *caput huius curie* viene tradotto con « nella sala dove si teneva la corte ».

8. G. G. MUSSO, *La cultura genovese nell'età dell'umanesimo*, Genova 1985, in cui sono raccolti contributi precedenti; G. MANETTI, *Elogi dei genovesi*, a cura di G. PETTI BALBI, Milano 1974; A. GAGLIANO CANDELA, I Fregoso uomini di cultura e committenti nella Genova del XV secolo, *La storia dei genovesi* 12, Genova 1994, p. 534-554; G. PETTI BALBI, L'ambiente culturale a Sarzana, *Niccolò V nel sesto centenario della nascita*, a cura di F. BONATTI, A. MANFREDI, Città del Vaticano 2000, p. 473-491; cfr. ** (fine dell'articolo).

9. P. LITTA, *Famiglie celebri italiane*, Milano 1819-1883, 3, tav. Fregoso; N. BATTILANA, *Genealogie*

Nei riguardi del fratellastro Battista, Tommaso aveva dato prova di stima e di moderazione: appena creato doge nel 1415 lo aveva designato capitano generale delle due Riviere, preposto quindi al controllo del riottoso dominio, e nel 1420 ne aveva favorito la nomina ad ammiraglio della flotta che Luigi d'Angiò andava allestendo per contendere il trono di Napoli ad Alfonso d'Aragona. Probabilmente Battista non aveva condiviso la decisione del fratello di abbandonare nel 1421 il dogato o forse aveva mal tollerato che solo all'altro fratello Spinetta, capitano di Savona, fosse stato versato un indennizzo in danaro e che a Tommaso, oltre il danaro, fosse toccata la signoria di Sarzana e del territorio circostante, sentendosi in un certo senso emarginato ed escluso da questa sorta di mercato intervenuto tra il doge e Filippo Maria Visconti. Riconquistato il potere alla fine del '35, il doge lo aveva nominato capitano generale della città, ma la carica non aveva soddisfatto l'ambizione di Battista che, sobillato dal duca di Milano, aveva tentato nel marzo 1437 di deporre il fratello e di sostituirsi a lui. La ribellione era stata rapidamente sedata, Battista reinserito nella carica e perdonato, con un gesto di magnanimità che aveva suscitato il consenso e l'ammirazione dei contemporanei, a partire dall'inviato fiorentino a Genova Giannozzo Manetti[10]. Ma nel maggio Battista aveva ritentato la conquista del dogato: condannato questa volta all'esilio si era ritirato nell'Oltregiogo, ove aveva ottenuto in feudo Gavi e poi Novi da Filippo Maria Visconti da lui assecondato nei suoi tentativi per occupare Genova. Nel'42 però con un improvviso voltafaccia, forse perchè infastidito dal duca per questioni doganali, Battista si riconcilia e cerca l'aiuto del fratello che lo richiama con i figli e gli conferisce la carica di capitano della città che già aveva tenuto in passato.

La morte di Battista cade in un momento di grande difficoltà per Genova e per il doge, pesantemente coinvolto nell'impari e dispendiosa lotta di Renato d'Angio' contro Alfonso d'Aragona per la conquista del regno di Napoli, abbandonato dagli antichi alleati e da papa Eugenio IV stanco di spendere danari per una spedizione antiaragonese o per una crociata che stentava a decollare, indebolito dalle solite lotte di fazione intestine e dalle iniziative destabilizzanti attuate soprattutto dal potente Giovan Antonio Fieschi, indispettito perché al comando di una nuova flotta antiaragonese gli era stato preferito Giovanni Campofregoso, il fratellastro minore del doge[11]. Ecco quindi che l'allestimento delle esequie di Battista deve essere sembrato a Tommaso l'occasione per rinsaldare i ranghi, attuare una sorta di generale riappacificazione e ostentare l'adesione dei più eminenti cittadini, nobili e popolari, alla sua ideologia del potere, un modo per propagandare una stabilità ed una concordia che si andavano sempre più incrinando.

Organizza così un solenne rituale funebre, in cui predomina il nero, il colore del dolore, in genere riservato a principi, papi o personaggi di rango, perché più frequente e diffuso è l'uso del bianco in quanto i panni di questo colore sono meno costosi[12]. Solo il primo dei dodici cavalieri che aprono il corteo e che reca il vessillo

delle famiglie nobili di Genova, Genova 1825, rist. anast. Bologna 1971, 1, tav. Campofregoso. Sui principali membri della famiglia cfr. ora anche le voci dovute a diversi autori in *Dizionario Biografico degli Italiani* 50, Roma 1998.

10. Una delle testimonianze più autorevoli, oltre il solito Giustiniani, è quello dall'ambasciatore fiorentino che ne tratta nella seconda delle sue *Laudatio* indirizzata proprio al doge Tommaso. MANETTI, *Elogi*, citato *supra* n. 8, p. 89-170. A detta del Giustiniani, a coloro che gli suggerivano di giustiziare il fratello traditore, Tommaso avrebbe risposto che « prima elegerebbe patire ogni calamità e ogni ingiuria che imbrattarsi le mani del fraterno sangue »: *Annali*, citato *supra* n. 5, p. 359.

11. GIUSTINIANI, *Annali*, p. 367-370.

12. CHIFFOLEAU, *La comptabilité*, citato *supra* n. 3, p. 140-141.

del comune dispiegato è vestito di bianco, quasi a simboleggiare la coralità del dolore. Degli altri undici, tutti rigorosamente vestiti di nero, uno porta le insegne ammainate dei Campofregoso[13], tre rispettivamente lo scudo, l'elmo e la spada del defunto, e i rimanenti sette altri vessilli ammainati a lutto, cioè tutti gli elementi che costituiscono le cosiddette « pièces d'honneur »[14]. E' questa la parte più scenografica e « comunicativa » del potere, atta a celebrare non solo il defunto, ma soprattutto la casata, la famiglia, il doge, le cui insegne vengono affiancate e confuse con quelle del comune, in quella strana commistione di governo « popolare » e di signoria che Tommaso aveva saputo instaurare.

Si passa poi al cerimoniale vero e proprio, riservato al corpo, adagiato nel feretro, preceduto da molti famuli a piedi, venti dei quali disposti attorno alla bara con torce, seguiti dagli amici del defunto, tutti ancora in nero. Il contatto diretto con il corpo, il compito di portare il feretro, è riservato a sedici persone, otto consoli di quattro arti, e otto abitanti del borgo di San Tommaso, ovviamente alla scopo di sottolineare sia la natura « popolare » del dogato, sia il legame con il quartiere ai margini occidentali della città ove i Campofregoso hanno la loro enclave attorno alla *domus magna*, il palazzo che il comune aveva donato all'ammiraglio vittorioso Pietro e che Tommaso aveva fatto restaurare e decorare con un programma iconografico esterno celebrativo della casata, atto a impressionare i cittadini e i molti immigrati che ponevano qui la loro prima dimora[15].

La scelta delle quattro arti costituisce una sorta di paratico, un'attestazione dell'importanza e delle gerarchie delle corporazioni nel contesto cittadino a metà secolo. Al primo posto vengono i notai, la categoria indispensabile al potere per le pratiche amministrative e per la validità dei negozi commerciali, sempre in posizione preminente per prestigio tra i « popolari »[16]; seguono i drappieri, gli artigiani che a Genova hanno posizioni economiche cospicue[17], poi i setaioli, che dal secondo Quattrocento si vanno prepotentemente affermando sul mercato e nell'imprenditoria genovese[18], ed infine gli speziali, i potenti e stimati custodi della salute pubblica[19]. Sono quindi queste al momento in Genova le arti « maggiori », quelle a cui si appoggiano i Campofregoso nella loro gara contro gli Adorno, l'altra famiglia « popolare » concorrente, sostenuta dal popolo minuto e dalla plebe[20]. Completano queste rappresentanze « esterne » quaranta giovani che con torce

13. Il simbolo araldico dei Campofregoso è uno spaccato ondato innestato di nero e d'argento, definito uno splendido esempio di arma di tipo cavalleresco militare: G. F. Bernabò di Negro, *L'araldica a Genova. Origini e significati di una realtà storica e sociale*, Genova 1983, p. 104-105.

14. Vovelle, *La mort*, citato *supra* n. 3, p. 113-116.

15. A. Borlandi, Pittura politica e committenza artistica nel primo Quattrocento a Genova, *Renaissance Studies in honor of C. H. Smyth*, Firenze 1985, p. 65-77.

16. G. Costamagna, *Il notaio a Genova tra prestigio e potere*, Roma 1970; G. Petti Balbi, Il notariato genovese nel Quattrocento, *Tra Siviglia e Genova: notaio, documento e commercio nell'età colombiana*, a cura di V. Piergiovanni, Milano 1994, p. 91-144.

17. G. Petti Balbi, *Simon Boccanegra e la Genova del Trecento*, Genova 1991, n. ed. Napoli 1995, p. 249-254.

18. P. Massa, L'arte genovese della seta nella normativa del xv e xvi secolo, *ASLi*, n.s. 10, 1970; G. Casarino, Lucchesi e manifattura serica a Genova tra xiv e xvi secolo, *Actum Luce* 29, 2001, p. 3-48.

19. L. Balletto, Medici e farmaci, scongiuri e incantesimi nel medioevo genovese, *Saggi e documenti del Civico Istituto colombiano* 6, Genova 1985, p. 7-172; Petti Balbi, *Simon Boccanegra*, citato *supra* n. 17, p. 254-258.

20. R. Musso, Lo stato cappellazzo. Genova tra Adorno e Fregoso (1436-1464), *Studi di storia medioevale e di diplomatica* 17, 1998, p. 223-288.

aprono e chiudono il corteo: i nomi dei prescelti, su cui ritorneremo, indicano l'abilità e la cautela con cui si muove il doge, attento a non scontentare nobili e popolari, bianchi e neri.

Si passa poi al « lutto » vero e proprio, alle presenze qualificate separate dalla folla più informale del corteo, disposte a tre a tre, scelte con un abile dosaggio tra parenti, amici e magistrati più importanti, quasi a voler manifestare l'avvenuta « occupazione » delle cariche da parte dei Campofregoso. Delle 30 persone più vicine al feretro, ben 15 sono Campofregoso, inseriti in ogni fila tra altri due figuranti, illustri genovesi e non e i rappresentanti delle più importanti magistrature, cioè dieci anziani con il loro priore, otto ufficiali di moneta e otto giureconsulti. La scelta dei rappresentanti dei pubblici ufficiali suggerisce alcune considerazioni. Ovvia è la presenza degli anziani, il consesso di cittadini che dall'istituzione del dogato affiancano il doge come istituto collegiale atto a contro-bilanciare il potere monocratico del doge, tanto che le disposizioni dogali non hanno vigenza se non condivise dagli anziani e la dicitura *dux et consilium antianorum* caratterizza i documenti ufficiali[21]. Si può comunque dubitare dell'effettivo peso o della reale rappresentatività del consesso, dal momento che le modalità dell'elezione e il criterio di scelta degli anziani sono all'arbitrio di dogi o governatori. Comunque il priore segue immediatamente Bartolomeo Campofregoso che apre il corteo, come *caput huius curie* ed i due sono tra i pochi ai quali è riservato l'epiteto di *dominus*.

Sorprendente appare nella scala gerarchica degli apparati funzionariali la posizione raggiunta dall'ufficio di moneta, un organo con competenze finanziarie che acquista rilevanza a partire dall'inizio del secolo, incaricato di valutare le spese eccezionali e di trovarne i finanziamenti con interventi sul debito pubblico, un organismo quindi che dovrebbe rappresentare una sorta di contraltare rispetto al Banco di San Giorgio, comunque ancora poco conosciuto nei suoi meccanismi e nelle sue competenza[22]. Rientra nel normale assetto della cosa pubblica la presenza dei giureconsulti, gli esperti di legge indispensabili al potere che ovunque godono di prestigio e di riconoscimenti e che, forti del titolo accademico che li pone in condizione di superiorità rispetto ai notai, si sono chiusi in un casta corporativa, in quella che viene chiamata « nobiltà di toga ».

Dietro i giuristi vengono altri Campofregoso e altri fautori o amici, definiti tra i più degni cittadini, oltre parenti più lontani schierati secondo il grado. Di questa folla, che tra amici e parenti raggiunge la cifra di 150 persone, vengono forniti 70 nomi e cognomi, rispettivamente dei 40 giovani che accompagnano la bara e dei 30 che stanno nelle prime posizioni dietro il feretro. Nel corteo dei giovani non compare alcun Campofregoso, mentre la scena interna del « lutto » è dominata da loro, ben 15 sui 30 citati. E' ovvia ed eloquente questa massiccia presenza familiare attorno al defunto, che lascia trasparire la falcidia avvenuta all'interno della larga figliolanza di Pietro, l'assetto dinastico e la solitudine di Tommaso. Dei numerosi fratelli sono superstiti Bartolomeo, che infatti apre il corteo ed occupa il primo posto attorno alla bara, e Giovanni, il minore dei fratellastri, che gli sta poco dietro. Subito dopo i figli del defunto, quasi a chiudere la schiera dei più autorevoli parenti

21. Petti Balbi, *Simon Boccanegra*, p. 78-83.

22. V. Polonio, L'amministrazione della *res publica* genovese tra Tre e Quattrocento. L'archivio antico comune, *ASLi*, n. s. 17, 1977, p. 22. Pochi sono i cartulari superstiti prodotti da questo ufficio: cfr. *ibid.*, p. 270.

compare Giano, il nipote prediletto, destinato da Tommaso, privo di figli, a raccoglierne l'eredità e a perpetuare le fortune del casato, che però scompare precocemente di scena nel dicembre 1448 dopo nemmeno due anni di dogato[23]. E pare significativo che l'epiteto di *dominus* sia riservato ai due fratelli e al nipote, oltre che al priore degli Anziani, a Gian Ludovico Fieschi e a Rinaldo Guinigi.

Dopo fanno bella mostra di sé i più giovani Campofregoso, provvisti di grandi ambizioni e di animose rivalità, in preda a gelosie e contrasti che con molta difficoltà il doge cerca di disciplinare tenendoli sotto il suo diretto controllo. Il Pierino, ricordato subito in prima fila tra Bartolomeo Campofregoso e il priore degli anziani, per la posizione riservatagli è senz'altro da identificarsi con Pietro, il futuro doge Pietro, figlio primogenito del defunto e della prima moglie Violante Spinola: aveva seguito il padre nell'esilio dopo il '37, era stato riammesso in città e perdonato nel '42 da Tommaso che gli riconosce la leadership di un ramo familiare e ne sostiene nel 1450 l'elezione a doge in sua vece. Dopo Pierino compaiono Pandolfo e Tommasino, quest'ultimo esplicitamente indicato come figlio del defunto, al pari del fratello minore Pandolfo, nati da Battista e da Ilaria Guinigi. Gli altri Fregoso, inseriti tra ufficiali e cittadini insigni, Antonio, Galeotto, Galeazzo, Gian Galeazzo, Lazzarino, Paolo Benedetto, Martinetto, Isnardo, Gerolamo, sono figure più scialbe che hanno lasciato minor memoria di sé nelle vicende genovesi del tempo o all'interno della famiglia ove è arduo collocarli per la ripetitività dell'onomastica e l'ampiezza del consortile.

Il Gian Galeazzo, collocato tra i giureconsulti, dovrebbe essere un altro nipote del doge, figlio del fratello Spinetta e di Ginevra Manfredi, designato nel 1453 erede da Tommaso insieme con la moglie Marzia Manfredi, rivale del cugino Pietro diventato doge alla fine del 1450. I due sostenuti dai cugini Lazzaro, Paolo, Galeotto e Galeazzino, concentreranno le loro ambizioni sulla Lunigiana e cercheranno di allargare il dominio della famiglia in zona: Galeotto occuperà e avrà la signoria di Brugnato, Suvero e Rocchetta, Galeazzino si impossesserà di Ameglia[24]. E' però Paolo che diventerà celebre sulla scena non solo genovese del secondo Quattrocento, capace di dare la scalata alla carica di arcivescovo e di doge della città e di ottenere il cappello cardinalizio. Anche se non hanno ancora dato prova di sé per la giovane età, attorno al feretro stanno molti Fregoso che, spinti da smodate ambizioni e da profonde rivalità, si affronteranno in sanguinose faide intestine e determineranno la scissione del casato dopo la scomparsa di Tommaso avvenuta nel '53. Del ramo « del sesto » fanno parte il doge Pietro, Pandolfo e l'arcivescovo Paolo; in quello di Sarzana si riconoscono Ludovico e il nipote Tommasino figlio di Giano; in quello di Gavi e di Carrara Spinetta e Gian Galeazzo fratelli di Nicolò, ucciso di propria mano nel '52 dal cugino, il doge Pietro.

La parata funebre per Battista finisce così per proporre e mettere in mostra l'ordine familiare, che diventa anche sociale e politico, ponendo come sostiene Chiffoleau, « la morte al centro della vita ». Questo aspetto celebrativo e didattico insieme non deve essere sfuggito a Tommaso, uomo esperto ed avveduto che, pur avendo designato erede Giano, cerca di mantenere l'unità e la compattezza del casato, così che la cerimonia diventa un momento di riconciliazione, un modo per

23. G. Petti Balbi, Un episodio affermazione signorile: i Campofregoso in Lunigiana nel Quattrocento (1421-1484), *Papato, stati regionali e Lunigiana nell'età di Niccolò V*, Atti del convegno del maggio 2000, in corso di stampa.
24. Musso, *Lo stato cappellazzo*, citato *supra* n. 20, p. 239-242.

ostentare l'ampiezza se non l'unione della famiglia, attorno alla quale si stringono parenti, alleati, magistrati, arti, tutte le forze su cui punta il doge per rafforzare il proprio potere, ormai traballante. Colpiscono anche le assenze tra i Campofregoso, in particolare quella del nipote Ludovico, l'ambizioso fratello di Giano, verso il quale Tommaso non ebbe mai simpatia, ritenendolo incapace, incostante, succube della madre, al punto da caldeggiarne nel '50 la destituzione da doge in favore di Pietro, figlio proprio del defunto Battista.

Gli altri presenti, citati con nome e cognome, tra giovani e astanti, in tutto 54, offrono un interessante spaccato degli equilibri politici e sociali vigenti attorno agli anni quaranta a Genova. Tra i giovani il doge sceglie equamente venti esponenti di famiglie nobili e altrettanti di famiglie popolari (in realtà queste ultime sono diciannove perché i Giustiniani forniscono due « figuranti »), senza operare alcuna selezione politica, ma con grande acume perché questi giovani dai nomi assai rappresentativi diventano protagonisti delle vicende politiche ed economiche del secondo Quattrocento genovese. Diverso è il criterio di scelta dei 15 da affiancare ai Campofregoso, per i quali vige una rigorosa selezione politico-familiare che ben evidenzia l'establisment dogale e l'ampiezza del parentado Campofregoso. Compaiono tre Sauli, i potenti banchieri di origine lucchese con i quali i Fregoso hanno strette relazioni d'affari e che rimangono sempre al loro fianco e due Guinigi, altri lucchesi congiunti di Paolo Guinigi signore di Lucca che rappresenta il modello di signore a cui si ispira Tommaso che fece sposare due figlie del signore di Lucca a Genova, Ilaria con il defunto e Pippa con Tommaso Ravaschieri, uno dei più fidati collaboratori del doge, conestabile e capitano di milizie spesso da lui arruolate nell'alta val di Vara, presente alle esequie.

Tra i cittadini genovesi paiono privilegiati i Fieschi perché, oltre due di loro, c'è il Ravascheri che appartiene ad un ramo minore di conti di Lavagna; tuttavia i Fieschi sono alleati infidi che con estrema disinvoltura passano da uno schieramento all'altro, facendo pesare sui dogi « popolari » le loro entrature romane, il prestigio internazionale, il peso militare che proviene dai loro feudi appenninici[25]. La posizione nel corteo e l'epiteto di *dominus* riservato a Gian Luigi o Giovanni Ludovico Fieschi testimoniano comunque la profonda intesa e la lunga consuetudine instaurata tra il doge e l'anziano Fieschi. Completano questo establisment due Spinola, uno dei due Iacopo cognato del defunto ai primi posti, e altrettanti Doria, oltre un Negrone ed un Olivieri. Rimane da sottolineare che incaricati di dare attuazione a questo cerimoniale sono Gaspare Lercari, Paolo Vivaldi, Nicolò Giustiniani e Iacopo de Leone e anche in questo caso il doge opera un'equa scelta di due nobili e di due popolari.

Colpisce l'aspetto decisamente laico di questo rituale funebre, la mancanza di religiosi che forse potrebbero accogliere il corteo all'ingresso della chiesa in cui si sarebbe svolto il rito finale. E' probabile che si tratti della cattedrale di San Lorenzo, ma la destinazione ultima dovrebbe essere la chiesa di San Francesco, prediletta dai dogi e dai Campofregoso, a partire da Simon Boccanegra che ancora in vita si fece qui erigere il proprio monumento funebre[26] e ove fu sepolto nel 1425 Spinetta fratello di Tommaso e ove verrà inumato nel '48 Giano[27]. Questo

25. *Ibid.*, p. 233.
26. Petti Balbi, *Simon Boccanegra*, p. 60-63.
27. A. Neri, L'inventario dei beni di Spinetta Campofregoso, *Giornale ligustico* 11, 1884, p. 359-359. Per Giano, morto alla fine del '48 viene eretta nel '50 per volere del nuovo doge, il fratello Ludovico, un'arca per la quale si sarebbero potute spendere fino a mille lire: Giustiniani, *Annali*, p. 378, 380.

apparato funebre, consono allo stile di vita e alla aspirazioni signorili di Tommaso, assume quindi un carattere decisamente scenografico e propagandistico. Rappresenta la concretizzazione dell'ideale aristocratico di organizzazione familiare di Tommaso, manifesta il progetto decisamente dinastico dei Campofregoso, costituisce un'ostentazione del potere del doge che, pur con una parvenza di « democraticità », governa in realtà come signore, *regulis non subditus*, come acutamente rileva l'annalista coevo Giovanni Stella[28].

Giovanna Petti Balbi
Università degli Studi di Genova

Archivio di Stato di Genova, Archivio segreto, *Diversorum comunis Ianue* 527, f. 39-40v

MCCCCXXXXII°, die xx iunii. Tempore ducatus illustris et excelsi domini Thome de Campofregoso Ianuensium ducis et eorum libertatis defensoris. Funus magnifici domini Baptiste de Campofregoso germani dicti domini ducis et generalis capitanei Ianuensium etc. ac locumtenentis etc.

Primum accedant equites duodecim, quorum primus albo inductus sit cum vexillo comunis Ianue erecto; undecim nigro vestiti quorum primus deferat vexilla de Campofregoso pendentia, alius deferat scutum, alius galeam, alius ensem; reliquorum omnes quisque tahat signa nigra pendentia. Post hos sequantur cives sodales defuncti nigro inducti. Capulum autem deferant octo consules quatuor artium inferius nominati et octo ex burgo Sancti Thome, qui sunt infrascripti. Rectores collegii notariorum duo, consules artis draperiorum duo, consules artis seateriorum duo, consules artis speciariorum duo. De burgo: Iohannes Navonus, Raynerius de Arquata, Oliverius de Ast, Nicolaus de Roncho, Bernardus de Zerbis, Ugolinus de Turino, Saginus de Frassineto, Baptista de Sancto Lazario.

Capulum precedant iuvenes XX cum funalibus et totidem etiam cum funalibus sequantur. Quorum hec sunt nomina: Hyeronimus Spinula, Paulus de Auria Ceve, // c.39v *Iulianus Salvagus, Carolus Cataneus, Branchaleo Grillus, Bartholomeus Spinula de Luculo, Conradus Imperialis, Thobias Palavicinus, Illarius Squarciaficus, Petrus de Mari quondam Francisci, Gregorius de Flisco quondam Opici, Percival de Grimaldis, Hyeronimus Lomellinus Oberti, Bartholomeus Italianus, Ianotus Lercarius, Sistus Gentilis, Petrus Ususmaris, Iohannes de Nigro, Leonel de Oliva, Dominicus Marabotus, Evangelista Iustinianus, Ieronimus de Franchis Iula, Ludovicus de Furnariis, Iohannes de Prementorio, Carolus Ciconia, Iohannes Carrega, Simon de Facio, Iacobus Adurnus, Petrus de Albario, Georgius Cicer,*

28. *Georgii et Iohannis Stellae Annales*, p. 330.

* G. Airaldi, « Ad mortem festinamus... ». Genova, il Mandylion e Leonardo Montaldo, *Mandylion. Intorno al Sacro Volto, da Bisanzio a Genova*, Ginevra-Milano 2004, p. 275-281; G. Petti Balbi, Una lunga carriera, un breve dogato: Leonardo Montaldo doge di Genova tra il 1383 e il 1384, *Intorno al Sacro Volto. Genova, Bisanzio e il Mediterraneo (secoli XI-XIV)*, Atti del convegno del maggio 2004, in corso di stampa.
** G. Petti Balbi, Il protagonismo e la signoria di Tommaso Campofregoso, *Storia di Genova. Mediterraneo, Europa, Atlantico*, a cura di D. Puncuh, Genova 2003, p. 287-295.

Petrus Baptista Iustinianus, Marchus Marruffus, Laurentius Murchius, Franchus de Vernacia, Nicolaus Clavarinus, Iohannes Fatinanti de Ortovegio, Thomas de Castelliono, Iohannes Cassicius, Iacobus de Axereto et Demetrius Sauli //.

c.40 *Caput huius curie sit magnificus dominus Bartholomeus de Campofregoso, sequatur dominus prior antianorum et in medio istorum Petrinus de Campofregoso. Post hos sedat dominus Iohannes Ludovicus de Flisco a dexteris, post eum Theramus de Oliverio et in medio dominus Iohannes de Campofregoso. Post sequantur duo antiani et in medio eorum Iacobus Spinula cognatus. Post sequantur duo antiani et in medio eorum Pandulfus de Campofregoso. Post duo antiani et in medio eorum Casanus de Auria. Post duo antiani et in medio eorum dominus Reinaldus de Guinisiis. Post reliqui duo antiani et in medio eorum dominus Ianus de Campofregoso.*

Post duo officiales monete et in medio eorum Galeotus Spinula olim cognatus. Post duo officiales monete et in medio eorum Thomaxinus filius defuncti. Post duo officiales monete et in medio eorum Antonius de Campofregoso. Post reliqui duo officiales monete et in medio eorum Galeotus de Campofregoso. Post duo iuriste et in medio eorum Galeacius de Campofregoso. Post duo iuriste et in medio eorum Redulfus Guinisius. Post alii duo iuriste et in medio eorum Iohannes Galeacius de Campofregoso. Post alii duo iuriste et in medio eorum Lazarinus de Campofregoso. Post alii duo digniores et in medio eorum Paulus Benedictus de Campofregoso. Post alii duo et in medio eorum Martinetus de Campofregoso. Post alii duo et in medio eorum Isnardus de Campofregoso. Post alii duo et in medio eorum Hyeronimus de Campofregoso. Post alii duo et in medio eorum Thomas Ravascherius. Post in medio duorum Martinus de Nigrono. Post alii duo et in medio eorum Daniel de Flisco. Post alii duo et in medio eorum Gaspar Sauli // c.40v. *Post alii duo et in medio eorum Obertus de Auria. Post alii duo et in medio eorum Lodixius Spinula de Luculo. Post alii duo et in medio eorum Leonardus Sauli. Post alii duo et in medio eroum Benedictus Sauli. Reliqui actinentes sequantur bini secundum gradus eorum.*

Executores suprascripti funeris sunt infrascripti et habeant baculos nigros in manu: Gaspar Lercarius, Paulus de Vivaldis, Nicolaus Iustinianus et Iacobus de Leone.

Les arsenaux musulmans de la Méditerranée et de l'océan Atlantique (VIIe-XVe siècle)[1]

Christophe PICARD

L'arsenal est un élément majeur de l'activité maritime depuis l'antiquité, particulièrement en Méditerranée. Ce terme, surtout employé dans le cadre de la navigation, désigne a priori un chantier de construction navale et forme un ensemble spécifique dans le port, expliquant une appellation propre de la part des auteurs arabes. Héritage de l'époque romaine[2], cette institution est naturellement transmise par l'Empire byzantin au monde médiéval dans son ensemble. Ce n'est pourtant pas du *nèôrion* ou de l'*exartatysis* byzantins, mais de l'arabe *dār al-ṣināʿa* que dérivent les termes actuels désignant l'arsenal, au moins en castillan, catalan, italien, français, portugais et même en grec moderne[3]. Cette étymologie prouve déjà l'importance du relais arabo-musulman dans l'histoire maritime de la Méditerranée. Elle donne également une idée de la place qu'a pu tenir le *dār al-ṣināʿa* dans l'évolution des ports et de la navigation du monde de l'Islam médiéval.

Toutefois, son histoire nous reste largement inaccessible, tant les sources sont lacunaires. Les textes officiels byzantins décrivant l'arsenal n'évoquent qu'une partie limitée de ses activités ou de son organisation et ne sont pas complétés par les données archéologiques[4]. Dès lors, de nombreux aspects de ce qui représente l'origine même de l'arsenal arabo-musulman nous échappent. Du côté musulman,

1. À l'exclusion de l'Empire ottoman.
2. M. REDDÉ, *Mare Nostrum. Les infrastructures, le dispositif et l'histoire de la marine militaire sous l'Empire romain*, Rome 1986.
3. G. S. COLIN, Cl. CAHEN, Dār al-ṣināʿa, *EI*², 2, p. 132-134.
4. H. AHRWEILER, *Byzance et la mer*, Paris 1966, particulièrement appendice III, La construction navale : les chantiers et arsenaux : leur administration, p. 418-439. L'auteur résume parfaitement la situation en ces termes : « Les renseignements des sources sur ces sujets sont extrêmement pauvres et épars, les problèmes techniques ont peu préoccupé les historiens et les lettrés de Byzance en général, les traités sur la *naupègikè téchnè* (= art de la construction navale) font défaut, les *naumachica* ne concernent que la stratégie navale et ne fournissent qu'occasionnellement des renseignements sur la construction navale, se limitant en général à une description sommaire des bâtiments de guerre. » (*ibid.*, p. 419). Voir également EAD., *ibid.*, appendice I, Les équipages, p. 397-407 (= *Études sur les structures administratives et sociales de Byzance,* Londres 1971, XVI – pour les deux appendices) ; EAD., Les ports byzantins (VIe-Xe siècles), *La Navigazione mediterranea nell'alto medioevo, XXV Settimane di Studio del Centro Italiano di Studi sull'alto Medioevo (Spoleto, 14-20 aprile 1977)*, Spolète 1978, p. 259-297. Pour les influences juridiques, consulter V. CHRISTIDES, Two Parallel Naval Guides of the Tenth Century: Qudama's Document and Leo VI's Naumachica; A Study on Byzantine and Moslem Naval Preparedness, *Graeco-Arabica* 1, 1982, p. 51-103 ; ID., Naval Warfare in the Eastern Mediterranean (6th-14th Centuries): An Arabic Translation of Leo VI's Naumachica, *Graeco-Arabica* 3, 1984, p. 137-48 ; ID., Naval History and Naval Technology in Medieval Times. The Need for Interdisciplinary Studies, *Byz.* 58/2, 1988, p. 309-322.

Chemins d'outre-mer. Études d'histoire sur la Méditerranée médiévale offertes à Michel Balard.
Paris, Publications de la Sorbonne, 2004 (Byzantina Sorbonensia 20)

l'archéologie a permis de faire apparaître un ou plusieurs types d'édifices à partir du Xe siècle, avec Mahdia[5], puis avec l'arsenal de ʿAlāya en Anatolie, bâti au XIIIe siècle, et celui de Málaga, édifié au XIVe siècle. Mais ces données tardives demeurent incomplètes[6]. Les sources écrites citent la plupart des arsenaux que l'Islam utilisa ou fit édifier en Méditerranée et en Atlantique, mais les descriptions restent d'une rare maigreur. Nous sommes loin de la connaissance que l'on a des arsenaux latins de Venise ou de Gênes, documentés, il est vrai, seulement à partir du XIIe siècle[7]. Cette relative indigence explique probablement la rareté des études récentes sur le sujet et, plus encore, l'absence d'un examen détaillé de l'institution. Il faut, en effet, remonter aux travaux « classiques » d'Archibald R. Lewis et de Leopoldo Torres Balbás, ou à la remarquable étude de Aly Mohamed Fahmy pour trouver un tableau de l'arsenal musulman[8]. Celui-ci nécessiterait un travail beaucoup plus approfondi, tenant compte des éditions récentes de sources et des avancées archéologiques, dont il ne peut être question ici. Seules, à ce stade, les nombreuses questions qui se posent sur cette institution navale primordiale de l'Islam peuvent être suggérées, dans un panorama très large.

Le premier problème est la définition même de l'arsenal dans le monde musulman méditerranéen : derrière le ou les termes utilisés, sous quelle forme se présentait ce que nous traduisons par arsenal ? En effet, la terminologie est plus complexe qu'il n'y paraît, d'abord parce que les deux termes génériques usités, *ṣināʿa* et *inšā'*, ont un sens très large, désignant l'atelier et la construction, pour toute activité et en tout lieu ; ensuite parce que ce vocabulaire ne recoupe pas obligatoirement le même type d'édifice ou d'organisation, selon les auteurs ou les époques. À cet égard il convient de se demander si l'arsenal est d'abord un lieu et un édifice, ou bien une institution complexe. Disons tout de suite que l'indigence des sources ne permet pas de répondre de façon satisfaisante à cette question. Mais on peut sentir que, sous la plume de l'écrivain arabe de la période médiévale, le terme *dār al-ṣināʿa* revêt plusieurs sens : technique, avec la construction de navires, administratif, avec la gestion du chantier, l'approvisionnement et la fiscalité, politique enfin, avec l'idée de souveraineté qui s'attache souvent à ce terme.

Pour examiner les problèmes que pose l'étude de l'arsenal en Islam, il convient de revenir d'abord très brièvement sur l'utilisation d'anciens arsenaux byzantins et surtout sur la construction de nouveaux sites par les conquérants et leurs successeurs, autour de la Méditerranée et sur l'océan Atlantique[9]. L'examen du vocabulaire désignant l'arsenal, dans l'esprit des auteurs arabes, constituera l'essentiel de ce propos.

5. N. DJELLOUL, Histoire topographique de Mahdia et de ses environs au Moyen-Âge, *Les Cahiers de Tunisie* 162-163, 1993, p. 71-103.
6. L. TORRES BALBÁS, Atarazanas hispanomusulmanas, *Al-Andalus* 11, 1946, p. 175-209.
7. E. CONCINA, *L'arsenale della Repubblica di Venezia. Tecniche e istituzioni dal medioevo all'età moderna*, Milan 1984 ; L. RAY MARTIN, *The Art and Archeology of Venetian Ships and Boats*, Londres 2001 ; L. GROSSI BIANCHI, E. POLEGGI, *Una città portuale del Medioevo. Genova nei secoli X-XVI,* Gênes 1980.
8. A. R. LEWIS, *Naval Power and Trade in the Mediterranean, A.D. 500-1100*, Princeton 1971 ; TORRES BALBÁS, Atarazanas, cité *supra* n. 6 ; A. M. FAHMY, *Muslim Naval Organisation in the Eastern Mediterranean from the Seventh to the Tenth Century*, Le Caire 1966.
9. L'océan Atlantique formait alors un prolongement de ce qui se faisait en Méditerranée, dans la mesure où les mêmes puissances contrôlaient les rives de chaque côté du détroit et où c'étaient les mêmes marins et navires qui passaient le détroit de Gibraltar.

Les arsenaux musulmans en Méditerranée et sur l'océan Atlantique

Les études menées sur l'activité navale musulmane en Méditerranée permettent de dresser globalement, sinon de manière exhaustive, la carte des arsenaux et les dates ou périodes, parfois très larges faute de renseignement précis, de reprise d'activité et de fondation de ces institutions, dans le sens le plus étendu du terme. Ce tableau permet de synthétiser les étapes de l'apparition des arsenaux à partir des rares mentions figurant dans les documents d'archives, en Égypte en particulier, les sources littéraires classiques, juridiques ou biographiques et des données archéologiques.

Liste des arsenaux et chantiers navals (39)[10] :

Proche-Orient méditerranéen

Alexandrie* : arsenal byzantin utilisé à partir de 644[11]
Rosette*** : chantier naval (époque byzantine) utilisé à partir de 644
Damiette : chantier naval (époque byzantine) utilisé à partir de 644 puis *dār al-ṣinā'a* sous Saladin[12]
Tinnis*** : chantier naval (époque byzantine)
Fustat (Rawḍa)* : *dār al-ṣinā'a* (674)
Fustat (2e arsenal)* : *dār al-ṣinā'a* (935)
Tripoli du Liban*** : chantier naval (époque byzantine) utilisé en 655[13]
Acre* : *dār al-ṣinā'a* (669)[14]

10. Les dates indiquées sont celles où l'arsenal est mentionné pour la première fois ; les termes utilisés sont ceux figurant dans la ou les sources principales.
* : arsenal pour lequel l'existence d'un bâtiment spécifique est attesté.
** : traces archéologiques de l'arsenal.
*** : chantier naval sans édifice.
sans* : doute sur l'existence d'un édifice spécifique ; seuls les lieux assimilés à des chantiers navals où se construisirent des escadres ont été retenus, sans prétendre à l'exhaustivité.
11. Pour l'Égypte, H. I. Bell, Translations of the Greek Aphrodito Papyri of the British Museum, *Der Islam* 2, 1911, p. 269-283 ; Y. Rāġib, Lettres nouvelles de Qurra b. Šarīk, *Journal of Eastern Studies* 40/3, 1981, p. 187 ; J. Gascou, Papyrus grecs inédits d'Appollônos Anô, *Hommages à la mémoire de Serge Sauneron*, Le Caire 1979, 2, p. 25-29 ; Ibn 'Abd al-Ḥakam, *Kitāb futūḥ Miṣr wa aḫbāruhā*, éd. C. Torrey, *History of the Conquest of Egypt, North Africa and Spain*, New Haven 1922, p. 16 ; al-Ṭabarī, *Ta'rīḫ al-rusul wa l-mulūk*, éd. A. Ibrāhīm, Le Caire 1966, IV, p. 260, trad. R. S. Humphreys *The History of al-Tabarī*. 15, *The Crisis of the Early caliphate*, Albany 1990, p. 28-29 ; Ibn Mammātī, *Kitāb qawānīn al-dawānīn*, éd. A. S. Atiya, Le Caire 1943, p. 340 ; Ibn Ǧubayr, *Taḏkira li aḫbār 'an ittifāqāt al-asfar*, éd. W. Wright, M. J. De Goeje, *The Travels of Ibn Jubayr*, Leyde 1907, p. 59, trad. M. Godefroy-Demombynes, *Voyages*, Paris 1949, p. 66 ; Maqrīzī, *Kitāb al-mawā'iẓ wa l-i'tibār fī ḏikr al-ḫiṭaṭ wa l-aṯār*, éd. Le Caire 1953-1954, cité par Fahmy, *Muslim Naval Organisation*, cité *supra* n. 8, p. 24-74 ; M. Balard, Notes sur le commerce entre l'Italie et l'Égypte sous les Fatimides, *L'Égypte fatimide. Son art et son histoire. Actes du colloque organisé à Paris les 28, 29 et 30 mai 1998*, dir. M. Barrucand, Paris 1999, p. 627-633.
12. Selon Ibn al-Mammātī, cité *supra* n. 11. Cf. M. C. Lyons, D. E. P. Jackson, *Saladin. The Politics of the Holy War*, Cambridge 1982, p. 185-186.
13. J. Viret, Nouvelles données sur le port de Tripoli, *Tempora. Annales d'histoire et d'archéologie* (Beyrouth) 10-11, 1999-2000, p. 117-138.
14. al-Balāḏurī, *Kitāb futūḥ al-buldān*, éd. M. J. De Goeje, Leyde 1863-1866, p. 117-118, 127, 152-153, trad. P. K. Hitti, F. C. Murgotten, *The Origins of the Islamic State*, New York 1968, p. 180-181, 195, 235-236 ; Qudāma Ibn Ǧa'far, *Kitāb al-Ḫarāǧ wa ṣinā'āt al-kitāba*, éd. et trad. partielle, M. J. De Goeje, Leyde 1889, rééd. 1967, éd. p. 255, trad. p. 195 ; al-Ya'qūbī, *Kitāb al-Buldān*, éd. M. J. De Goeje, Leyde 1892, p. 327, trad. G. Wiet, *Le livre des pays*, Le Caire 1937, p. 179 ; al-Muqaddasī, *Aḥsan*

Tyr* : *dār al-ṣināʿa* (entre 724 et 742)[15]
Beyrouth* : *dār al-ṣināʿa* (1366)[16]
Tarse*** : chantier naval (787)[17]
'Alāya** : arsenal (XIIIe siècle?)[18]

Occident méditerranéen[19]

Tripoli de Libye : chantier naval
Tunis* : *dār al-ṣināʿa* (698)[20]
Sousse* : *dār al-ṣināʿa* (821-2 ou 859)
Mahdia** : *dār al-ṣināʿa* (915-917)[21]
Palerme* : *dār al-ṣināʿa* (IXe, Xe siècle ?)[22]

al-taqāsīm fī maʿrifat al-aqalīm, éd. M. J. De Goeje, Leyde 1906, p. 162-163, trad. A. Miquel, *La meilleure répartition pour la connaissance des provinces*, Damas 1963, p. 181-182 ; Yāqūt, *Muʿǧam al-Buldān*, éd. F. Wüstenfeld, *Jacuts geographisches Wörterbuch*, Leipzig 1866-1873, III, p. 707 ; voir également A. Borrut, Architecture des espaces portuaires et réseaux défensifs du littoral syro-palestinien dans les sources arabes (7e-11e s.), *Archéologie islamique* 11, 2001, p. 21-46 ; Id., L'espace maritime syrien au cours des premiers siècles de l'Islam (VIIe-Xe siècle) : le cas de la région entre Acre et Tripoli, *Tempora. Annales d'histoire et d'archéologie* (Beyrouth) 10-11, 1999-2000, p. 1-33.
15. Voir note 14.
16. D. Ayalon, *Le phénomène mamelouk dans l'Orient islamique*, Paris 1996, p. 114-117.
17. Fahmy, *Muslim Naval Organisation*, p. 56-63.
18. Torres Balbás, Atarazanas, p. 209, d'après R. M. Riefstall, *Turkish Architecture in South Western Anatolia*, Cambridge 1930, p. 148-150.
19. Pour le Maghreb, voir Ch. Picard, *L'océan Atlantique musulman de la conquête arabe à l'époque almohade. Navigation et mise en valeur des côtes d'al-Andalus et du Maghreb occidental (Portugal, Espagne, Maroc)*, Paris 1997, p. 132-143, 273, 281, 477-481 ; Id., *La mer et les musulmans d'Occident*, Paris 1997, p. 43-47, 64. Pour al-Andalus, É. Lévi-Provençal, *Histoire de l'Espagne musulmane*, 3 vol., Paris 1950-1967, rééd. 1999, 2, p. 6 s. ; Torres Balbás, Atarazanas, p. 184-203 ; P. Guichard, Les débuts de la piraterie andalouse en Méditerranée occidentale (798-813), *Revue de l'Occident musulman et de la Méditerranée* 35, 1983, p. 55-76 ; M. de Epalza, Costas alicantinas y costas magrebíes: el espacio marítimo musulmán según los textos árabes, *Sharq al-Andalus* 3, 1986, p. 25-31 ; 4, 1987, p. 45-48 ; Picard, *L'océan Atlantique*, cité *supra*, p. 63-77, 266-279 ; Id., *La mer et les musulmans d'Occident*, cité *supra*, p. 9-25 ; Id., *Le Portugal musulman (VIIIe-XIIIe siècle). L'Occident d'al-Andalus sous domination islamique*, Paris 2000 ; J. Lirola Delgado, *El poder naval de al-Andalus en la época del califato omeya*, Grenade 1993, p. 188-189, 317-329 ; E. Molina López, Puertos y atarazanas, *Al-Andalus y el Mediterráneo*, Barcelone-Madrid 1995, p. 105-114.
20. Al-Bakrī, *Kitāb al-masālik wa l-Mamālik*, éd. et trad. W. Mac Guckin De Slane, *Description de l'Afrique septentrionale par Abou Obeïd el-Bekri*, Paris, nouv. éd. 1965, éd. p. 38-39, trad. p. 84 ; Ibn Qutayba, *Kitāb al-Imāma wa l-siyāsa*, éd. Le Caire 1904, II, p. 111. Voir N. Djelloul, *Les installations militaires et la défense des côtes tunisiennes du XVIe au XIXe siècle*, thèse de doctorat, Université Paris IV, 1988, 1, p. 229, où il restitue le plan de l'arsenal de Tunis, d'époque plus tardive.
21. Pour Sousse et Mahdiya, *Ṣirat Ustaḏ Ǧawḏar*, éd. M. Kāmil Ḥusayn, M. ʿAbd al-Hādī Šaʿīra, Le Caire 1954, trad. M. Canard, *Vie de l'Ustadh Jaudhar*, Alger 1957 (Publication de l'Institut d'Études Orientales d'Alger, IIe série, 20), éd. p. 102, 109, 137, trad. p. 154, 164, 209 ; voir également al-Qāḍī al-Nuʿmān, *Iftitāḥ al-Daʿwā*, éd. F. Dachraoui, Tunis 1975, p. 275 ; al-Yaʿqūbī, cité *supra* n. 14, éd. p. 348, trad. p. 210 ; al-Bakrī, cité *supra* n. 20, éd. p. 30, 34, trad. p. 68, 74-75 ; voir M. Talbi, *L'émirat aghlabide (184-296/800-909). Histoire politique*, Paris 1966, p. 380 s. ; A. Lézine, *Deux villes d'Ifriqiya, Sousse et Tunis*, Paris 1971, p. 108-109 ; Id., *Mahdiyya, recherches d'archéologie musulmane*, Paris 1965, p. 43-53 ; N. Djelloul, *Al-ribāṭāt al-baḥriyya bi-Ifrīqiya fī l-ʿasr al-waṣīṭ*, Tunis 1999, p. 69-96 ; Id., Histoire topographique de Mahdia, cité *supra* n. 5. Voir également M. Talbi, Mahdiya, *EI²*, 5, p. 20-25, et F. Dachraoui, *Le califat fatimide au Maghreb (296-362/909-973). Histoire politique et institutions*, Tunis 1981, p. 390-391.
22. Ibn Ḥawqal, *Kitāb ṣūrat al-arḍ*, éd. J. H. Kramers, *Viae et regna. Descriptio ditionis moslemicae*, 2 vol., Leyde 1938-1939, p. 79-81, trad. J. H. Kramers, G. Wiet, *Configuration de la Terre*, 2 vol., Paris-Beyrouth 1964, p. 76-78.

Marsā l-Ḫarāz*** : *inšā'* (Xe siècle ?)[23]
Bougie* : *dār al-ṣinā'a* (1067)[24]
Séville* : *dār al-ṣinā'a* (844 ; 1184)[25]
Algeciras* : *dār al-ṣinā'a* (914)[26]
Almería* : *dār al-ṣinā'a* (933)[27]
Tortosa* : *dār al-ṣinā'a* (943-944)[28]
Alcácer do Sal*** : *inšā' l-marākib* (997)[29]
Denia* : *dār inšā l-sufun* (XIe siècle)[30]
Saltes** : *ṣinā'atu l-ḥadīd* (XIe siècle ; fin XIIe siècle ?)[31]

23. AL-BAKRĪ, éd. p. 55, trad. p. 118.
24. AL-IDRĪSĪ, *Opus geographicum*, Naples-Rome 1970-1978, p. 260-261, trad. du chevalier JAUBERT revue par A. NEF, *La première géographie de l'Occident*, Paris 1999, p. 166 ; *Kitāb al-istibṣār fī 'aǧā'ib al-amṣār*, éd. S. ZAĠLUL, Alexandrie 1958, rééd. Casablanca 1985, p. 128, trad. É. FAGNAN, *L'Afrique septentrionale au XIIe siècle de notre ère. Description extraite du* Kitāb al-Istibṣār, *Recueil des notices et mémoires de la société archéologique de Constantine* 1899, rééd. Francfort-sur-le-Main 1993, p. 35 ; AL-NUMAYRĪ, *Relation de voyage (Fayḍ al-'Ubāb)*, éd. M. BENCHEKROUN, Beyrouth 1990, p. 266, cité par D. VALÉRIAN, *Bougie, port maghrébin à la fin du Moyen Âge (1067-1510)*, Thèse de doctorat, sous la direction de M. Balard, Université Paris I, 2000, p. 503-504.
25. IBN AL-QŪṬĪYA, *Ta'rīḫ iftitāḥ al-Andalus*, éd. et trad. J. RIBEIRA, *Historia de la conquista de España de Abnelcotia el Cordobès*, Madrid 1926 (Colección de obras arábigas de Historia y Geografía de la Real Academia de la Historia 2), éd. p. 65, trad. p. 52 ; IBN ṢAḤIB AL-ṢALĀT, *Al-mann bi l-imāma*, éd. 'ABD AL-ḤĀDĪ AL-TĀZĪ, Beyrouth, 1964, p. 481, trad. esp. A. HUICI MIRANDA, Valence 1969, p. 200 ; Cf. M. V. PIECHOTTA, *La arquitectura militar y palatina en la Sevilla musulmana*, Séville 1991, p. 121 s., 233-250.
26. IBN ḤAYYĀN, *Kitāb al-Muqtabis fī ta'rīḫ riǧal al-Andalus. Crónica del califa 'Abd al-Raḥmān III al-Nāṣir entre los años 912-942*, éd. P. CHALMETA, F. CORRIENTE, M. SUBH, Madrid 1979, p. 87-88, trad. M. S. VIGUERA, F. CORRIENTE, Saragosse 1981 (Textos Medievales 64), p. 76-77 ; IBN 'IḎĀRĪ, *Kitāb al-Bayān al-Muġrib*, III, éd. É. LÉVI-PROVENÇAL, *Al-Bayān al-Muġrib, tome troisième, Histoire de l'Espagne musulmane au XIe siècle, texte arabe publié pour la première fois d'après un manuscrit de Fès*, Paris 1930, p. 102, 242, trad. esp. F. MAILLO SALGADO, *La caída del califato de Córdoba y los reyes de taifas (al-Bayān al-Mugrib)*, Salamanque 1993, p. 95 ; AL-ḤIMYARĪ, *La péninsule ibérique au Moyen Age d'après le « Kitāb al-Rawḍ al-Mi'ṭār ». Texte arabe des notices relatives à l'Espagne au Portugal et au Sud-Ouest de la France*, éd. et trad. É. LÉVI-PROVENÇAL, Leyde 1938, éd. p. 73, trad. p. 91-92 ; AL-IDRĪSĪ, cité *supra* n. 24, éd. p. 555, trad. p. 258 ; Cf. A. TORREMACHA SILVA, I. NAVARRO LUENGO, J. B. SALADO ESCAÑO, Algeciras islámica. Estructuras defensivas andalusies y merinies, *Archéologie Islamique* 10, 2000, p. 103-132, A. TORREMACHA SILVA, Estructuras defensivas de Algeciras islámica. Su análisis desde la fuentes escritas y el registro arqueológico, *La ciudad en al-Andalus y el Magreb, II Congreso Internacional, Algeciras, 26-28 nov. 1999*, Grenade 2002, p. 480.
27. AL-'UḎRĪ, *Tarsī' al-aḫbār*, éd. A. AL-AHWANI, *Fragmentos geográfico-históricos de ilā ǧamī'a l-mamālik wa -l-masālik*, Madrid 1965, p. 82-83, 86 ; AL-ZUHRĪ, *Kitāb al-ǧa'rāfiya*, éd. M. HADJ SADOK, *Bulletin des Études Orientales* 21, 1968, p. 206, trad. esp. D. BRAMON, *El mundo en el siglo XII*, Barcelone 1991 ; Cf. P. GUICHARD, *L'Espagne et la Sicile musulmanes aux XIe et XIIe siècles*, Lyon 1990, p. 64-69 ; J. LIROLA DELGADO, *El poder naval de al-Andalus*, cité *supra* n. 19, p. 188-189, 323.
28. AL-IDRĪSĪ, éd. p. 555, trad. p. 274 ; É. LÉVI-PROVENÇAL, *Inscriptions arabes d'Espagne*, 2 vol., Leyde-Paris 1931, no 86, p. 83-84.
29. AL-IDRĪSĪ, éd. p. 538, trad. p. 264 ; IBN 'IḎĀRĪ, *Kitāb al-Bayān al-Muġrib, I et II : texte arabe des parties relatives au Maghreb et à l'Espagne de la conquête au XIe siècle*, éd. R. DOZY, revue par G. S. COLIN et É. LÉVI-PROVENÇAL, Leyde 1948-1951, II, p. 317, trad. É. FAGNAN, *Histoire de l'Afrique et de l'Espagne intitulée al-bayano l-mogrib*, 2 vol., Alger 1901-1904, 2, p. 492.
30. AL-IDRĪSĪ, éd. p. 557, trad. p. 276 ; AL-ḤIMYARĪ, cité *supra* n. 26, éd. p. 76, trad. p. 95 ; cf. M. J. RUBIERA MATA, *La taifa de Denia*, Alicante 1985 ; R. AZUAR RUIZ, *Denia Islámica. Arqueologia y poblamiento*, Alicante 1989, p. 379-382 ; ID., La taifa de Denia en el comercio Mediterráneo del siglo XI, *Historia Medieval. Anales de la Universidad de Alicante* 9, 1992-1993, p. 39-52.
31. AL-IDRĪSĪ, éd. p. 542, trad. p. 261 ; AL-ḤIMYARĪ, éd. p. 76, trad. p. 95 ; IBN 'IḎĀRĪ, III, cité *supra* n. 26, p. 242 ; voir A. BAZZANA, Marais et montagnes océanes : les bases économiques de la ville islamique de Saltés, *Castrum 7 (Rome 23-26 octobre 1996). Zones côtières littorales dans le monde méditerranéen au Moyen-Âge : défense, peuplement, mise en valeur*, Rome-Madrid 2001, p. 220-221.

Faro*** : *dār al-ṣināʿa* (XIe siècle)
Silves*** : *inšāʾ* (XIe siècle)[32]
Baléares : XIe, XIIe siècle ?[33]
Málaga* : *dār al-ṣināʿa* (1404)[34]
Alicante*** : *inšāʾ l-marākib* (?)[35]
Ceuta* : *dār al-ṣināʿa* (XIe siècle ?)[36]
Tanger* : *dār al-ṣināʿa* (1081 ?)
Qṣar al-Ṣaġīr*** : *inšāʾ* (XIe siècle)
Al-Maʿmūra* : *dār al-ṣināʿa* (1151-1152)[37]
Badīs*** : *inšāʾ* (1162)[38]
Oran*** : *inšāʾ* (1162)[39]
Hunayn*** : *inšāʾ* (1162)[40]
Salé : *dār al-ṣināʿa* (1261)[41]

32. AL-IDRĪSĪ, éd. p. 543, trad. p. 262 ; *De Itinere Navali, de eventibus, de que rebus a peregrinis Hierosolymam petentibus MCLXXXIX fortiter gestis narratio*, éd. C. GAZZERA, Turin 1840, trad. portugaise J. B. DA SILVA LOPES, *Relação da derrota naval, façanhas e successos dos Cruzados, que partiram do Escalda para a Terra Sancta no anno de 1189*, Lisbonne 1844, rééd. 1999 ; cf. Ch. PICARD, Shilb e a actividade marítima dos muçulmanos no oceano Atlântico, *III Jornadas de Silves*, Silves 1995, p. 31-38.
33. AL-ḤIMYARĪ, éd. p. 198, trad. p. 240 ; YĀQŪT, cité *supra* n. 14, éd. V, p. 424, trad. esp. pour al-Andalus, G. ʿABD AL-KARIM, La España musulmana en la obra de Yāqūt (XIIe-XIIIe s.) Repertorio enciclopédico de ciudades, castillos y lugares de al-Andalus extraído del *muʿǧam al-buldān*, *Cuadernos de Historia del Islam*, Grenade 1974, p. 306 ; G. ROSSELLO BORDÓY, *L'Islam a les Illes Baleares*, Palma de Majorque 1968.
34. TORRES BALBÁS, Atarazanas, p. 193-196 ; G. ROBLES, *Málaga musulmana*, Málaga 1980, p. 531.
35. AL-IDRĪSĪ, éd. p. 558, trad. p. 278.
36. *Ibid.*, éd. p. 529, trad. p. 249 ; IBN ABĪ ZARʿ, *Kitāb al-anīs al-muṭrib bi rawḍ al-qirṭās*, éd. Rabat 1973, p. 199, 201, trad. A. HUICI MIRANDA, *Textos Medievales*, Valence 1964[2], p. 396, 399-400 ; IBN ʿIḎĀRĪ, *Kitāb al-Bayān al-Muġrib* (époque almohade), Rabat 1985, p. 397-398 ; M. AL-ANṢĀRĪ, *Iḫtiṣār al-aḫbār ʿammā kāna bi-ṯaġr Sabta min saniyy al-āṯar*, éd. É. LÉVI-PROVENÇAL, Une description musulmane de la ville de Ceuta musulmane au XVe siècle, *Hespéris* 12/2, 1935, p. 145-176, trad. A. M. TURKI, La physionomie monumentale de Ceuta : un hommage nostalgique à la ville par un de ses fils, Muḥammad b. al-Qāsim al-Anṣārī, *Hespéris-Tamuda* 20-21, 1982-1983, p. 113-162 ; H. FERHAT, *Sabta des origines au XIVe siècle*, Rabat 1993, p. 29-55, 70-71, 98-99 ; M. CHERIF, *Ceuta aux époques almohade et mérinide*, Paris 1996, p. 39-45, p. 99-113.
37. PICARD, *L'océan Atlantique*, p. 281, 477-481.
38. LÉON L'AFRICAIN, *Description de l'Afrique*, trad. A. ÉPAULARD, 2 vol., Paris 1956, 1, p. 275-276 ; P. CRESSIER, M. NAÏMI, A. TOURI, Maroc saharien et Maroc méditerranéen au Moyen Âge : le cas des ports de Nûl Lamta et de Badîs, *Afrique du Nord antique et médiévale. Spectacles, vie portuaire, religions. Ve colloque international, Avignon 1990*, Paris 1992, p. 393-407 ; P. CRESSIER, A. EL BOUDJAY, L. ERBATI, A. SIRAJ, La forteresse du Mont Abba à Bâdis (Maroc) : une râbita médiévale ?, *Mil anos de fortificações na Península Ibérica et no Magreb (500-1500): Actas do Simpósio Internacional sobre Castelos*, Lisbonne 2001, p. 273-281.
39. Voir PICARD, *La mer et les musulmans*, p. 64 ; IBN ḪALDŪN, *Kitāb al-ʿIbar*, trad. partielle W. MAC GUCKIN DE SLANE, *Histoire des Berbères et des dynasties musulmanes de l'Afrique septentrionale*, Paris 1852-1856, nouv. éd. P. CASANOVA, Paris 1956, II, p. 85 et 178.
40. AL-BAKRĪ, éd. p. 80, trad. p. 161-162 ; AL-IDRĪSĪ, éd. p. 53, trad. p. 254 ; G. MARÇAIS, Honain, *Mélanges d'histoire et d'archéologie de l'Occident musulman*, Alger 1957, I, p. 161-172 ; A. KHELIFA, Le port de Hûnayn au Moyen Âge, *Afrique du Nord antique et médiévale*, cité *supra* n. 38, p. 379-392.
41. G. MARÇAIS, *L'architecture musulmane d'Occident*, Paris 1954, p. 319 ; J. BENSLIMANE, *Le passé de la ville de Salé dans tous ses états*, Paris 1992.

Les arsenaux furent utilisés par les autorités arabes, dès que les musulmans eurent investi les rivages de l'Empire byzantin en Égypte et en Syrie, pour attaquer par mer Chypre, l'Anatolie et Constantinople. Mu'āwiya (661-680) et ses successeurs reprirent ainsi les institutions navales byzantines. Par la suite, sur les rives de la Méditerranée et de l'océan Atlantique dominées par les Arabo-musulmans, les États qui eurent la volonté de posséder une marine firent construire leurs propres arsenaux. Les pouvoirs les plus puissants, à l'exception notable des Mamelouks, possédaient des flottes et donc des arsenaux, mais tous n'eurent pas les mêmes ambitions en matière de politique navale ; en conséquence, de Salé à 'Alāya, du VIIe au XIVe siècle, l'Islam utilisa l'arsenal comme structure de base de toute organisation navale. Il reste à déterminer ce que représente un arsenal dans le paysage portuaire du monde musulman méditerranéen et atlantique en sachant que cette institution laisse beaucoup de questions en suspens, qu'il s'agisse de l'agencement et de l'architecture de l'arsenal, ou de sa signification politique et symbolique.

QU'EST-CE QU'UN ARSENAL MUSULMAN MÉDIÉVAL ?

La terminologie, comme les renseignements fournis par les textes ou l'archéologie, est confuse. Il faut en particulier se demander quel lien existe entre les termes utilisés par les auteurs arabes, peu au fait des données maritimes, et les réalités. Mais en premier lieu, il convient de considérer la manière dont les textes rendent compte de la construction navale.

Le plus souvent, et quelle que soit l'époque considérée, ils indiquent sans autre précision la construction de flottes, parfois en nommant les sites des plus importants, arsenaux (*dār al-ṣināʿa*), chantiers navals (*inšā'*) ou simples ports. Ainsi, pour les premières tentatives arabes contre Chypre et Constantinople, quelques ports sont signalés comme centres d'armement des escadres contre l'île, sans plus de détail. Un peu plus tard Acre est citée pour être l'arsenal des Omeyyades, et sa fondation est le résultat d'une volonté politique de distinguer cette place côtière par des spécificités autres que la construction navale. De même les exemples sont nombreux, dans les chroniques, de préparations d'escadres en vue d'attaques, mais jamais les auteurs arabes ne précisent la nature technique de l'opération ni ne décrivent l'arsenal. Ainsi Ibn Ǧubayr précise que les navires qui combattirent Renaud de Châtillon en mer Rouge en 578/1182, commandés par l'amiral arménien Lu'lu', « avaient été équipés à Miṣr [Fustat-Le Caire] et à Alexandrie[42] ». Mais lorsqu'il décrit minutieusement ces mêmes cités il n'évoque à aucun moment leurs arsenaux. Notons que, d'après Hélène Ahrweiler, les intellectuels byzantins avaient un mépris tout aussi développé à l'égard du contenu technique de l'activité maritime. Les décisions engageant les souverains intéressaient beaucoup plus nos auteurs, faisant passer l'activité maritime proprement dite au second plan.

De la même façon au IXe siècle, le gouverneur d'Égypte « ordonna la construction de navires dans toutes les villes côtières à cause de l'attaque grecque contre Damiette[43] ». Ce genre d'information se retrouve dans de nombreuses chroniques,

42. IBN ǦUBAYR, cité *supra* n. 11, p. 66.
43. SEVERUS, *History of the Patriarchs of the Egyptian Church, Known as the History of the Holy Church*, II, fasc. 1, 849-880, éd. et trad. Y. ʿABD AL-MASĪḤ, éd. p. 9, trad. p. 13, Le Caire 1943, dans FAHMY, *Muslim Naval Organisation*, p. 36.

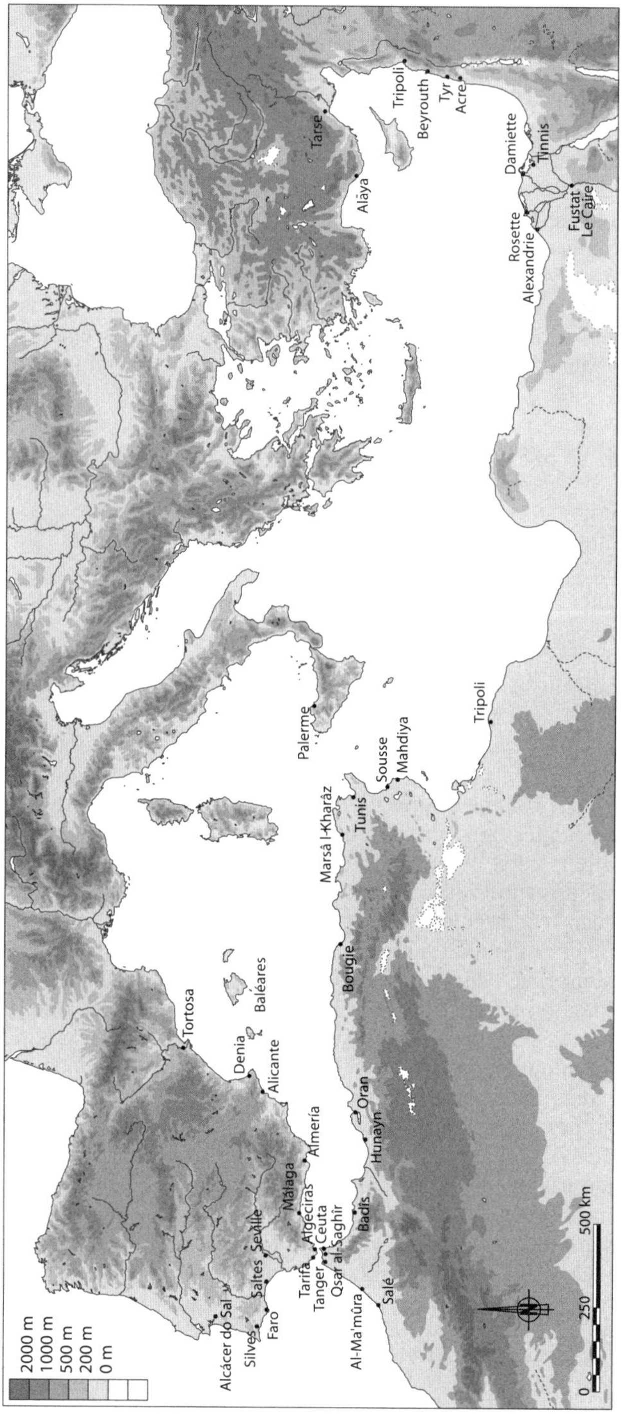

Fig. 1 - Arsenaux et chantiers navals musulmans de la Méditerranée (VIIe-XIIIe siècle)

sans distinction des sites, arsenaux ou simples ports, impliqués dans des opérations. Lorsqu'il rapporte la préparation de la grande expédition projetée par le calife almohade ʿAbd al-Muʾmīn contre les Latins en 557/1162, Ibn Abī Zarʿ se contente de nommer les ports et les régions de construction navale, sans révéler la nature des chantiers. Or al-Maʿmūra, Tanger et Ceuta sont des arsenaux, alors que Bādis, Oran et Hunayn ont des capacités de construction navale, sans être toutefois désignés comme des arsenaux. L'Ifrīqiya, qui fournit cent navires, possédait plusieurs arsenaux et ports. La situation était la même en al-Andalus. Quant aux ports du Rif, ils sont réputés depuis l'époque salihide pour la qualité de leurs bois et de leurs marins, mais ils n'ont pas d'arsenaux. Pourtant, l'amalgame est total de la part de l'auteur. De même, lorsque Ibn Ḥayyān rapporte que ʿAbd al-Raḥmān se plaint, en 301/914, de l'activité des marins des villages côtiers de la région d'Algeciras en faveur du rebelle Ibn Ḥafṣūn, ou quand al-Bakrī rend compte de l'esprit d'entreprise des communautés portuaires d'Escombreras ou de Pechina, tous deux se font les témoins d'une activité de construction navale dans les localités littorales du détroit ou de l'est andalou, sans qu'il soit question d'arsenal[44]. Ils ne font donc que rappeler une évidence, à savoir que l'on peut construire des navires dans toutes les localités côtières, de Lisbonne à Tarse, en passant par la côte africaine. Aussi, lorsque ces auteurs utilisent le terme de *dār al-ṣināʿa* ou *inšāʾ l-marākib*, ils lui donnent obligatoirement un autre sens que celui de simple chantier naval.

Malheureusement, les quelques documents d'archives disponibles ne comblent guère ces lacunes. Seule l'Égypte nous livre des lettres administratives qui concernent directement ces institutions : ce fut l'une des bases principales du travail de Aly Mohamed Fahmy. Mais ces papyrus ne rapportent que des demandes de personnel et de fourniture de matériel en faveur des chantiers navals. De même, les lettres des marchands juifs de la Geniza fournissent un nombre important d'informations sur les taxes portuaires et fluviales ou sur les mécanismes des transactions commerciales, tout comme les traités entre Latins et musulmans édités notamment par Michele Amari et Louis de Mas-Latrie[45]. Mais ils ne nous font pas pénétrer dans les arsenaux et l'on a du mal à comprendre les relations entre l'arsenal et les autres administrations du port, la douane en particulier.

Notre connaissance des arsenaux, comme des autres organes relevant du gouvernement, souffre de l'absence, ou de la disparition presque totale, des archives de chancellerie. En effet, les zones soumises au gouvernement direct du souverain échappaient à la juridiction des cadis, dont la littérature (traités juridiques, fatwas) nous est plus largement parvenue – du moins dans le domaine malikite. Pedro Chalmeta avait noté, à propos du traité de *ḥisba* (police des marchés) d'al-Saqaṭī, magistrat de Málaga au XIIIe siècle, qu'il n'abordait pas véritablement les problèmes juridiques concernant le port, dans la mesure où cette juridiction échappait au cadi et au *muḥtasib* au profit du seul pouvoir sultanien. Ibn ʿAbdūn, auteur d'un traité

44. IBN ḤAYYĀN, cité *supra* n. 26, V, éd. p. 87, trad. p. 76 ; AL-BAKRĪ, éd. p. 61-62, 81, trad. p. 128-129, 163.
45. Sh. D. GOITEIN, *A Mediterranean Society, the Jewish Communities of the Arab World as Portrayed in the Documents of the Cairo Geniza*, 6 vol., Princeton 1967-1999 ; M. AMARI, *I Diplomi arabi del R. Archivio fiorentino*, Florence 1863 ; L. DE MAS-LATRIE, *Traités de paix et de commerce et documents concernant les relations des Chrétiens avec les Arabes de l'Afrique Septentrionales au Moyen Âge*, Paris 1866.

de *ḥisba* pour Séville, indique également que tout ce qui touchait au port, arsenal compris, relevait exclusivement du *sulṭān* (pouvoir) almoravide[46]. Le fait doit cependant être vérifié pour les autres régions musulmanes de la Méditerranée. Toutefois, aucun traité spécialisé n'existe en la matière, de sorte que les renseignements fournis par les géographes, les chroniqueurs ou les administrateurs sont en général imprécis, même si certains d'entre eux, comme le cadi Nuʿmān pour l'aire fatimide ou al-Maqrizī à propos du Caire, sont plus riches que d'autres. Il y a cependant au moins deux exceptions : la biographie de l'eunuque Ǧawḏar et le traité fiscal d'al-Maḫzūmī, datant du début de l'époque ayyoubide, mais qui concerne également la fin de la période fatimide, et qui demeure un document exceptionnel[47]. Si ces écrits ne sont pas destinés à nous renseigner sur les arsenaux, ils fournissent néanmoins des informations plus précises sur l'administration et le volet fiscal et commercial de ces institutions. Toutefois, globalement, les données fournies par l'ensemble de ces sources sur l'apparence même de ces chantiers demeurent largement lacunaires.

Les données archéologiques sont également rares, mais c'est pourtant de cette base qu'il faut partir pour définir le *dār al-ṣināʿa*. Depuis les travaux de Leopoldo Torres Balbás on dispose d'éléments pour retrouver une sorte de modèle architectural de l'édifice. En particulier, les arsenaux de Málaga (1404) et de Séville (érigé sur les ordres d'Alphonse X Le Sage dès 1252 et à partir de l'arsenal almohade qu'il a recouvert) nous ont fourni des plans suffisamment précis : ce sont des édifices indépendants, qui forment une véritable forteresse défendue par des tours – trois à Málaga du côté est et une autre, massive, construite par les Mérinides, sur la mer. Les navires avaient accès depuis le port à des salles voûtées et allongées, disposées parallèlement. Le magasin – à Málaga il est situé à l'arrière des salles voûtées – permettait de stocker bois, armes, etc. La principale variante tenait à la taille de l'édifice, c'est-à-dire au nombre de salles prévues pour haler le navire au sec. À Málaga, elles étaient au nombre de sept ; à Séville, le roi de Castille avait largement agrandi l'arsenal almohade, faisant construire seize ou dix-sept nefs. L'arsenal seljoukide de ʿAlāya, de même forme, était composé de cinq nefs. Enfin, selon la reconstitution proposée par André Bazzana, l'arsenal almohade de Saltes aurait été formé de six voûtes et d'une salle parallèle plus large, le magasin probablement[48].

Ces ensembles sont cependant tardifs. Les témoignages plus anciens se réduisent pour le moment à l'arsenal de Mahdia, dont la partie connue du bâti se limite en réalité aux deux grandes galeries fouillées par Alexandre Lézine. Ces deux galeries, voûtées en berceau, sont longues de 23 m et larges de 2,90 m. Parallèles au rivage, elles n'étaient donc pas destinées à recevoir de navires : leur étroitesse et leur longueur se prêtaient bien, en revanche, au stockage du bois et des diverses composantes du navire, ou de marchandises. Il s'agit selon al-Bakrī des « deux

46. Introduction de P. CHALMETA dans AL-SAQAṬĪ, *Kitāb fi adāb al-ḥisba*, trad. esp. P. CHALMETA, Libro del bien gobierno del zoco, *Al-Andalus* 32/2, 1967, p. 145-148. IBN ʿABDŪN, éd. É. LÉVI-PROVENÇAL, *Documents inédits sur la vie sociale et économique en Occident musulman au Moyen Âge, 1ère série : Trois traités hispaniques de ḥisba*, Le Caire 1955, p. 30, trad. ID., *Séville musulmane au début du XIIe siècle. Le traité d'Ibn ʿAbdūn sur la vie urbaine et les corps de métiers*, Paris 1947, p. 65 ; Cf. PICARD, *L'océan Atlantique*, p. 459-460.
47. Cl. CAHEN, Douanes et commerce dans les ports méditerranéens de l'Égypte médiévale d'après le *Minhādj* d'al-Makhzūmī, *Journal of the Economic and Social History of the Orient* 7, 1964, p. 217-313.
48. BAZZANA, Marais et montagnes océanes, cité *supra* n. 31.

galeries voûtées, vastes et longues, qui servent à garantir les agrès et les approvisionnements de la marine contre les atteintes du soleil et de la pluie ». La biographie de Ǧawḏar confirme ce rôle de magasin (*ḫazā'in al-baḥr*) dévolu à ces deux galeries. Il faut donc supposer que les navires étaient construits à ciel ouvert, entre les magasins et le plan d'eau, comme dans beaucoup d'autres arsenaux. Le site du *dār al-ṣināʿa*, accolé à la mosquée, faisait partie de l'ensemble gagné sur la mer dans la partie sud-ouest de la presqu'île. Entre les galeries et le bassin, l'espace servant de chantier naval était probablement découvert mais protégé par une enceinte que prolongeaient deux jetées et flanquée de huit tours – dont celles placées à l'extrémité des jetées et d'où l'on remontait et descendait la chaîne. Un second arsenal aurait été aménagé par al-Muʿizz (963-975), le premier étant vite devenu trop petit. Peut-être s'agit-il d'un deuxième espace à ciel ouvert, aménagé pour la construction et le garage d'autres embarcations, ce qui expliquerait cette absence de traces. Plus mystérieuse est la mention du *dār al-baḥr*, cité en particulier par le biographe du chancelier Ǧawḏar. Il est identifié par Nejji Djelloul et Farhat Dachraoui à l'arsenal lui-même, et désignerait donc un deuxième arsenal, mais plusieurs indices rendent cette identification fragile[49]. On sait ainsi que l'endroit était réservé à certains proches du souverain, mais servit aussi de prison. Surtout, le nom a été repris pour une des résidences de la zone palatiale de Manṣuriyya, à proximité de Kairouan. Il est difficile, dès lors, de l'assimiler à un simple arsenal. Il désignerait plutôt une sorte de palais, dont le nom était lié aux ambitions maritimes du souverain[50], ce qui est peut-être corroboré par l'existence, dans l'arsenal de Fustat à l'époque fatimide, d'un pavillon de plaisance où se tenait le calife lors du lancement des navires : l'arsenal n'exclut donc pas l'existence, dans son enceinte, d'édifices particuliers réservés à un groupe restreint.

L'absence d'autre trace matérielle rend encore plus difficile une connaissance des arsenaux de la haute époque, d'autant plus que l'on connaît mal l'agencement des arsenaux byzantins, en particulier celui d'Alexandrie, le premier utilisé par les Arabes. De surcroît, la marine grecque fut totalement réorganisée au VIIe siècle à la suite de la conquête arabe des ports d'Égypte et de Syrie. D'ailleurs nous avons vu que les termes byzantins qui désignent l'arsenal, *néôrion* et *exartysis*, n'ont pas été repris par les Arabes, ceux-ci utilisant une terminologie arabe[51]. Si l'on tente, malgré tout, une comparaison, l'examen des sites de Constantinople semble confirmer le fait que l'arsenal était un endroit clos et totalement ou partiellement couvert. Se présentait-il sous la forme que l'on retrouve plus tard en al-Andalus ou en Anatolie ? Rien ne permet de l'affirmer et on ignore même où se trouvaient les bâtiments qui abritaient les personnes chargées de l'administration de l'arsenal[52].

49. Pour Mahdia, voir les références *supra* n. 21 ; pour le *dār al-baḥr*, voir DACHRAOUI, *Le califat fatimide*, cité *supra* n. 21, p. 390-391.
50. Ces indications proviennent des travaux de maîtrise (*Les arsenaux maritimes du Magreb, VIIIe-XIIIe siècle*) et de D.E.A. (*L'organisation maritime des Fatimides en Ifriqiya*) soutenus à l'Université de Toulouse-Le Mirail par David Bramoullé, qui prépare actuellement une thèse sur la marine fatimide en Égypte.
51. Cela dit, le terme ne semblant pas apparaître dans les papyrus égyptiens, il ne serait donc mentionné qu'à partir du IXe siècle dans la littérature arabe, par exemple par IBN ʿABD AL-ḤAKAM, cité *supra* n. 11, p. 90, 127, pour désigner l'île de Rawḍa (*ǧazīrat al-ṣināʿa*).
52. AHRWEILER, *Byzance et la mer*, cité *supra* n. 4, p. 128, 420-422.

Les textes littéraires arabes apportent peu, en raison de leur imprécision. À propos des arsenaux de Fustat, quelques allusions émergent, à l'occasion de nouvelles constructions ou de destructions. Ainsi Ibn Ṭūlūn, pour faire construire cent navires, fit agrandir l'arsenal vers 263/876 ; de même on apprend que l'attaque fatimide de 323/935 contre les Iḫšidides se solda par l'incendie de l'arsenal. Pourtant, les épisodes de la transformation de cet arsenal montrent que l'Iḫšīd voulut en faire un jardin, ce qui pourrait signifier qu'il existait de vastes espaces libres, en particulier pour la construction navale. Ibn Saʿīd déclare d'ailleurs à propos du nouvel arsenal de Fustat que l'émir visita les lieux « alors que le nouvel arsenal était encore en construction et que les navires étaient [aussi] en train d'être construits[53] ». Al-Maqrizī donne quelques indications supplémentaires sur cet arsenal, tel qu'il fonctionnait à l'époque fatimide : « Lorsque le vizir al-Ma'mūn était en charge du gouvernement, toute la flotte, sans exception, stationnait à l'arsenal de Rawḍa. Il désapprouvait cette procédure et décida que les *šawānī* et autres unités de la flotte du califat, utilisés pour la navigation sur le Nil, seraient désormais construits à l'arsenal de Miṣr [Fustat] qu'il avait fait agrandir par l'adjonction du *dār al-Zibīb* [pavillon du Raisin sec]. Il érigea là le pavillon et on peut encore [au XVe siècle] y voir le nom dessus, et le calife s'y rendait pour voir le lancement des navires[54]. » Ces indications montrent l'existence de bâtiments très divers et d'un espace, bâti ou non, mais certainement bien circonscrit où les navires étaient assemblés, probablement à ciel ouvert.

Ainsi, les rares données architecturales montrent à la fois quelques constantes mais aussi une grande variété dans l'agencement des arsenaux. Il apparaît d'abord que les lieux de construction de navires proprement dits pouvaient être aménagés de plusieurs manières. On trouve des arsenaux où la construction navale se faisait dans des édifices du type de ceux de Málaga ou Séville. Le fait que les Castillans aient agrandi le modèle antérieur montre que l'arsenal almohade de Séville érigé en 1184 se présentait de manière identique ; de même, celui de Saltes pourrait présenter lui aussi ces caractéristiques, ainsi que celui de Tanger, si l'on considère que la vue des *Civitates Orbis Terrarum*, même tardive, montre l'arsenal d'origine. Ce pourrait être également le type décrit à Bougie. Cette architecture n'est pas propre à l'Occident, puisque l'arsenal anatolien de ʿAlāya présente les mêmes caractéristiques. Les textes permettent d'identifier d'autres arsenaux de même type en al-Andalus. C'est en particulier le cas de ceux édifiés sous ʿAbd al-Raḥmān III, comme le soulignent assez clairement les propos d'al-ʿUḏrī concernant Almería et ceux d'al-Ḥimyarī à propos d'Algeciras. Les données fournies par les sources chrétiennes, après la reconquête aragonaise, montrent que celui de Tortosa était également un édifice fermé. L'archéologie permet enfin d'affirmer l'existence à Denia d'un tel bâtiment, édifié probablement au XIe siècle.

Cependant ce modèle ne caractérise certainement pas tous les arsenaux. En effet, dans le cas de Mahdia, il semble bien que la construction des navires se soit faite à ciel ouvert, dans un enclos qui jouxtait le bassin du port gagné sur la mer. Si l'on suit la description d'Alexandre Lezine, l'arsenal de Sousse construit à l'époque aghlabide, en arrière du port, se présentait de manière identique, ce qui aurait pu inspirer celui de Mahdia moins d'un siècle plus tard. Le modèle initial

53. Ibn Saʿīd, *al-Muġrib fī Ḥulā l-Maġrib*, éd. K. I. Tallquist, IV, Leyde 1899, p. 13-14.
54. Dans Fahmy, *Muslim Naval Organisation*, p. 49.

aurait pu être celui de Tunis, le premier construit sur place, toujours à l'extrémité du bassin portuaire. Si l'on ignore l'architecture du chantier naval de Fustat, le remplacement de l'arsenal de l'île de Rawḍa par des jardins pourrait signifier la présence d'un chantier à ciel ouvert. Quoi qu'il en soit, dans les deux chantiers navals de la capitale égyptienne, la présence de plusieurs édifices séparés est attestée. Cela expliquerait assez bien la confusion que l'on remarque dans le vocabulaire chez les auteurs arabes et l'incapacité dans laquelle nous sommes de reconstituer ces ensembles. Ainsi, pour al-Andalus, al-Idrīsī désigne de plusieurs manières les arsenaux qu'il a rencontrés en oubliant, curieusement, de mentionner ceux d'Almería et Séville. Le terme *dār al-ṣināʿa* n'apparaît que pour l'arsenal d'Algeciras, alors que celui de Tortosa, également construit par le califat, est nommé *inšāʾ l-marākib*. C'est ce même terme qui est utilisé pour désigner des chantiers navals à ciel ouvert à Alicante, Silves, Alcácer do Sal ou Qṣar al-Ṣaġīr de l'autre côté du détroit. Pour Saltes, al-Idrīsī précise la spécialité du lieu par l'expression *ṣināʿatu l-ḥadīd*, le travail du fer pour les navires. Or, dans le même temps, nous savons qu'il n'y a eu aucun bâtiment particulier pour abriter les chantiers navals à Silves, à Alcácer do Sal, à Badīs semble-t-il, à Hunayn ou encore à Oran et Marsā l-Ḫarāz, pas plus qu'à l'est, à Tripoli de Libye, Rosette ou Tripoli du Liban par exemple. Il est donc probable que beaucoup de chantiers navals, appelés ou non *dār al-ṣināʿa* ou *inšāʾ*, furent des chantiers à ciel ouvert. Seule l'archéologie pourra éventuellement compléter ces données. Ce qu'il importe de souligner ici est que les auteurs arabes ne désignaient pas sous ce terme un type unique de chantier.

Les magasins destinés à entreposer le bois, les agrès et le matériel sont communs à l'ensemble des chantiers navals. À Mahdia, seules les deux grandes galeries situées en arrière du chantier constituaient la partie bâtie de l'arsenal, outre les probables bâtiments administratifs et, peut-être, le logement des ouvriers. Ces magasins (*ḫazāʾin al-baḥr*) sont d'ailleurs des parties indispensables puisque, comme le précisent le biographe de Ǧawḏar et al-Bakrī, le plus important dans un arsenal était de mettre les pièces en bois du navire à l'abri des intempéries et des insectes, avant montage et traitement. C'est pour cette raison que l'on retrouve ces magasins dans l'ensemble des arsenaux. À Mahdia, on voit le calife intervenir en personne pour interdire formellement de transformer le *dār al-baḥr* en lieu de rangement, ce qui renforce l'idée qu'il ne pouvait s'agir d'un banal arsenal. Les textes rendent compte avant tout des trois grands soucis des administrateurs : l'acheminement et le rangement des pièces des navires (bois, pièces de métaux et agrès), le personnel attaché à l'arsenal (ouvriers et marins surtout) et les impôts et taxes liés à l'arsenal.

Les papyrus d'Aphrodite montrent des préoccupations similaires, ainsi que l'indique le contenu de cette lettre de 90/710 : « Au nom de Dieu. Qurra… Les papiers de réquisition de marins et d'ouvriers qualifiés, ainsi que leur ravitaillement et celui des combattants de la flotte de razzia d'Égypte pour l'indiction 9, vous sont parvenus [ou vous sont revenus ?] […] Une fois cette présente lettre reçue, donc, envoyez immédiatement de façon très rapide, le ravitaillement réquisitionné dans votre district administratif, avant que l'eau du canal d'Alexandrie ne baisse ; autrement vous aurez à payer le transport [par terre] dudit ravitaillement vers Alexandrie. [Prenez soin] également que les marins soient bons et expérimentés[55]. »

55. D'après BELL, cité *supra* n. 11, nº 1353, p. 280.

Ce sont les mêmes termes que l'on retrouve sous la plume d'Ibn al-Qūṭiya lorsque ce dernier rapporte la fondation de l'arsenal de Séville, après l'attaque viking de 230/844, ou dans le passage d'Ibn Ḥayyān relatif à l'organisation de l'arsenal d'Algeciras en 301/914 : « ʿAbd al-Raḥmān [...] ordonna que tous les navires basés à Málaga, Séville et les autres places en son pouvoir, apportent avec leurs équipages d'origine, [s'ils sont] sûrs, l'équipement [des navires] et toutes sortes d'armes et de matériel, ainsi que le feu grégeois et les instruments de guerre navale[56]. » Certaines descriptions recoupent ces informations sur les hommes et le matériel. Ainsi al-ʿUḏrī, décrivant l'arsenal d'Almería, distingue deux parties : dans la première « se trouvaient les navires de guerre avec le matériel [*al-āla*] et l'équipement [*al-ʿudda*] ». Il convient de noter l'analogie des termes chez des auteurs aussi éloignés dans le temps et l'espace qu'Ibn Ḥayyān et al-Maḫzūmī[57]. Le traité de ce dernier contient, justement, de nombreuses informations sur les produits réservés aux arsenaux d'Alexandrie, Damiette ou Miṣr (Fustat), notamment le bois et le matériel. Pour Alexandrie au moins, il est question des « magasins de l'arsenal » ou de « l'état général de transferts de denrées et de bois à l'arsenal de Miṣr et ailleurs »[58]. Ce sont là les produits stratégiques importés par les marchands italiens, qui sont des monopoles de l'État et sont réservés à la construction navale des trois arsenaux. Là encore, la préoccupation première concerne le matériel, ce qui paraît logique étant donnée la nature du traité d'al-Maḫzūmī.

Les activités économiques apparaissent donc essentielles. Déjà, al-Balaḏūrī signale que le changement d'arsenal décidé par le calife omeyyade Hišām (724-743) eut pour motif un différend avec un parent, qui refusait de céder ses greniers d'Acre pour les annexer à l'arsenal ; le calife décida alors de transférer l'arsenal à Tyr et y installa un *funduq*[59]. Cette indication rappelle celle d'al-ʿUḏrī, au Xe siècle, à propos de « la deuxième partie [de l'arsenal d'Almería], la *qayṣariyya*. Tout ce qui concerne l'arsenal est organisé de manière à éviter tout problème ; les marchands y mettent en sûreté leurs biens et les gens y viennent de partout[60]. » Cela signifie que l'arsenal avait en charge la gestion des flux commerciaux du plus grand port d'al-Andalus et probablement leur taxation. L'arsenal de Málaga abritait aussi, dans sa partie ouest, une large pièce à patio dévolue aux activités commerciales. De même, Ibn ʿAbdūn signale qu'à Séville les marchands étrangers étaient reçus dans une zone particulière du port, sans préciser si elle était liée à l'arsenal ; en revanche il indique clairement que celui-ci louait ses navires aux marchands en temps de paix, ce qui montre un rôle économique important[61]. Dans l'Égypte du XIIe siècle, un organisme chargé des étrangers est spécialement lié au *dār al-ṣināʿa* : c'est le *matǧar*, qui désigne l'office du commerce, alors que le service des étrangers, non lié à l'arsenal, dépendait du service des taxes, le *ḫums*, qui relevait lui-même de la douane, le *maks*. Ibn al-Mammātī définit le *matǧar* comme un organisme d'État qui achète et vend les produits qui tombent sous le coup d'un monopole

56. IBN ḤAYYĀN, V, éd. p. 87-88, trad. p. 76-77.
57. CAHEN, Douanes et commerce, cité *supra* n. 47, p. 299 : il est question des outils (trad. de l'auteur), *ālāt* (pluriel de *āla*, désignant le matériel [maritime] chez les auteurs andalous), destinés à l'arsenal d'Alexandrie.
58. *Ibid*. p. 299, 303.
59. AL-BALĀḎURĪ, cité *supra* n. 14, éd. p. 117-118, trad. p. 181. Le calife y fit également installer un magasin où était placé le matériel pour les navires.
60. AL-ʿUḎRĪ, cité *supra* n. 27, p. 82-83.
61. IBN ʿABDŪN, cité *supra* n. 46, éd. p. 31, trad. p. 68.

d'État, en particulier le bois, le fer et la poix, produits précieux sur les rives du Nil et qui sont réservés aux trois arsenaux égyptiens[62]. En échange, les Égyptiens payaient les deux tiers du prix avec de l'alun et un tiers en espèces, une fois les taxes versées par les Italiens. Or, dans le *Minhāǧ*, il y a justement une association très étroite entre ce service et les arsenaux, comme on le voit pour Alexandrie :

> Dû : *wāǧib* des bois de toutes espèces, du fer, des clous, de la *siyāla* [clous brisés], de la poix, du liquide et du sec qu'achète le préposé au *matǧar* à un taux fixe par opposition à ce qui est pris de l'ensemble des denrées, par 100 dinars, la dîme, soit 10 dinars [...]
> – Le secrétaire à l'importation à l'arsenal bien gardé : [...] Listes *taʿrīfāt* de ce qui est débarqué quotidiennement des marchandises etc. de tous les navires au Trésor, aux magasins [*maḫāzin*] et l'arsenal bien gardé [...]
> – Le *matǧar dīwānī* : [...] l'état général de transferts de denrées et de bois à l'arsenal de Miṣr et ailleurs [...][63].

Même si Claude Cahen indique que le *matǧar* dépendait d'un des *diwān*-s de l'État, la nature des produits destinés aux arsenaux et le lien établi dans le texte entre les deux institutions montrent que le *matǧar* et le *ṣināʿa* étaient étroitement liés[64]. Ce rapport étroit au commerce rappelle le cas étrangement similaire des arsenaux d'Acre et de Tyr à l'époque omeyyade et, plus encore, de ceux d'Almería et Séville dans l'al-Andalus califale. La présence d'agents du fisc à Ceuta laisse à penser que dans ce port, et d'autres probablement, l'arsenal jouait un rôle majeur dans les opérations commerciales et fiscales[65]. Il est en tout cas indéniable que l'arsenal comprenait une partie réservée au commerce[66] : commerce avec les musulmans et les étrangers, semble-t-il, à Almería, et impliquant le contrôle des taxes d'importation et d'exportation, ou commerce spécifique aux étrangers en Égypte, pour des produits réservés aux arsenaux. L'analogie entre les arsenaux de différentes régions lève certaines interrogations dues à l'extrême prudence de Claude Cahen. Toutefois, on est encore bien en peine de délimiter les attributions de ces institutions et de localiser les zones dédiées au commerce et à la taxation.

Ainsi l'arsenal ne se limitait pas à la construction de navires. Sa complexité résulte de l'importance des opérations liées à cette construction, sur le chantier et dans les magasins, ainsi qu'au commerce ou à la taxation dans des zones réservées à l'intérieur de l'arsenal (*funduq*, *qayṣariyya* ou Trésor). Quelques textes, nous l'avons vu, insistent beaucoup plus sur cet aspect que sur la construction elle-même. En dehors des lieux et édifices déjà énumérés, il faut supposer l'existence de toute une série de bâtiments jamais évoqués, en particulier les résidences destinées aux administrateurs, marins, ouvriers ou marchands, à moins que ceux-ci n'aient dû se loger hors du périmètre de l'arsenal[67]. En fin de compte, si l'on considère que

62. CAHEN, Douanes et commerce, p. 235, 257-258, 301, 303.
63. *Ibid*., p. 282, 299, 301.
64. *Ibid*. p. 262.
65. Les produits rares en Égypte, comme le bois, n'avaient pas la même valeur au Maghreb, bien pourvu dans ce domaine. En revanche à Salé, à l'époque mérinide, ou à Bougie les navires chrétiens devaient laisser les ancres le temps de leur séjour, pour des raisons de sécurité, mais aussi parce que, depuis la perte des ports d'al-Andalus, les pièces métalliques destinées aux navires manquaient.
66. IBN SAʿĪD, *Basṭ al-arḍ fī l-ṭūl wa l-arḍ*, éd. J. VERNET, Tétouan 1958, p. 74, confirme ces propos en associant arsenal et douane à Almería.
67. Toutefois al-Bakrī précise que les mille Coptes emmenés à Tunis devaient loger dans l'arsenal. AL-BAKRĪ, éd. p. 38-39, trad. p. 84.

l'arsenal avait plusieurs apparences possibles, il est évident que le sens de ce terme ne pouvait se limiter, aux yeux des auteurs arabes, au seul chantier naval permettant de construire les navires, mais concernait un ensemble d'activités beaucoup plus complexes. Cette pluralité des compétences explique au moins en partie que les sources aient distingué, durant toute la période médiévale, l'arsenal du simple port où l'on construisait des bateaux.

LE *DĀR AL-ṢINĀʿA* : UN CENTRE NAVAL D'ADMINISTRATION ET DE SOUVERAINETÉ

La rareté des données sur les arsenaux nous empêche toute approche précise de son administration. L'autre difficulté vient d'une espèce de confusion entre les divers services des grands ports, en particulier ceux qui recevaient les Italiens et autres étrangers, et où se côtoyaient plusieurs administrations : douane, arsenaux, *funduq*-s, etc.

Les papyrus égyptiens, ainsi que les textes de l'Occident musulman, montrent que l'arsenal coordonnait les opérations militaires, par l'enrôlement des marins et des soldats embarqués, un peu à la manière des *ǧundī*. Toutefois l'arsenal n'était probablement qu'un maillon d'une chaîne de commandement, dont le sommet était représenté soit par le calife, soit par l'émir ou le sultan, soit par des gouverneurs représentant le souverain. À l'instar du *Livre de l'impôt* de l'administrateur abbasside Qudāma b. Ǧaʿfar, l'ensemble des textes montre que la surveillance des côtes ou le gouvernement des cités portuaires, y compris celles qui possédaient des arsenaux, étaient confiés à un gouverneur qui assurait l'ensemble des fonctions de défense côtière, d'enrôlement des troupes et des équipages, de même que l'entretien des navires. Ainsi Qudāma b. Ǧaʿfar précise-t-il, pour le littoral syrien, que « lorsque le gouvernement a décrété une expédition, les gouverneurs d'Égypte et de Syrie reçoivent ordre de faire les préparatifs nécessaires. Le lieu de réunion de la flotte est Chypre. Le gouverneur des frontières syriennes en a le commandement en chef[68]. » Même si la chaîne de commandement peut varier, le principe reste partout identique. Le calife omeyyade de Cordoue confiait ainsi la préparation des opérations au gouverneur d'Almería, qui sollicitait l'arsenal, et le commandement de la flotte à un de ses proches dans sa capitale, Cordoue puis Madīnat al-Zahra : même l'amiral ʿAbd al-Raḥmān b. al-Rumaḥīs, établi à Almería d'où il était originaire et d'où il finançait des expéditions comme armateur, exactement à la manière de Surcouf à Saint-Malo, devait venir chercher son commandement dans la capitale califale, avant chaque grande expédition. De même, à l'époque almohade, les lettres écrites par les califes eux-mêmes nous apprennent qu'à Ceuta, où étaient rassemblées les escadres avant chaque expédition navale, le commandement de la place était confié à un *sayyid*, c'est-à-dire un parent du souverain[69]. En revanche, comme à l'époque omeyyade, le commandement de la flotte se décidait à al-Maʿmūra, placée sous le commandement personnel du calife, ou dans l'une des capitales almohades, avant chaque expédition[70]. Le cas des Fatimides, au moins au Maghreb, est un peu

68. QUDĀMA B. ǦAʿFAR, cité *supra* n. 14, éd. p. 255, trad. p. 195-196.
69. É. LÉVI-PROVENÇAL, *Trente-sept lettres officielles almohades*, Rabat 1941 (Collection de textes arabes de l'Institut des Hautes-Études marocaines 10), p. 61-66 ; commentaire dans ID., *Un recueil de lettres officielles almohades. Étude diplomatique, analyse et commentaire historique*, Paris 1942, p. 37-38.
70. PICARD, *La mer et les musulmans*, p. 154-159.

différent dans la mesure où le calife commandait directement toutes les opérations maritimes. Le biographe de Ǧawḏar insiste bien sur ce fait : le chancelier était chargé de transmettre les ordres et c'était Nuṣayr, le préfet de la cité et lui aussi proche client du souverain, qui avait en charge l'arsenal[71]. L'importance de la mer dans la stratégie fatimide explique sans peine cette situation particulière : n'oublions pas que Mahdia est la première capitale califale fondée sur le front de mer et comme un port.

L'arsenal n'est donc qu'un rouage au service du commandement. Mais, dans le cadre des opérations maritimes, il est un maillon essentiel dont les limites de compétences sont difficiles à définir et ont probablement varié dans le temps et l'espace. Ses attributions sont multiples et il est placé sous le commandement direct de personnages que l'on ne connaît que très rarement. Au début du VIIIe siècle, selon une lettre envoyée par le gouverneur d'Égypte, dont dépendait directement l'arsenal, son administration était confiée à un intendant. Une autre lettre évoque le même type d'agent en poste à l'arsenal d'al-Qulzum, sur la mer Rouge. Toujours dans ces lettres, on retrouve la mention d'un responsable de chantier, à un rang subalterne. Une hiérarchie à peu près similaire se retrouve à d'autres époques. Ainsi, à Ceuta au XIIIe siècle, apparaissent des « directeurs » de l'arsenal, tel Abū Zakariyā b. Muḫūz al-Kūmī, personnage important de l'entourage du calife al-Rašīd, nommé en 1238. Toutefois, dans plusieurs documents, la personne désignée est le responsable de la fiscalité du port (*ašġāl* à Ceuta à l'époque almohade)[72]. Une fois encore, c'est le *Minhāǧ* qui apporte le plus de précisions. Plusieurs personnages sont attachés au service de l'arsenal, en liaison avec l'achat des fournitures : on retrouve tout d'abord, comme haut responsable à l'arsenal d'Alexandrie, le « secrétaire à l'importation à l'arsenal bien gardé » et le « trésorier du Trésor de l'arsenal du *ḫums* »[73]. Toutefois, si nous pouvons placer ces hommes dans la catégorie des agents du fisc, nous ne pouvons établir leur rang au sein de l'arsenal. Comme à Ceuta, le responsable des impôts était sans nul doute un fonctionnaire de haut rang, dépendant a priori directement du directeur de l'arsenal, voire du gouverneur. Un certain nombre d'autres fonctions apparaissent sur les listes des personnages payés grâce aux taxes versées par les marchands, italiens en particulier[74] : « Le porteur de la clé du *ṣināʿa* [...] les inspecteurs *mufattiš* à la porte du *ṣināʿa*[75]. [...] Le gardien de l'arsenal[76]. » On devine, derrière cette liste très partielle, un nombre élevé d'agents attachés à l'arsenal. En particulier, il faut penser, toujours dans le domaine de la fiscalité, à ceux qui étaient chargés de récupérer les versements en nature des habitants des districts placés dans la sphère fiscale des arsenaux.

71. *Vie de l'Ustadh Jaudhar*, cité *supra* n. 21, p. 209.
72. BELL, Translations of the Greek Aphrodito Papyri, nos 1336 p. 271, 1337, p. 272, 1351 p. 279, 1353, p. 280, 1354, p. 281 ; RĀĠIB, Lettres nouvelles de Qurra b. Šarīk, cité *supra* n. 11, éd. et trad. p. 175-177. CHERIF, *Ceuta*, cité *supra* n. 36, p. 100. C'est cet auteur qui donne le nom de « directeur » sans donner les moyens de connaître le terme arabe, que je n'ai pas retrouvé.
73. CAHEN, Douanes et commerce, p. 299.
74. Sur la présence italienne en Égypte, la bibliographie est abondante. Voir en particulier la mise au point récente de BALARD, Notes sur le commerce entre l'Italie et l'Égypte, cité *supra* n. 11, et Cl. CAHEN, *Orient et Occident à l'époque des croisades*, Paris 1983.
75. CAHEN, Douanes et commerce, préfère traduire systématiquement par atelier, mais comme il l'indique, s'il y a quelques doutes, ils sont mineurs ; les quelques remarques faites plus haut montrent qu'il s'agit bien de l'arsenal.
76. *Ibid*. p. 283.

Les papyrus d'Aphrodite sont liés en grande partie à des levées d'impôts en nature, soit pour assurer le ravitaillement en vue des expéditions, soit pour assurer la subsistance des ouvriers des arsenaux, suivant la tradition byzantine[77]. Les localités des districts côtiers étaient soumises à l'autorité portuaire et devaient répondre aux exigences humaines (marins, ouvriers) et fiscales des ports-arsenaux où étaient construites et armées les flottes. On retrouve plusieurs exemples de cet impôt particulier dans la plupart des régions musulmanes : en al-Andalus, dans les régions boisées, il n'était pas rare qu'une partie des contributions en nature soit payée sous forme de transport de bois pour les arsenaux. De même, à Ceuta, une partie des contributions était réservée aux frais de l'arsenal, expliquant également la présence d'un comptable à un poste élevé. Plus largement, lors des grandes expéditions, les arsenaux mobilisaient les navires des ports qui dépendaient de la ville où la flotte était rassemblée, avec leur équipage, en particulier pour le transport des troupes, des chevaux et du ravitaillement. Toujours à Ceuta, parmi le personnel cité, on trouve également des esclaves (*ʿabīd al-markab*), dont le statut et le rôle demeurent bien mystérieux[78].

Une partie de l'administration s'occupait de la tenue des cahiers de comptes, mais aussi des mouvements du personnel « intermittent ». Trois catégories de personnes étaient concernées : les ouvriers, les marins et les soldats. Dans les papyrus déjà cités il est question de l'envoi, par les localités soumises au fisc de l'arsenal, de charpentiers et de calfats, ainsi que d'ouvriers spécialisés, avec leur nourriture à prévoir pour le temps de leur intervention sur le chantier (trois à quatre mois) et leur propre matériel. Rien n'est dit sur leur logement ; en revanche, le montant de leur revenu, payé par l'État, est précisé[79]. L'installation de Perses dans les villes portuaires de la Syrie omeyyade a pu également correspondre à cette préoccupation. De même, la réputation des Coptes explique l'ordre donné par le calife d'en envoyer mille à Tunis pour s'occuper de l'arsenal fondé en 698.

Dans les mêmes lettres d'Aphrodite, il est aussi souvent question de marins, si possible expérimentés. Cette tradition de mobilisation de marins est intéressante, car elle s'inspire là encore du fonctionnement byzantin : al-Ṭabarī rapporte que ʿUṯmān permit à Muʿāwiya de prendre la mer pour attaquer Byzance à la condition de renoncer à la conscription des marins et de s'en tenir au seul volontariat[80]. Pourtant, la conscription constitue, par la suite, le système utilisé habituellement dans toutes les régions musulmanes. À Ceuta au moins, les deux catégories, *ġuzzāt* volontaires et *ġuzzāt* mobilisables, coexistent. Ce sont les hagiographies qui nous renseignent le mieux sur les conditions de ces personnages dont beaucoup essayaient d'échapper à la conscription[81]. De la même façon, la fondation de l'arsenal de Séville en 230/844 fut accompagnée de la venue de marins des ports du détroit et du Levant d'al-Andalus, en échange de bonnes rémunérations. L'arsenal était chargé de battre le rappel des marins, comme dans l'Égypte du premier siècle musulman,

77. AHRWEILER, *Byzance et la mer*, p. 419.
78. FERHAT, *Sabta*, cité *supra* n. 36, p. 196-197.
79. FAHMY, *Muslim Naval Organisation*, p. 24 s. Les habitants fournissaient cependant le pain des marins. Cf. RĀĠIB, Lettres nouvelles, p. 176-177.
80. AL-ṬABARĪ, cité *supra* n. 11, éd. IV, p. 260, trad. XV, p. 28-29 ; BORRUT, L'espace maritime, cité *supra* n. 14, p. 14.
81. FERHAT, *Sabta*, p. 196-197.

au moment où étaient montées les grandes expéditions. Certains corps de soldats embarqués étaient des spécialistes : en al-Andalus, ce sont les lanceurs de feu grégeois, qui étaient assimilés à des mercenaires ; à Ceuta, ce sont les archers et arbalétriers à pied, qui s'entraînaient régulièrement[82]. Plus encore que dans les *ǧundī*, la conscription maritime était vitale pour les souverains car, à l'exception de quelques mercenaires et marins spécialisés, ce sont les marins « civils » qui devenaient, en quelque sorte, les marins « militaires », lorsqu'ils étaient appelés. Il fallait donc pouvoir les mobiliser au moment où les flottes étaient armées et c'était là le rôle de l'administration des arsenaux. Comme pour les ouvriers, si nous savons que leur rémunération était soigneusement prévue sur les cahiers de rôles, nous ignorons tout de leur hébergement, ou de celui des soldats en instance d'embarquement.

La place des arsenaux, dans le contexte portuaire, s'explique donc largement par ces fonctions complexes et spécifiques. Même si l'on ne peut préciser suffisamment ces données, on constate l'importance des arsenaux dans le dispositif naval arabe et l'on devine la capacité et la rigueur administratives de ces institutions. Les Latins en ont été fort impressionnés, au point d'en reprendre le nom et, parfois, l'organisation à leur compte[83]. Il reste toutefois une dernière raison d'isoler le *dār al-ṣināʿa* du reste du port et de l'organisation navale en général.

En effet, plusieurs auteurs emploient le terme *dār al-ṣināʿa* pour désigner un seul des ports, dans un territoire où se trouvent plusieurs arsenaux. C'est en particulier le cas en al-Andalus : Ibn Ḥayyān au XIe siècle, alors même qu'il cite à plusieurs reprises Tortosa, Ceuta, Algeciras et Séville, à propos de leur rôle important en matière de politique navale, et qu'il ne pouvait ignorer l'existence en ces lieux d'un arsenal, réserve le terme de *dār al-ṣināʿa* à la seule ville d'Almería[84]. Al-ʿUḏrī et al-Zuhrī, à un siècle de distance, isolent de la même façon le rôle d'Almería[85]. Cette exclusivité en faveur de l'arsenal fondé par ʿAbd al-Raḥmān III reflète la conception du califat en matière de souveraineté des mers : Almería, fondation navale du califat, à l'instar de Mahdia, devient la seule base de l'autorité du souverain, son amirauté. Là encore, le souverain omeyyade ne fait que reprendre une tradition plus ancienne : lorsque le calife omeyyade de Syrie Hišām décida de transférer l'arsenal d'Acre à Tyr, ce n'est pas l'escadre qu'il déménagea, ni même le chantier naval, mais bien le centre de commandement ainsi que les sources de revenus liées à l'institution, et c'est pour cette raison qu'al-Yaʿqūbī et Qudāma b. Ǧaʿfar citent Tyr comme le seul arsenal de Syrie[86]. De la même façon, que ce soit à Mahdia, premier port-capitale fondé par un calife et orné d'un *dār al-baḥr*, ou dans les capitales côtières de rois de taifas en al-Andalus au XIe siècle, l'arsenal, au même titre que les autres insignes de souveraineté, symbolise l'autorité du prince musulman. Il est vrai que cette tradition importa beaucoup moins pour les souverains orientaux après la période fatimide. Faut-il lier cette évolution au déclin de la marine arabo-musulmane ? Elle a certainement à voir avec les origines des nouveaux sultans du Proche-Orient, loin des traditions maritimes de la Méditerranée ou de l'océan Indien dont les chefs arabes avaient hérité.

82. PICARD, *L'océan Atlantique*, p. 333-336 ; CHERIF, *Ceuta*, p.103-105.
83. Pour l'Espagne, CHALMETA, dans AL-SAQAṬĪ, cité *supra* n. 46, p. 145-148 ; PICARD, *L'océan Atlantique*, p. 459-460.
84. IBN ḤAYYĀN, V, éd. p. 323-324, trad. p. 243.
85. AL-ʿUḎRĪ, p. 82-83 ; AL-ZUHRĪ, cité *supra* n. 27, p. 208.
86. Voir *supra*, n. 14 ; BORRUT, L'espace maritime, p. 17-18.

CONCLUSION

Pour le moment, l'arsenal musulman demeure un organe largement inconnu. Il n'en constitue pas moins un élément essentiel de l'activité maritime musulmane durant la période médiévale et mérite une attention soutenue. Sa diffusion sur l'ensemble des littoraux dominés par les musulmans en Méditerranée et dans l'océan Atlantique, de même que l'importance de son influence dans le monde latin, en sont les meilleures preuves. Les Ottomans retrouveront également l'usage des arsenaux après l'éclipse mamelouke.

L'une des difficultés majeures, du fait de la carence des sources d'information[87], tient à la complexité de l'institution, qui transparaît dans les textes et dans les fouilles d'arsenaux. Loin de constituer un type figé, l'arsenal était à la fois un chantier de construction navale, une zone de commerce, un centre administratif lié au port et, pour les plus importants, le siège de l'amirauté ; dans ce cas, il incarnait aussi la souveraineté des princes musulmans sur mer. Toutefois, on reste bien en peine pour dévoiler un espace et une organisation internes placés sous le contrôle direct du pouvoir sultanien. Les rares sites exhumés, la possibilité de recouper les quelques passages des géographes ou des traités administratifs, permettent quelques hypothèses, mais sans plus. Quant à l'éventuelle évolution, dans le temps et dans l'espace, d'une institution qui a touché tous les littoraux et toutes les puissances musulmanes, elle nous échappe à peu près totalement, tout autant que l'étape préliminaire du relais byzantin.

Malgré tout, le fait de cerner la complexité de cette importante institution, de retrouver sur le terrain et dans les propos des écrivains arabes certaines caractéristiques qui donnent un sens à ce terme, est une démarche préliminaire indispensable que Leopoldo Torres Balbás avait entreprise pour le territoire d'al-Andalus. Ce bref examen concernant un espace plus large a pour but d'encourager une réflexion pouvant enrichir l'histoire maritime du monde musulman, largement dépassée pour le moment par celle des pays latins et particulièrement des ports de l'Italie, à l'instar de Gênes et de la « Romanie génoise », mais qui a sa place dans une histoire de la Méditerranée.

Christophe Picard
Université Toulouse - Le Mirail

87. Beaucoup de sources, très loin s'en faut, n'ont pas été prises en compte, laissant l'espoir de découvrir de nouveaux textes importants : un examen systématique des écrits, sur ce thème, reste à faire.

L'Europa dal particolarismo medievale e dall'Impero feudale agli orizzonti aperti

Geo Pistarino

Di tutta la storia medievale, forse anzi di tutta la storia d'Europa nel suo ampio orizzonte, il periodo sul quale si è abbattuto il giudizio più negativo della moderna storiografia è il Novecento, o meglio il tempo che intercorre tra la fine dell'Impero carolingio e la restaurazione ottoniana. Nella disintegrazione dell'Impero di Carlomagno – dalla quale emersero i regni d'Italia, di Francia, di Borgogna, di Germania – all'autorità dello Stato si sostituiscono i legami personali e le concessioni beneficiarie. I veri protagonisti sono ora i grandi feudatari, tra loro in conflitto per acquisto di potere e di ricchezze. La vita civile e la vita religiosa si compenetrano e tra loro si stringono in un groviglio inestricabile: torri, castelli, città murate ricoprono il paesaggio, per fronteggiare le incursioni di Arabi, di Slavi, di Ungheri, di Normanni, mentre in una guerra minuta, incessante, diffusa, l'economia si dissolve.

Lo Stato, rappresentato dall'Impero, è un'ombra lontana. Il pontefice Giovanni VIII (872-882) non sa più a chi rivolgere le invocazioni di aiuto, mentre i Saraceni si accampano alla foce del Garigliano e si fortificano sul Monte d'Argento con le mogli, i figli, i prigionieri ed il bottino. E proprio ai Saraceni di Agropoli si rivolge lo stesso duca di Gaeta, Docibile, come alla forza più sicura, contro Pandolfo di Capua. L'atomismo ed il particolarismo, nella mancanza d'una coscienza, al di là dell'interesse particolare e locale, sono la peculiarità del tempo in cui nella crisi dell'autorità si offusca la stessa vita religiosa.

Di fronte all'abbrutimento politico, religioso e « culturale », nell'esecrazione del secolo X si sono trovati d'accordo storici cattolici e storici protestanti, gli *Annali* ecclesiastici come le *Centurie* di Magdeburgo. Tuttavia, come sempre, nel massimo declino non sono mancati anche nel secolo X i primi sintomi della ripresa: una ripresa che al di là dell'Europa si spingerà addirittura verso gli orizzonti aperti, tanto in Oriente quanto in Occidente.

Per l'Italia, nonostante la strage della battaglia di Fiorenzuola del 923 ed i fatti politici romani nel tempo di Marozia, di papa Giovanni X e di Giovanni XI, il faticoso processo di ricostruzione trova, attraverso uomini diversi di stirpe e di storia, il primo impulso locale alla creazione di un nuovo assetto politico, sociale, economico, verso una nuova, più ampia visione del tempo e dello spazio.

« Che vi è di più vergognoso e di più turpe del fatto di coloro, che un tempo erano servi dei Romani, i Borgognoni, comandino i Romani? »: così dice Alberico ai Romani nel suo discorso contro Ugo di Provenza. Ed invece proprio l'arrivo in Italia di Rodolfo II di Borgogna e quello di Ugo di Provenza, per l'eco suscitata negli uomini del tempo, ci inducono a tentare una riconsiderazione – non una rivalutazione – del secolo X.

* * *

Chemins d'outre-mer. Études d'histoire sur la Méditerranée médiévale offertes à Michel Balard.
Paris, Publications de la Sorbonne, 2004 (Byzantina Sorbonensia 20)

Il secolo x si apre con le imprese in Italia di due sovrani stranieri: Rodolfo II di Borgogna, figlio di Rodolfo I, duca della Borgogna Transgiurana, il quale, successo al padre nel 912, fu chiamato in Italia nel 921 da alcuni signori ribelli a Berengario I, conte del Friuli, coronato a Pavia re d'Italia il 16 gennaio 888, e Ugo di Provenza, figlio di Lotario, conte di Arles, a cui succedette nell'898, diventando poi duca e quindi re di Provenza (924), ed essendo chiamato in Italia, in opposizione a Rodolfo II di Borgogna, dai grandi nobili e dal papa Giovanni X.

Certo Rodolfo II ottenne una grande vittoria su Berengario a Fiorenzuola d'Arda nel 923, ottenendo il dominio di grande parte della Penisola e la corona del Regno d'Italia nel 924, ma, nonostante avesse sconfitto le orde degli Ungheri incursori, dovette poi cedere di fronte ad Ugo, con il quale concluse un accordo, ritornando in Provenza, ingrandita però della parte cedutagli da Ugo (928), sì che ebbe origine di qui il Regno delle Due Borgogne, mentre Ugo era stato incoronato re d'Italia a Pavia nel 926.

Il papa Giovanni X « riprese col nuovo re d'Italia, Ugo di Provenza, ardito e senza scrupoli, un piano a lui caro, già fallitogli con Berengario: rafforzare l'autorità imperiale per averne un efficace appoggio a favore dell'azione politico-religiosa che la Chiesa intendeva svolgere. Papa Giovanni aveva esposto questo programma fino dal 906 o 907 in una lettera a Berengario, nella quale insisteva sulla necessità della stretta collaborazione che doveva sussistere tra i due poteri e riconosceva l'indipendenza dell'autorità sovrana, la sua diretta derivazione da Dio: solo come uomo e credente, e non come governante, il re è soggetto agli ecclesiastici.

Appena ebbe modo di conoscere le qualità di Ugo, il papa non esitò ad andargli incontro sino a Mantova per avere un colloquio con lui: il fatto insolito dimostra la gravità della situazione e l'urgenza di porvi rimedio. L'accordo, conchiuso tra i due a metà del 926, stabiliva che nel comune interesse si sarebbero dati un vicendevole incondizionato appoggio; inoltre Giovanni prometteva di incoronare Ugo[1]. L'alleanza costituiva tuttavia una latente minaccia per la supremazia in Roma della potente famiglia dei Teofilatto. Fu organizzata una congiura (fine 927): Pietro, fratello del papa, che con pochi fidi si era chiuso nel palazzo del Laterano, venne catturato e ucciso sotto gli occhi del pontefice; Giovanni invece non fu subito imprigionato. Solo quando a Roma si seppe che re Ugo era rientrato in Provenza, si osò agire contro la sua persona (giugno 928); infatti poco tempo dopo morì in carcere: forse fu strangolato. Era fallito con lui l'ultimo tentativo di rialzare l'autorità papale mediante la stretta collaborazione col potere civile centrale[2].

Il papato pagò duramente, talora con il sacrificio personale degli stessi pontefici, lo scontro tra l'antica tradizione romana e la violenza delle invasioni barbariche d'inferiore livello « culturale », che la Chiesa stessa, nel suo intento di penetrarlo ed affinarlo, facendolo assurgere a maggiore livello nel corso di oltre tre secoli, accolse entro di sé sino alla potestà episcopale. Il secolo x fu l'ultimo, ed il più difficile, contrastato periodo nel processo di assimilazione, che portò l'Europa dall'antitesi antica tra mondo romano e mondo barbarico, attraverso la sintesi della Chiesa e dell'Impero universali, alla configurazione del nuovo panorama delle formazioni nazionali.

1. P. Brezzi, *Roma e l'Impero medievale (774 -1252)*, Bologna 1947, p. 109-110.
2. Su Giovanni X, cfr. J. N. D. Kelly, *Vite dei papi*, ediz. italiana a cura di A. Riccio, F. Capanni, Casale Monferrato 1989, p. 211-213; C. Gnocchi, Giovanni X, *Enciclopedia dei Papi*, Roma 2000, p. 65-68.

Nella debolezza del papato, circoscritto e soggetto al potere politico dell'aristocrazia romana, come poi di fronte al prevalere dell'Impero ottoniano, emerge con vigore in Italia l'episcopio, che si prospetta come fattore non soltanto ecclesiastico, religioso e fideistico, ma altresì politico su base demo-territoriale, direttamente controllata. Comincia così nel secolo X una sottile dicotomia tra il papato, tenuto da pontefici di famiglia romana o, al più, italiana, ed il sovrano imperiale, di nazione germanica e perciò originariamente estraneo sia alla mentalità sia alla tradizione della Sede Apostolica, in un momento in cui il corso della storia volge verso la creazione dell'Europa delle nazioni, entro la dissoluzione dell'universalismo medievale.

* * *

Leone VI, successore di Giovanni X, portato al solio di San Pietro dalla famiglia dei Teofilatto, regnò soltanto per alcuni mesi nel 928, mentre era ancora vivo, ma incarcerato, Giovanni X[3]. Il successore di Leone VI, Stefano VII, eletto dallo stesso gruppo di potere aristocratico romano, regnò dal gennaio 929 al febbraio 931: ebbe scarso rilievo agli occhi dei contemporanei[4]. Giovanni XI, egli pure appoggiato dalla famiglia dei Teofilatto, è uno dei papi più giovani della storia perché, cardinale prete di Santa Maria in Trastevere, venne eletto e consacrato, appena ventenne, nel marzo 931. Compì però alcuni atti di grande rilevanza per il futuro: il privilegio del marzo 931 per l'immunità, la protezione papale e la diretta dipendenza dalla Sede Apostolica del monastero di Cluny; l'invio del pallio, nel luglio 931, all'arcivescovo di Milano come gesto accomodante nei riguardi di Ugo di Provenza, re d'Italia; l'avvio di buoni rapporti con l'Impero d'Oriente.

Ma quando Ugo di Provenza, impadronitosi di Spoleto, volle estendere il proprio dominio anche su Roma, sposando Marozia, figlia di Teofilatto, che era alle sue terze nozze, nell'estate del 932, il figlio di Marozia, Alberico, suscitò una rivolta popolare. Un assalto a Castel Sant'Angelo costrinse Ugo alla fuga. Alberico si fece proclamare « Principe e Senatore di tutti i Romani ». La madre, la *patricia*, la *senatrix*, tenuta sotto stretta sorveglianza dal figlio, scompare dalla storia dopo pochi anni. Papa Giovanni XI, praticamente relegato agli arresti domiciliari in Laterano e ridotto alle sole attività liturgiche e religiose, morì probabilmente nei primissimi giorni del 936[5].

« Quando nella solitudine del monte Soratte il monaco di Sant'Andrea riandava agli avvenimenti di pochi decenni innanzi, non sapeva se più esecrare in Alberico il tiranno e l'oppressore dei papi o ammirare in lui l'uomo energico e pio; e giustapponeva con indiscriminata semplicità gli accenti di odio e di esaltazione. » « Ricordava che per volontà di Alberico le porte di Roma erano state sbarrate ai Tedeschi di Ottone ed ai Borgognoni di Ugo di Provenza[6]. »

« Della vita religiosa in generale, in particolare della monastica del Novecento, si narrano le cose più atroci[7]. » « Non v'è dubbio: la guerra aveva sconvolto la signoria monastica, violato, con le mura del chiostro, la santità del luogo e dei cuori; il mondo in cui il monaco, il sacerdote eran dovuti penetrare per esercitare il loro ministero, il mondo quasi elementare del vincolo personale, della difesa e

3. Su Leone VI, cfr. A M. Piazzoni, Leone VI, *ibid.*, p. 68-70.
4. Su Stefano VII, cfr. Id., Stefano VII, *ibid.*, p. 70.
5. Su Giovanni XI, cfr. Id., Giovanni XI, *ibid.*, p. 70-72.
6. G. Falco, *La Santa Romana Repubblica*, Milano-Napoli 1954, p. 227.
7. *Ibid.*, p. 228.

dell'offesa, li aveva travolti e irretiti, uguagliati a se stesso, aveva stimolato, sfrenato anche in loro le forze primitive dell'istinto[8]. »

Alberico non è, evidentemente, né un asceta, né un predicatore di riforma; e tuttavia – a parte l'universale pietà dei signori d'allora, che rispecchia da un lato la loro fede, dall'altro la progressiva tendenza loro a mettere la mano sulla Chiesa – la sua azione mirava a tagliare i nervi all'anarchia, a ristabilire con fermezza ordine e pace, a garantire alla Città, con l'ordinata amministrazione del territorio circostante, sicurezza e vettovaglie.

Analoga in certo modo, dettata da analoghe necessità, fu la condotta verso la Santa Sede e i più o meno dichiarati aspiranti all'Impero a legare alla dinastia la grandezza del regno e l'universalità dell'impero. « A chi riandasse allora alle vicende romane dell'ultimo secolo, Chiesa e Impero, nelle loro successioni e nelle loro relazioni reciproche, dovevano apparire come un fomite permanente di disordine. E Alberico percosse il male alla radice: chiuse le porte a Ugo e ad Ottone, scelse al papato uomini degni e a lui devoti, concesse loro libertà di esercitare nel mondo cattolico il ministero spirituale, ma li tagliò fuori da ogni ingerenza politica. Quello, che sembrava a Benedetto di Sant'Andrea un giogo di tirannide, era pel momento condizione indispensabile all'ordinamento civile di Roma e del ducato romano[9]. »

Ed infatti i papi Leone VII (936-939), Stefano VIII (939-942), Marino II (942-946), Agapito II (946-956) furono eletti per consenso – se non addirittura per imposizione – di Alberico, signore assoluto di Roma dal 932 fino alla morte nel 954. Poco prima di morire egli aveva impegnato il popolo di Roma ad eleggere papa, alla morte di Agapito II, il figlio Ottaviano che Alberico aveva avuto da Alda, figlia di Ugo, re d'Italia. Così Ottaviano assurse al solio di San Pietro il 16 dicembre 956, pure non avendo l'età canonica. Non volle mantenere il proprio nome battesimale, perché troppo classicamente pagano: assunse perciò quello di Giovanni (XII), e continuò la politica di suo padre Alberico per salvaguardare l'autonomia di Roma e del Patrimonio di San Pietro[10].

Nel 960, quando il marchese d'Ivrea, Berengario II (coronato re d'Italia col figlio Adalberto il 15 dicembre 950), in guerra col duca di Spoleto, saccheggiò alcuni territori pontifici, Giovanni XII chiese aiuto ad Ottone I di Sassonia – che aveva sposato Adelaide, figlia di Rodolfo II di Borgogna e vedova di re Lotario II –, il quale, dopo avere giurato per mezzo di legati la fedeltà al pontefice ed avere da lui ricevuto analogo giuramento, fu a Roma, dove il giorno della Candelora del 962 venne incoronato imperatore dal pontefice insieme con la consorte Adelaide: fu la restaurazione formale del *Sacrum Imperium*.

Ma ben presto i buoni rapporti si ruppero, nello scontro fra quella che era ormai la posizione del papato nel governo di Roma e l'affermazione della rinnovata autorità imperiale. Nell'autunno del 963 Ottone I mosse contro Roma, dove il pontefice, Giovanni XII, indossata a sua volta l'armatura, non poteva comunque fronteggiare anche l'opposizione di una parte dei Romani e fu costretto a fuggire a Tivoli. Entrato in Roma ed ottenuto dal partito imperiale il diritto di controllare

8. *Ibid.*, p. 228-229.

9. *Ibid.*, p. 229-230.

10. Su Leone VII, cfr. *Dizionario Storico del Papato*, a cura di Ph. Levillain, Milano 1996, 2, p. 1425-1426. Su Stefano VIII, cfr. A. M. Piazzoni, Stefano VIII, *Enciclopedia dei Papi*, p. 74-76. Su Marino II, cfr. Id., Marino II, *ibid.*, p. 76-77. Su Agapito II, cfr. G. Arnaldi, Agapito II, *ibid.*, p. 77-78. Su Giovanni XII, cfr. R. Pauler, Giovanni XII, *ibid.*, p. 79-82.

l'elezione dei futuri pontefici, Ottone I il 6 novembre 963 presiedette una sinodo[11] di diciassette cardinali, di alcuni vescovi tedeschi ed italiani del seguito imperiale, di funzionari della curia romana, di grande parte della nobiltà romana, di rappresentanti del popolo e della milizia. La sinodo chiamò in giudizio il papa fuggiasco con le più gravi accuse, addirittura infamanti. Giovanni XII respinse la convocazione, per tre volte ripetuta, e vietò ai partecipi della sinodo l'elezione di un nuovo pontefice, sotto pena di scomunica.

Il 4 dicembre 963 la sinodo dichiarò deposto Giovanni XII, pure non essendo riuscita a coordinare le accuse contro il papa in un giudizio corretto dal punto di vista ecclesiastico. Per triplice acclamazione venne eletto un laico, il *protoscriniario* Leone, al quale in un solo giorno, il 4 dicembre 963, furono conferiti tutti gli ordini sacri e che il 6 dicembre fu intronizzato in Laterano e consacrato in San Pietro con il nome di Leone VIII[12]. Una rivolta, sobillata dal papa esule, esplose in Roma il 3 gennaio 964: Ottone I la represse nel sangue. Però quando l'imperatore lasciò Roma e mosse in armi verso Spoleto, una nuova sommossa cacciò da Roma Leone VIII, che raggiunse l'imperatore nel suo campo in Umbria. Il papa esule Giovanni XII all'inizio del 964 ritornò in trono e punì con durissime mutilazioni i principali avversari. Riunì una sinodo al 26-28 febbraio 964 – presenti in essa anche alcuni cardinali che avevano partecipato alla sinodo dell'imperatore –, la quale dichiarò nulla la sinodo dell'imperatore, invalidandone anche tutti gli atti, compresa l'elezione di Leone VIII, che venne scomunicato.

Quando però Giovanni XII morì, ucciso, il 14 maggio 964, i Romani non richiamarono Leone VIII, imposto dall'imperatore. Elessero un nuovo papa, Benedetto V, che l'imperatore non volle mai riconoscere[13].

Celebrata la Pasqua a Camerino, insieme con Leone VIII, e rientrato in Roma dopo breve assedio, Ottone I presiedette una sinodo, unitamente a Leone VIII, reintegrato sul solio papale. Benedetto V venne deposto il 23 giugno 964, con un atto significativo: gli fu spezzato sulla testa il bastone pastorale che egli aveva usato. I Romani giurarono fedeltà a Leone VIII e ad Ottone I. Benedetto V venne deportato in Germania, dopo un pontificato che era durato trentanove giorni. Di fronte alla forza militare – ed anche al prestigio – dell'Impero, che, come a Bisanzio, si considerava tutore e responsabile del papa, la nobiltà romana cedeva le armi; ma non rassegnata. In sede storica il giudizio sulla legalità di Leone VIII è tuttora discussa: papa o antipapa? Leone VIII morì a Roma ai primi di marzo del 965 e venne probabilmente sepolto in San Pietro. Benedetto V morì in Germania, ad Amburgo, il 5 luglio 965, in fama di santità: le sue ossa furono poi portate a Roma da Ottone III.

Appunto perché fu ed è discussa la legittimità di papa Leone VIII e perché l'imperatore non volle mai riconoscere l'elezione di Benedetto V, avvenuta senza il suo consenso, come sarebbe stato di prammatica, a partire dal successivo pontefice, Giovanni XIII, il papato risulta soggetto al controllo dell'Impero, per di più essendo i pontefici, nella maggior parte, eletti con il consenso imperiale, romani di nascita o membri dell'alta aristocrazia romana. Certo i decisi interventi ottoniani assicurarono a Roma un periodo di relativa tranquillità: ciò nonostante le fazioni continuarono ad esistere, essendo organizzate intorno alle maggiori famiglie dell'aristocrazia locale, la quale non mancò di approfittare di ogni possibilità per tentare colpi di mano.

11. Usiamo il termine *sinodo* al femminile, come nell'originaria voce greca e latina.
12. Su Leone VIII, cfr. A. M. Piazzoni, Leone VIII, *Enciclopedia dei Papi*, p. 82-84.
13. Su Benedetto V, cfr. P. Delogu, Benedetto V, *ibid.*, p. 84-87.

Così Giovanni XIII (965-972)[14], che apparteneva certamente alla più alta aristocrazia romana, venne eletto nel settembre 965 e consacrato il 1° ottobre, soltanto dopo lunghe trattative con i rappresentanti di Ottone I (i vescovi di Spira e di Cremona). Ma il 16 dicembre 965, dopo neppure tre mesi dalla sua consacrazione, Giovanni XIII fu assalito, malmenato, rinchiuso in Castel Sant'Angelo, infine esiliato nella Campagna Romana. Durante gli undici mesi del suo esilio, in Roma non venne però fatto nessun tentativo per eleggere un altro papa: evidentemente alle preoccupazioni per un possibile intervento di Ottone I si univano le mosse della fazione nobiliare, a lui favorevole. Nel novembre 966, mentre le truppe imperiali si avvicinavano, morto o fuggito qualcuno dei maggiori oppositori, i Romani accolsero solennemente il ritorno di Giovanni XIII, che celebrò messa in San Pietro, prese possesso del Laterano, e benedisse il popolo festante. Giunto in Roma l'imperatore, i restanti capi della congiura furono puniti o con la morte o con l'esilio o con punizioni infamanti.

In una grande sinodo, convocata all'inizio dell'anno 967 con la partecipazione anche dell'arcivescovo di Ravenna, di molti vescovi romani, italiani ed ultramontani, e di molti altri dignitari ecclesiastici e laici, le richieste in merito a problemi da discutere furono talmente numerose che la sinodo, ad un certo punto, dovette essere sospesa; riprese poi a Ravenna a metà di aprile, protraendosi fino al 25 aprile. Tra molte questioni di diritto ecclesiastico, la decisione più importante fu l'approvazione papale per l'effettiva erezione dell'arcivescovato di Magdeburgo per l'evangelizzazione degli Slavi.

Il 25 dicembre 967 Giovanni XIII celebrò la solenne incoronazione imperiale di Ottone I e del figlio Ottone II in San Pietro. Chiese e conventi tedeschi ottennero privilegi pontifici. Invece si turbarono i rapporti imperiali con l'Impero d'Oriente quando nell'estate del 968 Ottone I inviò un'ambasceria a Costantinopoli per stringere relazioni di amicizia e di parentela con quella famiglia imperiale. Purtroppo nella sua missiva Ottone definiva se stesso *imperator Romanorum* ed il bizantino Niceforo II Foca *imperator Grecorum*, mentre l'Impero d'Oriente continuava a considerarsi unico Impero romano, in continuazione di quello del tempo classico. Il rapporto con l'imperatore Ottone I in realtà stava al centro dell'attenzione della Sede Apostolica, non mancando neppure, molto numerosi, i contatti di Giovanni XIII con i regni europei: dall'Inghilterra e dalla Francia alla Polonia ed al ducato di Boemia.

Alla morte dell'attivo Giovanni XIII il 6 settembre 972 (a cui seguì la morte di Ottone I il 7 maggio 973), il pontificato di Benedetto VI (972-974)[15], di cui si ignorano la famiglia e la data esatta dell'elezione, ebbe inizio, evidentemente con approvazione imperiale, con la sua consacrazione il 19 gennaio 973. Fu, la sua, la continuazione della politica ecclesiastica di Giovanni XIII riguardo al clero tedesco ed all'attività monastica. Ma alla fine di giugno 974, approfittando del fatto che il nuovo imperatore Ottone II era impegnato nella difficile situazione interna della Germania, il partito romano dei Crescenzio intervenne sul papa e lo rinchiuse in carcere, ponendo sul solio papale un romano di nascita, che prese il titolo di Bonifacio VII. Di fronte però all'intervento dei rappresentanti in Roma dell'imperatore, i golpisti, per evitare la liberazione del papa recluso Benedetto VI,

14. Su Giovanni XIII, cfr. R. PAULER, Giovanni XIII, *ibid.*, p. 87-92. Tra la deposizione di Benedetto V e l'elezione di Giovanni XIII intercorse più di un anno. Tra la morte di Benedetto V e l'elezione di Giovanni XIII vi fu un periodo di sede vacante di due mesi o poco più.
15. Su Benedetto VI, cfr. P. DELOGU, Benedetto VI, *ibid.*, p. 92-93.

lo strangolarono in carcere nel giugno-luglio 974, mentre Bonifacio VII, già assediato in Castel Sant'Angelo dalla parte imperiale, fuggiva a Costantinopoli.

Occorre chiarire che non è esistito il pontificato di un Dono II, proposto da alcuni testi storici, in luglio-ottobre 973, prima di Benedetto VII, per poche settimane. In realtà si tratta di un errore di lettura per cui fu intesa come nome proprio di Dono, la voce *domnus* (*dominus*) nel *Liber Pontificalis* (p. 256, n. 4), riferita a Benedetto VII, che fu invece il diretto successore di Benedetto VI.

Il papa Benedetto VII venne eletto nella seconda metà del 974, con l'appoggio del rappresentante imperiale, mentre ancora l'antipapa Bonifacio VII era assediato in Castel Sant'Angelo. Romano di nascita, Benedetto VII apparteneva molto probabilmente all'aristocrazia cittadina. Partigiano di papa Giovanni XIII e quindi della famiglia dei Crescenzio, principale sostenitrice dell'antipapa Bonifacio VII, Benedetto VII non procedette mai contro quest'ultimo, che poté finire i suoi giorni sotto l'abito monastico nel monastero di Sant'Alessio. Appare evidente che la parte aristocratica in Roma si muoveva su doppia linea concorde, data la situazione di necessità: da una parte con un suo membro o partecipe sul solio di San Pietro e, contestualmente, con attività di opposizione fino all'elezione di un antipapa. In realtà l'aristocrazia romana cercava in ogni modo di mantenere in propria mano, sia apertamente sia occultamente, la potestà papale. A questo intento deve anche attribuirsi l'attribuzione, attestata nel 975, dell'antico titolo di *patricius domni Apostolici* a certo Benedetto, probabilmente un Crescenzio, dopo duecento anni dacché esso era stato dismesso.

L'attività di Benedetto VII non fu limitata allo Stato romano; ma si estese anche ampiamente alla Germania, in accordo con l'Impero, soprattutto nei riguardi della riforma monastica in Europa, a cui proponeva il problema dei rapporti tra i monasteri riformati e l'episcopato. L'esenzione dei monasteri dal governo dell'ordinario diocesano era ancora un'eccezione: tali erano allora, ad esempio, il monastero di San Pietro di Besalú e quello di San Pietro di Rodas, che furono donati alla Sede Apostolica proprio nel tempo di papa Benedetto VII. L'affiatamento tra Impero e Papato si espresse anche in due sinodi che furono celebrate congiuntamente da imperatore e pontefice, una in Laterano, l'altra in San Pietro, nel 981.

Benedetto VII, molto sensibile alle necessità dei poveri, fu rigoroso contro la simonia. Tenne una linea di estremo favore per la Germania, mentre in diverse occasioni riaffermò l'universalità del papato. Quando Ottone II morì, il 7 dicembre 983, presenti l'imperatrice Teofane, il papa ed altri ecclesiastici, s'impegnò per la sua sepoltura in un antico sarcofago nell'entrata orientale del vestibolo di San Pietro, detto « il Paradiso », ma perdette con lui il suo maggiore appoggio. Dopo nove anni di pontificato egli defunse probabilmente il 10 luglio 984, pochi mesi dopo Ottone II[16].

Nulla sappiamo sulla famiglia di Pietro III, vescovo di Pavia, che subentrò sul trono papale nell'autunno del 984 con il nome di Giovanni XIV. Già Consigliere di Ottone II, che egli accompagnò sia nei suoi viaggi in Italia, sia come partecipe della spedizione imperiale nell'Italia meridionale nel 982 contro i Saraceni, fu elevato al solio papale nel novembre-dicembre 984 (non conosciamo la data esatta). A proposito del suo pontificato, indicato dalla maggior parte delle fonti della durata di otto mesi, le maggiori notizie riguardano l'anno 984, quando, il 6 dicembre, egli concesse al nuovo arcivescovo di Benevento il pallio ed il diritto di consacrare i vescovi di quattordici sedi.

16. Su Benedetto VII, cfr. Id., Benedetto VII, *ibid.*, p. 100.

Nel mese di aprile del 984 era rientrato in Roma dall'esilio in Costantinopoli l'antipapa Bonifacio VII, sorretto dall'appoggio dell'imperatore bizantino Basilio II, che sperava di ridurre o addirittura annullare l'influenza dei partecipi dell'Impero in Roma. In aprile del 985 per manovra dell'antipapa, appoggiato dalla famiglia dei Crescenzio, Giovanni XIV fu arrestato, deposto, rinchiuso in Castel Sant'Angelo, dove morì di fame o di veleno il 20 agosto 985[17]. Contestualmente venne consacrato, come Giovanni XV, il figlio di un presbitero Leone, del quartiere romano di Gallina Alba, cardinale prete del titolo di San Vitale.

Durante il suo pontificato, data la minore età del re Ottone III sotto la reggenza della madre Teofane e poi, alla morte di questa nel 991, dell'ava Adelaide, la posizione di Giovanni XV, essendo egli privo del diretto appoggio dell'Impero, fu molto debole. Svolse tuttavia una notevole attività sia nella Chiesa italiana, sia in Francia, in Inghilterra e nei territori dell'Impero. Tra dicembre 989 e marzo 900 l'imperatrice Teofane soggiornò a Roma ed ebbe probabilmente ripetuti contatti con il pontefice. Vi fu uno scambio di ambascerie romane con il principe Vladimiro I di Kiev. Il papa inviò un legato sia in Inghilterra sia in Normandia per la conclusione della pace tra il re Etelredo d'Inghilterra ed il duca Riccardo I di Normandia: la quale venne stipulata nel 991. Fu anche intensa l'attività di Giovanni XV in Boemia, mentre tra il 991 ed il 992 il principe Miezko di Polonia e la moglie Oda donarono a San Pietro le loro terre, estese tra il mare Baltico a nord, la regione dei Pruzi e dei Russi ad est, fino a Cracovia a sud, fino all'Oder a ovest. Il nostro papa tenne una sinodo in Laterano il 31 gennaio 993, ma nella primavera del 995 i suoi forti contrasti con Crescenzio II lo costrinsero a lasciare Roma.

La sommossa politica, che portò papa Giovanni XV alla fuga da Roma, segnò una svolta storica rilevante. Giovanni non apparteneva al ceto aristocratico, pure essendo romano di nascita. La sua elezione al papato era stata dovuta all'alto clero curiale, legato agl'interessi dei grandi feudatari, sì che proteste contro di lui venivano dal basso clero, il quale voleva sottrarre il papato all'infeudamento alla nobiltà, anche unendo intenti di rivendicazioni sociali alle nobili aspirazioni religiose.

Uomo coltissimo, Giovanni XV imprese una politica intesa a stabilire forti contatti con l'episcopato italiano ed extraitaliano, soprattutto con la sede imperiale, retta dall'imperatrice Teofane, data la minore età di Ottone III, nonché con le corti di Francia e di Costantinopoli e con la vairaga di Kiev. Ma i suoi decisi interventi in Francia, anche a livello del trono regale, portarono allo scisma di Reims, mentre dopo la morte del *patricius* Giovanni, Crescenzio II, divenuto signore di Roma, aveva costretto il papa ad una maggiore soggezione, limitandone la libertà d'azione, sì che egli come s'è detto, dovette lasciare Roma per Sutri, donde continuò nella sua azione: dopo avere invano tentato per due volte di rientrare in Roma, invitò a Roma Ottone III per un appoggio contro Crescenzio II.

Quando Ottone III mise in atto da Ratisbona la sua grande spedizione per Roma, Crescenzio II negli ultimi mesi del 995 chiese al papa esule di rientrare, evidentemente ritenendo impossibile la difesa della città, tanto più che parte del ceto popolare gli era ostile perché contraria all'esule Giovanni XV. Il quale rientrando a Roma fu invece accolto festosamente. Ma, prima dell'arrivo di Ottone III, partito da Ratisbona con un forte esercito nel febbraio 996, Giovanni XV, colto da un improvviso violento attacco di febbre, morì in quello stesso mese: fu probabilmente sepolto in San Pietro[18].

17. Su Giovanni XIV, cfr. W. HUSCHNER, Giovanni XIV, *ibid.*, p. 100-102.
18. Su Giovanni XV, cfr. ID., Giovanni XV, *ibid.*, p. 103-107.

Giunto a Pavia, nella Pasqua del 996, Ottone III seppe della morte del papa. A Ravenna una delegazione romana lo attendeva per chiedergli di designare il successore. Ed Ottone, dopo essersi consultato con i più intimi, indicò suo cugino, Bruno, educato nella cattedrale di Worms, uomo colto e buon conoscitore dell'opera di Gregorio Magno, del quale egli volle riprendere il nome papale: accolto in Roma con grandi onori, venne eletto e consacrato infatti con il nome di Gregorio V[19]. Il 21 maggio 996, giorno dell'Ascensione, il pontefice incoronò imperatore Ottone III, in San Pietro, conferendogli altresì il titolo di *Patricius Romanorum* e costituendolo in tale modo protettore della Chiesa.

Le supreme autorità di Papato e d'Impero erano ora in potere di due stretti congiunti germanici, uno dei quali – Ottone III – era per di più, per parte materna, di sangue greco, partecipe, quindi, familiarmente dell'Impero bizantino. Di fronte a colui che in Oriente si intitolava Re dei Romani, in Occidente il giovane sovrano adottò sistematicamente, nei suoi diplomi, la formula *Romanorum Imperator Augustus*, che affermava la legittimità dell'Impero d'Occidente. E se nel 955 i miliziani avevano acclamato sul campo, dopo la vittoria sugli Ungheri, Ottone I, al grido di « Padre della patria e imperatore », com'era costume di Roma antica, ora il giovane imperatore « strappava il papato di mano al clero ed alle grandi casate cittadine: stabiliva tra regno e sacerdozio una nuova solidarietà, fondata sul sangue, sulla tradizione e sugl'interessi; dava ragione alle proteste ed alle ambizioni del clero transalpino, che lamentava la venalità della curia, e si proponeva come esempio di scienza e di vita incorrotta di fronte alle ambizioni dei pontefici[20] ».

Nel maggio 996 una sinodo, riunita in San Pietro sotto la presidenza di Gregorio V e di Ottone III, intervenne sullo scisma di Reims. Quando poi Ottone III, nell'agosto, lasciò l'Italia, affidò ad Ugo di Tuscia ed a Corrado, conte di Spoleto e Camerino, il compito di proteggere il papa. All'inizio di ottobre – Ottone era ormai in Germania – i Romani, istigati da Crescenzio II, si ribellarono; cacciarono Gregorio V dalla città, impadronendosi di tutti i suoi beni. Il papa si rifugiò a Spoleto. Dopo due tentativi, falliti, di ricuperare Roma con le armi, Gregorio V fu a Ravenna per ottenere l'appoggio di quell'arcivescovo e dei suoi suffraganei; poi fu a Pavia, dove nel febbraio 997, con la presenza degli arcivescovi di Milano e di Ravenna, di alcuni loro suffraganei e del vescovo di Pavia, scomunicò Crescenzio II e rinnovò la normativa del 499 di papa Simmaco sulle elezioni papali. Gregorio V continuò ad esercitare con grande impegno i suoi diritti e doveri di pontefice.

Sempre nel febbraio 997 l'arcivescovo di Piacenza, Giovanni Filagato, rientrato da una missione a Bisanzio, si lasciò convincere da Crescenzio II: considerando vacante la sede papale (data l'assenza di Gregorio V), con l'appoggio dell'ambasciatore bizantino egli venne eletto e consacrato con il nome di Giovanni XVI[21]. Nel dicembre 997 Ottone III rientrò in Italia. Trascorse il Natale a Pavia insieme con Gregorio V, progettando con lui le operazioni su Roma. Giovanni Filagato tentò ripetutamente di venire ad un accordo, anche dichiarandosi disposto a rinunciare al papato. Non ottenne risposta.

19. Su Gregorio V, cfr. Id., Gregorio V, *ibid.*, p. 107-111.
20. Brezzi, *Roma*, citato *supra* n. 1, *passim*.
21. Su Giovanni XVI, cfr. W. Huschner, Giovanni XVI, antipapa, *Enciclopedia dei Papi*, p. 112-116.

In febbraio Ottone e Gregorio entrarono in Roma senza incontrare resistenza: Giovanni XVI era fuggito; Crescenzio II si era arroccato in Castel Sant'Angelo. L'antipapa fu scoperto dai soldati in una torre presso la città e venne orrendamente mutilato. Castel Sant'Angelo si arrese: Crescenzio fu decapitato; dodici suoi fautori vennero impiccati. In maggio, una sinodo in una chiesa romana dichiarò deposto, scomunicato e privato degli ordini Giovanni XVI. Il quale venne condannato alla degradante umiliazione della cavalcata per le vie della città, seduto a rovescio su un asino, secondo un rituale, forse di origine bizantina, analogo ad usanze specificamente romane, praticate nella festa della « Cornomacchia », che si svolgeva il sabato dopo la Pasqua. Si volle mostrare al pubblico la sua deposizione, anche per ammonimento contro qualsiasi altro tentativo di sedizione. Ma San Nilo, che aveva tentato invano di salvare dal ludibrio l'infelice antipapa, ottenendone la custodia, fece sapere al papa ed all'imperatore che Dio avrebbe perdonato i loro peccati tanto quanto essi si erano mostrati misericordiosi nei confronti di Giovanni XVI.

Durante il resto del suo pontificato Gregorio V lavorò in stretta collaborazione con l'imperatore, sebbene le differenti concezioni dei rispettivi ambiti di potere non rendessero facile il loro rapporto. Gregorio V morì nel febbraio o marzo 999, vittima della malaria, quando non aveva ancora trent'anni. Ottone III lo fece seppellire in San Pietro, presso la tomba di Gregorio I. Forte di carattere, deciso, dotato di inesauribile energia, è ricordato nel suo epitaffio per la sua capacità di predicare tanto in francese ed in tedesco quanto in latino.

Gli subentrò nel papato, su indicazione imperiale e dietro consiglio dell'abate di Cluny, il primo papa francese, amico e già tutore di Ottone III: Gerberto di Aurillac, che assunse il nome, esso pure significativo, di Silvestro II[22]. L'antipapa Giovanni XVI, confinato in un ignoto monastero, morì, a quanto pare, il 26 agosto 1001.

È il tempo di Gerberto di Aurillac, chiamato a corte da Ottone III nel febbraio 997, affinché la sua *saxonica rusticitas* – come dice l'imperatore stesso in una sua famosa lettera – fosse temperata da una *Graecorum industriae aliqua scintilla*. Arcivescovo di Reims, cinquantenne, esperto di ogni cosa, soprattutto degli uomini, egli portava al giovane principe il massimo retaggio della Romanità: la coscienza dell'Impero, che il giovane principe di sangue sassone e greco intendeva portare alla vittoria intellettuale sui Cesari d'Oriente.

Gerberto, stanco della vita monastica di Aurillac, si era recato a Vic, in Catalogna, per apprendere dal monaco Attone i primi rudimenti islamici, filtrati dall'insegnamento cristiano, non disdegnando di frequentare i circoli dei saggi musulmani della regione. Chiamato a Reims come docente di filosofia, assurto nel 991 all'arcivescovato della città, poi nel 998 a quello di Ravenna, l'anno successivo, alla morte di Gregorio V, fu sul trono di San Pietro.

L'imperatore Ottone III, per il quale la *Renovatio Imperii Romanorum* si rifaceva all'autentica tradizione romana da Augusto in poi, in cui però la missione temporale dell'Impero si identificava completamente con quella spirituale della Chiesa, si fece costruire sul Palatino un nuovo palazzo imperiale, come *sedes Imperii*, in cui l'aristocrazia romana e quella germanica furono in certo modo unificate da un cerimoniale misto, romano antico e bizantino. Non mancarono tuttavia a proposito della cosiddetta donazione di Costantino le divergenze tra Ottone III e Silvestro II, che, se non esplosero apertamente in un conflitto nel 1001, fu soltanto perché in

22. Su Silvestro II, cfr. M. OLDONI, Silvestro II, *ibid.*, p. 116-125.

quell'anno i Romani, indignati per la benevolenza imperiale verso Tivoli, cacciarono sia il papa sia l'imperatore dalla città. Ottone III, rifugiatosi a Castel Paterno, presso il Soratte, dove attendeva rinforzo per riconquistare Roma, vi morì a ventidue anni il 23 gennaio 1002. I suoi soldati, con le armi in pugno, ne riportarono il corpo in Germania per la sepoltura ad Aquisgrana, a fianco di Carlomagno. *Mirabilia mundi*: questa è l'espressione con cui il giovane imperatore viene designato, poco dopo la morte: « Meraviglia del mondo » anche ai nostri occhi, per ciò che egli ha rappresentato, dopo Carlomagno, nella costruzione della nostra Europa, nel tentativo di fare di Roma la suprema sintesi dell'Occidente cristiano.

Silvestro II restò solo, privo del braccio temporale della sua autorità, mentre i Crescenzio ed i Tusculo in Roma diffondevano spinte antipapali, difficili da controllare, perché troppo decise. Silvestro II, in età avanzata, dalla solitudine indebolito nella certezza della sua linea politica, mentre diceva messa in Santa Croce in Gerusalemme l'11 maggio 1003 fu colto da malore. Morì il giorno successivo e venne sepolto nella basilica di San Giovanni in Laterano.

Si apre un disordine che si compone soltanto nel 1012 quando, dopo Giovanni XVII (1002)[23], fondatore del vescovato di Bamberga per la diffusione del Vangelo fra gli Slavi, Giovanni XVIII (1003-1009)[24], del cui breve pontificato non restano tracce, e Sergio IV (1009-1012)[25], sale in trono Benedetto VIII (1012-1024)[26]. Fratello di Alberico e di Giovanni (che sarà suo successore come Giovanni XIX), Benedetto VIII seguì attivamente la politica imperiale di Enrico II, fino ad offrire all'imperatore il famoso e molto discusso dono del globo d'oro, sormontato dalla croce.

Se anche le decisioni della sinodo di Pavia del 1022 contro il matrimonio dei vescovi e dei preti non hanno fatto di Benedetto VIII uno dei maggiori riformatori, è indubbia la valenza storica dell'opera da lui compiuta per la difesa di Roma contro Saraceni e Bizantini, e soprattutto, in accordo con l'imperatore, per il recupero dell'Italia meridionale, perduta dalla Chiesa latina a vantaggio della Chiesa greca nel tempo di papa Gregorio III (731-741) e dell'imperatore d'Oriente Leone III, sì che nel tempo di Basilio II (976-1025), i membri della «druzina» varego-russa operavano nell'esercito del catapano della Puglia, Basilio Boioannes. Altrettanto, se non maggiore, fu l'opera del pontefice, appoggiato dai Pisani e dai Genovesi, per il recupero della Sardegna, occupata nel 1015 da Muǧāhid, signore delle Baleari[27].

*
* *

Se il movimento storico degli « orizzonti aperti », così bene contrassegnato da Roberto Lopez[28], non è soltanto un fattore economico o socio-economico, ma altresì ideologico, letterario, religioso, « culturale », come ha bene dimostrato Michel Balard nell'essenza delle sue pregnanti pubblicazioni, e va inteso come la spinta dell'Europa carolingia per ampliare i propri orizzonti in ogni direzione, verso

23. Su Giovanni XVII, cfr. A. Sennis, Giovanni XVII, *ibid*., p. 115-126.
24. Su Giovanni XVIII, cfr. Id., Giovanni XVII, *ibid*., p. 128.
25. Su Sergio IV, cfr. Id., Sergio IV, *ibid*., p. 128-130.
26. Su Benedetto VIII, cfr. G. Tellenbach, Benedetto VIII, *ibid*., p. 130-134.
27. M. G. Canale, *Nuova istoria della Repubblica di Genova*, 1, Firenze 1858, p. 83; V. Vitale, *Breviario della storia di Genova*, Genova 1955, 1, p. 11; G. N. Zazzu, *Il volo del grifo. La storia di Genova dagli inizi al 1892*, Genova 1991, p. 14.
28. *Il Medioevo degli Orizzonti Aperti, Atti della Giornata di Studio per Roberto Lopez, Genova, 9 giugno 1987*, Genova 1989.

Oriente come verso Occidente, ci sembra indubbio che i prodromi del periodo debbano collocarsi proprio in quel tanto deprecato secolo X, che alla storiografia dell'Ottocento è sembrato rinchiuso in un recinto inestricabile.

La Sede Apostolica romana, nella sua connaturazione con il mondo germanico e poi nella sua propulsione verso il mondo slavo, ci presenta già una prima manifestazione del costante impulso dell'Europa carolingia ad oltrepassare i propri confini. Se l'acquisizione dei monasteri di Besalú e di Rodas propone la Spagna al papa Benedetto VII, e se i rapporti di Giovanni XV con la corte variaga di Kiev ci portano all'incognito mondo russo, l'ampia donazione del principe Miezko di Polonia e della moglie Oda assicura la nominale presenza della Sede Apostolica sulle sponde del Baltico, mentre sono attivi anche i rapporti di Roma con la Boemia. Per non parlare poi di Costantinopoli e dell'universo bizantino, con i quali la presenza romana è pressoché costante prima dello scisma del 1054, compresi i progetti ottoniani per l'incrocio di rapporti familiari fra i due Imperi. Ed a Costantinopoli chiese rifugio e in essa morì nel 968 lo sconfitto re d'Italia Adalberto, figlio di Berengario II.

La battaglia navale contro Muǧāhid sulle coste della Sardegna nel 1016, durata tre giorni, nella quale i musulmani furono quasi totalmente annientati, non fu soltanto la completa liberazione del Tirreno dalla presenza islamica. Fu una delle vicende che, costruendo l'Europa, dischiusero le vie per gli « orizzonti aperti » fino al Catai dei veneziani Polo ed al « otro mundo, nuebo mundo » oltre l'Oceano del genovese Cristoforo Colombo[29].

Geo Pistarino
Accademia Ligure di Scienze e Lettere
Università degli Studi di Genova

29. L. BALLETTO, Otro mundo nuevo, *La Storia dei Genovesi*, 9, Genova 1989, p. 15.

Associazionismo e ricerca a Genova, tra tradizione ed evoluzione*

Dino PUNCUH

Negli anni Venti del Settecento un attento lettore del Locke, Gian Luca Pallavicini, il futuro maresciallo dell'Impero, che avrebbe legato il suo nome al primo riformismo austriaco in Lombardia e che giudicava Milano una città « dove si coltivano le buone lettere », a differenza di Genova « dove i Gesuiti le hanno sepolte », aveva tentato, vanamente, di fondare un'accademia di nobili a base scientifico-filosofica: degno di nota che il programma considerasse prioritario lo studio della storia, un'aspirazione destinata a riaffiorare costantemente in pressoché tutti gli analoghi e successivi tentativi, fino a costituire il filo conduttore di questo mio intervento.

Circa sessant'anni dopo, infatti, nel 1782, un altro patrizio genovese, Giacomo Filippo Durazzo, riproponeva una simile iniziativa; questa volta tuttavia, forse perché in alcuni ambienti della classe politica più illuminata si avvertiva l'urgenza di ampliare quello che chiameremmo oggi il bacino di utenza, il progetto intendeva coinvolgere gli uomini di studio più aperti al rinnovamento delle idee. La nuova istituzione riprendeva il tema della storia: ad imitazione della milanese Società Palatina, che aveva promosso l'edizione della grande opera muratoriana, la nuova Accademia si proponeva di stampare o ristampare in unica collezione gli storici e i cronisti genovesi.

Bastarono pochi anni a spegnere gli entusiasmi: l'Accademia Durazzo cessava l'attività nel 1787 lasciandoci solo venticinque dissertazioni manoscritte. Esaurimento spontaneo? Interventi esterni nei confronti di un disegno privato che forse, nonostante il prestigioso nome del fondatore, non godeva delle protezioni concesse, anche dalla stampa del tempo, alla concorrente e scolorita Accademia degli Industriosi, sorta nel 1783? Le date non sono certo casuali se nel 1789 il tema della storia patria sarebbe stato ripreso da quest'ultima iniziativa, sia pur dirigendo l'attenzione

* Nei disegni dell'autore di questa breve nota c'era l'illustrazione di un documento del 1270 relativo alla nomina di un podestà genovese e il suo confronto con uno analogo del 1225; sfortunatamente l'impresa si è rivelata superiore alla sue forze: i robusti attacchi con la lampada di Wood hanno restituito ben poco del documento, impedendo di andare oltre a ciò che dello stesso aveva già scritto G. Caro *Genua und die Mächte am Mittelmeer, 1257-1311*, Halle 1895-1899, traduz. ital. *Genova e la supremazia sul Mediterraneo, 1257-1311*, Genova 1974-1975 (*ASLi*, n.s. 14-15). Di questa « vergognosa ritirata » l'autore si scusa, ma poiché egli è anche presidente della Società Ligure di Storia Patria, che ha iscritto tra i suoi soci onorari Michel Balard, non può restare assente dall'omaggio ad uno studioso illustre, al quale la storia coloniale genovese deve moltissimo. Per questo motivo, e in nome di una lontana amicizia, gli dedica il testo di una relazione, ancora inedita, presentata in occasione del convegno « Giornata della Cultura », svoltosi a Genova (Palazzo Ducale) il 4 aprile 1998. Il testo è datato (solo quale minimo aggiornamento), accompagnato da poche note strettamente bibliografiche.

Chemins d'outre-mer. Études d'histoire sur la Méditerranée médiévale offertes à Michel Balard.
Paris, Publications de la Sorbonne, 2004 (Byzantina Sorbonensia 20)

su un *Dizionario storico patrio degli uomini illustri* che doveva attendere i nostri tempi per vedere la luce ad opera della « Consulta ligure delle associazioni per la cultura, le arti, le tradizioni e la difesa dell'ambiente »[1].

Forse non fu estranea all'esito della durazziana la diffidenza nei confronti di alcuni temi trattati o degli abituali frequentatori di casa Durazzo che di lì a qualche anno sarebbero diventati attivi protagonisti del rinnovamento istituzionale come influenti personaggi della Repubblica Democratica Ligure e quindi dell'Impero napoleonico o come membri dell'Istituto Nazionale, diventato in seguito Accademia Imperiale, travolta dalla caduta del Bonaparte nel 1814.

Tra le finalità della scomparsa Accademia si era riaffacciata, per restare ancora una volta nei voti, l'aspirazione all'edizione degli storici liguri, criticamente fondata attraverso un'attenta e scrupolosa verifica dei testi.

Non c'è da meravigliarsi delle contraddizioni genovesi di quest'epoca nella quale c'era sì un ospedale, Pammatone, visitato dall'imperatore Giuseppe II, dove si guariva, come riferisce, meravigliato, il Dupaty, non sempre tenero nei confronti di questa città, ma dove, solo pochi decenni prima, a curare un Doge era approdato l'empirico enciclopedico Anonimo Buonafede Vitali da Busseto, assai noto a Genova, che curava l'angina con un laccio di seta cremisi usato per strangolare una vipera, l'apoplessia collo spirito di formiche, il mal caduco con la polvere di un teschio umano frantumato, la gotta con le lumache pestate, l'idropisia con la polvere di rospo... a dimostrare la credibilità di un anonimo scritto denunciante che « qui calano i scellerati (modernizziamolo pure in ciarlatani) e trovano tutti protezione ». Senza commenti!

L'annessione al regno di Sardegna non migliorò certo le cose se, da una parte, uno scienziato della statura di Benedetto Mojon, medico di formazione e di fama europea, autore del trattato *Leggi fisiologiche*, tradotto in diverse lingue, accusato di ateismo per non avervi menzionato l'immortalità dell'anima e silurato dal nuovo governo, era costretto, nel 1833, ad abbandonare la patria per trasferirsi a Parigi, « dove, – sono parole sue – potrò pubblicare le mie idee, qualunque esse siano, senza essere obbligato di mettere il manoscritto sotto gli occhi di un togato somaro o sotto la censura di un tonsurato bestione »; se dall'altra, pochi anni dopo, nel 1833, falliva un tentativo, promosso da Girolamo Serra, di riprendere il disegno di un'accademia; se, attorno al 1846, nonostante il grande fervore suscitato dal Congresso degli Scienziati italiani che si tenne a Genova in quell'anno, il progetto del marchese Camillo Pallavicini di fondare tre società scientifiche che si occupassero rispettivamente di scienze mediche, fisiche e naturali, storia, geografia ed archeologia, incremento delle manifatture e commercio, che si ricollegavano ai programmi delle istituzioni precedenti, spariva nel silenzio, parrebbe ad opera del Governatore di Genova, che avrebbe minacciato il carcere ai responsabili dell'iniziativa se non avessero cessato le loro « sovversive » riunioni[2]. Un quadro davvero desolante...

Eppure, pochi anni dopo, nel 1857, il 22 novembre, in una sala della Biblioteca Berio, nasceva la Società Ligure di Storia Patria, la seconda società storica italiana, preceduta solo dalla più blasonata Deputazione Subalpina promossa da Carlo

1. *Dizionario biografico dei Liguri*, Genova 1992- (giunto col V volume alla lettera D).

2. Per quanto precede v. D. PUNCUH, La cultura genovese in età paganiniana, *Nicolò Paganini e il suo tempo, Convegno Internazionale, Genova, 27-29 ottobre 1982*, a cura di R. MONTEROSSO, Genova 1984, p. 41-61.

Alberto nel 1833: non a caso la nuova esperienza, alla cui fondazione contribuirono non pochi esponenti di area mazziniana e democratica, sorta « senza l'appoggio di potenti », come ebbe a dire, con trasparente allusione alla consorella torinese, Agostino Olivieri, si costituiva, prima in Italia, come libera associazione, rifiutando con ciò sia il numero chiuso, sia la nomina dall'alto, come avviene ancora oggi, sia pur solo formalmente, per Accademie e Deputazioni di Storia Patria. Nasceva così un sodalizio che non avrebbe mai rinnegato le sue origini, che in anni difficili consentì la pubblicazione di giudizi sgraditi ai potenti, sulla guerra, sul sentimento tirannico della patria, sull'origine e l'identità del Balilla, che male sopportò la trasformazione in Regia Deputazione, imposta dalla legge De Vecchi, che per bocca di alcuni esponenti rifiutò il giuramento di appartenenza alla razza ariana per non avallare le inique leggi razziali del 1938, che, prima tra tutte, volle tornare, nel 1947, alla sua libertà associativa aprendosi, negli anni del secondo dopoguerra, all'accoglimento di persone di esperienze e provenienze diverse e realizzando così quel pluralismo che è fondamento della vita democratica del nostro paese.

Rifiutando l'asservimento a ideologie, utilitarismi, speculazioni di parte, essa si proponeva solo l'indagine delle memorie di Genova, del suo territorio e dei suoi antichi dominii, con particolare attenzione alle vecchie cronache, ai documenti inesplorati o negletti di archivi pubblici e privati, ricollegandosi così idealmente ai programmi precedenti, e ridestando in tal modo quelle particelle sperdute o ignote dell'umanità, perdute le quali, riprendendo una bella pagina di quel grande latinista che fu Concetto Marchesi, « sarebbe notte nel mondo, perché sarebbe spezzato il filo ideale che ci congiunge al passato »[3].

Passano dieci anni: nel 1869 si costituisce la Società di Letture e Conversazioni Scientifiche, ad opera dei più bei nomi della società genovese, molti dei quali presenti anche nell'albo della Storia Patria, che segna un nuovo e importante passo in avanti della cultura genovese, ben documentato da un'autorevole rivista che, pur cambiando spesso denominazione, giunge fino agli anni Venti del nostro secolo. Significativo della modernità e vivacità della nuova esperienza è già un articolo, apparso sul primo volume, dedicato all'emancipazione della donna[4].

Altri vent'anni: nel 1890, riedificazione di un antico edificio, nasce la Società Ligustica di Scienze naturali e geografiche, « al fine di riprendere – afferma lo statuto – le tradizioni che collegano l'Istituto Nazionale Ligure sorto nel 1897 all'Accademia Imperiale delle scienze, lettere ed arti cessata nel 1814 »[5],... « una società seria – come ebbe a dire il suo primo Presidente, Arturo Issel, che troviamo presente in tutte e tre le istituzioni ottocentesche, tuttora attive – modesta, che opera molto e parla poco,... tale che renda più intimi e frequenti i rapporti tra gli studiosi, susciti tra loro una gara feconda, porga incitamento ai giovani »[6]. Da essa, attraverso denominazioni successive, trae origine l'attuale Accademia Ligure di Scienze e Lettere.

3. Id., I centodieci anni della Società Ligure di Storia Patria, *ASLi*, n.s. 8, 1968, p. 27-46 e bibliografia ivi citata; Id., Una lunga storia in breve, *Società Ligure di Storia Patria*, Genova s.d. [2003], p. 5-14.
4. E. Campeggi, Sulla emancipazione civile, sociale e politica della donna, *Effemeridi della Società di Letture e Conversazioni Scientifiche* 1, 1870, p. 329-350. La rivista si trasformerà dal 1877 in *Giornale della Società di Letture e Conversazioni Scientifiche* e, infine, dal 1902, in *Rivista Ligure*.
5. Cfr. Accademia Ligure di Scienze e Lettere, *Centenario degli atti accademici (1890-1990)*, Genova 1992, p. 53.
6. *Ibid.*, p. 33.

È pur vero, come osservava uno dei suoi presidenti, Alfredo Obertello, che « il vocabolo medesimo, accademia (al quale sono accostabili quelli di Società Ligure di Storia Patria, di Società di Letture e Conversazioni Scientifiche) ha un sapore di coltre: adombra stanze severe, mezze luci, scaffali zeppi, scanni, dignitosi fiati, magari papaline (aggiungerei cornetti acustici o monocoli, da me visti personalmente durante il mio noviziato nella Storia Patria), fors'anche feluche; ed altresì il suo lessico s'appoggia all'ieri: "classi", "tornate", "adunanze di assemblea", "soci effettivi", "soci corrispondenti"... L'aria è di etichetta stagionata, bottiglie di gran pregio in serbo, nomi di spicco, nomi "fatti" perché non si arriva ad essere membri di un'accademia seria e notabile senza aver prima deposto il turgido e il labile »[7]. Al di là di un testo che di per sé dimostra l'assunto, vorrei però segnalare tre elementi che emergono da quanto esposto finora:

– rispetto e fedeltà alla tradizione, che rappresenta una preziosa eredità culturale e ideale della quale andiamo orgogliosi: badiamo perciò, più che alle forme, alla sostanza, ai contenuti del nostro essere;

– i rapporti col mondo universitario, intrattenuti peraltro da tutte le istituzioni culturali genovesi, che si sono venuti infittendo, soprattutto nel secondo dopoguerra, come garanzia di una cultura che affonda le proprie radici nella ricerca;

– lo spazio che la stessa Storia Patria e altre istituzioni, alcune vetuste come la settecentesca Biblioteca Franzoniana, altre maturate nel più recente dopoguerra, quali l'Istituto Storico della Resistenza (1947), e, da qualche anno, dell'età contemporanea, il Centro Ligure di storia sociale, che discende dal Centro per la storia del movimento operaio e contadino in Liguria, del 1955, e la Fondazione Mario Novaro (1983) hanno offerto e offrono, pur nella consueta e costante carenza di mezzi finanziari, alle ricerche di giovani studiosi, ai quali le strutture universitarie, nell'attuale congiuntura, possono offrire ben poco. E con questo non intendo affermare che contribuiamo a lenire la disoccupazione intellettuale, anche perché nessuna delle nostre istituzioni può permettersi di fruire di personale proprio, come sarebbe auspicabile; sovveniamo però con misere borse di studio, premi di laurea e contratti di ricerca temporanei.

E pur tuttavia molto viene realizzato. Abbiamo accennato alla ricerca, che si realizza o direttamente nelle nostre strutture, o al di fuori – per quanto riguarda quella scientifica, né potrebbe essere altrimenti, stante la necessità di appositi laboratori – con la possibilità comunque di far sentire la propria voce sia attraverso i concorsi, previsti dall'Accademia Ligure, per la promozione e lo sviluppo della creatività individuale dei giovani, sia attraverso le numerose pubblicazioni scientifiche realizzate: gli oltre cento volumi degli *Atti*, oltre ad altre iniziative editoriali, della stessa Accademia, che larga parte riserva alla ricerca scientifica vera e propria, i più recenti volumi dei *Quaderni Franzoniani*, quelli di *Storia e memoria* dell'Istituto della Resistenza, le più che 50 annate del *Movimento operaio e socialista*, dal 1990 *Ventesimo secolo*, del Centro Ligure di Storia Sociale, che si propone di sviluppare il dibattito, la ricerca e l'aggiornamento sui grandi temi di storia politica e sociale del Novecento; i fascicoli della *Riviera Ligure* della Fondazione Novaro che, attraverso il titolo, riannoda la trama del percorso culturale di un omonimo periodico ligure, fondato da Mario Novaro, che tanta parte ha avuto, tra Otto e Novecento, nella cultura ligure, troppo spesso trascurata o ignorata, alla cui rivalutazione, nei suoi molteplici aspetti, è finalizzata l'attività della Fondazione,

7. *Ibid.*, p. 47.

e le pubblicazioni della Società Ligure di Storia Patria (117 volumi di *Atti*, cui si aggiungono i cinque della serie Risorgimento, i nove della serie notarile, destinata ora ad una ripresa[8], i 19 della nuova collana Fonti per la storia della Liguria, fondata nel 1992).

Tutto ciò nel nome di Genova: a questo proposito, mi tornano alla mente le parole di Obertello: « talvolta penso che le centinaia e centinaia di spedizioni dei nostri Atti alle principali sedi del sapere dell'Italia e delle altre nazioni, in una con l'arrivo a noi di centinaia e centinaia di pubblicazioni similari ogni anno come dono di scambio molto hanno e molto sanno del traffico portuale: un viavai continuo di antenne sopra cui, andando e tornando c'è il nome di Genova »[9].

È la sostanza del nostro modo di essere: diffondendo il meglio di noi stessi, della nostra città, nel riserbo, discretamente, « operando molto e parlando poco » come insegnava Arturo Issel. Un silenzio che viene rotto solo in occasione di incontri di studio, conferenze, mostre, convegni, spesso a carattere nazionale ed internazionale, insostituibili momenti di riflessione e di approfondimento, sempre stimolatori di nuovi interessi e ricerche. Ricordo, molto rapidamente, i convegni o giornate di studio, talvolta accompagnati da opportune mostre, promossi dalla Biblioteca Franzoniana, con ampio ventaglio di interessi, che privilegiano comunque la storia religiosa (quelli sui Gesuiti, gli Agostiniani, i Filippini o i più recenti dedicati ai Musei ecclesiastici e al trasferimento a Genova delle ceneri di S. Giovanni Battista); alcuni dell'Istituto della Resistenza (« Memoria e storia di Ferruccio Parri »; « 8 settembre 1943 » « Le forze armate italiane e la Resistenza », « Memoria e storia della Resistenza », sul quale torneremo); i convegni, seminari e dibattiti, molti dei quali in collaborazione con altri enti, del Centro di storia sociale (« Sala Sivori e dintorni », « Formazione e diffusioni del sapere tecnico scientifico »), cui si affiancano mostre prestigiose, quali « La via delle Americhe. L'emigrazione ligure tra evento e racconto » o « Il lungo viaggio. Una generazione dal fascismo alla democrazia », per non tacere del volume « Tra solidarietà e impresa. Aspetti del movimento cooperativo in Liguria »; gli incontri, o fascicoli monografici, promossi o editi dalla Fondazione Novaro, tra i quali – impossibile citarli tutti – segnalo: « Gli archivi letterari in Liguria », « La Liguria del '900 », vista attraverso i vari aspetti della cultura, della visualità e dello spettacolo, o dedicati a figure quali Giuseppe Rensi o Adelchi Baratono, o l'ampia ricerca, denominata « Azienda Liguria », indirizzata alla comunicazione d'impresa tra il 1860 e il 1960; per finire con le mostre, tra le quali ricordo « La Riviera Ligure. Momenti di una rivista », « Le carte povere del socialismo », « Gli sport del mare » e, per quanto riguarda la Storia Patria, oltre alla giornata di studio dedicata agli archivi familiari, del 1981, i cinque convegni del decennio 1982-1992, tra i quali particolarmente importanti « Civiltà comunale: libro, scrittura, documento », dal quale ha preso le mosse una grande iniziativa nazionale rivolta ai cosidetti « libri iurium » dell'Italia comunale, e « Banchi pubblici, banchi privati e monti di pietà

8. Sono attualmente in corso di preparazione le edizioni dei cartolari di Guglielmo da Sori (sec. XII), a cura di G. ORESTE, A. ASSINI e di frammenti sparsi di altri notai dello stesso secolo, a cura di M. CALLERI, oltreché di notai particolamente significativi dei secoli XIII-XV, in particolare di quelli attivi nella curia arcivescovile, come Stefano *Conradi* di Lavagna (a cura di M. CALLERI), Nicolò di Santa Giulia di Chiavari (a cura di F. MAMBRINI), Simone *Francisci de Compagnono* (a cura di S. MACCHIAVELLO), cui potrebbero seguire quelli di Leonardo *de Garibaldo*, attivo nella prima metà del XIV secolo.

9. In Accademia Ligure di Scienze e Lettere, *Centenario degli atti*, citato *supra* n. 5, p. 58.

in età preindustriale », con intervento di una cinquantina di relatori provenienti dalle principali università italiane e straniere, i due, più recenti, « Genova, Venezia, il Levante nei secoli XII-XIV » (2000) e « Comuni e memoria storica. Alle origini del Comune di Genova » (2001); le quattro mostre promosse in diverse città liguri in occasione del convegno cartografico del 1986, per finire con quella del 1992 (« Colombo e l'apertura degli spazi »), allestita e curata su incarico del Comitato Nazionale Colombiano, come già era avvenuto nel 1914 per la Mostra coloniale Italiana: tutte esperienze, alcune innovative, di forte impatto nel mondo della ricerca e degli studiosi, tutte fortunatamente pubblicate.

Giustamente Geo Pistarino ricordava che Atti (cioè attività editoriale) e biblioteche dei nostri istituti rappresentano il punto di forza degli stessi, « attraverso i quali l'organo culturale regionale – o locale aggiungo – si salda, come nodo portante, alla grande rete degli studi mondiali »[10].

Tutta questa intensa attività editoriale ha alimentato e alimenta, attraverso i cambi, le biblioteche di questi enti, altamente specializzate, aperte al pubblico: un patrimonio librario complessivo di oltre 200.000 titoli, parte cospicua dei quali è costituita da periodici, con tutti i problemi che esso comporta, dallo spazio, alla gestione che deve forzatamente appoggiarsi al volontariato giovanile, essendo i pochi fondi a disposizione perlopiù destinati all'incremento delle ricerche e alle pubblicazioni, in difetto delle quali cesserebbe la stessa ragione di esistenza. Se n'è ben accorta la biblioteca intitolata all'abate Franzoni, che da un ruolo passivo di conservazione del patrimonio librario ereditato dal fondatore, sia pur accresciuto nel tempo, è passata ad un ruolo più incisivo, grazie anche all'Associazione Amici della Franzoniana (1987), attraverso la ricerca e la fondazione di un'apprezzata rivista, metà della quale riservata alla bibliografia annuale della Liguria. Così, nell'ambito della stessa biblioteca, sono ormai avviate ricerche sull'iconografia religiosa, sulla committenza artistica nei monasteri femminili, sulle vie dei pellegrinaggi, sulla presenza degli ordini religiosi, sulle visite apostoliche di alcune diocesi liguri, nonché, in collaborazione con l'École Française de Rome e la Società Ligure di Storia Patria, il censimento dei santuari liguri.

E qui si innestano le ricerche che fanno capo a quest'ultima, iniziate circa vent'anni fa, prevalentemente indirizzate su tre filoni distinti: 1) riordinamento e inventariazione di complessi archivistici e librari, pubblici e privati, di rilevanza storica: dell'archivio del Banco, o Casa di San Giorgio, finanziato dalla Provincia di Genova e dal Ministero per i Beni e le attività culturali, i cui risultati sono consegnati ad apposita collana dello stesso Ministero – Direzione Generale per gli Archivi, della quale sono già usciti 16 volumi sui 24 previsti; del complesso archivistico-librario privato Durazzo-Giustiniani, uno dei più importanti d'Italia, certamente il più vasto della Liguria, pressoché sconosciuto e inaccessibile fino agli anni Ottanta del nostro secolo, dove sono confluiti gli archivi delle famiglie Durazzo, Pallavicini e Sauli, con apporti archivistici delle più illustri famiglie genovesi. Accanto agli inventari già editi (Durazzo[11], Pallavicini[12], Sauli[13], si

10. *Ibid.*, p. 62.
11. *L'Archivio dei Durazzo, marchesi di Gabiano*, *ASLi*, n.s. 21/2, 1981.
12. *Gli Archivi Pallavicini di Genova*, a cura di M. BOLOGNA, *ibid.*, 34/1, 35/2, 1994-1995; anche in Pubblicazioni degli Archivi di Stato, Strumenti, 118, 128.
13. *L'Archivio della famiglia Sauli di Genova*, a cura di M. BOLOGNA, *ASLi*, n.s. 40/2 (2000); anche in Pubblicazioni degli Archivi di Stato, Strumenti, 149.

collocano quelli dei manoscritti[14] e delle edizioni quattrocentesche della biblioteca Durazzo[15]. Se oggi è possibile agli studiosi qualificati accedere alla consultazione di queste testimonianze della nostra tradizione è merito principale della Società Ligure di Storia Patria che se ne è fatta carico; ne va reso tuttavia merito anche alla prematuramente scomparsa marchesa Carlotta Cattaneo Adorno che ha voluto e incoraggiato tale impresa.

Il secondo campo di ricerca è mirato alla formazione di repertori, in particolare quello degli statuti[16] e delle fonti medievali edite della Liguria, mentre è allo studio una bibliografia storica regionale.

Il terzo, che vede impegnate le migliori energie, anche grazie all'apporto di dottorandi e dottori di ricerca in Diplomatica, è indirizzato alle fonti: l'edizione dei *libri iurium*[17] e dei trattati e dei negoziati politici della repubblica di Genova e delle carte monastiche[18] che costituiscono la più antica documentazione genovese conservata; nella stessa ottica si collocano tre iniziative pluriennali, in corso di esecuzione, due delle quali, in collaborazione col Ministero per i beni e le attività culturali – Direzione Generale per gli archivi e l'Archivio di Stato di Genova, intese sia al riordinamento e inventariazione dell'archivio del collegio notarile, accompagnato dal repertorio dei notai operanti sulla piazza genovese e nelle colonie sia a quelli del fondo notarile trecentesco[19]; la terza, sotto gli auspici della Curia arcivescovile di Genova, finalizzata alla realizzazione, per ora su supporto elettronico, in futuro forse in rete, di un « Codice diplomatico delle chiese genovesi », in gran parte condotto sui documenti inediti dei cartolari notarili.

14. D. PUNCUH, *I manoscritti della raccolta Durazzo*, Genova 1979.
15. A. PETRUCCIANI, *Gli incunaboli della Biblioteca Durazzo*, *ASLi*, n.s. 28/2, 1988.
16. *Repertorio degli statuti della Liguria*, a cura di R. SAVELLI, Genova 2003 (Fonti per la storia della Liguria 19).
17. *I Libri Iurium della Repubblica di Genova*, a cura di M. BIBOLINI, S. DELLACASA, E. MADIA, E. PALLAVICINO, D. PUNCUH, A. ROVERE, Genova-Roma 1992-2002 (Fonti per la storia della Liguria 1, 2, 4, 10-13, 15, 17; Pubblicazioni degli Archivi di Stato, Fonti 12, 13, 23, 27-29, 32, 35, 39); nella sola collana ligure (n. 14) il *Liber iurium ecclesiae, comunitatis, statutorum Recii*, a cura di S. MACCHIAVELLO, Genova 2000.
18. *Le carte del monastero di San Benigno di Capodifaro (secc. XII-XV)*, a cura di A. ROVERE, *ASLi*, n.s. 23/1, 1983; *Le carte del monastero di San Siro di Genova (952-1328)*, a cura di M. CALLERI, S. MACCHIAVELLO, M. TRAINO, Genova 1997-1998 (Fonti per la storia della Liguria 5-8). Il rifacimento del primo volume (952-1224), già edito (A. BASILI, L. POZZA, *Le carte del monastero di S. Siro di Genova dal 952 al 1224*, Genova 1974 [Collana storica di fonti e studi 18]), si è reso necessario, oltreché per criteri di uniformità della collana, per nuovi e puntuali ritrovamenti (350 documenti rispetto ai 286 dell'ediz. precedente), per un corretto esame della tradizione, in precedenza pressoché inesistente, una migliore considerazione degli aspetti diplomatistici, una totale riformulazione dei regesti; *Le carte del monastero di Sant'Andrea della Porta di Genova (1109-1370)*, a cura di C. SOAVE, Genova 2002 (Fonti per la storia della Liguria 18). Per i prossimi anni è prevista l'edizione delle carte del monastero di S. Stefano per i secoli X-XIII, a cura di M. CALLERI, D. CIARLO.
19. Si tratta, per quest'ultima, del necessario proseguimento di *Cartolari notarili genovesi (1-149). Inventario*, a cura di G. COSTAMAGNA, Roma 1956-1961 (Pubblicazioni degli Archivi di Stato 22, 41); *Cartolari notarili genovesi (150-299). Inventario*, a cura di M. BOLOGNA, Roma 1990 (Pubblicazioni degli Archivi di Stato, Strumenti 111); *Notai ignoti. Frammenti notarili medioevali. Inventario*, a cura di M. BOLOGNA, Roma 1988 (Pubblicazioni degli Archivi di Stato, Strumenti 104). Il repertorio dei notai genovesi medievali si propone anche di distinguere quelli effettivamente operanti da quelli che pur nominandosi tali (ora come attori ora come testimoni) non hanno lasciato alcuna traccia della loro attività certificatoria.

Ho già accennato ad alcune ricerche della Fondazione Novaro e dell'Istituto della Resistenza: a proposito di quest'ultimo, partendo proprio dal già citato convegno dedicato alla memoria, ricordo, almeno per quanto riguarda il periodo resistenziale, l'insostituibilità delle fonti orali, che, pur criticamente vagliate, costituiscono in molti casi le uniche voci di vicende non altrimenti documentabili: un compito che l'Istituto si è assunto, raccogliendo, nel suo già ricco archivio, circa 600 testimonianze orali; strettamente correlata appare l'altra indagine, che ha censito e catalogato cippi, lapidi e monumenti che ricordano la guerra partigiana nell'intero territorio regionale. E qui merita segnalare l'importanza degli archivi del Centro di storia sociale: quello iconografico in particolare, quelli della CGIL, del Centro iniziative Sociali, di Gaetano Perillo e di Gelasio Adamoli, mentre è in fase di acquisizione quello relativo alle « Vertenze » della Camera del Lavoro di Genova.

A questo punto mi accorgo che questo mio intervento è basato prevalentemente sulla storia, sia pur colta nei suoi molteplici aspetti. L'ho fatto di proposito, non solo per deformazione professionale, ma perché sono intimamente convinto, come cittadino prima che come docente, che non si può « tendere al futuro senza rivolgere lo sguardo al passato » come ebbe a dire il compianto Luigi Brian, Presidente dell'Accademia Ligure, che non era certo uno storico[20]; non si può andare serenamente al terzo millennio senza aver fatto i conti con il proprio passato, quello più recente in particolare, né pensare a come si deve essere senza aver ripensato a quello che si è o che si è stato, in una società come la nostra nella quale il rischio non dico della deformazione ma addirittura della distruzione della memoria storica, soprattutto tra le giovani generazioni, appare reale e incombente. Ben vengano allora i corsi didattici curati dall'Istituto Storico della Resistenza o quelli che altri Istituti, come il mio, potrebbero offrire agli insegnanti e alle scuole.

So bene che alcuni lettori manifestano in cuor loro sentimenti di insofferenza, di fastidio, di disappunto se non di indifferenza nei confronti di parole come Resistenza, Olocausto, fascismo e antifascismo; mentre, al contrario, sembrano più interessati a rivisitazioni, non sempre criticamente vagliate[21], di vicende regionali più lontane, forse perché ritenute più asettiche, meno coinvolgenti le coscienze. A torto, perché la storia è riflessione su un passato del quale siamo eredi, tanto più se ad esso abbiamo partecipato direttamemte o assistito come spettatori indifferenti. Mi tornano allora alla mente, pesanti come un macigno, le parole di Franz Werfel, riferibili agli anni della tragedia, da me ricordate, qualche anno fa, in occasione del convegno dedicato agli intellettuali nell'Europa odierna: « a noi uomini è capitato di non comprendere ciò che sta accadendo, anche se spieghiamo volentieri ciò che è accaduto »; pur se, a ben guardare, non posso che concordare con Raimondo Ricci, Presidente dell'Istituto della Resistenza, là dove scrive, a proposito dello sterminio degli ebrei: « non possiamo comprendere; non dobbiamo comprendere », se è vero, come è vero – ben lo dimostra un libro recente di Sergio Romano[22] – che attraverso la comprensione e la spiegazione filtra sempre una qualche aura di ambigua giustificazione.

20. In Accademia Ligure di Scienze e Lettere, *Centenario degli atti*, p. 69.
21. V. al proposito, almeno per la storia della Liguria, E. GRENDI, *Storia di una storia locale. L'esperienza ligure 1792-1992*, Venezia 1996.
22. S. ROMANO, *Lettera a un amico ebreo*, Milano 1997; ma v. anche la risposta di S. L. MINERBI, *Risposta a Sergio Romano. Ebrei, Shoah e Stato d'Israele*, Firenze 1998.

Con ciò intendo dire che il dovere della memoria – così avevo intitolato l'intervento a quel convegno[23] – riguarda tutti noi, soprattutto alla vigilia del terzo millennio. Memoria recente, ma anche lontana; memoria cittadina, regionale, nazionale, europea. Al qual proposito devo rammaricarmi, ancora una volta, che il progetto delle grande storia di Genova, nonostante alcuni tentativi, spesso velleitari, sia ancora incompiuto[24]. È la sfida che ci attende per i prossimi anni, e insieme un invito a farsi promotori di questo disegno. Genova è stata grande perché i Genovesi operavano e pensavano in grande; può tornare tale alle stesse condizioni. Così, se sapremo ripensare in grande alla nostra storia, Genova, già definita capitale del Mediterraneo[25], potrà essere degnamente capitale europea della cultura[26].

Certamente questo intervento meritava un maggior respiro, ma a una certa età, si sa, esso diventa più affannoso. Me ne scuso con tutti.

Dino Puncuh
Università degli Studi di Genova

23. Il testo dell'intervento pronunciato al Convegno « I Compiti degli intellettuali nell'Europa di oggi », Genova 24-26 maggio 1996, dal quale sono tratte queste considerazioni, comprese le citazioni di Werfel e di Ricci, è ora pubblicato in *ASLi*, n.s. 42/2, 2002, p. 471-475.

24. Dovremo accontentarci, per ora, di una *Storia di Genova. Mediterraneo, Europa, Atlantico*, a cura di D. Puncuh, con saggi dei maggiori esperti di storia genovese, dall'antichità all'età contemporanea (M. Quaini, G. Angeli Bertinelli, V. Polonio, G. Petti Balbi, A. Pacini, C. Bitossi, G. Assereto, D. Veneruso), Genova 2003.

25. G. Pistarino, *La capitale del Mediterraneo: Genova nel Medioevo*, Bordighera 1993 (Collana storica dell'Oltremare ligure 6).

26. Per tale evento gli *Atti della Società Ligure di Storia Patria* del 2004 saranno interamente dedicati alla *Storia della cultura ligure*, in corso di preparazione.

Lucques, Gênes et le trafic de la soie (v. 1250-v. 1340)

Pierre Racine

De l'or et des épices[1], tel est le titre que donnait à l'un de ses livres un historien contemporain, qui y voyait les produits à partir desquels s'est construite la fortune des hommes d'affaires du Moyen Âge, notamment italiens[2]. Il s'agit assurément de produits de luxe, recherchés par l'aristocratie européenne. Il convient de leur ajouter la soie qui, importée d'Asie, a permis la confection de vêtements de luxe venus enrichir la garde-robe des gens de Cour, des milieux aisés des grandes villes, sans compter les souverains et les princes eux-mêmes, après qu'ils eurent séduit durant des siècles les ecclésiastiques[3]. La soie n'était certes pas inconnue du monde occidental avant le XIIIe siècle, mais jusqu'au milieu de ce siècle les étoffes de soie provenaient essentiellement du monde byzantin ou musulman[4]. À partir de 1250 et surtout après le traité de Nymphée qui ouvrait aux Génois le trafic commercial sur les rives de la mer Noire[5], la soie arrive en Europe occidentale en abondance, à la différence de la période antérieure où étaient surtout importés des tissus. Or, le port de Gênes a pris une place de premier plan dans ce trafic, d'une part pour l'arrivée de la soie grège en provenance d'Asie, d'autre part pour l'exportation des tissus travaillés principalement dans la ville de Lucques par des artisans spécialisés[6].

Il est désormais bien connu que l'art du tissage de la soie était pratiqué en Italie, comme d'ailleurs la production de la soie grège, bien avant le XIIIe siècle. En Calabre, avec les Byzantins, en Sicile sous l'impulsion musulmane, avait été introduite et s'était diffusée la gelsoculture[7], mais la production de tissus de soie en provenance des régions méridionales de la péninsule couvrait surtout les besoins de ce que l'on peut appeler un marché fort restreint, même si certaines étoffes pouvaient parvenir sur les foires de Pavie à travers les marchands de Gaète, Amalfi et Salerne[8].

1. J. Favier, *De l'or et des épices. Naissance de l'homme d'affaires au Moyen Âge*, Paris 1987.
2. Y. Renouard, *Les hommes d'affaires italiens du Moyen Âge*, Paris 1968 (nouvelle édition).
3. La thèse de F. Edler de Roover, *The Silk Trade of Lucca during the Thirteenth and Fourteenth Centuries*, Chicago 1930, est encore de nos jours l'ouvrage le plus complet sur le travail de la soie et le commerce des articles de soie, non seulement pour Lucques, mais pour une grande partie de l'Occident.
4. Les Occidentaux faisaient venir par Venise déjà au Xe siècle des étoffes de soie byzantines et des tissus musulmans par l'Espagne et les ports de l'Italie méridionale, Amalfi notamment, comme le révèle le texte des *Honorancie civitatis Papie*, éd. C. Bruhl, C. Violante, Cologne-Graz 1983.
5. Texte du traité de Nymphée, latin, car l'original grec est perdu, dans C. Manfroni, Le relazioni fra Genova, l'Impero bizantino e i Turchi, *ASLi* 28, 1898, p. 791-809.
6. M. Balard, *La Romanie génoise (XIIe-début XVe siècle)*, 2 vol., Rome 1978, 2, p. 723-733.
7. A. Guillou, Production and Profits in the Byzantine Province of Italy (tenth to eleventh centuries), an Expanding Society, *DOP* 28, 1974, p. 89-109 ; L. C. Chiarelli, Al Idrisi's Description of Sicily, a Critical Survey, *Scripta mediterranea* 1, 1980, p. 29-43.
8. Cf. note 4.

Chemins d'outre-mer. Études d'histoire sur la Méditerranée médiévale offertes à Michel Balard.
Paris, Publications de la Sorbonne, 2004 (Byzantina Sorbonensia 20)

En réalité, le marché des tissus de soie ne pouvait intéresser que les milieux des cours carolingienne ou post-carolingiennes ou ceux des églises. Jusqu'au début du XIIIe siècle, la soie ne représentait qu'un marché de peu d'ampleur, sans que se révèle encore le désir en Occident d'une consommation de vêtements de luxe à base de tissus de soie.

C'est au cours du XIIIe siècle que se manifeste peu à peu en Occident le désir des milieux sociaux supérieurs d'acheter et de porter des habits de soie ou de recouvrir d'étoffes de soie leur décor quotidien. Il faut y voir, bien sûr, la marque de leur enrichissement et de celui qui gagnait alors l'ensemble de la société. La frappe du gros d'argent au début du XIIIe siècle[9], puis le retour à la monnaie d'or[10] traduisent d'une part l'essor d'un trafic commercial qui requiert de nouveaux signes monétaires, d'autre part un élargissement du volume monétaire en circulation, même si les stocks de métaux précieux ne répondaient pas toujours aux besoins des nouveaux États, obligés à la fin du siècle à pratiquer des mutations monétaires[11]. Les princes n'hésitent pas à s'endetter en s'adressant à des « Lombards » pour se procurer les étoffes de luxe qu'ils envient[12], et en achètent eux-mêmes[13]. Leur expansion au sein des milieux urbains provoque au cours du XIVe siècle l'apparition de lois somptuaires pour ralentir, à défaut de pouvoir l'interdire, l'essor d'un tel trafic.

La soie est le seul fil textile continu fourni par la nature. Les filaments ont une section de forme triangulaire, qui donne aux tissus des qualités spéciales de réflexion de la lumière, ce qui caractérise à proprement parler l'aspect « soyeux ». Elle présente d'excellentes propriétés mécaniques, donnant des articles textiles confortables, provenant de l'élevage du ver à soie. Il n'est pas surprenant que les qualités présentées par les étoffes de soie par rapport aux draps de laine ou aux futaines aient séduit les Occidentaux. Les ateliers byzantins, à Constantinople, à Thèbes, avaient depuis longtemps acquis une grande réputation pour la transformation de la soie grège[14]. En Occident, au Xe siècle vivaient de nombreux tisserands et teinturiers juifs à Amalfi, Gaète et Salerne[15]. C'est autour de l'an Mil que certains d'entre eux vinrent s'établir à Lucques, sans doute appelés par le marquis Boniface qui pensait ainsi apporter à la ville une activité qui par la qualité de sa main-d'œuvre lui ferait acquérir une grande renommée[16]. Lucques a donc

9. Le gros vénitien de six deniers remonte à la fin du XIIe siècle, avant d'être imité par d'autres villes « lombardes » (Plaisance en 1218) : cf. R. S. LOPEZ, Prima del ritorno all'oro nell'Occidente duecentesco, *Rivista storica italiana* 79, 1967, rééd. dans *Su e giù per Genova*, Gênes 1975, p. 305-312.

10. R. S. LOPEZ, Settecento anni fa : il ritorno all'oro nell'Occidente duecentesco, *Rivista storica italiana* 65, 1953, p. 19-55 et 161-198. ID., Back to Gold: 1252, *Economic History Review*, 2nd s., 9, 1956, p. 219-240.

11. R. H. BAUTIER, L'or et l'argent en Occident de la fin du XIIIe au début du XIVe siècle, *Comptes Rendus de l'Académie des Inscriptions et Belles Lettres*, 1951, p. 169-174 ; C. M. CIPOLLA, Currency Depreciation in Mediaeval Europe, *Economic History Review*, 2nd s., 15, 1963, p. 413-422 ; R. CAZELLES, Quelques réflexions à propos des mutations de la monnaie royale française, 1295-1360, *Le Moyen Âge*, 1966, p. 83-105 et 249-278.

12. Exemple d'un Lombard qui prête aux princes : P. RACINE, Homme d'affaires ou Lombard : le cas de Gandoulfe d'Arcelles, *Credito e società : Le fonti, le tecniche e gli uomini (secc. XIV-XVI)*, Asti 2000, p. 23-33.

13. Les comtes de Flandre, de Hainaut et d'Artois sont parmi les clients des Lucquois : F. EDLER DE ROOVER, Lucques, ville de la soie, *Cahiers Ciba* 4, 1952, p. 1323.

14. R. S. LOPEZ, Silk industry in the Byzantine Empire, *Speculum* 20, 1945, p. 1-42 ; D. JACOBY, Silk in Western Byzantium before the Fourth Crusade, *BZ* 85, 1991-1992, p. 452-500.

15. M. DEL TREPPO, A. LEONE, *Amalfi medievale*, Naples 1977 (Biblioteca di studi meridionali).

16. EDLER DE ROOVER, Lucques, cité *supra* n. 13, p. 1330.

très tôt présenté les conditions favorables à l'essor de l'industrie de la soie : habileté et savoir-faire de sa main-d'œuvre, organisation commerciale par des *societates* disposant de capitaux, important la matière première et se chargeant de la commercialisation des tissus.

Les opérations du travail de la soie sont bien connues : tirage, moulinage, décreusage, teinture, ourdissage et tissage. Entre chaque opération, le fil était enroulé sur des bobines grâce à un dévidoir. Toutes ces opérations se déroulaient à Lucques, au sein de petits ateliers pour le moulinage, nécessitant un outillage coûteux, si bien que les patrons étaient dépendants de marchands qui les rétribuaient à la tâche[17] ; le statut corporatif de 1255 mentionne 86 teinturiers travaillant vraisemblablement pour plusieurs marchands ou fabricants, mais à l'exception d'un article qui interdisait sous peine de graves sanctions d'employer un autre produit que le kermès pour teindre en écarlate, nous n'avons aucune autre indication[18]. Quant à l'ourdissage, aucun document ne permet de savoir où et comment il se déroulait. Les tisserands, eux, étaient fortement spécialisés en fonction de la production des velours, damas et autres tissus. Un apprentissage spécial était exigé. Les archives notariales lucquoises font connaître des métiers spéciaux pour tisser des étoffes comme le baudequin[19], le brocart[20], le cendal[21], le damas[22], le samit[23], le velours[24]. Pour les étoffes à dessins, il était nécessaire de recourir à deux chaînes, donc à des métiers à deux ensouples de chaîne. Le jeune apprenti, qui devait se tenir au-dessus du métier à semples, le « linicciarolo », occupait une position inconfortable. Si encore à la fin du XIIIe siècle il est courant que le tisserand soit propriétaire de son métier, il n'en va plus de même au XIVe siècle où il lui faut ou le payer à crédit ou le louer à un marchand-fabricant[25]. Les livres de comptes que devaient tenir les fabricants étaient réputés comporter l'inscription des matières premières ou semi-ouvrées remises aux artisans, comme les salaires et avances payés aux ouvriers[26]. Le statut communal de 1308 interdisait sous peine d'une amende de dix livres d'acheter de la soie, des colorants, des fils d'or ou d'argent à qui n'était pas considéré comme marchand ou courtier de bonne renommée[27]. Ce même statut interdisait à un ouvrier ou à quelqu'un qui n'était pas commerçant d'accepter ces marchandises en gage d'une avance de fonds. Les patrons d'atelier de leur côté ne devaient pas contraindre leurs ouvriers à se faire payer en pièces de tissu au lieu de numéraire.

Les diverses étoffes qui sortaient de ces ateliers avaient des usages bien définis. Jusqu'au grand développement de l'industrie de la soie au milieu du XIIIe siècle,

17. E. LAZZARESCHI, *L'arte della seta in Lucca*, Lucques 1930.
18. Le statut de 1255 a été publié avec d'autres par A. MANCINI, dans *Annali delle Università Toscane* 5, 1926.
19. Le baudequin est une étoffe de soie lourde utilisée notamment pour les dais.
20. Le brocart est un tissu de soie rehaussé de dessins brodés en fil d'or ou d'argent.
21. Le cendal est une étoffe de soie légère.
22. Le damas est une étoffe de soie tissée de telle façon que les dessins présentés à l'endroit en satin sur fond de taffetas apparaissent à l'envers en taffetas sur fond de satin.
23. Le samit est un demi-satin formé d'une chaîne de soie soutenue par une trame de fil.
24. Le velours est un tissu à deux chaînes : l'une produit le fond du tissu et l'autre le « velouté ». Le velours peut à l'occasion mêler soie et coton.
25. EDLER DE ROOVER, Lucques, p. 1331.
26. *Ibid.*
27. Voir les rubriques correspondantes du statut de 1308 dans la publication assurée par L. DEL PRETE et S. BONGI, au t. VIII de la collection *Memorie e documenti per servire all'istoria dello stato e città di Lucca*.

l'Église fut le premier client pour les draperies et parements d'autel, comme pour les vêtements sacerdotaux (chapes, chasubles, dalmatiques). Les inventaires des églises lucquoises en sont un bon témoignage[28]. Un inventaire du trésor pontifical de 1295 montre que le brocart, le samit et le cendal étaient employés pour les baldaquins et les tentures, le samit et le cendal, la « pourpre » et le « camoas » pour les parements d'autel, le samit et les soies plus légères pour les vêtements sacerdotaux[29]. Au cours du XIIIe siècle, une clientèle laïque, composée de nobles et de souverains, s'est dessinée, relayant parfois celle de l'Église, à la recherche de tissus variés, des étoffes légères aux draps d'or et d'argent. Les comptes des rois de France citent ainsi brocarts, velours et damas, satins, sarcenits, tabis (soie moirée) et taffetas en provenance de Lucques[30]. Les poètes et troubadours se sont eux-mêmes complu à décrire les somptueux vêtements de personnages qu'ils mettaient en scène[31]. Les dessinateurs lucquois se sont montrés très tôt capables d'adapter les dessins byzantins et musulmans, représentant des animaux ou des oiseaux plus ou moins stylisés et disposés le plus souvent dans des médaillons. Dès le XIIIe siècle, sous l'influence de l'héraldique, les médaillons en viennent à remplacer les animaux avec des bandes feuilletées et fleuronnées s'entrecroisant en formant losanges et carrés[32]. La diaspre, soie unie, brochée d'or ou d'argent, était surtout de couleur blanche, mais le rouge, le vert, le jaune, voire la bichromie, pouvaient s'y rencontrer, si l'on se réfère à certains inventaires de sacristie. Pour ce tissu qui ressemblait au damas, il était nécessaire de recourir à deux chaînes à base de fil fortement tordu, la trame étant alors à base d'un fil légèrement tordu, les figures étant tramées en un fil plus épais et plus brillant que le fond[33]. L'influence des styles chinois au XIVe siècle introduit plus de souplesse et une certaine symétrie pour donner l'impression de mouvement, malgré la répétition inévitable des mêmes motifs dans les tissus[34].

L'arrivée de tisserands siciliens au lendemain de l'écroulement de l'empire de Frédéric II était sans doute liée à la place qu'avait déjà prise Lucques dans l'industrie de la soie en Europe occidentale à cette époque[35]. Les tisserands siciliens gagnaient Lucques, sachant pouvoir s'intégrer dans le cycle de la production des tissus de soie, apportant avec eux leur savoir-faire. Une nouvelle vague de travailleurs siciliens de la soie arrive à Lucques après la victoire de Charles d'Anjou sur

28. LAZZARESCHI, *L'arte*, cité *supra* n. 17, en donne quelques exemples.
29. W. F. VOLBACH, *I tessuti del Museo Sacro Vatican*, Cité du Vatican 1942.
30. Voir les *Comptes du Trésor* publiés par R. FAWTIER, Paris 1930, et les *Comptes royaux* par R. FAWTIER avec la collaboration de F. MAILLARD, et les *Journaux du trésor de Charles IV le Bel* et de *Philippe IV le Bel* par J. VIARD, Paris 1917 et 1940 ; voir les index de ces publications, renvoyant aux différents tissus mentionnés.
31. Le plus souvent, l'évocation de la vie de leur temps et celle du temps passé sont mises en confrontation pour dénoncer la recherche du luxe, comme le fait Dante dans le passage célèbre de *La divine comédie* où il évoque son ancêtre Cacciaguida dans le *Paradis*, chant XV, v. 90-148. Lorsque les poètes citent des étoffes dont sont revêtus les personnages mis en scène, ils ont l'habitude de donner l'origine de Lucques pour toutes.
32. EDLER DE ROOVER, Lucques, p. 1334-1335.
33. L. CIUCCI, *L'arte della seta in Lucca*, Côme 1930, décrit dans ses 83 pages les divers tissus fabriqués à Lucques au Moyen Âge, cités ci-dessus, et en donne les modes de fabrication.
34. EDLER DE ROOVER, Lucques, p. 1335-1336.
35. Ce départ de tisserands du royaume de Sicile est sans doute dû aux difficultés qu'ils rencontraient pour la commercialisation de leurs produits et à la crainte que la succession de l'empereur ne suscite des troubles dans le pays. Il ne faut pas oublier que de nombreux Juifs travaillaient la soie dans le royaume de Sicile, soit comme teinturiers, soit comme tisserands.

Manfred en 1266[36]. Ces derniers arrivants ne font que consacrer la place éminente de Lucques dans le travail de la soie dans l'Occident chrétien. À la fin du XIIIe siècle, la suprématie de l'industrie lucquoise de la soie est assurée en Occident ; elle se trouve atteinte par les troubles qui marquent l'histoire de la ville à partir du début du XIVe siècle[37], entraînant le départ de maints artisans vers Venise[38], mais la réputation de la production lucquoise n'en continue pas moins de rayonner jusqu'à l'éclatement de la Peste Noire à travers l'Occident.

Qu'il s'agisse de l'importation de la soie grège ou de l'exportation des étoffes de soie que nous avons présentées comme spécialités de l'industrie lucquoise, le port de Gênes a été le maillon fondamental sur lequel pouvaient s'appuyer les marchands-fabricants lucquois[39]. Les relations entre Lucques et Gênes remontent au XIIe siècle. En conflit avec Pise qui contestait à Lucques la primauté en Toscane, à la recherche d'un port qui pût assurer aux commerçants lucquois un débouché pour leurs exportations et accueillir leurs importations, les cinq consuls lucquois avaient été amenés à conclure en 1153 un traité commercial avec le gouvernement communal génois[40]. Les marchands lucquois en route vers les places commerciales de Méditerranée occidentale et des foires d'Outre-Alpes pouvaient traverser le territoire génois avec leurs marchandises en franchise et sous la protection des autorités. Les tissus de laine qu'ils rapportaient des foires d'Outremonts étaient soumis à une taxe de cinq sous génois par balle. Une nouvelle étape est franchie en 1166 lorsque le gouvernement communal génois accorde aux marchands lucquois les mêmes avantages qu'à ses propres concitoyens pour trafiquer sur le port[41]. Dès lors, les Lucquois pouvaient se rendre en Orient sur des navires génois pour y faire directement leurs achats de soie, comme d'ailleurs d'autres marchandises, telles les épices. La position des Lucquois à la fin du XIIe siècle sur la place de Gênes rappelle que le port ligure a été largement ouvert aux étrangers, et les Lucquois figurent de ce point de vue aux côtés d'étrangers non moins actifs, les Astésans et les Placentins[42].

36. La conquête du royaume de Sicile par Charles d'Anjou en 1266, sous la protection de la papauté, fait craindre aux Juifs qui travaillent dans les ateliers de soie siciliens que le frère de Saint Louis réputé pour son intransigeance à l'égard des Juifs ne vienne à prendre des mesures similaires : cf. J. LE GOFF, *Saint Louis*, Paris 1996, p. 793-814.

37. L'histoire de Lucques est marquée au XIVe siècle par les violentes querelles entre la faction des Noirs, guelfe, et celle des Blancs, gibeline. Comme dans beaucoup de villes italiennes, la faction victorieuse bannit les vaincus ; c'est le cas des gibelins contraints de s'exiler à Pise au début du XIVe siècle. Le retour des gibelins en 1314 est marqué par la seigneurie de Castruccio Castracani, nommé duc de Lucques par Louis de Bavière en 1327. À la mort de Castruccio, la ville est en quelque sorte mise à l'encan entre Matteo Visconti, le roi Jean de Bohême, les frères Rossi de Parme, avant de passer sous l'autorité du seigneur de Vérone, Mastino della Scala, puis de Florence et enfin de Pise en 1342. Voir ces événements dans G. SERCAMBI, *Le Chroniche lucchesi*, éd. S. BONGI, 3 vol., Rome 1892 (Fonti per la Storia d'Italia). Le miniaturiste qui a illustré le manuscrit de l'Archivio di Stato de Lucques a figuré les défenses de la ville avec les emblèmes des divers occupants de la ville au cours de la première moitié du XIVe siècle, en marquant la différence de la faction dont ils se réclamaient par la direction donnée à leurs gonfanons.

38. T. BINI, *I Lucchesi a Venezia. Alcuni studi sopra i secoli XIII e XIV*, 2 vol., Lucques 1854-1856.

39. Cf. note 6.

40. *I libri iurium della repubblica di Genova*, I/1, éd. A. ROVERE, Gênes 1992, no 162, p. 236.

41. P. LISCIANDRELLI, *Trattati e negoziazioni politiche della repubblica di Genova. 950-1799. Regesti*, Gênes 1960, nos 61-62, p. 14.

42. R. DI TUCCI, Genova e gli stranieri (secc. XII-XVII), *Rivista italiana di diritto internazionale e privato processuale* 2, 1932, p. 3-20 ; G. PETTI BALBI, Presenze straniere a Genova nei secoli XII e XIV : letteratura, fonti, temi di ricerca, *Dentro la città. Stranieri e realtà urbane nell'Europa dei secoli XII-XVI*, éd. G. ROSSETTI, Naples 1989, p. 121-135.

Gênes devient au XIIIe siècle sous l'influence des Lucquois le grand centre de transbordement pour la soie grège. En raison du conflit permanent qui régnait entre Lucques et Pise, reflet des luttes intercommunales propres à l'Italie centro-septentrionale, divisée après la paix de Constance entre États-cités[43], le port de Pise était exclu de l'approvisionnement en soie grège pour l'industrie lucquoise, jusqu'à ce qu'en 1342 la ville soit passée sous le contrôle du gouvernement communal pisan[44]. Quant à Venise, l'éloignement explique combien la livraison de la soie grège par voie terrestre aurait été coûteuse. Les Lucquois ont même disposé au cours de la seconde moitié du XIIIe siècle d'un fondaco à Acre, qui leur a servi d'entrepôt pour l'alun, les épices et la soie, mais à cette date le port d'Acre ne joue plus qu'un rôle secondaire par rapport à l'essor de L'Aïas et Famagouste et des colonies génoises de mer Noire[45]. Ils étaient d'ailleurs tributaires de la marine génoise pour leur trafic avec Acre, où ne parvenait qu'une quantité réduite de soie « syrienne »[46].

Le trafic de la soie grège s'est en effet fortement accéléré dans la deuxième moitié du XIIIe siècle, à partir du moment où la route vers l'Extrême-Orient s'est ouverte aux marchands occidentaux, qui n'avaient plus à passer par des intermédiaires musulmans. Ce n'est d'ailleurs pas une seule, mais diverses routes qui permettaient de gagner la Chine et l'Inde. L'une partait de L'Aïas, dans le royaume arménien de Cilicie, pour traverser un territoire dominé par les Mongols, en direction du golfe Persique, puis de l'océan Indien[47]. L'itinéraire est long et requiert un délai de deux ans pour arriver en Chine. Il n'en a pas moins été emprunté par le missionnaire Odoric de Pordenone[48]. Une seconde route, plus courte, part de Trébizonde, gagne Tabriz, Merv, Samarcande, Kachgar et le Pamir, le désert de Gobi et Pékin[49]. Se retrouve là une partie du chemin suivi par Marco Polo, parti, lui, de L'Aïas, et gagnant le nord pour parvenir à Cambaluc[50]. Le troisième itinéraire a son point de départ sur les rives de la mer Noire, pour se diriger vers la mer Caspienne, le Turkestan et le désert de Gobi. C'est le chemin décrit par Pegolotti, qui l'estime très sûr pour qui veut se rendre en Chine, mais il faut tout de même compter presque un an pour le parcourir[51].

43. *La pace di Costanza. 1183. Un difficile equilibrio di poteri fra società italiane ed Impero. Milano-Piacenza, 27-30 aprile 1983*, Bologne 1984 ; P. RACINE, La paix de Constance dans l'histoire italienne : l'autonomie des Communes lombardes, *Studi sulla pace di Costanza*, Milan 1984, p. 223-248.

44. Cette date de 1342 est importante, car elle marque le véritable début du déclin de l'industrie lucquoise à la suite d'une importante émigration d'artisans vers Venise, Florence, Bologne et Gênes. Sur la période où Lucques est dominée par Pise, cf. C. MEEK, *The Commune of Lucca under Pisan Rule (1342-1369)*, Cambridge, Mass. 1980.

45. D. JACOBY, Les communes italiennes et les Ordres Militaires à Acre, *État et colonisation au Moyen Âge*, dir. M. BALARD, Lyon 1989, p. 193-214 (= *Trade, commodities and shipping in the Medieval Mediterranean*, Aldershot 1997, VI). En fait le fondaco lucquois était inséré dans le quartier génois.

46. Le terme de soie syrienne ne manque pas d'être ambigu. Elle pouvait consister en soie provenant des pays musulmans du Moyen-Orient, transitant par Acre. Elle pouvait être aussi de provenance chinoise à travers des intermédiaires musulmans.

47. Route mise en évidence par R. H. BAUTIER, Les relations économiques des Occidentaux avec les pays d'Orient au Moyen Âge. Points de vue et documents, *Sociétés et compagnies de commerce en Orient et dans l'océan Indien. Actes du 8e colloque international d'histoire maritime, Beyrouth, 1966*, Paris 1970, p. 263-331.

48. *Odoricus de rebus cognitis. Odorico da Pordenone nella prima edizione a stampa del 1513*, éd. L. MONACO, G. CESARE TESTA, Pordenone 1986.

49. S. KARPOV, *L'Impero di Trebizonda, Venezia, Genova e Roma, 1204-1461. Rapporti politici, diplomatici e commerciali*, Rome 1986, p. 34-35.

50. J. HEERS, *Marco Polo*, Paris 1984, p. 141-149.

51. F. B. PEGOLOTTI, *La Pratica della Mercatura*, éd. A. EVANS, Cambridge, Mass. 1936, p. 22-23.

Le dynamisme des Gênois, vanté par Boccace dans le *Décaméron*[52], les porte aussi bien en Chine qu'en Inde. Ils peuvent certes y rencontrer la concurrence vénitienne, mais ce sont eux qui sont principalement à la base du trafic de la soie grège, comme le révèlent les actes notariés génois. La Chine est assurément le pays de la soie et Marco Polo a pu observer la part prépondérante de la soie dans l'habillement chinois[53]. Florence Edler de Roover estime que la soie travaillée à Lucques provenait au XIIIe siècle des pays riverains de la mer Caspienne, apportée aux colonies génoises de mer Noire[54]. Si l'on se réfère aux actes du notaire génois Enrico Guglielmo Rosso, que nous avions analysés il y a une trentaine d'années pour l'année 1288[55], soit 70 actes, il apparaît que les Lucquois se sont particulièrement intéressés à la soie en provenance de ces régions, qui, semble-t-il, se présentait comme une matière de choix par rapport à la soie chinoise, considérée comme commune. Nous n'avions alors pu relever de mentions de poids, car dominait dans les documents notariés l'expression *tantam setam*, avec la provenance et le prix. Ce problème du prix a d'ailleurs opposé Robert-Henri Bautier[56] à Roberto Sabatino Lopez[57] et Michel Balard a cru bon d'observer que si le prix de la soie de Chine est meilleur marché que celui de la soie des environs de la Caspienne, il faut y voir le fait qu'il s'agit d'une marchandise importée en plus grande quantité[58]. Par ailleurs, il convient de tenir compte de la longueur du voyage, beaucoup plus importante pour la soie chinoise que pour celle des environs de la Caspienne. La soie chinoise était en outre transportée dans des conditions relativement difficiles, par chariots, traînés dans le désert par des chameaux, quand ce n'est pas à dos de chameau, ce qui fait qu'elle arrivait souvent en mauvais état sur le port de Gênes[59].

La prépondérance lucquoise dans ce trafic de la soie grège est évidente : 61 % des achats sont en 1288 l'œuvre de marchands lucquois, et l'on peut estimer que cette année est de ce point de vue une année moyenne pour le trafic de la soie à Gênes[60]. La soie qui arrivait par *torsello* (balle) ou *farda* de 100 livres était expédiée de Gênes vers Lucques. Faut-il voir dans le choix de la soie en provenance de la mer Caspienne par les Lucquois une préférence liée à la qualité du produit ? Florence Edler de Roover le pense, qui attribue à la soie des régions de la Caspienne finesse, robustesse et souplesse quant aux fibres, permettant la fabrication de tissus de meilleure qualité qu'avec la soie d'origine chinoise[61]. Mais la demande de produits de luxe devient telle que la soie chinoise permet aux tisserands lucquois de livrer des produits à des prix relativement compétitifs au XIVe siècle. Les autres acheteurs de soie sont en 1288 les Placentins (13,9 %), les Florentins (10,6 %) et la société des Amannati de Pistoia (6,8 %). Au cours de la première moitié du XIVe siècle

52. Voir par exemple les nouvelles 4 ou 9 de la deuxième journée.
53. Voir les chapitres qui y sont consacrés par Marco Polo lors de ses missions en Chine.
54. EDLER DE ROOVER, Lucques, p. 1320-1321.
55. P. RACINE, Le marché génois de la soie en 1288, *RÉSEE* 8, 1970, p. 403-417.
56. BAUTIER, Les relations économiques, cité *supra* n. 47, p. 289-290, à partir des comptes de la gabelle de Lucques au XIVe siècle.
57. R. S. LOPEZ, Nuove luci sugli Italiani in Estremo Oriente prima di Colombo, *Studi colombiani* 3, 1951, p. 337-398. Cet auteur a repris le problème dans Nouveaux documents sur les marchands italiens en Chine à l'époque mongole, *Comptes rendus de l'Académie des Inscriptions et Belles Lettres*, 1977, p. 445-458, en s'appuyant partiellement sur notre documentation de 1288 pour montrer que le profit réalisé par le marchand italien de retour de Chine avoisinait 100 %.
58. BALARD, *La Romanie*, cité *supra* n. 6, p. 727.
59. PEGOLOTTI, *La Pratica*, cité *supra* n. 51, p. 22.
60. RACINE, Le marché, cité *supra* n. 55, p. 409.
61. EDLER DE ROOVER, Lucques, p. 1321.

s'esquissent des transformations destinées à modifier durablement le trafic : les Placentins disparaissent pratiquement du trafic de la soie, suppléés de plus en plus par les Florentins. Or, à Florence, l'Arte della Seta en est encore à ses premiers pas dans la première moitié du XIVe siècle[62]. Les actes notariés génois ne permettent malheureusement pas de savoir à qui les Placentins pouvaient vendre la soie qu'ils achetaient. À la fin du XIIIe siècle, il n'y a pas d'artisans soyeux travaillant à Plaisance, du moins les documents de l'Archivio di Stato ne nous ont pas fourni d'exemples de tisserands et d'articles de soie. Il ne nous a donc pas été donné de connaître la direction prise par cette soie dont les hommes d'affaires placentins prenaient possession à Gênes, pas plus que celle des Amannati, même si nous soupçonnons qu'à Pistoia devaient travailler quelques artisans soyeux à la fin du XIIIe siècle.

Les Lucquois qui venaient acheter la soie à Gênes étaient membres de sociétés commerciales, dont l'organisation est bien connue, compagnies à base de capitaux familiaux, accueillant les dépôts d'associés[63]. C'est le régime traditionnel qui se retrouvait à Plaisance, à Florence, à Sienne et dans toutes les grandes villes commerciales italiennes dont les marchands viennent travailler sur le port de Gênes. Elles sont loin d'être solides et font partie de ces « colosses aux pieds d'argile » dont certains s'écroulent dès la fin du XIIIe siècle, tels les Riccardi[64]. Au XIVe siècle, le gouvernement communal lucquois, au lendemain des grandes faillites des années 1300, fait établir un *libro dei mercanti*, un registre où sont inscrits chaque année les noms des sociétés et de tous les marchands, avec leurs marques, la liste des associés, des facteurs et des commis, et même des garçons de course. Ces livres faisaient foi en cas de faillite ou de procès. Dans l'état actuel de la conservation des archives lucquoises, le premier qui nous soit parvenu date de 1371, alors que l'institution est bien antérieure[65]. Ces compagnies ne sont d'ailleurs pas uniquement spécialisées dans le trafic de la soie, et, à l'image des autres compagnies des villes italiennes, les Riccardi ou les Guinigi se livraient au trafic des épices, des draps et pratiquaient des opérations de change. Il n'y avait là rien d'original. Elles avaient des représentants et des facteurs sur les places étrangères, sur les foires de Champagne, à Paris, à Londres ou à Bruges[66]. Elles ont fait partie de l'*universitas mercatorum tuscanorum et lombardorum* qui passe des accords commerciaux et politiques avec le roi de France en 1275[67] et le comte de Bourgogne en 1295[68]. Les Lucquois étaient en relations étroites avec les pays d'Outre-Alpes.

62. L'Arte di Por Santa Maria ne devient vraiment important qu'au XVe siècle, même s'il faisait partie des Arti maggiori pour le choix des prieurs après 1280.
63. T. W. BLOMQUIST, Commercial association in Thirteenth Century Lucca, *Busines History Review* 45, 1971, p. 157-178. ID., The Dawn of Banking in an Italian Commune: Thirteenth Century Lucca, *The Dawn of Modern Banking*, Newhaven-Londres 1979, p. 53-75 ; ID., La famiglia e gli affari : le compagnie internazionali lucchesi al tempo di Castruccio Castracani, *Castruccio Castracani e il suo tempo. Convegno internazionale, Lucca 5-10 ottobre 1981*, *Actum Luce* 13-14, 1984-1985, p. 145-155.
64. R. W. KAEUPER, *Bankers to the Crown: the Riccardi of Lucca and Edward I*, Princeton 1978 ; E. RE, La compagnia dei Riccardi in Inghilterra e il suo fallimento alla fine del secolo XIII, *Archivio della Società romana di storia patria* 37, 1914, p. 87-138.
65. Ils ont été publiés par P. PELU, *I libri dei mercanti lucchesi degli anni 1371, 1372, 1381, 1407, 1488*, Lucques 1975. Aucun livre ne nous est parvenu avant cette date de 1371. Faut-il penser que la domination pisane entre 1342 et 1369 est à la base de leur disparition ?
66. Cf. note 63.
67. Texte de l'accord de 1275 entre l'*universitas* et le roi de France quant à l'installation des marchands italiens à Nîmes publié par A. GERMAIN, *Histoire du commerce de Montpellier antérieurement à l'ouverture du port de Cette*, Montpellier 1861, doc. no 1, p. 277-284.
68. Texte de l'accord de 1295 publié par L. GAUTIER, *Les Lombards dans les Deux-Bourgognes*, Paris 1907,

Or, les Génois, avec l'aide des Astésans et des Placentins, ont largement contribué au développement des relations étroites qui unissaient le port ligure et les villes des foires de Champagne, qui jusqu'au milieu du XIVe siècle sont demeurées le grand centre commercial et financier de l'Europe occidentale[69]. Même au temps où les foires deviennent à la fin du XIIIe siècle le grand *clearing house* de l'Europe occidentale[70], elles n'en demeurent pas moins un grand lieu d'échange des produits de luxe apportés par les marchands italiens (épices), dont les Lucquois, contre les draps flamands et les fourrures des marchands allemands. À Provins, Troyes ou Bar-sur-Aube, les marchands lucquois louent des maisons d'habitation, des dépôts et des écuries[71]. Le temps des représentants permanents et du marchand sédentaire n'est pas encore venu à la fin du XIIIe et au début du XIVe siècle. De Gênes, les marchands lucquois font ainsi circuler la soie vers leurs ateliers et les étoffes en direction des villes de foires. Le système de paiement des produits est par ailleurs bien connu, qui permettait de payer à crédit la soie achetée à Gênes, voire à L'Aïas, sur une ville des foires[72]. Faut-il penser qu'il y aurait eu une sorte de compensation par vente de soieries ou achat de produits sur les foires ? Les documents génois ne nous ont rien fourni de tel.

Les routes par lesquelles les Lucquois venaient aux foires de Champagne sont assez bien individualisées. Ils préféraient d'ailleurs faire voyager leurs étoffes par voie terrestre plutôt que par voie maritime. Il est caractéristique que nous n'ayons pas trouvé de transport de soieries par la route maritime créée par les Génois entre la Méditerranée et la mer du Nord [73]. Les archives londoniennes du Public Record Office nous ont bien révélé la présence à Londres et en Angleterre de représentants de la société des Riccardi, sans qu'il soit question de trafic d'étoffes de soie[74]. Lorsque Paris devient à la fin du XIIIe siècle une place commerciale et financière de premier ordre, les Lucquois ne dédaignent pas d'y déléguer des représentants de leurs compagnies[75]. Il est vrai qu'ils y trouvent des clients comme les comtes de Flandre ou d'Artois qui deviennent des acheteurs réguliers pour de somptueux brocarts d'or autant que pour des étoffes plus légères comme le cendal. Les Comptes

p. 122-135 (Bibliothèque de l'École Pratique des Hautes Études 156). Pour les deux traités, les Lucquois sont mentionnés comme faisant partie de l'*universitas mercatorum tuscanorum et lombardorum*, qui avait à sa tête un consul.

69. R. H. BAUTIER, Les foires de Champagne, *La Foire*, Bruxelles 1953, p. 97-148 (Recueils de la Société Jean Bodin 5) ; H. THOMAS, Die Champagnemessen, *Brücke zwischen den Völkern. Zur Geschichte der Frankfurter Messe*. 1, *Frankfurt im Messenetz Europas*, éd. H. POHL, Francfort 1991, p. 13-36 ; A. SCHÖNFELDER, *Handelsmessen und Kreditwirtschaft im Hochmittelalter*, Sarrebruck 1988 ; M. BUR, art. Champagnemessen, *Lexikon des Mittelalters*, 2, Munich-Zurich, col. 1685-1689. Sur les relations Gênes-foires de Champagne, malgré ses lacunes, cf. R. DOEHAERD, *Les relations entre Gênes, la Belgique et l'Outremont*, 3 vol., Bruxelles-Rome 1941.

70. H. PIRENNE, *Histoire économique de l'Europe occidentale*, Paris 1951, p. 151.

71. F. BOURQUELOT, *Études sur les foires de Champagne*, 2 vol., Paris 1865, 1, p. 166, et 2, p. 10 (Provins). E. CHAPIN, *Les villes des foires de Champagne des origines au début du XIVe siècle*, Paris 1937, p. 110, 112, 114, 123 et pièce justificative no 15 (Bibliothèque de l'École Pratique des Hautes Études 268).

72. R. S. Lopez en donne des exemples depuis L'Aïas dans la contribution citée à la note 57.

73. R. DOEHAERD, Les galères génoises dans la Manche et la mer du Nord à la fin du XIIIe et au début du XIVe siècle, *Bulletin de l'Institut historique belge de Rome* 19, 1938, p. 5-76.

74. Les Riccardi sont alors acquéreurs de laine et prêteurs près de la Couronne anglaise.

75. Si les Lucquois délèguent des représentants sur la place de Paris, ils ne figurent pas parmi les Lombards soumis au paiement des tailles dans les livres de 1292, 1296 et 1297. Il ne s'agit pas, semble-t-il, de représentants permanents.

de l'Argenterie et les Comptes de l'Hôtel des rois de France en portent témoignage[76]. À Bruges, comme à Londres, où les Lucquois apportent leurs soieries, par voie terrestre d'une part, et par un passage maritime aussi court que possible entre Bruges et Londres, ils font connaître leurs produits aux marchands de la Hanse, et leurs tissus gagnent dès la première moitié du XIVe siècle des villes comme Dantzig, Lübeck ou Stralsund où ils viennent parer les églises de ces villes[77].

Ce sont ainsi les marchands lucquois qui circulent eux-mêmes depuis l'Italie, avec Gênes comme centre de distribution de la matière première et des produits fabriqués. Jusqu'en 1340, ils sont restés fidèles aux foires et aux routes des foires pour se rendre à Provins, Troyes et Bar-sur-Aube. Sur les routes lorraines empruntées principalement par les Milanais à la recherche de la laine et des draps flamands grâce à l'ouverture des grands cols alpins, Saint-Gothard et Simplon, nous n'avons pas trouvé mention de marchands lucquois, même si les ducs de Bourgogne n'ont pas été insensibles au XIVe siècle à la beauté des soieries lucquoises[78]. Pour gagner les foires et Paris, les marchands lucquois disposaient de deux grands systèmes routiers : l'un par la *via francigena*, par le Mont-Cenis ou le Grand-Saint-Bernard, soit la grande route des pèlerins vers Rome, sur laquelle Lucques constituait d'ailleurs une étape importante[79] ; l'autre par Marseille et surtout Montpellier ou Aigues-Mortes, Nîmes, la route qui, par la vallée de la Loire puis les affluents de la Seine ouvrait sur les villes de foires et la capitale[80]. Dans les deux cas, la marchandise était remise à des voituriers pour être portée aux foires et éventuellement être vendue directement si possible aux cours royales ou princières, aux nobles ou aux prélats[81]. Les Lucquois se faisaient tenir au courant des possibilités du marché par des correspondants, et surtout entendaient connaître les grandes cérémonies royales, mariages pour la commercialisation de leurs produits colorés, et funérailles, mais les envois de soieries de couleur étaient alors réduits[82].

76. Cf. note 30.

77. P. DOLLINGER, *La Hanse, XIIe-XVIIe siècles*, Paris 1988², ne signale pas de soieries lucquoises dans les échanges entre les marchands de la Hanse et l'Italie, alors que les trésors d'église à Lübeck (église Sainte-Marie) ou Stralsund en révèlent, qui remontent à la première moitié du XIVe siècle.

78. Ce goût pour les étoffes lucquoises s'accentuera au temps des ducs Valois : cf. L. MIROT, *Études lucquoises*, Paris 1930.

79. R. STOPANI, *La via francigena. Una strada europea nell'Italia del Medioevo*, Bologne 1992 (Biblioteca di storia medievale 6).

80. R. S. LOPEZ, Le relazioni commerciali fra Genova e la Francia nel Mediterraneo, *Cooperazione intellettuale* 6, 1937, p. 75-81, privilégiait la voie rhodanienne depuis Marseille pour gagner les villes des foires de Champagne. R. H. BAUTIER, Recherches sur les routes de l'Europe méridionale. I, De Paris et des foires de Champagne à la Méditerranée par le Massif Central, *Bulletin philologique et historique du Comité des Travaux historiques*, Paris 1960, p. 99-143, donne à la route qui vient d'Aigues-Mortes par Nîmes et la vallée de la Loire une grande importance.

81. Voir par exemple les contrats relevés par R. H. BAUTIER, Les registres des foires de Champagne, *Bulletin philologique et historique du Comité des Travaux historiques*, 1942-1943, p. 157-185.

82. À la différence des marchands siennois, nous n'avons pas de lettres de marchands lucquois correspondant avec leur maison mère ou de leur maison mère à leurs représentants. Il conviendrait de ce point de vue que des recherches soient entreprises dans les archives lucquoises pour savoir s'il n'en subsiste pas. Il est par ailleurs bien connu que les gens du Moyen Âge étaient particulièrement sensibles aux couleurs pour leurs vêtements : cf. M. PASTOUREAU, *Figures et couleurs. Études sur la symbolique et la sensibilité médiévales*, Paris 1986.

1342, Lucques tombe entre les mains des Pisans. Ses tisserands quittent alors la ville pour beaucoup d'entre eux au profit de Venise, Florence, Bologne ou Gênes, toutes villes où se répand le travail de la soie[83]. Des villes comme Bologne ou Florence se tournent alors vers Venise pour leur approvisionnement en matière première[84]. Certes, Lucques garde son prestige et les tissus lucquois sont encore l'objet d'une demande importante tant des souverains, des princes et des nobles que des prélats. La haute qualité des produits lucquois ne plaide malheureusement pas toujours en leur faveur sur les grands marchés de la fin du Moyen Âge, car ils sont coûteux, et les grands ducs de Bourgogne par exemple préfèrent s'adresser aux Médicis plutôt qu'aux marchands lucquois[85]. Lucques demeure après 1350 une ville où sont produits des tissus de luxe, dont le niveau est d'ailleurs garanti par des prescriptions statutaires. Gênes, en raison de sa proximité, après l'intermède pisan, est resté le port qui a continué à fournir en soie grège les marchands-fabricants lucquois[86]. Lorsque les Florentins mettent la main sur Pise en 1406, malgré l'ensablement progressif du site, ils s'efforcent de faire du port le point d'arrivée de la soie travaillée en Toscane, en tentant de pousser les Lucquois à venir s'y établir, mais le conflit qui oppose Lucques à Florence jusqu'à la prise du pouvoir par Côme de Médicis ne leur permet pas de pouvoir utiliser le port toscan. La conjonction Gênes-Lucques n'en a pas moins témoigné du grand moment d'enrichissement de l'Occident au Moyen Âge, permettant le rayonnement de la ville comme capitale de la soie, jusqu'à ce qu'elle finisse par se heurter à la concurrence des autres grandes villes italiennes à partir de la seconde moitié du XIVe siècle, en liaison avec l'émigration du savoir-faire de ses artisans. Elle ne s'en affirme pas moins jusqu'au XVIIIe siècle une grande ville du travail de la soie avant d'être relayée par Milan et Lyon.

Pierre Racine
Professeur émérite à l'Université Marc Bloch - Strasbourg

83. Voir la synthèse de B. DINI, L'industria serica in Italia. Secc. XIII-XV, *La seta in Europa, secc. XIII-XIX*, éd. S. CAVACCIOCHI, Florence 1992 (Atti della Settimana di studi e altri convegni 24), p. 91-100.
84. *La seta in Italia dal Medioevo al Seicento. Dal baco al drappo*, éd. L. MOLÀ, R. C. MUELLER, C. ZANIER, Venise 2000. L'étude de G. CASARINO, Lucchesi e manifattura serica a Genova tra XV e XVI secolo, annoncée pour paraître dans la revue lucquoise *Actum Luce*, pour l'année 2002 ne nous est malheureusement pas parvenue.
85. M. SOMME, *Isabelle de Portugal, duchesse de Bourgogne. Une femme au pouvoir au XVe siècle*, Villeneuve d'Ascq 1998, p. 87 : les ducs de Bourgogne et leur cour préfèrent s'adresser aux marchands florentins qui sont établis sur la place de Bruges. R. VAUGHAN, *Valois Burgundy*, Londres 1975, p. 258-260 et 409, montre combien cette ville a joué un rôle important dans l'approvisionnement en produits de soie, tant pour les ducs de Bourgogne, que pour les rois d'Angleterre, notamment grâce à l'implantation de la succursale des Médicis. R. DE ROOVER, *The Rise and Decline of the Medici Bank*, Cambridge, Mass. 1963, p. 3-5, attribue la faillite de la banque Médicis aux prêts aventureux pratiqués par son représentant Tommaso Portinari, dont il détaille les prêts aux p. 318-360, en mentionnant à l'occasion les achats de soie de la cour bourguignonne. Cette opinion a fait l'objet d'une révision complète de la part de M. BOONE, Apologie d'un banquier médiéval : Tommaso Portinari et l'État bourguignon, *Le Moyen Âge* 105, 1999, p. 31-54. À la fin du XIVe siècle et au début du XVe, soit avant les Médicis, le Lucquois Dino Rapondi approvisionnait la cour bourguignonne en soieries de Lucques et n'hésitait pas à prêter de grosses sommes au duc lui-même : cf. R. DE ROOVER, La communauté des marchands lucquois à Bruges de 1377 à 1404, *Handelingen van het Genootschap voor geschiedenis* 86, 1949, p. 23-89.
86. Les Lucquois sont restés actifs à Gênes à la fin du XIVe et au début du XVe siècle : G. CASARINO, Rappresaglie o privilegi ? Dai debiti mercantili alla co-promozione industriale. I Lucchesi a Genova tra Tre e Quattrocento, *Comunità forestiere e « nationes » nell'Europa dei secoli XIII-XVI*, éd. G. PETTI BALBI, Naples 2001, p. 299-324 (Europa mediterranea. Quaderni 19).

Zayton, un évêché au bout du monde

Jean Richard

On doit au Père Boisset la découverte et le commentaire d'un texte appartenant à la littérature prophétique du XIVe siècle, texte figurant dans le *Liber ostensor* du franciscain Jean de Roquetaillade, qui l'écrivit en 1356[1]. L'auteur, traitant de l'avènement prochain de l'Antéchrist, qu'il situait vers 1360, raconte comment, au temps de son noviciat, durant l'été de 1322, vers midi, il eut dans son sommeil une vision où il se voyait, en compagnie d'autres jeunes frères, débarquer d'un navire et apprendre que l'Antéchrist était né en Orient, « dans la cité, qui s'appelle Zayton » ; et, s'étant rendu dans cette cité, il avait vu un enfant assis sur un lit, au milieu de trésors inestimables, lequel tenait des propos qui lui avaient paru incroyables. Et ceci s'achevait par la vision de sa propre décapitation, par les soins de ce même Antéchrist. Or, affirme Jean, il n'avait jusque-là jamais entendu le nom de Zayton ; et il n'apprit l'existence de cette ville, « la cité la plus fameuse de la terre d'Orient », qu'en 1325, quand il eut connaissance d'une lettre de l'évêque du lieu, Gérard *Alboyni*[2].

Zayton (l'ancienne Tsiuan-tchéou ou Ch'üan-ch'ou, devenue un temps Chin-chang-hsien, aujourd'hui Quanzhou au Fujian) était effectivement pour les Occidentaux de ce temps le point le plus oriental de la terre habitée, sur les rives de cet Océan qui était censé entourer le monde. Son nom était relativement connu, et il n'est pas impossible que Jean l'ait entendu mentionner sans y prêter attention. Les premiers Occidentaux qui ont touché la Chine au Moyen Âge ont en effet eu connaissance de ce port, situé à l'embouchure d'un fleuve côtier dans le Fou-kien (Fujian). Marco Polo, qui en donne une description admirative, s'y est embarqué pour son voyage de retour et il a sans doute été précédé par d'autres voyageurs occidentaux, parmi lesquels peut-être le premier missionnaire latin qui ait atteint la Chine, Jean de Montecorvino ; et bien d'autres l'ont suivi[3]. La ville était en effet depuis le IXe siècle au moins un port actif, au terminus de la ligne maritime partant de l'Inde du Sud et au point de départ de la route terrestre qui atteignait la Chine septentrionale et notamment, au XIIIe siècle, la capitale des Mongols,

1. Le *Liber ostensor* doit être publié en 2004 dans la collection de l'École française de Rome par les soins de M. Vauchez et de ses collaborateurs. Nous remercions M. Vauchez d'avoir bien voulu nous communiquer le texte du passage en question, et le P. Boisset de nous l'avoir signalé dès 1987. Ce dernier en a donné un fort utile commentaire dans sa communication au colloque de Chantilly de 1988 : L. Boisset, Visions d'Orient chez Jean de Roquetaillade, *Les textes prophétiques et les prophéties en Occident (XIIe-XVIe siècles)* (= *Mélanges de l'École française de Rome. Moyen Âge* 102/2, 1990, p. 391-401).

2. *Mihi ostensa fuit illa civitas tamquam in terra orientali famosior.*

3. Cf. F. B. Reichert, *Begegnungen mit China. Die Entdeckung Ostasiens im Mittelalter*, Sigmaringen 1992, lequel a relevé les très nombreuses mentions de voyageurs ayant atteint l'Extrême-Orient à l'époque mongole, notamment p. 80-81.

Chemins d'outre-mer. Études d'histoire sur la Méditerranée médiévale offertes à Michel Balard.
Paris, Publications de la Sorbonne, 2004 (Byzantina Sorbonensia 20)

Khan-baliq. C'est là que résidait, au temps de la dynastie Song, depuis 1087, le surintendant des navires de commerce[4]. Les navires venant de l'Inde y apportaient des cargaisons d'épices et des pierres précieuses, au témoignage de Marco Polo qui affirmait que, pour une charge de poivre arrivant à Alexandrie, il y en avait cent qui arrivaient à Zayton. Quant à Ibn Batutah, il décrivait ce port comme l'un des plus grands du monde. Les marchands étrangers y avaient leur quartier au sud de la ville et, depuis 1131, les marchands arabes, dont ceux qui venaient de Bahrein, disposaient d'une mosquée et étaient placés sous l'autorité d'un cheikh. Il n'est pas nécessaire d'insister sur l'importance du commerce qui transitait par Zayton ; nous nous bornerons à renvoyer aux nombreux travaux qui l'ont mise en lumière[5].

Ce qui nous retiendra ici est la place que devait tenir Zayton dans l'organisation ecclésiastique de la mission de Chine au temps des papes d'Avignon[6]. On sait que c'est en recevant des informations provenant de Jean de Montecorvino, lequel avait atteint Khanbaliq à la fin de 1293 au terme d'un long périple qui l'avait fait passer par l'Inde, que Clément V se décida à créer une hiérarchie ecclésiastique dans l'Empire mongol. Montecorvino avait d'abord centré son apostolat sur le pays des Öngüt, où il avait bâti une église dans la capitale de ce royaume, Olon-süme, et jeté les bases d'une chrétienté de rite latin dotée d'une liturgie de langue turque, avant d'être obligé de revenir à Khanbaliq, en 1298 ; mais il avait réalisé dans cette nouvelle résidence de nombreuses conversions (on comptait ses baptêmes par milliers) et il avait fondé un couvent peuplé de convertis. Le pape érigea le 23 juillet 1307 Khanbaliq en archevêché et désigna Montecorvino pour en être l'archevêque. En même temps, il envoyait à celui-ci six franciscains qui avaient reçu à la curie la consécration épiscopale pour être ses suffragants, en stipulant que ces évêques auraient le pouvoir d'élire le successeur de l'archevêque et de le consacrer sans en référer à Rome. Ces *episcopi in dominio Tartarorum* ne portaient le titre d'aucun siège épiscopal : le pape s'en remettait à Montecorvino pour leur assigner des évêchés[7].

Sur ces six évêques, l'un devait finalement rester en Occident, bien qu'il ait été en 1313 sur le point de partir pour la Chine : c'était Guillaume de Villeneuve, futur évêque de Savone ; deux moururent dans l'Inde ; trois seulement, Peregrino de Castello, Gérard *Alboyni* et André de Pérouse, parvinrent à Khanbaliq ; leur nombre suffisait pour procéder valablement à la consécration archiépiscopale de Montecorvino ; mais le pape désigna en 1310-1311 trois autres évêques pour remplacer les disparus : un seul d'entre eux, Pierre de Florence, rejoignit ses confrères[8].

4. L'un de ces surintendants, Chou Ju-kua, a écrit en 1235 un traité sur les pays étrangers (cf. l'article cité ci-dessous de K. Enoki).

5. Citons seulement : M. Balard, Les Génois en Asie centrale et en Extrême-Orient au XIVe siècle : un cas exceptionnel, *Économies et sociétés au Moyen Age (Mélanges Edouard Perroy)*, Paris 1973, p. 681-689 ; L. Petech, Les marchands italiens dans l'empire mongol, *Journal Asiatique* 250, 1962, p. 549-574 ; R. S. Lopez, Nouveaux documents sur les marchands italiens en Chine à l'époque mongole, *Comptes-rendus de l'Académie des Inscriptions*, 1977, p. 445-457 ; K. Enoki, The Nestorian christianism in China in medieval times, *L'Oriente cristiano nella storia della civiltà*, Rome 1964 (Accademia dei Lincei. Problemi attuali di scienza e di cultura, quad. 62), p. 45-83 et notamment p. 52-54.

6. J. Richard, *La papauté et les missions d'Orient au Moyen Âge (XIIIe-XVe s.)*, Rome 1998[2] (Collection de l'École française de Rome 33).

7. *Ibid.*, p. 145-151 ; cf. G. Fedalto, *La chiesa latina in Oriente*, 3 vol., Vérone 1973, 1, p. 413-415. Ces évêques étaient dits *absque titulo alicujus ecclesie*. Textes dans G. Golubovich, *Biblioteca bio-bibliografica della Terra Santa e dell'Oriente francescano*, 5 vol., Quaracchi 1906-1927, 3, p. 105-108.

8. Richard, *Papauté*, cité *supra* n. 6, p. 157-158.

L'organisation habituelle de l'Église médiévale, telle qu'elle s'était adaptée aux pays de mission de l'Europe septentrionale et orientale, comportait la division du territoire placé sous l'autorité d'un archevêque en diocèses assez bien délimités, chacun doté d'un évêque assisté d'un chapitre cathédral. Ici le domaine attribué à Montecorvino était immense, d'autant plus que les Occidentaux considéraient le grand-khan comme ayant autorité sur les différents *ulus* gouvernés en fait par des dynasties indépendantes ; les distances étaient considérables – il fallait des mois pour aller de Khanbaliq à la mer Noire. Aussi, lorsque Jérôme de Catalogne, l'un des évêques désignés en 1310, se fixa dans l'empire de la Horde d'Or et obtint de Jean XXII l'érection de Caffa en évêché, la chancellerie pontificale ne paraît pas avoir cru nécessaire d'en aviser l'archevêque de Khanbaliq, bien que Caffa fût *in dominio Tartarorum*. En fait l'autorité de ce dernier se limitait au seul empire des descendants de Qubilaï ; Jean XXII en prit acte plus tard quand il constitua la province ecclésiastique de Sultanieh.

L'organisation même de l'évêché en terre de mission, dans ces pays de l'Empire mongol où l'évangélisation était au XIVe siècle l'affaire des seuls ordres mendiants (et dans le khanat de Chine, malgré le vœu de Montecorvino, les Dominicains n'ont pas pris leur place à côté des Franciscains), ne comportait pas la présence d'un chapitre cathédral dont le rôle aurait été réduit à la célébration de l'office canonial : le couvent des Frères Mineurs en tenait lieu. Le rôle de l'évêque comme chef du diocèse consistait surtout à assurer les ordinations, à procéder aux bénédictions, à concéder des grâces ; or les bulles *Cum hora undecima* accordées aux religieux lors de leur départ en pays de mission conféraient à ceux-ci plusieurs des prérogatives qui, en pays de chrétienté, relevaient du chef du diocèse[9]. Du fait que la présence de trois évêques était nécessaire pour que la consécration de l'archevêque pût être canoniquement valable, on peut se demander si Clément V, en désignant six évêques pour se rendre en Chine, ne pensait pas avant tout à rendre possible cette consécration, la division du territoire entre plusieurs diocèses venant en seconde ligne, tant que l'évangélisation de la population indigène n'aurait pas pris une extension significative.

En tout cas, l'archevêque nouvellement consacré paraît avoir retenu auprès de lui la plupart des franciscains qui l'avaient rejoint en 1309 et en 1313, et, dans un premier temps, les trois évêques. Les besoins de la mission de Khanbaliq, qui connut un développement considérable lorsque Montecorvino rallia à Rome les Alains transplantés en Mongolie, lui interdisaient sans doute de disperser les moyens d'évangélisation dont il disposait[10]. Il ne fit exception que dans le cas de Zayton, où il envoya très tôt un de ses suffragants.

Nous sommes informés sur ce point par les lettres que les évêques de cette cité ont envoyées à divers correspondants. La première ne nous est pas parvenue ; elle ne nous est connue que par le témoignage de Jean de Roquetaillade, qui nous dit en avoir eu connaissance en 1325. Elle émanait de Gérard *Alboyni* (ou *Albuini*) qui était, nous dit-il, un saint prélat, originaire du diocèse de Rodez. La seconde lettre, émanant de son successeur, Peregrino de Castello, aurait été envoyée au vicaire général de l'ordre franciscain dans la *vicaria Orientis* ; elle pose un problème

9. A. MATANIC, Bulla missionaria « Cum hora undecima » ejusque juridicum « Directorium apparatus », *Archivum franciscanum historicum* 50, 1957, p. 364-378.
10. R. MÜLLER, Jean de Montecorvino (1247-1328), premier archevêque de Chine. Action et contexte missionnaire, *Neue Zeitschrift für Missionswissenschaft* 44, 1988, p. 81-109, 197-217, 263-264.

d'authenticité, du fait qu'elle a été considérée comme authentique par le Père Van den Wyngaert et la plupart des historiens, tandis que le Père Golubovich la regardait comme l'œuvre d'un faussaire du XVIe siècle, Alfonso Ceccarelli. Datée du 30 décembre 1318, elle aurait été composée en reprenant les éléments de la troisième lettre à laquelle, de fait, elle n'apporte guère de compléments[11]. Cette dernière a été écrite en janvier 1326 (ou plutôt 1327, en tenant compte du style utilisé par l'auteur) et adressée au gardien du couvent franciscain de Pérouse[12]. André rapporte comment, après son arrivée à Khanbaliq, il demeura pendant trois ans dans cette ville, en vivant d'une pension que lui faisait le grand-khan, pension suffisante pour qu'il pût entretenir huit personnes. Cependant un de ses confrères, Gérard, avait été investi du siège de Zayton, où il avait pu élever « une belle et grande église ». À la mort de Gérard, Montecorvino aurait voulu confier Zayton à André ; mais, sur le refus de celui-ci, c'est Peregrino qui succéda au Rouergat, sans doute en 1317. Néanmoins André gagna lui aussi Zayton, escorté par huit cavaliers que l'empereur avait chargés de l'accompagner. C'est encore la pension impériale (dont le montant avait été évalué par des marchands génois à cent florins d'or par an) qui assurait son existence, et qui lui permit de s'installer dans un bois situé à un quart de lieue de la cité et d'y bâtir une église et un bâtiment susceptible d'accueillir jusqu'à vingt religieux. Mais en 1322, Peregrino mourut et l'archevêque lui donna André pour successeur ; ce dernier partagea dès lors son temps entre l'église cathédrale et son ermitage.

On possède la pierre tombale qui porte le nom d'André de Pérouse : remployée dans les murailles de la ville, elle a été retrouvée, malheureusement assez mutilée, lors de la destruction de celles-ci ; la date de son décès paraît être 1332[13]. C'est André qui reçut, en 1326, la visite d'Odoric de Pordenone qui déposa à Zayton les reliques des martyrs de Thâna[14]. Il paraît avoir eu pour successeur le dernier survivant des évêques consacrés par Clément V, Pierre de Florence[15]. On connaît encore un évêque de Zayton, Jacques de Florence, franciscain lui aussi, qui fut mis à mort par des musulmans alors qu'il traversait l'Asie centrale, en 1362[16]. Fut-il le dernier évêque de la cité ? Il est malheureusement impossible de tirer parti de la découverte, faite en 1892 par le Père Vila, d'une pierre tombale retrouvée près de Lin-tsin qui aurait été celle d'un évêque franciscain, mort en 1387[17]. La localisation même d'un siège épiscopal à Zayton, le seul dont l'existence soit connue avec certitude dans la province ecclésiastique de Khanbaliq, est évidemment la conséquence de la présence dans cette ville d'une communauté de chrétiens se réclamant de l'obédience de l'Église de Rome. Il existait aussi dans le Fou-kien

11. GOLUBOVICH, *Bibl.* (cité *supra* n. 7), 3, p. 194-197 ; A. VAN DEN WYNGAERT, *Sinica franciscana*, 1, *Itinera et relationes FF. MM. saec. XIII et XIV*, Quaracchi 1929, p. 867.

12. GOLUBOVICH, *Bibl.*, 3, p. 304-308 ; VAN DEN WYNGAERT, *Sinica franciscana*, 1 (cité note précédente), p. 192-193.

13 J. FORSTER, Crosses from the walls of Zaitun, *Journal of Royal Asiatic Society*, 1954, p. 1-25 (on lit seulement *Hic sepultus... Andreas Perus... ordinis... apostolus* – ou plutôt *episcopus* ? – *M...XII...).* K. Enoki (The Nestorian christianism, cité *supra* n. 5) a lu 1332.

14. Ces martyrs étaient les quatre franciscains partis pour la Chine avec le dominicain Jourdain de Séverac et qui furent mis à mort dans l'Inde par les musulmans en 1321. On notera qu'André de Pérouse fait état de leur mort dans sa lettre.

15. Au témoignage du *Livre de l'estat du grant caan*, de l'archevêque de Sultanieh Jean de Cori.

16. GOLUBOVICH, *Bibl.*, 5, p. 92.

17. ID., *Ibid.*, 3, p. 390 ; cf. RICHARD, *Papauté*, p. 155, n. 116.

des chrétiens orientaux, de rite chaldéen, que les Occidentaux appelaient alors nestoriens ; leur présence remontait peut-être à la première implantation du christianisme en Chine, au temps des Tang ; elle avait pu bénéficier de la fréquentation de Zayton par des marchands venus de l'Inde ; ces chrétiens avaient leur évêque : un Mar Shleman portait en 1313 le titre d'administrateur pour les chrétiens et les manichéens[18]. Quant aux chrétiens relevant de Rome, ils ne comprenaient pas seulement les marchands italiens de passage (on a vu qu'André de Pérouse avait pu s'informer auprès de Génois de la valeur de la pension qui lui était faite), mais des membres d'autres communautés ; c'est une riche Arménienne qui avait fourni à l'évêque Gérard les moyens de construire son église et son couvent. Parmi les Occidentaux, certains s'étaient fixés là avec leur famille pour un temps plus ou moins long, à l'exemple des Viglioni de Yang-tchéou. Il y avait donc une communauté de rite latin à desservir, et ceci appelait la présence d'une résidence franciscaine et d'un évêché. Mais la mission auprès des chrétiens orientaux (sur laquelle la lettre d'André de Pérouse ne nous donne pas d'indications, à la différence de celles de Montecorvino), des « idolâtres », des juifs et des musulmans entrait aussi dans les perspectives de cet établissement : André signale que, grâce à la liberté de culte et de prédication que garantissaient les autorités mongoles, il avait pu baptiser de nombreux païens, qui ne se comportaient d'ailleurs pas tous en bons chrétiens, tandis qu'il n'avait pu gagner à la foi ni juifs, ni sarrasins.

Les ressources de l'évêché, en dehors de la pension impériale que mentionne André, reposaient donc sur les aumônes de ces chrétiens, soit occidentaux – qu'ils fussent marchands, aventuriers ou peut-être simples mercenaires au service mongol[19] –, soit ralliés à l'Église romaine, comme l'Arménienne déjà citée. Mais elles permettaient aux Franciscains de bâtir : Jean de Marignolli, légat pontifical qui s'embarqua à Zayton pour l'Inde le 26 décembre 1345, fait état de l'existence de trois églises *pulcherrimas*, *optimas et ditissimas*, sans doute la cathédrale, l'église du couvent et celle de l'ermitage bâti par André de Pérouse (c'est dans celle du couvent que furent déposées les reliques rapportées par Odoric) ; elles étaient pourvues de cloches : Marignolli en fit fondre deux qui furent bénies par lui et baptisées l'une Jeanne et l'autre Antonine[20]. À cela s'ajoutait la possession d'un bain et d'un *fondacco* où les marchands déposaient leurs marchandises : ce sont donc les Franciscains qui mettaient à la disposition de ceux-ci les installations qui

18. Sur la présence des *yeh-li kowen* (chrétiens indigènes), cf. ENOKI, The Nestorian christianism, p. 55 s. Sur la fréquentation de l'océan Indien par les marchands venus de Mésopotamie et d'Arménie, cf. B. E. COLLESS, The traders of the pearl. The mercantile and misionary activities of Persian and Armenian Christians in Southern Asia, *Abr Nahrain* 9, 1969-1970, p. 17-30 ; 10, 1970-1971, p. 102-121 ; 11, 1971-1972, p. 1-21 ; 12, 1972-1973, p. 114-135. Les Polo avaient signalé à l'administration mongole la présence de ces chrétiens dans le Fou-kien : *Marco Polo. The Description of the world*, éd. A. C. MOULE, P. PELLIOT, Londres 1938, p. 53-54.

19. On a beaucoup mis l'accent sur le caractère de marchands qui était celui des frères Polo ; mais leur long séjour dans l'empire de Qubilaï les fait surtout apparaître comme de ces Occidentaux qui se sont mis au service des Mongols et qui furent particulièrement nombreux dans l'empire mongol de Perse. Philippe de Mézières a encore connu un Bargadin de Metz qui avait servi le khan de Cathay. L'aide des marchands était précieuse : il suffit de citer celle que Pietro de Lucalongo apporta à Montecorvino et dont celui-ci se louait, en même temps qu'il déplorait l'activité d'un chirurgien lombard qui décriait la mission.

20. GOLUBOVICH, *Bibl.*, 4, p. 279-280 ; VAN DEN WYNGAERT, *Sinica franciscana*, 1, p. 536. Odoric parle des deux *loca* que les frères avaient à Zayton et André de Pérouse précise que dans son ermitage quatre chambres étaient susceptibles de recevoir des prélats.

leur étaient nécessaires[21]. On est donc en présence d'une mission prospère ; mais nous ignorons quels étaient les effectifs des missionnaires placés sous l'autorité de l'évêque : la mission de Chine réclamait sans cesse des renforts et nous connaissons des départs de religieux, mais sans savoir où ils étaient affectés à leur arrivée.

Si l'évêché nous est connu, grâce notamment aux relations des envoyés pontificaux que furent Odoric et Marignolli, nous restons dans l'incertitude en ce qui concerne le diocèse. Il est peu vraisemblable que l'autorité de l'évêque se soit limitée à la seule cité de Zayton ; mais Montecorvino avait-il, en confiant la charge épiscopale à Gérard *Alboyni*, procédé à une division de son immense archidiocèse ? Il serait tentant, compte tenu de la distinction traditionnelle entre le Cathay (la Chine du Nord) et le Manzi (la Chine du Sud, que les Occidentaux regardaient comme faisant partie des Indes), d'attribuer à Khanbaliq le ressort de la première et à Zayton celui de la seconde ; mais aucun document ne vient à l'appui d'une telle hypothèse. L'existence d'autres résidences franciscaines dans l'empire mongol de Chine nous est connue : les textes de l'ordre mentionnent tantôt trois, tantôt quatre *loca*, voire davantage, mais nous ignorons, par exemple, si Almaligh, qui eut un moment sa résidence et son évêché, était regardé comme relevant de Khanbaliq alors qu'une dynastie gengiskhanide particulière y régnait. C'est la découverte de pierres tombales qui a permis de supposer qu'à Lin-tsin (le Lancerny de Marco Polo, au Chan-toung), où Odoric n'a pas mentionné la présence d'une résidence, il y aurait eu des franciscains[22] ; mais la situation de cette ville paraît trop septentrionale pour qu'il soit possible de la regarder comme soumise à l'évêque de Zayton. Par contre la question peut se poser à propos de Yang-tchéou (*Jamcai*, l'actuelle Yangzhou au Kiangsu), où Odoric a rencontré un *locus fratrum minorum* (le *locus* étant une résidence moins importante qu'un couvent) et où les fouilles ont mis au jour les pierres tombales des deux enfants de Domenico de Viglioni, Catherine, morte en 1342, et Antoine, mort en 1344 ; leur père, qui est donné comme défunt dans l'épitaphe de sa fille, était un marchand génois notable dont Roberto Lopez a retrouvé la mention. Le grand intérêt de ces deux stèles est une iconographie qui associe des thèmes occidentaux (un martyre de sainte Catherine, une Vierge à l'Enfant, un Christ du Jugement Dernier) à une exécution de type purement chinois[23]. Ce sont sans doute les franciscains du lieu qui ont présidé aux obsèques des deux enfants (et peut-être à celles de leur père) et commandé les stèles, tandis que des artisans chinois ont gravé les pierres. Ces franciscains étaient-ils dans l'obédience de l'évêque de Zayton ?

Cette dernière ville ne nous a pas livré de témoignages de ce genre, mais nous pouvons nous représenter la vie de ce petit évêché placé à l'extrêmité des « routes de la soie » dans une ville cosmopolite fréquentée par les marchands d'Occident comme par ceux de l'Orient, desservie par une communauté franciscaine, et où des enfants, nés en terre lointaine, peut-être d'unions mixtes, comme d'autres chrétiens, pouvaient être recommandés lors de leur décès aux prières de leurs frères en chrétienté.

21. R. Lopez supposait (Nouveaux documents, cité *supra* n. 5, p. 453) qu'il pouvait y avoir dans la ville « d'autres hospices catholiques ». Nous n'avons pas d'indications sur ce point. Sur l'emplacement du couvent franciscain : ENOKI, The Nestorian christianism, p. 63.
22. Sur ces pierres tombales, cf. n. 17. Marcellino della Civezza, qui en avait signalé la découverte, indiquait que l'une d'elles portait le nom d'un frère Bernard, qui aurait été compagnon d'Odoric.
23. F. A. ROULEAU, The Yang-chow Latin tombstone as a landmark of medieval christianity in China, *Havard Journal of Asiatic studies* 17, 1954, p. 345 s. ; LOPEZ, Nouveaux documents, p. 455-457 ; ENOKI, The Nestorian christianism, p. 65 et pl. V.

Dès 1360, Zayton tombait aux mains des rebelles qui allaient fonder la dynastie des Ming. Ceci marquait-il la fin d'un évêché qui avait largement profité de la bienveillance des Yüan, et les religieux latins auraient-ils été expulsés ? On sait que la vision d'une Chine refoulant les éléments allogènes et se fermant aux étrangers sous la nouvelle dynastie demande à être atténuée : Zayton a continué à être fréquenté par des navires venant de l'Inde[24], et c'est au XVe siècle que les expéditions maritimes des Chinois, loin d'être interdites, ont atteint les côtes orientales de l'Afrique. La Papauté a encore nommé des archevêques pour le siège de Khanbaliq, dont les chrétiens du Cathay réclamaient la provision ; mais ces nominations n'ont sans doute pas été suivies d'effet ; on ne connaît plus non plus au XVe siècle de départs de franciscains pour la Chine. Reste la possibilité d'initiatives individuelles comme celle de ce Mathieu Escandel de Bude que cite Mendez Pinto, témoin malheureusement peu sûr[25]. Mais la disparition de l'évêché et du couvent franciscain de Zayton, qui répond au ralentissement des relations de l'Europe avec l'Extrême-Orient, a dû intervenir dans les dernières années du XIVe siècle. Le plan grandiose de Clément V dans lequel se situait la création de cet évêché avait certes connu un début de réalisation prometteur ; mais il n'avait pu prendre tout son effet dans le contexte de ce siècle qui s'achevait sur l'effondrement de l'empire mongol de Chine, sur les campagnes de Tamerlan et la disparition des liaisons qui avaient été nouées entre l'Europe et l'Extrême-Orient.

Jean Richard
Membre de l'Institut

24. La série chronologique des pierres tombales à inscriptions musulmanes provenant de Zayton, comme le note K. Enoki, ne s'interrompt pas avant 1387.
25. RICHARD, *Papauté*, p. 286.

Further Thoughts on the Layout of the Hospital in Acre[1]

Jonathan RILEY-SMITH

The original house of the Hospitallers in Acre had been situated close to the cathedral of the Holy Cross, east of the present line of the Ottoman walls. It was demolished when the cathedral's north portal was constructed and before 1149 the brothers must have moved to the site which was thenceforward to be associated with them, further to the west and just south of the walls of the old town.[2] Their commandery, the church of which was already a magnet for the townspeople by 1175, incorporated a hospital to serve the pilgrim traffic passing through the city and was unusual in that its officers included a treasurer as well as a hospitaller. Its buildings were said to be magnificent.[3]

It was, however, to become the order's international headquarters and as such needed enlargement. The sensational results of recent excavations have revealed that an extravagant building campaign was begun around 1200, creating a large courtyard to the north (Y),[4] with impressive structures on the eastern and western sides and a line of huge halls along the northern, close to the original city wall. Two charters, issued by Guy of Lusignan and Henry of Champagne in 1192 and 1193 respectively, paved the way for this extension. The convent's northern boundary wall was to run between the Gates of St Mary (or Our Lady) in the north-east and St John (or the Hospital) in the north-west. The Gate of St Mary (M) was situated next to the surviving Burj al-Khazna, which can be identified as the 'turris hospitalis' referred to in 1192.[5] Elements of the Gate of St John may survive in the one which now leads out through the remnants of the town wall behind the Hospitaller courtyard (J), and a large subterranean drain, associated with a latrine tower (L), may mark the passage of a street that ran from that gate

1. This paper was originally read to a symposium entitled *Historic Acre as a Living City*, organized in July 2003 by the Old Acre Development Company.
2. J. S. C. RILEY-SMITH, Guy of Lusignan, the Hospitallers and the Gates of Acre, *Dei gesta per Francos. Études sur les croisades dédiées à Jean Richard*, ed. M. BALARD, B. Z. KEDAR, J. S. C. RILEY-SMITH, Aldershot 2001, p. 111.
3. THEODERIC, *Peregrinatio*, ed. R. B. C. HUYGENS, *Peregrinationes Tres*, Turnholt 1994 (Corpus Christianorum. Continuatio mediaevalis 139), p. 186; *Cartulaire général de l'ordre des Hospitaliers de St Jean de Jérusalem*, ed. J. DELAVILLE LE ROULX, 4 t., Paris 1894-1906 (Hereafter *Cart Hosp*), 1, p. 323-324, 445, nos. 471, 663; *Regesta regni Hierosolymitani 1097-1291*, comp. R. RÖHRICHT, Innsbruck 1893; Additamentum, Innsbruck 1904 (henceforward *RRH*), nos. 532, 640.
4. The letters in parenthesis refer to fig. 1.
5. *Cart Hosp* 1, p. 582, 617, nos. 917, 972; *RRH* nos. 698, 717. See RILEY-SMITH, Guy of Lusignan (as in n. 2), p. 113. The 'fauce posterne', later known as the Porte de Mau Pas, which led into a Hospitaller garden and through which Richard Filangieri entered the Hospital in 1242, was in the city wall round the suburb of Montmusard. PHILIP OF NOVARA, *Guerra di Federico II in Oriente (1223-1242)*, ed. S. MELANI, Naples 1994, p. 222.

Chemins d'outre-mer. Études d'histoire sur la Méditerranée médiévale offertes à Michel Balard.
Paris, Publications de la Sorbonne, 2004 (Byzantina Sorbonensia 20)

Fig. 1 - Plan of Hospitaller Compound in Acre, based on recent excavations by The Israel Antiquities Authority

B - Unexcavated area to the west of the courtyard;
C - Church of St John;
G - Gateway;
H - Hall south of the courtyard;
J - Possible site of the Gate of St John or of the Hospital;
L - Latrine Tower;
M - Gate of St Mary or of Our Lady;
R - Street running through the compound;
S - Staircase;
U - Undercroft south of the church;
X - Undercroft east of the courtyard;
Y - Courtyard.

through the town.[6] If this is the case, the grants made in the 1190s comprised a smaller area than that covered by the agglomeration of buildings a decade or so later, since it had come to engulf the Gate of St John and the street itself; in fact the wording of Henry of Champagne's charter suggests that this was already intended in 1193. By 1235 the order seems to have extended its compound even further to the west, as far as the New Gate, which was the next one along the old city wall after the Gate of St John.[7] In this paper I will ask whether more can be deduced about the Hospital's lay-out from historical materials, including charters relating to Acre, the maps ascribed to Paolino Veneto and Pietro Vesconte (the latter commissioned by Marino Sanudo),[8] the decisions of the Hospitaller chapters-general which met between 1206 and 1288,[9] the *Esgarts* (the records of Hospitaller case law) and the *Usances* (the order's customs).[10]

The decision to establish the headquarters in Acre cannot have been an easy one. The building campaign there must have strained the order's finances and it was soon to be faced by the prospect of rebuilding its largest castles, Crac des Chevaliers and Marqab, after a destructive earthquake in 1202 which did a great deal of damage to Acre as well.[11] The costs associated with such structures were high. When the Templars came to reconstruct their castle of Safad in the 1240s they were reported having to budget for expenditure over the first two and a half years of a sum of 1,100,000 saracen besants, in addition to the income generated by the villages nearby.[12] Since mercenary knights were serving in Acre a few years later for 120 besants a year, this could have been the equivalent of paying a year's wages to over 9,000 knights.[13] In the 1190s the Hospital must also have been faced by the questions whether Jerusalem would be recovered and, if it was, whether the headquarters should be moved back to their original site south of the church of the Holy Sepulchre. It is hard to know when the prospect of a return to Jerusalem faded, although it is clear that by the time Christian control was restored in 1229 the order was too firmly ensconced in Acre to relocate; it reoccupied its hospital in Jerusalem, but never moved back its central administration.[14] Then there was an issue that certainly troubled the Templars. Acre was a noisy, wicked port-city, full of secular soldiery and a far from ideal location for a religious

6. A suggestion made by Professor Denys Pringle.
7. *Cart Hosp* 2, p. 493-494, no. 2126; *RRH* no. 1063.
8. For these, see B. Dichter, *The Maps of Acre. An Historical Cartography*, Acre 1973, p. 16-30. For Paolino Veneto, see also D. Jacoby, Crusader Acre in the Thirteenth Century: Urban Layout and Topography, *Studi Medievali* ser. 3, 20, 1979, p. 2-7.
9. Chapters-general of 1206 – *Cart Hosp* 2, p. 31-40, no. 1193; 1262 – *Cart Hosp* 3, p. 43-54, no. 3039; 1263 – *Cart Hosp* 3, p. 75-77, no. 3075; 1264 – *Cart Hosp* 3, p. 91, no. 3104; 1265 – *Cart Hosp* 3, p. 118-121, no. 3180; 1268 – *Cart Hosp* 3, p. 186-188, no. 3317; 1270 – *Cart Hosp* 3, p. 225-229, no. 3396; 1278 – *Cart Hosp* 3, p. 368-370, no. 3670; 1283 – *Cart Hosp* 3, p. 450-455, no. 3844; and 1288 – *Cart Hosp* 3, p. 525-529, no. 4022.
10. *Cart Hosp* 2, p. 536-561, no. 2213.
11. See H. E. Mayer, Two unpublished letters on the Syrian earthquake of 1202, *Medieval and Middle Eastern Studies in Honor of A. S. Atiya*, Leiden 1972, p. 295-310.
12. *De constructione castri Saphet*, ed. R. B. C. Huygens, Amsterdam 1981, p. 41.
13. A.-M. Chazaud, Inventaire et comptes de la succession d'Eudes, comte de Nevers (Acre 1266), *Mémoires de la société nationale des antiquaires de France*, sér. 4, 2, 1871, p. 176-177, 179-180.
14. See J. S. C. Riley-Smith, *The Knights of St John in Jerusalem and Cyprus c. 1050-1310*, London 1967, p. 247.

community. The Templars toyed with the idea of moving their headquarters to Chastel Pèlerin down the coast, although in the end they stayed where they were.[15]

In fact the Hospital's central convent may have settled in the northern castle of Marqab for a time during the 1190s. It may be significant that a dispute with local Templars degenerated into violence.[16] Some of the leading Hospitallers in the east were in Marqab in January 1193, when the master and the bishop of Baniyas, whose diocese was almost entirely under the order's control, came to an agreement about tithes.[17] As late as 1206 the Hospitallers met in general chapter in the castle.[18] Chapters-general were by no means always to be convoked to the same place[19] and the restoration of Marqab after the earthquake may have needed the personal attention of the master and the conventual bailiffs. Or the building works in Acre may have been too disruptive for any meeting to be held there. But it is just possible that the order had still not made up its mind whether to settle in Acre. Of course the logic of the situation, as for the Templars, was that it should. If one had to manage from Palestine a great international institution, most of the members and capital assets of which were in Europe, Acre was in direct communication with the west, besides being the seat of secular government and the main port of entry and departure for pilgrims, whom the Hospitallers were committed to serve.

The site of the headquarters of the Hospital is easy to identify, because the crypt of the church (C) can still be seen and north of it is the agglomeration of high quality buildings, erected around an open square, which have recently been excavated. As late as the 1680s these stood to a substantial height.[20] They appear to have been known collectively as the *palais*, a term which was also used by the Templars for their headquarters; on the arrival in Acre in 1272 of the Templar grand master William of Beaujeu, the mercenaries he had brought from Europe rioted for pay 'ante pallacium dicte domus'.[21] The word 'palais' is to be found in Hospitaller legislation with reference to the refectory, which, as we shall see, was almost certainly in this compound,[22] and to the disciplining of servants, who, if convicted of insulting a brother, stealing or fighting, would be whipped 'through the *palais* as far as the gate'.[23] In this collection of buildings resided the master – a reference to the *palatium magistri* in a document of 1270 could refer to the whole complex or to part of it[24] – and the conventual prior,[25] together, perhaps, with

15. OLIVER OF PADERBORN, *Historia Damiatina*, ed. H. HOOGEWEG, *Die Schriften des Kölner Domscholasters... Oliverus*, Tübingen 1894 (Bibliothek des literarischen Vereins Stuttgart 202), p. 171; R. HIESTAND, *Castrum Peregrinorum* e la fine del dominio crociato in Siria, *Acri 1291. La fine della presenza degli ordini militari in Terra Santa e i nuovi orientamenti nel XIV secolo*, ed. F. TOMMASI, Perugia 1996, p. 31.

16. *Cart Hosp* 1, p. 666-667, no. 1069; *RRH* no. 751.

17. *Cart Hosp* 1, p. 595-596, no. 941; *RRH* no. 708. The bishop, who himself lived in the castle, was normally a brother priest of the Hospital. See *Cart Hosp* 1, p. 631-632, no. 999; *RRH* no. 734; RILEY-SMITH, *The Knights of St John* (as in n. 14), p. 411-413.

18. *Cart Hosp* 2, p. 31-40, no. 1193.

19. See the rubric to the statutes of 1262. *Cart Hosp* 3, p. 44, no. 3039.

20. B. Z. KEDAR, The outer walls of Frankish Acre, *'Atiqot* 31, 1997, p. 164-165.

21. *Le procès des Templiers*, ed. J. MICHELET, 2 t., Paris, 1841-1851, 1, p. 646. See also *La règle du Temple*, ed. H. DE CURZON, Paris 1886, p. 315.

22. 1288 § 9; Us §§ 89, 107.

23. Esg §§ 13, 15, 18.

24. *Cart Hosp* 3, p. 243, no. 3414; *RRH* no. 1373. And see 1270 § 4; Us § 89; *Cart Hosp* 2, p. 506; no. 2150; *RRH* no. 1074.

25. See 1270 § 4.

the petty officers and the brother sergeants-at-service. Somewhere within it there was also a prison.[26] The halls along the north wall, in one of which were discovered sugar pots carefully stacked in preparation for distribution to the sugar cane plantations in the following season,[27] were clearly storerooms and warehouses. Other warehouses, now lost, must have lined the eastern range as well, because the easternmost section of a street, which was driven through the compound and will be referred to later (R), ran under a building, or series of buildings, given the name of *la vote*; and the street's eastern gateway was 'opposite the ... bath [of Saint John], which is near the head of the aforenamed *vote*'.[28] In 1264 a *preceptor volte Sancti Johannis* was in post.[29] A parallel officer in the Temple, the *comandour de la voute d'Acre*, was responsible for the purchase of supplies, and their importation by sea, and the Templar *retrais* told the story of a *comandour de la voute* who had bought a shipload of grain which turned out to be damp and unusable.[30] We can assume, therefore, that the Hospitaller *preceptor volte* was in charge of supplies and stores. Among the halls and warehouses lining the northern and eastern sides of the compound must also have been found the armoury,[31] the clothes store or *parmentarie*[32] and the treasury, where the order's relics must have been kept; [33] its storage facilities were secure enough for outsiders to deposit their charters with the order.[34]

Also in the agglomeration, because it was close to the church, was a large room, used for Sunday and annual chapters and for chapters-general,[35] and the conventual refectory.[36] The latter must have been hall-like, because the tables of the conventual brothers were situated along its walls and those who sat on the outer side when the inner was not yet full were to be disciplined.[37] The refectory could have been situated in or over the fine hall (H) on the south side of the yard or over a large undercroft (X) to the east; the building above was reached by a beautiful staircase (S).

26. THE TEMPLAR OF TYRE, *Cronaca*, ed. L. MINERVINI, Naples 2000, p. 200.
27. These will be described by Eliezer and Edna Stern, leading the team which is excavating Acre.
28. *Cart Hosp* 2, p. 731, no. 2612; *RRH* no. 1200.
29. *Cart Hosp* 3, p. 92, no. 3105; *RRH* no. 1334.
30. *La règle du Temple* (as in n. 21), p. 99, 314-315. See also A. J. FOREY, *The Templars in the Corona de Aragón*, London 1973, p. 406. The *comandour de la voute d'Acre* was subject to the commander of the land of Jerusalem, the equivalent of the Hospitaller grand commander.
31. 1206, p. 38; 1262 §§ 21, 37; 1264 § 2; 1270 § 4bis (in note); 1288 §§ 1, 8; Us §§ 112-113, 115.
32. 1206, p. 40; 1262 § 37; 1263 § 1; 1264 § 2; Esg § 39; Us §§ 109-110, 114. It was run on behalf of the order's drapier by a brother-at-service.
33. 1206, p. 38-39; 1262 §§ 2-3, 26bis, 42, 44; 1265 § 1; 1278 § 2; 1288 §§ 1, 3, 8. For loans made by the order to crusaders and residents of the Latin East, see *Cart Hosp* 2, p. 250, 849; 4, p. 297, nos. 1624, 2875, 3653bis; *RRH* nos. 908a, 914a, 1258b, 1443a. For a rent drawn on the treasury, see *Cart Hosp* 3, p. 135, 146, nos. 3213, 3236; *RRH* nos. 1324, 1367. For the storage of relics in the Templar treasury, see *Le procès des Templiers* (as in n. 21), 1, p. 646-647.
34. *Cart Hosp* 3, p. 253-254, 389-390, nos. 3422, 3715-3716; *RRH* nos. 1378, 1437a, 1437b.
35. Us §§ 109, 121, 129. For the place where chapters were held in the Templar headquarters, see *Le procès des Templiers*, 1, p. 418.
36. 1270 § 13; Us § 124. See 1288 § 9; Us §§ 89, 107.
37. 1270 § 14. Two meals a day were served for the brothers, each in two sittings, while turcopoles and other mercenaries and servants ate separately or at separate tables. Rule § 8 (*Cart Hosp* 1:64); 1206, p. 36-37, 39; 1262 § 31; 1268 § 1-2; 1270 § 13; Esg § 27.

Perhaps nearby were the order's stables, which suffered a serious fire in 1267,[38] although they could have been elsewhere in the city, as may have been the ox-stalls, wood-sheds, piggery and chicken houses referred to in 1270.[39] These might be thought to have been too rustic to have been found in the middle of a great conurbation, but many examples of animal husbandry were to be found within Acre, such as the *boverels/boveriae* or cattle stalls which were scattered about the town[40] and the pigsties in the Genoese quarter.[41]

And somewhere was the hospital for the sick. It contained its own chapel, perhaps at the end of one of its wards.[42] Its reputation in thirteenth-century Acre seems to have been as high as it had been when in twelfth-century Jerusalem and there survive the records of gifts to it by pilgrims, crusaders and residents of the kingdom.[43] The language often used by the donors was formulaic and probably originated with the order itself – 'seeing and considering the works of love and mercy which are performed every day and continually in the holy house of the Hospital of St John of Jerusalem';[44] 'recognizing the many works of charity which the Hospital of St John of Jerusalem confers on and incessantly performs for the poor of Jesus Christ'[45] – but it is certain that many visitors were deeply impressed. In 1217 the crusader King Andrew of Hungary was extravagant in his praise not only of the order's care of the sick poor, but also of its concern to bury them and its shouldering of military responsibilities.[46] A decade or so later an extraordinary story of a Muslim sultan's endowment of the hospital seems to have been widespread in the west.[47] In 1268 King Louis IX of France remembered seeing with his own eyes the order's work in Acre.[48] Some charters issued on behalf of men who must have been patients – although of the richer sort – survive.[49] If we are not provided with the kind of information we have with respect to its predecessor in Jerusalem, it is worth remembering that details of the working of that hospital have only recently come to light.[50] But, most importantly, we do not know exactly where the Acre hospital was.

38. *Annales de Terre Sainte*, ed. R. Röhricht, G. Raynaud, *Archives de l'Orient latin* 2, 1884, p. 453.
39. 1270 § 8. And perhaps also *l'ahuerie*, whatever it was: possibly a hay store? 1265 § 2. For the Templar dovecot and granary, see *La règle du Temple*, p. 307, 314-315.
40. See Dichter, *The Maps* (as in n. 8), p. 17, 19, 27-28. For the Templar 'commandeur de la boverie' in Acre, see *La règle du Temple*, p. 307.
41. R. Kool, The Genoese quarter in thirteenth-century Acre: a reinterpretation of its layout, *'Atiqot* 31, 1997, p. 195.
42. See 1263 § 5.
43. *Cart Hosp* 2, p. 231-234, 248-249, 293-294, 581-582, 750-751, 779-781, 856, nos. 1590-1591, 1620, 1728, 2257-2258, 2662, 2732, 2896; *RRH* no. 1209; Chazaud, Inventaire et comptes de la succession d'Eudes (as in n. 13), p. 200. See also *Cart Hosp* 2, p. 287-288, no. 1718; *RRH* no. 945.
44. *Cart Hosp* 2, p. 581-582, nos. 2257-2258
45. *Cart Hosp* 2, p. 750-751, 779-781, nos. 2662, 2732; *RRH* nos. 1209, 1234.
46. *Cart Hosp* 2, p. 231-234, 238-240, nos. 1590-1591, 1602-1603; *RRH* no. 908. See also *Cart Hosp* 2, p. 856, no. 2896.
47. The story was reported by Matthew Paris, *Chronica maiora*, ed. H. R. Luard, 7 t., London 1872-1883 (Rolls Series 57), 3, p. 486, and elaborated by the Minstrel of Reims, *Récits d'un ménestral de Reims*, ed. N. de Wailly, Paris 1876, p. 104-109.
48. *Cart Hosp* 3, p. 180, no. 3303.
49. *Cart Hosp* 2, p. 41-2, 168, 298, 308-309; 3: 91-92, nos. 1197, 1431, 1740, 1760, 3105; *RRH* nos. 797a, 949a, 959a, 1334.
50. B. Z. Kedar, A Twelfth-Century description of the Jerusalem Hospital, *The Military Orders. 2, Welfare and Warfare*, ed. H. Nicholson, Aldershot 1998, p. 3-26.

Paolino Veneto's map shows three named buildings, or complexes of buildings, aligned from north to south: *hospitale*, *ecclesia* and *domus infirmorum*. This looks clear enough. As has already been pointed out, the *ecclesia* or *church* is easily identifiable in the position given it by Paolino just to the south of the main compound (C). Its ruined walls were still standing in the 1680s and the number of bays recorded in an illustration of that time have been confirmed by excavation. The first reference to a church on this site is in a charter of 1149[51] and elements of the crypt have been dated to the twelfth century, although it is clear that the building was extended greatly in the thirteenth. To the south of it lay, according to Paolino, the *domus infirmorum*, which looks like a latinization of the phrase *palais des malades*, used by the brothers of their hospital for the poor;[52] one redaction of Paolino's map portrays a ward-like building with doors at either end.[53] This would leave the structures around the courtyard to the north of the church, described by Paolino by the word *hospitale*, as residential, administrative and storage buildings, a conclusion which appears to be confirmed in the wording of a charter of July 1252 in which the regent, Henry of Cyprus, gave the order the right to construct gates at either end of a street which ran through the compound and which was:

> below *la vote* which belongs to the same house. That street is between the *Ospital des malades* and the church of St John on one side; and on the other side is the *grand maneir* of the brothers of the aforesaid house. And ... they can make one of the gates at the head of that aforesaid street, towards the spot at which one enters the street of the Genoese. And they can build the other gate at the other head (of the street), which lies in the direction of the baths which are called of St John and which runs towards the street of the Provençaux.[54]

So at its western end this street entered a highway probably running from the New Gate down to the Genoese quarter and at its eastern end it joined a road descending from the Gate of St Mary down to the Provençal quarter near the port. On what seems to have been the other side of that road stood the 'Baths of St John', which were, presumably, public.

A section of a medieval street, running between the main compound and the church, has been cleared (R) and one's first impression is that it was this that separated the church of St John and the main hospital on one side from the administrative conglomeration, to which the charter of 1252 gave the name *le grand maneir*, on the other. It is certainly possible that a large undercroft surviving south of the church (U) and 'crusader' structures under an Ottoman bathhouse nearby could have been part of the *domus infirmorum*/*palais des malades*,[55] but this conclusion has been thrown into doubt by one of the most startling of the excavators' discoveries. The enormous warehouses that line the northern limit of the Hospitaller compound end in the west with an internally plumbed latrine tower (L), containing sixty stalls on two levels, associated with an elaborate sewage pit

51. *Cart Hosp* 1, p. 140 no. 180; *RRH* no. 256.
52. Us §§ 117, 125. I would have liked to check whether a reference to the *platea S. Johannis* in *Cart Hosp* 3, p. 92, no. 3105 was actually to the *palatium*, but the original has been lost since the eighteenth century.
53. Jacoby, Crusader Acre (as in n. 8), fig. 2.
54. *Cart Hosp* 2, p. 731, no. 2612; *RRH* no. 1200.
55. A. Kesten, *The Old City of Acre. Re-examination Report 1993*, Acre 1993, p. 77-78. The undercroft was number 54 on Kesten's original survey of 1962.

and the town drainage system.[56] An expensive facility which enabled sixty persons to relieve themselves simultaneously must have been serving a massive residential population. One's first reaction is that only a hospital could have provided so many people and that the latrine tower could mark the northern end of the *palais des malades*, which could have taken up the whole of the area to the west of the courtyard, which has not yet been excavated (B).

In this case we would have to find a street dividing the structures round the yard, which would now include the hospital itself, and the church, from *le grand maneir*, which would be to the south. Although no such street has been found, an impressive gateway has been discovered immediately south of the church (G), which is substantially intact and could have been the eastern of the gates authorized by Henry of Cyprus in 1252.[57] There are some surviving thirteenth-century residential buildings in the district to the south of this gateway, together with the undercroft to which I have already referred.[58] but these would not now be related to the hospital of the sick. In this case, Paolino's *domus infirmorum* could have been the order's infirmary, which was near the conventual church,[59] seems also to have been close to the baths of St John[60] and cannot have been far from the hospital of the sick, because doctors would visit it.[61]

So in one model the *palais des malades* would be found south of the church; and the impressive gateway might have been its entrance. In the other it constituted the western wing of the main conglomeration, ending in the latrine tower. I incline to the first rather than the second model for three reasons.

First, it is dangerous to ignore the evidence provided by Paolino Veneto, which is clear and specific. Secondly, the phrase *le grand maneir*, carrying with it the implication of residence, suits the great structures around the yard better than the district to the south, even though the latter contained residential buildings. Thirdly, a list of the indulgences to be gained in Acre, the 'Pelrinages et pardouns d'Acre', specified additional ones which pilgrims could accumulate each time they walked round the *palais des malades*.[62] If meant to be taken literally – and it is hard to imagine that pilgrims were welcome thronging the wards themselves – it would have been impossible for visitors to walk round the outside of a hospital which was the west wing of the main agglomeration. The hospital must have been a free-standing structure, which is what Paolino's *domus infirmorum* looks like.

56. This will be reported by Eliezer Stern, who is leading the excavations on behalf of the Israel Antiquities Authority and the Old Acre Development Company.
57. KESTEN, *The Old City of Acre* (as in n. 55), p. 77-78.
58. *Ibid.*, p. 77-79.
59. 1206, p. 32; 1262 § 43; Esg § 65. See also 1262 § 38; Us § 110. But the wording of 1270 § 4 suggests that it was in the main palais.
60. Us § 102.
61. 1262 § 33. The infirmary had its own separate refectory at which old and senior brothers, and others with permission, could eat. 1206, p. 32-33; 1262 § 45; 1270 § 4; 1288 § 4; Esg §§ 58, 77; Us §§ 103, 105.
62. 'à le Hospital Seint Johan viii aunz, e tant de foyz come vous alèz entour le paleis de malades xl jours, e le digmangt à processioun vi karantaines.' *Pelrinages et pardouns d'Acre*, ed. H. MICHELANT, G. RAYNAUD, *Itinéraires à Jérusalem et Descriptions de la Terre Sainte rédigés en français aux XIe, XIIe et XIIIe siècles*, Geneva 1882, p. 235. For indulgences and the Hospitallers in Acre, see also *Cart Hosp* 3, p. 523-524, 576, nos. 4020, 4128; *RRH* no. 1479c.

But how then are the sixty stalls in the latrine tower to be explained? Large numbers of knights and other men were attached to the Hospital, serving the order either for pay[63] or out of devotion: *à la charité*.[64] Very little is known about them, but when they came into their own in fourteenth-century Rhodes, and at Marienburg and Königsberg of the Teutonic Knights in Prussia, they were already part of a long tradition. The military orders must have been responsible for at least part of the upkeep of devotional volunteers and the lengths to which they would go is evidenced by the magnificent central court at Marienburg with lodgings, a chapel and a banqueting hall for nobles who came to take part in the Teutonic Order's *Reisen*.[65] The thirteenth-century Hospitallers were also employing mercenaries, including technicians responsible for crossbows and artillery, and western and indigenous turcopoles.[66] The mercenaries were occasionally supplemented by those provided by western powers. For example, the will of King Philip II of France in 1222 budgeted for 100 knights (not including those in the convent) which were to be employed by the order for three years.[67] In addition, there were also large numbers of wage-earning servants; some of them could have been employed by the day, but others would have been resident. Indeed the Hospital seems to have made much more use of servants than did the Temple, which had a larger class of brother sergeants. There was also an indeterminate number of prisoners-of-war and slaves.

In 1268 the master Hugh Revel referred to more than 10,000 men being fed by the order in the east, *cum presentes fecimus annotari*, over and above the 300 brothers who were resident there.[68] He may have been exaggerating, but his reference to some sort of counting procedure suggests that he was not and one wonders where all these men were housed. Between 2,000 and 3,000 could have been serving in the castles of Crac des Chevaliers and Marqab and perhaps another 2,000 would have been scattered among the greater convents, like Tripoli, and smaller fortresses in the Levant. A large number of men, however, must have been resident in Acre, where, for one thing, the order had a section of the city walls to defend,[69] and the location of the latrine tower suggests that they might well have been housed on the western side of the courtyard of the main compound (B).

If large numbers of men employed by or serving the order were being housed in barracks attached to the central agglomeration of buildings, this would provide an explanation for an otherwise inexplicable development, which distinguishes the Hospitallers from the Templars: the removal by 1230 of the conventual brothers to an *auberge* in the northern suburb of Montmusard,[70] where they lived under the command of the marshal.[71] It is hard to say how many brethren-at-arms normally

63. For example, see Esg §§ 18-19, 56.
64. For servants of this kind, see Esg § 14. For the hospital in Jerusalem, see KEDAR, A Twelfth-Century description of the Jerusalem Hospital (as in n. 50), p. 13-26 *passim*.
65. G. LIGATO, Fra Ordine Cavallereschi e crociata: 'milites ad terminum' e 'confraternitates' armate, *Militia Christi e Crociata nei secoli XI-XIII*, Milan 1992, p. 645-697; W. PARAVICINI, *Die Preussenreisen des europäischen Adels*, 2 t., Sigmaringen 1989-1995. For Marienburg see especially *ibid.*, 1, p. 268.
66. RILEY-SMITH, *The Knights of St John*, p. 324-328.
67. *Cart Hosp* 2, p. 305, no. 1755.
68. *Cart Hosp* 4, p. 292, no. 3308; *RRH* no. 1358a.
69. See *Cart Hosp* 1, p. 594; 3, p. 420, nos. 938, 3771; *RRH* nos. 716a, 1442a; RILEY-SMITH, *The Knights of St John*, p. 130-131.
70. *Tabulae ordinis Theutonici*, ed. E. STREHLKE, Berlin 1869, p. 58, no. 73; *RRH* no. 1020.
71. RILEY-SMITH, *The Knights of St John*, p. 248. In 1239 a brother *aubergere*, who must have had a subordinate role to him, was also in post. *Cart Hosp* 2, p. 565 no. 2224; *RRH* no. 1091.

came to be housed in the *auberge*. About thirty were in the convent in Jerusalem in 1170, but that was early and at a time of crisis.[72] Surviving figures for the knights and sergeants-at-arms 'of the convent' involved in thirteenth-century military engagements run into hundreds,[73] but it is not clear whether mercenaries and liegemen were counted in the overall numbers, which must also have included brothers summoned from all over the east for a particular campaign, since every brother-at-arms would rank as conventual as long as he stayed in Acre or made himself subject to the marshal. Perhaps one should suppose a normal complement of between fifty and 100 brothers-at-arms resident in Acre. It could have multiplied after the losses of Crac des Chevaliers in 1271 and Marqab in 1285, although it is possible that some brothers were sent back to Europe. The loss, however, of forty brothers (and 100 horses) in the fall of Tripoli in 1289 was regarded as serious enough for urgent steps to be taken to replenish the convent.[74]

The *auberge* (identified as the *maisun de l'hospital*, *alberges* or *hospicium Hospitalis* on the Acre maps of Matthew Paris, Paulino Veneto and Pietro Vesconte) was located in the northern part of Montmusard, although its actual distance from the main Hospitaller buildings would not have been more than 700 metres. The site has been lost and is anyway built over by the modern town. In it were the individual cells in which, by the thirteenth century, all the conventual brothers slept, including the bailiffs, which suggests that most of the leading conventual officers – the grand commander, the treasurer, the drapier and the hospitaller – spent their nights in the *auberge*. There was perhaps a suite of rooms for the marshal, since he could put up bailiffs from Europe who arrived in Acre.[75]

The word *auberge* originated as an alternative form of *herberge*, the term used by the Templars for a military encampment.[76] It is clear that to the Hospitallers it had the same meaning[77] and the brothers seem to have held to the fiction that the building in Montmusard was an encampment of a military force on the march. By the later thirteenth century, however, it was 'a very large *palais*', 'very long and very beautiful', with a hall large enough to be the scene of lavish fortnight-long festivities, including theatrical presentations of the legends of Arthur and the queen of Femenie, to celebrate the coronation of King Henry in 1286.[78] The existence of such an impressive hall brings a refectory to mind, but although the brothers could get permission to give private parties in the *auberge*[79] they were supposed to eat in the conventual refectory in the main compound, to which they would process two by two. The marshal was responsible for seeing that they did so and that they were properly dressed.[80] And although there was a chapel in the

72. *Cart Hosp* 1, p. 277, no. 403. *RRH* no. 480.
73. RILEY-SMITH, *The Knights of St John*, p. 327.
74. *Cart Hosp* 3, p. 541, no. 4050; *RRH* no. 1493.
75. 1206, p. 32, 36; 1265 § 4; 1288 § 9; Esg § 27. The references both to 'chambres' and 'dortoir' suggests that the sleeping area in the *auberge* was divided into cubicles.
76. *La règle du Temple*, p. 114-120, 206-214. For the etymology, see A. J. GREIMAS, *Dictionnaire de l'ancien français. Le Moyen Âge*, Paris 1995, p. 310; *Le Petit Robert 1. Dictionnaire*, ed. A. REY, J. REY-DEBOVE, 2nd. ed., Paris 1990, p. 129.
77. See the rubric to the statutes of 1262. *Cart Hosp* 3, p. 44, no. 3039. Also 1262 § 5, which seems to refer to any encampment and not solely to the *auberge* in Acre.
78. THE TEMPLAR OF TYRE (as in n. 26), p. 170, 222. It is noteworthy that the author refers to it as 'la Herberge'.
79. 1288 § 9.
80. See 1206, p. 36; 1270 §§ 9, 13; 1288 § 9; Us § 135.

auberge, which as part of the fiction that it was a military encampment was portable, accompanied the convent on campaign and was probably served by the 'caravan priest' referred to in 1263,[81] it seems that only certain hours – such as Matins in the middle of the night – were said in it.[82] For conventual Mass, Vespers and probably Lauds the brothers had to process down to the main conventual church and the marshal was described standing outside the church with a lantern to make sure that they arrived on time.[83]

There were precedents for the management of outlying establishments at some distance from the main headquarters buildings. In Jerusalem before 1187 the Hospitallers had had a subsidiary German hospital near the Temple, a pilgrim hospice and stables beyond the northern wall and their own cemetery to the south, overlooking the Hinnom valley.[84] They recovered the cemetery when Christian control was restored in 1229. Wernher of Kybourg, probably one of the emperor Frederick II's crusaders, had died in Acre and had been buried by the Hospitallers there, but, presumably in fulfilment of a promise they had made to him, they now transferred his bones to Jerusalem.[85]

The hospital they ran in Acre in the twelfth century also required them to have a cemetery and burial rights. Their cemetery was a section of the town burial ground of St Nicholas, just outside the walls and close to the gate of that name.[86] In April 1200 the bishop confirmed their possession of it and added the right to enclose their section and to build in it a chapel, which became their mortuary church of St Michael, served by a priest and an acolyte, where there was regular intercession for the dead. Visits by the faithful on the feasts of St John the Baptist, the Blessed Virgin Mary and St Michael were indulgenced.[87]

The sisters of St John, moreover, who had lived with the brothers in a double house in Jerusalem,[88] had been placed in their own separate community in Acre by 1219.[89] Thereafter they must have lived enclosed lives as canonesses regular, isolated from the convent proper. Most Hospitaller nunneries had the same financial obligations as the male commanderies and were expected to pay annual responsions for the upkeep of the headquarters. One cannot imagine the sisters in Acre being in the position to do so, unless they had been independently endowed, and it must have been with them in mind, along with the general material benefit

81. 1263 § 5; 1270 § 4bis (in note). For the Templar portable chapel, see *La règle du Temple*, p. 116. The fictional rôle of the Hospitaller *auberge* may have been lost after 1291, because in Limassol it was known as the *ostel des sains* and its priest, still subject to the marshal, was called the 'prior of the church of the healthy'. See the statutes of 1301 §§ 10, 16 (*Cart Hosp* 4, p. 17, 18, no. 4549). But note the references by the MINSTREL OF REIMS (as in n. 47, p. 105-170 to the 'ospitaus de çaienz', the 'maistre des malades' and the 'grant maistre de çaienz').
82. 1270 § 2; Esg § 58; Us § 119.
83. 1270 §§ 9, 13; Us § 119.
84. These will be described by D. PRINGLE, in volume 3 of his *The Churches of the Crusader Kingdom of Jerusalem*, still to appear.
85. *Cart Hosp* 2, p. 394-395, no. 1937. For other burials, see *Cart Hosp* 2, p. 41-42; 3, p. 126, nos. 1197, 3194. But Count Guy of Forez had been buried 'in ecclesia Hospitalis' in Acre before 1215. *Cart Hosp* 2, p. 168, no. 1431.
86. See the entries on the maps of Matthew Paris. DICHTER, *The Maps*, p. 10-15.
87. *Cart Hosp* 1, p. 323-324, 689-690; 3, p. 523-524, nos. 471, 1113, 4020; *RRH* nos. 532, 771, 1479c; 1263 § 5-6. See *Cart Hosp* 2, p. 287-288, no. 1718; *RRH* no. 945.
88. KEDAR, A Twelfth-Century description, p. 20, 25.
89. *Cart Hosp* 2, p. 261, no. 1656; *RRH* no. 923.

that would accrue, that the Hospital made a bid for the Benedictine nunnery of St Lazarus of Bethany, exiled from its shrine near Jerusalem and now situated in the centre of Acre. In 1256 Pope Alexander IV gave St Lazarus to the order, permitting it to replace the abbess and nuns as they died out with an equivalent number of Hospitaller sisters. The Hospital was taking possession of the abbey and its goods in 1259, but the gift was revoked by Pope Urban IV in 1261 soon after he came to power. Urban, who as patriarch of Jerusalem had bitterly opposed the grant, stated bluntly in his bull of revocation that he believed that Alexander had been deliberately misinformed and that, far from being near collapse, St Lazarus had a community of over fifty nuns.[90]

But these examples of outlying dependencies do not explain an extraordinarily inconvenient arrangement, according to which the conventual brothers residing in the *auberge* had to process down to the central compound from another part of the town several times a day to hear the office in the church and to eat their meals in the refectory. A justification for such a cumbersome procedure, which was obviously an attempt to keep up the appearance of conventual life in the central compound, may have been that it was considered necessary to isolate them from the secular troops now occupying barracks there. Other, and more convenient, parallels are probably to be found in the architecture of Hospitaller castles. At twelfth-century Belvoir and Belmont, and at thirteenth-century Crac des Chevaliers and Marqab, the brothers seem to have lived enclosed lives in a defined space within the castle.[91] The same arrangement was probably to be found in the Templar compound in Acre.[92] In fourteenth-century Rhodes the *collachio*, a walled-off part of the town where the Hospitaller convent lived, was supposed to fulfil the same purpose, although residence in it seems never to have been limited entirely to members of the order.[93] The brothers of the Hospital were religious first and soldiers or nurses second and the demands of the religious life meant that they should spend much of their lives in enclosure, which provided the ambience for prayer and contemplation.

Jonathan Riley-Smith
University of Cambridge

90. *Cart Hosp* 2, p. 801-802, 875-878; 3, p. 11-13, nos. 2781, 2925, 2927, 2929, 2993; *RRH* nos. 1243a, 1277-1278, 1278a, 1305a.

91. See R. P. Harper, D. Pringle, *Belmont Castle. The Excavation of a Crusader Stronghold in the Kingdom of Jerusalem*, Oxford 2000, p. 213-215.

92. See M. Benvenisti, *The Crusaders in the Holy Land*, Jerusalem 1970, p. 104-105.

93. A. T. Luttrell (Rhodes Town: 1306-1350, *Rodos 2.400 Chronia*, 2, Athens 2000, p. 310) makes the point that the '*collachium* was not so much an area from which non-Hospitallers were excluded as one within which the Hospitallers themselves were to be confined'. See also H. J. A. Sire, *The Knights of Malta*, New Haven-London 1994, p. 30-32.

L'Apocalypse et le sens des affaires. Les moines de Saint-Jean de Patmos, leurs activités économiques et leurs relations avec les Latins (XIIIe et XIVe siècles)

Guillaume SAINT-GUILLAIN

> « Des objets d'or et d'argent, n'en cherche pas dans la demeure abbatiale, car tu n'en découvriras pas. Dieu et ma conscience m'en soient témoins, durant que j'étais higoumène, pas un de ces objets n'a été thésaurisé, et moi-même je n'en ai détourné ni caché aucun pour la misère de ma vieillesse, par envie d'une plus grande gloire ou parce que j'aurais aspiré à un évêché ou à une autre abbaye plus importante : au contraire, mon seul souci fut de m'efforcer, tout au long de l'année et à la façon des marchands, avec de petites embarcations, d'acquérir l'indispensable pour le monastère, de subvenir et pourvoir à ses besoins, de prendre garde aux pirates et d'accomplir toutes les servitudes de l'approvisionnement ».
>
> Testament de Germanos, kathigoumène de Patmos (1272)[1].

On imagine mal deux figures plus emblématiques du Moyen Âge et pourtant plus antithétiques que le moine et le marchand : le premier voué à la stabilité, à une vie communautaire autarcique et au mépris des richesses, le second à leur accumulation au cours d'une existence faite d'errance et de rencontres. L'idéal d'autosuffisance, qui exclut normalement l'échange, pour ne rien dire du profit, peut a priori sembler une évidence pour les monastères grecs plus encore que pour leurs homologues latins : à l'idéologie économique qui imprègne le modèle monastique commun à l'Orient et à l'Occident s'unirait celle propre aux Byzantins, considérés comme des adeptes fervents de l'autarcie[2]. Mais, à Byzance comme en Occident, les contraintes de la gestion d'un patrimoine qui pouvait prendre bien des formes ont pu estomper cette distance[3], au point que, comme dans d'autres circonstances le marchand a pu se faire moine, le moine, parfois, s'est fait marchand. Les monastères byzantins faisaient partie intégrante de la société rurale, ne fût-ce que parce que, mis à part un peu de jardinage, c'étaient des paysans et non les moines eux-mêmes qui travaillaient la terre, que celle-ci ait été exploitée en faire-valoir

1. MM, 6, p. 229-233, nº XCVI, ici p. 232 : ...κειμήλια χρυσᾶ καὶ ἀργυρᾶ μὴ ζήτει ἐν τῷ ἡγουμενείῳ, ὅτι οὐχ εὑρήσεις. μάρτυς μου ὁ Θεὸς καὶ ἡ ἐμὴ συνείδησις, οὐκ ἐθησαυρίσθη ἐν τῇ ἐμοὶ ἡγουμενείᾳ ἓν μόνον ἐκ τούτων τῶν ῥηθησομένων, οὐδ᾽ αὐτὸς ἐγὼ ἐνοσφισάμην ἢ ἀπέκρυψα διὰ γήρως ἀσθένειαν ἢ εἰς δόξης πλειοτέρας ἐπιθυμῶν ἢ ἐπισκοπῆς ὀρεγόμενος ἢ ἑτέρου ἡγουμενείου μειζοτέρου, ἀλλ᾽ ἓν καὶ μόνον ἦν τὸ ἐμὸν καταθύμιον τοῦ ἀγωνίζεσθαι κατ᾽ ἐνιαυτὸν καὶ ἐμπορικῶς διὰ πλοιαρίων ἀναζητεῖν τὰ τῆς μονῆς χρειώδη καὶ ἐξαρκεῖν εἰς αὐτὰ ταύτην καὶ ἐπαρκεῖν καὶ τοὺς πειρατὰς θεραπεύειν καὶ πᾶσαν δουλείαν διὰ τῶν βρομάτων ἐργάζεσθαι.
2. À propos de l'idéologie économique byzantine voir A. E. LAIOU, Economic Thought and Ideology, *EHB*, 3, p. 1123-1144. Sur l'idéal autarcique, thème discursif plus que modèle économique, voir *ibid.*, p. 1125-1130.
3. Sur la gestion de leur patrimoine par les monastères byzantins, voir la synthèse récente de K. SMYRLIS, The Management of Monastic Estates: The Evidence of the Typika, *DOP* 56, 2002, p. 245-261. Pour la période antérieure à celle évoquée ici, voir M. KAPLAN, Les moines et leurs biens fonciers à Byzance du VIIIe au Xe siècle : acquisition, conservation et mise en valeur, *Revue bénédictine* 103, 1993, p. 209-223.

Chemins d'outre-mer. Études d'histoire sur la Méditerranée médiévale offertes à Michel Balard.
Paris, Publications de la Sorbonne, 2004 (Byzantina Sorbonensia 20)

direct ou indirect[4]. L'idéal de « bonne administration » du monastère, en particulier à partir des Xe-XIe siècles lorsque les religieux commencèrent à s'intéresser plus activement à la gestion de leurs domaines, imposait une connaissance précise de la valeur des terroirs mais aussi des techniques agricoles permettant d'en augmenter la productivité, qui souvent réclamaient un investissement : de là à considérer des cultures de pur rendement destinées essentiellement à la commercialisation, tels l'olivier ou la vigne, comme une amélioration du patrimoine monastique et donc une œuvre pieuse, le pas est aisément franchi et voici les moines à l'assaut du marché et produisant pour le marché[5]. Cette tension évidente entre l'utopie monastique et la réalité imposa un réajustement idéologique[6] : accusés de se conduire « à la façon des marchands » (ἐμπορικῶς), les moines prétendirent ne s'engager dans le commerce que pour assurer leur survie, faisant paradoxalement de l'échange une modalité sinon une exigence de l'autarcie[7]. Dans une société où la fiscalité et donc l'exemption fiscale (ἐξκουσεία) jouaient un rôle important dans la circulation des richesses, les exonérations de charges que certains monastères obtinrent pour les navires qu'ils affrétaient (ἐξκουσεία πλοίων), censément pour rapatrier les productions de leurs dépendances éloignées, présentaient un intérêt évident. Dès le XIIe siècle, les grands établissements monastiques possédaient des bâtiments de fort tonnage et étaient donc probablement les seuls à pouvoir, dans une certaine mesure, concurrencer les marchands latins désormais également exemptés et dont la prépondérance s'affirmait alors, et ce non seulement parce que ces établissements écoulaient leurs propres surplus agricoles, mais aussi parce qu'ils nolisaient leurs navires à des particuliers[8]. Cette situation se trouva

4. Dans le cas de Patmos, la règle de Christodoulos n'envisage pas pour les moines d'autre activité manuelle que la calligraphie et, pour les solitaires, quelques travaux destinés à les garder de l'acédie.
5. Pour le cas de l'Athos, voir M. Živojinović, The Trade of Mount Athos Monasteries, *ZRVI* 29-30, 1991, p. 101-116. Avec un bel optimisme, les règlements monastiques (*typika*) des XIe-XIIe siècles considèrent comme allant de soi que leur bilan annuel dégage un bénéfice : J. Lefort, K. Smyrlis, La gestion du numéraire dans les monastères byzantins, *Revue numismatique* 153, 1998, p. 187-215, ici p. 189.
6. Signe flagrant de contradiction et donc de surchauffe idéologique : les activités économiques des moines à cette époque nous sont connues en partie grâce à une réglementation qui s'efforce, probablement en vain, de lutter contre cette évolution.
7. A. E. Laiou, The Church, Economic Thought and Economic Practice, *The Christian East, its Institutions and its Thought. A Critical Reflection. Papers of the International Scholarly Congress for the 75th Anniversary of the Pontifical Oriental Institute*, éd. R. F. Taft, Rome 1996 (OCA 251), p. 435-464, ici p. 457-461. L'auteur souligne que l'autarcie s'était imposée comme modèle à une époque de stagnation où l'autosuffisance constituait donc une réussite en soi : dans un contexte économique différent, l'idéologie dut être amendée pour combler la distance que la réalité avait prise avec ce modèle. Voir aussi Ead., Economic Thought and Ideology, cité *supra* n. 2, p. 1129 ; Ead., Exchange and Trade, Seventh-Twelfth Centuries, *EHB*, 2, p. 697-770, ici p. 744-745 ; et Živojinović, The Trade of Mount Athos Monasteries, cité *supra* n. 5, p. 104-105. Sur l'opinion des canonistes, voir A. E. Laiou, God and Mammon: Credit, Trade, Profit and the Canonists, *Το Βυζάντιο κατά τον 12ο αιώνα. Κανονικό δίκαιο, κράτος και κοινωνία*, éd. N. Oikonomidès, Athènes 1991 (Εταιρεία βυζαντινών και μεταβυζαντινών μελετών. Διπτύχων παράφυλλα 3), p. 261-300, en particulier p. 285-296 sur le commerce.
8. S. Borsari, *Venezia e Bisanzio nel XII secolo. I rapporti economici*, Venise 1988 (Deputazione di Storia patria per le Venezie. Miscellanea di Studi e Memorie 26), p. 89-90. Il est vrai cependant que notre ignorance quant à des flottilles privées appartenant à des laïcs et dotées d'avantages fiscaux comparables résulte peut-être de l'état de la documentation. Sur les monastères et le commerce maritime avant et après 1204, voir G. Makris, *Studien zur spätbyzantinischen Schiffahrt*, Gênes 1988 (Collana storica di fonti e studi 52), p. 265-270. Sur la flotte de Patmos au XIIe siècle voir É. Malamut, *Les îles de l'Empire byzantin. VIIIe-XIIe siècles*, Paris 1988 (Byzantina Sorbonensia 8), 2, p. 446-453, et M. Nystazopoulou-Pélékidou, Τὰ πλοῖα τῆς Μονῆς Πάτμου (11ος-13ος αἰώνας), *Διεθνὲς συμπόσιο. Πρακτικά. Ἱερὰ Μονὴ ἁγίου Ἰωάννου τοῦ Θεολόγου · 900 χρόνια ἱστορικῆς μαρτυρίας (1088-1988)*, Athènes 1989 (Ἑταιρεία Βυζαντινῶν καὶ μεταβυζαντινῶν μελετῶν. Διπτύχων παράφυλλα 2), p. 93-114.

remise en cause par le bouleversement du paysage politique au début du XIIIe siècle : l'éclatement de l'Empire byzantin en de multiples entités et la prise de contrôle de larges portions de son territoire par des Latins a priori peu favorables à l'Église grecque posèrent la question de la survie de ce rôle économique des monastères dans un espace où les marchands italiens triomphaient plus que jamais. Le cas, certainement exceptionnel, du monastère de Saint-Jean le Théologien dans l'île de Patmos montre comment un grand établissement provincial a pu s'acclimater aux nouvelles conditions consécutives à la chute de Constantinople en 1204 et conserver ses fonctions commerciales qui ont ensuite contribué à la survie de cette institution jusqu'à nos jours. Je voudrais examiner ici les étapes par lesquelles est passée la normalisation des relations entre leurs nouveaux voisins latins, surtout vénitiens, et les moines de Patmos, puis les activités de ces derniers dans les échanges maritimes au XIVe siècle, à l'issue de ce processus d'intégration.

Le monastère de Patmos fut fondé par Christodoulos, un moine natif de Bithynie, chassé de Palestine puis d'Anatolie par l'avancée des Turcs[9]. En avril 1088, il reçut de l'empereur Alexis Ier Komnènos l'île de Patmos, en pleine propriété et libre de toute obligation fiscale : elle était alors désertée et à l'abandon, mais potentiellement exploitable et riche du souvenir de l'Évangéliste qui y avait composé l'Apocalypse[10]. La fondation bénéficiait d'augustes patronages : plusieurs membres de la nouvelle dynastie soutinrent le projet de Christodoulos ou s'intéressèrent à son établissement[11]. Les débuts furent pourtant difficiles, voire catastrophiques : les Turcs menaçaient l'île et le régime strict que Christodoulos prétendait y établir

9. Les origines du monastère sont bien connues grâce à trois documents, la Règle (*hypotypôsis*) rédigée pour lui par Christodoulos, le testament de ce dernier et son codicille : MM, 6, p. 59-90, n°s XIX-XX ; traduction anglaise par P. KARLIN-HAYTER, Christodoulos : *Rule*, *Testament* and *Codicil* of Christodoulos for the Monastery of St. John the Theologian on Patmos, *Byzantine Monastic Foundation Documents. A Complete Translation of Surviving Founders' Typika and Testaments*, éd. J. THOMAS, A. CONSTANTINIDES HERO, G. CONSTABLE, 2, Washington 2000 (Dumbarton Oaks Studies 35), p. 564-606. Sur ces documents et sur les sources hagiographiques voir aussi É. L. BRANOUSÈ, *Τὰ ἁγιολογικὰ κείμενα τοῦ ὁσίου Χριστοδούλου, ἱδρυτοῦ τῆς ἐν Πάτμῳ μονῆς. Φιλολογικὴ παράδοσις καὶ ἱστορικαὶ μαρτυρίαι*, Athènes 1966 (Δωδεκανησιακὴ Ἱστορικὴ καὶ Λαογραφικὴ Ἑταιρεία. Αὐτοτελὴ Δημοσιεύματα 2) ; les actes impériaux concernant Patmos ont fait l'objet d'une nouvelle édition : EAD., éd., *Βυζαντινὰ ἔγγραφα τῆς μονῆς Πάτμου*, 1, *Αὐτοκρατορικά*, Athènes 1980. Pour un résumé de l'histoire du monastère, voir l'introduction à ce dernier ouvrage et, plus succinctement, celle à la traduction des documents de fondation par P. Karlin-Hayter ainsi que T. E. G[REGORY], N. P. Š[EVČENKO], Patmos, *ODB*, 3, p. 1596-1597.

10. Sur les exemptions de Patmos en matière de fiscalité directe voir N. OIKONOMIDÈS, *Fiscalité et exemption fiscale à Byzance (IXe-XIe s.)*, Athènes 1996 (Institut de Recherches byzantines. Monographies 2), p. 205-207 et 217-218. Sur l'aura de sacralité autour de l'île, voir un miracle dans la vie de sainte Irène (Xe siècle). Un marin habitant Patmos s'approche en bateau de la partie inhabitée de l'île d'où un personnage surnaturel lui apporte, en marchant sur les flots, six pommes du Paradis, trois destinées au patriarche Ignace et trois à sainte Irène : *Vie de sainte Irène de Chrysobalanton*, éd. et trad. anglaise J. O. ROSENQVIST, *The Life of Saint Irene Abbess of Chrysobalanton. A Critical Edition with Introduction, Notes and Indices*, Stockholm 1986 (Studia Byzantina Upsaliensia 1), p. 80-85. La bipartition de l'île entre une zone habitée et un désert sanctifié préfigure curieusement l'organisation de l'espace que Christodoulos voudra y imposer à la fin du siècle suivant (voir *infra*).

11. Au dire de Christodoulos, Anna Dalassènè, mère de l'empereur, facilita l'obtention du chrysobulle de 1088. Elle assura plus tard à Patmos une ristourne fiscale supplémentaire. La fille d'Alexis, Anna Komnènè, succéda à sa grand-mère dans ce patronage : M. NYSTAZOPOULOU-PÉLÉKIDIS, Anne Comnène, protectrice du couvent de Patmos, *Μνημόσυνον Σοφίας Ἀντωνιάδη*, Venise 1974 (Βιβλιοθήκη τοῦ Ἑλληνικοῦ Ἰνστιτούτου Βενετίας 6), p. 8-16 ; voir aussi OIKONOMIDÈS, *Fiscalité et exemption fiscale*, cité note précédente, p. 230-231.

mécontentait une grande partie de ses moines, qui l'abandonnèrent. Il est vrai que certains de ses préceptes menaçaient la viabilité même de sa fondation : son projet initial prétendait, sur le modèle athonite, bannir de l'île laïcs mariés, femmes, adolescents et eunuques, le travail n'étant assuré que par des laïcs célibataires. Les candidats ne paraissent pas s'être bousculés, aussi dut-il se résoudre à permettre la présence des familles, cantonnées dans le nord de l'île. Cette ségrégation, qui interdisait aux femmes et aux enfants la protection des murs du monastère, ne semble pas lui avoir survécu.

Rendu à plus de réalisme dans sa gestion domaniale, débarrassé de la menace turque par la reconquête byzantine en Anatolie, le monastère, devenu stavropègiaque avant 1132 et donc libéré de l'ingérence épiscopale, connut une incontestable prospérité au XIIe siècle, notamment grâce aux productions et aux revenus de sa vingtaine de dépendances dans les îles avoisinantes, en Asie Mineure et en Crète ; Patmos même semble avoir été alors relativement prospère : peu avant 1156, dans son éloge de Christodoulos, Athanasios d'Antioche décrit une île luxuriante où s'ébattent en nombre moutons et chèvres[12]. Le rôle du négoce dans l'économie du monastère fut officiellement sanctionné en 1197 par un chrysobulle autorisant les moines à utiliser un de leurs navires pour commercer « tout ce qui leur semblera approprié », alors que les privilèges antérieurs spécifiaient que ces navires ne devaient transporter que les produits nécessaires au couvent[13]. Une nouvelle campagne de construction à la fin du siècle témoigne de ce moment d'opulence : elle embellit des bâtiments à l'origine tristement fonctionnels. Le monastère conservait pourtant l'aspect extérieur qui est encore le sien aujourd'hui : celui d'une austère forteresse, refuge contre les dangers venus de la mer. Aux pirates musulmans s'ajoutaient désormais les pirates latins : en 1185, les Normands, qui venaient de prendre Thessalonique, tentèrent de s'emparer des reliques de Christodoulos ; ils échouèrent, mais l'année suivante Patmos fit partie des îles rançonnées par Margaritone, l'amiral du roi de Sicile[14]. Tous les visiteurs latins n'étaient pourtant pas aussi agressifs : en septembre 1191, c'est en pèlerin que le roi de France Philippe Auguste fit escale à Patmos où il offrit un don important en numéraire[15]. Ces divers événements n'en présageaient pas moins, chacun à sa manière, la prise de Constantinople par la quatrième croisade, une douzaine d'années plus tard.

Dans l'espace politique morcelé qui naît après 1204, les moines de Patmos durent protéger leur patrimoine de l'avidité des vainqueurs. La *Partitio Romanie*, le traité de partage de l'Empire entre les conquérants francs et vénitiens, plaçait

12. Sur les conditions agraires et économiques à Patmos voir P. KARLIN-HAYTER, Notes sur les archives de Patmos comme source pour la démographie et l'économie de l'île, *Byz. Forsch.* 5, 1977 (= *Les îles de l'Empire byzantin. Symposion Byzantinon. Colloque international des historiens de Byzance. Strasbourg, 25-29 septembre 1973*, éd. F. THIRIET), p. 189-215, ici p. 205.
13. LAIOU, Exchange and Trade, cité *supra* n. 7, p. 741-742, n. 211 ; MALAMUT, *Les îles de l'Empire byzantin*, cité *supra* n. 8, 2, p. 452 ; NYSTAZOPOULOU-PÉLÉKIDOU, Τὰ πλοῖα τῆς Μονῆς Πάτμου, cité *supra* n. 8, p. 98. Document dans BRANOUSÈ éd., *Βυζαντινὰ ἔγγραφα*, cité *supra* n. 9, p. 103-118, n° 11.
14. É. VRANOUSSI, À propos des opérations des Normands dans la mer Égée et à Chypre après la prise de Thessalonique (1185-1186). Du nouveau sur une source hagiographique négligée, *Βυζαντινὰ* 8, 1976, p. 203-211 (reprend EAD., *Τὰ ἁγιολογικὰ κείμενα*, cité *supra* n. 9, p. 140-167) ; MALAMUT, *Les îles de l'Empire byzantin*, 1, p. 122 ; J.-Cl. CHEYNET, *Pouvoir et contestations à Byzance (963-1210)*, Paris 1990 (Byzantina Sorbonensia 9), p. 120.
15. BRANOUSÈ, *Τὰ ἁγιολογικὰ κείμενα*, p. 166 ; EAD. éd., *Βυζαντινὰ ἔγγραφα*, p. 70*. Il est vrai que cette visite du roi de France donne aussi lieu à une nouvelle tentative de vol de reliques.

Patmos dans la zone d'influence de l'empereur latin[16]. Il est cependant douteux que le monastère ait jamais eu affaire à celui-ci, car ces régions demeurèrent sous le contrôle des Byzantins, en raison de la proximité de l'empire de Nicée et d'un État grec autonome dans le Dodécanèse. La conquête latine de 1204 semble cependant avoir porté un rude coup au commerce des flottes monastiques[17]. En outre, plus tangible que la menace d'une conquête militaire était celle des pirates qui opéraient à titre privé. Leurs méfaits à Patmos durant le XIIIe siècle sont récurrents, mais le premier mentionné est le plus intéressant : au début des années 1220, un groupe de pirates s'en prit au monastère et déroba son trésor. Il est probable que ce soit à cette attaque que se réfère en termes très vagues un chrysobulle délivré en mars 1221 par l'empereur byzantin en résidence à Nicée[18], qui constituerait donc un *terminus ante quem*, mais l'essentiel de ce que nous en savons provient d'une série de documents vénitiens enregistrés dans le *Liber plegiorum* de la Commune et qui datent de 1223 et 1224[19]. Ils sont de diverses natures : le premier, du 12 décembre 1223, est un précepte du doge et de ses conseillers à Pietro Norai, de la paroisse de Sant'Ermagora, lui défendant sous peine de 1 000 livres vénitiennes de vendre les objets qu'il a achetés à Marino Giusto, de la paroisse de San Vitale[20]. Le même jour, ce dernier certifie qu'avec ses associés Giovanni Saponaio et Nicolò Stadio il a acheté à Modon (l'une des deux places fortes vénitiennes de Messénie) à Marco Vido et son frère, de la paroisse des Santi Apostoli, à Nicolò, homme de Marco Stado, de la paroisse de San Giovanni Evangelista, à Marco Maglaenzoco, de la paroisse de Santa Agnese, et à leurs associés une série d'objets dont certains sont ceux revendus à Pietro Norai[21]. Un troisième document du même jour révèle quelle était l'origine de ces objets et pourquoi les autorités enquêtaient à leur sujet puisqu'il donne la liste de « ceux qui ont volé et emporté les biens du monastère de Saint-Jean de Patmos » ; parmi ces onze suspects figurent ceux, mentionnés dans le document précédent, qui revendirent le butin à Modon[22]. Les autres actes balisent les étapes de la procédure judiciaire : le 17 janvier 1224,

16. Patmos n'est pas mentionnée dans la *Partitio*, mais les îles voisines de Kôs et Samos ainsi que Strobèlos sur la côte anatolienne, tous lieux dont elle dépendait étroitement, se trouvaient dans la part attribuée à l'empereur. L'hypothèse parfois avancée selon laquelle Patmos aurait été dans la part de Venise est sans fondement.
17. ŽIVOJINOVIĆ, The Trade of Mount Athos Monasteries, p. 110 ; NYSTAZOPOULOU-PÉLÉKIDOU, Τὰ πλοῖα τῆς Μονῆς Πάτμου, p. 103.
18. BRANOUSÈ éd., *Βυζαντινὰ ἔγγραφα*, p. 119-123, n° 13. Le document n'est daté que de l'indiction. F. DÖLGER, *Regesten der Kaiserurkunden des oströmischen Reiches von 565-1453*, éd. P. WIRTH, Munich 1977², 2, p. 30, n° 1755, le considère de 1236. En revanche, 1221 est la datation défendue par V. LAURENT, Le synodicon de Sybrita et les métropolites de Crète aux Xe-XIIIe siècles, *ÉO* 32, 1933, p. 385-412, ici p. 402-403, et retenue par la dernière éditrice.
19. S. BORSARI, *Studi sulle colonie veneziane in Romania nel XIII secolo*, Naples 1966 (Seminario di Storia Medioevale e Moderna 3), p. 43, a signalé ce dossier, sans en donner toutefois une analyse détaillée. Sur le *Liber plegiorum*, voir G. RÖSCH, *Venedig und das Reich. Handels- und verkehrspolitische Beziehungen in der deutschen Kaiserzeit*, Tübingen 1982 (Bibliothek des Deutschen historischen Instituts in Rom 53), p. 184-186.
20. R. CESSI éd., *Deliberazioni del Maggior Consiglio di Venezia*, 1, Bologne 1950 (Accademia dei Lincei, Commissione per gli atti delle assemblee costituzionali italiane) [cité désormais *DMCV* 1], p. 50, n° 14.
21. *DMCV* 1, p. 50, n° 15.
22. *DMCV* 1, p. 50, n° 16 : *Isti sunt illi qui robaverunt et abstulerunt bona monasterii Sancti Iohannis Polmose : Marcus Wido et frater eius de Sancto Apostolo, Donatus de Canareclo, Nycolaus Sagornino, Michael David de Murano, Daniel de Çadra, Petrus de Çadra, socius eiusdem Petri, Piçolus Bonus de Sancto Hermachora, Nycolao Capeleto de Sancto Iohanne Novo, et Marcus Maglaenzoco, de confinio Sancte Agnetis.*

Marco Vido s'engage à obéir aux ordres du doge dans l'affaire du vol du trésor de Patmos, auquel il est soupçonné d'avoir participé (*occasione illius robarie, que facta fuit de rebus seu tesauro Sancti Iohannis in Polmosia, ad quam faciendam dicebatur ipsum Marcum interfuisse*)[23]. Les 4, 5 et 6 février, cinq des suspects, inculpés, obtiennent la liberté grâce à la caution de garants qui s'engagent à les présenter à la justice dans les trois jours suivant sommation sous peine d'amende[24]. En février ou mars, une sentence, perdue, fut rendue par le doge, ses conseillers et le conseil de la *Quarantia*. Marco Vido admit les faits et avoua avoir reçu, comme part du butin, 26 hyperpères et un quart (*manifestavit ipse Marcus ad robariam illam interfuisse, et inde habuisse yperperos XXVI et quartam in sua parte*) : il fut condamné à 100 livres d'amende, que son garant Marco Polo paya pour lui ; le condamné fut déclaré quitte le 2 avril 1224[25]. Donato Benedetto, qui avait reçu seulement 7 hyperpères et demi, avait été condamné à 18 livres[26], Michele David, qui avait reçu 7 hyperpères, à 15 livres[27], Nicolò Sagornino, qui reçut 20 hyperpères et un quart, à 80 livres[28], et Marco Maglaenzoco à 56 livres[29]. On ne sait rien d'éventuelles amendes contre les autres accusés.

Ces documents fournissent des détails précieux sur la composition du trésor de Patmos[30], mais ils permettent aussi de voir que les autorités communales s'employèrent activement à empêcher la vente du butin : elles ne peuvent l'avoir fait que parce qu'elles avaient été saisies d'une plainte du monastère, et que cette plainte ait abouti à la récupération et probablement à la restitution du trésor est une preuve des bonnes relations déjà établies à cette époque avec Venise. Patmos affronta pourtant encore au cours du XIIIe siècle la piraterie des « Italiens sans Dieu » (ἄθεοι Ἰταλοί). Peu avant décembre 1272, Marco Ghisi, membre d'une famille vénitienne établie en Grèce, assiégea le monastère, captura une partie des habitants de l'île et ne les libéra que contre une forte rançon, laissant les moines sans un sou, comme le rapporte le testament du kathigoumène Germanos[31] : Saint-Jean de Patmos avait été alors dépouillé des objets précieux qu'il avait probablement pu recouvrer un demi siècle plus tôt[32]. Un autre raid de pirates survint sous le

23. *DMCV* 1, p. 54, n° 29.
24. Le 4 février Angelo David se porte garant pour son fils Michele, aux arrêts, sous peine de 50 livres (*DMCV* 1, p. 6, n° 10), Tomà Istrigo et Stefano Valentino pour le même sous peine de 25 livres (*ibid.*, p. 6, n° 11), Marco et Domenico Megano de Murano sous peine de 25 livres (*ibid.*, p. 6, n° 12). Le 5 février, Marco Sagornino, de la paroisse de San Geremia, et Leonardo Todero, de celle de San Pietro di Castello, pour Nicolò Sagornino, sous peine de 100 livres, Marco Polo de Canareggio pour Marco Vido, sous peine de 100 livres, Martino Maglaenzoco, de Santa Agnese, pour Marco Maglaenzoco, sous peine de 100 livres (*ibid.*, p. 7, n° 14, 15 et 16), et un autre habitant de la paroisse pour le même (*ibid.*, I, p. 54, n° 30). Le 6 février Pietro Arimondo, de Santa Marina et messer Berengo da Cannareggio pour Donato Benedetto (certainement le *Donatus de Canareclo* de la liste des suspects), de San Geremia, sous peine de 100 livres (*ibid.*, p. 7, n° 17).
25. *DMCV* 1, p. 58, n° 44.
26. *DMCV* 1, p. 58, n° 46 (4 avril 1224) : c'est messer Berengo da Cannareggio qui paya.
27. *DMCV* 1, p. 58, n° 48 (4 avril 1224) : le condamné paya lui-même. Voir aussi la mention ajoutée à *DMCV* 1, p. 6, n° 12 : *persolvit libras XV dictus Michael*.
28. *DMCV* 1, p. 58, n° 51 (11 avril 1224) : Nicolò paya lui-même.
29. *DMCV* 1, p. 58, n° 47 (4 avril 1224) : Marco paya lui-même. Une lacune empêche de connaître sa part dans le butin.
30. Voir Annexe I.
31. BRANOUSÈ, *Τὰ ἁγιολογικὰ κείμενα*, p. 172-174. Pour l'identification probable du pirate, voir G. SAINT-GUILLAIN, Amorgos au XIVe siècle. Une seigneurie insulaire entre Cyclades féodales et Crète vénitienne, *BZ* 94, 2001, p. 62-189, ici p. 127-128.
32. Voir le passage du testament cité en exergue. Le constat de l'higoumène Germanos quant à la disparition de la vaisselle sacrée est confirmé par le fait qu'aucun des objets énumérés dans l'inventaire de 1200 n'est aujourd'hui conservé.

même higoumène en février 1280 : ceux-ci dérobèrent un doigt de saint Christodoulos et furent châtiés sur le champ par une tempête[33]. Au siècle suivant cependant, ce ne sont plus tant les pirates latins que les Turcs dont les déprédations sont redoutées. À cette époque, Patmos a définitivement trouvé sa place au sein de la Romanie latine.

Si les Latins auxquels Saint-Jean de Patmos eut affaire furent surtout les Vénitiens, ce fut aussi en raison de ses possessions en Crète[34]. La colonisation de cette île par Venise, entreprise dans la seconde décennie du XIIIe siècle, y impliquait une réorganisation de la propriété foncière au profit des colons latins et une appropriation de l'autorité publique par les agents de la Commune : elle suscita donc plusieurs révoltes des archontes qui jusqu'alors détenaient l'une et l'autre. La première, en 1211-1212, fut conduite par les Hagiostéphanitai, lignage avec lequel le monastère de Patmos avait des accointances[35]. Lors de la seconde, menée par les chefs de deux autres familles archontales, le sébaste Kônstantinos Skordylès et Théodôros Mélissènos[36], les moines de Patmos, qui possédaient des biens en Crète, soutinrent les rebelles et obtinrent une amnistie dans le traité entre ces derniers et le gouvernement vénitien (13 septembre 1219)[37]. Ce fut le début de la politique de double allégeance du monastère qui joua désormais de sa position frontalière pour assurer sa survie, réclamant par exemple, comme on l'a vu en 1224, la restitution des biens dérobés par les pirates latins, tout en justifiant en même temps par les ravages de ces mêmes pirates l'obtention de nouveaux avantages en Asie Mineure de la part des empereurs de Nicée. Ce double ou parfois triple jeu devait se perpétuer jusqu'à l'époque moderne : contre la confirmation de ses privilèges, Patmos se montrera toujours disposée à reconnaître l'autorité des puissants de l'heure, Byzantins, Latins ou Turcs.

Il n'y a donc aucune raison de supposer, comme on a pu le faire[38], un déclin durable des échanges entre Patmos et la Crète après 1204, sous prétexte que cette dernière île n'appartenait plus à l'Empire grec. On va voir que la flotte du monastère était toujours là pour les assurer. Les bonnes relations établies avec Venise, grâce à la protection des archontes crétois, dès le traité de 1219, et dont la probable restitution du trésor en 1224 est un premier témoignage, permirent au monastère de sauver son patrimoine dans la principale colonie vénitienne et donc de maintenir ses contacts maritimes avec elle. Le prestige dont l'Évangéliste et l'établissement qui lui était consacré jouissaient aussi auprès des Latins joua probablement un rôle dans ce processus, mais ce qui est certain c'est que les biens de Patmos, comme ceux de Sainte-Catherine du Mont Sinaï et contrairement à

33. BRANOUSÈ, *Τὰ ἁγιολογικὰ κείμενα*, p. 170 ; EAD. éd., *Βυζαντινὰ ἔγγραφα*, p. 103*-104*.
34. Sur les relations de Patmos avec la Crète vénitienne aux XIIIe et XIVe siècles, voir S. BORSARI, *Il dominio veneziano a Creta nel XIII secolo*, Naples 1963 (Seminario di storia medioevale e moderna 1), p. 121-123, et Ch. A. MALTÉZOU, Τὰ Λατινικὰ ἔγγραφα τοῦ Πατμιακοῦ ἀρχείου, *Σύμμεικτα* 2, 1970, p. 349-378, surtout p. 349-352.
35. En 1206, le sébaste Stéphanos Hagiostéphanitès avait fait don à Saint-Jean de Patmos de biens situés en Crète : MM, 6, p. 150-151, no XLIV ; sur la famille, voir CHEYNET, *Pouvoir et contestations*, cité *supra* n. 14, p. 239.
36. Sur la révolte de 1217-1219, voir BORSARI, *Il dominio veneziano a Creta*, cité *supra* n. 34, p. 36-39.
37. G. L. F. TAFEL, G. M. THOMAS éd., *Urkunden zur älteren Handels- und Staatsgeschichte der Republik Venedig*, 2, Vienne 1856 (Fontes rerum Austriacarum 13), p. 210-213, no CCLV : *Omnes monachi clerici obedientes de Pathimos et ceteri monasterii qui sunt in tenuta illa debeant esse sine aliqua querimonia et damno*. BORSARI, *Il dominio veneziano a Creta*, p. 122, souligne le rôle de la protection des familles archontales dans l'instauration de l'exception patmiote en Crète.
38. Par exemple NYSTAZOPOULOU-PÉLÉKIDOU, Τὰ πλοῖα τῆς Μονῆς Πάτμου, p. 110.

ceux des grands monastères impériaux, échappèrent à la confiscation. C'est encore grâce à l'introduction d'une clause dans un traité entre des archontes crétois de la famille Skordylès et les autorités vénitiennes, vers 1265, que le cœur de ce patrimoine, le métoque de Saint-Jean de Stylos, se vit confirmer son autonomie par le doge Ranieri Zeno le 11 août 1267[39]. On retrouve au XIVe siècle des indices de la permanence de cette dévotion à Saint-Jean de Patmos dans la bourgeoisie crétoise, et non plus à un niveau aristocratique, par exemple le testament d'un habitant de Candie, Nikolaos Rômaiopoulos (15 juin 1376), qui lègue 500 hyperpères « à la fraternité ou communauté des moines de Saint-Jean de l'île de Patmos, en tant que membre de cette communauté »[40].

Christodoulos avait choisi Patmos pour son isolement, mais le monastère était en fait le cœur d'un réseau dont les composants devaient être maintenus en relation avec le centre sous peine d'asphyxie. Au début du XIIIe siècle, il lui fut donc vital d'obtenir des empereurs de Nicée de nouvelles exemptions facilitant la circulation des navires dans l'espace qu'ils contrôlaient. Mais la ducale du 14 mai 1271 adressée par le doge Lorenzo Tiepolo au duc de Crète témoigne symétriquement de cette nécessité dans l'espace vénitien[41] : le doge signalait au gouverneur colonial qu'il avait été informé de la question du blé et des revenus crétois de Saint-Jean de Patmos ; il ordonnait donc que, malgré les dispositions générales en vigueur, et compte tenu de la bonne réputation des moines, ces derniers pussent continuer à exporter jusqu'à 1 000 mesures de grains de Crète vers leur île, ce que l'administration crétoise les empêchait de faire. De nouvelles difficultés avec les autorités locales survinrent peut-être par la suite car, trente ans plus tard, un certain Paulos, hiéromoine de Saint-Jean de Stylos, fut envoyé par ses frères[42] à Venise afin d'obtenir confirmation de l'acte de 1271, ce qui lui fut accordé par le Sénat : une ducale en ce sens fut adressée au duc de Crète le 22 juin 1307[43]. Les moines de

39. La ducale du doge au duc de Crète Andrea Zeno est perdue mais on en conserve une traduction partielle en grec : MM, 6, p. 220, n° XC. Voir BORSARI, *Il dominio veneziano a Creta*, p. 122, et MALTÉZOU, Τὰ Λατινικὰ ἔγγραφα, cité *supra* n. 34, p. 350. Sur le métoque de Saint-Jean de Stylos voir aussi EAD., Feudatari e contadini a Creta veneziana : il caso di Stilo, *Rivista di Bizantinistica* 3, 1993, p. 299-318.

40. S. MCKEE éd., *Wills from Late Medieval Venetian Crete, 1312-1420*, Washington 1998, 2, p. 752-754, n° 592 : *Primo namque dimitto fraternitati seu comunitati monachorum Sancti Iohannis insule Palmose tamquam unus ex numero ipsius comunitatis yperpera cretensia quingenta* (corriger dans l'édition : *unus* et non *unius*, *numero* et non *numereo*, comme le confirme l'examen du manuscrit). Certainement, Nikolaos dut revêtir l'habit monastique à l'article de la mort. Le 7 janvier 1360, l'orfèvre Géôrgios Sélopoulos institua aussi un legs annuel d'une *salma* de vin en faveur du monastère (*ibid.*, p. 792, n° 625).

41. La ducale de 1271 est insérée dans la confirmation de 1307 (références n. 43) et il subsiste aussi une traduction partielle en grec qui permet de compléter les passages détériorés : MM, 6, p. 221, n° XC. Voir BORSARI, *Il dominio veneziano a Creta*, p. 122, et n. 65 pour la date, ainsi que MALTÉZOU, Τὰ Λατινικὰ ἔγγραφα, p. 350, n. 3 (qui établit le jour).

42. Il représente à la fois Stylos et les moines de Patmos : *honestum virum Paulum, kalogerum Sancti Iohannis de Stilo de insula Crete, nomine dicti monasterii Sancti Iohannis de Stilo et procuratorio nomine kalogerorum [seu] fratrum monasterii Sancti Iohannis de Palmosa*.

43. La délibération du Sénat n'est plus connue que par un bref résumé : Sp. M. THÉOTOKÈS, *Ἱστορικὰ κρητικὰ ἔγγραφα ἐκδιδόμενα ἐκ του Ἀρχείου τῆς Βενετίας. Θεσπίσματα τῆς Βενετικῆς Γερουσίας (1281-1385)*, 1, Athènes 1936 (Μνημεῖα τῆς Ἑλληνικῆς Ἱστορίας 2/1), p. 31, n°s 29-30, et R. CESSI, P. SAMBIN éd., *Le deliberazioni del consiglio dei Rogati (Senato). Serie « Mixtorum »*, 1, Venise 1960 (Monumenti Storici pubblicati dalle Deputazione di Storia Patria per le Venezie 15), p. 123, n° 242. Le texte de la ducale la rendant exécutoire, qui doit en reprendre les termes, est en revanche conservé, quoique mutilé : MM, 6, p. 388-389, n° II. Il en subsiste aussi un extrait traduit en grec : MM, 6, p. 220, n° XC.

Stylos obtinrent aussi l'assurance qu'ils ne seraient plus inquiétés par le châtelain vénitien de Bicorne (Apokorônas)[44]. L'autorisation d'exportation annuelle de mille mesures de grain vers Patmos suscita néanmoins de nouvelles frictions durant le XIVe siècle avec les gouverneurs vénitiens qui « ne permettent pas auxdits caloyers d'exporter toute cette quantité, mais permettent parfois d'en exporter une partie et parfois rien », si bien qu'au bout du compte les moines envoyèrent un autre ambassadeur à Venise, le moine Iôannikios, qui se la fit à nouveau confirmer le 17 novembre 1385[45] : le froment devait provenir des terres de Saint-Jean de Stylos et ne pouvait être acheté, et l'exportation n'était permise que si le cours sur le marché crétois était inférieur à 40 hyperpères les cent mesures. On voit que cette autorisation demeurait vitale pour le monastère insulaire : la préservation de ses domaines en Crète n'avait d'intérêt que s'il pouvait assurer le rapatriement d'une partie des productions ainsi que des revenus provenant du reste de cette production. Stylos demeurait donc dans une stricte relation de dépendance utilitaire avec Patmos : significativement, un économe était à la tête du métoque (le premier cité est Paulos, économe de Stylos qui, le 3 janvier 1296, obtint de Pietro Mudazzo et Pietro Dolfin, conseillers et vice-recteurs de La Canée, confirmation d'une donation de Giacomo Barozzi, jadis recteur de La Canée[46]).

La maison mère s'efforça de mettre en valeur cette dépendance qui bénéficiait de la protection vénitienne, d'autant plus précieuse à l'époque où la défense byzantine s'effondrait en Asie Mineure. En juin 1307, en même temps qu'il obtenait confirmation du privilège d'exportation du grain, le caloyer Paulos présenta une autre requête : il exposa que les moines de Patmos avaient mis à l'abri trente-neuf parèques de cette île (*villanos de insula Palmosae predicta*) à Stylos, par crainte des attaques turques, qui venaient de faire leur réapparition en mer Égée (crainte justifiée : des insulaires avaient déjà été razziés et réduits en esclavage, comme, avant 1305, un certain Nikèphoros Kourtésès[47]). En outre, au temps de la

44. Contrairement aux deux autres, cette mesure n'est plus connue que par le résumé de la délibération du Sénat (Théotokès, *Ἱστορικὰ κρητικὰ ἔγγραφα ἐκδιδόμενα*, cité note précédente, 1, p. 31, n° 30, et Cessi - Sambin éd., *Le deliberazioni del Consiglio dei Rogati*, cité note précédente, 1, p. 123, n° 242) : *Kalogeri de Stilo non graventur per castellanum Bicorne.*

45. Délibération du Sénat dans H. Noiret, *Documents inédits pour servir à l'histoire de la domination vénitienne en Crète de 1380 à 1485*, Paris 1892 (Bibliothèque des Écoles françaises d'Athènes et de Rome 61), p. 2-3 : *cum comparuerit coram nostro dominio quidam Iohannichius calogerius pro parte calogerorum S. Iohannis de Pathmos, devotorum nostrorum, exponens quod ducalis benignitas amore Dei et reverentia sancti Iohannis Apostoli et Evangeliste a tempore quo habuimus insulam Crete concessit dictis calogeriis monasterium S. Iohannis del Scillo* (sic, lire *Stillo*) *positum in districtu nostro Canee, insula Crete, facientes ei plura privilegia immunitatum et in diversis temporibus et specialiter ad extrahendum annuatim mensuras mille frumenti de redditibus dicti monasterii del Scillo, pro conducendo illud ad insulam predictam de Pathmos pro sustentatione calogerorum in dicta insula commorantium ; et quod per rectores nostros non permittuntur dicti calogeri extrahere totam quantitatem predictam, sed aliquando permittuntur extrahere partem et aliquando nichil...*

46. Il s'agissait d'une terre, destinée à la construction de maisons pour les moines du métoque, qui n'avait pas été inscrite au cadastre au nom de l'économe comme elle l'aurait dû. Andriolo et Martinello, crieurs publics, assurèrent avoir arpenté cette terre, et les conseillers confirmèrent la donation : MM, 6, p. 387-388, n° I. Voir Borsari, *Il dominio veneziano a Creta*, p. 122, et n. 66 pour la date, et Maltézou, Τὰ Λατινικὰ ἔγγραφα, p. 351. L'économe peut être identique au caloyer Paulos envoyé une dizaine d'années plus tard à Venise (voir n. 42). Sur le rôle de l'économe dans l'administration des métoques voir Smyrlis, The Management of Monastic Estates, cité *supra* n. 3, p. 247-248 et 251.

47. *Niceforum Curtessi de Sancto Iohanne de Patno* fut affranchi le 9 juillet 1305 par son maître Bando del Gombo, Pisan, jadis habitant d'Anaia et désormais de Constantinople, lequel l'avait acheté à deux habitants *de Nasso* (certainement Assos plutôt que Naxos) qui l'avaient eux-mêmes acheté aux Turcs :

guerre entre Venise et Byzance, les moines de Stylos avaient racheté à des corsaires trente-huit autres parèques qu'ils conduisirent au même endroit[48]. Paulos demandait à ce que Stylos puisse disposer librement de ces soixante-dix-sept parèques, ce qui lui fut accordé contre une redevance annuelle d'un hyperpère par tête versée à la Commune[49]. Le métoque de Stylos apparaît donc à la fois comme un lieu de refuge où mettre à l'abri la main-d'œuvre agricole, richesse bien plus précieuse que la vaisselle d'argent, et comme une source sûre d'approvisionnement et de revenus, à mettre en valeur alors que le patrimoine du monastère dans l'Empire byzantin se réduit comme peau de chagrin. Tous ces bienfaits impliquaient une reconnaissance formelle de l'autorité de Venise par la communauté monastique : chaque année, en signe d'allégeance, l'économe de Saint-Jean de Stylos devait l'hommage d'un faucon au duc de Crète et d'un taureau au recteur de La Canée, à titre de régale.

En échange de cette soumission symbolique, la bienveillance des Vénitiens conservait aux moines de Patmos leurs biens en Crète et leur épargnait les tracasseries de l'administration locale exactement comme la protection des empereurs et des patriarches grecs leur avait longtemps permis d'arrondir leurs biens en Anatolie et dans le Dodécanèse et de les défendre contre les empiétements juridictionnels des évêques : en effet, ouvert au monde latin, le monastère insulaire n'en demeura pas moins jusqu'au début du XIVe siècle étroitement lié à l'Empire byzantin aux marges duquel il se situait encore. Il est donc naturel que les troubles qui agitaient cet empire aient alors trouvé un écho jusque dans cette île lointaine : le schisme arsénite puis peut-être la politique religieuse de Michel VIII semblent

A. M. STAHL éd., *The Documents of Angelo de Cartura and Donato Fontanella, Venetian Notaries in Fourteenth-Century Crete*, Washington 2000, p. 48, nº 125 (l'éditeur a lu *Patro*, mais le protocole du notaire porte bien *Patno* : ASV, Notai di Candia, busta 186, notaio Angelo de Cartura, protocollo, f. 9v) ; le document avait été précédemment signalé, sans références précises et avec attribution erronée au notaire Nicolò Pizolo, par Ch. VERLINDEN, *L'esclavage dans l'Europe médiévale*, 2, Gand 1977 (Rijksuniversiteit te Gent. Werken uitgegeven door de Faculteit van de letteren en wijsbegeerte 162), p. 822.

48. Les opérations de course contre les territoires byzantins se situent en 1300-1302. Le document ne peut se référer à la campagne des capitaines vénitiens Giovanni Querini et Marco Minotto en 1307-1308, car elle lui est certainement postérieure de plusieurs mois et c'était une opération de la marine d'État et non de corsaires.

49. La ducale est transmise par une copie moderne défectueuse et un résumé en grec (MM, 6, p. 389-390, nº III, et p. 221). La décision est aussi partiellement connue par un résumé de la délibération du Sénat correspondante, qui en donne le mois (*Habeant villanos XXXVIIII per eos conductos de Polmosa et reddant communi yperpera 39 pro ipsis*) : THÉOTOKÈS, *Ἱστορικὰ κρητικὰ ἔγγραφα*, 1, p. 31, nº 31, et CESSI - SAMBIN éd., *Le deliberazioni del Consiglio dei Rogati*, 1, p. 123, nº 242. Ce résumé forme une seule notice avec celui concernant l'exportation du grain : les deux décisions sont donc probablement du même jour. La ducale donnait la liste des parèques, mais seul le début en est conservé. Voir aussi BORSARI, *Il dominio veneziano a Creta*, p. 123, n. 67 ; BRANOUSÈ, *Τὰ ἁγιολογικὰ κείμενα*, p. 180 ; MALTÉZOU, Τὰ Λατινικὰ ἔγγραφα, p. 351 ; D. JACOBY, From Byzantium to Latin Romania: Continuity and Change, *Mediterranean Historical Review* 4, 1989 (= *Latins and Greeks in the Eastern Mediterranean after 1204*, éd. B. ARBEL, B. HAMILTON, D. JACOBY, Londres-Totowa, New Jersey 1989), p. 1-44, ici p. 40, n. 70. D. Jacoby est d'avis que la capitation de un hyperpère pour les parèques rachetés signifie que ceux-ci étaient à l'origine des parèques sans maître, ou éleuthères, et comme tels astreints à verser à l'État la redevance servile, le *vilanazio*. Toutefois, la taxation est imposée ici sur les soixante-dix-sept parèques, certainement comme parèques étrangers (ξένοι), et non pas seulement sur les trente-huit rachetés. Sur ces statuts sociojuridiques, voir ID., Une classe fiscale à Byzance et en Romanie latine : les inconnus du fisc, éleuthères ou étrangers, *Actes du XIVe Congrès international des études byzantines (Bucarest, 1971)*, Bucarest 1975, 2, p. 139-152 (= *Recherches sur la Méditerranée orientale du XIIe au XVe siècle. Peuples, sociétés, économies*, Londres 1979, III)

avoir désorganisé l'établissement et entraîné une décomposition temporaire de son patrimoine en territoire byzantin, ce à quoi une lettre patriarcale mit bon ordre une fois la paix revenue au sein de l'Église[50]. Les actes impériaux du XIIIe siècle concernaient aussi les privilèges commerciaux du monastère, dans un empire où le contrôle des activités économiques n'était d'ailleurs plus comparable à ce qu'il fut avant 1204[51]. Théodore Ier et Jean III exemptèrent deux *platidia* du monastère ; après la reconquête de Constantinople (1261), les empereurs Palaiologoi transférèrent l'exemption à quatre *sandalia*[52]. Le *platidion* (πλατίδιον, latin *platida, platina*, *platum*, etc.) est un navire de transport à fond plat, assez rudimentaire[53]. Le *sandalion* (σανδάλιον, latin *sandalum*, *xandalum*, etc.) en revanche est un type de barque de transport, utilisé aussi pour la pêche, mais dont la capacité de charge peut quand même être importante[54]. Souvenons-nous qu'en 1203 l'unique navire exempté de Patmos ne jaugeait que 2 000 *modioi* (340 hectolitres) : il est donc possible que, contrairement à une idée répandue, le tonnage exonéré dont jouissait Patmos dans la seconde moitié du XIIIe siècle ait dépassé de fait les immunités d'avant 1204. Ce n'est pas le seul indice d'un développement de la flotte patmiote à cette époque. Dans son testament de 1272, le kathigoumène Germanos déclare avoir vu, durant son abbatiat, quinze navires chargés coulés à fond, soit une moyenne de un par an : l'armada commerciale ne se réduisait donc pas, dans la seconde moitié du XIIIe siècle, aux quatre *sandalia* dispensés de taxe[55].

Mais la situation changea considérablement avec le XIVe siècle : la conquête turque enleva définitivement à Patmos ses riches possessions en Asie Mineure. Par ailleurs, l'occupation du Dodécanèse par les chevaliers hospitaliers plaça les domaines du monastère dans les îles voisines sous une nouvelle juridiction latine. Au milieu du siècle, pratiquement plus aucun de ses biens ne se trouvait donc sous le pouvoir du souverain grec, si l'on excepte une dépendance dans l'île de Lemnos : les moines n'étaient plus désormais aux portes de l'Empire byzantin, mais bien loin de lui. Parallèlement, la situation du monastère en première ligne des territoires chrétiens face aux Turcs explique son entrée dans le champ des préoccupations de la papauté, principale organisatrice des croisades égéennes : en témoigne l'apparition d'un évêché latin de Patmos, probablement tout virtuel[56]. L'évolution

50. La lettre patriarcale de mai 1292 lui restituant ses dépendances des Spondai et d'Alsos, à Kôs, rapporte que le monastère était prospère jusqu'à ce que les troubles dans l'Église aient dispersé les moines et ruiné leur établissement : V. LAURENT, *Les regestes des actes du patriarcat de Constantinople*. I, *Les Actes des Patriarches*, 4, Paris 1971, p. 339-340, no 1550 ; voir aussi *ibid.*, p. 183, et BRANOUSÈ, *Τὰ ἁγιολογικὰ κείμενα*, p. 177-178. Texte dans MM, 6, p. 240-241, no CIII.

51. Par exemple, MAKRIS, *Studien zur spätbyzantinischen Schiffahrt*, cité *supra* n. 8, p. 246-247, relève qu'avant 1204, les immunités accordées à Patmos spécifiaient les dimensions des navires, alors qu'après 1204 il n'en est plus question, ce qui est certainement le signe de l'absence d'un contrôle administratif en la matière. Voir aussi NYSTAZOPOULOU-PÉLÉKIDOU, Τὰ πλοῖα τῆς Μονῆς Πάτμου, p. 105.

52. *Ibid.*, p. 103-105.

53. Plus d'un siècle auparavant, le testament de Christodoulos mentionnait déjà deux navires de ce type, dont un à deux mâts.

54. M. BALARD, *La Romanie génoise (XIIe-début du XVe siècle)*, Rome 1978 (Bibliothèque des Écoles françaises d'Athènes et de Rome 235), 2, p. 553, signale un *sandalion* qui, en 1289-1290, transporte de Caffa à Trébizonde 700 muids de blé (2 525 hectolitres s'il s'agit de muids de Caffa) ! Cas extrême, mais qui montre qu'il ne faut pas sous-estimer le *sandalion*.

55. MM, 6, p. 230. Voir KARLIN-HAYTER, Notes sur les archives de Patmos, cité *supra* n. 12, p. 213 ; NYSTAZOPOULOU-PELÉKIDOU, Τὰ πλοῖα τῆς Μονῆς Πάτμου, p. 106, n. 1, qui demeure pourtant sceptique sur l'importance de la flotte de Patmos à cette époque.

56. G. FEDALTO, *La Chiesa latina in Oriente*, 1, Vérone 1981[2] (Studi religiosi 3/1), p. 447.

des sources reflète fidèlement ces transformations : pratiquement plus aucun acte patriarcal ne concerne Patmos ; les actes impériaux eux-mêmes ne tardent pas à disparaître presque totalement et les derniers ont précisément pour objet la confirmation ou la concession de propriétés dans ce qui reste encore du domaine insulaire de l'Empire, à Kôs, Lemnos et Chio[57].

C'est que le réseau patmiote a été déchiré par les bouleversements de la géographie politique autour de 1300 et que le monastère se trouve en quelque sorte à cette époque jeté à la mer : il ne peut plus alors compter pour sa survie que sur ses dépendances en territoire latin, mais aussi sur sa capacité traditionnelle à remplir une fonction économique d'échange et non pas seulement de production. Les documents des archives vénitiennes de Crète permettent d'observer ces activités économiques de façon beaucoup plus précise que la documentation grecque. Peut-être doit-on même s'étonner qu'ils ne soient pas plus abondants, mais il faut se rappeler que le port de Crète avec lequel les moines de Patmos devaient entretenir les relations les plus régulières était La Canée, d'où ils chargeaient les productions de leur métoque de Stylos. Or, les documents qui nous sont parvenus ne concernent que Candie, la capitale de l'île. Ils n'en sont que plus intéressants pour notre propos, puisque la présence de navires de Patmos dans ce port ne saurait en revanche se justifier seulement par les nécessités de ce transport des propres productions du monastère mais suppose une activité purement commerciale, unique raison qui puisse d'ailleurs expliquer l'existence et l'emploi d'une flotte monastique : un seul voyage annuel d'un seul navire du monastère aurait suffi à transporter la totalité du grain qu'il lui était permis d'exporter de Crète[58].

Tout navire privé quittant le port de Candie devait obtenir une autorisation administrative et désigner un répondant local qui certifiait notamment que l'embarcation ne transportait pas clandestinement à son bord des esclaves ou des parèques crétois. Il ne subsiste que des épaves de la série complète que ces autorisations, enregistrées dans les livres de l'administration vénitienne de Crète, devaient constituer pour le XIVe siècle, suffisamment néanmoins pour se faire une idée assez précise du réseau d'échange régional dont Candie était le centre[59]. On conserve par exemple un peu moins de 300 de ces autorisations pour la période

57. On conserve vingt actes impériaux pour Patmos de la seconde moitié du XIIIe siècle, six de la première moitié du XIVe (en fait tous du premier tiers du siècle), aucun de la seconde moitié (Ch. KRAUS, Die kaiserlichen Privilegienurkunden für Patmos, *BZ* 91, 1998, p. 359-378, a démontré l'authenticité des chrysobulles de décembre 1326 et juillet 1331, considérés jusqu'alors comme des faux). Il subsiste en outre une quinzaine d'actes de fonctionnaires impériaux postérieurs à 1204, tous du XIIIe siècle. MAKRIS, *Studien zur spätbyzantinischen Schiffahrt*, p. 82, note fort justement que le dernier *horismos* impérial accordant des immunités aux navires de Patmos date de 1283 et que ce n'est probablement pas un hasard. Symptomatique de la transition entre pouvoirs byzantin et latin dans le Dodécanèse est l'acte par lequel Zôè Doukaina Philanthropènè Mouriskissa, épouse byzantine du Génois Andrea Moresco, promet de ne pas s'en prendre aux propriétés de Saint-Jean de Patmos situées à Kôs et Léros (îles que son mari tenait de l'empereur) : MM, 6, p. 247-248, no CVI (non daté mais entre 1304 et 1309, plus probablement 1308/1309) ; sur ce document voir D. POLEMIS, *The Doukai. A Contribution to Byzantine Prosopography*, Londres 1968 (University of London Historical Studies 22), p. 170, no 176, et A. LUTTRELL, The Genoese at Rhodes, 1306-1312, *Oriente e Occidente tra Medioevo ed Età moderne. Studi in onore di Geo Pistarino*, éd. L. BALLETTO, Gênes 1997, 2, p. 737-761, ici p. 743. Moresco est encore un amiral et donc un dignitaire byzantin, mais déjà un Latin.

58. On l'a vu, les moines étaient autorisés à exporter vers Patmos 1 000 mesures depuis leurs dépendances crétoises : notre document 1 montre qu'une gripière pouvait aisément effectuer en un voyage le transport d'une telle quantité.

59. Je prépare une étude d'ensemble de cette documentation : j'y renvoie pour un examen plus détaillé.

comprise entre septembre 1355 et juillet 1357 : sept d'entre elles seulement concernent des navires à destination de Patmos[60]. Chaque fois le document indique le garant local, le patron du navire, le type d'embarcation, la destination et, information qu'on ne retrouve pas dans la documentation ultérieure, la liste des membres d'équipage. Dans six de nos sept cas, l'embarcation a pour patron un moine[61]. Le navire est décrit soit comme une barque (*barcha*), soit comme une gripière (*griparia*)[62] : on peut y voir une évolution des types d'embarcations utilisés par rapport au siècle précédent, si l'on se fie aux pauvres informations des sources byzantines qui, on l'a vu, parlent alors seulement de *platidia* et de *sandalia*. Le nombre de marins va de cinq à onze, sans qu'il paraisse lié au type d'embarcation[63]. Contrairement à ce qui s'observe ailleurs, aucun membre de l'équipage ne se voit assigner de fonction particulière : on n'a pas de mention d'un scribe, et une seule fois d'un pilote (*nauclerius*, mais il est possible que Léôn Patmiôtès que l'on trouve une seule fois avec ce titre exerce néanmoins cette fonction dans les deux autres cas où on le voit paraître). En revanche, sur un total de cinquante-neuf postes de marins, cinq sont occupés par des diacres (*dhiaco* ou *diacus*, pour διάκος), un par un prêtre (*papas*) et un autre par un « caloyer », donc un moine[64]. L'équipage lui-même est donc en partie clérical. Le reste des marins est probablement formé d'habitants de Patmos, comme le montre le fait que l'on retrouve certains d'entre eux lors de voyages successifs, ou bien des porteurs du même patronyme comme Iannès, Léôn et Théotokès Zôtos (*Çotho*) ou Kôstas et Iannès Karônès (*Caroni*), et comme le confirme le nom même de Michaèl, Basileios et Léôn Patmiôtès (*Patnioti* ou *de Patno*, *de Patnos*).

Pour connaître les activités auxquelles se livraient nos moines marins, il faut toutefois se tourner vers un autre type de documentation, car les autorisations de sortie du port de Candie ne disent rien des chargements et de leurs propriétaires. Les actes notariés suppléent heureusement ce manque et le quasi-silence des sources byzantines sur les activités commerciales des navires monastiques. On voit ainsi en juillet 1355 le moine Grègorios, patron d'un linh du monastère qui a pour pilote Léôn Patmiôtès[65], noliser ce navire à un Latin habitant de Constantinople, Francesco delle Grotte[66], pour le transport de 50 *migliaia* de fromage (plus de

60. Voir Annexe II. Les données ne sont pas continues : outre des lacunes ponctuelles, il y en a une plus importante de mi-février à mi-mai 1357.

61. Le patron est qualifié quatre fois de caloyer, une fois de moine, une fois simplement de papas (*papa Georgio Nomico de Sancto Iohanne Palmosa*). Dans des autorisations non examinées ici, on trouve aussi *presbyter* (prêtre) : voir *infra* n. 81.

62. On a quatre fois *griparia*, deux fois *barcha* et un cas où le texte est endommagé. La gripière (*griparia*, *griparea*, en grec γρυπαρία ou γρυπαρέα) est un navire de petit tonnage aux multiples usages, à un seul mât et pourvu de rames.

63. Il est cependant parfois difficile d'être affirmatif quant au nombre de marins en raison de l'état de conservation matérielle du document. On a une fois douze marins, mais pour deux gripières. Le document 2 prévoit onze hommes au total (donc patron et pilote compris) pour manœuvrer un linh.

64. À moins qu'il ne s'agisse dans son cas d'un patronyme, mais compte tenu du contexte c'est peu vraisemblable. Il y a aussi un probable fils de prêtre, Kôstas tou papa Bala (*Costas de papa Valla*).

65 Léôn Patmiôtès est à nouveau associé comme pilote à un moine Grègorios qui est certainement le même, lorsque celui-ci est patron d'une gripière du monastère, exactement un an plus tard, en juillet 1356 : voir Annexe II, n° 3.

66. La présence de celui-ci à Candie était involontaire. Venise et Gênes avaient fait la paix le 1er juin 1355, à l'issue de la guerre des Détroits ; mais auparavant, ou avant que la nouvelle soit connue, les galères de Crète commandées par Pietro Querini avaient capturé la coque de Francesco delle Grotte : voir procuration du 2 juillet à ce dernier par Simon *de Selario*, habitant de Famagouste, pour réclamer

25 tonnes et demie) de Candie à Rhodes, bien que les Patmiotes ne soient pas absolument sûrs que leur navire puisse emporter tout ce chargement[67]. Si tel fut bien le cas, le nolis de 1,5 florin par *migliaio* aura rapporté 75 florins (environ 225 hyperpères). Le navire est décrit ici comme un linh, ce qui fait hésiter à l'identifier à celui qui reçut l'autorisation de quitter le port de Candie en septembre suivant, car ce dernier est qualifié de gripière, même s'il a par ailleurs le même patron et le même pilote[68] : ceux-ci revinrent-ils entre-temps à Candie à bord d'une gripière, ou *lignum* ne désigne-t-il, dans le contrat de nolisement, qu'un navire en général (en fait une gripière) et non un linh ? En tout cas ce document montre la flotte de Patmos impliquée dans un commerce interrégional qui est réputé la chasse gardée des Latins, et pour un type de produit dont on sait que l'île de Patmos elle-même était exportatrice : deux siècles et demi plus tôt, au temps de Christodoulos, les moines vendaient déjà leur propre fromage sur les rives du Bosphore[69]. Il est clair cependant que le fromage est ici crétois et que les Patmiotes ne jouent que le rôle de transporteurs.

Ils n'étaient d'ailleurs nullement spécialisés dans l'acheminement du fromage. En septembre 1353, le moine Iônas et Agapètos Pothètos, qui paraît être un laïc mais un dépendant du monastère de Patmos[70], conclurent un contrat de nolisement avec deux Candiotes pour l'utilisation d'un linh du monastère dans un voyage commercial qui les conduirait d'abord à Kôs, où ils devaient décharger certaines marchandises que l'on doit supposer destinées soit à la commercialisation soit aux besoins des propriétés de Patmos dans cette île, et ensuite de là en « Turquie », c'est-à-dire en Anatolie, pour y prendre livraison d'une cargaison de 1 000 mesures de froment (soit 172 hectolitres environ) appartenant aux deux Candiotes, qui serait rapportée à Candie[71]. Le fret était fixé à 9 hyperpères les cent mesures, soit un gain potentiel de 90 hyperpères pour le transporteur. Les importations vers la Crète de céréales en provenance des territoires turcs sont assez bien connues, mais il est bien sûr particulièrement intéressant de voir les fonctions de transport

au gouvernement vénitien de Crète compensation pour quatre ballots de tissus chargés sur son navire, *sicut est s[criptum] in quat[ern]o tue coche nuper capte per galleas Candide quarum erat capitaneus ser Petrus Quirino habitator dicte Candide*, et autre procuration, du 3 juillet, de Stefano Bavoso, habitant de Pise, à Leale Zane de Venise, demeurant à Candie, pour comparaître à Candie ou Venise et réclamer *mercaciones et res michi ablatas per galleas Candide quarum erat capitaneus ser Petrus Quirino desuper cocham Francisci de le Grote* (ASV, Notai di Candia, busta 101, notaio Giovanni Gerardo, f. 56r). Figure parmi les témoins de cet acte un *Ge(orgius) Guabrielopulo*, soit Geôrgios Gabrièlopoulos, aristocrate et intellectuel byzantin (*PLP*, 2, p. 137, n° 3433), justement attesté à Candie en 1355 par un acte du même notaire, deux folios plus loin (R.-J. LOENERTZ éd., Emmanuelis Raul epistulae XII, *Ἐπετηρὶς Ἑταιρείας Βυζαντινῶν Σπουδῶν* 26, 1956, p. 130-163, ici p. 163). Son intervention ici ne peut guère s'expliquer que par des liens avec Francesco delle Grotte, seul habitant de Constantinople impliqué. Ce dernier donna aussi procuration à Leale Zane *pro quodam suo negocio*, devant le notaire Marco Barisano, mentionnée dans un document mutilé de septembre 1355 (ASV, Duca di Candia, busta 10 bis, *Actorum* 6, f. 19r). Il avait donc quitté Candie à cette date.

67. Document 2. Sur la place du fromage crétois dans le commerce méditerranéen, voir D. JACOBY, Cretan Cheese: A Neglected Aspect of Venetian Medieval Trade, *Medieval and Renaissance Venice. In honor of Donald E. Queller*, éd. E. E. KITTELL, Th. F. MADDEN, Urbana-Chicago 1999, p. 49-68 (voir en particulier n. 19 pour l'estimation du poids).

68. Annexe II, n° 1.

69. KARLIN-HAYTER, Notes sur les archives de Patmos, p. 200-201.

70. Bien qu'il ne soit pas désigné comme tel, Agapèthos Pothètos est peut-être le pilote du navire dont le moine Iônas est le patron. Basileios tou Pothètou, marin sur une barque du monastère en octobre 1356 (Annexe II, n° 4), peut être un parent.

71. Document 1.

assurées par un navire de Saint-Jean de Patmos : les moines avaient perdu les riches domaines de la région du Méandre qui leur assuraient jadis approvisionnement et surplus en céréales, mais ils n'avaient pas pour autant oublié le chemin de l'Anatolie et y disposaient peut-être encore de contacts utiles. Au début du XVe siècle, le prêtre Cristoforo Buondelmonti témoigne, dans sa description des îles de l'Égée, du modus vivendi que les moines avaient établi avec les émirats de la côte micrasiatique et du fait qu'ils continuaient à se procurer dans ces territoires, évidemment par achat, une partie de leur ravitaillement[72]. Ces bonnes relations leur permettaient de jouer aussi un rôle d'intermédiaires entre la Crète et la Turquie, comme en 1403 lorsque, peu après la défaite du sultan Bayezid à Ankara, l'émir de Menteshe restauré par Tamerlan se proposait de faire porter ses offres de paix en Crète « par les gripières des caloyers de Saint-Jean de Patmos »[73].

Bien sûr, les liens de ceux-ci étaient encore plus naturels avec le Dodécanèse, contrôlé par les chevaliers de l'Hôpital, où ils conservaient des propriétés. On n'est donc pas surpris de trouver à nouveau mention le 22 mai 1357 d'une gripière du monastère qui se rendait de Candie à Rhodes[74] : elle avait cette fois pour patron un laïc, Basileios tès Ploumès[75], assisté du pilote Léôn Tzakas. On est plus surpris en revanche de voir un Florentin, Renucio Caserelli, résidant dans la cité micrasiatique de Palatia (Milet), principal centre économique de l'émirat turc de Menteshe, et qui se rendait à Rhodes, certainement à bord de ce navire, emprunter la somme rondelette de 63 ducats au patron et au pilote, mais aussi au moine Kallinikos[76]. Ainsi, non seulement les moines de Patmos louaient leurs navires pour le transport de marchandises appartenant à des tiers, mais ils s'adonnaient également au prêt. De fait, malgré sa limitation théorique, son assimilation à l'usure et son contrôle par l'Église et à sa suite par la législation civile, le prêt à intérêt n'était pas inconnu dans les milieux cléricaux byzantins ; certes, le XIVe siècle fut un moment de remise en cause du prêt par la pensée ecclésiastique[77], mais il n'est que plus intéressant de voir les moines de Patmos, loin de la cour patriarcale, s'y livrer sans complexe.

72. CRISTOFORO BUONDELMONTI, *Liber insularum Archipelagi*, éd. G. R. L. DE SINNER, *Christoph[ori] Bondelmontii, Florentini, Librum Insularum Archipelagi, e codicibus parisinis regiis nunc primum totum edidit*, Leipzig-Berlin 1824, p. 106 ; Buondelmonti attribue la fondation du monastère aux disciples de saint Jean lui-même, *qui dum Christi fidem miraculis magnis praedicaret, multi ex discipulis suis in hanc insulam accesserunt, et monasterium non longe a suo oraculo construxerunt, in quo quidem usque in hodiernum a caloieris habitatur, et, a Turcis nullam habentes molestiam, saepe in Turchiam recurrunt ad sustentationem vitae*.
73. N. JORGA, *Notes et extraits pour servir à l'histoire des croisades au XVe siècle*, 1, Paris 1899, p. 108 : « Le qual letere voleva mandar cum greparie de' caloieri de S. Zuane de Pathmos. »
74. Document 3.
75. Un ans plus tôt Basileios tès Ploumès était marin sur une gripière du monastère : Annexe II, n° 2.
76. Le moine Kallinikos était patron d'une barque du monastère qui quitta Candie deux jours plus tard (voir Annexe II, n° 6). Bien qu'il soit mentionné comme patron de la gripière avec Basileios dans le document 3, il est donc probable qu'en fait ce dernier exerçait seul cette fonction.
77. Au XIVe siècle, la juridiction ecclésiastique supplée aux carences de l'État dans son rôle de contrôle social en s'efforçant de limiter, en partie au mépris des réalités économiques, l'impact du prêt à intérêt sur une société affamée de crédit : N. OIKONOMIDÈS, *Hommes d'affaires grecs et latins à Constantinople (XIIIe-XVe siècles)*, Montréal 1979, p. 54-63, en particulier p. 56 ; LAIOU, The Church, Economic Thought and Economic Practice, cité *supra* n. 7, p. 454-457. D. GOFAS, The Byzantine Law of Interest, *EHB*, 3, p. 1095-1204. Sur l'attitude des canonistes byzantins du XIIe siècle, voir LAIOU, God and Mammon, cité *supra* n. 7, p. 266-285 (p. 274, 278 et 280-281 sur le prêt à intérêt par des clercs).

Outre les marchandises, les navires convoyaient donc aussi des passagers. Un autre contrat, du 14 mai 1372, porte sur un transport de ce genre[78] : Nikolaos Grispos[79], un laïc, patron d'une gripière du monastère de Saint-Jean, y accepte contre argent de conduire à Rhodes un Allemand, Johannes von Geller, certainement un pèlerin qui souhaitait, comme beaucoup de ses pareils, visiter l'île des chevaliers. On peut penser que le transport des pèlerins devait être une occupation assez commune pour les vaisseaux de Saint-Jean, notamment parce que, en raison du prestige entourant l'île, nombre de ceux-ci devaient désirer se rendre à Patmos où la grotte dans laquelle l'Apôtre rédigea l'Apocalypse avait été aménagée à leur intention et décorée de fresques vers le milieu du XIe siècle.

On a déjà vu plus haut un navire de Patmos à destination de la Turquie devant faire escale à Kôs. Le monastère conservait dans cette île d'importantes dépendances et par conséquent y bénéficiait sûrement d'un certain rayonnement social. Michele Damico, un habitant de Chio, se choisit donc des procureurs dont il savait que l'aide pourrait être précieuse lorsqu'il désigna le 12 octobre 1357, pour le représenter et récupérer pour lui l'argent que lui devait un Latin habitant Kôs, trois notables patmiotes : Galaktiôn, l'économe du monastère[80], Pothètos[81], le frère de Barsanouphios, un ci-devant kathigoumène[82], et le prêtre Géôrgios Krètikos[83]. Certains de ceux-ci étaient absents lors de la rédaction de la procuration, mais l'un d'eux au moins était à Candie et ne s'y trouvait pas par hasard : Galaktiôn, l'économe du monastère, y avait été envoyé pour représenter sa communauté dans un procès qui se tint le lendemain, 13 octobre 1357, devant les autorités vénitiennes de Crète et qui impliquait les navires de Patmos. Il nous en montre les équipages dans un rôle inattendu, celui de pilleurs d'épaves : un navire transportant une cargaison de vin appartenant à des marchands crétois avait en effet été attaqué par

78. Document 5.

79. Nikolaos Grispos faisait partie des marins embarqués le 29 juillet 1356 à bord de la gripière patronnée par le moine Grègorios : Annexe II, no 3. Seize ans plus tard il était monté en grade puisqu'il était lui-même patron d'une gripière.

80. Dans SAINT-GUILLAIN, Amorgos au XIVe siècle, cité *supra* n. 31, p. 114, n. 315, j'ai suggéré que Galaktiôn était peut-être non l'économe de Patmos mais celui du métoque de Saint-Jean de Stylos. Cela me paraît à présent exclu : le responsable du métoque est toujours désigné dans les documents vénitiens comme économe de Stylos, et non de Patmos ; en revanche, Galaktiôn apparaît bien comme « économe du monastère de Saint-Jean de Patmos » dans le document 4. L'économe de la maison mère est souvent qualifié de « grand économe » (μέγας οἰκονόμος) (SMYRLIS, The Management of Monastic Estates, p. 247, n. 9) mais cela ne paraît pas le cas à Patmos.

81. Pothètos est probablement le « prêtre Pothètos, patron d'une barque de Saint-Jean de Patmos » (*presbiteri Pothito patrono cuiusdam barche Sancti Iohannis de Patnos*) qui reçut permission de quitter le port de Candie pour Patmos trois ans plus tard, le 11 août 1360 : ASV, Duca di Candia, busta 10 bis, *Actorum* 8, f. 2v.

82. Barsanouphios était inconnu jusqu'ici : il faut l'ajouter à la liste, très lacunaire, des kathigoumènes de Patmos. Mais la chronologie de son abbatiat est impossible à fixer plus précisément : son plus proche prédécesseur avéré est Grègorios, cité en 1307. Notre document montre que Barsanouphios n'était déjà plus en fonction en 1358. Son premier successeur connu de nous paraît être Théodoulos, attesté par une inscription de la fin du XIVe siècle : *PLP*, 4, p. 23, no 7221. Il faut en revanche radier de cette liste le moine Iôannikios, ambassadeur du monastère à Venise en 1385 : MALTÉZOU, Τὰ Λατινικὰ ἔγγραφα, p. 350, et BRANOUSÈ éd., *Βυζαντινὰ ἔγγραφα*, p. *97 et *113, le considèrent comme kathigoumène, mais le document qui le cite ne le qualifie que de caloyer (voir *supra* n. 45).

83. Document 4. Cette procuration en suit une autre du même Michele Damico à Ugolino Sarmea, habitant du bourg de Candie, pour réclamer l'argent que lui devait une certaine Margherita di Mabilia, habitante de Négrepont. Sur Michele Damico voir SAINT-GUILLAIN, Amorgos au XIVe siècle, p. 80, 108 et 116.

des pirates turcs puis abandonné à Grambousa, l'un des ports de l'île d'Amorgos. Deux gripières du monastère de Saint-Jean passèrent par là et les marins firent main basse sur un certain nombre de tonneaux. Dieu sait comment, les marchands l'avaient appris et réclamaient maintenant compensation. Galaktiôn reconnut les faits, mais fit valoir que sur les sept grands et les cinq petits tonneaux dérobés, certains étaient déjà gâtés par l'eau de mer. Il fut condamné à payer 200 hyperpères aux marchands[84]. L'incident est intéressant non seulement pour l'histoire de la flottille patmiote, mais aussi parce qu'il peut témoigner de la permanence de liens entre Patmos et Amorgos, où un monastère local, la Panagia Chozobiôtissa, avait peut-être été longtemps auparavant une dépendance de Patmos. Si cela avait été effectivement le cas, la conquête latine y avait mis un terme, mais la présence des navires patmiotes en 1357 pourrait attester, un peu comme pour l'Asie Mineure, des relations ayant survécu à la rétraction de l'emprise patrimoniale de Saint-Jean de Patmos[85].

Tous ces témoignages posent la question du respect de l'esprit et de la lettre de la règle de Christodoulos : loin de mener leur existence à l'abri de leur île semi-déserte, les moines, ou du moins certains d'entre eux, sont contraints par les nécessités du commerce à endurer la promiscuité de la vie à bord, à fréquenter les ports de Crète, à manier l'argent. Car il est clair que les navires de Patmos, élément désormais fondamental de son patrimoine, sont exploités pour l'essentiel directement par les moines qui ne se font pas seulement marchands, mais aussi marins. Dans deux cas cependant, le patron du navire n'est pas un moine, mais dans un de ces cas un moine est néanmoins présent ; nous ne savons pas à quel titre ces laïcs commandent les embarcations du monastère : peut être simplement comme ses employés ou dépendants, mais il n'est pas exclu non plus que certains navires aient été occasionnellement loués à des laïcs, comme cela se pratiquait déjà aux origines du monastère[86]. Ces cas sont peut-être sous-représentés ici : par exemple, deux autorisations de sortie du port de Candie des 26 mai et 27 juin 1368 concernent une barque puis un linh du monastère dont le patron est Basileios Patmiôtès (*Vasilio de Santo Iohanne Palmosa*, *Vassili da Patno*)[87]. Mais il est néanmoins manifeste que ce n'était pas au milieu du XIVe siècle le mode de rentabilisation le plus ordinaire de ces navires.

Le réseau des possessions de Patmos constitué durant le siècle précédant la prise de Constantinople par les croisés a pu être en partie maintenu et même accru en dépit du fait qu'il se trouvait désormais situé à cheval sur la « ligne de démarcation » entre Latins et Byzantins, mais il s'est trouvé un siècle plus tard lourdement amputé par la conquête turque de l'Asie Mineure. Pourtant, au-delà de cette date, les navires de Patmos continuent à se mouvoir dans l'espace qu'il avait délimité, entre la

84. *Ibid.*, p. 160, no XV (texte du procès), et p. 113-114 et 146 (commentaire et régeste).
85. *Ibid.*, p. 122. Les indices concernant les liens anciens d'Amorgos avec Patmos sont toutefois bien maigres. Ajoutons un petit signe supplémentaire des relations entre les deux îles au XIVe siècle : le 30 juillet 1359, Tomà Ghisi, l'un des coseigneurs d'Amorgos, se porte garant pour un navire de Saint-Jean de Patmos dont le patron est ser Giovanni Catellano (ASV, Duca di Candia, busta 10 bis, *Actorum* 7 [olim 12-13], f. 49v).
86. KARLIN-HAYTER, Notes sur les archives de Patmos, p. 213-214 ; NYSTAZOPOULOU-PÉLÉKIDOU, Τὰ πλοῖα τῆς Μονῆς Πάτμου, p. 93-94 et 108-109.
87. ASV, Duca di Candia, busta 11, *Actorum* 9 (olim 14), f. 75v et 80v. Malgré l'écart de douze ans, c'est probablement le même Basileios Patmiôtès qui commandait un navire en 1356 : Annexe II, no 5.

Crète, le Dodécanèse et la Turquie. Les liens avec le pouvoir impérial perdent dès lors de leur importance : ce sont les relations politiques et économiques au niveau local et régional qui déterminent désormais la survie du monastère, laquelle passe notamment par le maintien et peut-être le développement de ses activités commerciales. Patmos n'est d'ailleurs pas un cas isolé et la vieille excuse du commerce imposé aux moines par la nécessité peut-être pas si éloignée de la vérité en ces temps difficiles : en 1349, un acte de l'empereur Jean VI Kantakouzènos montre qu'un navire d'un tonnage de 100 *politikoi modioi* (307,5 hectolitres), appartenant à un métoque constantinopolitain du monastère athonite de Batopédi est exempté du *kommerkion* pour les produits destinés à son usage propre mais le paye pour les produits destinés à être vendus ; les moines sont par ailleurs sur le point d'acquérir un autre navire de 300 *politikoi modioi* (922,5 hectolitres). En 1356, l'empereur Jean V Palaiologos permet au même monastère d'acheter ou de faire construire un navire plus grand, d'un tonnage maximal de 700 *modioi* (environ 2 153 hectolitres), avec une visée commerciale puisqu'il sera exempté du *kommerkion* et d'autres taxes en mer Noire, en Égée, à Constantinople et dans les îles de l'Empire[88]. En 1415, un navire du monastère de Saint-Georges, dans l'île de Skyros, visitait le Dodécanèse, certainement pour commercer, et même le monastère constantinopolitain de Saint-Athanase possédait un linh qui trafiquait en 1361 aux bouches du Danube, à Kilia[89]. Dans l'empire émietté et privé de substance territoriale des deux derniers siècles de Byzance, les grands établissements monastiques n'ont d'autre ressource pour se perpétuer que de se tourner vers la mer et le commerce et de s'insérer, au niveau régional, dans le système d'échange en partie modelé par les intérêts économiques des républiques italiennes et de leurs colonies. Une reconversion qui n'est pas si éloignée de celle que connaît alors, sous la pression des mêmes contraintes, l'aristocratie byzantine[90].

Guillaume Saint-Guillain

88. Živojinović, The Trade of Mount Athos Monasteries, p. 110-111, et A. Laiou, Economic Activities of Vatopedi in the Fourteenth Century, *Ιερά μονή Βατοπεδίου. Ιστορία και τέχνη*, Athènes 1999 (Αθωνικά σύμμεικτα 7), p. 55-71, ici p. 56-59, dont on suit l'interprétation en particulier en ce qui concerne la capacité du navire de 700 *modioi* : bien que cela ne soit pas spécifié, il s'agirait de *politikoi modioi* et donc d'un grand navire, sinon d'un tonnage global exempté ne correspondant pas à la capacité d'un navire réel (mais cette dernière hypothèse est moins satisfaisante).
89. Oikonomidès, *Hommes d'affaires*, cité *supra* n. 77, p. 75 ; Makris, *Studien zur spätbyzantinischen Schiffahrt*, p. 268-270, qui fournit quelques autres exemples.
90. À propos de la dynamique économique et commerciale de la société grecque en dépit de la prépondérance supposée sclérosante des marchands italiens, voir la synthèse de M. Balard, Les hommes d'affaires occidentaux ont-ils asphyxié l'économie byzantine ?, *Europa medievale e mondo bizantino. Contatti effettivi e possibilità di studi comparati*, éd. G. Arnaldi, G. Cavallo, Rome 1997 (Nuovi studi storici 40), p. 255-265, qui nuance sur ce point les conclusions d'Oikonomidès, *Hommes d'affaires*, p. 114-131, et d'A. E. Laiou, The Byzantine Economy in the Mediterranean Trade System: Thirteenth-Fifteenth Centuries, *DOP* 34-35, 1980-1981, p. 177-222, ici p. 191-217.

ANNEXE I

Le trésor de Patmos et son pillage vers 1220

Des actes entourant le procès perdu de 1224, les plus précieux sont les deux premiers car ils permettent d'établir une liste des objets volés et revendus, pour certains deux fois[91]. Elle peut être confrontée à l'inventaire (κώδιξ) du trésor et de la bibliothèque du monastère dressé en 1200, qui permet une identification plus précise[92].

Les pièces revendues à Modon par les pillards étaient les suivantes :
– Une vingtaine d'icônes, grandes et petites, avec des cadres d'argent (*anconas circumdatas argenti circa XX inter parvas et magnas*). L'inventaire de 1200 mentionne précisément 19 icônes, et fournit des détails minutieux sur leur décoration précieuse[93] : cela signifie que les pirates durent emporter la totalité de celles qui se trouvaient dans le trésor du monastère.
– Des anneaux et des coupelles d'argent pour un poids de six marcs (*et marcas argenti sex inter anulos et scutillos*).
– Deux calices (*duo calices*). L'inventaire de 1200 mentionnait quatre « calices sacrées » (ἅγια ποτήρια), trois en argent et le quatrième en jaspe noir rehaussé d'argent.
– Un encensoir d'argent (*unum teribulum*)[94].
– Une cuiller liturgique (*unum cacillum*)[95]. L'inventaire cite cinq de ces objets d'argent (λαβίδαι ὅμοιαι ε´) destinés à retirer le pain du calice et à donner la communion[96].
– Une patène ou bien peut-être un plateau (*plathone*)[97].

91. *DMCV* 1, p. 50, n° 14 et 15 (12 décembre 1223).
92. L'inventaire de 1200 a été publié par Ch. Diehl, Le trésor et la bibliothèque de Patmos au commencement du 13e siècle, *BZ* 1, 1892, p. 488-525, accompagné d'un copieux commentaire (seul repris dans Id., *Études byzantines*, Paris 1905, p. 307-336). Ch. Astruc, L'inventaire dressé en septembre 1200 du trésor et de la bibliothèque de Patmos. Édition diplomatique, *TM* 8, 1981, p. 15-30, en a procuré une nouvelle édition, corrigeant des erreurs de lecture de Diehl sans dispenser du recours à son étude.
93. Diehl, Le trésor et la bibliothèque, cité note précédente, p. 511-512, et commentaire p. 494 ; Astruc, L'inventaire, cité note précédente, p. 20-21. Des dix-neuf icônes (non compris les reliquaires figurés) énumérées par l'inventaire, seule celle de saint Jean mentionnée en tête paraît encore partiellement conservée aujourd'hui : la décoration de métal précieux du moins semble d'origine, mais la peinture elle-même a été refaite ou remplacée (M. Chatzidakis, *Icons of Patmos. Questions of Byzantine and Post-Byzantine Painting*, Athènes 1985, p. 45-48, n° 2, et pl. 78-79).
94. Dans la liste des objets revendus à Pietro Norai, le mot est toutefois au pluriel (voir *infra* n. 106).
95. P. Sella, *Glossario latino italiano. Stato della Chiesa, Veneto, Abruzzi*, Cité du Vatican 1944 (Studi e Testi 109), p. 96, suggère comme sens *s.v.* « cacillus » : « piccolo calice ? ». Il faut plutôt y voir un diminutif de *cacium*, donc une petite cuiller et non un calice. Dans la liste des objets revendus à Pietro Norai, le mot employé est bien *cacium* : voir n. 106.
96. Sur l'introduction des cuillers dans la liturgie grecque voir B. Caseau, L'abandon de la communion dans la main (ive-xiie siècles), *TM* 14, 2002 (= *Mélanges Gilbert Dagron*), p. 79-94.
97. Le latin *platina* / *platena* est attesté avec la signification de « plateau ». Mais Du Cange, *Glossarium mediae et infimae latinitatis*, 5, Niort 1885, donne parmi les sens du mot *platina* celui de « patène » (voir l'ancien français « plataine », même sens) qui convient mieux ici.

– Un « calice de panagia » (*alius calix de panaghia*), c'est-à-dire un *panagiarion*, un type particulier de plat liturgique, comportant généralement en son centre un médaillon de la Vierge, et utilisé, lors de certains rituels d'inspiration eucharistique, pour l'élévation d'un fragment de pain (il s'agit donc plutôt d'une patène que d'un calice, mais qui adopte souvent la forme d'un bol et non d'un plat[98]).

Le poids de ces divers objets d'argent était de 16 marcs, ce qui représente donc, avec les anneaux et les coupelles, un poids total de 22 marcs (environ 5,25 kg).

– Les pillards firent aussi main basse sur un certain nombre de tissus de soie (*aliquante pecie de seta*), tout ou partie de ceux dont l'inventaire de 1200 donne également le détail.
– Deux ou trois reliquaires pendentifs (ἐγκόλπια) avaient également été dérobés (*et ancolfi duo vel tres*), ce qui est peu comparé à l'inventaire, qui mentionne cinq *enkolpia* et où la liste des reliques forme une section particulière[99].
– Cinq croix, trois à l'armature de fer couverte d'argent, une de bois couverte d'argent (*quatuor cruces quarum tres sunt de ferro cum argento et quarta lignea cohoperta argento*) et une d'argent doré (*et una quinta aurea cohoperta auro* : l'expression, redondante, doit être un lapsus pour « d'argent recouverte d'or »). L'inventaire de 1200 ne connaît que quatre croix : une grande croix d'argent dorée, deux croix cloutées d'argent, une autre émaillée de figures.
– L'argent liquide, tout ou partie de la trésorerie des moines[100], consistait en 200 *manoèlata* (*ducenti manulatos angellatos*[101]). Le *manoèlaton* (μανοηλάτον ou μανολάτον, en latin *manuelatus*, *manlus*, etc.) est un des noms de la monnaie d'électrum valant un tiers de l'hyperpère d'or, ainsi désignée car les espèces les plus courantes étaient celles frappées sous Manuel Ier[102]. Ces *manoèlata* sont dits *angélata* (ἀγγελάτα) ; une source byzantine exactement contemporaine emploie le même adjectif à propos du même type de monnaies[103]. Peut-être signifie-t-il

98. Dans la liste des objets vendus à Pietro Norai, celui-ci est d'ailleurs qualifié non de *calix* mais de *vassellum* : voir n. 106. Sur ce type de récipient et les occasions où il en était fait usage, voir J. J. YIANNIAS, The Elevation of the Panaghia, *DOP* 26, 1972, p. 227-236, et L. Ph. B[OURAS], Panagiarion, *ODB*, 3, p. 1569.
99. Sur les reliquaires, voir DIEHL, Le trésor et la bibliothèque, p. 493-494, et pour le texte, *ibid.*, p. 511-513, et ASTRUC, L'inventaire, p. 20-21 (quatre *enkolpia* sont rangés avec les icônes, un seul avec les reliques). Sur le terme ἐγκόλπιον, voir K. WESSEL, Enkolpion, *Reallexikon zur Byzantinischen Kunst*, 2, Stuttgart 1967-1971, col. 152-164, et plus succinctement S. D. C[AMPBELL], A. C[UTLER], Enkolpion, *ODB*, 1, p. 700. Pour un superbe exemple d'une collection monastique d'*enkolpia*, voir Y. IKONOMAKI-PAPADOPOULOS, B. PITARAKIS, K. LOVERDOU-TSIGARIDA, *The Holy and Great Monastery of Vatopaidi. Enkolpia*, Mont Athos 2001.
100. Sur la circulation et la thésaurisation des espèces à l'intérieur des monastères, voir LEFORT - SMYRLIS, La gestion du numéraire, cité *supra* n. 5 ; voir aussi C. MORRISSON, Coinage and Money in Byzantine Typika, *DOP* 56, 2002, p. 263-275.
101. L'édition porte *augellatos* mais il s'agit certainement d'une erreur de lecture pour *angellatos*.
102. M. F. HENDY, *Coinage and Money in the Byzantine Empire, 1081-1261*, Washington 1969 (Dumbarton Oaks Studies 12), p. 19-20, 27 et 225-226, et T. BERTELÈ, C. MORRISSON, *Numismatique byzantine*, Wetteren 1978, p. 106, n. 1. Le mot peut aussi désigner l'hyperpère du temps de Manuel, mais ce n'est visiblement pas le cas ici.
103. Dans un acte de l'archevêque d'Ochrid Dèmètrios Chomatènos : *Demetrii Chomateni Ponemata diaphora. Das Aktencorpus des Ohrider Erzbischofs Demetrios Chomatenos*, éd. G. PRINZING, Berlin-New York 2002 (CFHB 38), p. 283, no 82, l. 2, on trouve mention de « monnaies tricéphales *angélata* » (νομίσματα τρικέφαλα ἀγγελάτα ; le *nomisma triképhalon* est une autre désignation du *manoèlaton*).

qu'ils ont été frappés par un membre de la dynastie des Angéloi[104], mais, compte tenu de la genèse habituelle des noms de monnaies, il faut plutôt comprendre qu'ils portaient l'image d'un ange (voir par exemple l'adjectif *hagiogéôrgiaton* pour les monnaies de Jean II à l'effigie de saint Georges). Comme ce thème iconographique ne fut pas employé entre 1204 et 1220, il doit s'agir d'espèces antérieures, certainement des monnaies d'Isaac II portant une représentation de l'empereur et de saint Michel côte à côte[105].

La totalité des objets d'argent avaient été revendus par Marino Giusto à Pietro Norai avant que les autorités n'interviennent, mais pas les icônes, les soieries, les reliquaires, les croix et les monnaies[106].

On voit que la plupart des pièces mentionnées en 1223 figurent dans l'inventaire de 1200. L'inverse n'est pas vrai : si toutes les icônes semblent avoir été subtilisées, ce n'est pas le cas des reliquaires, pourtant fort précieux, pas plus que d'aucun des manuscrits qui occupent environ les quatre cinquièmes de l'inventaire[107]. Mais cette liste est seulement celle des objets vendus à Modon à Marino Giusto, et il se peut qu'une autre partie du trésor, dérobée également, ait connu un sort différent. La même incertitude concerne le prix de cette vente : nous connaissons les parts de butin de cinq des pirates, mais leur addition ne peut correspondre à ce que leur paya Marino Giusto, sauf à croire que le trésor fut bradé, car alors il ne leur aurait pas rapporté plus de 80 hyperpères[108]. Cette somme pourrait correspondre plutôt à un butin en espèces, immédiatement partagé, mais elle est un peu élevée pour coïncider avec les 200 *manoèlata* dérobés au monastère et, en outre, ces monnaies font partie des objets vendus à Modon. Dans cette hypothèse, la trésorerie des moines aurait donc recelé en argent liquide d'une part les 80 hyperpères environ, que les pirates auraient aussitôt répartis entre eux, et d'autre part les 200 *manoèlata*

104. E. Trapp *et alii*, *Lexikon zur byzantinische Gräzität besonders des 9.-12. Jahrhunderts*, 1, Vienne 1994 (Veröffentlichungen der Kommission für Byzantinistik VI/1), p. 6, citant Chomatènos (voir n. 103), fait de l'adjectif un substantif τὸ ἀγγελάτον et propose comme sens : « Münze mit dem Bildnis eines Herrschers aus der Familie Angelos ».
105. M. F. Hendy éd., *Catalogue of the Byzantine Coins in the Dumbarton Oaks Collection and in the Whittemore Collection*. IV, *Alexius I to Michael VIII, 1081-1261*, Washington 1999, 1, p. 368 et p. 373-377. C. Morrisson, The Emperor, the Saint and the City: Coinage and Money in Thessalonike from the Thirteenth to the Fifteenth Century, *DOP* 57, 2003, aboutit à la même conclusion que moi quant au sens de l'adjectif *angélaton* (je la remercie de m'avoir signalé ce point avant la parution de son article).
106. Le document donnant la liste des objets revendus à Pietro Norai (*DMCV* 1, p. 50, n° 14) mentionne explicitement seulement les deux calices, le *panagiarion*, la cuiller et des encensoirs, mais ajoute « et d'autre argent » (*videlicet duos calices argenteos et vassellum I argenti, quod appellatur panagia, et cacium I argenti, et teribulos argenti, et alium argentum, qui inter istum et alium fuit marche XXII*). Or, le poids total de ces articles, 22 marcs, correspond à celui que nous avons trouvé plus haut pour l'ensemble de la vaisselle d'argent dérobée au monastère.
107. En revanche, c'est surtout la section de l'inventaire donnant la liste des manuscrits qui a suscité analyses et commentaires, les intérêts des byzantinistes différant souvent de ceux des pirates. Les moines de Patmos veillèrent toujours à enrichir cette bibliothèque, notamment par la copie de manuscrits et par des dons, mais aussi par d'autres moyens. Pour un exemple original de leurs méthodes d'acquisition, voir comment, en 1462, les procureurs du monastères se font rembourser une partie des revenus du métoque de Stylos sous forme de deux manuscrits, dont un manuscrit ancien de saint Jean Damascène : G. Saint-Guillain, Le copiste Géôrgios Chômatas et les moines de Patmos, *RÉB* (sous presse).
108. Il manque d'ailleurs la part de Marco Maglaenzoco, en raison d'une lacune du texte. Sans elle, on arrive à 61 hyperpères. Bien que l'amende ne soit pas exactement fonction de la part de butin, on peut estimer que, condamné à 56 livres, il n'a pas dû toucher plus de 20 hyperpères, ce qui porterait le total autour de 80 hyperpères au plus.

que, pour une raison inconnue, ils auraient préféré écouler avec l'argenterie. Une autre hypothèse est cependant envisageable et même préférable : le sort de six des pillards présumés nous demeure inconnu ; il n'est pas impossible que, bien que nous l'ignorions en raison de l'état de la documentation, ils aient été également coupables et aient reçu eux aussi leur part du bénéfice, dont le total serait alors bien supérieur à 80 hyperpères et devrait plutôt se situer entre 150 et 200 hyperpères, une somme parfaitement susceptible d'être celle retirée de la vente des objets du trésor et des *manoèlata*[109].

109. Le *manoèlaton* valant en principe 1/3 d'hyperpère, 200 *manoèlata* égalent à peu près 66,5 hyperpères ; 5,25 kg d'argent correspondent grosso modo à une valeur de 125 hyperpères. Sans compter les icônes, les soieries, les reliquaires et les croix, le trésor atteignait donc déjà une valeur supérieure à 190 hyperpères. Il va de soi que, en raison de sa provenance frauduleuse, il a pu néanmoins être monnayé en dessous de sa valeur réelle.

ANNEXE II

NAVIRES DE PATMOS EN PARTANCE DU PORT DE CANDIE (SEPTEMBRE 1355-JUILLET 1357)*

1. 1355, 24 septembre
TYPE DE NAVIRE : *griparia*
PATRON : *calogerus Gligori*
GARANT : *[... ...] habitator burgi Candide apud ecclesiam Sancti Iohannis Exafilina*
DESTINATION : Patmos
LISTE DES MARINS (10) : *Leo Patmioti nauclerius ; papa Michael ; dhiaco Gharvatino ; dhiaco Amurgini ; [... ...] ; Iani tu Çoghu ; Iani tu Calu ; Leo Franco ; Lendi calogero ; Georgius [...]*
2. 1356, 5 juillet
TYPE DE NAVIRE : *due griparie*
PATRON : *Theodullus calogerus*
GARANT : *Iohannes Mortadho habitator burgi Candide*
DESTINATION : Patmos
LISTE DES MARINS (12) : *Iani Çotho ; Leo Çotho ; Canicopulo ; Michael Cluneri ; Pothito de Gemelana ; Iohannes tu Chalu ; Vasili tis Plumis ; Iani, diacho ; Decapsita ; Vasili tu Çan[...] ; Costas Lorio (?) ; Vasili, diaco*
3. 1356, 29 juillet
TYPE DE NAVIRE : *griparia*
PATRON : *Gregorius calogerus*
GARANT : *[...] [...]dho habitator burgi Candide*
DESTINATION : Patmos
LISTE DES MARINS (11) : *Leo Patmioti ; Iohannes Theodoritus ; Costas Caroni ; Iani Caroni Callo Cacomandria ; Iani Psara ; Georgius Andriomeno ; Kiriachus [...] ; Iani Tralina (?) ; Nicolaus Grispo ; Nichitas Crussati*
4. 1356, 1er octobre
TYPE DE NAVIRE : *barcha*
PATRON : *papas Georgius Nomico de Sancto Iohanne Palmosa*
GARANT : *Michael Basilo cultrarius habitator Candide*
DESTINATION : Patmos (?)**
LISTE DES MARINS (5) : *Vassili de Pothitu ; Caçuri Proghoro ; Vassili Çangari ; Theotoqui Çotho ; Costas de papa Valla*
5. 1356, 12 novembre
TYPE DE NAVIRE : *[...]*
PATRON : *Basilius Patnioti*
GARANT : *[... ...]*
DESTINATION : Patmos
LISTE DES MARINS (5) : *Michael de Pathno ; Michali Thlacicha ; Michali Canioti ; Thodoro [...] ; [... ...]*
6. 1357, 24 mai
TYPE DE NAVIRE : *barcha*
PATRON : *Calinicus calogerus Sancti Iohannis de Pathmos*
GARANT : *[Nico]laus Clinioti filius naturalis ser Mathei*
DESTINATION : Patmos
LISTE DES MARINS (9) : *Leo de Patnos ; Vassili Zacharia ; Iohannes Charolambi ; Leo Franco ; [...] Nicherodres ; diacus Cornaropulo ; Michael Vlacita ; Vassili Çangari ; Costas Gipsia*
7. 1357, 26 juin
TYPE DE NAVIRE : *griparia*
PATRON : *Ianichi monacus de Sancto Iohanne Palmosa*
GARANT : *[P]etrus Tarello habitator burgi Candide*
DESTINATION : Patmos
LISTE DES MARINS (7) : *Iani Çotho ; papa Caloianni ; Pregh[...] de Çancarina ; Çorçi Lunardo ; Calo Caçomandrinus ; Callo Amurgino ; Constantin Crisopoliti*

* Sources : ASV, Duca di Candia, busta 10 bis, *Actorum* 6, f. 17v, 62r, 66v, 80v, 88v, 117v, 125v. Dans ce tableau, les noms des patrons ont été dans la mesure du possible mis au nominatif et non au cas auquel ils figurent dans le document.
** Le document est détérioré mais la destination est probablement Patmos.

DOCUMENTS

1. 1353, 11 septembre, Candie. Le moine Iônas et Agapètos Pothètos, servants du monastère de Saint-Jean l'Apôtre et Évangéliste de Patmos, concluent un contrat avec Iôannès Modènos, habitant Candie, et Géôrgios Rômènos, habitant du bourg, qui devront s'embarquer avec eux à bord du linh du monastère actuellement dans le port de Candie et se rendre à Kôs, où le navire sera déchargé des marchandises qui s'y trouvent, puis en Turquie. Là, Modènos et Rômènos chargeront dans les dix jours 1 000 mesures de froment, après quoi le navire reviendra à Candie. Le fret sera de 9 hyperpères pour cent mesures.

ASV, Notai di Candia, busta 101, notaio Giovanni Gerardo, f. 253r. En marge à droite : *Ionne monaci et al(iorum) soc(ium) suorum.*

Die undecimo. Manifestum facimus nos Ionnas monachus et Agapitus Pothyto famuli monasterii Sancti Iohannis Apostoli et(a) *Evangeliste de Patmos ex una parte et Iohannes Modino habitator Candide ac Georgius Romino habitator burgi Candide ex altera cum nostris successoribus et heredibus vicissim quia nos Iohannes et Georgius tenemur ascendere super lignum suprascripti monasterii presentialiter in portu Candide manens et accedere cum vobis Ionna et Agapito ad Langonum ubi debetis disonerare dictum lignum de mercibus quibus nunc est oneratum et inde recedere quam cito fieri poterit, accessuri Turchiam in parte illa que vobis et nobis videbitur magis securus, ubi debemus vobis presentare mensuras Cretenses*(b) *frumenti mille infra dies decem postquam illuc applicuerimus, quo onere recepto teneamini reverti Candidam simul nobiscum absque mora, salvo tamen impedimento Dei et dominationis. Tamen est sciendum quod superfluum oneris dicti ligni vos potestis ponere ad libitum vestrum. Et pro nabulo cuiuslibet centenarii mensurarum suprascripti frumenti,*(c) *teneamur dare vobis yperpera Cretensia novem infra dies octo postquam onus nostrum nobis presentaveritis Candide. Ad hec autem nos suprascripti Ionnas et Agapitus sumus contenti et illa tenemur attendere et observare modo et ordine suprascriptis. Si qua igitur partium etc. pena yperperorum viginti quinque, contractu firmo. Testes Io(hannes) de Firmo notarius, Ni(colaus) Iusto, Andr(eas) Lamfule, He(manuel) Quirino, Ni(colaus) Mar(ci) Brogognono. Complere et dare.*

Dedi suprascripto Iohanni Modino. Dedi Agapito suprascripto similem.

(a) *Apostoli et* suscrit. – (b) *Cretenses* suscrit. – (c) *suprascripti frumenti* suscrit.

2. 1355, 13 juillet, Candie. Le moine Grègorios, patron, et Léôn Patmiôtès, pilote, tous deux du monastère de Saint-Jean l'Évangéliste de Patmos, s'engagent auprès de Francesco delle Grotte, habitant de Constantinople, à prendre à bord du linh du monastère ancré dans le port de Candie 50 *migliaia* de fromage, ou tout ce que le navire pourra contenir. Le chargement devra être présenté dans les huit jours et transporté à Rhodes où sera réglé le fret d'un florin et demi par *migliaio*.

ASV, Notai di Candia, busta 101, notaio Giovanni Gerardo, f. 58r (alias 102r). En marge à droite : *Gregorii monaci et Leonis Patnioti ac Francisci de le Grote.*

Die terciodecimo. Manifestum facimus nos Gregorius monachus patronus et Leo Patnioti nauclerus ambo de monasterio Sancti Iohannis Evangeliste de Patmo ex una parte et Franciscus de le Grote habitator Constantinopoli ex altera cum nostris successoribus et heredibus vicissim quia nos Gregorius et Leo nauliçamus tibi Francisco super lignum monasterii suprascripti nunc existens in portu Candide milliaria quinquaginta casei vel tot quot ipsum lignum apte continere poterit si non potest continere dictum numerum specificatum, et debemus habere ipsum lignum preparatum et furnitum de omnibus sibi neccessariis et cum perso nis undecim inter omnes. Tu vero teneris hinc ad dies octo proximos incipere ad dandum nobis dictum onus et continuare sine dilatione ad dandum illud donec perfecte illud recipiamus. Et illo recepto, debemus recedere de dicto portu cum tempus habebimus congruum, sine impedimento Dei et dominationis, causa eundi et pro eundo recte Rodum ubi teneris dare nobis pro nabulo cuiuslibet milliarii dicti casei florenum auri unum ac dimidium infra dies decem postquam Rodum applicuerimus. Ad hec autem ego Franciscus suprascriptus sum contentus et teneor attendere et observare omnia suprascripta, remotis quibuslibet occasionibus et exceptionibus. Si qua igitur partium etc. pena yperperorum quinquaginta, contractu firmo. Testes Ra(nucius) Geno, Ni(colaus) de Clementino, Mar(cus) de Raynerio, He(manuel) Cortesano. Complere et dare.

Dedi Gregorio monacho suprascripto.

3. 1357, 22 mai, Candie. Renucio Caserelli, de Florence, habitant à Palatia, reconnaît avoir reçu du moine Kallinikos et de Basileios tès Ploumès, patrons, et Léôn Tzakas, pilote d'une gripière du monastère de Saint-Jean l'Apôtre et Évangéliste de Patmos un prêt d'une valeur de 63 ducats, remboursable dans les dix jours suivant l'arrivée du navire à Rhodes.

ASV, Notai di Candia, busta 101, notaio Giovanni Gerardo, f. 101r.

Die vigesimo secundo. Manifestum facio ego Renucius Casereli de Florencia, habitator in Palatia Turchie, quia recepi cum meis heredibus a vobis Calini[co](a) *monacho*(b) *et Baxilio de Plumu patronis et Leone Çacha nauclero unius griparee monasterii Sancti Iohannis Apostoli et Evangeliste Patmensis et vestris successoribus tantum de vestro habere quod ascendit ducatos Venetos auri iusti ponderis sexaginta tres, quos debeo dare et deliberare vobis vel parti vestrum hanc cartam per manibus habenti a modo in antea infra dies decem postquam vestrum lignum predictum applicuerit portum Rodi de suo presenti viatico, existente tamen dicto vestro habere in vestro tali periculo maris et gentium clarefacto in quali erunt dictum lignum et eius merces. Hec autem pena capitalis et ducatorum auri*(c) *XX pro centenario etc. Testes ser Mi(chael) de Ceca, ser Io(hannes) de Torcello quondam ser Pas(qualis), An(tonius) de Canale. Complere et dare. Dedi.*

(a) Fin de la ligne effacée au coin supérieur droit du folio. – (b) *monacho* répété et barré. – (c) *auri* suscrit.

4. 1357, 12 octobre, Candie. Michele Damico, habitant de Chio, donne procuration à Galaktiôn, économe du monastère de Saint-Jean de Patmos, à Pothètos, frère de Barsanouphios jadis higoumène du dit monastère, et au papas Géôrgios Krètikos, tous habitants de Patmos, absents, pour recouvrer ce qui lui revient auprès des exécuteurs testamentaires ou héritiers de Bertino Filacanevo d'Ancône, jadis habitant de Kôs.

ASV, Notai di Candia, busta 101, notaio Giovanni Gerardo, f. 117v.

Eodem die. Michael de Amico suprascriptus facit commissionem(a) *ser Galactioni yconomo monasterii Sancti Iohannis Patmensis et Pothyto fratri ser Varssanufii olim ygumeni eiusdem monasterii ac papati Georgii Critico, omnibus habitatoribus Patmi, absentibus tanquam presentibus, in quorum vel cuius manibus erit,*(b) *ad pettendum, recipiendum a commissariis vel heredibus aut possessoribus bonorum Bertini de Ancona*(c) *Filacanevo quondam habitatoris Langoni olim filii Nicolai Filacanevo totum id quod ab eis pettere et exigere poterunt et debebunt quocumque modo, cum cartis et sine cartis, et respondendi, cartas securitatis, manifestationis, pacti et concordie et quicquid aliud opus fuerit faciendi etc. Si igitur etc., pena suprascripta, contractu firmo. Testes suprascripti. Complere et dare sibi. Dedi.*

(a) *commissionem* suscrit. – (b) *in... erit* suscrit. – (c) *de Ancona* suscrit.

5. 1372, 14 mai, Candie. Contrat de transport : Nikolaos Grispos, de Patmos, patron d'une gripière du monastère de Saint-Jean, s'engage à conduire à Rhodes Johannes von Geller, d'Allemagne, avec ses bagages, contre un nolis de quinze ducats.

ASV, Notai di Candia, busta 11, notaio Antonio Bresciano, protocollo II, f. 96v (olim 301v).

Eodem die. Manifestum facimus nos Nicola Grispo de insula Pathmos patronus cuiusdam griparee monasterii Sancti Iohannis dicte insule ex parte una et Iohannes de Geler de Alamania ex parte altera cum nostris heredibus una pars alteri vicissim quia in Christi nomine ad talem pactum et concordium advenimus presentem nauliçationem facientes hoc modo nam ego suprascriptus Nicola contentus sum conducere te suprascriptum Iohannem(a) *in Rodum, Deo dante, cum dicta griparea*(b) *et accipere super eam res et arnesias tuas et merces si ipsam onerare volueris ita quod sit ad postam tuam usque ad dictum locum, recedendo de portu Candide per totam XVIII*[am] *diem mensis maii instantis vel antea. Ego autem suprascriptus Iohannes contentus sum tibique suprascripto Nicole promitto hinc*(c) *recedere ad dictum terminum et venire tecum in Rodum cum dicta gripparea, et pro eius nabulo tibi dare debeo statim ut applicabimus in Rodum ducatos auri boni et iusti ponderis Veneciarum XV. Si quis igitur partium etc. pena yperperorum Cretensium XXV, contractu firmo. Testes suprascripti. Complere et dare parti cuilibet cartam suam.*

Dedi suprascripto Nicole. Dedi suprascripto Iohanni.

(a) *suprascriptum Iohannem* en note à la suite du texte avec signe de renvoi. – (b) *cum dicta griparea* suscrit. – (c) *hinc* suscrit.

Une autre fonction des capitaines de galées du marché vénitiennes : le contrôle des officiers d'outre-mer

Doris Stöckly

La splendeur notoire de la Sérénissime est due avant tout à sa forte position dans le commerce international maritime organisé en un véritable système de navigation d'État, mais on trouve également une navigation privée sous réglementation d'État[1].

La commune de Venise avait recours en temps de paix à ses galées de guerre bien armées, mais d'assez faible tonnage, pour le trafic de biens précieux de faible volume, ce qui avait pour avantage de rentabiliser les navires de guerre et en même temps de protéger le transport de biens légers précieux. En mettant aux enchères tous les ans un nombre de galées limité sur différentes lignes, à des dates de voyage précises, des escales prescrites et en fonction de nolis définis, la Sérénissime contrôlait donc une bonne partie du grand commerce, tout en mettant à la disposition de ses hommes d'affaires la protection et les subventions nécessaires. Moyennant la somme offerte aux enchères les patrons se faisaient attribuer le droit d'effectuer un voyage commercial sous la protection des privilèges de la Commune. Pour les nobles, qui seuls se voyaient attribuer le droit de commander ces galées marchandes, et pour les négociants, ce système constituait une garantie de l'État pour leurs affaires. Les formes usuelles de contrats (la commande et la *colleganza*) permettaient aux Vénitiens moins aisés d'investir de petites sommes dans ce même commerce et de profiter ainsi de ces dispositions[2]. À côté de ce commerce dirigé par la Commune, un grand nombre de navires privés voyageaient sans être soumis à une réglementation aussi stricte : des navires ronds et des nefs, susceptibles de transporter avec un équipage réduit les grandes charges volumineuses, effectuaient le trajet à moindre coût.

Dans l'intérêt du système, il fallait disposer d'un réseau de ports et de personnels participant au commerce dans les villes et territoires outre-mer produisant les biens convoités que les caravanes acheminaient. Des quartiers urbains, des comptoirs, voire des colonies vénitiennes, se développaient tout autour de la Méditerranée, en partie à la suite des croisades. Deux éléments de base pour le commerce international de Venise apparurent ainsi : les *regimen*, territoires entièrement sous domination vénitienne, et les *rettorie*, désignant la communauté des résidents vénitiens dans des

1. B. Doumerc, Il dominio del mare, *Storia di Venezia* 4, Rome 1996, p. 113-180 ; D. Stöckly, *Le système de l'incanto des galées du marché à Venise*, Leyde 1995 (The medieval Mediterranean 5).
2. Au début des convois on constate effectivement un nombre plus élevé d'investisseurs par galée qui par la suite se concentre sur quelques familles riches, voir B. Doumerc, D. Stöckly, L'évolution du capitalisme marchand à Venise : le financement des *galere da mercato* à la fin du xve siècle, *Annales, Histoire, Sciences Sociales* 50/51, 1995, p. 133-147.

Chemins d'outre-mer. Études d'histoire sur la Méditerranée médiévale offertes à Michel Balard.
Paris, Publications de la Sorbonne, 2004 (Byzantina Sorbonensia 20)

contrées placées sous la juridiction d'une autorité locale[3]. L'administration était toutefois semblable à celle de la métropole : un seul homme, dépositaire du pouvoir de la Sérénissime et appelé bailli, recteur ou consul, la dirigeait, assisté par deux conseillers, tous patriciens élus à Venise par le Grand Conseil. Parallèlement un conseil local délibérait sur la politique locale. Le consul – en l'occurrence celui de La Tana, dont il sera plus loin question – emmenait sa *familia*, un certain nombre de fonctionnaires et serviteurs, des hommes d'armes, un scribe, un médecin, etc. Une partie de ces fonctionnaires d'outre-mer étaient également élus par la Sérénissime qui les rémunérait. Le consul touchait également un salaire et il lui était interdit de faire du commerce jusqu'à l'avant-dernier mois de sa mission. Au terme de celle-ci, limitée normalement à deux ans, il était tenu de rendre compte de sa gestion devant les officiers de la *Razon*[4]. L'*Avogaria di Comun* était également en mesure de mener des enquêtes auprès des administrations locales. Ainsi, le système du commerce international impliquait à côté des hommes d'affaires – voyageurs ou résidents – un personnel très important à Venise même et dans les comptoirs autour de la Méditerranée.

Pour s'assurer un certain contrôle des agents et des territoires outre-mer, Venise avait recours à différentes formules, renforçant ainsi son pouvoir et garantissant la stabilité du droit pour ses sujets même à l'extérieur de la cité[5] : d'une part, le consul et ses conseillers se surveillaient mutuellement et dès le milieu du XIVe siècle un *sindicatus* fut installé ; il était envoyé périodiquement par la Sérénissime pour enquêter sur les territoires et prendre les mesures nécessaires en vue d'améliorer l'administration locale[6]. D'autre part, celle-ci se servait également depuis le début du XVe siècle des capitaines de convois de galées d'État, pour enquêter sur l'administration locale et porter les plaintes devant les tribunaux à Venise. Issus des familles les plus respectées et toujours très expérimentés aussi bien en matière de commerce que de navigation, ils étaient responsables des voyages dans le cadre du régime d'État et disposaient d'un pouvoir absolu sur l'équipage et les marchands embarqués. Ils prenaient connaissance des droits et devoirs qu'ils acceptaient par une déclaration écrite standardisée assortie d'un serment, appelée *commissio*.

En 1406 le Grand Conseil confie le contrôle des recteurs aux avocats de la Commune[7], et en 1414, le Sénat et les *additiones*[8] ajoutent dans les commissions des capitaines des galées de Romanie, outre le contrôle des galées, la surveillance des magistrats vénitiens d'outre-mer : en tant que représentants de la *Signoria*, ils assuraient la présence du pouvoir de l'État dans les territoires d'outre-mer, notamment à La Tana. Les capitaines des convois de galées marchandes prêtaient serment donc avant tout voyage *quod debeant audire omnes conqueri volentes de consulibus, consiliariis, capellannus, [concurlatonibus ?] et aliis de familia consulum Tane et acipere omnes querellas et testificationes eis productas*[9]. Une fois arrivés au terme

3. Pour l'organisation des territoires d'outre-mer, voir F. Thiriet, *La Romanie vénitienne au moyen-âge : le développement et l'exploitation du domaine colonial vénitien*, Paris 1959 (Bibliothèque des Écoles françaises d'Athènes et de Rome 193), p. 191-198.
4. M. Caravale, L'evoluzione delle strutture, *Storia di Venezia* 3, Rome 1997, p. 347 s.
5. *Ibid.*, p. 347.
6. Thiriet, *La Romanie vénitienne*, cité *supra* n. 3, p. 198 s.
7. G. Gullino, L'evoluzione costituzionale, *Storia di Venezia* 4, cité *supra* n. 1, p. 348.
8. Les *additiones* ou *zonte*, sont des commissions de *Savi* (sages) instaurées pour résoudre un problème défini, mais devenues stables, qui participaient par exemple à la *Signoria*, A. Da Mosto, *L'archivio di Stato di Venezia: indice generale storico, descrittivo ed analitico* 1, Roma 1937, p. 22.
9. *Et illis consulibus, consiliariis et aliis de familia dicti consuli qui videbuntur ipsi capitanei fefelisse seu*

du voyage, les capitaines de convoi devaient se présenter et proclamer publiquement la possibilité pour quiconque de déposer plainte auprès d'eux contre tout fonctionnaire du *regimen*, le consul aussi bien que sa *familia* et tout membre du conseil local. Les capitaines devaient également recevoir sous forme écrite toutes les plaintes et les témoignages. Quand ils étaient convaincus de la culpabilité d'un magistrat, ils lui donnaient l'occasion de prendre connaissance du dossier et l'invitaient à prendre position et à se défendre. Ils rapportaient ensuite le dossier d'accusation à Venise et le présentaient aux avocats de la Commune qui poursuivaient l'accusé suivant des règles définies[10].

Pour garantir une certaine sécurité du droit dans cette ville, où le droit institutionnel n'avait qu'une importance relativement limitée, une procédure fixe, transparente et affirmée était nécessaire. Elle se déroulait devant le Sénat, les XL et l'*additio*[11], et comportait en effet sept étapes : la dénonciation, qui pouvait émaner d'un individu aussi bien que d'un autre organe du gouvernement, la compilation de témoignages et de preuves, l'exposition du cas par les avocats devant la cour, la défense (avec une assistance légale pour qui n'était pas en mesure de se payer son propre avocat), la discussion de la sentence ou de la peine à envisager (votée à la majorité) qui était ensuite proposée par les avocats de la Commune aux XL, et enfin l'approbation de celle-ci (qui bien souvent était conforme à la contre-proposition des membres influents du conseil des LX, généralement inspirée par des motifs politiques, plutôt qu'à celle des avocats) [12].

La réglementation de l'État avait beau être très stricte, elle ne pouvait pas pour autant empêcher les conflits entre les divers agents aux intérêts très variés. Suivant leur nature, les litiges étaient traités par des institutions judiciaires différentes, notamment les *Giudici di Petizion* et l'*Avogaria di Comun*. Nous trouvons parmi les accusés des marchands, le personnel des galées, mais également des personnes restées à Venise. La nature des conflits dans le large cadre de la navigation commerciale était très variée ; elle allait d'inculpations de patrons de navires par les marchands pour avoir mal géré le voyage, à des accusations entre marchands et associés pour avoir fait de mauvaises affaires ou bien à l'inculpation de ceux qui profitaient de l'absence des hommes d'affaires pour en harceler les femmes ou extorquer des fonds à la famille restée à Venise.

Devant les juges de la Pétition (*giudici di petizion*) étaient portés à la fois les différends commerciaux dépassant cinquante ducats, les dettes entre Vénitiens ou impliquant au moins un Vénitien, les questions concernant les sociétés et les *colleganze*, ainsi que les doutes sur des testaments[13]. Les patrons de galées pouvaient

fecisse contra debitum juris debeat dictus capitaneus percipere quod ad complementum regiminum suorum debeant cum prima muda navium seu galearum venire Venecias et presentare se coram domino et advocatores communis, aliter contra eos procederetur, eorum absentia non obstante. Et quod capitaneus ipsarum galearum debeat, quando reverteritur Venecias, omnes tales processus presentare advocatores comunis qui advocatores eos debeant contra tales delinquentes procedere secundum suum officii libertate. Ita tamen quod quando capitaneus, postquam acceperit dictas denuncias et testificationes, debeant dare in scriptis ipsas accusas seu capitula, dare dictis consulibus et facere quod dent in scriptis eorum responsiones et eorum testes in Tana, ASV ACR Raspe 7, 177v.

10. Comissio Capitaneum Romaniae, ASV secreta commissioni reg. 4 fol. 5.

11. Il doit s'agir du doge et de ses conseillers qui faisaient partie de la cour.

12. RUGGIERO, Politica et giustizia, *Storia di Venezia* 3, cité *supra* n. 4, p. 398 ; CARAVALE, *Le istituzioni*, cité *supra* n. 5, p. 341.

13. Avant la fin du XIVe siècle les cas de représailles et de faillites allaient également devant les *Giudici di Petizion*, DA MOSTO, *L'archivio di Stato di Venezia*, cité *supra* n. 8, p. 92.

notamment être inculpés pour transport de marchandises interdites, pour refus de transport obligatoire de biens, pour des marchandises non parvenues à bon port ou arrivées en mauvais état. Les partenaires de sociétés commerciales portaient leurs différends devant le même tribunal quand les comptes étaient mal faits ou quand des dettes subsistaient.

L'*Avogaria di Comun* intervenait pour tout cas d'infraction contre des réglementations officielles et défendait les droits des citoyens (*cittadini*) devant les grands conseils. Cette magistrature très ancienne jouait un rôle d'accusateur public et de cour d'appel en matière criminelle. Elle pouvait donc intervenir au cas où des galées étaient surchargées ou chargées à des endroits interdits. Le Sénat prescrivait en effet pour chaque galée la marchandise à charger et ne tolérait pas qu'elle prenne trop de poids en sorte que le voyage devienne dangereux. Les endroits de la galée où il était interdit d'entreposer des marchandises afin de ne pas empêcher la navigation, étaient bien définis. L'*Avogaria di Comun* intervenait aussi en cas de vol à bord, de déviation par rapport à la route prescrite, d'aide non apportée à navire en danger ou d'outrage à magistrat de la Sérénissime[14]. Les crimes tels les adultères, assassinats, viols et blessures avec plaies apparentes étaient également portés devant les trois avocats de la Commune[15]. Les procès contre les fonctionnaires des territoires d'outre-mer étaient menés par la même magistrature[16]. Depuis 1407 il lui incombait en outre de fournir les preuves de noblesse nécessaires pour être accepté au Grand Conseil[17]. Les avocats de la Commune n'avaient souvent pas de formation juridique et ne touchaient pas de salaire, comme tous les magistrats vénitiens, élus pour la plupart en fonction de leurs origines et non pas pour leur savoir spécifique[18]. Bien que n'exerçant aucun pouvoir législatif, ils étaient garants de la loi et représentaient en quelque sorte la mémoire de la Commune en collectant et supervisant ses activités dans ce domaine, avant tout constituées de *partes* (actes à valeur de loi) votées par les conseils législatifs de la ville (le *Maggior Consiglio*, la *Quarantia* et le Sénat). Afin d'assurer un certain contrôle sur les très nombreuses *partes*, un des trois avocats participait à chaque séance des conseils[19]. Entourés de notaires et de secrétaires, ils maîtrisaient un savoir juridique très étendu. Les avocats de la Commune, élus pour une période de seize mois à deux ans, disposaient donc de la plus grande expérience en matière pénale dans cette ville[20]. En absence de loi, les juges avaient le droit de trouver eux-même la norme ou la coutume qui leur paraissait convenir au cas à juger[21].

Un exemple d'inculpation d'un consul vénitien de La Tana illustre bien le fonctionnement effectif du contrôle administratif installé par la Sérénissime.

Les registres *Raspe* de l'*Avogaria di Comun* nous présentent entre autres un cas exemplaire d'accusation contre le consul de La Tana de 1421 à 1423, Hermolao Valaresso[22]. Il arriva à La Tana avec le convoi des galées en automne 1421. Ce voyage laissa déjà des traces dans les sources, car contrairement à l'usage, il fut

14. ASV Avogaria di Commun, Raspe, ACR 1, 126. etc.
15. Pour le développement de leur compétences, voir DA MOSTO, *L'archivio di Stato di Venezia*, p. 68.
16. CARAVALE, *L'evoluzione*, cité *supra* n. 4, p. 348.
17. GULLINO, L'evoluzione costituzionale, cité *supra* n. 7, p. 348.
18. A. ZANNINI, L'impiego pubblico, *Storia di Venezia* 4, p. 433.
19. RUGGIERO, Politica e giustizia, cité *supra* n. 12, p. 390 s. et note 5, p. 406.
20. *Ibid.*, p. 390 s.
21. *Ibid.*, p. 394.
22. ASV Avogaria di Comun, Raspe: ACR 7 fol. 177v.

obligé par les patrons des galées de payer son trajet[23], sans que nous en connaissions les motifs. Les témoignages mis à part, nous ne disposons que de très peu d'informations à son sujet. Un dénommé Hermolao Valaresso, marchand de draps, rentra en 1419 (probablement de Modon) pour s'installer avec sa famille à Venise[24]. S'il s'agit bien de notre personnage, il aurait donc intégré ses nouvelles fonctions peu après son retour, profitant probablement de l'expérience de son séjour précédent en Romanie. En 1426, donc après notre procès, les registres des *Giudici di Petizion* mentionnent encore un Hermolao Valaresso impliqué dans un litige avec Giovanni Manavan pour un transport de draps[25]. Il aurait donc repris ses activités après la condamnation par l'*Avogaria di Comun*. Nous savons en outre que, avec le même convoi, les galées amenaient aussi des arbalétriers à La Tana où la situation des Vénitiens face au khan de Crimée était si précaire qu'il avait été jugé nécessaire de renforcer les fortifications et de compléter l'armement des défenseurs.

Le poste de consul vénitien à La Tana avait été créé en 1333, après l'envoi d'une ambassade à la cour mongole[26]. Il dirigeait le comptoir, aidé par un conseil de douze marchands et un officier de police, l'*amiratus* (*admiral*), nommé par le Sénat vénitien. Les Vénitiens payaient une taxe annuelle au khan pour la location du sol occupé et un droit sur toute marchandise importée et exportée était prélevé. Les Vénitiens étaient contraints de faire de grands efforts pour fortifier la cité, car le comptoir de La Tana constituait un centre de commerce et d'artisanat régional important, en permanence attaqué par les khans locaux. L'offensive de 1418 qui causa la mort de tous les Vénitiens sur place, fut suivie d'importants efforts de reconstruction et de fortification. Les autorités vénitiennes firent garder les portes de la ville par des hommes d'armes supplémentaires venus exprès de Venise et, jusqu'en 1428, ils envoyèrent régulièrement des artisans et des matériaux (bois, fer) pour renforcer le mur d'enceinte. Tous ces hommes spécialisés dans la construction des fortifications voyageaient régulièrement sur les convois de galées. La ville se trouvait donc toujours en état de chantier et d'alerte lors du consulat de Hermolao Valaresso en 1421. Les témoignages apportés à son procès montrent en effet que la vie quotidienne dans les territoires d'outre-mer était dominée par le souci permanent de défense contre les princes locaux et l'attente de rares contacts avec la patrie.

En 1423, le capitaine Moyses Grimani (fils de Pietro) dirigea vers La Tana le convoi de trois galées dont le départ de Venise était fixé au 22 juillet. Deux des trois embarcations, dont la *capitanea*, avaient en fait pour destination le comptoir de Crimée situé sur la rive gauche de l'embouchure du Don en mer Noire, tandis que la troisième allait à Trébizonde. À bord de ce convoi – très probablement sur la *galea capitanea* – voyageaient comme à l'habitude un médecin-barbier et des arbalétriers, mais également le nouveau consul de La Tana et toute sa *familia*, qui allait remplacer Hermolao Valaresso à l'expiration de son mandat. Grimani avait une grande expérience de la navigation commerciale, car il avait été patron d'une galée sur la ligne de Beyrouth en 1405 et 1407, d'une galée de pèlerins allant à Jaffa en 1411, et capitaine du convoi d'Alexandrie en 1420[27].

23. ASV Notatorio del Collegio V, fol. 156, Senato Misti 53, fol. 138v, 161v.
24. ASV Petizion 45, fol. 5-7.
25. ASV Petizion 38, fol. 119v s.
26. B. Doumerc, Les Vénitiens à La Tana au XVe siècle, *Le Moyen Âge* 94/3-4, 1988, p. 363.
27. ASV Senato Misti 47 fol. 11, 18, 21, 119v s. ; Misti 53 fol. 54 ; Misti 54 fol. 116 s. ; Giudici di Petizion 20 fol. 34 s. et 21 fol. 31. Aucune de ces sources ne nous donne de patronyme.

En 1423, l'ordo des galées prévoit un séjour à La Tana de huit à quatorze jours que Grimani comptait bien utiliser : à son arrivée, certainement dans les premiers jours d'octobre, il fit faire une proclamation qui appelait tous ceux qui n'étaient pas satisfaits du consul local et des autres officiers à déposer leurs plaintes. Grimani fut surpris par les querelles *multe et infinite* dont il écoutait les témoignages. Il les rassembla également sous forme écrite sans doute dans la seule journée du 6 octobre, date de la première accusation. Le lendemain, Valaresso devait avoir eu accès à tous ces éléments, car il refusa de saisir son droit de défense immédiat pour rejeter les accusations, alors qu'il y avait été invité.

Il est fort probable que les deux galées du capitaine Grimani, en partance à la fin du mois d'octobre, ramenèrent Valaresso et sa *familia* à Venise où, peu après son retour, Grimani présenta le dossier aux avocats de la Commune qui mirent en place la procédure contre l'ancien consul menant à l'inculpation du 10 janvier 1424. L'inculpation et le jugement sont formulés en latin, tandis que les accusations, assez détaillées, sont rapportées en dialecte vénitien.

1. Le 6 octobre 1423, Facio Chatufari, fils de Zan de Négrepont mort pour la Sérénissime comme *comite* d'une des galées de Négrepont combattant les Turcs, se plaignit devant le capitaine Moyses Grimani d'avoir été réveillé et tiré du lit par le cavalier du consul Valaresso et d'avoir été emprisonné sans raison. Il fut ligoté, puis torturé (soumis au *torimento*) sans qu'on lui fournisse d'explication. Lorsqu'il insista pour en avoir, on l'accusa d'avoir eu une relation avec une jeune femme de l'entourage du consul, ce qu'il nia fermement. Il assura donc avoir été accusé à tort et maltraité.

2. Valaresso imposa à Giacomo de Bonaventura, qui se trouvait à cheval devant le château (*castellum*) du consul, de s'y présenter le lendemain matin sous peine de 50 besants. Lorsqu'il protesta contre le ton employé et la menace d'amende, l'entourage du consul le rattrapa sur le chemin de retour et le frappa si fort à coups de poings qu'il eut le nez cassé. Il fut poursuivi jusque sur le territoire des Génois. Le consul lui infligea en outre une peine de 500 besants et fit proclamer publiquement qu'il était accusé par Buran Taiapiera et donc invité à se défendre sur les marches (du château). Taiapiera assurant en fait qu'il n'avait jamais lancé d'accusation contre Bonaventura, celui-ci réclama réparation de la calomnie et du déshonneur public et exigea dommages et intérêts pour les blessures.

3. Les maçons (*murarius*) Giacomo Andree, Nicolò de Corfou et l'ouvrier maçon (*manoval*) Andrea de Nactanno ainsi qu'un autre maçon se plaignirent du fait que le 29 [sic!] février dernier (*nuper preterito*, or ni l'année 1423 ni 1422 n'étaient des années bissextiles), Hermolao Valaresso leur avait ordonné de nettoyer la place publique enneigée. Mais comme ils estimèrent que cela ne faisait pas partie de leur travail, ils refusèrent. Le consul les fit alors ligoter et battre. En outre, le salaire de cinq besants par jour promis à Matheo, fils de feu Francesco, pour sa double qualification de spécialiste de maçonnerie et de charpente, ainsi que la récompense pour les fers qu'il avait apportés lui-même, ne lui furent pas payés. Il eut beau travailler un mois et demi, on ne lui donna pas plus de quatre aspres pour dix jours. Comme il cessa son ouvrage en signe de protestation, il fut incarcéré pendant huit jours et lorsqu'il reprit ses activités sur les murailles, Valaresso lui brisa la main droite avec une grosse pierre. Toute aide médicale lui fut refusée, le consul affirmant que lui-même s'y connaissait mieux que le barbier local.

4. Vetor Baseio, fils de Jacomo, marchand, arrivé avec les galées de 1422, avait constaté que Valaresso achetait des marchandises acheminées sur une caravane. Mais au lieu de les charger sur les galées de la *muda* comme cela était exigé, il les fit transporter par la *nave* de Matheo de Polo, son compère. En outre, il acheta pour son propre compte du sel qu'il fit passer pour celui de son neveu Marcelo. Ce sel fut entreposé dans une maison louée par un Sarrasin qu'il expulsa en prétendant qu'elle était louée à Felipe Marcelo (son neveu ?). Enfin, il vendit des tissus qu'il mit au compte de la Commune pour une valeur de huit besants alors qu'ils n'en valaient que trois.

5. Un tiers se plaignit au nom de Costanzo Gismondo d'avoir été interpellé par Valaresso, un soir où il était de garde. Valaresso lui demanda son épée sans fournir de raison. Gismondo ne réagissant pas, il se fit réitérer la demande. Pourtant, quand Valaresso exigea l'épée au nom de la *Signoria*, il la lui tendit immédiatement. Le consul se vexa néanmoins tellement qu'il fit ligoter Gismondo, lui infligea un coup qui aurait pu le tuer et le fit conduire dans le *castellum* où on le laissa ligoté sans soigner ses blessures. Par peur de Valaresso, Gismondo dut partir pour Caffa, ce qui lui causa grand dommage. Le barbier et des marchands furent cités comme témoins.

6. Valaresso envoya deux de ses hommes pour chercher Zaccaria, fils de feu Sarafedin, Sarrasin. Ne le trouvant pas, ils emmenèrent sa femme et sa fille à la *loggia* devant Valaresso. Ce dernier donna cinquante coups de corde à la fille de Zaccaria et n'épargna pas sa femme enceinte. Puis Zaccaria lui-même subit le même châtiment. Déprimée et terrorisée, la femme perdit son enfant au sixième mois de grossesse.

7. Derus Messo de La Tana accusa le consul de l'avoir violemment battu avec un étendard (*stendardo*) et de s'être approprié une esclave. À l'arrivée d'Ugolin de Russia, marchand d'esclaves, une des femmes s'échappa en effet sur le territoire vénitien. Valaresso la fit arrêter et l'amena chez lui. Derus Messo la rechercha partout pour le compte de son compagnon, mais le consul le mit à la porte en l'injuriant et en le battant si fort qu'il dut s'enfuir chez les Génois. Finalement Valaresso proposa tout de même de payer 150 besants pour l'esclave en question. Or, Messo estimait qu'elle en valait 250. Il exigea donc son droit pour l'esclave et compensation pour les coups reçus.

8. Andrea de Modrussa, ouvrier maçon (*manoval*) de la *Signoria* travaillait dans une fosse de la Ca Foscarini à côté d'une montagne de sel[28], lorsque Valaresso lui demanda de vider la fosse et de transporter le sel ailleurs, parce qu'il voulait la louer. Andrea dit avoir été embauché par la *Signoria* pour travailler aux murailles de La Tana et non pour transporter du sel. Ceci vexa tant le consul qu'il le frappa et le laissa si grièvement blessé qu'il ne put quitter le lit pendant deux mois. Ses soins lui coûtèrent plus de dix ducats, qu'il exigea en dédommagement. Puis le consul voulut faire construire une loggia et confisqua dans ce but le bois de Thomas Cornario. Les artisans refusèrent encore d'y travailler et Andrea fut chargé de les punir par des coups. Parce qu'il refusa, le consul le frappa de nouveau si fort que les blessures nécessitèrent les soins du médecin-barbier qui servit en même temps de témoin. Le consul brûla tout le bois de Cornario pendant l'hiver.

9. Thomas Cornario ancien *trucimanus* (traducteur) de la Commune se plaignit du fait que le consul s'était approprié sans le payer le bois de construction que

28. Il s'agit probablement du sel de mer qui était stocké sous forme de grande colline et couvert d'argile pour le garder intact jusqu'au moment du transport.

Cornario avait fait venir. Lorsqu'il protesta, le consul l'emprisonna pendant plus de deux mois et demi au cours desquels il ne put vaquer à ses affaires. Le fils de Cornario racheta du bois pour son père, mais se le vit encore confisquer par le consul qui l'utilisa pour le chauffage. À sa sortie de prison, Thomas fut privé de son poste de traducteur, il ne lui resta plus qu'à partir pour Caffa. Il exigea son salaire pour la deuxième année de son contrat et 300 ducats en compensation.

10. Zan de Larti avait acheté une maison à La Tana qu'il habitait seul. Le consul Valaresso l'obligea à héberger Zan de Fior. En échange on lui promit de payer le logis, mais ni Fior ni le consul ne le firent. Après que Zan eut porté plainte, Valaresso brisa la porte de sa maison et envoya des arbalétriers avec ordre de l'emmener en prison où il resta plus de deux mois. Larti exigea un dédommagement pour le coût du logement et l'emprisonnement injustifié ainsi que le bris de la porte.

11. Juste avant le départ des galées pour La Tana, Hermolao Valaresso demanda au frère (*pre*) Andrea de Mezze s'il ne voulait pas s'associer à sa *familia* en tant que chapelain. Valaresso lui promit bien des choses, maison et nourriture tout au long de sa mission et lui offrit même un matelas-lit pour le voyage à bord du navire. Mais au départ Mezze dut écrire trois lettres au nom de Valaresso qui n'en fut pas satisfait. Il l'injuria publiquement, portant ainsi atteinte à son honneur de chapelain. Lorsque celui-ci voulut à plusieurs reprises quitter son poste, il se trouva toujours retenu par le consul. Lors de la procession de *corpus Christi* le consul injuria et maltraita le frère de Mezze qui s'enfuit parce qu'il n'avait pas pris la tête de la procession malgré l'ordre de Valaresso. Les arbalétriers du consul le retrouvèrent et le malmenèrent malgré une menace d'excommunication.

12. Niccolò Morosini, fils de feu Gasparin, se plaignit pour lui-même et au nom de son fils Sandro pour irrégularité dans les affaires du consul. La *ziguda* [?] très utile qu'ils avaient envoyée de Constantinople à La Tana fut nolisée par Sandro à des Génois. Il s'avéra pourtant que Valaresso la convoitait pour le compte de la coque d'Antonio Polo, son parent. Sandro ne pouvant annuler le nolisement, il se trouva emprisonné. Par conséquent il ne put vaquer aux affaires familiales et la place louée au prix de 14 000 ducats dans la coque de Marco Barbarino pour transporter du caviar et des esclaves resta pratiquement vide. En outre, avant d'être emprisonné, Sandro avait acheté un poêle entreposé sur un terrain, ce qui déplut à Valaresso qui amena le poêle en question dans la maison de Michali Mitrioti où tout le bois fut brûlé. Nicolò envoya à son fils par les galées de 1421 (capitaine Vido da Canal) des tissus (17 *balle di panni*) et des camelots (16 carats) d'une valeur de 2 144 ducats, mais ils furent imposés par le consul pour 2 700 ducats. Morosini protesta contre le nolis trop élevé. Pour obtenir un dédommagement correct, Morosini fournit des chiffres très exacts et cita des témoins en même temps qu'il exigea une justification et les preuves de Valaresso.

Les accusations détaillées de ce procès nous montrent une palette assez large de délits susceptibles d'être jugés ainsi que divers aspects de la société vénitienne à La Tana au début du XVe siècle : le bois utilisé pour la construction, le chauffage et la cuisine, semble avoir été rare et précieux. Le consul fut accusé à trois reprises de fraude sur le bois. Il s'appropriait également la marchandise d'autrui au point de voler pratiquement une esclave en fuite. Valaresso effectua des affaires pour son propre compte et les dissimula en les faisant passer pour des affaires de ses proches. Il abusa de sa position pour obtenir de meilleurs revenus au détriment des marchands présents, par exemple en leur imposant trop de tâches. Il abusa de son pouvoir en faisant travailler pour ses propres besoins des maçons et d'autres ouvriers envoyés par la Sérénissime pour la défense de La Tana, parfois même en leur fixant des tâches inappropriées. Même sa *familia* ne fut pas à l'abri de ses mauvaises intentions : il promit des salaires et des récompenses qu'il ne donna pas.

Il nous est également permis d'avoir un aperçu des relations avec les Génois : leur territoire est considéré comme terre totalement étrangère qui peut néanmoins servir de refuge. Les mœurs de la petite société de Vénitiens, composée avant tout d'hommes isolés et toujours sur le qui-vive, sont en effet assez rudes : on se bat facilement, en ayant bien souvent recours dans des controverses personnelles aux armes dont le port était habituel. En outre arbitraire et torture semblent bien être à l'ordre du jour. Il semblerait néanmoins que Valaresso ait abusé particulièrement de son pouvoir en frappant et incarcérant ses concitoyens et son personnel qui ignoraient totalement les raisons de ses colères.

Les avocats de la Commune qui avaient bien pris note des accusations présentèrent alors leur demande de sanction devant le Sénat, les XL et les *additones*. Nous n'avons sur le procès pas d'autre information que le vote final : cette assemblée de 129 personnes vota par 43 voix de *non sincere* (sans décision), 77 voix pour et 9 contre pour une peine de six mois de cachot inférieur et une amende de 500 livres. Valaresso ne devait être libéré qu'au moment où la somme serait payée. Par ailleurs il fut privé pendant cinq ans de toute fonction publique (*regimen*) hors de la ville de Venise, notamment du consulat de La Tana. Thomas Cornario, que Valaresso avait renvoyé du poste de traducteur, retrouva celui-ci pour une nouvelle période de deux ans. Une dernière clause d'usage régulier dans les sentences rappela qu'aucune grâce, révocation, rémission ou suspension ne serait possible sous peine d'une amende de 500 ducats pour quiconque voudrait revenir sur ce jugement. Une demande dans ce sens devait même être sanctionnée par une peine identique et toute demande de grâce de cette peine devait également être sanctionnée par la même peine et ainsi de suite.

Il s'agit dans le cas d'Hermolao Valaresso d'une sentence tout à fait habituelle, car dès le XIVe siècle, l'incarcération remplaça de plus en plus les amendes, surtout quant il s'agissait d'accusés peu fortunés. Les prisons étaient en effet surpeuplées : tous ceux qui n'étaient pas en mesure de payer leurs amendes restaient incarcérés pour une durée indéterminée. La justice vénitienne tendit à infliger davantage d'amendes pécuniaires à des nobles, par égard pour leur position, mais aussi pour remplir ses caisses[29]. Plus tard la prison fut remplacée par la peine des galères ou le bannissement et les punitions corporelles furent réintroduites[30]. Valaresso versa donc une somme considérable et la gravité relative des faits se reflète dans la durée de la peine de prison qui se situe dans la moyenne des sentences prononcées. La Sérénissime utilisa donc l'appareil pénal d'une façon très pragmatique et rationnelle afin d'en tirer le meilleur profit pour la Commune. Elle ne ménageait donc pas outre mesure les fonctionnaires abusant de leurs droits et garantissait ainsi la stabilité du droit nécessaire au commerce international florissant.

Doris Stöckly

29. G. RUGGIERO, Law and punishment in early renaissance Venice, *The Journal of criminal Law and Criminology* 69, 1978, p. 250.
30. ID., Politica e giustizia, p. 403.

De prima origine Sancti Lazari Hierosolymitani

François-Olivier Touati

« La maison des lépreux de Saint-Lazare » : c'est ainsi qu'en 1130, pour la première fois, la documentation du royaume latin atteste l'existence d'une léproserie à Jérusalem. L'acte qui la dévoile émane du patriarche Guillaume : il confirme la donation par son prédécesseur Gormond de Picquigny (1118-1128) à un certain Abraham, moine arménien, d'une citerne, « à l'usage des pauvres »[1]. Par sa forme et jusqu'à son objet, il n'y a là rien qui puisse surprendre. Mention incidente comme c'est le cas pour de nombreux établissements d'assistance, tant en Orient qu'en Occident, et notamment s'agissant de communautés de lépreux : une léproserie de femmes est ainsi révélée bordant le rempart occidental de la ville sainte en 1187, probablement au moment de sa disparition[2] ; les « mésiaus » de Beyrouth ou de Bethléem, destinataires de legs testamentaires, ne doivent qu'à leurs bienfaiteurs et au hasard de la transmission des sources, d'être connus, tardivement[3]. La citerne dont il s'agit ici est fondatrice : elle signe la survie dans le milieu climatique rencontré. Pareil enjeu sera au centre des préoccupations lorsque Saint-Lazare construira sa nouvelle maison à Acre en 1240, curieusement le dernier acte par lequel se clôt la rédaction de son cartulaire. À y regarder de plus près, toutefois, cette confirmation renvoie à une double antériorité : une donation initiale effectuée à l'instigation du patriarche, peut-être dès 1118, au plus tard en 1128 ; elle croise également la description contemporaine (1130) des lieux de la Cité sainte, faite par un narrateur anonyme :

« Hors des murs de Jérusalem, entre la tour de Tancrède et la porte Saint-Étienne [se trouve] la résidence des lépreux (*leprosorum mansio*). On prétend que c'est le prince des Juifs Hyrcan qui, le premier, a fondé ces hôpitaux (*xenodochia*) avec l'argent venu du tombeau de David[4]. »

Du plus lointain au plus près cette occurrence interroge : à peine créée, sitôt historicisée ? Dès lors, la question du commencement qui est aussi celle des fondements mêmes de Saint-Lazare et de son évolution est posée[5].

1. Voir *infra* l'édition et la traduction proposée de ce document.
2. *Estoire d'Eracles*, éd. *RHC Occ.*, II, Paris 1845, p. 82.
3. Inventaire et comptes de la succession d'Eudes, comte de Nevers [9 août 1266], éd. A. M. Chazaud, *Mémoires de la Société nationale des Antiquaires de France* 32, 1871, p. 199.
4. *De situ urbis Jerusalem*, éd. S. de Sandoli, *Itinera Hierosolymitana crucesignatum (sæc. XII-XIII)*, Jérusalem 1978, 2, p. 102 : *Extra muros Ierusalem inter turrem Tancredi et portam Sancti Stephani, leprosorum mansio, xenodochia princeps Iudeorum Hircanus de pecunia quam abstraxerat de sepulcro David, primus instituisse fertur* (BNF, ms. lat. 5129, fol. 61v) ; M. de Vogüé, *Les églises latines de Terre sainte*, Paris 1860, p. 414.
5. On ne voit pas sur quoi se fonde E. Rey, *Les colonies franques de Syrie aux XIIe et XIIIe siècles*, Paris 1893, p. 280, pour affirmer que le premier maître de Saint-Lazare « nommé Roger paraît avoir été élu sous le règne de Baudouin Ier », hormis une confusion avec Roger de Saint-Lazare, tenancier de Saint-Lazare de Béthanie, seulement attesté avec son épouse Marie à partir de 1135 (*R.R.H.*, p. 38-39, nos 156 et

Chemins d'outre-mer. Études d'histoire sur la Méditerranée médiévale offertes à Michel Balard.
Paris, Publications de la Sorbonne, 2004 (Byzantina Sorbonensia 20)

Des lieux de mémoire

L'ancienneté de Saint-Lazare de Jérusalem est un thème précoce et récurrent du regard porté à son histoire : son argument s'est développé de façon constante suivant les transformations de la maison de Jérusalem en « ordre » religieux. Il n'a cessé d'alimenter la gloire de ses protecteurs et de justifier, notamment en France et en Italie jusqu'au XVIIIe siècle, tout autant sa mythologie chevaleresque que les débats sur son maintien : convoquant tour à tour Tibère, Vespasien, Valens, aux côtés de saint Basile, et des papes Damase et Grégoire le Grand, cette quête d'antériorité s'est voulue légitimatrice de droit[6]. Le rejet de cette surenchère historiographique occidentale, sans fondement authentique vérifiable, ne saurait toutefois éliminer trop rapidement l'opinion tenue à Jérusalem même dès 1130 : la légende révèle l'atmosphère culturelle et religieuse qui environne alors la maison des lépreux, dans une ambiance partagée avec l'hôpital devenu, à partir de 1113, l'Hôpital Saint-Jean[7]. La référence au prince Hyrcan et au *Livre des Maccabées*, retraçant les exploits de cette lignée de princes juifs fidèles à Dieu face à l'oppression des Séleucides, occupe une place centrale dans la propagande anti-sarrasine des XIIe et XIIIe siècles[8]. Référence interpolée toutefois, puisqu'il faut attendre le pseudo-Hégésippe au VIe siècle, suivi d'Isidore de Séville au VIIe siècle, pour que s'établisse la version d'un hôpital créé à Jérusalem par le roi Hyrcan, grâce au trésor providentiellement trouvé au tombeau de David. Réactualisé après la reprise de Jérusalem en 1099 avant d'être inscrit ultérieurement au rang des légendes illustres du Temple et de l'Hôpital, ce passage concerne au premier chef l'établissement des lépreux pour lequel il renvoie, par conséquent, à la date de l'interpolation : VIe siècle. Au même moment, Grégoire de Tours fait écho en Occident du nombre de pèlerins, surtout des malades, qui gagnent alors la Terre sainte et en particulier le cours du Jourdain jusqu'à Jéricho et la mer Morte, avant de rejoindre Jérusalem. Parmi eux, il assure même avoir vu un lépreux guéri revenir en Gaule, non sans autres épreuves subies au long du trajet – en Italie, dit-il, « terre de brigands »[9].

La fréquentation assidue des lieux saints par nombre de lépreux occidentaux est encore plus précisément attestée au début du IXe siècle. Un mémoire sur les sanctuaires adressé à Charlemagne révèle l'un des lieux de leur prédilection : le tombeau du protomartyr saint Étienne et son église desservie par deux clercs et ...

158), de même qu'avec l'église Saint-Lazare de Béthanie, fief du Saint-Sépulcre en 1112 (*Cartulaire du Chapitre du Saint-Sépulcre de Jérusalem*, éd. G. Bresc-Bautier, Paris 1984 [Documents relatifs à l'histoire des croisades publiés par l'Académie des Inscriptions et Belles-Lettres 15], nos 20 et 26), date jusqu'à présent unanimement reprise comme étant celle de la fondation de Saint-Lazare à Jérusalem.

6. Fr.-O. Touati, Entre Orient et Occident : les archives de Saint-Lazare de Jérusalem au Moyen Âge, *La présence latine en Orient au Moyen Âge*, Paris 2000, p. 95-129.

7. A. Calvet, *Les Légendes de l'Hôpital de Saint-Jean de Jérusalem*, Paris 2000.

8. R. Mc Grath, *The Romance of the Maccabees in Medieval Art and Literature*, Princeton 1963. Entre 1242 et 1268, l'œuvre de Gautier de Belleperche, *La chevalerie de Judas Macchabée*, éd. J. R. Smeets, Assen 1991, en est un des témoins privilégiés.

9. *De gloria martyrum*, PL 71, col. 721-722 : c. XVII, *De fluvio Jordane* ; c. XVIII, *De aquis Levidæ urbis* ; c. XIX, *De leproso mundato in loco ubi Dominus est baptizatus et reliquiis B. Mariæ. Liber miraculorum*, éd. L. Bordier, Paris 1857, p. 54-55 ; *Decem Libri Historiæ Francorum*, I, 40 ; II, 39 ; V, 21 ; sur le regard de Grégoire de Tours envers les lépreux, Fr.-O. Touati, *Maladie et société au Moyen Âge. La lèpre, les lépreux et les léproseries dans la province ecclésiastique de Sens jusqu'au milieu du XIVe siècle*, Bruxelles 1998 (Bibliothèque du Moyen Âge 11), p. 88-89, et sur le Jourdain, purificateur de la lèpre de Naâman, p. 104-105, 193 et 203.

quinze lépreux[10]. Trois sites sont susceptibles de correspondre à son emplacement, chacun construit au Ve siècle sur l'initiative de l'impératrice Eudocie (421-460), épouse séparée du basileus Théodose II (408-450) : la basilique du Mont-Sion, dans la partie sud de Jérusalem (aujourd'hui hors les murs), où les reliques du saint avaient été déposées après leur redécouverte en 415, et deux églises du même vocable, Saint-Étienne, l'une sur le Mont des Oliviers, l'autre au-delà de la porte septentrionale de la ville (aujourd'hui porte de Damas) au lieu présumé de sa lapidation[11]. Si chacun de ces emplacements est à même de s'accorder avec un pan de la tradition aussi mouvante qu'enchevêtrée d'une reconnaissance des lieux sacrés, le Mont-Sion étant aussi lié au tombeau de David, l'église du Mont des Oliviers lieu de l'agonie, proche du tombeau de la Vierge visité par les lépreux au témoignage de Grégoire de Tours, sur la route de Béthanie la ville de Lazare et de sa résurrection, de forts indices convergent en faveur du dernier site, lieu de la tombe du protomartyr[12].

L'action d'Eudocie paraît un marqueur fondamental de la protogenèse de Saint-Lazare : c'est à elle, à l'occasion de ses deux pèlerinages, et surtout durant son séjour de plus de dix ans à Jérusalem, de 444 à 460, que sont dues non seulement les constructions précédentes mais aussi la création de *nosokomeia* et de *xenones*, fondations hospitalières majeures, destinées aux malades et aux pèlerins de toute condition, que Théodose le Cénobiarque (424-529) devait parachever, en complétant leur disposition (*ptochotrophion*), notamment en faveur des lépreux « crucifiés au monde pour le Christ »[13]. Originaire des environs de Césarée en Cappadoce, saint Théodose ne pouvait avoir qu'un seul modèle d'inspiration, semblable à celui qui avait guidé Jean Chrysostome en faveur des malades et lépreux d'Antioche un siècle plus tôt, et qui s'imposait à tout le monde grec : l'extraordinaire centre de vie communautaire spirituelle mais avant tout centre d'accueil et de soins créé à Césarée par saint Basile vers 369-372, et qui était géré par un monastère[14].

10. *Commemoratorium de casis Dei vel monasteriis*, éd. T. Tobler, A. Molinier, *Itinera Hierosolymita et descriptiones Terræ sanctæ*, Genève 1880, 1, p. 302 : *In Sancto Stephano, ubi sepultus fuit, clerici II, leprosis XV.*

11. Cyrille de Scythopolis, *Vie d'Euthyme*, trad. A. J. Festugière, *Les Moines d'Orient*, III/1, Paris 1962, p. 108, XXXV, 54, 4-7 ; M. de Vogüé, *Les églises de la Terre sainte*, Paris 1860, p. 332-334 ; H. Leclercq, Étienne (Martyre et sépulture du saint), *DACL* 5, 1, Paris 1922, col. 624-672. À côté de l'ouvrage fondamental du père M.-J. Lagrange, *Saint-Étienne et son sanctuaire à Jérusalem*, Paris 1894 (ici, p. 42-72), D. Bahat, *The Illustrated Atlas of Jerusalem*, Jérusalem 1996, p. 69-74 ; E. D. Hunt, *Holy Land Pilgrimage in the Later Roman Empire, A.D. 312-460*, Oxford 1982, p. 235-240. Ces différents sites de même titre ne s'opposent pas à la description donnée en 870 par Bernard le Trésorier situant par ailleurs une église Saint-Étienne à proximité de celle du Mont-Sion (*Itinera*, éd. Tobler - Molinier, cité note précédente, p. 315).

12. Lagrange, *Saint-Étienne*, cité note précédente ; A. Bonnery, *Jérusalem, symboles et représentations dans l'Occident médiéval*, Paris 1998, p. 36-38 ; *Récits des premiers pèlerins chrétiens au Proche-Orient (IVe-VIIe siècles)*, éd. P. Maraval, Paris 1996.

13. Théodore de Pétra, *Vie de saint Theodosios*, éd. H. Usener, *Der Heilige Theodosios. Schriften des Theodoros und Kyrillos*, Leipzig 1890, trad. Festugière, *Les Moines d'Orient*, cité *supra* n. 11, III/3, p. 83-160 (ici, XL, 14-18), et *Vie de saint Euthyme*, *ibid.*, III/1, p. 107, XXV, 5-7. La liste des fondations d'Eudocie est rapportée par Cyrille de Scythopolis, *Vita Ioannis Hesychastis*, éd. E. Schwartz, Leipzig 1939, p. 204. F. M. Abel, Jérusalem, *DACL* 7, 2, Paris 1927, col. 2328 ; Leclercq, Étienne, cité *supra* n. 11, col. 649-653 ; D. J. Constantelos, *Byzantine Philanthropy and Social Welfare*, New Brunswick-New Jersey 1968, p. 112, 160-162, 225 et 263.

14. Th. S. Miller, *The Birth of the Hospital in the Byzantine Empire*, Baltimore-Londres 1985, p. 22, 93, 125-126 et 134-136 ; *Basil of Caesarea: Christian, Humanist, Ascetic*, éd. P. J. Fedwick, Toronto

Ainsi, la mémoire transmise à travers les méandres de la tradition légendaire ne contredit aucunement le processus initial d'implantation hospitalière à Jérusalem : à la fondatrice laïque Eudocie, la part matérielle de l'initiative, autrement dit le « trésor d'Hircan trouvé au sépulcre de David », à Théodose l'organisation religieuse et la direction spirituelle, selon les principes basiliens. Créations complémentaires séparées ou polyvalentes, elles ne s'opposent pas à l'héritage ultérieurement revendiqué autant par Saint-Lazare, qui semble en avoir été le gardien le plus fidèle, que par les Hospitaliers.

Adaptations et refondations

Alors que les fondations eudociennes se voient rejointes aux VIe et VIIe siècles par une inflation hospitalière, à laquelle participent autant l'empereur Justinien (543) que le pape Grégoire le Grand (590-604), trois phénomènes semblent permettre de préciser la destinée des lépreux de Jérusalem, ou du moins leur cadre d'accueil.

Le lieu

Malgré les destructions dont les sanctuaires stéphaniens ont fait l'objet, une première fois en 614 sous l'assaut des Perses, seule l'église du nord de la cité, à 250 mètres de la porte dont le nom se fixe alors comme porte Saint-Étienne, a fait l'objet de constantes restaurations, maintenant son titre sans rupture, la première notamment sous l'impulsion du patriarche Modeste en 633[15]. Eudocie avait choisi d'y être inhumée, tel est peut-être un signe de dévotion envers les malades susceptibles d'y demeurer. Modeste a-t-il été d'autre part influencé par son expérience d'higoumène au monastère fondé par Théodose (aujourd'hui à *Deir Dosi*, au sud-est de Jérusalem), abritant lui aussi une importante communauté de lépreux[16] ? L'environnement spatial de ce sanctuaire est alors marqué par un fort développement de l'installation arménienne, hors de l'enceinte urbaine : un vaste complexe monastique y a été notamment découvert[17]. Il est donc vraisemblable que Saint-Étienne ait alors été confié aux Arméniens, d'autant que ces derniers avaient été associés dès l'origine à la structure même des fondations charitables de saint Théodose et aux entreprises de reconstructions accomplies par Modeste[18]. Enfin,

1981 ; Constantelos, *Byzantine Philanthropy*, cité note précédente, p. 154-157 et 181-183 ; Jean Chrysostome, *Consolatio ad Stagyram*, PG 47, col. 490-491.

15. R. Riess, Über die angebliche Aufdeckung des Eudokia-(Stephans) Kirche, *Zeitschrift des Deutschen Palästinavereins* 8, 1885, p. 162-170 ; Bonnery, *Jérusalem*, cité *supra* n. 12, p. 38-40 ; Bahat, *The Illustrated Atlas of Jerusalem*, cité *supra* n. 11, p. 74-78.

16. Ce que confirme l'archéologie : J. Zias, Leprosy in the Byzantine Monasteries of the Judean Desert, *Koroth* 9, 1985, p. 242-248 ; Cl. Dauphin, Leprosy, Lust and lice: Health and Hygiene in Byzantine Palestine, *Bulletin of the Anglo-Israel Archaeological Society* 15, 1996-1997, p. 60-65.

17. Bahat, *The Illustrated Atlas of Jerusalem*, p. 77 ; autour de l'église de Saint-Polyeucte, où des mosaïques portant des inscriptions arméniennes ont été découvertes ; K. Hintlian, La communauté arménienne de Jérusalem, *Arménie, 3 000 ans d'Histoire*, Quétigny 1992 (Les dossiers d'*Archéologie* 177), p. 112-113.

18. Id., *History of the Armenians in the Holy Land*, Jérusalem 1989², p. 2 et p. 6-9. Je remercie Gérard Dédéyan de m'avoir offert cet ouvrage, introuvable en France. Les lectionnaires arméniens confirment l'importance de ce premier martyrium (A. Renoux, *Le codex arménien de Jérusalem*, Turnhout 1971 [PO 36, 2], p. 198-199).

l'autorité patriarcale, qui voit son autonomie accrue par la domination arabe (à partir de 638), s'affirme particulièrement dans le domaine hospitalier : lui revient la responsabilité éminente du *nosokomeion* de Jérusalem, bientôt placé sous le titre de Saint-Jean l'Aumônier, le prototype de cette forme d'assistance épiscopale urbaine étant fourni par l'exemple de saint Jean Chrysostome : deux prêtres entourés de serviteurs et de malades[19]. Telle est exactement l'image donnée à Charlemagne de l'organisation de Saint-Étienne. Si les destructions successives d'al-Ḥākim en 1009 et du tremblement de terre de 1033 n'en ont pas affecté le fonctionnement ni perturbé la fréquentation, telle a pu être aussi la situation découverte par les Francs en 1099 : à la veille de reconquérir la ville, les armées du comte de Flandre et de Robert de Normandie campent autour de l'église toujours en place[20]. Le champ était dès lors ouvert au patriarche latin, remplaçant son prédécesseur grec, de pouvoir agir selon les besoins comme garant éminent des fondations pieuses et chef de l'Église de Jérusalem.

L'intervention du patriarche

L'intervention de Gormond de Picquigny, située entre 1118 au plus tôt et 1128, est indissociable du triple processus d'établissement du royaume franc, de substitution de l'Église latine aux cadres grecs et du réaménagement de Jérusalem dans la première moitié du XIIe siècle. Le délai écoulé entre l'arrivée des Francs et l'intérêt révélé envers la communauté des lépreux est indicatif : Gormond est le cinquième prélat latin. Les priorités militaires et politiques l'avaient emporté sur les préoccupations ecclésiales : il s'agissait d'assurer la cohabitation latine avec les communautés chrétiennes orientales. En matière d'hospitalité, l'enjeu capital de l'accueil massif des pèlerins avait orienté toutes les énergies dans la réorganisation de l'Hôpital en 1113[21]. Ce délai plaide en faveur d'une continuité de la fonction remplie par Saint-Étienne : la présence d'Abraham, moine arménien, le confirme.

Aussi la donation faite *in usum pauperum* est bien le premier acte d'une transformation achevée en 1130-1145 par sa rétrocession, moyennant la retraite proposée au moine, pour la fin de ses jours, dans ce qui constitue désormais la « maison des lépreux de Saint-Lazare ».

Translation et refondations

Ces transferts et nouvelles fondations doivent se comprendre à la lumière de la redistribution des églises : ils entraînent la recomposition spatiale de Jérusalem. Alors que la tombe de saint Étienne pouvait susciter le désir d'une réappropriation

19. PALLADE, *Dialogue sur la vie de saint Jean Chrysostome*, éd. A. M. MALINGREY, P. LECLERQ, Paris 1988 (Sources chrétiennes 341), 1, 1988, p. 122-123. Sur ces modèles, C. THIRARD, Hôtelleries et infirmeries dans les monastères paléochrétiens du patriarcat de Jérusalem, *Archéologie et architecture hospitalières de la fin de l'Antiquité à l'aube des Temps modernes*, dir. Fr.-O. TOUATI, Paris 2004, p. 27-34.
20. J. PRAWER, The Jerusalem the Crusaders captured: a Contribution to the Medieval Topography of the City, *Crusade and Settlement*, éd. P. W. EDBURY, Cardiff 1985, p. 1-16.
21. J. RILEY-SMITH, *The Knights of St. John in Jerusalem and Cyprus, c. 1050-1310*, Londres 1967 ; sur les établissements d'accueil en Terre sainte, nous nous permettons de renvoyer à notre analyse, La Terre sainte : un laboratoire hospitalier au Moyen Âge, *Sozialgeschichte mittelalterlicher Hospitäler, Konstanzer Arbeitskreis für Mittelalterliche Geschichte* (Colloque de Reichenau, 19-22 mars 2002), dir. N. BULST, Constance 2004 (sous presse).

latine, il fallait en libérer l'une des fonctions majeures, devenue peut-être inadaptée face à l'afflux de lépreux et malades de toutes sortes amenés dans les pas des croisés[22]. Le déplacement des infirmes et de leur gîte (*mansio*) du côté gauche de la route de Naplouse les rapproche des murs de la cité où précisément des travaux d'adduction (ou d'évacuation) d'eau sont alors entrepris sans perturber outre mesure leur paysage ou les habitudes. Le nouvel établissement se trouve au milieu des jardins et des vignes, à quelques centaines de mètres de l'église Saint-Étienne, sur des parcelles partagées, selon des conventions sans doute récentes, entre les chanoines du Saint-Sépulcre, Sainte-Marie-Latine et les Hospitaliers[23]. Il restait à réaffecter le clergé arménien avec lequel tout devait se négocier dans le cadre de relations privilégiées, pour rester en bons termes. Comme la communauté jacobite, qui voit confirmer son installation à l'église de Marie-Madeleine[24], les Arméniens dont le nombre s'amplifie seulement avec la chute d'Édesse en 1144 sont installés (ou réinstallés) à Saint-Jacques, la cathédrale du premier évêque de Jérusalem, dans la partie sud-est de la cité, face au palais royal. La marque de déférence est notoire, la proximité avec le pouvoir aussi[25]. Utiliser la compétence des Arméniens, ou en prolonger les habitudes auprès des lépreux, permettait d'abord de ne rien brusquer et d'assurer la transition, observant les formes de vie commune, religieuse, alors en place.

La forme pointilleuse de l'acte passé par le successeur de Gormond en faveur d'Abraham, principal agent probablement investi du transfert des lépreux autant que de la pérennité de l'approvisionnement en eau (pour des malades réputés assoiffés), laisse supposer des négociations serrées. La dépossession de Saint-Étienne ne pouvait laisser l'Église arménienne indifférente ; à moins de lui proposer à la fois de poursuivre, même lointainement, la direction morale du groupe qu'elle avait jusque-là encadré : c'est ce à quoi fait allusion, avant 1266, le *Livre des Assises* de Jean d'Ibelin, assurant sa dépendance de « l'évêque des Irmins » [26]. À moins encore de lui offrir davantage, par sa réinstallation dans un monastère nouvellement construit (ou à construire) à l'opposé de la cité, le dédiant, lui aussi, à saint Étienne...

22. W. Porges, The Clergy, the Poor and the Non-combattants in the 1st Crusade, *Speculum* 21, 1956, p. 1-23. B. Hamilton, *The Latin Church in the Crusader States; the Secular Church*, Londres 1980, p. 52-85.

23. Confirmation du pape Adrien IV à l'abbé de Sainte-Marie-Latine, le 21 avril 1158 (*R.R.H.*, p. 85, n° 331) ; également *R.R.H.*, p. 103, n° 391.

24. Michel le Syrien y achève sa chronique en 1138 ; J.-P. Martin, Les premiers croisés et les syriens jacobites de Jérusalem, *Journal asiatique* 13, p. 55-68 ; J.-M. Fiey, Le pèlerinage des Nestoriens et Jacobites à Jérusalem, *Cahiers de Civilisation médiévale* 12, 1969, p. 123.

25. Renforcées par les alliances matrimoniales : G. Dédéyan, Un projet de colonisation arménienne dans le Royaume latin de Jérusalem sous Amaury Ier (1162-1174), *Le Partage du monde. Échanges et colonisation dans la Méditerranée médiévale*, dir. M. Balard, A. Ducellier, Paris 1998 (Byzantina Sorbonensia 17), p. 104-106 ; J. H. Forse, Armenians and the First Crusade, *Journal of Medieval History* 17, 1991, p. 13-22 ; J. France, La stratégie arménienne de la première croisade, *Les Lusignans et l'Outre-Mer, Actes du Colloque de Poitiers*, Poitiers 1993, p. 141-148.

26. Éd. P. W. Edbury, *John of Ibelin and the Kingdom of Jerusalem*, Woodbridge 1997, p. 110-111 : « Le patriarche de Jerusalem a .v. arcevesques suffragans : […] Et l'arcevesque des Ermins qui est el royaume a suffragans .ii., l'arcevesque des Jacopins et le maistre de Saint Ladre des meseaus. »

Du premier martyr au premier ressuscité

S'il n'y a probablement, malgré une liaison scripturaire immédiate, qu'un hasard entre le nom d'Abraham, moine arménien en charge des lépreux de Jérusalem en ce début du XIIe siècle et le patronage sous lequel se place, dès son transfert, la communauté rénovée, le choix de saint Lazare, absolument inédit dans la Cité sainte, a force de manifeste. Alors qu'avec saint Étienne était exaltée la valeur du martyr – la lapidation étant volontiers assimilée à la flagellation du Christ –, l'identification au modèle de Lazare, « celui que Dieu aide » en araméen, offrait d'en parachever la perspective : celle de la glorieuse Résurrection, au plus près de son théâtre central pour l'humanité chrétienne, le Saint-Sépulcre.

Jusque-là, la dévotion à saint Lazare, attestée de manière précoce tant en Orient (début du IVe siècle) qu'en Occident (IIe siècle), s'était essentiellement attachée au lieu même de la résurrection par le Christ, à Béthanie – en araméen « maison de douleur » – à trois kilomètres à l'est de Jérusalem. Dès la fin du IVe siècle, Éthérie y décrit la procession et la cérémonie qui, conformément au récit unique de l'Évangile de Jean (XI, 38-44), se déroulaient pendant la vigile des Rameaux, avec l'assistance de tout le peuple de Jérusalem au *Lazarium*, la première tombe de Lazare, auprès duquel se fixe un monastère associant Marthe et Marie, sœurs du ressuscité[27]. La tradition attestée en 774 par Jean d'Eubée fait de Lazare le premier évêque de Chypre, mort à Kition (Larnaca : « le tombeau [de Lazare] ») d'où ses reliques ont été transportées entre 900 et 906 à Constantinople au monastère reconstruit en son honneur et celui de Marie-Madeleine par Léon VI le Sage, après sa fondation initiale par son beau-père Stylianos Tzaoutzès, un arménien…[28]

Sujet d'importantes homélies de la part des Pères orientaux, à côté du pauvre Lazare (Luc XVI, 19-31)[29], sa dévotion semble voir été privilégiée par les Églises copte, jacobite et arménienne : elles lui consacrent au moins deux fêtes – distinctes de celles de Constantinople – hors de la vigile des Rameaux[30], et l'on observe, à

27. *Vies des saints et des bienheureux*, par les Bénédictins de Paris, Paris 1956, XII, déc., p. 511-527. H. Leclercq, Lazare, *DACL*, 8, 2, Paris 1929, col. 2009-2086 ; V. Saxer, Lazzaro, *Bibliotheca sanctorum* 7, Rome 1966, col. 1135-1149 ; Lazare, *Catholicisme. Hier, aujourd'hui, demain : Encyclopédie* 7, Paris 1975, col. 103-108.

28. Le culte de saint Lazare à Chypre paraît lié de longue date à la présence arménienne : on n'en possède, hélas, que des relations tardives, hormis la mention par Pietro della Valle (en 1614) de « nombreuses pierres inscrites en arménien » près du tombeau du saint, également relevées au XVIIIe siècle par Giovanni Mariti (Cl. D. Cobham, *Excerpta Cypria. Materials for a History of Cyprus*, Cambridge 1908, p. 41, 66 et 213 ; L. de Mas-Latrie, *Histoire de l'Île de Chypre sous le règne de la maison de Lusignan*, 1, Paris 1861, p. 93). À Nicosie, Marguerite d'Ibelin, donnée comme descendante d'un roi arménien, est mentionnée (au début du XIIIe siècle ?) comme abbesse du monastère Saint-Lazare (Florio Bustron, *Historia o vero commentarii de Cipro* [XVe s.], éd. R. de Mas Latrie, *Chronique de l'Île de Chypre*, Paris 1886, p. 211) ; R. H. Doulley, The historical signifiance of the translation of St Lazaros from Kypros to Byzantion, *Byz.* 19, 1949, p. 59-71.

29. En particulier Jean Chrysostome, *Homélie sur Lazare*, Basile, *Homélie contre la richesse*, Grégoire de Nazianze et Grégoire de Nysse, *De l'amour des pauvres* ; avec prudence quant à la traduction, florilège présenté par A. G. Hamman, *Riches et pauvres dans l'Église ancienne*, Paris 1982 (1re éd. 1962) ; M. B. Cunningham, Basil of Seleucia's Homily on Lazarus. A new edition, *An. Boll.* 103, 1985, p. 161-184.

30. Le 2 mars, le 22 mai (date anniversaire de sa seconde mort) et le 3 août ; à Constantinople, le 4 mai (date de translation des reliques), le 17 octobre (essentiellement à Chypre), date de son arrivée dans l'île. En Occident, les martyrologes d'Adon et d'Usuard situent sa fête au 17 décembre, date qui s'impose dans la liturgie latine du Saint-Sépulcre.

partir de la fin du Xe siècle, dans les listes de leurs évêques ou dans leurs chroniques, celle du jacobite Michel le Syrien par exemple, une proportion croissante de l'usage de son nom[31].

Développée en Terre sainte aux Xe-XIe siècles, cette vénération ne semble pas avoir été jusque-là spécialement associée aux malades ou aux lépreux, hormis le cas limité d'un autre Lazare, le Galésiote († 1053), venu prier à l'église Saint-Basile à Césarée de Cappadoce et ayant eu à affronter l'inhospitalité des habitants environnant son ermitage[32]. D'autres modèles prédominaient : saint Étienne, saint Basile, saint Jean Chrysostome ou saint Zoticos, dernièrement promu par l'Église grecque[33], d'autres figures exemplaires : Abgar, roi d'Édesse et fondateur légendaire du christianisme arménien, purifié de sa lèpre par le voile du Christ, et prêt à être rapproché de la guérison de Constantin par les Latins[34] ; ou encore, dans le domaine de la littérature édifiante, Joasaph, le disciple ou le fils de Barlaam[35]. Aussi, l'arrivée des Francs pourrait bien avoir servi sur ce fond, de révélateur décisif. Il serait bien sûr trop beau de disposer de sources directes qui en expliciteraient le choix : les coïncidences sont toutefois saisissantes. L'un des premiers jalons est une image : celle de l'Évangéliaire d'Otton III (980-1002) qui exalte la résurrection de Lazare. Cinquante ans plus tard, c'est Lazare, le pauvre ulcéreux gisant à la porte du Riche, qui figure dans un autre évangéliaire impérial : celui d'Henri III († 1056). Avec d'autres (telles les fresques de l'église Saint-Georges de Reichenau, au diocèse de Constance en Allemagne), cette représentation s'inscrit dans la mission alors tracée de l'idéal impérial, protecteur, dispensateur de bien aux affligés[36], non sans concurrence avec les princes byzantins, comme Liutprand de Crémone (serviteur d'Otton Ier et d'Otton II) s'en était fait le porte-parole, accusant les Byzantins de leur insouciance coupable envers les déshérités[37].

31. *Martyrologes et ménologes orientaux*, éd. F. NAU, Paris 1915 (PO 10), p. 39, 83, 99, 104, 126, 131 ; Calendrier d'Abou'l-Barakât, éd. E. TISSERAND, *ibid.*, p. 266, 273-274 ; *Chronique de Michel le Syrien* V, éd. J.-B. CHABOT, Paris 1905, p. 64 s., p. 27, 134, 147, 255, et *Liste des évêques*, p. 453-475. Sur l'importance du thème de Lazare, de la Guérison des lépreux et du Repas chez Simon dans l'iconographie : S. DER NERSESSIAN, *Manuscrits arméniens illustrés de la Bibliothèque des Pères Mekhitharistes de Venise*, Paris 1936. L'importance de ce culte ressort de sa diffusion dans l'Église géorgienne à travers l'éloge attribué au moine sinaïte Jean Zosime : B. MARTIN-HISARD, La langue slave, la langue géorgienne et Byzance au Xe siècle, *Byzantinoslavica* 50, 1989, p. 33-45 ; je remercie Bernadette Martin de ses précieuses indications.

32. CONSTANTELOS, *Byzantine Philanthropy*, p. 144.

33. M. AUBINEAU, Zoticos de Constantinople, nourricier des pauvres et serviteur des lépreux, *An. Boll.* 93, 1975, p. 67-108.

34. Cette tradition, qui remonte à Eusèbe de Césarée, est reprise par la *Chronique d'Édesse* (fin VIe siècle) : présentation du dossier hagiographique et traduction des versions de *La Doctrine d'Addaï* par A. DESREUMAUX, *Histoire du roi Abgar et de Jésus*, Turnhout 1993, et MOÏSE DE KHORÈNE, *Histoire de l'Arménie*, trad. A. et J.-P. MAHÉ, Paris 1993, p. 181-191. La version transmise par les *Gesta Francorum* (*RHC Occ.*, III, Paris 1861, p. 542, note) diffère de cette tradition, faisant de son baptême dans la piscine par l'apôtre Thadée l'intermédiaire du miracle.

35. Jean Damascène (de Damas), moine au couvent de Mar Saba près de Jérusalem († av. 753), est le maillon essentiel de cette tradition issue de la vie légendaire de Boudha (voir *Vita sanctorum Barlaam eremitae et Josaphat Indiae regis*, PL 73, col. 442-606, et PG 96, col. 859-1240) ; S. DER NERSESSIAN, *L'Illustration du roman de Barlaam et Joasaph*, Paris 1937, et R. MANSELLI, *The Legend of Barlaam and Joasaph in Byzantium and the Romance Europe*, Rome 1957.

36. Paris, BNF, *Évangéliaire de Poussay* ; Madrid, Escorial, *Codex aureus* ; E. KIRSCHBAUM, *Lexikon der christlichen Ikonographie* 3, Rome-Fribourg 1990, col. 32 ; G. MILLET, *Recherches sur l'iconographie de l'Évangile aux XIVe, XVe et XVIe siècles*, Paris 1916, p. 231-254, chapitre V, « Lazare » ; L. RÉAU, *Iconographie de l'art chrétien*, Paris 1957, p. 348-353.

37. *Relatio de legatione Constantinopolitana*, éd. J. BECKER, Hanovre 1915[3] (MGH, Script. rer. Germ., 41), p. 175.

Une telle mauvaise foi polémique dans la surenchère était propre à alimenter l'alliance objective avec les chrétiens d'Orient ayant pris leurs distances de Constantinople. Elle témoigne aussi d'un sentiment nouveau ou renouvelé envers les malades en Occident suivant une vague montante au XIe siècle : des grandes figures réformatrices qui en incarnent le projet, Robert d'Arbrissel († 1116) représente le second jalon majeur par sa sensibilité toute particulière à l'égard des lépreux, majeur à travers la cité monastique qu'il crée à Fontevraud. Après avoir rencontré le pape Urbain II à Angers en 1096, Robert fixe sa communauté composite à Fontevraud en 1100 ou 1101, deux ans au plus après la reprise de Jérusalem. Là surgissent alors cinq sanctuaires, chacun attaché à un groupe : Notre-Dame pour les vierges consacrées, Saint-Jean pour les frères, Saint-Benoît pour les malades, Sainte-Marie-Madeleine pour les pénitentes (autres femmes et prostituées repenties) et Saint-Lazare pour ses « chers fils lépreux », « pauvres du Christ »[38]. La conformité de ce programme avec l'image même de la Jérusalem rêvée et sa simultanéité avec celle concrètement rencontrée n'est-elle que pure coïncidence ? Pour la première fois le vocable de Lazare était associé à une communauté de lépreux : celui de saint Nicolas et davantage celui de Marie-Madeleine, réinventée à Vézelay cinquante ans plus tôt, l'avaient devancé permettant la fermentation exégétique nécessaire[39]. S'agit-il chez Robert d'Arbrissel d'une interversion consciemment inspirée de l'exemple de Saint-Benoît-sur-Loire où l'hospice monastique se trouve être au XIe siècle sous l'invocation encore unique, à notre connaissance, de Lazare[40] ?

La correspondance de cette répartition avec la géographie sacrée également reconstituée à Jérusalem à mesure de la redistribution de ses sanctuaires et des réaménagements de la ville sitôt les Francs arrivés est saisissante : Sainte-Marie-[Latine], Sainte-Marie-la-Grande, Saint-Jean l'Aumônier (vocable bientôt commué en Saint-Jean-Baptiste), Sainte-Marie-Madeleine, ces quatre églises desservant l'Hôpital en pleine rénovation ; la dernière est doublée par celle des Jacobites à proximité de la maison de Simon le lépreux, chez lequel le Christ était venu manger, et superposé par les Latins à la figure de Lazare, l'ulcéreux chassé de la table du riche autant qu'à celui de Béthanie[41]. À l'exact point de rencontre entre le regard occidental et l'évangile ouvert que les lieux saints proposaient de reconnaître *hic et nunc*, la protection retenue pour la communauté des lépreux de Jérusalem ne saurait se réduire à un simple jeu d'influences mutuelles, même si le « modèle » hiérosolymitain était susceptible de rejaillir en Occident. Elle marque l'aboutissement d'une convergence de sensibilités religieuses et des réalités vécues.

38. Afin d'alléger les références sur cette relation capitale, nous nous permettons de renvoyer à notre contribution, Saint Lazare, Fontevraud, Jérusalem, *Robert d'Arbrissel et la vie religieuse dans l'Ouest de la France, Actes du colloque international de Fontevraud (déc. 2001)*, dir. J. DALARUN, Paris-Turnhout 2004, p. 199-238.

39. V. SAXER, *Le culte de Marie Madeleine en Occident des origines à la fin du Moyen Âge*, Auxerre-Paris 1959 ; É. PINTO-MATHIEU, *Marie-Madeleine dans la littérature du Moyen Âge*, Paris 1997 ; J. DALARUN, *L'impossible sainteté : la vie retrouvée de Robert d'Arbrissel (v. 1045-1116), fondateur de Fontevraud*, Paris 1985, p. 183-192, et ID., Madeleine, *Histoire des femmes en Occident*, dir. G. DUBY, M. PERROT, Paris 1990, 2, *Le Moyen Âge*, p. 45-50. Il n'est pas sans intérêt de noter le trajet de la « redécouverte » de saint Lazare et de son culte : Marseille, au centre du transit maritime avec l'Orient, vers 1040-1049, Autun en 1147.

40. TOUATI, *Maladie et société*, cité *supra* n. 9, p. 253-254.

41. C'est dire l'intérêt des correspondances avec les « sanctuaires » successifs où est portée la dépouille de Robert d'Arbrissel (André, *Vita altera*, éd. DALARUN, *L'impossible sainteté*, cité *supra* n. 39, p. 295, § 66).

Ici l'espace est exégèse. Aussi ce choix, comme à Fontevraud ou inversement, est-il fondamentalement structurel : aux intercesseurs et annonciateurs privilégiés déjà déclinés ne manquait aux yeux latins que Lazare. Madeleine appelle Lazare comme Marie appelle le Christ ; Jean [« le Baptiste », et, en ce sens, le glissement d'invocation partant de saint Jean l'Aumônier va de soi] a appelé le Fils de l'Homme qui lui-même, à la demande de Madeleine, appelle son ami de Béthanie à sortir des ténèbres. Jean Baptiste n'ose délier les sandales des pieds qui seront oints par Madeleine. Il baptise dans le Jourdain qui a purifié Naâman de sa lèpre et vers lequel se pressent désormais les malades[42]. Jean est la victime du banquet d'Hérode, comme le pauvre Lazare (*appelé* par Abraham) l'a été du festin du Riche et comme le Christ en célèbre la Pâque[43]. La souffrance de ces infirmes par excellence, véritables figures du Christ, participe éminemment de la Passion rédemptrice. La résurrection de Lazare annonce celle du Sauveur. Être appelé c'est franchir le seuil : celui du Saint-Sépulcre qui couronne cette proximité accrue à Jérusalem entre les lépreux et l'église du Tombeau. Et comme s'il fallait encore en souligner la jonction parfaite, la sculpture du linteau qui surmonte cette « Galilée » réalisée avant 1149, non sans parallèles stylistiques avec la sculpture de Fontevraud, donne la signature catéchétique[44]. Telle est la série des liaisons offertes par l'Écriture : lui répond la relation ontologique entre ces lieux qui ne forment qu'un seul bloc.

Dans cette première moitié du XIIe siècle, ce que l'on peut considérer comme la refondation de Saint-Lazare de Jérusalem est donc le fruit d'un double héritage : un héritage historique, celui d'une tradition hospitalière ancienne ; et un héritage spirituel, puisque cette tradition surgit comme la traduction voulue du texte sacré sous les yeux particuliers des Latins. Des mécanismes d'interaction alors mis en œuvre entre Orient et Occident, hormis certaines convergences, les sources ne donnent qu'un reflet, encore loin de répondre à toutes nos interrogations. La figuration de Lazare, sur le sceau des lépreux de Jérusalem, le représente comme évêque : s'agit-il d'une concession à la tradition d'Orient, donnée aux interlocuteurs arméniens, alors que partout ailleurs les sceaux de léproserie qui se placent sous son invocation privilégient la scène de la résurrection[45] ? S'agissait-il plutôt d'éviter une confusion avec le sceau de Saint-Lazare de Béthanie, précisément là où le roi Foulques d'Anjou et son épouse, la reine Mélisende arménienne par sa mère – parmi les tout premiers bienfaiteurs connus de la léproserie de Jérusalem – instaurent en 1138, sous obédience bénédictine, un monastère double dirigé par une abbesse, comme à Fontevraud...[46] ?

42. Par exemple, IIe homélie catéchétique de Sévère d'Antioche, *Les « Homiliae cathedrales » de Sévère d'Antioche*, éd. M. BRIÈLE, Fr. GRAFFIN, Turnhout 1971 (PO 36, 1), p. 67-71.
43. Sur ces correspondances, TOUATI, *Maladie et société*, p. 382-387.
44. A. BORG, Observations on the historiated Lintel of the Holy Sepulchre, Jerusalem, *Journal of the Warburg and Courtauld Institutes* 32, 1969, p. 25-40 et ID., The Holy Sepulcre Lintel, *ibid.* 35, 1972, p. 389-390 ; B. KÜHNEL, *Crusader Art of the Twelfth Century*, Berlin 1994, p. 42-47 et 197-199 ; N. KENAAN-KEDAR, Les deux linteaux de l'église du Saint-Sépulcre de Jérusalem, *Les Croisades. L'Orient et l'Occident d'Urbain II à Saint Louis, 1096-1270* (Catalogue d'exposition, Jacobins, Toulouse), dir. M. REY-DELQUÉ, Milan 1997, p. 286-290. Aucune de ces études ne fait allusion au voisinage de Saint-Lazare.
45. Cl. CLERMONT-GANNEAU, Archæological and epigraphic notes on Palestine, *Palestine Exploration Fund* 1901, p. 109-114 ; G. SCHLUMBERGER *et al.*, *Sigillographie de l'Orient latin*, Paris 1943, n° 129 bis.
46. H. E. MAYER, Die Grundung des Doppelklosters St Lazarus in Bethanien, *Bistümer, Klöster und Stifte im Königsreich Jerusalem*, Stuttgart 1977 (Schriften der MGH 26), p. 372-402.

Seul à notre connaissance le sceau de Saint-Lazare d'Orléans en reprend la version, là-même où dès 1112 apparaît l'identification des lépreux à « de pauvres lazares »[47]. Dès lors quelle antériorité reconnaître et par quels biais ? Ceux dus aux aller et retour des croisés ou des pèlerins à l'instar d'Hervé de la Trinité, ancien disciple de Robert d'Arbrissel, de Dreux de Langeais, frère d'un important donateur de Fontevraud, de Payen de Mondoubleau participant de la première croisade, de l'évêque d'Angers Renaud de Martigné qui accompagne le premier voyage du comte Foulques en 1120, ou de multiples autres dans la foulée réformatrice ligérienne ou bourguignonne[48] ? Qualifié en 1127 de « chevalier de Saint-Étienne de Jérusalem », c'est-à-dire lié confraternellement à la communauté et servant à sa protection matérielle et militaire, le proche compagnon du comte d'Anjou, Robert de Craon, dont la nièce allait devenir la « première » abbesse en titre de Fontevraud, est à n'en pas douter un témoin essentiel de cette interaction et du devenir de Saint-Lazare dans la cité sainte[49]. Selon quels plans et quels modèles arrêtés à l'avance ou progressivement construits, que nous ne parvenons encore qu'à décrypter indirectement : pontificaux, épiscopaux, ou monastiques ? Sur place, les chanoines du Saint-Sépulcre, aux côtés du patriarche, en sont peut-être aussi la cheville ouvrière. D'autres acteurs, au premier plan desquels apparaît l'élite laïque, viendront en parfaire l'établissement.

François-Olivier Touati
Université François Rabelais - Tours

DOCUMENT

[1130 - 1145, 27 septembre]

Acte de Guillaume, patriarche de Jérusalem[50]*, portant la concession faite par un moine arménien du nom d'Abraham à la maison des lépreux de Saint-Lazare [de Jérusalem] d'une citerne qui lui avait été donnée à l'usage des pauvres par*

47. Touati, *Maladie et société*, p. 382 et 476-479 ; Id., *Archives de la lèpre. Atlas des léproseries entre Loire et Marne au Moyen Âge*, Paris 1996, p. 300. Cette identification aux pauvres, davantage qu'aux lépreux, a-t-elle été plus précoce en Italie du Sud (plus directement sous influence orientale ?) à en juger par la première occurrence qui semble y apparaître, au Xe siècle ou au XIe siècle (?), dans la *Vie de saint Athanase de Naples* († 872), éd. MGH, SRL, Hanovre 1878, p. 445.
48. Donation de Chauffournois (L'Encloître, Indre-et-Loire) à Robert d'Arbrissel par Léon de Langeais, vers 1103 ; à ses côtés, son frère Dreux, « sur le point de partir à Jérusalem » (éd. J. X. Carré de Busserolle, *Dictionnaire géographique, historique et biographique d'Indre-et-Loire* 3, Tours 1880, p. 7).
49. Acte de Foulque V en faveur de l'abbaye Saint-Florent de Saumur édité par J. Chartrou, *L'Anjou de 1109 à 1151. Foulque de Jérusalem et Geoffroy Plantagenêt*, Paris 1928, no 37, p. 366.
50. Guillaume de Malines, prieur du Saint-Sépulcre en 1117, ou seulement à partir de 1128 (?), patriarche latin de Jérusalem de 1130 à sa mort en 1145 (Du Cange, p. 719-720 ; P. B. Gams, *Series episcoporum ecclesie...*, Ratisbonne 1873, p. 462 ; G. Ouri, Guillaume de Messines, l'ermite de Fontaine-les-Blanches devenu patriarche de Jérusalem, *Bulletin trimestriel de la Société archéologique de Touraine* 37, 1973, p. 225 s.). H. E. Mayer, *Die Kanzlei der lateinischen Könige von Jerusalem* I, Hanovre 1996 (Schriften der MGH 40), p. 565, 582, 588-592, attribue la rédaction de cet acte au chancelier Élie suivant le style du formulaire (*notum fieri volumus*), ce qui ne fait qu'en renforcer la dimension « angevine »...

Gormond, son prédécesseur au siège patriarcal (1118-1128)[51]*. Abraham conservera sa vie durant l'usage de la citerne et recevra vivres et vêtements de Saint-Lazare qui en recouvrera pleine propriété à sa mort.*

B. Cartulaire de Saint-Lazare de Jérusalem, Turin, Archivio Storico dell'Ordine Mauriziano e di San Lazzaro, Mazzo uno, nº 1°, p. 14 [acte tronqué].

a. P. G. NIZZARDO, *Storia dell'Ordine Equestre de Santi Morizio e Lazaro*, 1679, Turin, Biblioteca Reale, manuscrit Storia Patria nº 437, p. 39 (copie défectueuse).
b. Comte de MARSY, Fragment d'un cartulaire de l'ordre de Saint Lazare, en Terre-sainte, *Archives de l'Orient latin* 2, 1884, nº I.
c. Fr.-O. TOUATI, *Actes et cartulaire de Saint-Lazare de Jérusalem, 1124 ?-1191*, Habilitation à diriger des Recherches, Université de Paris I, 2001, t. III, p. 41-42.

Indiqué : L. CIBRARIO, *Breve Storia degli Ordini di S. Maurizio e di S. Lazzaro avanti e dopo l'unione dei medesimi*, Turin 1844, p. 221-222. – *R.R.H.*, nº 136. – R. PETIET, *Contribution à l'Histoire de l'Ordre de St-Lazare de Jérusalem en France*, Paris 1914, p. 58. – R. ELLENBLUM, *Frankish Rural Settlement in the Latin Kingdom of Jerusalem*, Cambridge 1998, p. 238.

Willelmus, Dei gratia, sancte *Jerusalem* patriarcha, omnibus tam presentibus quam futuris sancte matris Ecclesie filiis, salutem et benedictionem. Dilectioni vestre, karissimi, notum fieri volumus quod quidam monachus armenius, Abraham nomine, cisternam a domino Warmundo patriarcha predecessore nostro in usum pauperum sibi datam, domui lcprosorum Sancti Lazari in nostra conccssit presentia, ita dumtaxat ut, quamdiu viveret, cisternam eandem possideret ac de domo illa victum et vestimentum haberet. Eo vero mortuo, cisterna prefate domus sempiterne manciparetur possessioni.

TRADUCTION

Guillaume, par la grâce de Dieu, patriarche de la sainte Jérusalem, à tous les fils de [notre] sainte mère l'Église, tant présents que futurs, salut et bénédiction. À votre affectueuse attention, très chers, nous voulons faire savoir qu'un certain moine arménien, du nom d'Abraham, a concédé en notre présence à la maison des lépreux de Saint-Lazare la citerne qui lui avait été donnée à l'usage des pauvres par le patriarche Gormond, notre prédécesseur ; moyennant quoi, tant qu'il vivra, il conservera cette même citerne et aura vivre et couvert de la part de cette maison. Une fois mort, ladite citerne demeurera en possession de ladite maison pour toujours.

51. GAMS, *Series episcoporum ecclesie*, cité note précédente, p. 452. Gormond de Picquigny (Somme), cinquième patriarche de Jérusalem, auquel succède, jusqu'en 1130, Étienne, ancien abbé de Saint-Jean-en-Vallée de Chartres.

À propos du commerce vénitien des « schienali » (schinalia) (première moitié du XVe siècle)

Angéliki TZAVARA

Dans le livre de comptes qu'il tint pendant son séjour commercial à Constantinople, le Vénitien Giacomo Badoer nota, en 1437 et 1438, des dépenses qu'il avait faites pour l'achat des *scenai*[1]. Ce terme vénitien prendrait en italien moderne la forme *schienali*, c'est-à-dire « dos », « échines ». Luigi Messedaglia fut le premier à s'intéresser à sa signification ; grâce à l'analyse de la littérature, des réceptaires et des études ichtyologiques des XVe et XVIe siècles, il put donner du mot *schienale* cette définition : « strisce di polpa, tolte dal dorso di storioni levantini, salate e seccate, e vendute a fascio, in Levante, ai mercanti italiani »[2]. Quelques naturalistes du XVIe siècle dont les écrits ont également été mis à profit par Messedaglia donnent une description fort précise de cet aliment : Paul Jove (Paolo Giovio) mentionne des magasins de poissons salés en mer Noire où l'on produisait du caviar et des *schienali* faits des flancs des esturgeons et conservés grâce au sel ou fumés ; le Français Pierre Belon et l'Italien Ippolito Salviani fournissent des informations similaires et les deux savants ajoutent que les *schienali* étaient fabriqués avec toute la longueur du dos de l'esturgeon[3]. Des documents inédits, provenant des Archives d'État de Venise, permettent d'étudier quelques aspects de la commercialisation de cet article, dont le nom apparaît le plus souvent sous la forme *schinalia*.

Le *schienale* était donc la chair, le filet de l'esturgeon, détaché de son dos et conservé salé ou séché, voire fumé. Mais il faut noter qu'il existait un autre type de poissons salés, appelé *schene* : l'animal dont il était tiré, était appelé *andachieri* ou *antichieri*. En 1438, Giacomo Badoer acheta à Bartolomeo Rosso 11 *schienali*, 12 pièces de chair d'esturgeon (*morona*) sèche et 12 *scene de antichier*[4]. Il semble donc que le marchand vénitien les distingue des *schienali*[5]. S'agit-il d'une autre espèce de poisson ou bien d'une variété de la famille des *acipenseridae*, à laquelle appartient l'esturgeon ? Malheureusement, les documents où les *antichieri* sont

1. *Il libro dei conti di Giacomo Badoer*, éd. U. DORINI, T. BERTELÈ, Rome 1956 (Il Nuovo Ramusio 3) (ci-après *Badoer*), p. 151, 280, 387 et 604.
2. L. MESSEDAGLIA, Schienale e morona. Storia di due vocaboli e contributo allo studio degli usi alimentari e dei traffici veneti con il Levante, *Atti del Reale Istituto Veneto di Scienze, Lettere ed Arti* 101, 1941-1942, p. 1-58 et spécialement p. 48 ; ID., A proposito di *schienale* e di *morona*. Nuovi appunti, *ibid.* 103, 1943-1944, p. 111-132. *Schiena* signifie « dos ».
3. Par exemple selon Ippolito Salviani : *Ibidem praeterea ex sturionis pulpis, ex tota dorsi longitudine integris dissectis, sale conditis, et fumo demum exsicatis, ea etiam salsamenta, quae schinalia, vel spinalia vulgo apellamus, parantur*. Le texte est reproduit par MESSEDAGLIA, Schienale e morona, cité note précédente, p. 28-29, 30 et 31.
4. *Badoer*, cité *supra* n. 1, p. 387 et 604.
5. Dans son glossaire, G. BERTELÈ, *Il libro dei conti di Giacomo Badoer (Costantinopoli 1436-1440). Complemento e indici*, Padoue 2002, p. 243, identifie l'*antichier* avec l'esturgeon.

Chemins d'outre-mer. Études d'histoire sur la Méditerranée médiévale offertes à Michel Balard.
Paris, Publications de la Sorbonne, 2004 (Byzantina Sorbonensia 20)

mentionnés sont très peu nombreux et peu éclairants. Dans un testament passé à Tana le 14 mai 1384, on trouve également mention de ces poissons : Primo de Raguse, le testateur, qui nous fournit également des informations sur le commerce du caviar, y lègue à ses fils le profit d'une vente d'*antichieri*[6]. Presque un siècle plus tard, les actes d'un procès tenu à Venise le 1er février 1473 concernent un naufrage au cours duquel furent perdues des marchandises, dont une grande quantité d'*antichieri* (*item sia dimandado quanti andacheri, zoe pessi sechi, erano cargadi sula dicta nave... ; anticherios siccos duo mila septigentos et ultra*[7]). Le testament de Primo de Raguse ne donne aucune indication spécifique sur ce que sont les *antichieri*, sinon qu'il s'agit de poissons. Le procès de 1473 en revanche fournit quelque information supplémentaire, en particulier l'indication que ce sont des poissons séchés. Un autre document est encore plus précis : le 29 mai 1415, Lorenzo del Nievo, de Vicence, donna une procuration à Nicoletto dei Gotti (*de Gothis*) de Candie, patron d'une petite coque, pour charger à Constantinople, entre autres marchandises, « sept *caratelli* de caviar, dont cinq sont d'esturgeons et deux d'*antichieri* » (*charatelos septem chavialium, de quibus quinque sunt de stureon et duo de antigeriis*...)[8]. Grâce à ce document, on est en droit de penser que les esturgeons et les *antichieri* ne sont pas identiques, même s'il est possible que les *antichieri* aient été des poissons similaires, peut-être appartenant à la même famille c'est-à-dire celle des *acipenseridae*. En tous cas, il semble que lorsque l'on trouve mention de *schienali*, sans autre précision, il s'agit généralement d'esturgeons, tandis que lorsque l'on a affaire à des *schienali* d'un autre poisson, comme les *anticheri*, c'est expressément indiqué[9].

Le *schienale* était un aliment coûteux et apprécié : des recettes élaborées existaient pour l'accommoder. Au XVIe siècle, dans son traité de gastronomie, Bartolomeo Scappi, cuisinier du pape Pie V, révèle quelques-unes de ces recettes pour déguster correctement les *schienali* : en effet, comme plat maigre, ils étaient très recherchés pendant le carême, en particulier par les ecclésiastiques[10]. Mais ces derniers n'étaient pas les seuls amateurs de ce met délicat : comme nous l'avons vu, Giacomo Badoer acheta à deux reprises des *schienali* provenant de Tana. Le 14 novembre 1437, il nota un versement à Francesco Corner, fils de feu Donato[11], pour l'achat de 25 *schienali* qu'il comptait envoyer à Venise pour les offrir à son frère et à d'autres relations[12]. Le 24 novembre de l'année suivante, Giacomo enregistra dans son livre l'achat de *schienali*, *antichieri* et *morone* qu'il voulait également envoyer à Venise, par le bateau de Giacomo di Manoli, à son frère et à son beau-père[13]. On voit donc que le marchand vénitien réservait spécifiquement ce produit pour des dons à ses parents. Il choisit pour eux des articles de luxe, typiques de ce Levant où il séjournait. Un autre indice qui peut attester d'une

6. ASV, Cancelleria inferiore, Notai, busta 130, no 7 notaio Nicolò Natale, fasc. B, f. 1v.

7. ASG, Notai giudiziarii 11 (Antonio Percipiano, filza 2), doc. 11. Cette information m'a été aimablement communiquée par Thierry Ganchou.

8. N. D. PROKOF'EVA, Akty venecianskogo notarija v Tane Donato a Mano (1413-1419), *Pričernomor'e v srednie veka*, éd. S. P. KARPOV, t. 4, Moscou-Saint-Pétersbourg 2000, p. 75, no 50 (29 mai 1415).

9. Pour un cas supplémentaire, voir *infra* le procès contre Filippo Correr.

10. Sur Bartolomeo Scappi, son traité de gastronomie et les recettes des *schienali*, voir MESSEDAGLIA, Schienale e morona, p. 12-18.

11. Francesco Corner de feu Donato se trouvait encore à Tana en 1449 : dans trois documents datés du 13 février 1439 (1438 *more veneto*), il apparaît en affaires avec des Génois à propos d'une pêcherie (*pescheria*) (ASV, Cancelleria inferiore, Notai, busta 148, no 6, notaio Pietro Pelacan, protocollo 3, f. 32v-34).

consommation domestique des *schienali* et de leur achat en petites quantités est la procuration que Demetrio Contarini, habitant à Venise dans la paroisse de Santa Maria Zobenigo, donna à Costanzo Maurica, notaire de Candie, afin qu'il reçoive pour lui de Giorgio de Coron 10 *schienali* ou leur équivalent en argent[14].

Voyons à présent quelques aspects du commerce des *schienali* : le transport, le nolis, le prix. Pour s'en faire une idée, il faut recourir à une série de procès examinés par les juges des Pétitions et dont le contenu donne, parfois incidemment, des informations à ce propos. Il a semblé utile d'en présenter en annexe une analyse plus détaillée, afin de ne pas en dénaturer la signification ; nous y renverrons dans les lignes qui suivent. Ces dix procès sont très précieux pour appréhender le commerce des *schienali*. Le plus souvent, les écritures des notaires de la Cour des Pétitions ne sont pas précises et les plaidoiries des parties ne le sont pas davantage. Cependant, quelques procès sont plus circonstanciés : les deux parties entrent alors dans le détail de leurs affaires, rapportent parfois mot à mot des discussions et retracent pas à pas le déroulement des faits. Ce matériel judiciaire, complété par des documents notariés passés surtout à Tana, permet de décrire le commerce des *schienali* par les marchands vénitiens de Crimée jusqu'en métropole.

Les *schienali* provenaient de la mer Noire[15]. Les marchands vénitiens les importaient de Tana où ils avaient établi un comptoir depuis le début du XIVe siècle[16]. Des pêcheries étaient situées dans le territoire de Tana : Giosafat Barbaro, marchand, voyageur et ambassadeur vénitien qui fit plusieurs séjours dans cette ville, en possédait une. Il nous informe qu'outre le nécessaire pour l'élevage et la pêche, il s'y trouvait des installations pourvues du nécessaire pour saler et conditionner les poissons en vue du commerce de gros[17]. La même source mentionne en outre un autre homme d'affaires vénitien, Zuan da Valle, également propriétaire d'une pêcherie dans la région : pendant que la horde d'un seigneur mongol de passage saccageait la pêcherie de Barbaro, Zuan fit creuser un fossé où il put cacher 30 *caratelli* de caviar qui échappèrent ainsi au pillage. Une pêcherie fait l'objet d'un contrat entre le Vénitien Francesco Corner et des Génois[18].

12. *Badoer*, p. 151 : *a dì dito per le mie spexe per l'amontar de scenai 25 ch'el me chonprò e mandò da la Tana i qual el me scrise costar bexanti ... che val — a c. 41 perp. 14 car. 6* ; p. 280 : *a dì dito per Francesco Corner per l'amontar de scenai 25, i qual el me comprò a la Tana, i qual mandì a donar a Veniexia a mio fradelo e ad altre persone, montono — c. 74 perp. 14 car. 6.*

13. *Badoer*, p. 387 : *a dì 24 novembre per le mie spexe, per l'amontar de scenali 11 e de scene 12 de antichier e pezi 12 de morona secha, ch'el me mandò per la nave patron Jachomo de Manoli, le qual chose el mete montar somo j^o^ e bexanti 20 che val — c. 301 perp. 10 car. 12* ; p. 604 : *a dì dito per ser Bortolamio Roso per l'amontar de scenali 11 che costò à la Tana somo j^o^, e pezi 12 de scene d'antichier i qual costò asp. 10 el pezo, e alcuni pezi di morona secha, le qual chose mandì a donar a mio fradelo per la nave de Jachomo de Manoli e a mio suoxero, val — a c. 192 perp. 10 car. 12.*

14. ASV, Cancelleria inferiore, Notai, busta 227, notaio Angeletto de Venetiis, protoc. 1412-1417, f. 219.

15. Sur la pêche et les poissons en mer Noire, voir M. BALARD, *La Romanie génoise (XIIe-début du XVe siècle)*, Rome 1978, p. 705-708 ; L. BALLETTO, Pesca e pescatori nella Crimea genovese del secolo XV, *Atti dell'Accademia Ligure di Scienze e Lettere* 43, 1988, p. 189-199.

16. Sur le comptoir vénitien de Tana, voir E. SKRZINSKAJA, Storia della Tana, *Studi Veneziani* 10, 1968, p. 3-45 ; M. BERINDEI, G. VEINSTEIN, La Tana-Azaq de la présence italienne à l'emprise ottomane (fin XIIIe-milieu XVIe siècle), *Turcica* 8/2, 1976, p. 110-201 ; B. DOUMERC, La Tana au XVe siècle : comptoir ou colonie, *État et colonisation au Moyen Âge*, éd. M. BALARD, Lyon 1989, p. 251-266.

17. *I viaggi in Persia degli ambasciatori veneti Barbaro e Contarini*, éd. L. LOCKHART, R. MOROZZO DELLA ROCCA, M. F. TIEPOLO, Rome 1973 (Il Nuovo Ramusio 7), p. 77-78. En 1448, un acte de protestation rédigé à Tana mentionne le commerce de 14 tonneaux de *schienali* appartenant à Giosafat Barbaro : ASV, Cancelleria inferiore, Notai, busta 148, notaio Pietro Pellacan, f. 36v-37.

18. Voir *supra* n. 11.

Les documents dont nous disposons nous informent sur l'extension géographique du commerce des *schienali*. Ceux-ci étaient chargés à Tana sur des navires vénitiens, coques et galées, surtout celles empruntant la *muda* de Romanie dont la destination ultime était cette ville de la mer Noire. Une des étapes importantes du commerce de cette marchandise était Constantinople[19] : Francesco Balducci Pegolotti, dans sa *Pratica della mercatura*, mentionne des *schienali* en vente sur le marché de cette ville[20]. On a vu que Giacomo Badoer, pendant son séjour dans la capitale byzantine, y achetait des *schienali* et d'autres produits de la pêche provenant de Tana afin de les envoyer à Venise. Quelques-uns des procès analysés en annexe éclairent également cet aspect : en 1411, Antonio Negro garantit une opération de change de Constantinople à Venise avec 400 *schienali*[21]. La même année, Marino Contarini fit charger à Constantinople 7 992 *schienali* dont 3 872 furent déchargés à Modon[22]. En 1413, quelques 400 *schienali* furent envoyés à Coron pour être confiés à Francesco dei Quartieri pour le compte d'une société de marchands vénitiens fondée à Constantinople[23]. On sait que la capitale byzantine était une plaque-tournante du grand négoce oriental, mais il semble qu'elle l'ait été aussi du trafic moins connu des *schienali*. Il existait, sur le commerce des poissons, une imposition particulière, un *komerkion*, comme en témoigne l'existence d'un « commerciaire des poissons » (« chomerchier di pesi ») mentionné dans le livre de comptes de Giacomo Badoer[24]. Les colonies vénitiennes de Coron et de Modon constituaient aussi des lieux de commerce et de dépôt des *schienali*. Un autre document, daté du 11 août 1360 à Tana, mentionne une quantité de 800 *schienali* qui servaient de caution pour une somme d'argent. Selon cet accord entre le Grec Nicolas Sarandinos, fils de feu Constantin, de Monemvasie et le Vénitien Micheletto Emo, fils de feu Pietro, marchand à Tana, cette somme devait être transportée à Coron sur le linh du patron Francesco Binello, bourgeois de Péra, et remise aux mains de Felice Bon, habitant de cette ville moréote[25]. Quelques documents laissent penser qu'il en allait de même pour Candie : ainsi, une procuration donnée par Dimitrio Contarini à Costanzo Maurica, notaire de Candie, pour récupérer 10 *schienali* aux mains de Giorgio de Coron (le document n'indique pas toutefois où se trouvaient les poissons)[26]. Un indice un peu plus sûr se trouve dans une sentence du 20 août 1407

19. Sur la pêche et le commerce des poissons à Constantinople, voir K. P. MATSCHKE, Situation, Organisation und Aktion der Fischer von Konstantinopel und Umgebung in der byzantinischen Spätzeit, *Byzantinobulgarica* 6, 1980, p. 281-298, et G. DAGRON, Poissons, pêcheurs et poissonniers de Constantinople, *Constantinople and its Hinterland*, éd. C. MANGO, G. DAGRON, Cambridge 1995, p. 57-73.
20. Francesco BALDUCCI PEGOLOTTI, *La pratica della mercatura*, éd. A. EVANS, Cambridge, Mass. 1936, p. 39.
21. ASV, Giudizi di Petizion, Sentenze a giustizia, reg. 22, f. 20v-21v (F. Zorzi contre M. Polani) [= *infra* procès n° 6].
22. ASV, Giudizi di Petizion, Sentenze e interdetti, reg. 8, f. 50-v (N. Barbarico contre M. Contarini) [= *infra* procès n° 5].
23. ASV, Giudizi di Petizion, Sentenze a giustizia, reg. 29, f. 53-54v (A. di Giovani contre D. Corner) [= *infra* procès n° 7].
24. Th. GANCHOU, Giacomo Badoer et kyr Theodoros Batatzès, « chomerchier di pesi » à Constantinople (flor. 1401-1449), *RÉB* 61, 2003, p. 49-95, montre que « chomerchier di pesi » est un commerciaire du poisson, et non « des poids ».
25. ASV, Cancelleria inferiore, Notai, b. 19, notaio Benedetto Bianco, protoc. 1 (1359-60), f. 32. Sur Felice Bon, voir *Documenta Veneta Coroni et Methoni rogata. Euristica e critica documentaria per gli oculi capitales Communis Veneciarum (secoli XIV-XV)*, éd. A. NANETTI, Athènes 1999, p. 153, 213-218, 221, 243, nos 3.41, 4.7-11, 4.15, 4.48.
26. ASV, Cancelleria inferiore, Notai, b. 227, notaio Angeletto de Venetiis, protoc. 1412-1417, f. 219.

des juges du *Mobile* : Giorgio Capello réclamait au Grec Manoli *compravendi* de Candie 7 ducats, reste d'une vente de *schienali*[27]. La destination finale du voyage des *schienali* était cependant d'ordinaire Venise : ils y étaient importés pour le marché intérieur ou pour être ensuite exportés. Un des procès résumés en annexe signale ainsi un envoi de *schienali* en Lombardie[28].

Parfois le sort des *schienali* était réglé par les clauses des enchères (*incanti*) des galées de Romanie, comme c'est le cas de l'*incanto* de l'année 1418. Afin de charger les marchandises locales, les patrons des galées de Romanie devaient décharger les *salumina*, dont les poissons salés, les *schienali* : si, lorsque les galées arrivaient à Modon, il ne s'y trouvait plus de place pour charger les marchandises de la Basse Romanie, les *schienali* devaient être débarqués et laissés à Modon où ils seraient chargés par d'autres galées qui arriveraient ultérieurement. Les patrons pouvaient agir de la même manière à Constantinople, à Nègrepont ou lors d'autres escales si les circonstances l'imposaient[29]. C'est une des raisons pour lesquelles on chargeait des *schienali* provenant en fait essentiellement de la mer Noire sur d'autres marchés, en particulier à Constantinople et à Modon.

En ce qui concerne le transport et le nolis, la documentation est un peu plus généreuse. Essayons donc de reconstituer ce que devait faire un marchand qui souhaitait commercer des *schienali*. Il devait bien évidemment d'abord acquérir la marchandise, puis la mettre en dépôt jusqu'au moment de son transport. Andreas Sophianos avait ainsi à Tana un entrepôt où Antonio Contarini avait emmagasiné ses *schienali* avant qu'ils ne soient chargés sur un navire en partance pour Venise[30]. Pour embarquer ses *schienali* à Tana, le marchand devait s'entendre avec le patron d'une galée ou d'une coque afin d'établir avec lui les conditions du transport, en particulier le port de destination et le nolis. Voyons les informations de nos documents sur les prix des nolis à partir de Tana et des autres marchés :

Date	Départ de	Destination	Cargaison	Nolis
1402	Tana	Venise	260 *schienali*	3 ducats pour 100[31]
1411	Constantinople	Venise	7 992 *schienali*	5 ducats pour 100[32]
	Constantinople	Modon	3 872 *schienali*	3 ducats pour 100
1413	Tana	Venise	*schienali*	3 1/2 ducats pour 100[33]
1418	Constantinople	Venise	*schienali*	5 ducats pour 100[34]
	Nègrepont	Venise	*schienali*	4 ducats pour 100
	Modon, Coron et Corfou	Venise	*schienali*	3 ducats pour 100

27. ASV, Cancelleria inferiore, Notai, b. 94, n° 1, notaio Michele de Gorgoraptis, original sur parchemin.
28. ASV, Giudizi di Petizion, Sentenze a giustizia, reg. 27, f. 31v-32 (P. de Urbino contre les commissaires de G. a Vicinis) [= *infra* procès n° 3].
29. ASV, Senato *Misti*, reg. 52, f. 249-254 (copia).
30. ASV, Giudizi di Petizion, Sentenze a giustizia, reg. 46, f. 117v (A. Contarini contre G. Pardo) [= *infra* procès n° 8].
31. ASV, Giudizi di Petizion, Sentenze a giustizia, reg. 9, f. 19-20 (M. Magno contre G. de Bognolino) [= *infra* procès n° 1].
32. ASV, Giudizi di Petizion, Sentenze e interdetti, reg. 8, f. 50-v (N. Barbarico contre M. Contarini) [= *infra* procès n° 5].
33. A. A. Talyzina, Venecianskij notarij v Tane Cristoforo Rizzo (1411-1413), *Pričernomor'e v srednie veka*, cité *supra* n. 8, p. 28-29 n° 6 (5 juillet 1413) : ...*pro quolibet centenario schinalium – ducatos 3 cum dimidio pro Venetiis*... Il s'agit d'un accord entre trois patrons de navires *ad viagium Tane* sur des prix de nolis fixe.

Il faut noter aussi que, pour quitter Tana avec leurs marchandises, les négociants devaient obtenir une autorisation d'exportation du consul des Vénitiens dans cette ville. Ce contrôle visait en particulier à éviter que quelque marchand ne déguerpisse en laissant derrière lui ses dettes, comme ce fut par exemple le cas d'Antonio Contarini[35].

Quand le marchand avait réglé avec le patron les détails du fret, il faisait transporter ses *schienali* au port sur un chariot (*plaustrum*) dans lequel on pouvait charger, selon Giacobello de Bognolino, patron d'une coque, jusqu'à 180 *schienali* au maximum[36]. Une fois au port, les marchandises devaient être présentées au scribe et/ou au patron. Les *schienali* étaient comptés un par un et enregistrés dans le livre de bord (*quadernum scribani navis*) par le scribe. En même temps, le marchand recevait une attestation (*poliza*) pour sa cargaison. Puis, les poissons étaient chargés sur un bateau nolisé par le patron pour transporter les marchandises jusqu'à la galée ou la coque qui était ancrée plus loin dans la rade. Dans les procès examinés, on voit que les bâtiments étaient des galées dans trois cas sur six, des coques dans deux cas sur six et, dans un seul cas, une nef. Une fois les *schienali* à bord du navire, ils étaient à nouveau comptés. Il est probable que ce processus pouvait se répéter même lors d'une escale comme ce fut le cas pour les *schienali* de Francesco Cocco à Modon (toutefois le témoin interrogé dans cette affaire ne sait pas trop si les *schienali* ont été chargés effectivement à Tana ou bien à Modon)[37]. Enfin, on posait ces marchandises dans la cale (par exemple *in caucha de subto*) où elles resteraient jusqu'à leur arrivée à Venise. Les *schienali* pouvaient être transportés dans des tonneaux (*bote*) ou dans des caisses (*casse*), mais dans un cas au moins ils furent simplement entassés dans la cale du navire, répartis en deux piles distinctes, en fonction de leur qualité[38]. À Venise, le patron devait les remettre à leurs propriétaires légitimes, selon ce qui avait été enregistré lors du départ de Tana.

Les *schienali* étaient en effet de deux qualités : ceux de *sanser* et ceux de *sorta*. La première catégorie était la meilleure : ce sont les *schienali* « du courtier » (*sanser*, *sensale*), c'est-à-dire ceux qui offrent les plus intéressantes perspectives de commercialisation parce qu'ils présentent certaines caractéristiques spécifiques comme la couleur, l'odeur et la taille. Le manuel de Pegolotti explique aux marchands comment reconnaître les bons *schienali* : *e vogliono essere grandi e grossi e di buono odore secondo schienali ; e quanto più sono grandi e più grossi*

34. ASV, Senato *Misti*, reg. 52, f. 249-254 (copia). Il s'agit des prix des nolis mentionnés dans le texte de l'*incanto* des galées de Romanie de l'année 1418. Sur le système de l'*incanto* des galées : D. Stöckly, *Le système de l'*incanto *des galées du marché à Venise (fin* XIII*e-milieu* XV*e siècle)*, Leyde 1995 (The medieval Mediterranean 5).

35. ASV, Giudizi di Petizion, Sentenze a giustizia, reg. 46, f. 117v (A. Contarini contre G. Pardo) [= *infra* procès n° 8].

36. ASV, Giudizi di Petizion, Sentenze a giustizia, reg. 9, f. 19v (M. Magno contre G. de Bognolino) [= *infra* procès n° 1].

37. ASV, Giudizi di Petizion, Sentenze a giustizia, reg. 20, f. 31v-32 (F. Cocco contre C. de Modon) [= *infra* procès n° 4].

38. En ce qui concerne le commerce vénitien des *schienali*, notre documentation ne confirme pas ce que dit Pegolotti, selon qui les *schienali* étaient vendus en fagots (*fascio*) de 20. Le *miliarium* était aussi absent dans les procès des juges des Pétitions où nous trouvons en revanche les prix des *schienali* et des nolis exprimés non au poids mais pour 100 *schienali* ; sur le *miliarium*, voir L. Balletto, Il « miliarium » nel commercio del pesce nel Mar Nero, *Symposium internazionale : Bulgaria Pontica Medii Aevi, Nesebar, 23-27 maggio 1979*, Cuneo 1979, p. 3-14. Au moment de charger les poissons, les marchands d'un côté et le patron et le scribe de l'autre les comptaient simultanément.

e più coloriti in colore rosseto buio tanta sono megliori[39]. La seconde catégorie incluait les *schienali* « de hasard » (*sorta*), de qualité plus médiocre ou simplement de dimension inférieure. Ceux-ci trouvaient néanmoins un débouché sur le marché vénitien, mais ils y étaient vendus moins chers. Dans le cas où un lot de *schienali de sorta* à vendre contenait aussi quelques *schienali de sanser*, son prix pouvait s'en trouver augmenté. Les prix que nous avons notés sont les suivants :

Date	Quantité-Qualité	Prix
1403	*schienali de sanser*	40 ducats pour 100[40]
	schienali de sorta	20-22 ducats pour 100
	schienali mixtes	26 ducats pour 100
1407	400 *schienali*	140 ducats pour une dette = 35 duc. pour 100[41]
1411	60 *schienali de sanser*	51 ducats[42]
1417	400 *schienali*	280 hyperpères de Romanie = 70 hyp. pour 100[43]
1438	11 *schienali*	1 sommo de Tana[44]
1446	1 *cassa de schienali*	6 sous[45]
1447	1 *bota de morona* et 1 de *schienali* [*de antichieri*]	8 livres = 80 ducats[46]

Parfois, les *schienali* étaient avariés. Bien sûr, cela les rendait impossibles à commercialiser et le marchand à qui ils appartenaient perdait tout simplement son investissement. Ce fut le cas de Filippo Correr en 1446.

*
* *

Le trafic des filets d'esturgeons, appelés *schienali*, appartient à un versant en général peu connu du commerce levantin de Venise : le commerce des poissons salés ou séchés. À l'aide des documents judiciaires et notariaux provenant des Archives d'État de Venise, nous avons voulu montrer quelques aspects de ce négoce des *schienali*. On peut en résumer les caractéristiques :

Les marchés principaux en étaient Tana, Constantinople, Coron et Modon.

Le transport était effectué principalement sur les galées ou les coques après un minutieux contrôle des marchandises par les deux parties contractantes : le marchand et le patron du navire.

39. Pegolotti, *La pratica della mercatura*, cité *supra* n. 20, p. 380.

40. ASV, Giudizi di Petizion, Sentenze a giustizia, reg. 7, f. 37-38 (M. Corner contre B. Soler) [= *infra* procès n° 2].

41. ASV, Giudizi di Petizion, Sentenze a giustizia, reg. 27, f. 40v-41 (P. de Urbino contre commissaires de G. a Vicinis) [= *infra* procès n° 3].

42. ASV, Giudizi di Petizion, Sentenze a giustizia, reg. 20, f. 31v-32 (F. Cocco contre C. de Modon) [= *infra* procès n° 4].

43. ASV, Giudizi di Petizion, Sentenze a giustizia, reg. 29, f. 53-54v (F. Zorzi contre M. Polani) [= *infra* procès n° 6].

44. *Badoer*, p. 604.

45. ASV, Giudizi di Petizion, Sentenze a giustizia, reg. 102, f. 136-139 (A. Memo contre F. Correr) [= *infra* procès nos 9-10].

46. ASV, Giudizi di Petizion, Sentenze a giustizia, reg. 105, f. 62-v (A. Memo contre F. Correr) [= *infra* procès nos 9-10].

Le nolis dépendait essentiellement de la distance, et il atteignait entre 3 et 5 ducats pour 100 *schienali*.

La qualité des *schienali* était décisive pour leur commerce. Les *schienali* avariés ne trouvaient évidemment pas d'acheteur, et le marchand en était pour ses frais. Mais même ceux qui atteignaient leur port de destination en bon état, ne garantissaient pas tous un profit égal : les *schienali de sorta* étaient les moins chers (leur prix oscillant en 1403 entre 20 et 22 ducats pour 100 *schienali*) ; les *schienali de sanser* atteignaient les prix les plus intéressants (40 ducats pour 100 *schienali* en 1403) : grands et gros, appétissants par leur odeur et leur couleur.

Telles étaient les conditions dans lesquelles les marchands vénitiens importaient les *schienali* à Venise, avant que ceux-ci n'aboutissent sur les marchés et en dernier lieu sur les tables de la ville et de son arrière-pays. Le gourmet docteur Paolo, dans la poésie satitique de Tifi Odasi[47], *Macaronea*, arriva au point d'engager sa ceinture d'étain dorée et de la troquer contre une autre faite de nœuds pour se procurer ses deux délices, la *morona* et le *schienale* :

Portat centuram cum centum milia gropis,
centum impegnavit factum de pleltre doratum,
propter schinalem, propter comprare moronam.

Angéliki Tzavara

47. MESSEDAGLIA, Schienale e morona, p. 1-2. Tifi Odasi était un poète satirique du XVe siècle, d'origine bergamasque, qui vivait à Padoue et mourut en 1492. Le *dottor Paolo* est une des figures caricaturales de son poème *Macaronea*.

ANNEXE

PROCÈS CONCERNANT LES *SCHIENALI* DEVANT LES JUGES DES PÉTITIONS

1] 1402, 19 décembre. Matteo Magno contre Giacobello di Bognolino[48]

Le plaignant, Matteo Magno, de la paroisse de Santa Maria Zobenigo, était *pennese*[49] sur la coque de Giacobello di Bognolino lors du voyage de Tana de septembre précédent. Dans cette ville, il acheta 365 *schienali* pour commercer « comme le font les pauvres gens parce qu'ils espèrent quelque bénéfice » (*ut faciunt pauperes homines pro volendo aliquid lucrari*). Il voulut les faire charger sur la coque où il était employé, vraisemblablement sans payer de nolis, mais le patron s'y refusa et le menaça, s'il le faisait, de jeter ses *schienali* hors du bateau. Matteo lui proposa donc de payer le nolis pour ceux de ses poissons qui seraient chargés en cale et d'en mettre aussi quelques-uns dans sa caisse (*capsa*)[50] sans payer le nolis pour ceux-ci. Le patron lui permit alors de les charger, mais tôt le matin, pour ne pas être vu des marchands. Tandis que Matteo embarquait ses articles sur le petit navire qui les porterait jusqu'à la coque, le scribe du navire survint et lui demanda ce qu'il faisait. Le *pennese* répondit qu'il chargeait ses *schienali* avec la permission du patron, mais le scribe ne nota rien, prétextant qu'il avait autres choses à faire. Matteo réussit à charger dans la cale de la coque (*in caucha de subto*) 260 *schienali*. Il ne dit rien des 105 *schienali* restant, qu'il dut soit placer dans sa caisse, donc sans payer le nolis, soit laisser ou vendre à Tana. À l'arrivée à Venise, le patron et le scribe refusèrent de lui rendre son bien en prétendant n'avoir rien reçu. Giacobello soutient pour sa défense qu'il avait donné à Matteo la licence de charger autant de *schienali* qu'il pouvait sur un *plaustrum*, mais qu'il ignorait s'il l'avait effectivement fait ; selon le patron, ce que le marin avait placé dans son coffre individuel (*capsa*) n'était pas en sécurité et quelque marchand ou marin pouvait l'avoir dérobé. Les juges donnent raison à Matteo, à condition qu'il paie le nolis de ses 260 *schienali*.

2] 1403, 19 mars. Marco Corner contre Bartolomeo Soler[51]

Les plaignants, Fantino Michiel et Domenico Contarini, représentants de Marco Corner, fils de Giacomo, accusent Bartolomeo Soler, patron d'une coque de la *muda* de Romanie : Leonardo Corner, frère de Marco, a chargé sur la coque de ce patron, à Tana, 1494 *schienali*. À l'arrivée à Venise, il manque à recevoir 137 *schienali de sanser*. Les représentants de Marco réclament ces marchandises ou leur valeur. Ils demandent aussi l'échange de 383 *schienali de sorta* contre le même nombre de *schienali de sanser* qu'ils auraient dû recevoir, ou la différence de prix entre les deux types de produits. Bartolomeo répond qu'il y avait dans

48. ASV, Giudizi di Petizion, Sentenze a giustizia, reg. 9, f. 19-20.
49. Le « pennese » était le marin préposé à la garde du matériel déposé dans le navire, et en particulier des victuailles destinées à l'équipage.
50. Il s'agit probablement d'un espace dans le navire réservé aux effets personnels de chaque membre de l'équipage.
51. ASV, Giudizi di Petizion, Sentenze a giustizia, reg. 7, f. 37-38.

la coque des *schienali* chargés en deux tas, un de ceux *de sanser* et un de ceux *de sorta* (*quod in Tana fuerunt caricata schynalia de sansser et sorta in dicta navi et fuerunt facti duo montes, videlicet unius de sansser et unius de sorta*) et qu'il a remis à Venise les 1 494 *schienali*, ainsi que 800 *schienali de sorta* et 453 *de sanser* provenant d'un dépôt (*magazen*) au lieu des 1 253 *schienali de sorta*. Le patron prouve cette dernière assertion par le livre de bord (*per quaternum scribani navis*) et par l'enquête des estimateurs de la Commune (*per extimatores communis*) dans le dépôt des accusateurs, où ils ont trouvé sur le tas des *schienali de sorta* d'autres *de sanser* qui y étaient mélangés.

3] 1407, 7 mai. Prêtre Paolo d'Urbino contre la succession de Geronimo dei Vicini[52]

Le défunt Geronimo dei Vicini (*a Vicinis*) avait exigé au nom du prêtre Paolo d'Urbino des sommes auprès de plusieurs de ses débiteurs ; lorsqu'il mourut, il lui restait à rendre à ce dernier 140 ducats. Selon son fils Giacomo, de la paroisse de Sant'Agata, représentant de la succession, Geronimo, avait acheté 400 *schienali* pour le prêtre Paolo, dont ce dernier avait reçu 100. Les *schienali* restant avaient été envoyés en Lombardie pour être vendus.

4] 1411, 4 février. Francesco Cocco contre Constantin de Modon[53]

Francesco Cocco accuse Constantin de Modon de ne pas lui avoir restitué 60 *schienali* qui se trouvaient dans la *canipa* d'une galée. Alors que Francesco se trouvait avec la galée à Modon, il voulut faire compter et estimer ses *schienali* qui, selon lui, étaient au nombre de 514, en présence de deux témoins. Une fois la galée arrivée à Venise, il envoya un domestique (*famulus*) nommé Nicolò Rizo réceptionner les poissons, dont 60 manquaient. Francesco Cocco n'était pas un simple marchand, mais le propriétaire ou l'armateur de la galère (*cum sua galea*) dont Constantin de Modon était le cambusier (*caniparius*), donc un dépendant de Francesco. Ce dernier ne paraît pas avoir été un individu très commode : Constantin dit de lui qu'il ne le traitait pas comme son cambusier mais comme son esclave. En ce qui concerne les faits, Constantin, étant sur la galée à Modon, fut envoyé dans la ville pour acheter du vin pour le navire. À son retour, il trouva la porte centrale de la *glava*[54] ouverte (*portam de medio glave apertam*) et les *schienali* à l'intérieur. Il appela donc son beau-frère, Francesco da Legge, pour l'aider à les estimer mais ils ne les comptèrent pas. Il déclare d'ailleurs au procès qu'il ignore si les *schienali* avaient été chargés à Tana ou à Modon[55].

52. ASV, Giudizi di Petizion, Sentenze a giustizia, reg. 27, f. 40v-41.
53. ASV, Giudizi di Petizion, Sentenze a giustizia, reg. 20, f. 31v-32.
54. La *glava* est un magasin situé dans la partie inférieure du navire.
55. Costantino de Modon entra probablement au service de Francesco Cocco à Modon puisqu'il ignorait le contenu de la *caneva*.

5] 1411, 16 mai. Nicolò Barbarigo contre Marino Contarini[56]

Nicolò Barbarigo, armateur d'une galée ayant fait le voyage de Tana, fait comparaître le marchand Marino Contarini, fils d'Alessandro. Ce dernier lui doit encore 69 ducats et 5 gros, reste d'une dette de 124 ducats et 17 gros résultant d'un accord de la main de Marino (il a déjà payé 55 ducats et 12 gros). L'accusateur ne donne pas de précision sur l'origine de cette dette, mais Marino explique qu'il doit cet argent à Nicolò pour le nolis de 7 992 *schienali* chargés à Constantinople pour Venise à raison de 5 ducats pour cent *schienali*. Il a finalement déchargé 3 872 *schienali* à Modon où il s'est acquitté du fret, mais, puisque tout le chargement n'est pas allé comme prévu jusqu'à Venise, il s'estime en droit de payer moins que ce qui a été convenu pour les *schienali* déchargés à Modon, à savoir seulement 3 ducats pour cent *schienali*, soit au total 116 ducats et 6 gros, ou plutôt, en déduisant les 55 ducats et demi déjà versés, 60 ducats et 18 gros. Les juges ne suivent pas son interprétation et le condamnent. On notera qu'il n'y a pas de cohérence entre les chiffres que les deux parties soumettent aux juges mais cela peut s'expliquer par une divergence dans l'estimation du nombre des *schienali* déchargés à Modon (la somme de 124 ducats, 17 gros réclamée par Nicolò correspondrait, à raison de 5 ducats la centaine, au nolis d'environ 2 550 *schienali*, et non 3 872).

6] 1412, 27 janvier. Fantino Zorzi contre Maffeo Polani[57]

Marsilio Zorzi, fils de Fantino, se trouvait à Constantinople d'où, à la fin de 1411, il donna, à titre de change (*ad cambium sive nomine cambii*), 204 hyperpères et 3 karats de Constantinople, équivalant à 71 ducats d'or, à Antonio Negro[58]. Ce dernier devait remettre cette somme à Fantino Zorzi, en vertu d'un acte passé à Constantinople le 4 novembre 1411. Antonio désigna comme caution de la somme les 400 *schienali de sansario* qu'il avait dans une galée de Trébizonde dont le patron était Maffeo Polani. Mais Marsilio ayant des doutes sur la présence des *schienali*, demanda au patron des garanties supplémentaires[59]. Maffeo confirma alors, en présence de Zaccaria Contarini, fils de Lodovico, qu'Antonio Negro avait effectivement chargé les poissons dans sa galée et qu'ils resteraient là jusqu'au paiement de la somme à Venise. Comme Fantino Zorzi n'a rien reçu, il assigne Maffeo Polani devant les juges des Pétitions[60].

56. ASV, Giudizi di Petizion, Sentenze e interdetti, reg. 8, f. 50-v.
57. ASV, Giudizi di Petizion, Sentenze a giustizia, reg. 22, f. 20v-21v.
58. Un ducat équivalait donc alors à 2 hyperpères et 21 karats.
59. Marsilio craignait qu'Antonio ne décharge les *schienali*.
60. Pour sa défense, Maffeo présente les faits sous un jour un peu différent en soutenant qu'il n'est pas garant de cette affaire.

7] 1417, 24 mai. Fantino Zorzi contre Maffeo Polani[61]

Une société avait été constituée au mois de mai de 1413 à Constantinople entre Antonio di Giovanni da Navara et Donato Corner, fils de Paolo. Le premier marchand reproche maintenant au second d'avoir truqué ses comptes afin de le faire passer pour débiteur et demande une somme équivalant à un peu plus de 813 hyperpères. Ce qui nous intéresse ici de ce long procès, c'est la défense de Donato, représenté par Giovanni Dolfin : il demande que 280 hyperpères soient soustraits de la somme réclamée par Antonio. Il s'agit du prix de 400 *schienali* appartenant à leur société et qui furent envoyés à Coron aux soins de Francesco dei Quartieri (*de Quarteriis*). Les juges, après avoir entendu les arguments d'Antonio, décident qu'il doit donner à Giovanni soit la moitié des *schienali*, c'est-à-dire 200, soit leur valeur : 140 hyperpères de Romanie.

8] [1429], 27 septembre. Antonio Contarini contre Giacomo Pardo[62]

Antonio Contarini, fils de feu Bartolomeo, accuse Giacomo Pardo, scribe du navire du patron Silvestro Bon : il aurait délivré une attestation (*poliza*) à Antonio qui avait chargé 300 *schienali* sur le navire où il travaillait, mais lorsque le navire arriva à Venise et qu'Antonio alla au port pour recevoir ses *schienali*, on lui répondit qu'il n'y avait rien pour lui[63]. Il suspecta tout de suite le scribe auquel il réclama ses 300 *schienali*. Comme preuve, il présente sa *poliza* à confronter avec le livre de bord (*quadernum scribani navis*). Les faits qui se déroulèrent à Tana avant le départ du navire sont décrits par Giacomo, pour sa défense et évidemment de son point de vue : Antonio arriva à Tana sur les galées de la *muda* de Romanie avec lesquelles il devait repartir[64]. Dans cette ville, il rencontra Giacomo et lui demanda de charger sur le navire de Silvestro Bon 18 tonneaux (*bote*) de *morona* pour Venise. Giacomo, en qualité de scribe du bateau, lui délivra une reconnaissance pour cette marchandise. Trois ou quatre jours après, Antonio se rendit à la maison du scribe au milieu de la nuit, avant le départ des galées, et lui demanda d'ajouter à l'attestation concernant les tonneaux de *morona* 300 *schienali* qu'il avait laissés en dépôt à un Grec, Andreas Sophianos (*Sofiano*)[65]. Giacomo affirme devant les

61. ASV, Giudizi di Petizion, Sentenze a giustizia, reg. 29, f. 53-54v.
62. ASV, Giudizi di Petizion, Sentenze a giustizia, reg. 46, f. 117-118v. Ce document est daté du 27 septembre de la huitième indiction. Mais ce registre, composite, contient des documents de diverses années comme par exemple 1428, 1460 et 1415 (indiction 8). Nous avons daté celui-ci de 1429 à cause d'un autre document, un témoignage sur la question soulevée entre Giacomo Pardo et Antonio Contarini : ASV, Giudizi di Petizion, Sentenze a giustizia, reg. 44, f. 25v-26.
63. ASV, Giudizi di Petizion, Sentenze a giustizia, reg. 46, f. 117r-v : *...unde zonta la nave predicta che in Venexia e credendo mi aver i mie schinali rechoro con la mia poliza et dimando i predicti mei scinali 300 de di che i chomesi de la nave perdita me dixe non esser de mio niente suxo...*
64. ASV, Giudizi di Petizion, Sentenze a giustizia, reg. 46, f. 117v : *...e li me aparse misser Antuonio Contarini con le galie...* ; *...le galie se parte e laso in terra...* Sur les galées de Romanie : STÖCKLY, *Le système de l'*Incanto, cité *supra* n. 34, p. 101-119. Le fait qu'Antonio se trouvait à Tana sur les galées de Romanie, qui y resteraient pour 14 jours (S. P. KARPOV, *La navigazione veneziana nel Mar Nero XIII-XV sec.*, Ravenne 2000, p. 91), montre qu'il n'avait pas beaucoup de temps à sa disposition.
65. ASV, Giudizi di Petizion, Sentenze a giustizia, reg. 46, f. 117v : *...dapuo tre ho quatro zorni salvo el vero el predicto misser Antonio vien da mi, a chaxa mia, a una hora de note lqual note partia a ponto le galie, el dixe Iachomo frar chom debio far sta note el parte le galie e laso in terra scinali 300 in man de ser Andrea Sofiano* [...] *dolze frar la vostra nave non ne anchora perpartir, fame servixio*

juges des Pétitions qu'il a d'abord refusé de le faire, parce qu'il n'avait pas même vu la marchandise, mais Antonio a insisté et a réussi à le convaincre. Après cinq jours, le navire où Giacomo travaillait devait partir à son tour et le scribe alla chercher les *schienali* d'Antonio Contarini. Mais quand il les réclama à Sophianos, celui-ci lui répondit qu'il n'avait que 184 *schienali* et que s'il les voulait il devrait payer le loyer du dépôt (*se i voio pagar el so fito del magazen*). Giacomo se rendit alors auprès du consul des Vénitiens à Tana. Ce dernier trouva plutôt amusant le tour qu'avait pris l'affaire et lui conseilla de ne rien payer et de trouver des témoins de ces faits. Puis Giacomo quitta Tana où les *schienali*, comme il soutenait, étaient restés à pourrir (*e i diti scinalli si romaxe marçi a la Tana*)[66].

Pourtant, le scribe n'était pas aussi innocent qu'il voulait le faire croire. En effet, presque un an auparavant, le 13 juillet 1428, les juges des Pétitions avaient interrogé sous serment un témoin à propos de la même affaire[67]. Celui-ci était présent à l'office de Marino Pisani, consul des Vénitiens à Tana, quand Giacomo se présenta devant ce dernier avec Andreas Sophianos qui déclara, selon le témoin, qu'il n'avait même pas en sa possession 80 *schienali* appartenant à Antonio Contarini. Le consul savait qu'Antonio, en partant de Tana, avait laissé derrière lui des dettes et qu'en outre il était parti sans autorisation (*absque licentia mea*). Giacomo demanda au consul une lettre officielle à utiliser à Venise contre Antonio Contarini, mais le consul refusa de la lui donner en lui disant qu'il n'aurait pas dû délivrer une reconnaissance pour des marchandises qu'il n'avait jamais reçues. Enfin, Giacomo accepta l'autorisation du consul pour l'exportation des *schienali* disponibles. Mais le témoin assura que, plus tard, sur le bateau qui allait charger le navire en rade, il l'avait vu transporter 50 ou 60 *schienali* en déclarant que ceux-ci lui appartenaient.

9-10] 1446, 9 juillet, et 1447, 17 mai. Antonio Memo contre Filippo Correr[68]

Deux autres procès concernent une société établie entre Antonio Memo, fils de feu Nicolò, et Filippo Correr, fils de feu Paolo, pour le voyage de Tana. Il semble que Filippo était le marchand qui se rendit effectivement à Tana et présenta à son retour son livre de comptes à son associé. Le 9 juillet 1446, Antonio assigna Filippo devant les juges des Pétitions en l'accusant d'avoir présenté des comptes faussés[69]. Ce qui nous intéresse ici, c'est le passage de ces comptes relatif aux *schienali*. Voici les extraits des comptes d'Antonio pour des sommes à réclamer (f. 136) :

Scienali 1443 me anollo chasse 8 fo sollo 7 —— l. — s. 6 d.—

Anchor i diti schinali per molti erori et mancamenti mancha et che de esser messo a conto —— l. 3 s. 10 d. 18/12

sottoscrive in questa polliza de le 18 chomo te chargo per resto 300 scinali. Andrea Sofiano était un habitant de Tana comme nous informe un témoignage sur ce procès : ASV, *Giudizi di Petizion*, Sentenze a giustizia, reg. 44, f. 25v. Un Filippo Sofiano est témoin dans un contrat de nolis daté du 5 juin 1413 à Tana : Talyzina, Veneziansij notarij v Tane Cristoforo Rizzo, cité *supra* n. 33, p. 27 nº 4.

66. ASV, Giudizi di Petizion, Sentenze a giustizia, reg. 46, f. 118.
67. ASV, Giudizi di Petizion, Sentenze a giustizia, reg. 44, f. 25v-26.
68. ASV, Giudizi di Petizion, Sentenze a giustizia, reg. 102, f. 136-139 et reg. 105, f. 62-v.
69. ASV, Giudizi di Petizion, Sentenze a giustizia, reg. 102, f. 136-139.

Scenali vende a maistro Zuan de Franza de 1444 mancha — l. — s. 4 d. 9

Schenali del 1445 per mancamento eror de trar fuora eror nel resto in tuto — l. 6 s. 8 d. 6/17

Morone e schenali del 1444 mete aver pagado ala ternaria plui de quelo la paga — l. — s. 1 d. 3

Filippo soutient pour sa défense qu'une partie des *schienali* étaient avariés, non seulement ceux qu'il détenait lui mais aussi ceux de tous les autres marchands[70]. En ce qui concerne une autre partie de cette marchandise, il prétend qu'elle a été volée et invoque pour preuve les actes de l'Office de Nuit[71]. Il ne donne pas de détails sur les affaires commerciales ayant pour objet ces *schienali*. Il fut condamné à payer à Antonio une partie de la somme réclamée.

Un an après, le 17 mai 1447, Antonio demanda à Filippo 8 livres pour deux tonneaux : un de *morone* et un de *schienali*[72].

70. ASV, Giudizi di Petizion, Sentenze a giustizia, reg. 102, f. 137 : *...esser sta tuti schenali guasti dei qual mai ho posuto cavar danaro e non solamente mi ma tuti i marchadanti ano de questi schenali guasti.*

71. ASV, Giudizi di Petizion, Sentenze a giustizia, reg. 102, f. 137 : *Ulterius i schenali abuti questo ano digo me fo involadi come apar al ofizio de note.*

72. ASV, Giudizi di Petizion, Sentenze a giustizia, reg. 105, f. 62 : *Apresso consit che quelo habia messo man suxo una bota de panze de morone e una de schinali de ant*[*icheri*] *che aveva per partadi per apresentar e mio uxo le qual valeva l. 8* ... Nous supposons qu'il faut lire *schienali de ant*[*icheri*], et non *de Ant*[*onio*], puisque c'est Antonio qui parle à la première personne.

Gênes, l'Afrique et l'Orient : le Maghreb almohade dans la politique génoise en Méditerranée

Dominique VALÉRIAN

« Le volume modeste des investissements, la composition sociologique et l'origine géographique de la communauté génoise de Tunis où l'aristocratie communale est peu représentée, le caractère encore inorganique d'une administration réduite à un consul, à un notaire, à un chapelain, occasionnellement assistés d'un conseil délibératif, tous ces caractères font de Tunis un relais certes essentiel pour le commerce génois mais en aucun cas un terrain d'expérimentation pour des entreprises coloniales et mercantiles[1]. » S'éloignant de l'Orient le temps d'une escale tunisoise à l'occasion du Ve Congrès d'histoire et de civilisation du Maghreb, Michel Balard constatait la place modeste occupée au XIIIe siècle par la capitale de l'Ifrīqiya dans les investissements génois et dans la politique méditerranéenne de la République d'une manière générale. Mais il rappelait aussi l'unité de ce monde méditerranéen, traversé par des hommes, des biens et des idées, façonné par des expériences commerciales, politiques et sociales dont on peut suivre la genèse et le développement au cours du Moyen Âge.

Comprendre la place du Maghreb dans l'expansion génoise en Méditerranée exige donc de s'intéresser bien sûr à ses caractères propres, mais aussi de le resituer dans un contexte large, à l'échelle d'une Méditerranée où l'Orient joue, pour les Génois, un rôle de premier plan. La première moitié du XIIe siècle est pour cela un moment intéressant, car c'est là que se mettent en place certaines caractéristiques majeures de la région, dans un contexte marqué à la fois par les croisades, le recul des musulmans sur les mers, mais aussi par un essor sans précédent du commerce avec les pays d'Islam. C'est aussi l'époque où s'affirme, avec plus de force qu'auparavant, l'individualité du Maghreb par rapport au reste du monde musulman, sur le plan tant économique que politique.

Le Maghreb n'a pas, de toute évidence, l'attrait de l'Orient, qu'il soit byzantin, latin ou musulman, et ce malgré sa plus grande proximité géographique et l'ancienneté de ses relations avec l'Italie. La part de Tunis dans les investissements génois de la seconde moitié du XIIe siècle est à cet égard éloquente : à l'exception de l'année 1180, pour laquelle les données sont trop lacunaires, elle oscille entre 0 et 5 %[2]. Si l'on considère l'ensemble du Maghreb, les chiffres restent modestes, mais ne sont cependant pas insignifiants : entre 7,5 et 20 % pour les années 1150-1160[3],

1. M. BALARD, Notes sur le commerce génois en Tunisie au XIIIe siècle, *Cahiers de Tunisie* 155/156, 1991, p. 381.
2. *Ibid.*, p. 370-371.
3. D. ABULAFIA, *The Two Italies: Economic Relations between the Norman Kingdom of Sicily and the Northern Communes*, Cambridge 1977, p. 111, 113, 119. Voir également les calculs de G. PISTARINO, Genova e il Maghreb nel secolo XII, *Italia e Algeria, aspetti storici di un'amicizia mediterranea*, éd. R. H. RAINERO, Milan 1982, p. 23-68.

Chemins d'outre-mer. Études d'histoire sur la Méditerranée médiévale offertes à Michel Balard.
Paris, Publications de la Sorbonne, 2004 (Byzantina Sorbonensia 20)

mais entre 22 et 40 % pour les années 1180-1190[4]. Par ailleurs, on a pu dire que les marchés maghrébins n'intéressaient guère l'aristocratie politique et commerçante de Gênes, qui au contraire investit massivement en Orient[5]. Bref, un marché secondaire, tout juste bon à attirer les pauvres, les femmes et les jeunes en formation[6]. Krueger va même jusqu'à affirmer qu'entre 1154 et 1164 « the great Genoese families had little interest in an area whose mercantile worth had not yet been established[7] ». Tout cela n'est pas absolument faux : le Maghreb n'a jamais occupé la place de l'Orient dans les préoccupations des élites dirigeantes génoises ni dans l'imaginaire des Latins de l'époque. Dans son travail sur les Génois en Afrique occidentale au Moyen Âge, Roberto Sabatino Lopez pouvait ainsi affirmer que la pénétration génoise au Maghreb se caractérise à cette époque par « l'initiative individuelle et le commerce » et « une dispersion intrépide dans toutes les directions, comme par un phénomène de capillarité[8] ». Là encore, l'idée que cette région ne pouvait intéresser la République et était abandonnée à des acteurs isolés et de second rang.

Pourtant cette image peu flatteuse ne cadre ni avec l'intensité et la régularité des relations commerciales entre Gênes et les grands ports du Maghreb, ni surtout avec l'attention portée par la Commune à conserver de bonnes relations diplomatiques avec les Almohades. En 1161 Gênes signe avec le calife 'Abd al-Mu'min un traité pour une durée de quinze ans, assurant la sécurité pour les Génois sur terre et sur mer[9]. Cette trêve est renouvelée en 1191[10] et en 1208, montrant une réelle continuité dans la politique génoise à l'égard des Almohades[11]. Certes la région n'a pas attiré les grandes conquêtes militaires de la chrétienté, à l'exception de l'expérience, très particulière, des Normands de Sicile en Ifrīqiya sous le règne de Roger II. Pour autant, on est loin d'une juxtaposition désordonnée d'« initiatives individuelles » sans cohérence, mais bien en présence d'une politique suivie de la part de Gênes au Maghreb.

Or si la Commune s'intéresse de si près à maintenir de bonnes relations avec les califes d'Occident, c'est bien que tel est l'intérêt des grandes familles qui constituent l'oligarchie à la fois politique et marchande de Gênes en cette seconde moitié du siècle. Jusque dans les années 1160 au moins, ce sont en effet ces mêmes familles qui dominent à la fois la vie politique de la Commune et le grand commerce oriental qui fait une grande partie de la fortune de la ville. La Commune fonctionne alors davantage comme une *consorteria* marchande que comme une

4. Calculs à partir des dépouillements d'É. BACH, *La Cité de Gênes au XIIe siècle*, Copenhague 1955, annexes.
5. H. C. KRUEGER, Genoese Trade with North-West Africa in the XIIth Century, *Speculum* 8, 1933, p. 388.
6. *Ibid.*, p. 385.
7. *Ibid.*, p. 390. Il ajoute que les deux seuls personnages à avoir des investissements importants dans la région sont « Semitic, closely related to the Arabs in race and customs ». Il fait là référence à Blancardo et Soliman de Salerne, que l'on croyait à son époque d'origine orientale (E. H. BYRNE, Easterners in Genoa, *Journal of the American Oriental Society* 38/1, 1918, p. 176-187).
8. R. S. LOPEZ, I Genovesi in Africa Occidentale nel Medio Evo, *Studi sull' economia genovese nel Medio Evo*, 1, Turin 1936, p. 5. Il oppose alors ce mode de pénétration à celui de Rome en Afrique dans l'Antiquité, marqué par « l'action collective et la conquête ».
9. *Annali genovesi di Caffaro e de' suoi continuatori dal MXCIX al MCCXCIII*, 1, éd. L. T. BELGRANO, Gênes 1890, p. 62.
10. *Annali genovesi di Caffaro e de' suoi continuatori dal MXCIX al MCCXCIII*, 2, éd. L. T. BELGRANO, C. IMPERRIALE DI SANT'ANGELO, Gênes 1901, p. 41. H. C. Krueger pense qu'un traité a sans doute été signé en 1176 pour renouveler celui de 1161 (KRUEGER, Genoese Trade, cité *supra* n. 5, p. 379).
11. Cf. PISTARINO, Genova e il Maghreb, cité *supra* n. 3, p. 27.

cité-État, assurant le minimum institutionnel nécessaire au déploiement des affaires de ce groupe dirigeant[12]. Ces familles, qui se partagent les charges publiques, sont peu nombreuses au départ et sont toutes plus ou moins liées à l'aristocratie vicomtale[13] : les Della Volta, Usodimare, Burone, Vento et Mallone décident alors de la politique génoise, notamment en Méditerranée. La compréhension des débuts de l'expansion génoise au Maghreb passe donc en partie par l'analyse de l'intérêt de la région pour ce groupe restreint dont les préoccupations sont tournées principalement vers l'Orient. Il y a par conséquent un lien étroit entre la pénétration des marchés maghrébins et la politique orientale de la République.

La signature des traités de paix avec les Almohades doit ainsi s'analyser à l'échelle de la Méditerranée occidentale[14], mais aussi en fonction des intérêts du grand commerce oriental. Les Almohades disposent, au moins jusqu'à la fin du XIIe siècle, d'une flotte puissante, construite et entretenue dans des arsenaux installés dans tous les grands ports du Maghreb et d'al-Andalus[15]. Cette flotte constitue une menace potentielle sur le plan politique et militaire, mais il n'est pas sûr que cette menace, qui pèse du reste surtout sur les royaumes chrétiens de péninsule Ibérique, ait beaucoup préoccupé les Génois. À cette époque les côtes italiennes ne font plus guère l'objet des expéditions militaires musulmanes, comme au Xe et encore au début du XIe siècle. Il subsiste cependant un risque lié à la piraterie musulmane, qui perturbe la circulation des navires en Méditerranée occidentale. En 1156 Drudone et Bongiovanni Sagonese sont ainsi captifs à Tunis et organisent leur rachat[16], et on sait que Bougie était à la fin du XIIe siècle un port où se pratiquait la piraterie[17]. Mais ce qui préoccupe avant tout les Génois est de garantir la libre circulation des navires en direction de l'Orient et donc le passage entre la Sicile et l'Ifrīqiya. Ce n'est sans doute pas un hasard si le premier traité signé avec les Almohades date de 1160, c'est-à-dire immédiatement après la conquête du Maghreb oriental et notamment des ports occupés jusque-là par les Normands[18]. Ces accords, renouvelés jusqu'à la fin de la période almohade et reconduits ensuite par les Hafsides, garantissent les Génois contre toute action hostile sur terre comme sur mer. En intéressant les califes au commerce maritime (en particulier par les taxes douanières que ces derniers en retirent), Gênes peut ainsi espérer neutraliser une menace réelle pesant sur son commerce non seulement en Méditerranée occidentale, mais aussi en direction de l'Orient.

12. Cf. ID., Comune, « Compagna » e Commonwealth nel medioevo genovese, *La Storia dei Genovesi. Atti del convegno di studi sui ceti dirigenti nelle istituzioni della repubblica di Genova, Genova, 10-12 giugno 1982*, Gênes 1983, 3, p. 10, 20.

13. E. H. BYRNE, Genoese Trade with Syria in the Twelfth Century, *American Historical Review* 25/2, 1920, p. 199-200 ; BACH, *La Cité de Gênes*, cité *supra* n. 4, p. 106 s.

14. Les problèmes politiques et militaires liés à la Reconquista en péninsule Ibérique jouent à cet égard un rôle important. Cf. G. PISTARINO, Genova e l'islam nel Mediterraneo occidentale (secoli XII-XIII), *Anuario de Estudios Medievales* 10, 1980, p. 189-205.

15. Ch. PICARD, *La mer et les musulmans d'Occident au Moyen Âge. VIIIe-XIIIe siècle*, Paris 1997, p. 141-144, et son article dans ce volume.

16. *Il Cartolare di Giovanni Scriba*, éd. M. CHIAUDANO, M. MORESCO, Turin 1935, nos 79 (17/5/1156), 81 (18/5/1156).

17. Abū al-ʿAbbās Aḥmad b. ʿAbd Allāh al-ĠUBRĪNĪ, *'Unwān al-dirāya*, éd. R. BŪNĀR, Alger 1970, p. 77. Dans le traité de 1160 les taxes levées par les Almohades à Bougie sont de 10 %, contre 8 % ailleurs, la différence devant être versée à la Commune, sans doute en dédommagement d'une action de piraterie liée à ce port.

18. Tunis et le littoral jusqu'à Tripoli sont conquis en 1159.

Mais les échanges avec le Maghreb n'ont pas pour simple objectif d'acheter la paix avec ce puissant voisin : ils constituent une part parfois non négligeable des affaires génoises en Méditerranée. Le Maghreb intéresse donc les Génois également comme marché à investir et à exploiter. Pour comprendre l'utilité de cette région pour les familles dirigeantes génoises il faut partir de l'analyse de leurs investissements commerciaux.

Ces grandes familles de l'aristocratie politique et marchande de Gênes sont en apparence peu présentes sur les marchés maghrébins, alors qu'elles réalisent le gros de leurs affaires dans le commerce avec l'Orient chrétien et musulman[19]. Au contraire on rencontre une multitude d'opérateurs petits et moyens, qui le plus souvent ne sortent de l'anonymat que le temps d'un voyage ou d'un investissement modeste en direction d'un des ports du Maghreb. Ainsi cette société entre Opizone fils de feu Opizone de Castello et Fazaben de San Damiano pour Bougie, dans laquelle le premier investit 2 livres et le second une livre, prenant en plus 3 livres 4 sous en commande[20]. Cette situation contraste avec ce que l'on connaît des marchés orientaux, où ces petits opérateurs sont moins nombreux. Ils sont même totalement écartés de la Syrie franque dans les années 1150-1160[21]. Encore ne faut-il pas exagérer cette différence, car sur le marché d'Alexandrie, où les grandes familles génoises n'ont pas de poids politique, on trouve une situation analogue à celle du Maghreb[22]. Par ailleurs les contrats commerciaux des années 1170-1190 montrent une ouverture des marchés syriens à des opérateurs beaucoup plus diversifiés[23]. Il reste que le marché maghrébin est laissé ouvert à des marchands et des investisseurs à qui le grand commerce syrien est fermé, au moins jusque dans les années 1160. Leur implication dans ce commerce est facilitée par la proximité des côtes africaines et la faible valeur relative des produits transportés, qui rendent les investissements plus accessibles. Certains acteurs cependant sont d'une certaine envergure et sont souvent liés aux grandes familles présentes sur le marché syrien. C'est le cas d'un certain Puella (sans doute le même qu'Ingone Puella que l'on trouve à la même époque dans les actes de Giovanni Scriba), qui investit à plusieurs reprises pour le Maghreb, en 1162 et 1164[24]. On le voit en relation avec Blancardo (qui intervient plusieurs fois comme témoin dans des contrats de Puella et lui confie une commande importante pour la Sardaigne en 1160), Bonvassallo Malfigliastro, Guglielmo Vento (qui apparaît dans un contrat pour Alexandrie) et Guglielmo Doria qui lui emprunte de l'argent.

19. M. BALARD, *La Romanie génoise (XIIe-début du XVe siècle)*, Rome-Gênes 1978, p. 506 ; ID., Notes sur le commerce entre l'Italie et l'Égypte sous les Fatimides, *L'Égypte fatimide, son art et son histoire*, éd. M. BARRUCAND, Paris 1999, p. 630 ; BYRNE, Genoese Trade with Syria, cité *supra* n. 13, p. 198-208.

20. ASG, min. 2, fol. 84r (24/8/1184).

21. BYRNE, Genoese Trade with Syria, p. 201 : « The richest and steadiest source of supply upon which Genoese commercial prosperity was based, the trade with Syria, was in this way limited to a narrow group of feudal families, bent on maintaining their commercial supremacy through political domination in Genoa and in the colonies. »

22. *Ibid.*, p. 201 ; BALARD, Notes sur le commerce entre l'Italie et l'Égypte, cité *supra* n. 19, p. 630.

23. BYRNE, Genoese Trade with Syria, p. 210. Le commerce vers la Syrie franque est alors ouvert à tous, ce qui se traduit par une diversification des investisseurs, visible notamment dans les minutiers des années 1180 et 1190.

24. *Il Cartolare di Giovanni Scriba*, cité *supra* n. 16, nos 979 (1/10/1162), 1219 (20/6/1164), 1230 (30/6/1164), 1274 (8/8/1164). Les destinations sont Tunis, Bougie, le Garb, mais on le voit également investir pour la Sardaigne, la Sicile et Alexandrie.

Pour autant les marchés maghrébins ne sont pas totalement abandonnés à ces opérateurs de petite ou moyenne envergure et intéressent également les grandes familles génoises, dont aucune ou presque n'est totalement absente des affaires maghrébines. Un an après la signature de la paix avec les Almohades un certain Ottobono, que Krueger identifie avec le légat qui avait négocié l'accord, investit ainsi 50 livres dans une commande pour Salé[25]. Dans les actes du notaire Giovanni Scriba, qui, il est vrai, travaille beaucoup pour ces familles[26], ils sont nombreux à s'intéresser au Maghreb[27]. En 1160 par exemple, sur 14 contrats concernent le Maghreb, 7 font apparaître comme investisseurs des grands marchands génois impliqués également dans les affaires orientales : Oberto Spinola, Buongiovanni Malfigliastro, Blancardo, Buongiovanni Lercari, Guglielmo Burone, Idone Mallone, Ingone della Volta et Lanfranco Alberico. Il faudrait y ajouter Giordano Gisulfo qui intervient dans un prêt maritime de 80 livres pour Bougie[28] puis, aux côtés d'Oberto Spinola, dans une commande pour la même destination[29]. Sans être lui-même intéressé au commerce oriental, il appartient également à une grande famille de Gênes et est toujours très étroitement associé à Oberto Spinola[30]. Cet intérêt des élites politiques pour les marchés africains ne se dément pas par la suite, même si les familles dominantes changent, comme le montre l'exemple des Cavarunci dans les années 1191-1192. Gionata en particulier, qui a été consul en 1183, est le plus actif et intervient dans de nombreux contrats, principalement avec le Maghreb, même s'il s'intéresse également à l'Outremont et à l'Orient[31].

Ces opérations, du moins quand elles ne concernent que le Maghreb, montrent des sommes relativement modestes[32] si on les compare à celles que ces personnages sont capables d'investir en Orient. Les chiffres les plus élevés se rencontrent surtout dans des opérations pour lesquelles les marchés maghrébins sont intégrés dans des circuits commerciaux plus larges, étendus à l'Orient. L'autre caractéristique des opérations de ces marchands est en effet qu'elles dépassent souvent le strict cadre maghrébin, le voyage ayant pour destination principale l'Orient et prévoyant un retour par le Maghreb ou inversement. Ainsi le 28 juillet 1160 Guglielmo Burone et Idone Mallone confient 200 livres en commande à Guglielmoto Ciriolo et Ugone Elie, à porter à Alexandrie et de là où ces derniers jugent préférable d'aller, avec possibilité de se rendre notamment à Bougie[33]. Malheureusement on ignore le plus souvent la part réellement investie au Maghreb par rapport à celle destinée à l'Orient. Ce lien avec les affaires d'Orient apparaît

25. *Ibid.*, n° 949 ; Krueger, Genoese Trade, p. 381.
26. Bach, *La Cité de Gênes*, p. 61.
27. Cf. Krueger, Genoese Trade, p. 386-388.
28. *Il Cartolare di Giovanni Scriba*, n° 597 (2/1/1160).
29. *Ibid.*, n° 599 (12/1/1160). Giordano met 100 livres et Oberto 50 livres, qu'ils confient à Bonovassallo de Mastaro.
30. Il est témoin pour un contrat de société d'Oberto Spinola (*ibid.*, n° 603, 16/1/1160) et ce dernier est plusieurs fois témoin dans des actes concernant Giordano (*ibid.*, n°s 604, 17/1/1160 ; 964, 25/8/1162). De même, le 26/6/1160 Giordano contracte une société avec Guglielmo de Medolico qui portera en plus, *licentia Oberti*, 72 livres en commande de Giordano.
31. Krueger, Genoese Trade, p. 392-394.
32. Certaines concernent cependant des sommes importantes, comme la société contractée en 1156 par Guglielmo Burone et Idone Rica à destination de Bougie, pour un total de 200 livres. *Il Cartolare di Giovanni Scriba*, n° 59 (16/4/1156). Compte tenu des sommes moyennes investies dans le commerce maghrébin, on voit que ces grandes familles y occupent une place parfois non négligeable.
33. *Ibid.*, n° 705 (28/7/1160).

également dans un contrat entre Ingo della Volta et Opizone di Amico Clerico qui prévoit d'investir 128 livres 10 sous pour Bougie, somme qui provient d'affaires réalisées outre-mer[34].

Le Maghreb n'est donc pas totalement délaissé par ces grandes familles qui y ont un intérêt commercial évident, car la région n'est pas dénuée d'atouts propres. C'est d'abord un marché de consommation pour les exportations européennes qui trouvent des clients dans les grandes villes almohades que sont principalement Ceuta, Bougie et Tunis, qui n'ont alors rien à envier à la plupart des villes européennes. C'est par ailleurs une zone d'approvisionnement pour certains produits recherchés. Jusqu'à la fin du XIIIe siècle les laines maghrébines sont considérées par les lainiers européens comme de bonne qualité, de même que les cuirs, et l'essor de l'élevage dans les régions intérieures fournit des quantités importantes à ce trafic. Peut-être rapporte-t-on également de l'or africain, monnayé ou non, pour alimenter le commerce oriental. Cette question reste encore largement ouverte aujourd'hui, et les indices sont trop ténus pour avancer autre chose que des hypothèses.

Mais ce n'est sans doute pas là ce qui fait pour ces grands marchands l'attrait principal du Maghreb, qui doit au contraire être analysé principalement en fonction de leurs intérêts orientaux. Tout indique en effet que le Maghreb s'intègre dans des stratégies ayant pour visée principale la Méditerranée orientale et cette complémentarité doit être étudiée à plusieurs niveaux.

Tout d'abord les ports de l'Occident musulman sont situés sur certaines routes maritimes reliant l'Égypte et la Syrie, à une époque où la navigation hauturière est encore exceptionnelle. Plusieurs contrats montrent clairement que les navires effectuaient des périples qui les faisaient s'arrêter dans les grands ports de la rive méridionale de la Méditerranée. Ces itinéraires n'ont pas encore la régularité qu'il acquièrent au XVe siècle et une grande liberté est le plus souvent laissée au marchand de s'adapter aux opportunités du marché. Mais les navires revenant d'Orient qui ne passaient pas par le nord et la Romanie suivaient les côtes de l'Égypte et de l'Afrique du Nord, pour remonter soit par la Sicile soit le long des côtes espagnoles. Plusieurs contrats nous en fournissent des exemples. En 1164 les fils de feu Guglielmo della Volta confient une commande de 100 livres à Guglielmo Richerio, qui doit la porter à Alexandrie, et de là à Bougie, à Ceuta, au *Garb* (sans doute ici le Maroc, peut-être atlantique) ou en *Yspania*, c'est-à-dire en al-Andalus[35]. Autre marchand largement impliqué dans les affaires orientales, Vasallo Straleira fait en 1186 un contrat de société avec Gandolfo Ottaino, d'un montant total de 150 livres auxquelles s'ajoutent 229 livres 12 sous confiés en commande. Gandolfo doit porter le tout vers l'Outre-mer (la Syrie franque) et de là revenir par Alexandrie, Ceuta ou Bougie[36]. Plus rarement les contrats détaillent le trajet dans l'autre sens, comme pour le voyage qu'effectue Rolando Sudaca pour le compte de Guglielmo Malfigliastro à Ceuta puis Alexandrie, où il devra si possible remettre le tout à Enrico Nepitella[37]. De même en 1190 Simone Buontommaso fait un contrat avec sa femme et Ugo Embriaco pour Ceuta, avec

34. *Ibid.*, no 741 (26/8/1160).
35. *Ibid.*, no 1276 (11/8/1164). Le capital et les bénéfices devront être rendus au retour à Ingo della Volta.
36. *Notai liguri dei secoli XII e XIII*. 4, *Oberto Scriba de Mercato 1186*, éd. M. CHIAUDANO, Gênes 1940, no 32 (24/9/1186).
37. *Ibid.*, no 171 (20/10/1186).

la possibilité de se rendre ensuite à Alexandrie et de revenir par Ceuta[38]. Les marchés maghrébins permettent donc de rentabiliser des voyages longs et coûteux en profitant des différentes escales possibles sur la route et des opportunités commerciales qui pourraient se présenter. De toute évidence certains produits orientaux étaient vendus directement au Maghreb, sans faire le détour par Gênes, et inversement. La nature de ces échanges nous reste cependant largement inconnue, faute d'actes notariés instrumentés dans les ports musulmans pour cette époque. On sait en revanche que les navires génois embarquaient des passagers musulmans. Le phénomène est bien connu pour les pèlerins qui se rendent aux lieux saints en Orient, comme le montre l'exemple d'Ibn Djubayr qui embarque à Ceuta sur un navire génois avec d'autres coreligionnaires à destination d'Alexandrie. À son arrivée il raconte ses mésaventures à la douane et s'insurge devant l'exigence des agents ayyûbides qui font payer la *zakât* à tous les passagers et il ajoute que « la plupart des passagers n'avaient entrepris ce voyage que pour accomplir l'obligation du pèlerinage et n'avaient emporté que des provisions de route », ce qui sous-entend que certains d'entre eux au moins (dont le nombre est peut-être sous-estimé par notre voyageur) faisaient du commerce[39]. Ce rôle des navires génois – et chrétiens d'une manière générale – s'explique d'une part par les difficultés de la route terrestre à travers le Maghreb et en particulier la Tripolitaine, rendue dangereuse par la présence de tribus nomades pillardes et l'absence de pouvoir fort, et d'autre part par les faiblesses grandissantes des flottes marchandes musulmanes. C'est en tout cas pour les armateurs et les capitalistes génois un moyen de rentabiliser leurs investissements en multipliant les opérations sur un même voyage.

Ce rôle des Génois dans la redistribution des produits d'Orient au Maghreb ne se limite cependant pas à ces voyages directs le long des côtes africaines. On trouve en effet parfois des exportations, au départ de Gênes, de produits orientaux en direction des ports de l'Occident musulman qui deviennent alors des marchés complémentaires de l'Europe pour les produits rapportés d'Orient. Ainsi en 1158 Lamberto Balneo se rend à Bougie avec notamment du coton, qui est peut-être d'origine orientale, du poivre et de la noix de muscade[40]. Quelques années plus tard, en 1161, la nave de Tanto part pour Ceuta avec de la noix de muscade, du safran et des perles qui constituent le gage d'un prêt maritime de 300 besants *massamutini*[41]. Ce commerce triangulaire n'est sans doute pas essentiel en volume, mais il touche des produits de haute valeur, qui intéressent directement les grands marchands génois. Là encore le marché de consommation maghrébin, du moins dans les villes où les clients fortunés ne manquent pas, ne doit pas être négligé.

Cette complémentarité peut également être analysée à travers les produits achetés par les Génois. Si le Maghreb n'est plus une zone d'approvisionnement en produits orientaux, comme elle l'était encore au début du XIe siècle[42], certains articles recherchés par les Européens pouvaient cependant se trouver à la fois en Orient et

38. *Notai liguri dei secoli XII e XIII*. 4, *Oberto Scriba de Mercato 1186*, cité *supra* n. 36, no 136 (15/10/1186).
39. IBN DJUBAYR, *Rihla*, trad. P. CHARLES-DOMINIQUE, Relation des péripéties qui surviennent pendant les voyages (*Rihla*), *Voyageurs arabes*, Paris 1995, p. 71, 75.
40. *Il Cartolare di Giovanni Scriba*, no 509 (12/10/1158).
41. *Ibid.*, no 910 (20/9/1161). Le manuscrit porte « ar. unum perlarum » que H. C. Krueger propose de lire « arsetinum unum perlarum », un rang (ou collier) de perles. H. C. KRUEGER, The Wares of Exchange in the Genoese-African Traffic of the Twelfth Century, *Speculum* 12, 1937, p. 64.
42. S. D. GOITEIN, La Tunisie du XIe siècle à la lumière des documents de la Géniza du Caire, *Études d'orientalisme dédiées à la mémoire de Lévi-Provençal*, Paris 1962, 2, p. 559-579.

au Maghreb. C'est le cas d'un produit qui demande une attention particulière, en raison d'une part de son importance dans l'économie européenne et d'autre part de la place qu'il occupe dans le commerce égyptien. Il s'agit de l'alun, dont on connaît le rôle dans l'industrie, notamment textile[43]. On le rencontre parmi les produits achetés par certains grands marchands impliqués dans le commerce oriental, comme Guglielmo Malone qui en 1161 envoie Bongiovanni Lercario à Bougie porter de la soie et des toiles d'*Yspania*, spécifiant dans le contrat qu'il doit investir l'argent gagné pour acheter si possible de la cire ou de l'alun[44]. Trois ans plus tard Blancardo, un marchand actif sur le marché égyptien, règle des comptes avec Bongiovanni Scriba sur le point de partir à Bougie et le contrat concerne notamment 107 cantares et deux tiers d'alun de Bougie qui restent d'une ancienne société entre les deux hommes[45]. Enfin en 1179 on trouve 20 cantares et demi d'alun, au cantare de Bougie, dans un contrat entre Oglierio de Carthagena et Bernardo Ruffo[46]. L'origine de cet alun n'est pas très claire, mais il est possible qu'il vienne des mines de Kawār dans le Sahara[47], d'où il était acheminé par caravanes à Ouargla, une des portes du désert pour Bougie[48]. Or à cette époque, jusqu'à la mise en place de l'exploitation de l'alun de Phocée dans la seconde moitié du XIIIe siècle[49], la principale zone d'approvisionnement est l'Égypte. Mais le produit, en raison de son importance pour les Européens, y fait l'objet d'un contrôle étroit du pouvoir musulman qui en garde le monopole, à travers l'institution du *matjar*[50]. Cette situation présentait des inconvénients pour les marchands latins, qui pouvaient donc avoir intérêt à exploiter une autre zone d'approvisionnement, même de moindre valeur, au Maghreb. C'était la garantie, en cas de fermeture du marché égyptien ou de problèmes avec le pouvoir fatimide puis ayyûbide, de ne pas voir se tarir brutalement les arrivées de ce produit essentiel. On peut également penser que l'existence de ce commerce maghrébin d'alun a donné aux marchands latins en Égypte une plus grande marge de manœuvre pour les négociations avec le *matjar*, même si sur ce point on ne peut dépasser le stade de l'hypothèse.

Plus généralement le Maghreb a pu être considéré comme un marché de substitution en cas de difficultés passagères en Orient. Les actes de Giovanni Scriba pour l'année 1163 nous en donnent un exemple intéressant. Aucun contrat n'est passé à destination de la Syrie ou d'Alexandrie, ce qui peut s'expliquer par les difficultés rencontrées dans les États latins, en raison du conflit entre Gênes et

43. Cf. L. LIAGRE DE STURLER, Le commerce de l'alun en Flandre au Moyen Âge, *Le Moyen Âge* 61, 1955, p. 177-178
44. *Il Cartolare di Giovanni Scriba*, no 812 (16/4/1161).
45. *Ibid.*, no 1227 (28/6/1164).
46. ASG, not. Oberto Scriba, Manoscritti 102, fol. 5v (13/8/1179).
47. Le pays de Kawār serait autour de l'oasis de Bilma, au nord du lac Tchad, où l'on trouve notamment des salines. D. LANGE, L'alun du Kawar, une exportation africaine vers l'Europe, *Cahiers du CRA, Histoire* 2, 1982, p. 21-24 ; ID., Royaumes et peuples du Tchad, *Histoire générale de l'Afrique*. 4, *L'Afrique du XIIe au XVIe siècle*, dir. D. T. NIANE, Paris 1985, p. 276-277 et carte p. 286.
48. IDRĪSĪ, trad. du chevalier JAUBERT, revue par A. NEF, *La première géographie de l'Occident*, Paris 1999, p. 81, 110-111.
49. M.-L. HEERS, Les Génois et le commerce de l'alun, *Revue d'histoire économique et sociale* 32, 1954, p. 31-53. BALARD, *La Romanie génoise*, cité *supra* n. 19, p. 769-782.
50. Cl. CAHEN, Douanes et commerce dans les ports méditerranéens de l'Égypte médiévale, *Journal of the Economic and Social History of the Orient* 7, 1964, p. 260 ; ID., L'alun avant Phocée, *Revue d'histoire économique et sociale* 41, 1963, p. 433-447.

Pise, et en Égypte à cause des expéditions du roi de Jérusalem Amaury[51]. En revanche il n'y a pas d'interruption du trafic avec les ports maghrébins qui, de Salé à Tunis, continuent à être fréquentés. Il est révélateur que deux marchands d'envergure comme Blancardo et le banquier Stabile, actifs sur les marchés orientaux depuis 1157, développent leurs affaires au Maghreb précisément à partir de 1160[52] et que Blancardo va chercher à Bougie de l'alun, produit qu'il ne peut plus trouver en Égypte[53]. On peut également relever qu'en 1182, alors que la part de l'Orient chute à moins de 10 % du total des investissements génois (667 livres), celle du Maghreb monte à près de 40 % (avec 2693 livres), son chiffre de loin le plus élevé au XIIe siècle[54]. Lorsque deux ans plus tard les activités en Orient reprennent (33,1 % pour 1 370 livres), le commerce maghrébin recule, en valeur relative mais aussi en valeur absolue (29,2 % pour 1 169 livres). L'interprétation de ces données doit bien sûr être faite avec prudence, car de nombreux facteurs nous restent inconnus, mais il semble bien que dans ces années de difficultés génoises en Orient le Maghreb a pu attirer des investissements qui ne trouvaient pas à se faire sur des marchés plus lucratifs.

Pour autant il faut nuancer cette idée de marché de substitution. Tout d'abord il ne semble pas que les marchands chrétiens aient cherché, dans ces années de perturbation du commerce oriental, à trouver au Maghreb des produits comme les épices qui auraient pu y arriver par voie de terre depuis l'Égypte. Il est vrai que les frets de retour nous sont mal connus, mais il ne semble pas que la route terrestre par la Tripolitaine ait connu alors un regain d'activité. Par ailleurs si les grandes familles marchandes ne sont pas totalement absentes du commerce maghrébin pendant ces années, leur rôle n'augmente pas par rapport aux périodes précédentes. Enfin si depuis la fin de la conquête almohade en 1159 la région représente un réel pôle de stabilité, cela ne signifie pas pour autant qu'elle est totalement à l'abris des remous politiques et du conflit qui oppose alors l'Islam et la chrétienté. L'année 1190 en offre un bon exemple. Depuis la reprise des offensives de Saladin contre les Francs, et surtout le lancement de la troisième croisade en réaction à la prise de Jérusalem, les relations entre Gênes et les Ayyûbides se sont dégradées, d'autant que la République met ses navires au service de la croisade. Le commerce avec l'Égypte est alors totalement interrompu et on ne relève aucun

51. Cf. ABULAFIA, *The Two Italies*, cité *supra* n. 3, p. 131, qui évoque également les relations tendues avec la Sicile, qui bloquent le passage vers la Méditerranée orientale.
52. Pour Stabile, *Il Cartolare di Giovanni Scriba*, nos 898 et 903 (14/9/1161), 981 (3/10/1162), 1029 (17/3/1163), 1130 (29/9/1163), 1210 (13/6/1164) ; pour Blancardo, *ibid.*, nos 639 (8/5/1160), 805 (1161), 849 (10/7/1161), 1084 (28/8/1163), 1227 (28/6/1164).
53. *Ibid.*, no 1227. Le document date du 28 juin 1164 et fait référence à une cargaison déjà arrivée à Gênes, soit sans doute au début de l'année ou à la fin de 1163, au cœur de la crise en Égypte.
54. À partir des dépouillements de BACH, *La Cité de Gênes*, annexes. En 1179 les investissements au Maghreb et en Orient sont à peu près équivalents, de l'ordre de 700 livres, et représentent dans les deux cas environ 1/3 des investissements de l'année (calculs à partir des actes du notaire Oberto Scriba, ASG, Manoscritti 102). En valeur absolue le chiffre des affaires orientales est stable, et même augmente pour la Syrie dans la mesure ou aucun contrat n'est enregistré pour la Romanie en 1182, l'année du massacre des Latins de la capitale byzantine (en 1179 les investissements orientaux se partagent par moitié entre les deux destinations). Mais il faut tenir compte du fait que pour l'année 1182 un nombre beaucoup plus important d'actes a été conservé. Il y a donc bien une diminution relative du commerce avec la Syrie. Aucun acte n'est enregistré pour Alexandrie durant ces années, ce qui n'a rien de surprenant compte tenu du contexte dans l'Égypte ayyûbide et du conflit qui reprend de la vigueur avec les Francs. Sur les difficultés des Génois en Syrie dans ces années 1170-1180, voir BYRNE, Genoese Trade with Syria, p. 209.

investissement en 1190 avec Alexandrie, ce qui n'a rien de surprenant. On aurait pu supposer que le Maghreb attirerait alors des investissements importants, d'autant que la reprise de la croisade et la mobilisation de la flotte génoise n'interrompent pas le commerce maritime sur les autres marchés[55]. Or à l'exception d'une commande de 86 livres pour le *Garb*, on ne trouve aucun investissement à destination des ports maghrébins. Il y a à cela deux explications possibles. La première est que les Génois se sont interdits ou se sont vu interdire tout commerce avec le monde musulman, Maghreb compris, dans le but de ne pas renforcer les adversaires de la Croix. Mais on n'a pas connaissance d'une telle interdiction pour ces années, qu'elle émane des autorités de la Commune ou de la papauté, et ces prohibitions, à cette époque, ne concernent en général que les produits stratégiques, tels qu'ils ont été définis lors du IIIe concile de Latran en 1179[56]. On peut cependant imaginer que, même en l'absence d'interdiction précise, le climat de mobilisation de la chrétienté contre l'Islam ne favorisait guère le commerce avec le Maghreb. L'absence presque totale de tout commerce rend cette hypothèse cependant fragile, car les marchands génois n'ont jamais été exagérément sensibles à ces considérations religieuses. L'autre explication possible est que les Almohades ont interdit cette année le commerce avec les chrétiens. On sait que Saladin, sans doute à l'automne 1189, écrit une lettre au calife Abû Ya'qûb pour solliciter son aide contre les croisés, lui demandant en particulier d'utiliser sa flotte pour bloquer le canal de Sicile et le passage des armées ennemies[57]. On considère en général que cette lettre n'eut pas de suite[58], le calife almohade ne se sentant pas concerné par les affaires d'Orient, d'autant qu'un conflit l'avait indirectement opposé à Saladin quelques années plus tôt. De fait il n'y a pas de trace d'intervention armée des Almohades au cours de la troisième croisade, ni d'effort pour bloquer les flottes croisées, mais le témoignage des archives génoises invite à nuancer cette conclusion. L'absence de commerce entre les ports maghrébins et Gênes en cette année 1190 incite au contraire à penser que ces ports leur furent interdits. Il est du reste assez compréhensible que le calife ait été sensible à la nécessité de participer à l'effort commun des musulmans contre les chrétiens[59]. Dans ce contexte il pouvait s'avérer délicat pour lui, voire dangereux politiquement, de continuer à accueillir les marchands chrétiens dans les terres musulmanes. S'il n'existe plus de solidarité militaire et politique entre l'Occident et l'Orient musulman, il semble donc bien qu'une crise majeure telle que la troisième croisade ait eu des répercussions sur les échanges commerciaux entre Gênes et le Maghreb. Dès 1191 cependant une nouvelle trêve est signée, ce qui peut correspondre à la nécessité de renouveler la précédente venant à expiration (si l'on retient l'hypothèse de Krueger d'un accord en 1176), mais aussi à une volonté d'effacer les traces de la crise de 1190. En 1191 les contrats commerciaux avec le Maghreb se font en

55. On relève cette année 1190 de nombreux contrats pour la Syrie et surtout pour la Sicile et la Sardaigne.
56. H. GILLES, Législation et doctrine canoniques sur les Sarrasins, *Islam et chrétiens du Midi : XIIe-XIVe siècle, 18e Colloque de Fanjeaux, 1982*, Toulouse 1983 (Cahiers de Fanjeaux 18), p. 196.
57. M. GAUDEFROY-DEMOMBYNES, Une lettre de Saladin au calife almohade, *Mélanges René Basset*, 2, Paris 1925, p. 284-289.
58. C'est en particulier la version d'IBN KHALDÛN, *Muqaddima*, trad. V. MONTEIL, *Discours sur l'histoire universelle*, Paris 1967-1968, p. 524.
59. Il peut d'ailleurs y avoir été poussé par ses sujets ou les oulémas de son entourage.

effet de nouveau nombreux, alors que l'Égypte est encore absente des investissements génois[60]. Le 11 mai Marchese de Staiano prend ainsi une commande pour Bougie avec la possibilité de se rendre ensuite où il le souhaite, à l'exception d'Alexandrie[61], ce qui semble indiquer qu'une fois le plus fort de la crise passé, le Maghreb retrouve son rôle de marché de substitution.

L'intérêt de l'élite dirigeante génoise pour les marchés maghrébins tout au long de la période almohade s'inscrit donc dans une politique cohérente à l'échelle de la Méditerranée et en lien étroit avec les affaires orientales. Sur le plan diplomatique et militaire il s'agit de laisser libre un passage stratégique pour le commerce du Levant et plus généralement de garantir la libre circulation des navires dans le bassin occidental de la Méditerranée, notamment le long des côtes italiennes. Les grands ports almohades, alors très prospères, représentent cependant un intérêt réel pour les marchands génois, y compris les plus grands, qui y voient le moyen de diversifier leurs investissements. Ils y trouvent une clientèle fortunée susceptible d'acheter les productions européennes ou les produits de luxe rapportés d'Orient, soit directement, soit en passant par Gênes, profitant en cela des difficultés de l'ancienne route terrestre entre l'Égypte et l'Ifrīqiya. Le Maghreb fournit par ailleurs de la laine et des cuirs, mais aussi de l'alun, nécessaires à l'industrie européenne en plein essor. Surtout, la relative stabilité politique de l'empire almohade jusqu'à la fin du XIIe siècle et le souci des califes de maintenir autant que possible le Maghreb à l'écart des luttes entre l'Islam et la chrétienté en font un marché moins fragile et moins sensible aux conflits qui déchirent la Méditerranée à cette époque.

L'intérêt de Gênes pour l'Afrique du Nord s'explique donc par les mérites propres des marchés maghrébins, qu'il ne faut pas sous-estimer, mais aussi par cette complémentarité avec l'Orient. Ses ports sont ouverts à des marchands qui ne peuvent accéder aux richesses du Levant, par manque d'envergure ou parce que ce commerce leur est fermé. Ils constituent également une solution de repli provisoire en cas de difficultés en Orient, sans jamais parvenir cependant à retrouver le rôle d'intermédiaire qu'ils avaient joué jusqu'au XIe siècle.

Dominique Valérian
Université Paris I

60. PISTARINO, Genova e il Maghreb, p. 59-60.
61. *Notai liguri dei secoli XII e XIII. 2, Guglielmo Cassinese, 1190-1192*, éd. M. W. HALL-COLL, H. C. KRUEGER, R. L. REYNOLDS, Turin 1938, n° 605 (11/5/1191).

Saint Homebon († 1197), patron des marchands et des artisans drapiers à la fin du Moyen Âge et à l'époque moderne

André VAUCHEZ

Saint Homebon (Omobono, *Homobonus*), un pieux laïc de Crémone, en Lombardie, qui fut canonisé par Innocent III le 12 janvier 1199, n'est pas aujourd'hui un personnage très connu ni très vénéré dans le monde catholique, en dehors de sa ville natale dont il est le saint patron[1].

De fait, cette canonisation semble avoir eu peu d'échos et le culte demeura purement local jusqu'au XIVe siècle. Le modèle que le pape avait voulu exalter – celui du pénitent charitable, soumis à l'Église et n'hésitant pas à la défendre contre les hérétiques – ne fut pas en effet très en faveur dans cette Italie du Nord déchirée par les conflits entre les partis, où les Guelfes ne l'emportèrent définitivement sur les Gibelins qu'à partir des années 1270 et où l'inquisition se rendit rapidement impopulaire par ses excès[2]. Les deux Vies de ce saint, qui furent rédigées à Crémone entre la fin du XIIe et le milieu du XIIIe siècle, mentionnent bien – ce que n'avait pas fait Innocent III dans la bulle de canonisation – que l'homme de Dieu avait exercé la profession de marchand drapier avant de se convertir, à un âge déjà assez avancé, à une vie pieuse et à la bienfaisance envers les pauvres ; mais cet aspect original de la vie d'Homebon n'a guère retenu l'attention de leurs rédacteurs qui préférèrent mettre l'accent sur sa charité, sa patience dans les épreuves et son extrême dévotion. Et si, dans sa ville natale, divers *consortia* se placèrent sous sa protection aux XIIIe et XIVe siècles, il s'agit dans tous les cas d'associations charitables ou de groupements dévots et en aucun cas de confréries professionnelles[3] (fig. 1).

1. Sur ce personnage, cf. A. VAUCHEZ, Le « trafiquant céleste » : saint Homebon de Crémone († 1197), marchand et « père des pauvres », *Horizons marins, itinéraires spirituels*, dir. H. DUBOIS, J. C. HOCQUET, A. VAUCHEZ, Paris 1987, 1, p. 115-122 ; ID., s. v. « Omobono », *Il grande libro dei santi*, 3, éd. C. LEONARDI, A. RICCARDI, G. ZARRI, Cinisello Balsamo 1998, p. 1520-1521. Sur l'importance de sa canonisation, cf. ID., *La sainteté en Occident aux derniers siècles du Moyen Âge*, Rome 1988, p. 412-414, et *ad indicem*. La meilleure édition de la bulle de canonisation (*Quia pietas*) se trouve dans O. HAGENEDER, A. HAIDACHER, *Das Register Innocenz' III.*, 1, *Pontifikatsjahr 1198/99*, Cologne-Vienne-Graz 1964, p. 762-764.
2. Sur le contexte politico-religieux de l'époque, cf. A. VAUCHEZ, Innocent III, Sicard de Crémone et la canonisation de saint Homebon († 1197), *Innocenzo III, Urbs et orbis. Atti del congresso internazionale (Roma, settembre 1998)*, éd. A. SOMMERLECHNER, Rome 2002, 1, p. 435-455.
3. L'existence d'un « Consorzio di Sant'Omobono », dont les membres se consacraient à l'assistance aux pauvres, est attestée à Crémone dès la seconde moitié du XIIIe siècle. Sur le nouveau « Consorzio » qui fut créé par l'évêque de Crémone en 1357 en l'honneur de la Vierge Marie et de saint Homebon, cf. *Diocesi di Cremona*, dir. A. CAPRIOLI, A. RIMOLDI, L. VACCARO, Brescia 1998 (Storia religiosa della Lombardia 6), p. 103.

Chemins d'outre-mer. Études d'histoire sur la Méditerranée médiévale offertes à Michel Balard.
Paris, Publications de la Sorbonne, 2004 (Byzantina Sorbonensia 20)

Fig. 1 - Saint Homebon en pénitent. Statue du début du XIIIe siècle, Crémone, église Sant'Omobono (avec l'aimable autorisation de l'École française de Rome)

En fait, ce n'est que tardivement – aux XVe et XVIe siècles – qu'Homebon finit par devenir un saint du travail et des travailleurs ou, plus exactement, un saint de la charité et du travail, car les deux figures – celle de l'« aumônier » et celle du pieux artisan – furent le plus souvent associées, en particulier dans les représentations iconographiques qui commencèrent alors à se multiplier[4]. La question qui se pose est de savoir comment et quand s'est produit ce tournant qui fit de ce personnage, dont les premières biographies se bornaient à souligner qu'il avait abandonné le *negotium* et les affaires de ce monde pour l'*otium* d'une vie pénitente, le patron des tailleurs et des métiers du textile. Une inflexion en ce sens apparaît pour la première fois dans la Vie *Labentibus annis*, connue par un manuscrit de Munich (vers 1500) – où est recopié un dossier hagiographique crémonais consacré à saint Homebon, daté de 1301, ce qui constitue un *terminus ante quem* – et dont on peut situer la rédaction dans les années 1280-1300[5]. L'auteur anonyme de ce texte vise en effet à situer le saint dans son temps. Il est le premier à indiquer son nom de famille (Tucenghi) et à préciser qu'il appartenait à une famille de marchands drapiers, installée dans le quartier « populaire » de Cittanova à Crémone, qui possédait des terres et une vigne au-delà des murs de la ville. La Vie *Labentibus annis* présente le saint comme un homme estimé de tous dès son plus jeune âge pour ses vertus, et non comme un converti ; elle souligne également qu'il effectuait le plus honnêtement possible son travail de marchand et qu'il fut un fils obéissant ainsi qu'un mari exemplaire pour son épouse dont il eut des fils. Certes, on ferait fausse route en cherchant dans ce texte la trace d'une spiritualité de la vie familiale ou du travail : la femme d'Homebon y est présentée sous les traits d'une mégère acariâtre qui s'efforçait de combattre les initiatives trop généreuses de son mari en faveur des pauvres, de crainte de le voir dissiper le patrimoine familial, et les activités professionnelles de ce dernier sont rapidement mentionnées. Néanmoins, les réalités concrètes d'une existence humaine y sont évoquées de façon réaliste et cette œuvre est très éloignée, sur ce point, de la bulle de canonisation et des deux premières biographies du saint.

Dans l'état actuel de nos connaissances, il est impossible de déterminer exactement à partir de quelle date et dans quelle ville des « arti » ou des confréries de drapiers ont commencé à choisir Homebon comme saint patron et à promouvoir son culte. Contrairement à ce qu'on pourrait imaginer, cette forme de dévotion n'est pas partie de Crémone, où l'aspect civique de son culte demeura toujours prépondérant[6]. Peut-être est-ce à Reggio Emilia, d'où proviennent deux manuscrits contenant le texte des *Vitae* de saint Homebon, dont l'un – qui date de la seconde moitié du XIVe siècle – appartenait à l'Arte dei Sarti de cette ville, ou de Modène où se trouve encore – à la Bibliothèque Estense – l'unique manuscrit de sa Vie en langue vulgaire « Della cipta di Cremona », véritable patchwork formé de fragments empruntés à toutes les biographies latines antérieures, qui avait sans doute été composé pour la confrérie des tailleurs de Modène, puisque l'effigie du saint

4. Sur l'iconographie de saint Homebon, en plus des répertoires cités par VAUCHEZ, Le « trafiquant céleste », cité *supra* n. 1, p. 122, n. 27, cf. G. KAFTAL, *Iconography of the Saints in the Painting of North West Italy*, Florence 1985, c. 349-350, et surtout *Omobono. La figura del santo nell'iconografia, secoli XIII-XIX*, dir. P. BONOMETTI, Cinisello Balsamo 1999.

5. En attendant l'édition critique des Vies de saint Homebon que j'espère publier prochainement, on peut renvoyer à D. PIAZZI, *Omobono di Cremona. Biografie dal XIII al XVI secolo*, Crémone 1991, où l'on trouvera le texte et la traduction italienne de la Vie *Labentibus annis* aux pages 60-67.

6. Comme le montre bien la liste des confréries de métier de Crémone et de leurs saints patrons établie par F. APORTI, *Memorie di storia ecclesiastica cremonese*, 2, Crémone 1837, p. 214-215, d'où saint Homebon est absent.

qui figure sur le premier feuillet est entourée de quatre paires de ciseaux[7]. En tout état de cause, les indices d'un lien privilégié entre le culte de saint Homebon et les métiers du textile se multiplient en Italie du Nord à partir de la fin du XIVe siècle : à Venise, en 1391, la confrérie des tailleurs fonda à Canareggio l'« Ospedale dei poveri sarti » qui fut placé sous la protection de saint Christophe et de saint Homebon, comme en témoigne une plaque de marbre qui porte l'effigie des deux patrons[8] ; à Bologne, le beau tableau de Pietro di Giovanni Lianori représentant saint Homebon en train de prélever une aumône dans sa bourse – actuellement conservé au musée du Petit Palais, à Avignon – fut sans doute commandé vers 1430-1440 par une confrérie de tailleurs, puisque le saint y est représenté tenant une paire de ciseaux[9]. De l'Émilie-Romagne, le culte gagna Novare, Mantoue, Trévise et Udine vers le nord et Rome au XVIe siècle vers le sud, avant de s'étendre ensuite à l'ensemble de la péninsule aux XVIIe et XVIIIe siècles[10].

Le grand essor du culte de saint Homebon dans une bonne partie de l'Europe occidentale se situe à l'époque de la Renaissance et de la Contre-Réforme (v. 1430-v. 1650). Désormais, c'est vers le milieu des confréries professionnelles qu'il faut se tourner pour comprendre le remodelage dont fit l'objet la figure du saint tailleur et la diffusion de son culte de sa cité au nord et à l'ouest des Alpes. Ce succès est lié à deux facteurs bien distincts mais qui, dans ce cas, ont fini par conjuguer leurs effets : le premier est l'affirmation des métiers ou corporations (« arti » italiens, guildes anglaises et flamandes, « Zünfte » germaniques, etc.) qui existaient dans certains cas depuis longtemps mais qui, à la faveur des crises de la fin du XIVe siècle, furent reconnues et se firent garantir des droits et des privilèges par les autorités civiles et ecclésiastiques, quand elles ne s'emparèrent pas elles-mêmes du pouvoir, comme on le vit dans un certain nombre de villes allemandes au XVe siècle[11].

Ces organisations avaient avant tout des finalités professionnelles, mais elles se doublaient d'associations pieuses et caritatives, placées sous le patronage d'un ou de plusieurs saints en rapport avec la profession que ce dernier avait exercée de son vivant ou avec tel ou tel de ses attributs : saints Crépin et Crépinien pour les cordonniers dans le domaine français, saint Pierre pour les pêcheurs, sainte Barbe pour les mineurs et les couvreurs, etc. Chaque corps de métier se choisit donc son propre saint patron auquel il rendait des honneurs particuliers et sous la bannière duquel il se plaçait lors des processions organisées au niveau de la cité tout entière[12]. D'autre part, avec la Renaissance, s'affirme une réhabilitation de la *vita activa,* accompagnée d'une redécouverte des vertus du travail, qui poussa les artisans, aussi bien valets que maîtres qui constituaient parfois des associations distinctes, à placer leurs activités sous la protection d'un intercesseur céleste pour exalter la dignité de leur profession.

7. Sur le manuscrit de Reggio, cf. PIAZZI, *Omobono di Cremona*, cité *supra* n. 5, p. 27. La *Vita* en italien a été publiée par G. BERTONI, Di una Vita di S. Omobono del secolo XIV, *Bollettino Storico Cremonese* 3, 1938, p. 161-176, repris par PIAZZI, *Omobono di Cremona*, p. 72-77.
8. Cf. *Omobono*, dir. BONOMETTI, cité *supra* n. 4, p. 105-107.
9. *Ibid.*, p. 45-46.
10. Cf. R. ROTA, Tracce di opere d'arte e note circa il culto di S. Omobono, *Omobono*, dir. BONOMETTI, p. 155-157.
11. Sur ce phénomène historique, cf. St. A. EPSTEIN, *Wage Labour and Guilds in Medieval Europe*, Chapel Hill-Londres 1991 ; sur ses répercussions dans le domaine religieux, voir M. B. BECKER, Lay Piety in Renaissance Florence, *The Pursuit of Holiness in Late Medieval and Renaissance Religion*, éd. Ch. TRINKAUS, Leyde 1974, p. 77-199, en part. p. 194 s.
12. Voir, à ce sujet, l'ouvrage ancien mais toujours utile de L. DU BROC DE SEGANGE, *Les saints patrons des corporations*, Paris 1887.

C'est dans ce contexte social et mental qu'il faut se placer si l'on veut comprendre le succès tardif que devait connaître le culte du saint de Crémone après 1500. Au moment même où le culte de saint Roch, passé de Venise à Nuremberg grâce aux marchands-banquiers de la famille Imhoff, allait s'étendre à l'ensemble du monde germanique, celui de saint Homebon est attesté à Bâle, riche cité commerçante du nord de la Suisse. Le Musée historique de cette ville a en effet conservé un vitrail provenant de la « Zunfthaus » des tailleurs et portant la date de 1508 ; le saint y est représenté de face, vêtu comme un bourgeois aisé et la tête couverte d'un chaperon, en train de faire l'aumône à deux pauvres de taille réduite, tandis qu'il tient de la main gauche une paire de ciseaux fermés (fig. 2)[13]. Son identité ne fait pas de doute puisqu'une inscription qui figure sur l'auréole entourant sa tête le désigne comme « Sant Gotman » ou Guotman, traduction allemande d'Omobono. Une étude précise permet de formuler quelques hypothèses au sujet de cette œuvre d'art originale[14]. Elle fut en effet commandée en 1507 à un maître-verrier inconnu, peut-être installé à Strasbourg, par la corporation des tailleurs et drapiers de Bâle. On peut évidemment se demander comment ces derniers avaient entendu parler du saint patron de Crémone. Peut-être fut-ce par l'intermédiaire de la Chartreuse de Kleinbasel, dont la bibliothèque avait reçu en don, en 1506, un exemplaire imprimé du *Catalogus sanctorum*, composé vers 1370 par l'évêque de Jesolo Petrus *de Natalibus*, où figurait une notice concernant Homebon dans laquelle ce dernier est présenté comme un marchand (*negociator*)[15]. Or cet ouvrage avait été offert aux Chartreux par un ancien prieur, Hieronymus Zschekenbürlin, issu d'une famille lombarde, dont le beau-frère fit exécuter en 1513 des vitraux pour une autre corporation de Bâle, en s'inspirant des gravures qui accompagnaient les Vies des saints dans l'édition illustrée du *Catalogus* publiée à Vicence en 1493[16]. Mais tout ce cheminement demeure hypothétique et le nom de saint Homebon a pu aussi tomber sous les yeux de quelques maîtres tailleurs bâlois à la lecture du *Liber chronicarum* de l'humaniste et médecin municipal de Nuremberg, Hartmann Schedel (1440-1514), qui fit copier vers 1500 le dossier de textes hagiographiques relatifs à Homebon, constitué à Crémone en 1301, et qui lui consacra une mention dans sa *Weltchronik* qui connut une large diffusion dans les pays germaniques[17]. En tout cas, le culte de Saint Homebon devait être bien établi à Bâle dès cette époque puisque sa fête, le 13 novembre, était l'occasion de débordements tels que le conseil municipal (*Rat*) fut obligé de rappeler en 1520 à ses administrés qu'il convenait d'honorer ce jour par des aumônes et des œuvres de pénitence, et non par des réjouissances et des danses (« dass sie hinfür iren heiligen sant Guotman mit betten, almosen geben und andren guoten werchen, und nit mit fyren und tanzen eren »)[18]. Mais le problème fut réglé brutalement, quelques années plus tard, par la Réforme protestante qui s'imposa à Bâle dès 1524 et interdit le culte des saints.

13. Vitrail de Saint « Gotman » (= Homebon), Maison de la corporation des tailleurs de Bâle, 1508 (Historisches Museum, Basel), reproduit *infra*, p. 844.
14. M. WEHRLI-JOHNS, Wie kommt der heilige Homobonus nach Basel ? Von Stadtpatron zur Wappenträger der Schneider, *Mundo multa miracula. Festschrift Hans Conrad Peyer*, éd. H. BERGER, Zurich 1992, p. 99-106 et 233-236.
15. PETRUS DE NATALIBUS, *Catalogus sanctorum*, Lyon 1534, fol. CCLIv.
16. WEHRLI-JOHNS, Wie kommt der heilige Homobonus nach Basel ?, cité *supra* n. 14, p. 104-105.
17. Ms. Munich, Staatsbibliothek, ms. lat. 434, fol. 257-263.
18. WEHRLI-JOHNS, Wie kommt der heilige Homobonus nach Basel ?, p. 106.

Fig. 2 - Homebon (« Gotman »), saint de la charité et du travail. Vitrail, Bâle, Maison de la Corporation des tailleurs, 1508, aujourd'hui conservé à l'Historisches Museum, Basel (© Historisches Museum Basel. Photo : HMB P. Portner)

Dans le monde demeuré catholique en revanche, Homebon allait poursuivre une longue et brillante carrière à la faveur de la Contre-Réforme. L'Église ne tarda pas en effet à comprendre l'intérêt qu'il y avait pour elle, sur le plan pastoral, à répondre à la demande de saints patrons attitrés qui émanait du monde des corporations et des travailleurs. Les préjugés ecclésiastiques contre le travail manuel et le négoce s'étant fortement atténués au cours des XIVe et XVe siècles, la voie était libre pour une sacralisation du travail et de la vie professionnelle qui se généralisa après 1500 et surtout aux XVIIe et XVIIIe siècles. La diffusion du culte de saint Homebon, dans cette perspective, alla de pair avec celle de saint Isidore le Laboureur, lui aussi un personnage médiéval dont le rayonnement demeura longtemps limité à la région de Madrid mais qui, une fois tiré de son obscurité par un hagiographe franciscain, devint entre le XVe et le XVIIe siècle, le saint patron des paysans dans le monde hispanique et fut canonisé en 1596, à la demande de Philippe II. Le culte d'Homebon ne connut pas un succès aussi fulgurant, mais peut-être des enquêtes plus approfondies permettraient-elles de se faire une idée plus précise de sa popularité dans les divers pays européens à l'époque moderne.

À Rome, la dévotion envers lui est attestée à partir du milieu du XVIe siècle, puisque l'*Universitas sartorum sutorumque* (« Arte dei sarti e calzolai ») semble avoir eu comme patron « san Buonhuomo » dès 1566. Ce corps de métier avait son siège au Capitole, dans le palais des Conservateurs, ce qui explique que l'on puisse y voir encore aujourd'hui les restes de son effigie à côté des armes du métier[19]. En 1573, après la destruction de l'église Sant'Andrea in Ursi où ils se réunissaient, les tailleurs obtinrent du pape Grégoire XIII la concession de la vieille église de Santa Maria in Portico, au pied de la Roche Tarpéienne, qui prit le nom de Sant'Omobono. Ils y fondèrent une nouvelle confrérie en l'honneur de saint Homebon et de saint Antoine de Padoue qui participait avec les autres à la grande procession urbaine qui se rendait le 15 août à Sainte-Marie-Majeure. On connaît le texte d'une des prières que les confrères romains adressaient à leur saint patron :

« O glorioso protettore,
che con l'ago e col ditale
lavorasti da sartore,
dacci sempre un buon lavoro,
ti preghiamo tutti in coro.
Facci bene guadagnare
con il nostro lavorare !
Di tue grazie facci dono,
O santissimo Omobono[20]. »

À la même époque, saint Homebon était déjà connu et vénéré dans le monde ibérique, comme l'illustre le fait que le dramaturge Tirso de Molina (1580-1648) lui consacra en 1612 une œuvre destinée à être représentée en public et que les tailleurs de Barcelone chantaient des cantiques en son honneur[21]. De là son culte passa dans la Nouvelle Espagne, en particulier au Mexique : une confrérie érigée en son honneur dans l'église de la Très-Sainte-Trinité de Mexico fut indulgenciée par

19. Cf. A. MARTINI, *Arti di mestieri e fede nella Roma dei papi*, Bologne 1965, p. 128-129.
20. *Ibid.*, p. 204.
21. TIRSO DE MOLINA, *Santo y sastre* (saint et tailleur), *Obras completas de Tirso de Molina*, éd. B. DE LOS RIOS, Madrid 1946-1958, p. 55-80.

l'Église romaine en 1698, ainsi qu'une autre le fut en 1770 dans le même diocèse[22]. Dans les Pays-Bas espagnols (nord de la France actuelle et Belgique), le patronage d'Homebon fut adopté, sans doute au début du XVIIe siècle, par les garçons tailleurs et les fripiers de Tournai, les tailleurs de Binche et les fripiers de Namur[23]. En France, son culte semble avoir été introduit par Christophe d'Authier, fondateur d'une congrégation missionnaire, les Prêtres du Saint-Sacrement, qui l'importa d'Italie et institua les premières confréries d'artisans à Valence et à Marseille[24] ; des documents d'archives attestent l'existence de cette dernière en 1643 et elle était encore bien vivante en 1754, puisqu'elle fit imprimer ses statuts cette année-là[25]. Ce n'était certainement pas un cas isolé, puisque à Brignolles, dans le Var, existait, au moins depuis 1743, une congrégation pieuse rassemblant des cultivateurs sous le patronage de « saint Hommebon », qui fut relancée en 1838 par le curé de Brignolles et évolua par la suite vers une forme de mutualité agricole[26]. Mais, dans cette région et à cette époque, le saint de Crémone semble avoir joué le rôle de protecteur des travailleurs manuels, tant citadins que ruraux, sans lien particulier avec les métiers du textile et de la confection. De toute façon, le nom d'Homebon figurait alors dans des répertoires imprimés mis à la disposition du clergé pour lui permettre d'attribuer les patronages des saints en fonction des diverses catégories socio-professionnelles, comme l'ouvrage intitulé *La boutique sacrée des saints et vertueux artisans*, paru à Lille en 1650, ou l'*Encomia coelitum* publié à Vienne (Autriche) en 1763 par le jésuite Mosculus. Et l'on mesurera ainsi le chemin parcouru depuis la Vie *Cum orbita solis* (sans doute composée en 1198 par l'évêque Sicard de Crémone promoteur de sa canonisation) où l'accent était mis sur la dure pénitence qu'Homebon avait dû effectuer pour effacer la souillure liée à la pratique de la *mercatura,* en la comparant à une prière que les tailleurs du XVIIe siècle étaient invités à adresser à leur protecteur céleste :

« Dieu, qui a appris à saint Homebon à se distinguer dans l'acquisition des gains temporels au point de mériter les biens éternels, fais qu'instruits par son exemple, nous sachions nous comporter honnêtement dans les affaires de ce monde et nous donner plus de peine encore pour les biens éternels. Saint Homebon, priez pour nous, les marchands[27] ! »

André Vauchez
Institut de France

22. Je remercie Bernard Dompnier de m'avoir communiqué ces informations, fruits d'une recherche en cours sur les brefs d'indulgences de l'époque moderne dans les Archives du Vatican.

23. Cf. J. J. Heirwegh, J. L. Van Belle, *Saints patrons des métiers en Wallonie. Catalogue de l'exposition de Braîne-le-Château*, Braîne-le-Château 1984, en particulier p. 26.

24. Cf. Nicolas Borély, *La Vie de Messire Christophe d'Authier de Sisgau, évêque de Bethléem*, Lyon 1703, p. 98-99 : « Le premier [de ces établissements] est une congrégation qu'il établit en l'église de sa communauté sous le titre de saint Hommebon, en faveur des artisans, œuvre si sainte et si utile qu'elle a servi de modèle à plusieurs autres qu'on a établi à son imitation en divers lieux de la France. » Sur ce personnage et son œuvre, cf. P. Broutin, *La réforme pastorale en France au XVIIe siècle*, Tournai 1956, 2, p. 269-282. Je remercie B. Dompnier de m'avoir signalé ce texte.

25. Marseille, Archives départementales des Bouches-du-Rhône, 150 H23 (statuts de la confrérie de saint Homebon, 1754). Je remercie Marie-Hélène Froeschlé-Chopard de m'avoir fourni cette référence, ainsi que celle qui figure à la note suivante.

26. Cf. M. Agulhon, *Les populations du Var de la Révolution à la seconde République*, Paris 1970, p. 217-218.

27. *Deus, qui sanctum Homobonum docuisti sic exercere temporalia lucra ut bona mercetur aeterna, da nobis ejus exemplo instructis secularia negotia tractare fideliter et solicitius pro aeternis satagere. Sancte Homobonus, ora pro nobis mercatoribus !*, cité par Du Broc de Segange, cité *supra* n. 12, 2, p. 457-458.

Les Ornano : des seigneurs feudataires corso-génois (1498-1610)

Michel Vergé-Franceschi

Les Ornano[1] ont un patronyme qui traverse l'histoire (génoise, corse et française) sur environ cinq siècles (1500-2000), depuis leurs maisons-tours insulaires au xve siècle jusqu'à la mairie de Deauville il y a peu. La famille a donné plusieurs maréchaux de France, notamment au xviie siècle, le premier protégé d'Henri IV et en partie établi au Louvre, le second emprisonné par Louis XIII et mort dans les cachots du château de Vincennes.

La longue « saga » des Ornano prend naissance dans quelques tours fortifiées, entourées de maquis, défendues contre des voisins, rivaux et encombrants, les seigneurs de Leca, les della Rocca, les Istria, les Bozzi. Elle se prolonge dans la péninsule Italienne à Rome, à la cour pontificale des Médicis (Léon X, Clément VII), puis à Florence dans les palais médicéens du cardinal Hippolyte de Médicis. Elle se poursuit dans le royaume de France, où les Ornano sont élevés « enfants d'honneur » des futurs Charles IX et Henri III dans les châteaux de la Loire ou à Paris.

Sampiero Corso se partage entre Bastia, dont il connaît les geôles sur ordre de Gênes, Aix-en-Provence, dont il est gouverneur, Marseille, où le Roi le loge des années durant avec son épouse Vannina au Jardin du Roi, ancienne forteresse de plaisance du roi René, Blois et Fontainebleau, où Catherine de Médicis héberge celui qui est devenu l'un des officiers de la maison militaire du futur Henri II. Le fils de Sampiero, le premier maréchal, Alphonse d'Ornano (1548-1610), sert successivement à Grenoble, comme gouverneur du Dauphiné, ou à Lyon, en combattant les Ligueurs. Il anime à Marseille le parti corse ou « parti du Roi » farouchement anti-ligueur et serviteur d'Henri IV ; il meurt à Paris et repose à Bordeaux, à sa demande, en qualité de gouverneur de Guyenne. Le deuxième maréchal, Jean-Baptiste d'Ornano (1581-1626), vit à Rouen comme lieutenant général du Roi en Normandie, à Quillebeuf, dont il est gouverneur comme de Pont de l'Arche, et il est enterré à Aubenas en Vivarais. C'est lui qui mourut prisonnier au château de Vincennes.

En Corse, les Ornano étaient des feudataires, des seigneurs châtelains, connus de tous, respectés ou jalousés. En France, ils étaient des émigrés, inconnus. Ces émigrés furent des « urbains », des citadins, alors qu'en Corse ils étaient des ruraux, des gentilshommes campagnards. Les tours de Vico ou de Santa Maria Sicché ressemblent peu à Blois ou à Fontainebleau. Néanmoins, ces émigrés surent se mouvoir à Rome, Florence et Paris avec une aisance étonnante et devenir à nouveau des châtelains français : « baron de Lunel » (le maréchal Alphonse), « marquis de Montlaur » (le maréchal Jean-Baptiste), « seigneur de Mazargues, capitaine du château de Tarascon, de Crest, du Pont-Saint-Esprit et de Pourquerolles » (le frère de ce dernier).

1. Cet article est tiré de M. Vergé-Franceschi, A.-M. Graziani, *Sampiero Corso (v. 1498-1564), un mercenaire européen*, Ajaccio 1999.

Chemins d'outre-mer. Études d'histoire sur la Méditerranée médiévale offertes à Michel Balard.
Paris, Publications de la Sorbonne, 2004 (Byzantina Sorbonensia 20)

Pourtant, le choc culturel devait être grand entre Bastelica, le village où Sampiero Corso vit le jour en 1498, et ce qui suivit. Sampiero, embarqué sans doute à Ajaccio, alors petite ville en construction (depuis 1492), découvre vraisemblablement « la Terre ferme » à partir de Livourne ou d'Ostie. L'étape suivante, Florence, dut être pour lui un choc architectural. Comment l'adolescent, sorti du hameau de Dominicacci, d'une cinquantaine de feux (soit 200 à 250 habitants), ou de la tour isolée de Minusto, n'aurait-il pas été impressionné par le *ponte Vecchio* qui enjambe l'Arno (1237), la *Loggia* de 1355 ou la place du Dôme avec son Baptistère octogone, le campanile de Giotto (1334) et le Dôme lui-même (de 1298/1358), dont les vitraux sont alors quasi neufs (1434) ? Quand on sortait de la châtaigneraie de Bastelica, découvrir Florence à l'époque de Marignan devait être plus qu'un enchantement : un véritable choc susceptible de faire naître dans l'âme d'un adolescent rustique la désespérance absolue ou l'ambition effrénée.

L'activité artistique est alors considérable à Florence : on y taille des marbres, on multiplie les peintures, on réalise des fresques. Florence est une ville où l'adolescent ne côtoie dans les rues que des sculpteurs, des doreurs, des bronziers, des artistes. Loin des porcs et des moutons de son village natal, Sampiero commence à découvrir l'Europe et le monde dans ce qu'ils ont de plus beau : la Renaissance florentine. À quatorze ans, le jeune homme parcourt les rues de l'une des plus belles villes de tous les temps. Florence est alors un chapelet d'églises en travaux : Santa Croce, Sant'Ambroggio, Santa Annunziata, San Lorenzo, Santa Maria-Maddalena, San Marco, Santa Maria Novella, Santa Maria Nuova, San Michele, San Niccolò, Santo Spirito, Santa Trinita, l'église del Carmine. On est loin de l'unique église paroissiale de Bastelica ou de Cauro. Loin des tours insulaires élevées de deux petits étages sur rez-de-chaussée. Tout cela est encore plus beau, plus impressionnant, plus grandiose que ce que son oncle Tristano Corso, capitaine de Giovanni de Médicis, lui avait raconté.

Florence, c'est une profusion de palais en train de se construire, de s'embellir, de s'enrichir de statues, de mosaïques, de couleurs : ici le *Palazzo Vecchio* (1298), là le palais Pitti (1440) et là encore le *Palazzo* des Médicis, élevé en 1464. En quelques semaines, Sampiero adolescent passe brutalement de l'univers rural des châteaux ruinés de sa campagne profonde au *Palazzo Vecchio* en cours de réaménagement fin 1512. En un mois environ, Sampiero passe d'un village où mangent, dorment et vivent en silence deux cents anonymes à une ville qui immortalise avec éclat Dante, Savonarole et Machiavel.

À l'origine, et même s'il s'agit d'une authentique maison féodale, rien ne prédestinait à pareil avenir les Ornano, ou plutôt la première maison d'Ornano, qu'il faut distinguer de la seconde, issue de Sampiero.

Les Ornano : de petits châtelains et des seigneurs feudataires

Nous connaissons tous la statue bordelaise d'Alphonse d'Ornano, maréchal de France (1595), décoré du cordon bleu de l'ordre du Saint-Esprit (1595) qu'il porte ici sur la poitrine. Cette statue du maréchal agenouillé est aujourd'hui au Musée d'Aquitaine à Bordeaux, après avoir été sur la sépulture d'Alphonse en l'église bordelaise des pères de La Mercy.

Les Ornano sortent de l'Ornano[2], micro-région corse qui constitue « le fief d'Ornano », à l'est d'Ajaccio. La région est dominée au nord-est par le Monte Renoso, à plus de 2 300 mètres d'altitude. À l'ouest, elle est bornée par une rivière, la Gravona, qui la sépare du comté féodal de Cinarca. À l'est, une autre rivière, la Tarava, la sépare du fief de La Rocca. La mer en forme la dernière frontière depuis le golfe d'Ajaccio jusqu'au golfe du Valinco.

« Né de la plèbe », selon les chroniqueurs du temps, Sampiero Corso (v. 1498-1567) n'est pas né dans l'une de ces maisons seigneuriales ornées de créneaux comme la maison bonifacienne des podestats, ou décorées d'armoiries comme ces maisons également bonifaciennes qui portent l'aigle des Doria[3] ou le blason des Salinieri. Il serait né dans une maison bastelicaise.

Pour les hommes du XVIIe siècle, Sampiero passe pour un Ornano, au point que le père Moreri écrit dans son *Dictionnaire* : « Ornano, maison originaire de Corse qui a donné deux maréchaux de France et autres officiers de la couronne, dont on ne rapporte ici la postérité que depuis : I. Sampiero, dit Bastelica [...], colonel général des Corses en France, célèbre sous le nom de Sampiero [...], élevé dans la maison du cardinal Hippolyte de Médicis. »

Ceci est loin d'être exact car Sampiero ne porta jamais le nom de « d'Ornano » et ne signa jamais sous ce patronyme. Avant Sampiero, les Ornano sont une grande famille féodale.

Une grande famille féodale

Les Ornano revendiquent pour aïeul un prince romain légendaire, Ugo Colonna, qui serait mort à Rome en 834 et qui est regardé par nombre de familles nobles corses comme leur premier ancêtre. C'est la raison pour laquelle ces familles se sont fait reconnaître au XVIe siècle par les princes romains de la famille Colonna – d'où les actuels Colonna d'Ornano ou Colonna d'Istria qui n'apparaissent que du temps d'Henri III, dans les années 1580.

De 834 au XIIe siècle, l'histoire corse est assez mal connue, mais les descendants de ce légendaire Ugo apparaissent dans les chroniques médiévales, notamment celle de Giovanni della Grossa récemment rééditée : ils s'appellent Arrigo Bel Messere, seigneur corse assassiné en l'an 1000 en même temps que ses sept fils, noyés sous le pont de la Pietra à proximité de Bastelica. Ils se nomment Arrigo ou Cinarchese (au début du XIIe siècle) et ils peuplent le merveilleux médiéval : « Il est mort le comte Arrigo, et la Corse ira de mal en pis », telle est l'étonnante chanson qui descend subitement du Ciel en l'an mil !

À partir du XIIIe siècle, les sources se font plus précises et apparaît alors un grand seigneur corse, Guglielmo de Cinarca, passé à la postérité sous le nom de Guglielmo « le Martyr ». Son frère aîné est la tige des seigneurs de Leca. Guglielmo, premier seigneur feudataire della Rocca, périt assassiné, étouffé par ses neveux, hommes délicats qui ne voulaient pas laisser de traces de leur crime crapuleux !

Guglielmo a deux fils : l'aîné, Giudice le Grand, fut « comte de Corse » de 1264 à 1289, avant de mourir dans les prisons de Gênes vers 1300. Par ses deux fils, il est la tige des seigneurs de La Rocca et des seigneurs d'Istria, futurs Colonna d'Istria. Le frère cadet de Giudice, Truffetta, est le premier seigneur du fief d'Ornano, à proximité du comté de Cinarca.

2. Voir F. DEMARTINI, *Armorial Corse*, Ajaccio 2002, préface de M. Vergé-Franceschi.
3. Voir *Les Doria, la Méditerranée et la Corse*, dir. M. VERGÉ-FRANCESCHI, Ajaccio 2001.

Deux choses sont désormais à retenir :
– les Corses médiévaux aspirent à plus de justice, d'où le nom de « Giudice » (= Juge, le Grand juge), qui porte une balance, symbole de justice, en guise d'armoiries – d'où la balance qui existe sur la plupart des blasons Colonna jusqu'à aujourd'hui : Colonna d'Istria, Colonna d'Ornano, Colonna de Leca, Colonna de Bozzi, Colonna de Bozzi della Foata, etc.
– la Cinarca, ou « comté de Cinarca », est le berceau de tous ces grands seigneurs insulaires d'époque médiévale : d'où leur nom de « seigneurs cinarchais », auteurs des « guerres cinarchaises » car ces feudataires sont particulièrement remuants.

Des seigneurs remuants

En Corse, être seigneur n'a pas tout à fait le même sens que par exemple en France : certes la terre compte, mais les châteaux féodaux corses n'ont ni l'ampleur ni la taille des forteresses qui existent alors dans le reste de l'Occident et rien ne ressemble en Corse à la cité de Carcassonne, au Mont-Saint-Michel ou aux tours de La Rochelle. Ce qui y est important, c'est le pouvoir sur les hommes (appelés « vassaux ») et la possession des troupeaux. On ne peut certes pas minimiser les châteaux corses, qui ont fait du reste l'objet de travaux intéressants, notamment en matière d'archéologie et dans des thèses récentes. Mais les Génois au XVIe siècle diront eux-mêmes qu'il est inutile de vouloir « raser » ces châteaux car ils seront reconstruits « le lendemain », ce qui en dit long sur ces forteresses de bois et de pierres qui tentent de garder des vallées, des passages, des ponts, des pitons rocheux et isolés : château de Giglio (1347), d'Orese (1375 sur la *punta degli Mazzoni* près d'Ocana), de Piazzile (1558), de Calanche (1558), tous deux distants de 300 mètres et bâtis sur le flanc de la montagne de Piedilonga, face à Cognocoli, château d'Istria (1564).

Toujours est-il que ces familles seigneuriales sont toutes à la recherche d'un espace, d'où des luttes incessantes entre elles, des massacres familiaux successifs, des guerres intérieures permanentes, dites guerres « cinarchaises ». Il résulte de ces guerres des tensions familiales dignes de celles que l'on peut connaître ailleurs aux XIIIe et XIVe siècles : les fils (bâtards) trahissent les pères âgés (tel le traître Salinese), les frères se combattent entre eux, les frères légitimes combattant les frères adultérins, puis les frères légitimes, cadets, se combattant entre eux ou contre leur aîné, et les cousins germains recourent également à l'assassinat. Toute cette histoire cinarchaise ressemble assez à un long bain de sang (comme chez les Mérovingiens, les Carolingiens ou les premiers Capétiens), dont les « peuples » font les frais, d'autant plus que chaque grand seigneur est tenté de rechercher des alliés en dehors de la Corse afin d'obtenir le pouvoir sur telle ou telle micro-région. Ainsi l'archidiacre Filippini (1594) donne-t-il un Orlando d'Ornano pour « seigneur d'Ornano, de Celavo et de Cauro » en 1347. Mais le fils de ce dernier, un certain Giovanni d'Ornano, « seigneur d'Orese et d'Istria », aurait eu ses châteaux détruits par Vincentello d'Istria avant 1434[4].

4. Voir P.-P.-R. Colonna de Cesari Rocca, *Les maisons historiques de la Corse. Les seigneurs d'Ornano et leurs descendants*, Paris 1899.

Des alliances solides

Afin de dominer les autres seigneurs locaux (Leca, della Rocca, Istria, Ornano, Bozzi), chaque seigneur corse a une triple politique matrimoniale :
– contracter des alliances à l'intérieur de l'île avec d'autres seigneurs du Sud (toujours au sein de ces quatre ou cinq familles), d'où des liens familiaux inextricables ;
– contracter des alliances avec les deux autres grandes familles féodales du nord de l'île, les Da Marc dans le nord du Cap Corse et les Gentile dans le sud ;
– contracter des alliances extérieures avec Pise, l'Aragon, Gênes, voire la France ou Florence.

Il en résulte des rapports privilégiés avec l'extérieur de l'île, par exemple des Istria avec Barcelone où plusieurs d'entre eux sont « pages de la Reine », faits « chevaliers » et « écuyers ». Un Arrigo della Rocca est par exemple deuxième « comte de Corse de 1374 à 1401 au nom de l'Aragon ». Son père, Guglielmo della Rocca, était « vicaire en Corse de la Commune de Gênes » de 1340 à 1354. Il en restera dans la tradition corse le désir de mettre son épée au service des « puissances » comme Venise, Naples, la Papauté, etc.

Par rapport aux Leca, aux della Rocca, aux Istria, les seigneurs d'Ornano sont cependant en retrait : leurs alliances avec l'extérieur sont quasi inexistantes, leur fief médiocre, leurs châteaux modestes et ils se contentent d'être de simples seigneurs châtelains prenant part aux combats contre tels ou tels cousins. Giudicello d'Ornano est ainsi l'ennemi de Vincentello Ier d'Istria (v. 1380-1434), 3e comte de Corse de 1401 à 1434 au nom de l'Aragon. Son fils Nicroso d'Ornano complote et, en 1417, a la gorge coupée par Polo della Rocca (v. 1400-v. 1467), 4e comte de Corse en 1436. Son fils Rolando d'Ornano (v. 1400-1460) périt assassiné. Le fils de celui-ci, Alfonso d'Ornano (v. 1450-1494), est assassiné le jour de Noël 1494 et le père de Sampiero Corso écrit peu après qu'il souhaiterait embrasser le couteau qui l'a tué.

Pour faire face à ses rivaux, un Carlo d'Ornano se fortifie dans son château de la Rocca de Cauro et dans celui d'Orese, pris par les Génois en 1447.

C'est avec Alfonso d'Ornano, né bâtard et assassiné à la Noël 1494, que la famille d'Ornano commence à péricliter : son fils Francesco (v. 1489-1560), qui porte « de gueules au château d'or », se fait mercenaire au service de l'étranger (Gênes), mais épouse néanmoins une Istria (1512) pour mettre fin aux guerres qui opposaient les deux clans et ladite Franchetta d'Istria (v. 1508-v. 1555), femme de tête et de poigne, ne cesse bientôt de ruminer les déceptions nées de son mariage. Elle, une Istria, issue des « comtes de Corse », se retrouve femme certes d'un de ses cousins, mais qui est un simple petit mercenaire génois dont le père passait avant tout pour un voleur de troupeaux ! Le couple ne laisse qu'une fille unique, Vannina (v. 1527-1564). C'est là que tout bascule.

Un gendre roturier pour redorer le blason des Ornano : Sampiero Corso

En 1528, Francesco d'Ornano et Franchetta d'Istria sont très loin de ce qu'étaient leurs glorieux ancêtres. Franchetta notamment porte le patronyme de son arrière-arrière-grand-oncle Vincentello Ier d'Istria (v. 1380-1434), « comte de Corse » à l'immense prestige, et ne peut se résoudre à n'être que l'épouse d'un homme de vingt ans son aîné (Francesco d'Ornano) qu'on lui a donné à épouser (1512) à l'âge de quatre ans pour mettre fin à l'inimitié existant entre les Ornano et les Istria.

Francesco et Franchetta promettent donc devant notaire en 1528 de donner leur fille unique Vannina, âgée d'un an environ, au mercenaire Sampiero Corso de Bastelica (v. 1498-1567), âgé alors de trente ans. Sampiero est certes « né de la plèbe » selon les chroniqueurs, ce que confirment les recherches ; mais il appartient cependant à une famille de notables corses qui ont donné des officiers de grand talent :

– son oncle Giacomo Corso est mort commandant de la garnison de Gênes, forte de 4 000 hommes ;

– son autre oncle Tristano Corso, dit parfois Tristano « d'Ornano » car originaire de la *pieve*, est mort capitaine au service de Jean de Médicis à Florence ;

– son frère Filippo Corso, maréchal de camp au service de François Ier, a été tué au camp de Boulogne en 1544.

Sampiero représente donc dès 1528 le plus beau parti de Corse : il est successivement capitaine, puis colonel au service de François Ier (colonel des bandes corses) et il va recevoir deux fleurs de lys du roi pour orner son blason après avoir sauvé le futur Henri II au siège de Perpignan. Sampiero, qui apparaît dans les archives sous le nom de « Sampiero de Basterga » (*i.e.* de Bastelica), est riche et le butin ramené par lui des différents théâtres opérationnels du siècle est bien supérieur à la valeur du petit fief d'Ornano.

Une fois promis en mariage devant notaire, Sampiero laisse en Corse Vannina, encore au berceau, et continue de guerroyer. Trente ans durant (1513-1545), Sampiero est présent, défendant ou attaquant dans toute une série de villes et de châteaux : on le voit à Florence et à Rome (1513), dans les Marches, à Pesaro (1517), à Milan (1521), à La Bicocca (1522), à Romagnano (1524), à Marseille (1524), à Savone (1524-1525), à Borgo Forte (1526), à Plaisance (1527), à Bologne (1527), à Naples (1528), à Florence à nouveau (1529-1530), à Marseille encore pour assister au mariage de Catherine de Médicis avec le futur Henri II (1533), à Rome à nouveau (1535). En 1536, il est à Raconigi, à Savigliano, à Fossano en Piémont, puis en Provence où il est fait prisonnier à Brignoles le 8 août 1536. En 1542, il est présent au siège de Perpignan, puis à celui de Coni en Piémont encore. L'année suivante, il combat à Landrecies en Hainaut (1543), puis à Cerisoles en Piémont (1544), avant de s'illustrer à la défense de Saint-Dizier sur la Marne. En septembre-octobre 1544, il défend Montreuil-sur-Mer dans le Pas-de-Calais puis rentre en Corse épouser Vannina, religieusement cette fois-ci, en juin 1545.

Vannina étant à présent nubile, le mariage put en effet être célébré entre l'adolescente de 18 ans et ce colonel de 47 ans qui n'a cessé de « faire carrière ». Entré au service des Médicis en 1513, auprès de Léon X, et de Giovanni de Médicis (dit « Giovanni des Bandes noires »), il a suivi la fortune de cette famille et assisté en 1533 au mariage marseillais de Catherine de Médicis. Lorsque son protecteur le cardinal Hippolyte de Médicis est mort, il est passé au service de Catherine, devenue Dauphine en 1536. En 1547, lorsqu'elle devient reine, Sampiero se retrouve attaché à la Maison militaire du nouveau roi Henri II.

Né à Bastelica, dans une maison plébéienne, Sampiero a alors ses deux fils Alfonso (v. 1548-1610) et Anton Francesco (v. 1549-1576) élevés « enfants d'honneur » du futur Henri III de Valois. La première étape de l'ascension familiale s'achève : on est passé des modestes tours féodales des Ornano au Louvre, à Blois et à Chambord. Sampiero et Vannina vivent bientôt à Marseille au « Jardin du Roi », ancienne demeure royale du roi René, offerte en viager à Sampiero par

Charles IX. On est passé de Bastelica en 1498 à Marseille : du château à la ville et ce, grâce à Sampiero, véritable fondateur, de par son épouse, de la deuxième maison d'Ornano.

Les Ornano : de grandes autorités « urbaines »

Sampiero, né en Corse, à la différence de son petit fils le maréchal Jean-Baptiste, né à Sisteron en 1581, est resté sa vie durant un insulaire. Une fois marié à la fille unique d'un feudataire corse, Sampiero a eu un double objectif : continuer à servir la reine Catherine de Médicis tout en tentant de prendre le pouvoir en Corse à partir du fief d'Ornano.

Servir la reine fut assez facile dans un contexte où la Corse est considérée par l'épouse d'Henri II comme « le merveilleux cavalier qui chevauche la Méditerranée ». L'île tient en bride Barcelone et Gênes, alliées depuis qu'en 1528 Andrea Doria est allé se mettre sous la quasi-suzeraineté de Charles Quint. « Qui tient la Corse, tient Gênes » notent les ministres de l'Empereur. En outre, au plan maritime, pour tenter de résister aux galères espagnoles, François Ier et Henri II ont besoin de l'appui des galères ottomanes. Lorsque celles-ci hivernent à Toulon (1544), les chiourmes turques constituent un véritable danger pour les populations toulonnaises, d'où leur évacuation forcée sur ordre du roi. Dans ce contexte, la Corse pouvait offrir au Roi une foule d'avantages : des ports pour les galères turques, quasiment alliées au roi depuis la signature des « Capitulations » (1538), des « chairs » (*i.e.* des vivres : sangliers, lièvres, perdrix, merles) pour les matelots turcs, des « aiguades » pour faire de l'eau, voire des troupes et des marins cap corsins.

Sampiero, qui a proposé au cardinal du Bellay d'assassiner Charles Quint à Rome sur le pont Saint-Ange (1536), est donc l'homme véritablement providentiel : il peut amener la Corse dans le camp du Valois et en récompense il pourrait devenir « roi de Corse » ou « vice-roi » sous la suzeraineté française. Du reste les Corses d'Alger, parlant de Sampiero de passage à Alger, s'écrient : « Il est là notre roi ! » « Roi de Corse » ou « comte de Corse au nom d'Henri II », cela est possible puisque Vannina, fille unique issue des comtes de Corse au nom de l'Aragon, représente le *jus sanguinis*, le droit du sang. Si, au *jus sanguinis*, Sampiero joint la *vox populi*, il pourra alors devenir « comte » ou « vice-roi » de Corse comme autrefois les aïeux de Vannina.

Après avoir débarqué en l'île de Wight (1545) et avoir séjourné dans les cachots bastiais sur ordre de Gênes (1547), Sampiero est partout au service du nouveau roi Henri II. Il est à Rome (1547), en Italie (1551-1552) et il est celui qui introduit les Turcs dans l'île, permettant la prise par les Franco-Turcs de Bastia (1553), d'Ajaccio (1553) et même de Bonifacio (1553) ! À partir de ce moment-là, avant et même après la paix du Cateau-Cambrésis (1559), Sampiero se présente sous une double image : celle de colonel français d'une part, qui participe à la prise de Calais (1558), et celle de seigneur corse d'autre part, qui devient en quelque sorte le dernier des Cinarchesi.

Quoique établi à Marseille et à Aix (1560-1561), dont il fut l'éphémère gouverneur, Sampiero quitta assez vite sa forteresse du Jardin du Roi pour se relancer en Corse dans les guerres dites « de Sampiero », tout en allant chercher des renforts pour Catherine de Médicis auprès de Soliman (1562), via Alger. Mais jusqu'à son assassinat en 1567, à proximité de sa maison-tour de Bastelica, Sampiero n'est jamais un seigneur châtelain : jusqu'au bout, il ne signe jamais « d'Ornano », mais toujours « Sampero Corso » comme en témoigne une lettre de novembre 1566.

De Florence à Rome, en passant par Marseille et Calais, Sampiero est resté un roturier citadin et non un seigneur châtelain comme les Ornano ancêtres de son épouse. Les châteaux, Sampiero les a plutôt assiégés qu'habités, même s'il a été blessé le 8 décembre 1564 par les Doria lors de la prise du château d'Istria.

Avec son fils aîné, en revanche, les choses changent. En 1594-1595, le plus illustre des Ornano, curieusement, ne s'appelle pas Ornano : il s'agit d'Alphonse dit « Alphonso Corso », fils de Sampiero et de Vannina d'Ornano. À la mode corse, il n'a toujours pas de patronyme : il est fils de feu Sampiero (*quondam Sampiero*). Son enfance a été rude. En 1564, son père Sampiero a étranglé sa mère Vannina, sans doute sur ordre de Catherine de Médicis qui ne voulait pas montrer à toute l'Europe qu'elle ne respectait pas la paix du Cateau-Cambrésis. Vannina avait en effet pris des « papiers » compromettants, chez elle à Marseille, prouvant que Sampiero et Catherine de Médicis voulaient à nouveau agiter Soliman contre Gênes et le roi catholique, alliés depuis 1528. Que ces « papiers » soient connus, et la Reine de France passait pour le trublion de l'Europe. Éliminer Vannina, au nom de l'éternel « secret-défense » devenait indispensable. La faire exécuter par son propre mari, sans témoins, sans juges ni procès, sans même un confesseur, après un mois d'isolement, était la seule solution pour conserver le secret.

Sampiero ayant été à son tour assassiné par les Ornano, cousins de Vannina (1567), Alphonse, dès 1569, poursuivi par les Génois, doit s'établir en France avec 300 partisans de son père. Dès 1588, Alphonse propose à Henri III d'assassiner le duc de Guise (selon le journal de Pierre de l'Étoile). Puis, à partir de 1588-1589, Alphonse s'est mis à constituer à Marseille le « parti corse », parti royaliste qui fut d'une fidélité exemplaire à Henri IV lors de son accession au pouvoir. C'est notamment un Corse de Calvi, Pietro Baglione, qui est chargé au nom d'Henri IV, par le gouverneur de Provence, d'assassiner le consul de Marseille Cazaulx, ligueur qui introduisit les Espagnols à Marseille (1595). Baglione obéit (1596) et Henri IV le couvrit d'honneurs (le roi fit notamment élever le tombeau de Pierre Baglione en 1598, conservé aujourd'hui au musée lapidaire de Marseille).

Alphonse d'Ornano, appelé dans sa jeunesse *d'Ornano Corso*, notamment en défendant en 1564 Le Havre contre les Anglais, est en 1595 un homme de près de cinquante ans. « Nourri et élevé à la cour d'Henri II comme enfant d'honneur des Princes de France, affectionné à Henri III[5] », « enfant d'honneur des rois François II et Henri III » (ancien duc d'Orléans, candidat à la possession de la Corse après la mort, en 1562, d'Antoine de Bourbon, roi de Navarre), il devint colonel général des Corses de 1569 à 1595, chevalier du Saint-Esprit le 7 janvier 1595, maréchal de France le 6 septembre 1595, gouverneur du Dauphiné[6] et lieutenant général pour le Roi en Guyenne.

5. Selon le père ANSELME, *Histoire généalogique de la maison royale de France des pairs, grands officiers de la couronne et de la maison du roy et des anciens barons du royaume*, 7, Paris 1967, p. 391.
6. Voir E. LE BOUTEILLEC, *Le maréchal Alphonse d'Ornano en Dauphiné et Lyonnais*, maîtrise d'histoire moderne sous la dir. de M. Vergé-Franceschi, Université de Savoie, Chambéry 2000. Mémoire couronné par le Ministère de la Défense (Prix du Centre d'Études d'Histoire de la Défense, C.E.H.D., Vincennes).

Après avoir servi dans les Cévennes contre les protestants (1573, 1575, 1586, 1587), il combat en Dauphiné, le 16 août 1587, sous les ordres de Bernard de Nogent. Prisonnier des Ligueurs près de Lyon en 1590, il dut verser 20 000 écus de rançon au Ligueur Claude de Bauffremont de Senecey, gouverneur d'Auxonne au nom de la Ligue[7]. En 1594, il fut « parmi les premiers » à reconnaître Henri IV pour Roi et il le fit reconnaître à Lyon, Grenoble, et Valence. En 1595, Alphonse a pris le nom patronymique de sa mère Vannina d'Ornano, notamment pour prouver sa noblesse (uniquement maternelle !) et recevoir le cordon bleu du Saint-Esprit. Donné pour « seigneur de Vico et baron de Lunel »[8], il mourut à Paris, en l'hôtel de Balagny, de la maladie de la pierre, le 20 ou le 21 janvier 1610, à l'âge de 62 ou 63 ans. Il fut inhumé à Bordeaux, en l'église des religieux de La Mercy, où il repose toujours. Mais son tombeau a été transporté au Musée de Bordeaux[9].

De son mariage, célébré le 2 juin 1576 avec Marguerite de Pontevès-Carcès, des comtes de Flassans, dame de Mazargues, fille du comte de Carcès, que l'on appelle parfois par erreur Marguerite *de Grasse de Pontevès-Carcès*, alors qu'elle n'appartient pas à la maison de Grasse, ni d'ailleurs à la maison de Pontevès, vieilles maisons provençales d'extraction chevaleresque, Alphonse d'Ornano a laissé une nombreuse postérité dont Jean-Baptiste, né en 1581 à Sisteron, second maréchal d'Ornano.

Par sa mère, Jean-Baptiste appartient à une maison aixoise, les Durand, issus d'un maître rational de la grande cour royale de Provence (1469) dont le fils, Bertrand Durand, seigneur de Flassans, conseiller au parlement de Provence (1501), épousa Madeleine de Pontevès. Le fils de ce couple, Georges Durand, conseiller au parlement de Provence, fut adopté par son cousin germain Jean-Baptiste de Pontevès-Carcès, par testament du 10 octobre 1490, à charge de relever son nom et ses armes. Son descendant, Jean (de Durand) de Pontevès-Carcès, seigneur de Flassans (1512-1582), comte de Carcès par lettres de 1551, connut particulièrement bien Sampiero et Vannina.

Jean-Baptiste d'Ornano fut colonel général des Corses après son père le 6 septembre 1595, maréchal de France le 7 avril 1626, lieutenant général pour le roi en Normandie, gouverneur de Quillebeuf et de Pont de l'Arche, enterré à Aubenas en Vivarais, marquis de Montlaur par sa femme Marie de Raymond de Montlaur (jeune veuve épousée en 1608). Il mourut, sans aucune postérité, empoisonné au château de Vincennes, en septembre-octobre 1626, sur ordre de Richelieu, le cardinal craignant son ascendant. Gouverneur du duc d'Orléans (Gaston, frère de Louis XIII), à partir du 10 octobre 1619, et premier gentilhomme de sa chambre, on l'accusa en effet de comploter contre le roi en faveur de Gaston, établi le plus souvent à Blois.

Alphonse laissa trois frères :

1) François-Henry-Alphonse, seigneur de Mazargues, colonel général des Corses après son frère, écuyer de Monsieur, frère du roi (Gaston, duc d'Orléans), gentilhomme de la chambre du Roi (Louis XIII), capitaine du château de Tarascon, de Crest, de Pont-Saint-Esprit et « de Pourquerolles », gouverneur de Saint-André-

7. Selon les *Mémoires* de Guillaume de Saulx de Tavannes.
8. Paris, BnF, Carrés d'Hozier 476.
9. *Ibid.*, Chérin 150, Dossiers Bleus 505.

lès-Avignons, et qui fonda le couvent des Carmes de Mazargues à Marseille (1644). Il épousa en 1615 une jeune veuve, Marguerite de Raymond de Montlaur (sœur de la précédente) qui lui donna un fils, Gio-Paolo, abbé mort en 1656 sans postérité et enterré aux Augustins Déchaussés de la place des Victoires à Paris, et trois filles : l'abbesse de Villedieu, Marguerite comtesse de Grignan (qui fit souche), et Anne, comtesse d'Harcourt après son mariage (1645) avec François de Lorraine, petit-fils d'Henri IV (laquelle fit souche également).
2) San Pietro, dit M. de Sainte-Croix, seigneur de Mazargues, maître de camp du régiment d'Ornano, marié à l'héritière de Saussac de Lupé, qui donna naissance à Jacques-Théodore, marquis d'Ornano (marié, mais mort sans aucune postérité), et à Marie, mariée en 1659 à François de Lasseran de Massencomme, cousin du feu maréchal de Montluc (d'où postérité).
3) Joseph-Charles (v. 1582-Paris 1670), abbé puis maître de la garde-robe de Gaston, duc d'Orléans, qui eut de son épouse Charlotte Perdiel Gaston-Jean-Baptiste d'Ornano, dit d'Ornano de Colonna d'Aubenas, maître de la garde-robe de Gaston, duc d'Orléans, mousquetaire puis capitaine de cavalerie en 1668 (né vers 1638, mort célibataire et sans postérité en 1674), et deux filles dont Mme Le Cordier de La Londe, marquise du Tronc de Varaville.

Le maréchal Jean-Baptiste d'Ornano avait aussi deux sœurs :
1) Anne
2) Louise, mariée en 1596 à Thomas II Lenche (1573-1623)[10], fils d'Antoine Lenche (v. 1540-1588), consul de Marseille et petit-neveu de Thomas Ier Lenche. Leur postérité masculine s'éteignit en la personne de Scipion Lenche (v. 1640-1677), maître de camp de la compagnie des mousquetaires du Roi sous Louis XIV, tué à Cassel[11].

10. BnF, Dossiers Bleus 505, généalogie d'Ornano dressée le 1er septembre 1706.
11. Parmi les descendants de Sampiero, nous pouvons également citer :
– François de Castellane-Adhémar de Monteil, comte de Grignan (1629-1714), arrière-arrière-petit-fils de Sampiero, lieutenant général pour le roi en Provence, gendre de Mme de Sévigné, à partir de 1669. Il est fils de Marguerite d'Ornano, petite-fille d'Alphonse, qui épousa en 1628 Louis Gaucher Adhémar de Monteil, comte de Grignan.
– Anne d'Ornano (morte veuve en 1695), fille d'Henry-François-Alphonse, fils d'Alphonse, fils de Sampiero. Maîtresse de son futur mari, François de Lorraine (1623-Paris 1694), elle lui donna cinq enfants légitimes et François, légitimé par lettres patentes de Louis XIV en 1694. François de Lorraine, comte d'Harcourt (1623-1694) épousa cette arrière-petite-fille de Sampiero en 1645 au Palais Royal, en présence de Louis XIV. François de Lorraine est le fils de Charles de Lorraine, duc d'Elbeuf (1596-1657) marié en 1619 à Catherine-Henriette, légitimée de France (1596-1663), fille d'Henri IV et de Gabrielle d'Estrées.
– Alphonse-Henri-Charles de Lorraine (1648-1719), prince d'Harcourt, marié en 1667 à Françoise de Brancas. Fils d'Anne d'Ornano, il a pour trisaïeul Sampiero.
– Marie-Angélique-Henriette de Lorraine (morte en couches en 1674), sœur du précédent, mariée en 1671 au duc de Cadaval.
– Anne-Marie-Joseph (1679-1739), prince de Guise, marié en 1705. Fils d'Alphonse-Henri-Charles (1648-1719).
– Le prince de Montlaur (1684-1705).
– Le prince de Maubec (1686-1706).
– Élisabeth Sophie de Lorraine (morte en 1716), fille d'Anne-Marie-Joseph, prince de Guise (1679-1739). Elle épousa en 1734 Louis-François-Armand de Vignerot du Plessis, duc de Richelieu, maréchal de France qui s'illustra par la prise de Minorque aux Anglais en 1756.
– Louise-Henriette-Françoise de Lorraine (1707-1737), mariée en 1725 au duc de Bouillon mort en 1730.

Aujourd'hui, le nom de d'Ornano n'est plus porté que par des cousins de Sampiero et des maréchaux Alphonse et Jean-Baptiste, dont les descendants existent mais uniquement en ligne féminine. Ces Ornano s'appellent d'Ornano ou Colonna d'Ornano, les Ornano de Corse ayant réussi à se faire reconnaître pour parents, selon l'usage, par les princes Colonna de Rome (reconnaissance de parenté du 7 mars 1580, renouvelée le 7 mars 1597 par le prince Ascanio Colonna, renouvelée le 20 janvier 1629 devant le gouverneur de Corse, puis le 15 mars 1661 par le cardinal Gerolamo Colonna, puis le 28 avril 1668 par le prince Onofrio Colonna, puis le 9 mars 1770 par le prince Lorenzo Colonna).

En conclusion, les Ornano, qui ont donné un troisième maréchal de France en 1861, époux de Marie Walewska, maîtresse de Napoléon, ont formé au cours des temps une curieuse famille : corse, au service de la France, et de souche prétendue romaine, les Ornano n'ont cessé d'évoluer entre villes et châteaux seigneuriaux, royaux (le Louvre, Blois), impériaux plus tard (Fontainebleau, les Tuileries). Loin des maisons-tours qui leur ont le plus souvent donné le jour à Vico ou à Santa Maria-Sicché, établis à Paris ou dans les châteaux de la Loire, ou encore au Jardin du Roi à Marseille, morts en l'hôtel de Balagny (à Paris) ou au château de Vincennes (1626), ils ont été à Grenoble, Bordeaux ou Rouen des gouverneurs du Dauphiné, de Guyenne ou de Normandie d'une exceptionnelle qualité.

Michel Vergé-Franceschi
Université François Rabelais - Tours

– Madeleine d'Ornano, fille d'Alphonse, devenue par mariage (1659) marquise de La Garde-Montluc.
– François de Lasseran de Massencomme, marquis de La Garde-Montluc, gouverneur d'Orthez, lieutenant de la compagnie d'ordonnances du duc de Guise. Il eut de la petite-fille de Sampiero une nombreuse postérité, parisienne notamment, dont leur fils, François, brigadier des armées du Roi.

Tabula Gratulatoria

Ahbab, Jamal
Ahrweiler, Hélène
Aigle, Denise
Airaldi, Gabriella
Allaz, Camille
André, Manuel
Arbel, Benjamin
Assini, Alfonso
Aurell, Martin
Avril, Joseph

Balletto, Laura
Barbiche, Bernard
Barthélemy, Dominique
Basso, Enrico
Bautier, Robert-Henri
Belhassen, Brigitte et Yves
Benoit, Paul
Biget, Jean-Louis
Bischoff, Georges
Blanchet, Marie-Hélène
Bonneaud, Pierre
Borchardt, Karl
Boucheron, Patrick
Boulet, Henri
Bratianu, Maria
Bresc, Henri

Cardini, Franco
Carlier, Omar
Caroff, Fanny
Carozzi, Huguette et Claude
Centro Italiano di Studi di Storia e d'Arte (Pistoia)
Chaintreau, Jean-François
Chapoutot-Remadi, Mounira
Chauvin, Janine (Société d'Histoire et d'Archéologie de Charenton et de Saint-Maurice)
Cheynet, Jean-Claude
Christol, Michel
Chrysostomidès Julian
Ciggaar, Krijnie
Claverie, Pierre-Vincent
Collard, Franck
Constable, Giles
Contamine, Philippe
Coulon, Damien
Coureas, Nicholas

Dansette, Béatrice
Dédéyan, Gérard
Delacroix-Besnier, Claudine
Delobette, Laurence
Delort, Robert
Delouis, Olivier
Delumeau, Jean-Pierre
Demarquette-Moulin, Sarah
Demirkent, Isin
Demouy, Patrick
Demurger, Alain
Devais, Cédric
Doumerc, Bernard
Dourou-Eliopoulou, Maria
Ducellier, Alain
Ducœur, Gérard (Le Vieil Argenteuil)
Durand, Robert

Edbury, Peter
Eddé, Anne-Marie
Étienne, Roland

Fejić, Nenad
Ferrer i Mallol, Maria Teresa
Flori, Jean
Fossier, Robert
Frachette, Christian
France, John
Franceschini, Franco
François, Chantal

Gadrat, Christine
Ganchou, Thierry
García-Guijarro, Luis
Gauvard, Claude
Gélis, Jacky
Genet, Jean-Philippe
George, Henri (Le Vieux Papier)
Gerbet, Marie-Claude
Gerolymatou, Maria
Gertwagen, Ruthy
Gille, Geneviève

GIROS, Christophe
GIROT, Annie et Antoine
GOURDIN, Philippe
GRANGER, Annie et Michel
GUGLIELMI, Nilda
GUICHARD, Pierre
GUILLERÉ, Christian

HABERSTUMPF, Walter
HASENOHR, Geneviève
HÉLAS, Jean-Claude
HESLOP, Michael
HEULLANT-DONAT, Isabelle
HUBERT, Marie-Clotilde

IMHAUS, Brunehilde
ISTITUTO ELLENICO DI STUDI BIZANTINI E POSTBIZANTINI (Venise)

JABLON-ISRAËL, Michèle
JACOBY, David
JAVAULT, Bernard
JOSSERAND, Philippe
JURGENS, Madeleine

KAPLAN, Michel
KARPOV, Sergej P.
KASPI, André
KEDAR, Benjamin Z.
KHALIFA, Aubin
KREKIĆ, Bariša

LAIOU, Angeliki E.
LAURIOUX, Bruno
LE BLÉVEC, Daniel
LE GOFF, Jacques
LE JAN, Régine
LEMAÎTRE, Nicole et Jean-Loup
LE MENÉ, Michel
LÉON, Paul
LIMOUSIN, Éric
LOUD, Graham A.
LUSIGNAN, Serge
LUTZ, Amélia

MAIRE VIGUEUR, Jean-Claude
MALTÉZOU, Chryssa
MANSOURI, Mohamed Tahar
MARCENARO, Mario
MARGUERON, Jean-Claude
MASÈ, Federica
MATTÉONI, Olivier
MAURY, Jean-Paul
MAYER, Hans E.
MESCHINI, Marco
MÉTIVIER, Sophie
MÉZIÈRE, Gaston (Association Caudacienne d'Étude du Patrimoine)
MICHAUD-FRÉJAVILLE, Françoise
MICHEAU, Françoise
MINERVINI, Laura
MORELLE, Laurent
MORNET, Élisabeth
MORRISSON, Cécile
MURRAY, Alan V.
MUTAFIAN, Claude

NICKLER, Pierre
NICOLAOU-KONNARI, Angèle
NIELEN, Marie-Adélaïde
NOËL, Valérie
NONY, Daniel
NYSTAZOPOULOU-PÉLÉKIDOU, Marie

ONGAY, Nelly
ORIGONE, Sandra
ORTALLI, Gherardo
OTTEN-FROUX, Catherine

PAGÈS, Paule
PAPACOSTEA, Şerban
PARAVICINI, Werner
PARISSE, Michel
DU PASQUIER, Isabelle (Société historique du 7e Arrondissement de Paris)
PAVIOT, Jacques
PELLOUX, Marie-Martine
PENET, Hadrien
PETTI BALBI, Giovanna
PICARD, Christophe
PISTARINO, Geo
PITER, Lucette
PRYOR, John H.
PUECH, Vincent
PUNCUH, Dino

RACINE, Pierre
RAPATOUT, Aude
REVERRE, Alban
REYERSON, Kathryn

RICHARD, Jean
RIGAUDIÈRE, Albert
RILEY-SMITH, Jonathan
ROBLIN, Pierre
RODDAZ, Jean-Michel
ROUCHE, Michel
RUSSO, Daniel

SAINT-GUILLAIN, Guillaume
SAMPSONIS, Florence
SANTAS-ROCHET, Anne-Marie
SAUGIER, Marc
SCHABEL, Christopher
SIDÉRIS, Georges
SIRINELLI, Jean-François
SOCIÉTÉ D'HISTOIRE DE VITRY-SUR-SEINE
SOHN, Andreas
SOT, Véronique et Michel
SOULARD, Thierry
SPAER, Arnold
STAHL, Alan
STEFANIDOU, Alexandra
STÖCKLY, Doris

THERVAIS, Simone et Marcel
THEUROT, Jacky
TOUATI, François-Olivier
TOUBERT, Pierre
TRICARD, Jean
TZAVARA, Angéliki

UNIVERSITÀ DEGLI STUDI DI UDINE, DIPARTIMENTO DI STORIA E TUTELA DEI BENI CULTURALI
UNIVERSITÀ DEGLI STUDI DI GENOVA, DIPARTIMENTO DI SCIENZE DELL'ANTICHITÀ E DEL MEDIOEVO (DISAM)

VAGNON, Emmanuelle
DE VAIVRE, Jean-Bernard
VALÉRIAN, Dominique
VANNIER, François
VANNIER, Jean-François
VAUCHEZ, André
VERCELOT, Alain
VERCELOT, Jean
VERGÉ-FRANCESCHI, Michel
VERGER, Jacques
VIGNAUD, Isabelle
VILLAIN-GANDOSSI, Christiane
VINCENT, Catherine
VULLIEZ, Charles

WEIHS, Nicole et Bruno

YERASIMOS, Stéphane
YVERNEAU-GLASSER, Élisabeth

ZERNER, Monique

TABLE DES MATIÈRES

louisjeanimprimeur

59, Avenue Émile DIDIER - 05003 GAP Cedex - Tél. 04 92 53 17 00 – Dépôt légal : 741 – Novembre 2004

Imprimé en France